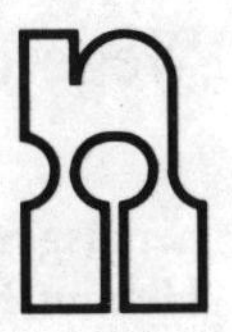

Wege des Lernens

herausgegeben von Ingo Baldermann, Christoph Bizer,
Helmut Ruppel und Michael Weinrich

Band 9

Peter Biehl
unter Mitarbeit von
Ute Hinze, Rudolf Tammeus
und Dirk Tiedemann

Symbole geben zu lernen II

Zum Beispiel: Brot, Wasser und Kreuz
Beiträge zur Symbol- und Sakramentendidaktik

Neukirchener Verlag

Umschlaggestaltung: Kurt Wolff, Düsseldorf-Kaiserswerth
Umschlagabbildung: Ben Willikens »Abendmahl«
(Archiv für Kunst und Geschichte, Berlin)
Gesamtherstellung: Breklumer Druckerei Manfred Siegel KG
Printed in Germany
ISBN 3-7887-1418-2

Die Deutsche Bibliothek – CIP-Einheitsaufnahme

Biehl, Peter:
Symbole geben zu lernen / Peter Biehl. – Neukirchen-Vluyn:
Neukirchener Verl.
2. Zum Beispiel: Brot, Wasser und Kreuz: Beiträge zur Symbol- und Sakramentendidaktik / unter Mitarb. von Ute Hinze ... – 1993
(Wege des Lernens; Bd. 9)
ISBN 3-7887-1418-2
NE: GT

Vorwort

Das Buch bietet eine Fortschreibung des im ersten Band gewonnenen symboldidaktischen Ansatzes und erweitert ihn um den Aspekt der Ritual- bzw. Sakramentendidaktik. Der zweite Band setzt aber nicht die Lektüre des gesamten ersten Bandes voraus; zum besseren Verständnis des zweiten Bandes sollten vor allem die Abschnitte 1.3 und 3.3 herangezogen werden. Der zweite Band ist nach *systematischen* Gesichtspunkten, die dem ersten Band entsprechen, aufgebaut. Bei der Benutzung des Buches zur Vorbereitung eigener Unterrichtsvorhaben empfiehlt es sich aber, bei der »Sachanalyse« und dem didaktischen Kommentar beispielsweise zum Symbol »Brot/Mahl« einzusetzen (3.1), die »Sachanalyse« durch die Darstellung des Abendmahlsverständnisses zu vertiefen (2.1), den entsprechenden Erfahrungsbericht mit den Materialvorschlägen (5.1) kritisch zu sichten und die Überlegungen zur Didaktik des Abendmahls (4.2) heranzuziehen. Die zahlreichen Querverweise erleichtern ein solches Vorgehen.

Zu danken habe ich Frau Karin Krüger für die sorgfältige Erstellung des Manuskriptes und Frau Dipl.-Päd. Elsbeth Follrichs für das Lesen der Korrekturen und die Anlage der Register.

Göttingen, im August 1992 — Peter Biehl

Inhalt

1 Einleitung

Symboltheorie (1) und Symboldidaktik (3) des ersten Bandes »Symbole geben zu lernen« werden in diesem Band vorausgesetzt. Gleichwohl sollen nicht nur die Konkretionen (2) durch weitere Beispiele ergänzt werden. Vielmehr nötigen die hier gewählten Symbole »Wasser«, »Brot« und »Mahl«, »Kreuz« zu einer *Präzisierung* der Symboltheorie und zu einer *Erweiterung* des symboldidaktischen Ansatzes. Die Symbole »Brot« und »Wasser« sollen nämlich einen elementaren Zugang zu Abendmahl und Taufe eröffnen; daher wird der Zusammenhang von Symbol und Sakrament thematisiert. Angesichts dieses Zusammenhangs, der in der theologischen Tradition besonders umstritten ist – man denke nur an die symbolische Deutung des Abendmahls bei Zwingli –, muß sich herausstellen, ob die abwertende Rede »nur ein Symbol« wirklich überwunden ist und das Symbol »realpräsentisch« verstanden wird. Da Gottesdienst und Konfirmandenunterricht die wichtigsten Lernorte für den verstehenden Umgang mit Taufe und Abendmahl sind, mußten entsprechende Erfahrungsberichte dokumentiert werden. Im Hinblick auf die Versuche, elementare Zugänge zu Taufe und Abendmahl zu finden, werden die symboldidaktischen Reflexionen um die Aspekte der Ritual- und Sakramentendidaktik erweitert.
Das Kreuz Jesu ist nicht nur ein Symbol unter anderen, sondern das Zentralsymbol des christlichen Glaubens und als solches Kriterium des Symbolverständnisses. Daher bedarf dieses Symbol – gerade angesichts der aktuellen Diskussion – besonderer Beachtung. Kriterium des christlichen Symbolsystems kann das Kreuz Jesu nur sein, wenn es dem alten, seit prähistorischer Zeit nachweisbaren und weitverbreiteten Zeichen nicht nur eine weitere Bedeutung hinzufügt, sondern einen eigenständigen Ursprung aufweist. Unter dieser Fragestellung verbinden sich historische und systematisch-theologische Fragestellungen.
Durch die in diesem Band ausgewählten Symbole geraten wir in das *Zentrum* des christlichen Symbolsystems, zugleich aber auch an die *Grenzen* der hermeneutisch-didaktischen Vermittlungsbemühungen. Das Kreuz Jesu als Ereignis der Vermittlung von Gott und Welt ist zugleich die Grenze menschlicher Vermittlungsbemühungen. Das Kreuz ist die tiefste menschliche Erfahrung und zugleich das Ende der Erfahrung. Im Hinblick auf das Kreuz gilt in verschärfter Weise, was M. Josuttis für das Abendmahl formuliert: Wer das Kreuz Jesu verstanden hat, der hat alles verstanden. Und: Wer das Kreuz Jesu verstanden hat, der hat nichts verstanden[1].

1 Vgl. *M. Josuttis,* Zur Hermeneutik des Abendmahls, in: *D. Zilleßen u.a.* (Hg.), Praktisch-theologische Hermeneutik, Rheinbach-Merzbach 1991, 411–422, hier: 411.

Obwohl wir mit dem Kreuz Jesu an die Grenze der symboldidaktischen Möglichkeiten stoßen, ist die Symboldidaktik *insgesamt* in besonderer Weise geeignet, den neuen Herausforderungen in den religionspädagogischen Praxisfeldern zu entsprechen.
Die Beziehungen zur Tradition des Christentums, vor allem aber zur *gelebten* christlichen Religion nehmen ab. Vorerfahrungen mit Lebensformen des christlichen Glaubens können häufig nicht mehr vorausgesetzt, sondern müssen allererst gestiftet werden, soweit das in Lernprozessen überhaupt möglich ist. Wie wichtig in dieser Situation *erfahrungsnahe* Zugänge zum christlichen Glauben sind, wird etwa an der hohen Beteiligung von Jugendlichen an Kirchentagen erkennbar. Eine kritische Auseinandersetzung mit Religion setzt einen solchen erfahrungsnahen Umgang voraus. Der Hermeneutische Unterricht wurde vielfach als Befreiung von den Verzerrungen und Idolisierungen der christlichen Tradition erfahren. Heute ist selbst ein solches verzerrtes Verständnis kaum noch vorhanden. Gleichwohl ist die »Sache«, um die es in der religiösen Bildung geht, immer schon beim Subjekt – und sei es in der offenen Frage nach dem, was dem Leben Grund, Sinn, Identität und Freiheit verleiht.
Andererseits findet sich bei Jugendlichen ein starkes Interesse an Okkultismus, Esoterik und neoreligiösen Gruppen. Eine Wissenschaft, die die Wirklichkeit auf das reduziert, was sich ihrer Methode unterwirft, schafft geradezu ein Residuum, in dem Esoterik, neue Mythologie und Innerlichkeit gedeihen. Angesichts der Erfahrung, daß »unsere Flanken zum Irrationalen offener und länger werden« (von Hentig), verstehe ich die kritische Symbolkunde als den Ort, an dem durch ganzheitlichen Umgang mit der Wirklichkeit wenigstens ein Vorgeschmack religiöser Erfahrung gestiftet, Irrationalität bewußtgemacht und kritisch begleitet, an dem aber zugleich neuzeitliche Rationalität transformiert und erweitert wird.
Die Herausforderung zur Entwicklung einer kritischen Symbolkunde und einer entsprechenden Didaktik liegt darin, daß Alltagsmythen und -symbole in der Lebenswelt Heranwachsender mit höchst ambivalenten Wirkungen bereits eine Rolle spielen[2]. Die Symbole, die sie in Anspruch nehmen, können Ausdruck ihrer Sehnsucht, ihres Schmerzes und ihrer Hoffnung sein. Zugleich können diese Symbole Warencharakter gewinnen, zum Fetisch oder Idol werden und damit die Sehnsucht, den Schmerz und die Hoffnung enteignen. Es sind daher Symbole, Bilder, Geschichten gelingenden Lebens, gelebte Alternativen erforderlich, die die Hoffnung vermitteln können, daß das Leben trotz der Bedrohung noch eine Aussicht hat, daß es eine Zukunft gibt, die wir mitgestalten können. Symbole können nämlich Antizipationen des verheißenen gemeinsamen Lebens sein, die zu experimenteller Praxis herausfordern.

2 Zum religionspädagogischen Orientierungsrahmen, in den das Konzept der Symboldidaktik einbezogen werden soll, vgl. vom *Verf.*, Erfahrung, Glaube und Bildung, Gütersloh 1991.

Der pädagogische Umgang mit Symbolen erfordert, daß Formen einer ganzheitlichen Erschließung des Symbolsinns der kritischen Interpretation vorausgehen, aber gleichzeitig Formen diskursiver Urteilsbildung gefördert werden. Mythos und Logos, Symbol und Begriff, Vorgabe und Reflexion, Teilnahme und Distanz sind nicht gegeneinander auszuspielen, sondern dialektisch beieinanderzuhalten. Es ist also eine Gratwanderung zwischen Erfahrung und Reflexion erforderlich; denn religiöse Erfahrungen sollen wegbereitend gefördert und zugleich kritisch reflektiert werden. Dieses religionspädagogische Interesse an der Symbolkunde leitet die Aussagen zum Symbolverständnis. Wir fragen nach einem *weiten* Symbolverständnis, um die im Sozialisationsprozeß ausgebildeten und angeeigneten Symbole erfassen und um den frühen Symbolbildungsprozeß des Individuums beschreiben zu können.
Ein *weiter* Symbolbegriff liegt E. Cassirers »Philosophie der symbolischen Formen« zugrunde[3], er wurde von S.K. Langer[4], insbesondere durch ihre Unterscheidung zwischen diskursiver und präsentativer Symbolik, differenziert. Cassirer will mit Hilfe seines Symbolbegriffs die Barriere zwischen symbolisch-bildhaftem und begrifflichem Denken überwinden; dieser umfaßt daher *alle* Formen menschlichen Erkennens, alle Phänomene, in denen sich eine wie auch immer geartete »Sinnfüllung« des Sinnlichen darstellt. A. Lorenzer hat diesen weiten Symbolbegriff, der für ihn auch sinnlich wahrnehmbare Dinge als Bedeutungsträger umfaßt, aufgenommen. »Symbole sind uns alle, in Laut, Schrift, Bild oder anderer Form zugänglichen *Objektivationen menschlicher Praxis,* die als *Bedeutungsträger* fungieren, also ›sinn‹voll sind.«[5] Es gelingt Lorenzer, das neukantianische Symbolverständnis Cassirers so weiterzuentwickeln, daß die sinnlich-leibliche Verwurzelung der Symbole erkennbar und die psychosoziale Entwicklung der Symbolbildung verständlich werden[6]. Die Bedeutung von Ritual und Mythos, Kerne der präsentativen Symbole, für die Identitätsbildung wird herausgearbeitet: Der Mythos versucht, die Grundlagen der Identität in Bilder zu fassen, im Ritual wird Identität in ›Lebenssymbolen‹ sinnlich, unmittelbar leiblich dargestellt[7]. Beide Symbolformen helfen, die Spannung zwischen Individualität und Kollektivität zu verarbeiten.
Da Symbole Modelle für Lebensorientierung, Identitäts- und Gemeinschaftsbildung darstellen, ist die *Frage nach der Qualität des Symbolange-*

3 Vgl. *J. Oelkers,* Symbolische Form und Differenz. Pädagogische Überlegungen im Anschluß an Ernst Cassirer, in: *ders. u.a.* (Hg.), Neukantianismus, Weinheim 1989. S. auch *K. Neumann,* Ernst Cassirer: Das Symbol, in: *J. Speck* (Hg.), Grundprobleme der großen Philosophen. Philosophie der Gegenwart II, Göttingen ³1991, 102–145 (Lit.).

4 Vgl. *S.K. Langer,* Philosophie auf neuen Wegen. Das Symbol im Denken, im Ritus und in der Kunst (1942), Mittenwald ²1979.

5 *A. Lorenzer,* Das Konzil der Buchhalter. Die Zerstörung der Sinnlichkeit. Eine Religionskritik, Frankfurt/M. 1981, 23.

6 Vgl. ebd., bes. 152–167.

7 Vgl. ebd., 33ff.

bots für die Ich-Entwicklung und das Wirklichkeitsverständnis entscheidend. Es ist Gegenstand entwicklungspsychologischer Untersuchungen, wie das Angebot der kulturellen und religiösen Symbole möglichst optimal auf die Entwicklung der psychischen Struktur bezogen werden kann, die wiederum von sinnlich-symbolischen und sprachlich-symbolischen Interaktionsformen abhängig ist. Dieser Fragestellung entspricht der *weite* Symbolbegriff. Hinter der Frage nach der Qualität des Symbolangebots für eine gesunde Ich-Entwicklung steckt aber zugleich *die Frage nach der »Qualität« der Wirklichkeit, die die Symbole repräsentieren.* Da Symbole einerseits die Tendenz zur Idolisierung haben – sie sind im Faschismus mißbraucht worden –, andererseits Tiefenschichten menschlichen Lebens erschließen, ist diese Frage für eine religionspädagogische Symboltheorie von Bedeutung. Sie läßt sich nicht mehr alleine mit dem weiten Symbolbegriff bearbeiten. Wir rechnen daher mit fließenden Übergängen zu dem *engeren* Symbolverständnis Paul Ricoeurs[8], der definiert: »Symbol ist dort vorhanden, wo die Sprache Zeichen verschiedenen Grades produziert, in denen der Sinn sich nicht damit begnügt, etwas zu bezeichnen, sondern einen anderen Sinn bezeichnet, der nur in und mittels seiner Ausrichtung zu erreichen ist.«[9] Für solche *Zeichen mit doppeltem (oder mehrfachem) Sinn* wird in der sprachphilosophischen Tradition der Begriff »Symbol« verwendet[10]. Wir benötigen in der religionspädagogischen Praxis einen Begriff für solche Zeichen mit mehrfachem Sinn, die uns etwa in biblischen Texten begegnen. Das weite Symbolverständnis hat den Vorteil, daß es in analytischer und diagnostischer Fragestellung alles wahrnehmen läßt, was für Heranwachsende die *Funktion* eines Symbols hat; es birgt die Gefahr, daß in den Lernfeldern *alles* zum Symbol wird. Damit büßt der Begriff seine Fruchtbarkeit wieder ein. Mit diesem Versuch, ein weiteres und ein engeres Symbolverständnis zu verschränken, nehmen wir zugleich einen entscheidenden Gesichtspunkt der Kritik A. Buchers[11] auf.

Bucher bevorzugt (mit G. Stachel) einen weiten Symbolbegriff, der die Dinge in der Natur und Kultur umfaßt, »insofern sie Bedeutung vergegenwärtigen und Wirklichkeit anwesend sein lassen« (132f); sein besonderes Interesse gilt der »präsentativen Symbolik« (S.K. Langer), z.B. der Musik, dem Ritus, dem Mahlhalten, aber auch der konkreten Leiblichkeit und

8 Die Notwendigkeit, einen weiten und einen engeren Symbolbegriff zu verschränken, wurde bereits 1983 begründet. Vgl. vom *Verf.*, Erfahrung als hermeneutische, theologische und religionspädagogische Kategorie, in: *H.-G. Heimbrock* (Hg.), Erfahrungen in religiösen Lernprozessen, Göttingen 1983, 13–69, hier: 39ff.

9 *P. Ricoeur,* Die Interpretation. Ein Versuch über Freud, Frankfurt/M. 1974, 29. Diese Definition wirkt in jener des lateinamerikanischen Theologen *F. Taborda*, Sakramente: Praxis und Fest, Düsseldorf 1988, 64 nach: »Das Symbol ist ein Zeichen, dessen Bezeichnendes *transparent* für ein anderes als sein primär Bezeichnetes ist . . . In der Unmittelbarkeit des Bezeichnenden scheint vielmehr ein zweites Bezeichnetes auf.«

10 *Oelkers*, Symbolische Form, 298ff verweist u.a. auf Hegel und Schleiermacher.

11 Vgl. *A. Bucher*, Symbol – Symbolbildung – Symbolerziehung. Philosophische und entwicklungspsychologische Grundlagen (SPT 36), St. Ottilien 1990 (die Seitenzahlen in Klammern beziehen sich auf dieses Werk).

ihrer Expressivität. Das Symbolverständnis Ricoeurs wird – zum Teil aufgrund von Fehlurteilen – scharf kritisiert (vgl. 200–211). Dementsprechend würdigt er in »Symbole geben zu lernen« die Darstellung der Symbolentwicklung (3.1) und die starke Betonung der ästhetischen Dimension der Symboldidaktik (1.1). Er kommt zu dem Urteil, daß die theoretischen Grundlagen weit mehr Potentiale in sich bergen, als in den erziehungspraktischen Konkretionen realisiert werden konnte (vgl. 437); er führt diesen Sachverhalt nicht auf die konkrete Situation zurück, in der die Unterrichtsversuche jeweils stattfanden, sondern vor allem darauf, daß versucht wurde, das Ricoeursche Symbolkonzept zu operationalisieren (vgl. ebd.). Bucher will anhand der »kritischen Symbolkunde« nachweisen, daß das Ricoeursche Symbolkonzept für die Symboldidaktik nicht geeignet ist. Diese Voreinstellung des Autors führt zu einer Verzeichnung unseres Gesamtkonzepts, obwohl er einzelnes durchaus richtig sieht. Die kritischen Urteile finden sich daher bereits in der Darstellung der Konzeption Ricoeurs. Bucher kritisiert hier, daß das Symbolverständnis Ricoeurs zu eng und zu rational sei (210), insbesondere sei es (1) ausschließlich als ein *sprachliches* Phänomen konzeptionalisiert und vernachlässige die Leiblichkeit, (2) setze es auf die Möglichkeit, den Sinn von Symbolen durch *reflexive* Rekonstruktion neu zu gewinnen, und verfolge (3) ein Konzept von »zweiter Naivität«, das in der Zielsetzung mit dem Programm der Entmythologisierung Bultmanns weitgehend identisch sei (206f).

Nach Buchers Meinung ergibt sich aus Ricoeurs Symbolkonzeption, daß Symbole *zunächst* zu kritisieren seien, um sie *dann* neu *als* Symbole rekonstruieren zu können (207). Vor allem dieses Fehlurteil, das die *Dialektik von Vorgabe und Kritik* in der Symbolhermeneutik Ricoeurs völlig verkennt[12], verhindert eine sachgemäße Wahrnehmung entsprechender symboldidaktischer Entwürfe. Es ist die Intention Ricoeurs, die philosophische Reflexion wieder an die Fülle der Sprache, die die Symbole *gibt*, zu binden. Ist bei Ricoeur das Verstehen im Kern durch die Dialektik von Annäherung und Distanzierung bestimmt[13], so versteht es sich für eine entsprechende *Didaktik* von selbst, daß Heranwachsende nicht Symbole kritisieren können, deren Sinn sie noch gar nicht verstanden haben bzw. die sie als solche überhaupt nicht erkennen. So erfordert ein didaktisch angemessener Umgang mit Symbolen, daß die Erschließung des Symbolsinns durch Formen ganzheitlicher (leiblicher) Kommunikation der kritischen Symbol*interpretation* vorausgeht.
Zu dieser ganzheitlichen Kommunikation gehören elementare sinnliche Wahrnehmung, gemeinsames Handeln, gestischer Umgang mit Symbolen, wie Bucher anhand der Unterrichtsversuche zum Symbol »Hand« feststellt. Dieser symboldidaktische Grundsatz, der bereits im ersten Band (185) entwickelt wurde[14], verträgt sich durchaus mit der Symbolhermeneu-

12 Nach *P. Ricoeur* gründet das Verstehen (der Symbole) in einem existential primären *Hörenkönnen;* dieses wiederum impliziert ein *Zugehören,* »in dem sich der prä-ethische Gehorsam konstituiert« (Hermeneutik und Psychoanalyse, München 1974, 295). Die Vorgabe der Symbole ermöglicht dieses Zugehören.

13 Vgl. dazu genauer: *P. Biehl*, Symbole geben zu verstehen, in: *Zilleßen u.a.* (Hg.), Hermeneutik, 141–160.

14 Diesen Grundsatz hat *N. Weidinger,* Elemente einer Symboldidaktik (RU ab S), Bd. 1 (SPT 35), St. Ottilien 1990, 555 in unserer Symboldidaktik wahrgenommen; er steht insgesamt dem Ansatz einer kritischen Symbolkunde näher als Bucher (vgl. 583). Dieses Urteil

tik Ricoeurs. Es geht ja nicht darum, eine bestimmte Symboltheorie zu ›operationalisieren‹, wie Bucher meint, sondern darum, nach Korrespondenzen zwischen Symbolhermeneutik und -didaktik zu fragen. Wie die *Vorgabe* der Symbole *didaktisch* zu erschließen ist, läßt sich nicht aus dem Symbolkonzept Ricoeurs ableiten[15]. Ricoeur grenzt in der Tat das Symbolverständnis auf das »hermeneutische Feld« und damit auf *Sprache in einem weiteren Sinn* ein. Sprache wird wie bei H.-G. Gadamer nicht nur als gehörtes oder gesprochenes Wort verstanden, sondern als Sinn, der zum Wort wird. Insofern sind die Befürchtungen Buchers, daß elementare oder präsentative Symbole ausgeklammert bleiben, gegenstandslos. Nach Ricoeur bleiben wir durch die Symbole mit der Geburt, mit der Natur und mit dem Wunsch, also mit unserer Leiblichkeit verbunden. Er betont aber zu Recht, daß sinnliche Realitäten (wie Wasser, Brot, Kreuz) ihre symbolische Dimension erst »im Universum der Rede« erhalten[16]. Sind im Symbol erst einmal Sinnlichkeit und Sinn fest verbunden, dann kann ein Bild, eine Geste, ein Ding auch ohne diesen Kontext den Doppelsinn zum Ausdruck bringen. Angesichts des Kreuzes Jesu werden wir diesen Sachverhalt zu erörtern haben. Erst dadurch, daß das Ding (der Marterpfahl) symbolisch, d.h. zugleich zum Wort wird, kann das Kreuz Jesu von anderen Kreuzen heilsam unterschieden werden.

Schließlich ist (3) zu bestreiten, daß Ricoeur mit der Konzeption der »zweiten Naivität«, in der die Symbolkritik (im Hegelschen Sinn) »aufgehoben« ist, dieselbe Intention verfolge wie Bultmann mit dem Entmythologisierungsprogramm (206). Ricoeur interpretiert den Mythos nicht auf existentiale Begriffe hin, sondern bei ihm treten die *Symbole* in den Rang der existentialen Begrifflichkeit ein[17], Symbole, deren Fülle des Sinns durch Interpretation nicht auszuschöpfen ist; sie bleiben also der Reflexion stets voraus.

Eine der wichtigsten Grundaufgaben der kritischen Symbolkunde hat Bucher gar nicht im Blick; sie sei darum noch einmal ausdrücklich genannt. Er kritisiert wiederholt, daß die Symbolkunde offenbar voraussetze, die Heranwachsenden brächten die Symbole bereits mit. Die Unterrichtskonzepte sind einerseits so offen angelegt, daß die Lernenden ihre *Vorerfahrungen* (z.B. mit dem Symbol »Hand« oder »Weg«), soweit vorhanden, einbringen

gilt auch im Hinblick auf die Dissertation von *J.-A. von Allmen*, Symboltheorie und Symboldidaktik am Beispiel von Peter Biehl und Hubertus Halbfas, Diss. theol. Basel 1992.

15 *Bucher* stellt fest, daß sich Ricoeurs Symboltheorie primär an den Bedürfnissen jugendlicher und erwachsener Menschen orientiere und auf der in entwicklungspsychologischer Hinsicht fragwürdigen Annahme basiere, der Sinn von Symbolen lasse sich durch reflexive Rekonstruktion neu gewinnen (210). Abgesehen davon, daß dieses Urteil im Hinblick auf die Symbolhermeneutik Ricoeurs unzutreffend ist, verrät die Argumentation, daß Bucher die Wahrheit philosophischer Konzeptionen an dem entwicklungspsychologischen Stufenschema von F. Oser mißt, das selbst nicht mehr hinterfragt wird, obwohl es auch Ausdruck anthropologischer Grundannahmen ist.

16 Vgl. *Ricoeur*, Interpretation, 27, vgl. 541.

17 Vgl. *P. Ricoeur*, Symbolik des Bösen. Phänomenologie der Schuld II, Freiburg/München 1971, 406.

können. Die eigentliche Erschließung des Symbolsinns (durch Formen ganzheitlicher Kommunikation) vollzieht sich in den Lernprozessen selbst, wenn irgend möglich durch sinnliche Wahrnehmung und gemeinsames Handeln. Ein ganz anderes Problem besteht darin, daß Heranwachsende sich bereits gesellschaftlich vermittelte Symbole angeeignet haben, die ihr Lebensgefühl zum Ausdruck bringen und die affektiv besetzt sind. Das können Symbole des Konsumismus und der Herrschaft, aber auch Symbole des Schmerzes, der Sehnsucht und der Hoffnung sein, die ihren Ausdruck etwa in Musikerlebnissen finden. Weil die in religiösen Lernprozessen erschlossenen Symbole immer schon auf bestimmte Symbole oder Phänomene, die die *Funktion* von Symbolen ausüben, treffen, läßt sich die kritische *Frage nach der Wahrheit* der Symbole gar nicht ausschließen.
Wir haben in Auseinandersetzung mit kritischen Einwänden noch einmal die allgemeinen Voraussetzungen einer theologischen Symboltheorie genannt. Darüber hinaus ist zur Präzisierung einer solchen Theorie die Erschließung theologischer Inhalte erforderlich. Bei Tillich hat nachweisbar das Gottesverständnis auf die Ausarbeitung seiner allgemeinen Symboltheorie eingewirkt. So sind auch durch die Auseinandersetzung mit dem Sakramentsverständnis und der Kreuzestheologie Differenzierungen in der Symboltheorie zu erwarten.
Wir beschreiben noch einmal die *Aufgabe* der Symboldidaktik, soweit sie bisher erkennbar geworden ist: In der Symboldidaktik geht es vor allem um die Frage, wie Symbole als Ergebnis kultureller und religiöser Überlieferung im Sinn von Identifikations*angeboten* so auf den Vorgang der Subjektwerdung bzw. Identitätsbildung bezogen werden können, daß dieser gefördert, begleitet und erneuert wird. Die angebotenen Symbole *erinnern* eigene und überlieferte Erfahrungen, um *Neues* zu sagen; sie geraten in Auseinandersetzung mit den in der Lebensgeschichte individuell ausgebildeten und den gesellschaftlich vermittelten Symbolen. Von bildender Wirkung kann im Hinblick auf das Symbolangebot noch nicht gesprochen werden, wenn in Lernprozessen *über* Symbole geredet wird, das Bildende liegt vielmehr in dem Vorgang, in dem Menschen sich *vor* und *in* Symbolen verstehen und sich mit Hilfe von Symbolen mit anderen verständigen[18]. Symbole als Ergebnis kultureller und religiöser Überlieferung sowie erstarrte Symbole aus dem Lebensumfeld *werden* also für die Betroffenen erst wieder zu Symbolen, wenn sie auf symbolische Weise *selbsttätig* mit ihnen umgehen.

18 Vgl. vom *Verf.*, Symbole – ihre Bedeutung für die menschliche Bildung, Zeitschrift für Pädagogik 38 (1992) 193–214.

2 Präzisierungen der theologischen Symboltheorie

2.1 *Symbol und Sakrament*

2.1.1 Jesus Christus – das *eine* Sakrament des Glaubens

Wir beginnen die Auseinandersetzung mit dem Sakramentsverständnis mit einer *These:* Das Kommen Gottes zur Welt in Jesus von Nazareth macht ihn zu dem einzigen Sakrament; Ostern ist er als das eine Sakrament eingesetzt. Eine solche *exklusiv-christologische* Verwendung des Sakramentsbegriffs findet sich in der theologischen Tradition bei Luther und Melanchthon 1520/21 und bei Karl Barth.

In seiner Schrift »De captivitate Babylonica ecclesiae praeludium« (1520) erklärt Luther, daß er, wenn er dem strengen Brauch der Schrift folge, nur ein Sakrament habe und drei ›sakramentale‹ Zeichen, nämlich Taufe, Buße und das Brot[19]. Diese Unterscheidung Luthers entspricht insofern dem Neuen Testament, als dieses kein anderes Mysterium als Jesus Christus selber kennt. Wir halten diese Unterscheidung zwischen dem einen Sakrament und den sakramentalen Zeichen- bzw. Symbolhandlungen für unsere weiteren Überlegungen fest.

1521 erklärt Melanchthon in seinen Loci – wahrscheinlich der eben zitierten Stelle folgend –, er wolle das, was andere sacramenta nennen, nur als signa oder signa sacramentalia bezeichnen, weil Paulus (Kol 1,27) mit dem Ausdruck sacramentum Christus selbst gemeint habe[20].

Karl Barth nimmt diesen Grundgedanken der Reformation, den Sakramentsbegriff ausschließlich christologisch zu verwenden, wieder auf. In seiner Versöhnungslehre (KD IV/2, 59) stellt er die Frage, ob die Kirche wohl daran getan habe, »als sie aufhörte, in der Inkarnation und also in der nativitas Jesu Christi, im Geheimnis der Weihnacht das eine, einzige, ein für allemal vollzogene Sakrament zu erkennen . . . Hat sie wirklich nicht genug an der Gabe und am Empfang dieses einen Sakraments, dessen

19 »Quanquam, si usu scripturae loqui uelim, non nisi unum sacramentum habeam, et tria signa sacramentalia, de quo latius suo tempore« (Clem I, 431,38–40; vgl. auch WA 6, 86,7f). Einige Vorüberlegungen und Konkretionen zu den Symbolen »Brot« und »Mahl« wurden bereits veröffentlicht in meinem Beitrag zum Berner Symposium »Symbol und Sakrament«, in: *J. Oelkers / K. Wegenast* (Hg.), Das Symbol – Brücke des Verstehens, Stuttgart 1991, 125–149.

20 Vgl. Loci communes rerum theologicarum seu Hypotyposes theologiae, 1521, Studienausgabe der Werke II/1, 143,29–31.

Wirklichkeit sie der Welt in ihrer Verkündigung und so auch in Taufe und Abendmahl zu bezeugen . . . hat?«
Barth befindet sich mit dieser Position sachlich in der Nähe dessen, was Luther und Melanchthon um 1520 vertreten haben, und er folgt dem biblischen Sprachgebrauch. Die Frage ist jedoch, was unter der Sakramentalität Jesu Christi zu verstehen ist und in welcher Beziehung sie zu den üblicherweise »Sakramente« genannten Zeichen steht. »Jesus Christus ist das eine Sakrament der Kirche, insofern im Ereignis seines Seins das Geheimnis der Urentscheidung Gottes für den Menschen geschichtlich offenbar und wirksam wird.«[21] Damit ist das Menschsein Jesu allein das »Gnadenmittel«, das zwischen Gott und Mensch vermittelt. Wenn in der evangelischen Theologie weiterhin von sakramentalen Zeichenhandlungen im Blick auf Taufe und Abendmahl die Rede sein kann und soll, dann nicht in einem zusätzlichen und ergänzenden Sinne, sondern so, daß durch diese Zeichen- bzw. Symbolhandlungen das eine Sakrament der Kirche erschlossen und gefeiert wird. Diesen letzten Gesichtspunkt hebt E. Jüngel in seiner These besonders hervor: »Taufe und Abendmahl sind die beiden Feiern des einen Sakraments der Kirche.«[22]

2.1.2 Zur Entwicklung des Sakramentsverständnisses bei Luther

Der Begriff des Zeichens ist in der theologischen Tradition fest mit dem Sakramentsverständnis verbunden. Wir können daher in Anknüpfung an diese Tradition das Verhältnis zwischen Sakrament und Symbol zu klären versuchen. Wir verstehen die Symbole nicht mehr (wie Tillich) im Gegensatz zu den Zeichen schlechthin, sondern nur zu einer bestimmten Zeichensorte, den arbiträren Zeichen (bzw. Signalen). Das Symbol selbst ist ein Zeichen, aber ein Zeichen mit einem *mehrfachen* Sinn. Der Begriff des Zeichens wird in der Tradition jedoch nicht einheitlich verwendet; zahlreiche Sakramentsauffassungen und Symboltheorien lassen sich auf Augustins Zeichentheorie zurückführen, der mit seiner Unterscheidung alles Seienden in Dinge (res) und Zeichen (signa) den traditionellen Begriff des Sakraments »als eines eine unsichtbare ewige Sache bedeutenden und vermittelnden sichtbaren zeitlichen Zeichens geprägt hat«[23]. Symbolische Deutungen des Sakraments, selbst Tillichs Symboltheorie lassen sich auf Augustins Zeichentheorie zurückführen. Daher ist eine präzise Klärung erforderlich. Wir heben nur zwei Möglichkeiten hervor. (1) Der Zeichenbegriff kann in Anspruch genommen werden für ein rein »signifikatives« Ver-

21 *E. Jüngel*, Das Sakrament – was ist das?, in: *ders. / K. Rahner*, Was ist ein Sakrament?, Freiburg u. a. 1971, 36.
22 Ebd. Der exklusiv-christologische Ansatz führt bei *Jüngel* nicht dazu, die schöpfungstheologische und eschatologische Dimension des Sakramentsverständnisses auszuklammern (vgl. ebd., 29).
23 Ebd., 16f.

ständnis des Sakraments, etwa im Sinne eines »bloßen« Symbols für eine durch das Symbol bedeutete *abwesende* Sache. (2) Er kann auch in Anspruch genommen werden für ein »realpräsentisches« Verständnis der Sakramente; Zeichen sind dann bestimmte Zeichen, die die *Anwesenheit* einer durch das Wort verheißenen und im Glauben zu empfangenden Sache anzeigen. In dem zweiten Sinne hat Luther in »De captivitate Babylonica« den Zeichenbegriff verwendet[24]. An den beiden Beispielen wird deutlich, daß sich gerade in der Anwendung auf das Sakramentsverständnis herausstellt, ob der Zeichen- bzw. Symbolbegriff theologisch sachgemäß bestimmt ist.

Nun ist die Verwendung des Zeichenbegriffs bei Luther keineswegs einheitlich, sie hat sich vielmehr mit der Entwicklung des Sakramentsverständnisses verändert. Er hat einen allgemeinen Sakramentsbegriff erstellt; in seinen Abhandlungen über Taufe und Abendmahl ist er jedoch nicht konstitutiv. Luther entwickelt die Tauf- und Abendmahlslehre vielmehr im Anschluß an die Einsetzungsworte[25]. Wir skizzieren daher exemplarisch die Entwicklung des Abendmahlsverständnisses und fragen jeweils, was er unter »Zeichen« versteht.

Es lassen sich *vier Phasen der Entwicklung* unterscheiden. Das *Frühstadium* reicht etwa bis 1518. Luthers Abendmahlsverständnis ist vor allem durch Augustin geprägt. Das Mahl repräsentiert das Geschehen des Kreuzes Christi. E. Bizer weist auf eine frühe Bemerkung Luthers von 1509 zu Augustins Schrift »De Trinitate« (WA 9, 18,19–24) hin, in der die Kreuzigung Christi als Sakrament verstanden wird, weil sie ein Zeichen der Buße ist. »Sakrament« bezeichnet nicht eine kirchliche Handlung, »sondern vermittelt eine am Kreuz Christi zu gewinnende Erkenntnis, die auf einer bestimmten Deutung desselben beruht«[26]. Luther läßt hier also den traditionellen Sakramentsbegriff beiseite; der Tod Christi wird als Sakrament verstanden. Das Sakrament ist in diesem Frühstadium Andachtsmittel, es fordert zur Nachfolge, zur Demut auf.

Das *erste* Stadium des neuen Verständnisses der Sakramente beginnt 1519 mit dem »Sermon von dem hochwürdigen Sakrament des heiligen wahren Leichnams Christi und von den Bruderschaften«. Luther unterscheidet wie in dem gleichzeitigen Sermon von der Taufe im Sakrament drei Stücke: Zeichen (signum), Bedeutung (res) und Glauben. Neu ist die Erweiterung des augustinischen Schemas signum – res durch den Glauben, der die Verbindung zwischen dem Zeichen und seiner Bedeutung herstellt[27].

Als *Bedeutung* oder eigentliche Sache des Sakraments erscheint die Ge-

24 »Vbi enim est uerbum promittentis dei, ibi necessaria est fides acceptantis hominis . . .« (Clem I, 445,23f).

25 Vgl. *R. Seeberg*, Lehrbuch der Dogmengeschichte, Bd. IV/1, Graz ⁵1953, 386. Zur Entwicklung von Luthers *Tauflehre* vgl. *U. Kühn*, Sakramente (HST 11), Gütersloh 1985, 28–45.

26 *E. Bizer*, Die Entdeckung des Sakraments durch Luther, EvTh 17 (1957) 64–90, hier: 66.

27 Vgl. *M. Brecht*, Martin Luther: Sein Weg zur Reformation, Stuttgart ²1983, 342.

meinschaft »mit Christus und seinen Heiligen«; diese Gabe ist zugleich Verpflichtung derer, die am Mahl teilnehmen. Christus wird wesentlich als Exemplum verstanden[28]. Luther kann geradezu von einem »Sakrament der Liebe« sprechen. Die Gemeinschaft mit Christus und den Mitchristen hat ihre *Zeichen*. Einmal symbolisieren Brot und Wein, die aus vielen Körnern bzw. Trauben entstanden sind, die Gemeinschaft; sodann gehört der Vorgang zur Zeichenhaftigkeit, daß wir durch Essen und Trinken Brot und Wein in uns verwandeln; so wie das Brot verwandelt wird, werden wir verwandelt »yn den geystliche(n) leyp / das ist yn die gemeynschafft Christi und aller heyligen« (Clem I, 203,24f; vgl. WA 2, 748,8.27; 749,7). Die Gegenwart des Leibes und Blutes wird symbolisch gedeutet. Dementsprechend wird nicht das Essen des Leibes, sondern des Brotes betont. Das Symbol vergewissert den Menschen der Gemeinschaft. Luther geht von der Deutung des Vorgangs aus, die im *Glauben* als die Sache selbst ergriffen wird. Im Glauben wird das Sakrament zur Gabe. Der Fortschritt gegenüber dem Frühstadium besteht darin, daß Luther jetzt von den kirchlichen Sakramenten ausgeht und den Glauben so ausschließlich betont[29]. Das Mahl stärkt den Angefochtenen auf seinem Weg.

Im Hinblick auf die Schriften des Jahres 1520 »Ein Sermon von dem neuen Testament d.i. von der heiligen Messe« und »De captivitate Babylonica ecclesiae praeludium« läßt sich von einem *zweiten* Stadium der Entwicklung sprechen. Der Neuansatz besteht darin, daß Luther von den Einsetzungsworten ausgeht und daß der Begriff des *Testaments*, den er aus ihnen entnommen hat, die Auslegung beherrscht. Die Einteilung ist nicht mehr Zeichen, Bedeutung und Glaube, sondern der *Testator*, der das Sakrament macht, die *Erben*, denen das Testament gilt, und das *Testament* selbst (bzw. die Erbschaft), das sind die Worte Christi bzw. genauer die Worte »für euch gegeben«[30]. Christus hat durch seinen Tod dieses Testament in Kraft gesetzt. Die Einsetzungsworte sind die Summe des Evangeliums (WA 6, 374,4; Clem I, 318). Abendmahl und Evangeliumsverkündigung gehören jetzt aufs engste zusammen, es geht in ihnen um dieselbe Verheißung, um die Vermittlung der neuen Gerechtigkeit. Wort und Sakrament schaffen beide, was sie sagen und austeilen; nötig ist nur der Glaube, der ergreift, was verheißen ist. Der Glaube ist jetzt streng auf das Wort der Verheißung bezogen, er nimmt eine Gabe an, die ausgeteilt wird. Das Sakrament ist nicht mehr Andachtsmittel, sondern im strengen Sinn »Gnadenmittel« (Bizer). Die Besonderheit des Abendmahls besteht nicht nur darin, daß es eine kurze Summa des Evangeliums ist; es hat darüber hinaus noch ein äußeres *Zeichen*, nämlich Leib und Blut. Brot und Wein treten im Unterschied zum Sermon von 1519 kaum noch hervor[31]. Das Zeichen ist ein *be-*

28 Vgl. *Bizer*, Entdeckung, 79.
29 Vgl. ebd., 80.
30 Vgl. ebd., 86f.
31 Vgl. *Graß*, Abendmahlslehre (s.u. Anm. 39), 26.

stätigendes Zeichen, Pfand und Siegel der Heilsgabe. Der Mensch als Sinnenwesen bedarf des äußeren Zeichens. »Alßo hatt auch Christus in dißem testament than / und ein krefftigs aller edlist sigill und zeychen / an und in die wort gehenckt / das ist / sein eygen warhafftig fleysch und blüt unter dem brot und weyn. Dan wir arme menschen / weyl wir in den funff synnen leben / müssen yhe zum wenigsten / ein euserlich zeychen haben neben den worten daran wir uns halten und zusammen kumen mugen / doch alßo / das das selb zeychen ein sacrament sey / das ist / das es euserlich sey / und doch geystlich ding hab und bedeut / damit wir / durch das euserliche / in das geystliche getzoge werden / das euserlich mit den augen des leybs / dz geystliche ynnerliche mit den augen des hertzen begreyffen« (WA 6, 359; Clem I, 305,1–10). Die Zeichen erleichtern die Aneignung der Heilsgabe; wir können der Gabe des Sakraments jedoch auch ohne Zeichen teilhaftig werden (WA 6, 363; Clem I, 308,25–29). Es liegt viel mehr an den Worten als an den Zeichen; denn die eigentliche Heilsgabe ist das Testament, die Vergebung der Sünden und das ewige Leben[32].

Luther wendet sich in »De captivitate Babylonica« gegen die Transsubstantiationslehre und gegen die Kommunion unter nur einer Gestalt. Er wendet sich gegen die Siebenzahl der Sakramente und erkennt nur noch drei an, nämlich die Taufe, die Buße, das Brot; unter dem Gesichtspunkt, daß eigentliche Sakramente nur diejenigen mit »anhangenden Zeichen« sind, kommen nur noch Taufe und das Brot als Sakramente in Betracht (WA 6, 501, vgl. 572; Clem I, 431,34–38, vgl. 510,30–35). Von weitreichender Bedeutung ist der Sachverhalt, daß Luther seine neue Abendmahlslehre von der Struktur Verheißung – Glaube her entwickelt und daß es das Wort ist, welches Christus und die Elemente zusammenbringt.

Im *dritten* Stadium der Entwicklung, in den Jahren zwischen 1523 und 1529, bildet sich in der Auseinandersetzung mit Karlstadt sowie mit Zwingli und Oekolampad die endgültige Gestalt der Abendmahlslehre Luthers heraus. In dieser Auseinandersetzung ist er genötigt, das Handeln Gottes durch leibliche Zeichen zu betonen. »Leib und Blut Christi gewinnen jetzt über die zeichenhafte Bedeutung hinaus eine betont instrumentale Funktion«[33]. Der Akzent verschiebt sich von einer Personalpräsenz im Abendmahlsgeschehen auf eine reale Gegenwart Christi in den *Elementen* von Brot und Wein; sie hat ihren Grund in den Einsetzungsworten.

32 Aus dem Sachverhalt, daß Luther das Testament als die eigentliche Abendmahlsgabe versteht, folgert *S. Hausammann,* er vertrete eine signifikative Abendmahlsauffassung, die er erst durch den Streit mit Karlstadt überwunden habe; Luther erkenne später (WA 15, 394,12–17) seine Nähe zum gegnerischen Standpunkt (vgl. *S. Hausammann,* Realpräsenz in Luthers Abendmahlslehre, in: *L. Abramowski / J. F. G. Goeters* [Hg.], Studien zur Geschichte und Theologie der Reformation, Neukirchen-Vluyn 1969, 157–173, hier: 163, Anm. 30).

33 *Kühn,* Sakramente, 51. Vgl. *W. Schwab,* Entwicklung und Gestalt der Sakramentstheologie bei Martin Luther, Frankfurt/M. und Bern 1977, 248. – *Seeberg,* Lehrbuch der Dogmengeschichte IV/1, 399 bemerkt, daß die charakteristischen Momente beim Empfang des Abendmahls im Laufe der Entwicklung sich vom *Sehen* über das *Hören* auf das *Essen* verschieben.

Für unseren Zusammenhang sind besonders die Katechismen als Endgestalt der Abendmahlslehre von Bedeutung; in ihnen tritt die polemische Auseinandersetzung weitgehend zugunsten der Unterweisung zurück. Im *Großen Katechismus* erörtert Luther nach der Unterstreichung der göttlichen Einsetzung und Ordnung *drei Sachfragen*, nämlich die Frage nach dem Wesen, nach dem Nutzen und nach dem rechten und würdigen Empfang des Sakraments. Luther hat bei der Frage nach dem Wesen des Abendmahls speziell die *Elemente* Brot und Wein im Blick, die durch das hinzutretende Befehls- und Vollzugswort zu Leib und Blut werden. Luther setzt mit einer Definition ein: »Es ist der wahre Leib und Blut des HERRN Christi, in und unter dem Brot und Wein durch Christus' Wort uns Christen befohlen zu essen und zu trinken« (BSLK 709,23–26). Die Frage nach dem Nutzen wird zweifach beantwortet, er besteht nämlich in der Vergebung der Sünden und darin, daß das Sakrament »ein Speise der Seelen« ist, »die den neuen Menschen nähret und stärkt« (BSLK 712,11–13). Wegen solcher Kraft und Nutzen ist das Sakrament eingesetzt (vgl. BSLK 711,31–33). Dieses eigentliche Wozu des Sakraments gehört in seine Wesensbestimmung hinein. Insofern steht sie der früheren Wesensbestimmung gemäß der Struktur Verheißung – Glaube sachlich nahe. War in der zweiten Periode das Zeichen bestätigendes Zeichen und Siegel für die eigentliche Heilsgabe, das Testament, so wird jetzt das Zeichen in die Sache und den Sinn des Abendmahls selbst hineingenommen. In diesem Zeichen ist das Blut selbst gegeben, das »für mich gesetzt ist wider meine Sunde, Tod und alle Unglück« (BSLK 712,3–5). »Doch wie groß der Schatz fur sich selbs ist, so muß er in das Wort gefasset und uns gereicht werden, sonst würden wir's nicht können wissen noch suchen« (BSLK 713,20–23). Nicht nur die Realpräsenz hängt also »im Wort«, das zu den Elementen hinzutritt, sondern erst recht ihr Heilssinn. Das Wort hat neben der Auftragsfunktion (»Dieses tut«) und der Vollzugsfunktion (»Das ist mein Leib«) eine Übereignungsfunktion (»Für euch gegeben«)[34].

Der würdige Empfang schließlich besteht in nichts anderem als im Glauben. Die Wortstruktur des Abendmahlsgeschehens zielt auf die Annahme der Gabe im Glauben. »Weil solcher Schatz gar in den Worten furgelegt wird, kann man's nicht anders ergreifen und zu sich nehmen denn mit dem Herzen« (BSLK 715,8–10). Hier wird die Verheißung-Glauben-Struktur der zweiten Periode klar erkennbar[35].

Der Überblick zeigt, daß sich Luthers Sakramentsverständnis, insbeson-

34 Vgl. *Kühn*, Sakramente, 58. Vgl. *A. Peters*, Das Abendmahl nach Luther, in: Jahrbuch des Evangelischen Bundes XII: Im Lichte der Reformation, 1970, 98–134, hier: 109.

35 *Kühn*, Sakramente, 59 weist darauf hin, daß die in den Streitschriften erkennbar werdende eigenständige Wirkung des Sakraments auf den menschlichen Leib im Großen Katechismus nicht genannt wird. Insofern werde die promissio-fides-Linie hier noch konsequenter eingehalten. Zu einem *vierten* Sachpunkt – der Bedeutung des Abendmahls – finden sich im Großen Katechismus keine Aussagen; im Kleinen Katechismus findet sich ein entsprechender Abschnitt zur Taufe (BSLK 516,30ff).

dere seine Auffassung von der Funktion der Zeichen, stark verändert hat, daß aber bestimmte Strukturen der zweiten Periode in der Endgestalt der Abendmahlslehre[36] wiederkehren. 1523 wendet sich Luther gegen eine symbolisierende Auslegung der Einsetzungsworte durch den niederländischen Humanisten C.H. Hoen, die Zwingli stark beeindruckte[37]. Bis zu dieser Zeit hatte Luther, der die geistliche Realität der Abendmahlsgaben wohl stets vorausgesetzt hat, das Abendmahlsgeschehen selbst symbolisch verstehen können. P. Althaus spricht davon, daß in der ersten Periode Leib und Blut »nur« eine symbolische Bedeutung gehabt haben[38]. H. Graß beschreibt den Sachverhalt so: »Das als Zeichen verstandene ganze Sakrament . . . symbolisiert nicht nur die Gemeinschaft, sondern gewährt sie auch.«[39] Auch in dieser Formulierung ist die abwertende Rede »nur ein Symbol« nicht ganz überwunden; denn eben *als* Symbol gewährt das Sakrament Gemeinschaft. Das Verhältnis von Sakrament und Symbol stellt einen *Testfall* dar, ob jene abwertende Rede wirklich überwunden ist. Das Symbolverständnis muß sich an der endgültigen Gestalt der Abendmahlslehre Luthers bewähren lassen und dementsprechend präzisiert werden. Wir haben daher »Realpräsenz« als ein wichtiges Kennzeichen der Symbole hervorgehoben[40]. Das Symbol läßt das Repräsentierte *unmittelbar gegenwärtig* sein. In diesem Sinn hat Luther das theologische Zeichenverständnis scharf von einem philosophischen abgegrenzt: »Signum philosophicum est *nota absentis rei*, signum theologicum est *nota praesentis rei*« (WA Tr 4, 666). Diesem Satz entsprechend, der die Pointe seiner Sakramentstheologie wiedergibt, ist auch das Abendmahl nicht »Zeichen eines abwesenden oder zukünftigen Dings« (WA 23, 211). In »De captivitate Babylonica« definiert er die Sakramente *als mit Zeichen verbundene Verheißungen*[41]. Diese Formulierung bedarf der Erläuterung. Das Wort der Verheißung steht im Mittelpunkt des Interesses Luthers. Das Wort selbst ist ein »machtwort«, »das da schaffet / was es lautet. Psalm 33. Er spricht / so stehets da / sonderlich weil es hie am ersten gesprochen wird und ein thetel wort sein sol« (WA 26, 283; Clem III, 368,30–32); das Wort ist nicht bloßes »Deutelwort«, sondern »Tätelwort«, Wirklichkeit setzendes Sprachgeschehen. Die »realpräsentische« Tendenz im Sakramentsverständnis entspringt also seinem *Einsatz beim Wort* und nicht beim Element, wie im Großen Katechismus wieder deutlich erkennbar wird. Luther grenzt den

36 Nach 1530 kommt es in einer *vierten Periode* zu einer Konsolidierung seiner Abendmahlslehre und zu einer antischwärmerischen Polemik.

37 Vgl. *M. Brecht*, Martin Luther, Bd. 2, Stuttgart 1986, 81.

38 Vgl. *P. Althaus*, Die Theologie Martin Luthers, Gütersloh [3]1972, 320.

39 *H. Graß*, Die Abendmahlslehre bei Luther und Calvin, Gütersloh [2]1954, 24.

40 *P. Biehl*, Symbole geben zu lernen. Einführung in die Symboldidaktik anhand der Symbole Hand, Haus und Weg. Unter Mitarbeit von *Ute Hinze* und *Rudolf Tammeus* (Wege des Lernens 6), Neukirchen-Vluyn [2]1991, 47 (im folg. zit. Symbole I).

41 »Proprie tamen ea sacramenta uocari uisum est, quae annexis signis promissa sunt« (Clem I, 510,30f).

Zeichenbegriff allerdings häufig auf das ein, was Augustin »Element« nennt[42]; aber nicht ein einzelnes Element wird durch ein hinzutretendes Wort zum Sakrament - darin liegt die Grenze der augustinischen Zeichen-Hermeneutik -, das Zeichen ist vielmehr auf die Ganzheit dessen zu beziehen, worum es in Taufe und Abendmahl geht. *In dieser Ausrichtung auf den Gesamtvorgang der Handlung hat das Zeichen den Sinn eines Verheißungszeichens*[43]. Diese Einsicht ist gegenüber der Tendenz zur Betonung der Realpräsenz in den Elementen während der dritten Entwicklungsperiode festzuhalten.

2.1.3 Taufe und Abendmahl als Symbolhandlungen

Taufe und Abendmahl sind darstellende symbolische Handlungen, Rituale, deren »symbolischer Mehrwert« (Jetter) durch Mitvollzug und Interpretation entbunden wird. In der Handlung werden bestimmte Elemente, Gebärden und Sprachformen zu einem Vorgang zusammengefügt: Die Handlung selbst vollzieht sich durch eindeutige Gebärden[44]: Eintauchen und Ausgießen (Taufe), Austeilen und Darreichen (Abendmahl). Die Elemente heben besonders die Elementarität der Situation hervor: einfache Dinge wie Wasser, Brot und Wein. Hinzu kommen Worte, die erläutern, was geschieht - einmal Metaphern, die sich auf die Elemente beziehen (»Das ist mein Leib«), sodann Erzählungen, die sich auf den Gesamtvorgang beziehen und die (Leidens-)Geschichte Jesu erinnern (»Unser Herr Jesus Christus, in der Nacht . . .«).
Die Symbolhandlungen verweisen auf die Grundvorgänge der Reinigung und der Ernährung; dadurch stellen sie einen Zusammenhang mit allgemeiner menschlicher und religiöser Erfahrung her. Diese Grundvorgänge haben jedoch über ihre natürliche Bedeutung für das Wohlbefinden des Menschen hinaus bereits eine symbolische Bedeutung. Der Sinn, der diesen Handlungen natürlicherweise innewohnt, nämlich eine leibliche Reinigung und eine leibliche Sättigung, bringt einen zweiten Sinn hervor, der an den ersten gebunden ist, diesen aber transzendiert. So symbolisiert die Reinigung »Neuanfang«, »Aufbruch«, und schon der natürliche Sinn des Mahles verweist über den reinen Sättigungsvorgang hinaus auf die Erfahrung der Liebe und Gemeinschaft. Brot und Wein - das Mahl - haben also

42 Vgl. *Jüngel,* Sakrament, 23.

43 In »De captivitate Babylonica« hat die Taufhandlung als ganze die Funktion eines von Gott gesetzten *Zeichens,* in dem Sinn, daß sie »abbildet, was die Worte bedeuten«. »Alterum, quod ad baptismum pertinet, est signum seu sacramentum, quod est ipsa mersio in aquam . . . Dictum est enim, iuxta promissiones diuinas dari et signa, quae id figurent, quod uerba significant . . . (WA 6, 531; Clem I, 465,16-20). In dieser Schrift geht Luther auch bei der Erklärung der Taufe von der Verheißung aus, die in Mk 16,16 vorliegt; der Glaube richtet sich auf diese Verheißung.

44 Vgl. *G. Ebeling,* Dogmatik des christlichen Glaubens, Bd. III, Tübingen 1979, 301.

schon einen symbolischen Sinn, bevor ihnen in der Zeichenhandlung des Abendmahls (durch die Einsetzungsworte) ein besonderer Sinn beigemessen wird, nämlich die Gegenwart Jesu Christi zu verkörpern. Die elementaren Symbole »Wasser«, »Brot« und »Wein« haben in der Religions- und Kulturgeschichte eine Bedeutungsfülle erhalten, die mitschwingt, wenn ihr Sinn in der Tauf- oder Mahlhandlung präzisiert wird. Diese Präzisierung erfolgt durch die als Metaphern zu verstehenden »Einsetzungsworte« (z.B. »Das ist mein Leib«). Das Wort »Brot« erhält einen alle herkömmlichen Bedeutungen sprengenden, neuen Sinn, wenn es in dem überraschenden Vergleichsvorgang auf Jesus bezogen wird. Die natürlichen und symbolischen Bedeutungen von »Brot« bleiben aber die Verstehensvoraussetzung für die neue, metaphorische Bedeutung. Der natürliche und symbolische Sinn wird allerdings in diesem metaphorischen Vorgang christologisch »gebrochen«, indem er auf die besondere Geschichte Jesu bezogen wird. Die metaphorische Neuerung, die die Metapher (»Das ist mein Leib«) ermöglicht, ist ohne Metapher nicht sagbar. Die Metapher ist selbst *eigentliche* Rede und kann nicht in Begriffe übersetzt, sondern nur umschrieben werden. Dieser Sachverhalt ist im Hinblick auf Luthers Abendmahlsverständnis von entscheidender Bedeutung.

Haben wir eben den »Kern« der Handlung genauer betrachtet, in dem elementare Symbole und Metaphern in einem spannungsvollen Verhältnis stehen, so fragen wir jetzt nach dem »symbolischen Mehrwert« der Gesamthandlung. Wir setzen voraus, daß sich jener »Kern« mit den Elementen und die Symbolhandlung wechselseitig interpretieren; sie machen zusammen den Verheißungscharakter von Taufe und Abendmahl aus. G. Ebeling kennzeichnet diese zunächst als Empfangshandlungen (niemand kann sie an sich selbst vollziehen) und betont die Leiblichkeit der Handlung[45]. Die Leiblichkeit spielt in mehrfacher Hinsicht eine Rolle, u.a. im Hinblick auf das Verständnis der Kirche als Leib Christi. So verweisen beide Gesichtspunkte darauf, daß die Symbolhandlungen ohne den Bezug auf die Gemeinde nicht zu denken sind.

Der einzelne Christ und die Gemeinde sind in der Kraft des Geistes mit Christus vereint. Er ist Subjekt der Symbolhandlung[46], bringt sich als das eine Sakrament selbst in Erinnerung und eröffnet Zukunft. Beziehen wir den realpräsentischen Symbolbegriff nicht einseitig auf die Elemente, sondern auf den gesamten (Mahl-)Vorgang, so läßt sich das Anliegen Luthers durchaus festhalten. »Dieses Mahl *bedeutet* nicht nur, es *ist* sein Kommen zu uns.«[47] Als der Kommende bleibt er dem Christen und der Gemeinde stets voraus. Taufe und Abendmahl haben eine intensive Verbindung zum Anfang und Ende des Lebensweges Jesu (Taufe und Abschied); zugleich verweisen sie auf die universale Hoffnung der Gemeinde. Daher haben die

45 Vgl. ebd. 321. 232f.
46 Vgl. *G. Wenz*, Einführung in die evangelische Sakramentenlehre, Darmstadt 1988, 248.
47 *W. Joest*, Dogmatik, Bd. 2, Göttingen 1986, 588 (Hervorhebungen von mir).

Symbolhandlungen den Charakter eines *Erinnerungs- und Hoffnungszeichens*[48]. Ebeling charakterisiert sie zusammenfassend als »Wegzeichen des heiligen Geistes«[49]. Der Hinweis auf den Heiligen Geist verdeutlicht, daß die Wirksamkeit der Handlungen nicht in dem Glauben der Empfänger, sondern in der Verheißung gründet. Der Ausdruck »Wegzeichen« verweist darauf, daß Taufe und Abendmahl das Leben als ganzes auf ein Unterwegssein hin ansprechen. Die symbolischen Handlungen verheißen Befreiung zu neuem Leben in Gemeinschaft sowie Nähe und Mit-Sein des gekreuzigten Auferstandenen auf dem Wege.

2.1.4 Konsequenzen für den Ansatz der Symboldidaktik

Wir haben im ersten Band besonders im Hinblick auf die johanneischen Ich-bin-Worte und die synoptischen Gleichnisse die These entwickelt, daß die religiöse Rede in ihrem Kern symbolisch-metaphorische Rede ist. Diese These läßt sich überprüfen und erweitern. Die Symbolhandlung des Abendmahls erweist sich nämlich als ein Modellfall des Sprachgeschehens, das für das Neue Testament charakteristisch ist. Die wichtigsten Formen, die dieses Sprachgeschehen bestimmen, Symbol, Metapher und Erzählung, sind hier verbunden. In dieser Verbindung lassen sie sich (wie die Gleichnisse Jesu) als kommunikative Sprachhandlungen verstehen. In Taufe und Abendmahl kommt das Sprachgeschehen in Gestalt von Handlungen zur Geltung; daher kann in ihnen auch schärfer erfaßt werden, was »Wort Gottes« heißt, nämlich wirksames, Heil schaffendes Wort. Die symboldidaktischen Überlegungen sind dementsprechend um die Dimension der Handlung zu erweitern, die besonders durch narrative Rede eröffnet wird[50].
Es geht aber nicht nur um eine Überprüfung und Erweiterung der genannten These, sondern auch umgekehrt um die Frage, ob sie etwas zur Auflösung des Dilemmas der evangelischen Sakramentstheologie beitragen kann. Einigkeit besteht in dem Grundsatz, daß die Besonderheit der sakramentalen Handlungen nicht in der Gabe besteht, sondern in der Art und Weise, in der diese Gabe erschlossen und vermittelt wird. Trotzdem bleibt ein Dilemma. Entweder werden nämlich die Sakramente durch ein »bloßes« symbolisches Verständnis entwertet und damit überflüssig gemacht.

48 Nach *Wenz*, Einführung, 247 haben die Sakramente als Erinnerungszeichen zu dienen. *J. Moltmann*, Kirche in der Kraft des Geistes, München 1975, 273 spricht (treffender) von »Zeichen erinnerter Hoffnung«; er charakterisiert die Sakramente insgesamt als messianische Zeichenhandlungen (230); sie sind »Aktionen der Hoffnung auf das Reich hin« (231).
49 *Ebeling*, Dogmatik III, 330.
50 Vgl. *P. Ricoeur*, Zeit und Erzählung, Bd. 1, München 1988, 9: Die mimetische Funktion der Erzählungen wirkt vorzugsweise im Feld der *Handlung*. Symbol, Metapher und Erzählung sollten in ein Gesamtkonzept praktisch-theologischer Hermeneutik einbezogen werden.

Oder sie werden als Ergänzung zu dem »bloßen« Wortgeschehen verstanden und stellen damit das reformatorische »solo verbo – sola fide« in Frage[51]. Die Sakramentslehre hat demgegenüber nach Ebeling bei diesem reformatorischen Grundsatz einzusetzen und seiner präzisen Erfassung zu dienen. Wird das Wort wirklich in seinem umfassenden Geschehenscharakter erfaßt, dann muß das Wort nicht durch das Sakrament »ergänzt« werden. Die Symbolhandlungen betonen vielmehr so nachdrücklich wie möglich, »daß das Evangelium uns in unserem leiblichen, geschichtlichen Dasein eschatologisch anredendes«, d.h. neu schaffendes Wort ist[52].
Das von Ebeling gekennzeichnete Dilemma läßt sich dann auflösen, wenn das Wort selbst »sakramentalen« Charakter erhält, also elementenhaftes, konkretes, leiblich wirksames, Sinnlichkeit und Sinn umfassendes Wort ist, wie das auch beim Segen anschaulich wird. Nur wenn das Wort zur »richtigen Lehre« oder zum theologischen Begriff entleert worden ist, bedarf es zur Ergänzung eines »sichtbaren Wortes«. Luther hat das Wort »bildhaft« und das Sichtbare »worthaft« verstanden. Darum kann er die sakramentalen Zeichen als Präzisierung des Verheißungscharakters des Wortes verstehen. Dieser Bemühung, das Wortgeschehen in dem genannten Sinn wieder »sakramental« zu verstehen, diente der Versuch, es von dem entdeckend-präzisierenden Charakter der Metaphern und dem erschließend-vermittelnden Charakter der Symbole her zu bestimmen.
Das Abendmahl hat sich in unseren Überlegungen in mehrfacher Hinsicht als Paradigma erwiesen. Es kann als Inbegriff des Evangeliums, als »summa et compendium Evangelii« (Luther) verstanden werden. In ihm wird handelnd das Symbol der Liebe dargestellt, der sich opfernden Liebe, die recht behält gegen den Tod. Das Abendmahlsverständnis ist ein Modellfall für die Entwicklung einer sachgemäßen Sprachlehre des Glaubens; es ist z.B. Prüfstein für ein angemessenes (realpräsentisches) Symbolverständnis, und es kann die Symboldidaktik veranlassen, die Dimension des darstellenden Handelns in ihren Ansatz zu integrieren.

2.2 *Das Kreuz Jesu als Symbol und Kriterium einer theologischen Symboltheorie*

Ähnlich wie beim Abendmahl ist das Verhältnis von Kreuz und Symbol von Mißverständnissen belastet, so daß allererst zu fragen ist, in welchem Sinn vom Kreuz Jesu als Symbol zu sprechen ist. Ist es überhaupt theologisch zulässig, vom Kreuz Jesu zu behaupten, es sei ein Symbol? Es gibt

51 Vgl. *G. Ebeling*, Erwägungen zum evangelischen Sakramentsverständnis, in: *ders.*, Wort Gottes und Tradition, Göttingen ²1966, 217.
52 Ebd., 226.

zahlreiche Mahnungen, das Kreuz dürfe nicht als Symbol, als Metapher oder als Chiffre verstanden werden, soll es nicht entleert werden[53]. G. Ebeling stellt fest, daß das Kreuz in unbestrittener Einmütigkeit zu dem christlichen Symbol schlechthin geworden sei, daß es sich aber aus einer furchtbaren Realität in ein religiös verklärtes Bild oder gar in eine blutleere theologische Chiffre verwandelt habe[54]. An anderer Stelle setzt er sich mit der These auseinander, die Glaubenssprache sei durchweg metaphorisch, und fragt: »Handelt es sich, wenn hier von Sühne, Loskauf oder Opfer die Rede ist, überhaupt um Metaphern, um bildliche Vergleiche? Oder wäre der Begriff des Symbols angemessener?« In welchem Sinn müßte er dann verwendet werden?[55]

Auf jeden Fall steht gerade angesichts des Kreuzes Jesu zur Debatte, ob für christliche Symbole der *Geschichtsbezug* konstitutiv ist. Eine Glaubenssprache ist dann sachgemäß, wenn der Glaube durch sie auf jene Geschichte bezogen bleibt, deren er seine Freiheit verdankt. »Nimmt der Glaube Abschied von der Geschichte des Kreuzes, indem er das Wort vom Kreuz in ein paradoxes Symbol oder eine Grundstruktur theologischer Rede verwandelt, dann gehört er seinerseits zu den Denkweisen, die im Verlauf jener Geschichte veraltet sind.«[56]

Soll das Kreuz Jesu als Symbol zugleich Kriterium einer theologischen Symboltheorie sein, dann ist aus sachlichen und methodischen Gründen *zwischen der Symbolik des Kreuzzeichens oder des Bildes des Gekreuzigten und der Symbolik des (realen) Kreuzes Jesu zu unterscheiden.* Für diesen Sachverhalt sprechen auch *historische* Gründe: Die Geschichte des Kreuzes als christlichen Symbols beginnt nach einer Vorgeschichte erst in theodosianischer Zeit wahrscheinlich in Byzanz. Die Kreuzestheologie (Paulus) bzw. die Passionstheologie (Markus) begegnet uns im Zentrum des Neuen Testaments.

2.2.1 Zur Geschichte des Kreuzzeichens I

Das Kreuz ist bereits seit prähistorischen Zeiten als Zeichen in Höhlen nachweisbar; es ist weit verbreitet in alten Kulturen und weist in den Sym-

53 Vgl. z. B. *H.-W. Kuhn,* Jesus als Gekreuzigter in der frühchristlichen Verkündigung bis zur Mitte des 2. Jahrhunderts, ZThK 72 (1975) 1–46, hier: 29(gegen das Kreuz als Chiffre). 12.15.24.27 (gegen das Kreuz als Symbol).

54 Vgl. *G. Ebeling,* Dogmatik des christlichen Glaubens, Bd. II, Tübingen 1979, 150f.

55 *G. Ebeling,* Der Sühnetod Christi als Glaubensaussage, in: Die Heilsbedeutung des Kreuzes für Glaube und Hoffnung des Christen, ZThK, Beiheft 8, Tübingen 1990, 3–28, hier: 18, vgl. 17.20. B. Jaspert beantwortet diese Frage positiv unter Inanspruchnahme des Symbolbegriffs von *H. Friedmann* (Wissenschaft und Symbol, München 1949). Vgl. *B. Jaspert,* Das Kreuz als symbolische Realität, ZThK 88 (1991) 364–387, bes. 374ff.

56 *H. Weder,* Das Kreuz Jesu bei Paulus, Göttingen 1981, 146. Vgl. dagegen *U. Luz,* Theologia crucis als Mitte der Theologie im Neuen Testament, EvTh 34 (1974) 116–141, hier: 141: »Was würde an der Wahrheit der Kreuzestheologie zerstört, wenn sich das Kreuz als ein von der Geschichte auch lösbares religiöses Symbol erwiese . . .?«

bolbedeutungen erhebliche Unterschiede auf. Wir können in diesem Zusammenhang nur einige exemplarische Beispiele nennen (vgl. M 29).
Das *Rad-Kreuz* findet sich im asiatischen Raum, es kommt aber auch in Europa vor, und zwar zuerst auf nordschwedischen Felszeichnungen der Bronzezeit. Es wird meistens als Bild der Sonnenscheibe und ihrer Strahlen gedeutet, als Symbol der von der Sonne gespendeten Fruchtbarkeit und Lebenskraft. Im mitteleuropäischen Raum wurde es als Anhänger getragen, vermutlich in der Bedeutung eines Heilszeichens, das Schutz verleiht. Dieses Kreuzzeichen wurde schon früh vom Christentum aufgegriffen; zuerst läßt sich dieser Sachverhalt für Irland nachweisen. Wird die solare Bedeutung auf Christus übertragen, so wird er als die »wahre Sonne« verehrt[57].
In der katholischen und orthodoxen Kirche symbolisiert das Rad-Kreuz Christi Herrschaft über den Erdkreis bzw. seinen Sieg über den Kosmos. Neben seinem ursprünglich ornamentalen Vorkommen hat das Rad-Kreuz als architektonisches Muster für die Anlage zahlreicher Städte Europas und Asiens gedient; sie sollten durch ihre Gestaltung in Kreisform offensichtlich sakralisiert werden[58].
Im alten Ägypten finden wir das *Henkel-Kreuz*. Eine kreuzförmig gebundene Schleife auf ägyptischen Darstellungen gleicht der Hieroglyphe für »Leben« (ägypt. 'anch). Es erscheint in der Hand von Göttern und symbolisiert ewiges Leben, das unter bestimmten Umständen auch dem König übertragen werden kann. Luft und Wasser als Lebenselemente können auch durch das 'Anch-Zeichen umschrieben werden. Die Kopten übernahmen das Zeichen – man bezeichnet es jetzt als Henkel-Kreuz – und deuteten es im Sinne des christlichen Glaubens. Manche Autoren nehmen an, daß die Schleife als aufgehende Sonne verstanden und jetzt auf Christus als »Sonne des Heils« bezogen wurde[59].
In prähistorischer Zeit finden wir vor allem *Schrägkreuze* (der römischen Zahl X ähnlich); sie wurden an den Wänden der Höhlen angebracht oder in Knochen eingekerbt. Aussagen über Zweck und Bedeutung dieses Zeichens müssen hypothetisch bleiben. Bei Schrägkreuzen, die sich am Hals von Gefäßen der Bronzezeit (z.B. an Speisebehältern in Gräbern oder an Urnen) befinden, nimmt man an, daß es sich um *Schutz- und Abwehrzeichen* handelt. Schrägkreuze – im Christentum als Andreas-Kreuze bekannt – haben ebenfalls im altamerikanischen Bereich Bedeutung erlangt. Es fin-

57 Vgl. *M. Lurker*, Die Botschaft der Symbole, München 1990, 282. In der »Confessio« des Hl. Patrik, des Apostels von Irland, heißt es: »Wir glauben und verehren die wahre Sonne, Christus, die niemals untergehen wird.« Die ältesten Steinkreuze Irlands stammen aus dem 6./7. Jahrhundert. Vgl. *A. Rosenberg*, Kreuzmeditation, München 1976, 28ff. Rosenberg sieht in dem *Radkreuz* und in dem *gleichschenkligen Kreuz* als Bild des ausgespannten Menschen die beiden Urbedeutungen des Kreuzes.

58 Vgl. *G. Lanczkowski*, Art. Kreuz I, TRE 19, 712. Die Roma quadrata sei als »viergeteilte« Stadt in diesem Sinne zu verstehen.

59 Vgl. *Lurker*, Botschaft, 282f.

det sich auf Hut und Schild bildlicher Darstellungen des aztekischen Gottes Quetzalcoatl. Dabei handelt es sich um ein altamerikanisches *Symbol für die vier Weltgegenden*[60].
Aus dem Rad-Kreuz hat sich das *Haken-Kreuz* entwickelt, und zwar durch Unterbrechung der Kreislinie und Umformung in ein Quadrat. Die Haken an den gleichlangen Balken sind meist rechtwinklig abgeknickt, sie können aber auch spitzwinklig oder abgerundet sein; sie deuten eine Bewegung im Sinne des Kreisens an, die sich links- oder rechtsläufig vollziehen kann. Mit *indischen* Begriffen läßt sich das rechtsläufige *Svastika-Zeichen* (»Glückszeichen«) - es repräsentiert das männliche Prinzip und den hinduistischen Gott Ganesha - von dem linksläufigen *Sauvastika-Zeichen*, Symbol für das weibliche Prinzip und die Göttin Kali, unterscheiden. Mit dem Sauvastika-Zeichen verbindet man die Vorstellung von Unglück und Tod, während Svastika Sinnbild für den ewigen Kreislauf ist, zugleich Symbol Buddhas, der den Kreislauf der Geburten überwunden hat. Es läßt sich oft nicht mit Sicherheit entscheiden, ob ein Hakenkreuz links- oder rechtsläufig aufzufassen ist; daher kommt es zu kontroversen Deutungen[61]. Vom Buddhismus wurde das Zeichen - es ist auf Landkarten und Stadtplänen topographisches Zeichen für einen buddhistischen Tempel - in weite Gebiete Asiens verbreitet. Es ist jedoch nicht auf den indischen Kulturkreis und seine Auswirkungen beschränkt, sondern findet sich mit der Ausnahme Australiens in allen Kulturen. Es läßt sich bereits seit prähistorischer Zeit nachweisen. »Dieses Vorkommen zu unterschiedlichsten Zeiten und in weit voneinander entfernten Gegenden läßt eine einheitliche Sinndeutung höchst problematisch erscheinen. In der Tat hat von den Versuchen, es u.a. als ursprüngliches Sonnenrad, als Feuerbohrer oder als Fruchtbarkeitssymbol zu verstehen, keiner einhellige Anerkennung gefunden.«[62]
Das den Raum gliedernde und die Richtungen festlegende *Zeichen* des Kreuzes wurde zu einer Art Weltformel, die ganz unterschiedliche symbolische Bedeutungen zum Ausdruck bringen konnte. Es ist Sinnbild der Einheit von Extremen (z.B. von Himmel und Erde), es verbindet die Weltrichtungen; in ihm verknüpfen sich Raum und Zeit. Es ist Symbol der Synthese und des Maßes. Das Kreuz kommt auch in der *Natur* vielfach vor[63]. Dementsprechend hat das Kreuz auch das philosophische Denken angeregt. *Platon* verglich die Weltseele als die formgebende Mitte des runden Universums mit dem *griechischen Buchstaben Chi* (X); er meinte, Gott ha-

60 Vgl. *Lanczkowski*, Art. Kreuz, 713. Vgl. *Rosenberg*, Kreuzmeditation, 43ff. Nach *J. Maringer*, Das Kreuz als Zeichen und Symbol in der vorchristlichen Welt (Studia Instituti Anthropos, 36), St. Augustin 1980, 108 ist das griechische Kreuz die Wurzelform der Kreuzhierarchie; es ist Symbol des Universums, des Himmels und der Erde mit den vier Richtungen.
61 Vgl. die Beispiele bei *Lurker*, Botschaft, 281.
62 *Lanczkowski*, Art. Kreuz, 712. Vgl. *Rosenberg*, Kreuzmeditation, 49ff.
63 Vgl. *Rosenberg*, 55ff. Vgl. *I. Riedel*, Formen, Stuttgart 1985, 42f.

be die Weltseele in zwei Teile gespalten und diese Teile als Äquator und Ekliptik übereinandergelegt[64].
Das Kreuzzeichen ist ebenfalls im *Judentum* beheimatet und kann mehrfach im jüdischen Sepulkralbereich belegt werden[65].
Das Zeichen des Kreuzes ist das Zeichen für den letzten Buchstaben des hebräischen Alphabets *(Tav)*, der in der griechischen Schrift dem *Tau* entspricht. In der althebräischen wie auch in der aramäischen Schreibweise kommen die gleichen Buchstabenformen vor, ein aufrechtes oder liegendes Kreuz (+ und x). Das hebräische Tav hat den Wortsinn von Zeichen und von Kreuzzeichen, kann aber auch mit Kreuz übersetzt werden. Der sachlich bedeutsamste Kontext des Tav ist *Ezechiel 9,4ff.*

Es handelt sich um die erste Tempelvision des Propheten. Jahwe sagt zu dem in Linnen gekleideten Boten: »Gehe mitten durch die Stadt, mitten durch Jerusalem hindurch und mache ein Zeichen (Tav) auf die Stirn der Männer, die klagen und zagen über alle Greuel, die in ihr verübt werden. Zu den anderen aber sprach er vor meinen Ohren: Geht hinter ihm her durch die Stadt und schlaget zu – ohne Mitleid und Schonung! ... Einen jeden aber, der das Zeichen an sich trägt, lasset unberührt.«

Alle Ausleger dieser Stelle denken bei dem »Zeichen auf der Stirn« an ein stehendes oder liegendes Kreuzzeichen. Es handelt sich um eine sakrale Signierung. Auf Grund des Kontextes ist das Tav als Kreuz ein *Schutzzeichen*; zugleich ist es *Eigentumszeichen* Jahwes für die ihm Gehorsamen. Ob das Kreuz darüber hinaus hier ein Zeichen der Buße ist, läßt sich nicht sicher entscheiden[66].
Im Alten Testament gibt es die Stirnsignierung des Propheten (1Kön 20,41); es kennt das Kain gegebene Schutzzeichen (Gen 4,15). Auch nach Ex 12,22ff wird auf Jahwes Anordnung hin in der Passanacht ein Schutzzeichen angebracht, an dem der Würgeengel vorübergeht. Trotz der allgemeinen Kritik einer Kultsignierung in Lev 19,28; 21,5f und Dtn 14,1f wird die Stigmatisierung der Hand von Deuterojesaja (Jes 44,5) nicht als anstößig empfunden: »Der wird sagen: ›Jahwe bin ich‹, der nennt sich mit dem Namen Jakobs, der schreibt in seine Hand ›Jahwe eigen‹, der gibt sich den Beinamen ›Israel‹.« Dieser Vers setzt die Sitte der Stigmatisierung zumindest für die Zeit des Exils voraus. E. Dinkler führt den Nachweis, daß die Kenntnis der Stirnsignierung mit Tav im Judentum vor und nach Christus vorhanden war; bei Philo wird zudem deutlich Kritik an einer religiösen Tätowierung im Judentum geübt[67]. Dinkler kommt zu dem *Ergebnis,* daß im Judentum des 1. Jahrhunderts v.Chr. und in der Umwelt des Neuen Te-

64 Vgl. *Lurker,* Botschaft, 280.
65 Vgl. den Katalog jüdischer Kreuzeszeichen: *E. Dinkler,* Signum Crucis, Tübingen 1967, 49–52.
66 Vgl. ebd., 32.
67 Vgl. ebd., 33f.

staments ***das Kreuzzeichen als eschatologisches Schutz- und Eigentums- und wohl auch als Bußzeichen*** in Brauch war, und zwar in eschatologischen Kreisen des Judentums, in denen auch der Gedanke einer zukünftigen Auferstehung als Hoffnung lebendig war[68]. Der Sinn eines solchen Zeichens kann sich bis zum Amulett hin ausweiten, das Unheil abwenden soll. Auf jeden Fall war das Kreuz als eschatologisches Zeichen unter den Juden zur Zeit Jesu bekannt. Dinkler versucht vor diesem Hintergrund, das Jesuswort vom Kreuztragen (Lk 14,27), das eschatologische Versiegelung und Selbstpreisgabe an Gott fordert, als authentisches Jesuswort zu erweisen: Nimm dein Tav auf! Das heißt: Mache das von Ezechiel geforderte Kreuz auf deine Stirn! (Vgl. der Sache nach Mk 8,34[69].)

2.2.2 Das Kreuz Jesu als Symbol

Die gelegentlichen Hinweise auf eine christliche Übernahme des Kreuzzeichens aus außerchristlichen Kulturen dürfen nicht darüber hinwegtäuschen, daß wir im Christentum vor einem *Neuansatz* stehen. Auch vom jüdischen Kreuzzeichen führt kein direkter Weg zur Symbolik des Kreuzes Jesu; »eine aufweisbare Kontinuität liegt nicht vor«[70]. Das griechische Wort für Kreuz *(stauros)* läßt nicht an Linien denken, die sich kreuzen und Himmel und Erde verbinden, vielmehr bezeichnet es den senkrecht in die Erde eingelassenen Holzstamm; erst durch Verwendung des Kreuzes für Kapitalstrafen wird aus »Kreuz« der *Marterpfahl,* an dem auch die Kreuzigungsstrafe durch Auflage eines Querbalkens vollstreckt wurde. ***Schon diese Vorstellung vom Kreuz als Marterinstrument läßt den Bruch gegenüber den im letzten Abschnitt skizzierten Symbolbedeutungen erkennen.*** Paulus interpretiert durch seine Aussagen zum »Wort vom Kreuz« (1Kor 1,18) nicht das Kreuzzeichen, mißt diesem nicht neue Symbolbedeutungen bei, sondern er interpretiert *ein Ding, das Tötungsinstrument Jesu.* Fragen wir nach dem Kreuz Jesu als Symbol, bewegen wir uns nicht im Rahmen einer Zeichenhermeneutik, sondern einer Ding- und Ereignishermeneutik. »Eines ist es, wenn ein Zeichen Symbol wird, ein anderes, wenn ein Ding.«[71]
Ausgangspunkt für die Frage nach dem Kreuz Jesu als Symbol sind die Aussagen des Paulus zum »Wort vom Kreuz«, der ältesten Kreuzestheologie im eigentlichen Sinn. Das Kreuz Jesu begegnet uns im Wort vom Kreuz. Von diesem Wort her sind allenfalls Rückschlüsse möglich auf das Kreuz selbst, das durch das Wort interpretiert wird.

68 Vgl. ebd., 34f.
69 Vgl. ebd., 77–98, bes. 96. Vgl. dagegen: *H.-W. Kuhn,* Art. Kreuz II, TRE 19, 720: Das Logion sei nur im Rückblick auf den Tod Jesu verständlich, weil vor allem die Wendung »sein Kreuz tragen« im übertragenen Sinn im semitischen Sprachgebrauch unüblich sei. Die Wendung ist im Sinn einer Leidensnachfolge bildlich gemeint.
70 *Dinkler,* Signum, 55; vgl. *Maringer,* Kreuz, 109.
71 *G. Bader,* Symbolik des Todes Jesu, Tübingen 1988, 67.

Paulus sagt von diesem »Wort vom Kreuz« (1Kor 1,18), daß es den Verlorenen Torheit, den Geretteten aber Kraft Gottes sei. Das Wort vom Kreuz bringt den toten Jesus und den lebendigen Gott derart in einen Zusammenhang, daß es angesichts des Kreuzes Jesu von der Kraft Gottes spricht. Evangelium, Befreiung geschieht dort, wo die Macht Gottes als die Kehrseite der Ohnmacht des Gekreuzigten erfahrbar wird[72].
Diese Aussagen über *das Kreuz als Befreiungsereignis* sind bereits bestimmt durch den Machterweis Gottes in der Auferweckung Jesu. Das Wort vom Kreuz ist also erst möglich geworden durch die Auferweckung Jesu, aber es ist nicht ablösbar von dem geschichtlichen Ereignis seines Todes. Das Wort vom Kreuz bleibt auf die Geschichte des Kreuzes angewiesen[73]. »Kreuz« symbolisiert für Paulus das ganze »Heilsereignis« - Kreuz und Auferstehung -, es ist aber bleibend auf die Geschichte bezogen, denn das Ärgernis und die Torheit wie die rettende Macht hängen an dem Zusammenhang von Gott und Geschichte.
Die Verkündigung dieses Kreuzes als Befreiungsgeschehen ist in ihrer Wirkung doppelschneidig, sie ist nämlich den Verlorenen eine Torheit, den Gerechten eine aktiv wirksam werdende Kraft Gottes[74]. Was Paulus 1Kor 1,18 vom »Wort vom Kreuz« sagt, sagt er Röm 1,16f vom Evangelium insgesamt. Die Wendung »Wort vom Kreuz« kann daher als Kurzformel dessen gelten, was Evangelium ist[75].
Die Frage ist, wie es zu diesem Wort vom Kreuz gekommen ist. Wie ist angesichts des Schrecklichen des Todes Jesu am Kreuz überhaupt Sprache zu finden? Das ist die hartnäckig gestellte Frage, die wie ein Leitfaden die »Symbolik des Todes Jesu« von *Günter Bader* durchzieht[76]. Wie kann aus dem Unsäglichen dieses Todes, aus dem Kreuz, diesem stummen Ding, Evangelium werden? Es geht um die Sprachwerdung dieses schreckenerregenden Dinges.

Bader führt angesichts dieser Aufgabenstellung den *Begriff des Symbols* ein; denn das Symbol kann bis zu den dunkelsten Äußerungen nahezu vorsprachlicher Art herabsteigen, es kann Nicht-Sprachliches umfassen, um damit gerade die Kraft seines Sprechens zu steigern, das Symbol kann aber auch immer sublimer und zeichenhafter werden und sich der Helle der Aussage annähern. »Nennen wir nun die ganze Bandbreite des mehr oder weniger Sprachlichen das Symbolische, so nennen wir die Reflexion darauf Symbolik« (10; vgl. 103). Bei diesem Symbolverständnis setzt er mit der Mehrzahl der Symbolforscher voraus, daß

72 Vgl. *Weder,* Kreuz, 141.
73 Vgl. ebd.
74 Die Kraft dieses Geschehens teilt sich der Sprache mit, die davon redet. »Was im ›Wort vom Kreuz‹ zur Sprache kommt, ist folglich selber schon voller Sprachbezug« (*E. Jüngel,* Gott als Geheimnis der Welt, Tübingen 1977, 392).
75 Vgl. ebd., 391. Vgl. 2Kor 2,15f. Diese Einsicht wird auch in der gegenwärtigen Theologie festgehalten. Vgl. *Ebeling,* Dogmatik II, 131: »Denn am Verständnis des Kreuzesgeschehens entscheidet sich sowohl das der Menschwerdung Gottes als auch das der Auferstehung. Um dieser christologisch zentralen Bedeutung des Kreuzes willen ist die Theologie im ganzen theologia crucis ...«
76 Tübingen 1988 (die Seitenzahlen in Klammern beziehen sich auf dieses Werk).

Symbole Zeichen sind, aber nicht alle Zeichen Symbole; aus der Menge möglicher Zeichen sind daher die Symbole herauszuisolieren (15, unter Hinweis auf M. Lurker). Bader hebt – seinem Untersuchungsgegenstand entsprechend – hervor, daß in den Symbolen *Dinge* Worte werden. »Diese aus der Sprache des Menschen (und nur aus ihr) hervorsprechende Sprache der Dinge ist die Sprache des Symbols. Im Symbol erscheint durch die Willkürlichkeit der Sprache des Menschen hindurch eine Unwillkürlichkeit und Natürlichkeit: die Sprache des Dings, die Sprache Gottes in der Sprache des Menschen ist« (16). Soll es um die Frage gehen, wie das Kreuz als Ding überhaupt zu sprechen vermag, dann kann diese Frage nur im Rahmen symbolischer Sprache eine Antwort finden (21).

Bader stellt fest, daß im Hinblick auf die soteriologische Sprache bisher nur unter dem Einfluß von P. Ricoeur vom Symbol und von Symbolik die Rede ist, der in seiner »Symbolik des Bösen« nach einem Zyklus von Elementarsymbolen fragt[77]. Auch Bader entwickelt die Symbolik des Todes Jesu anhand einer möglichst geringen Zahl elementarer Symbole. Dabei verfolgt er eine *doppelte Bewegung*: Das Symbolische als das mehr oder weniger Sprachliche erstreckt sich bis zum Archaischen, das im Falle des Todes Jesu etwas Grausames ist, und wiederum vom Archaischen zum Sublimen. Die erste Bewegung beschreibt den Weg von der Sprache zum Ding, vom Wort vom Kreuz zum Kreuz, die zweite Bewegung den Weg vom Ding zur Sprache, vom Kreuz zum Wort vom Kreuz. Die erste Bewegung ist durch eine zunehmende Materialisierung und Archaisierung gekennzeichnet, die zweite durch eine zunehmende Spiritualisierung und Sublimierung. Diese Architektur der Symbolik gibt schon zu erkennen, daß Bader den ersten Weg mit den paulinischen Formeln »Wort vom Kreuz« und »Wort von der Versöhnung« beginnt; geleitet durch den innersymbolischen Faden stößt er in der tiefsten Schicht von Versöhnung auf den Tausch, kommt vom Tausch aufs Geld (vgl. Lösegeld und Loskauf), vom Geld zum Opfer. Die *Peripetie* dieser Symbolik bildet das Opfer; es ist die archaische, die fernste sprachlose Zone menschlichen Lebens. Gerade ihr gegenüber muß sich der Ursprung der Sprache, den Bader im Gebet (»Opfer als Gebet«) sieht, bewähren (32).

Das *Ziel* der Symbolik ist es, das Kreuz als Wort vom Kreuz zu haben; denn wer dieses hat, hat schlechthin alles. Aber als Wort, nicht als Formel; auch nicht bloß als Wort, sondern als Wort vom Kreuz. »Wie aber das Kreuz als Wort zu haben sein soll, da es doch Kreuz ist und nicht Wort, das ist die Frage dieser Symbolik« (35). Aufgabe des Theologen ist es nicht, Gott und Kreuz zusammenzubringen und angesichts des Schrecklichen von Gott zu reden, denn Gott wirkt in *jedem* Kreuz (52), und dies Schreckliche ist schon Gott genug (83). »Sondern Aufgabe des Theologen ist es, angesichts des Schrecklichen Sprache zu finden, und diese Sagbarkeit des Schrecklichen, falls sie je Wirklichkeit wird, ist Anwesenheit Gottes – gegen Gott. Aus dieser Spannung des Sagens, was nicht zu sagen ist, entsteht symbolische Sprache: Wort vom Kreuz ebenso wie ›Wort von der Versöhnung‹« (83). Diese symbolische Sprache

77 Symbolik (s. o. Anm. 17). *Ricoeur* verweist (ebd., 84.107) schon auf das Gegenstück einer »Symbolik der Erlösung« oder einer »Symbolik des Heils«. Auf Ricoeur bezieht sich auch *G. Theißen*, Soteriologische Symbolik in den paulinischen Schriften, KuD 20 (1974) 282-304.

repräsentiert nicht das reale Kreuz[78], sondern sie läßt es so anwesend sein, daß es dem unheilvollen Horror des Kreuzes *widerspricht*. Das Wort vom Kreuz ist nicht Evangelium, wenn es das Kreuz fortsetzt, nachahmt, mitteilt. Das Wort vom Kreuz entspricht nicht dem Kreuz, sondern sistiert das Kreuz in seiner stummen Mächtigkeit. Das ist Heil. »Das Kreuz an sich ist stummes Ding, daß es dennoch als Wort vom Kreuz spricht, geschieht dadurch, daß Sprache dem Kreuz widerspricht« (52). Die soteriologisch entscheidende Frage ist, ob der in jedem Kreuz sich schrecklich meldende Gott auch schon der wahre Gott ist. Die Einzigartigkeit des Kreuzes Christi besteht darin, daß dieses Kreuz als stummes Ding zugleich als Wort vom Kreuz sagbar wurde (53).

Bader prüft die Art des Zusammentreffens von Sprache und Ding im Symbol; er gewinnt dabei jeweils genauere Bestimmungen des Symbolischen (46). Erst die Art des Inhalts entscheidet nämlich darüber, ob Symbolik zustande kommt (104). Wir können den Weg nicht im einzelnen nachzeichnen. In diesem Rahmen ist es nur möglich und sinnvoll, den Ausgangspunkt und die Peripetie der Symbolik, das Symbol des Opfers, etwas genauer zu beschreiben.
»Das Kreuz mutet der Sprache zu, sich nicht mehr auf sich, sondern auf die Dinge zu beziehen« (59). Damit die Dinge von sich aus sprechen können, muß eine Öffnung auf die Dinge stattfinden, eine Öffnung aller Sinne, des Gehörs und der Augen vor allem[79].

Über 1Kor 1f hinaus finden sich die wichtigsten Aussagen des Paulus zum Wort vom Kreuz in Gal 3. Den Galatern war »Jesus Christus vor die Augen gemalt ... als der Gekreuzigte« (3,1). Die tiefstmögliche Qualifizierung des Wortes vom Kreuz besteht darin, daß es Kreuz und Gekreuzigten vor Augen malt. Gemeint ist damit nicht die Andacht vor einem Passionsbild, sondern ein sprachlicher, rhetorischer Vorgang. Die Sprachschicht – sie ist ursprünglicher als die Beschreibungssprache –, in die das Wort vom Kreuz gehört, wenn es vor Augen stellt, ist als *metaphorische Rede* zu charakterisieren (81). Metaphorische Rede ist zunächst eine Form rhetorischer Rede, die das, was zu sagen ist, wirksam, mit der gebotenen Kunstfertigkeit sagt. Das Wirken im rhetorischen Vor-Augen-Stellen ist aber im Grunde das Poetische. Insofern haben wir uns auf eine poetische Metaphernlehre zu beziehen. Der Dichter vermag die Dinge so vor Augen zu stellen, als sprächen sie von sich her. In diesem Sinne ist das Wort vom Kreuz dasjenige, was das Kreuz von sich selbst her sagt. »Den Gekreuzigten vor Augen zu stellen im Wort vom Kreuz, hat ... den Sinn, vom Kreuz so zu sprechen, daß es von sich selbst her spricht« (63). Bader beschreibt den Weg vom Rhetorischen zum Poetischen bis hin zum Magischen, dem Kern des Poetischen. Dabei handelt es sich ausschließlich um »Sprachmagie«. Von Sprachmagie zu reden läßt sich in diesem Zusammenhang nicht vermeiden, weil dem Wort vom Kreuz als Fluch und Segen Gotteskraft zukommt (vgl. 1Kor 1,18.24). Bei dieser dritten Charakterisierung des Wortes vom Kreuz verweist Bader auf Gal 3,13: »Christus hat uns losgekauft von dem Fluch des Gesetzes, indem er für uns zum Fluch geworden ist – denn es steht geschrieben: ›Verflucht ist jeder, der am Holze hängt‹.« Dieser Text führt einen Schritt weiter von der Sprache des Paulus in die Sprache des Kreuzes hinein. Er hat eine komplexe Symbolstruktur. Bader sieht in ihm geradezu das Modell seiner Sym-

78 Vgl. zum Problem der Sagbarkeit des Kreuzes *Ebeling*, Dogmatik II: »Das Kreuz ist in das Wort so eingegangen und mit dem Wort so vereint, daß das Wort das Kreuz selbst repräsentiert« (211).

79 *Bader* findet den *Kern aller Symbolik, daß alles von sich aus spricht* (19), bei *H. Blumenberg* (Die Lesbarkeit der Welt, Frankfurt/M. 1981, 234) wieder: »Alles spricht von sich aus, wenn ihm nur das Gehör nicht verweigert wird.«

bolik. In seinem Kern findet sich die Antwort auf die Frage, was das Kreuz von sich selber her sagt: Es flucht. Christus ist nicht nur Verfluchter, er ist selbst Fluch. Dem Fluch des Gesetzes entsteht ein Gegenfluch; das ist die soteriologische Wende, in der sich das Ende des Gesetzes vollzieht. Das Kreuz (»Holz«) ist heilsam »durch gegenkräftige Aktivität« (64). Die Wendung vom »Fluch des Fluches« setzt die *Sprachkraft* des Evangeliums frei (65). Hier liegt die tiefste Schicht dessen, was das Kreuz von sich selbst her sagt, der Fluch des Fluches. »Der Grad der Bildlichkeit einer Sprache, der Grad ihrer Metaphorizität ... ist zugleich der Grad ihrer Theologizität«; denn der Grad ihrer Bildlichkeit läßt den Grad des in ihr wirkenden Widerstands und der damit wirksamen Kraft erkennen. Das ist das wichtigste *Ergebnis* dieses Gedankengangs. Die Rede des Wortes vom Kreuz ist »bildreiche, metaphorische, poetische Sprache. Ihre Urworte liegen im Neuen Testament vor als Herausforderung zu einer Symbolik« (68).

Das Wort vom Kreuz ist »Wort von der Versöhnung« (2Kor 5,19). Klaffen beim Wort vom Kreuz Wort und Kreuz weit auseinander, so wird 2Kor 5,19 deutlich, »daß das Wort an sich bereits Medium und Präsenz von Versöhnung ist, das Kreuz aber Mittel und Präsenz von Sühne« (97). Im Zentrum von Versöhnung stehen *Stellvertretung* und *Übertragung*. Übertragung verlangt nach der Metapher; sie ist ja nur ein anderes Wort für Übertragung. Die Übertragung von der Sprache (hier: Versöhnung) zum Ding (hier: Sühne) und vom Ding zur Sprache ist »der Lebensnerv der Symbolik« (102). Auch an dem Sachverhalt der Stellvertretung verdeutlicht Bader, daß bestimmten Inhalten bestimmte Sprachformen entsprechen.

Die Stellvertretungssymbolik hat einen *gegenständlichen* und einen *reflexiven* Sinn. Durch den Ritus der Handaufstemmung wird Übertragung der Sünde und Stellvertretung des Fehltäters durch das Opfertier *symbolisch* vollzogen. Die Symbolik hat Stellvertretung zum Gegenstand. In einem *reflexiven* Sinn ist jedes Symbol bereits an sich stellvertretend, »weil es nur zustande kommt unter vorausgesetzter Metaphora und Übertragbarkeit, und diese symbolische Stellvertretung ist sogar Bedingung jener speziellen Stellvertretung im Fall der zu sühnenden Fehltat. Daher entscheidet sich das Zustandekommen von Symbolik zugleich mit der Wahrheit der Sache. Ohne vom Ding zu so etwas wie einem Symbol gelangt zu sein, ist Heil weder da noch mitteilbar« (104).

Angesichts des bisher erreichten Standes der Untersuchung ist eine Verhältnisbestimmung von *Metapher und Symbol* dringend erforderlich. Während wir in unseren bisherigen Überlegungen Symbol und Metapher (nach Ricoeur) als relativ eigenständige Sprachformen bestimmt haben[80], lassen bereits die eben zitierten Aussagen Baders erkennen, daß er das Symbolische dem Metaphorischen unterordnet[81]. Er bestimmt das Symbolische als *tiefste Schicht* des Metaphorischen. Es gibt willkürliche und unwillkürliche Metaphern; nur die unwillkürlichen Metaphern sind Symbole[82]. *Symbole sind also Metaphern, die nicht der freien Erfindung entsprin-*

80 Vgl. *Biehl u.a.*, Symbole I, 63ff.

81 *A. Grözinger*, Die Sprache des Menschen, München 1991, 94ff versteht das Symbol als eine Form metaphorischer Rede, ohne das Verhältnis genauer zu bestimmen.

82 Im Symbol ist der erste Sinn mit dem zweiten durch ein *nichtwillkürliches* Band verbunden. Vgl. *Ricoeur*, Interpretation, 44.

gen. Die Passionsmetaphern offenbaren die hinter der Oberfläche des Willkürlichen liegende Unwillkürlichkeit; sie sind nicht ursprünglich Bilder, »sondern in den Bildern tritt, das Bild als Bild in jeder Hinsicht sprengend, unfaßbare, ungerahmte Wirklichkeit hervor, ohne Rücksicht darauf, ob sie gewollt ist« (131).

Dieser im Zusammenhang der Symbolik des Tausches[83] gewonnenen Verhältnisbestimmung von Metapher und Symbol läßt sich jene von *Symbol und Erzählung* an die Seite stellen. Dazu ist der Überschritt zum Symbol des Opfers erforderlich. Das Gefälle der Symbolik des Todes Jesu führt zum Opfer als ihrem substantiellen Ausgangspunkt. Hier werden die Symbole nicht nur dichter und materieller, sondern hier erlahmt die symbolisierende Kraft, und das Ding erscheint in seiner ungeschlachten, rohen Kraft, in äußerster Intensität von Unheil (180f). Zur Opfersprache im Neuen Testament gehören verstreute kerygmatische Formeln und die Gattung der Passionsgeschichte, die aus der Opfertradition stammt (182). Im Hinblick auf die Formeln wird deutlich, daß sich das Wortfeld des Opfers nicht von den übrigen Symbolen isolieren läßt; im Medium des Blutes ist das Opfer mit allen Symbolen verbunden (181). Die Passionsgeschichte, wie sie in den Evangelien erzählt wird, ist *in ihrem Kern gerade nicht narrativ*, obgleich *jede* Geschichte Passion erzählt und daher auch Passionsgeschichte in *weitem* Sinn ist (187). Bader erläutert diese These durch den Hinweis darauf, wie Geschichte entsteht.

Geschichten sind stets Störungen von Systemrationalität; sie entstehen, »sobald zwischen Anfang und Ende ein Element des Unableitbaren eintritt, das als solches immer Passivität auslöst... Daher ist jede Geschichte in allgemeinem Sinn Leidensgeschichte, ob in Leid oder Freud« (ebd.). Bei Eintreffen reinen Schicksals gibt es nichts mehr zu erzählen; hier hat der Spruch seinen Sitz im Leben. Jede Störung der Systemrationalität, jede Wendung, die Erzählung entstehen läßt, hinterläßt gleichursprünglich ihr Symbol. *Erfahrung, die als Leiden am Widerständigen gewonnen wird, hinterläßt ihr unableitbares Symbol.* »So hängen Symbol und Passionsgeschichte auf das genaueste zusammen« (188).

Worin besteht die Differenz zwischen Geschichten als Passionsgeschichten im weitesten Sinn und der speziellen Passionsgeschichte Jesu? Diese reagiert auf den Skandal, »daß menschliches zweckrationales Handeln sich zu einer Gewalt verdichten kann, die es zu einer Art Naturereignis macht, weshalb bei Jesu Tod die Erde bebt und die Sonne ihren Schein verliert« (ebd.). Daher ist damit zu rechnen, daß hinter der Narrativität der Passionsgeschichte Jesu eine nicht-erzählbare Geschichte verborgen liegt. Ihre Mitte ist gattungswidrig ihr Ende. Ihre innere Struktur ist ein einziger Ka-

83 Der Vorgang des Tausches – als figürlicher Tausch auf der Basis von Ähnlichkeiten – spielt sich in jedem Symbol in verschiedener Variation ab (132), aber auch als Realtausch in dichtestem Sinne. »Dem Entstehenkönnen von so etwas wie Wort vom Kreuz muß ein Realtausch von Sprache und Ding zugrunde liegen. Jesu Tod als Todestausch muß ursprünglich dieser Vorgang gewesen sein, also Realtausch als Grund aller weiteren Sprachbildung in näheren und ferneren Übertragungen« (133).

talog sich steigernden Leidens. Ihre Zeit ist eine andere als die geschichtliche Zeit; ihr ist Wiederholung eingeschrieben. Sie hat ihren natürlichen Ort im Ritus, nämlich in der »Vorlesung im Gemeindegottesdienst« (Vielhauer). Individuelle Geschichte gestaltet sich in der Passionsgeschichte zur Szene. »Ihre Szenlichkeit deutet an, daß sie in Wahrheit zum Ritus gehört, als Begehung eines Unbegehbaren« (189). Ihre Vergangenheit läßt sie im Ritus ahnen. So sind Passionsgeschichten *Grenzfälle von Geschichten*; im Grunde gehen sie bereits zum Mythos und damit zur szenlichen Wiederholbarkeit über.
Bader verfolgt den Weg von der Opfer*metaphorik* der christlichen Überlieferung und der griechischen Tragödie über die Opfer*rituale* der Alten zum *archaischen Opfer*, dem letzten dinglichen Grund der Symbolik.

Sowohl das israelitische als auch das griechische Opferritual zeigen zwei Hauptopfer, Schlacht- oder Mahlopfer einerseits und Ganz- oder Vernichtungsopfer andererseits. Dementsprechend sind *zwei Urszenen* des archaischen Opfers zu erkennen. Das Schlacht- oder Mahlopfer weist zurück auf die älteste menschliche Kultur des Jägers. »Hier stoßen wir auf den vermutlich frühesten, noch unrituellen und also archaischen Begriff des Opfers. Das Getötete des Raubtiers ist die Beute; ... Opfer wird die Beute, sobald der Mensch sich darin reflektiert, ... bedrohlich für dieses Leben, ist es bedrohlich für alles Leben und somit auch für sein eigenes« (204). Der archaische Grund des Ganz- und Vernichtungsopfers ist als Holocaust sehr viel unmittelbarer gegenwärtig. War der Mensch in der ersten Urszene Jäger, so ist er hier Gejagter. »In jedem Fall aber handelt es sich um Menschenopfer in dem doppelten Sinn, daß nur ein Mensch Subjekt der Handlung sein kann, die Opfer heißt ...« (205). Alle möglichen Opfergegenstände verweisen als Ersatzgaben in einer impliziten Teleologie auf den Menschen selbst als eigentlichsten Opfergegenstand. Opfern ist Handeln. Eine ausschließlich durch das Handeln definierte Menschlichkeit zeigt *Opfern und Geopfertwerden* als original menschliche Phänomene. »Dies ist die Verkehrtheit-in-sich, die das Menschenopfer als solches qualifiziert« (210). Hinter dem Opferritus (und der Opfermetaphorik) lauert dieser archaische Kern, das allgegenwärtige Opfer im eigentlichen Sinn des Wortes. Neue Sprache wäre allein diejenige, die die Stummheit des Opfers, an dessen allgegenwärtiger Last die alte Welt trägt, durchdringt (210). Jesu Tod am Kreuz wird mit Hilfe der reichen *sprachlichen* Tradition als *Mahlopfer* (vgl. z.B. die Abendmahls- und Passatradition), aber auch als *Ganz- und Vernichtungsopfer* (vgl. z.B. die Dahingabeformel) verstanden. Der Tod Jesu als Opfer steht ferner in einer weitreichenden *rituellen* Tradition. Jesu Tod als Opfer ist darüber hinaus Teil der *sprachlosen* Tradition des Opfers, »wie sie die Menschheit mit sich selbst fortpflanzt«, und zwar mit solcher Wucht, daß von Allgegenwart zu reden ist. Die »Erfahrung der gesamten alten Menschheit kommt in Jesu Tod als Opfer an, was immer auch heißt: unsere, sofern wir Glieder der alten Menschheit sind« (211). So erscheint in Jesu Kreuz die stumme Gewalt des archaischen Opfers.

Was angesichts dieser Dimension des Todes Jesu den Umschlag in neue Sprache bewirken kann, erörtert Bader im Abschnitt B seines Buches (»Vom Ding zur Sprache«) am Leitfaden des Gebets in drei Abschnitten: Jesu Tod als Gebet, das Opfer als Gebet, der Ursprung der Sprache im Gebet (215–247). Wir heben aus diesem Teil einige Aspekte hervor, die das Kreuz Jesu unmittelbar betreffen[84]. Als Opfer ist der Tod Jesu am Kreuz al-

84 Gerade dieser im Verhältnis zu Teil A knappe Teil B, in dem Bader seine eigene Antwort auf die Leitfrage des Buches entfaltet, bedürfte eingehender Diskussion.

len Kreuzen gleich, ein Kreuz unter ungezählten in aller Welt. Die Frage nach dem Heil in Jesu Kreuz stellt sich daher als Frage nach seiner Einzigartigkeit.

Im Neuen Testament wird diese Frage zunächst mit dem Hinweis auf die *Einmaligkeit* beantwortet[85]. Die Einmaligkeit läßt sich aber nur behaupten, wenn sich in diesem *einen* Opfer das Opfer grundlegend wandelt. Das geschieht, wenn das Opfer zum Gebet wird. Die Einmaligkeit des Opfers Jesu wird sodann durch die Aussage vom *Selbstopfer Jesu* erläutert (vgl. z.B. Hebr 9,14). Selbsthingabe und Dahingabe durch Gott sind im Neuen Testament ein und dasselbe (bildlich gesprochen: Jesus ist Priester und Opfer zugleich). Dieses Verständnis des Selbstopfers ist am Gebet zu entfalten (236f). Daß angesichts des Todes Jesu vom Gebet die Rede ist, zeigen bereits die Worte Jesu am Kreuz. Heil geschieht, wenn das Opfer Gebet ist. »Jesu Tod ist Tod als Opfer und Gebet, aber so, daß Opfer sich zum Gebet wandelt« (240).

Halten sich diese Überlegungen in der Nähe biblischer Überlieferung auf, so erreichen sie ihre Pointe durch sprachphilosophische Argumente. Neue Sprache, nach der Bader angesichts des stummen Opfers fragt, entsteht nicht durch die Einführung neuer Worte, sondern durch eine *Verwandlung der Sprache aus der Instrumentalität in die Medialität*[86]. Der bevorzugte Ort einer solchen Verwandlung ist das Gebet. Im Gebet geht die instrumentelle Sprache des Meinens und Begehrens unter. »Im Gebet vollzieht sich ein Kraft-Wechsel« (239). Denn der Tod des Begehrens und Meinens vollzieht sich als sprachliches Ereignis, und *durch diesen Tod der instrumentellen Sprache vermag die mediale Sprache zu sprechen.* Das instrumentelle Mitgeteiltwerden entfaltet sich zu einem medialen Sich-selbst-Mitteilen. Die Worte kommen als gewandelte Worte auf den zurück, der an ihrer Wörtlichkeit festhalten wollte. Bader nennt diesen Vorgang *» Wortopfer«*. Erst wenn das Sich-selbst des Selbstopfers Jesu zu einem sprachlichen Geschehen wird, ist die einzigartige Wende da. »Selbstopfer ist dann derjenige Vorgang, in dem an die Stelle des gemeinten Wortes das von sich selbst her sprechende tritt. Hohepriester und Opfer zugleich ist ein sprachliches Geschehen: Aufgang medialen Wortes im Untergang des instrumentellen« (240). Wenn sich Worte von ihrem Durch-mich-Ausgesprochenwerden zum Von-sich-selbst-her-Sprechen wandeln, werden alte Worte neu. Durch einen solchen »Sprachgewinn« entsteht in der Medialität der Worte Jesu im Untergang der alten Welt die neue Welt. Im Neuwerden der Sprache hat sich die Bitte »Dein Reich komme!« erfüllt (241). Bader kann jetzt den *Ursprung der Symbolizität des Todes Jesu* ausmachen: Er liegt darin, daß *Jesus in seinem Tod »sprechendes Ding« wird.* Dieses ist zugleich der Ursprung von Sprache, nicht im genetischen Sinn, sondern als Ort der Verwandlung von Sprache (241). Das Symbol, vermeintlich bloßes Instrument der Heilsmitteilung, trägt das Heil bereits in sich, vollzieht es in und durch

85 Zur Einmaligkeit i.S. von Unwiederholbarkeit vgl. Hebr 9,26.28; 1Petr 3,18; i.S. von Endgültigkeit vgl. Röm 6,10; Hebr 7,27; 9,12; 10,10.

86 Bader verweist u. a. auf *J. Anderegg*, Sprache und Verwandlung, Göttingen 1985, 36–80. Vgl. *Biehl u.a.*, Symbole I, 38ff.

sich selbst gegen ein in ihm andrängendes Unheil. »Das ist die Spannung des Symbols als sprechendes Ding« (246).

Bader selbst weist auf eine analoge Argumentation bei *P. Ricoeur* hin, der die Entstehung der religiösen Sprache Jesu beschreibt; sie vollzieht sich 1. als Aufnahme der gewöhnlichen Sprache, 2. als Überschreitung und Intensivierung der gewöhnlichen Sprache durch Hyperbel, Paradoxie, Extravaganz und 3. als Zerstörung des weltlichen wörtlichen Sinns durch einen zweiten Sinn[87]. *Diese in der Sprache und durch sie vollzogene Zerstörung eines ersten Sinns durch einen zweiten nennt Bader » Wortopfer«* (240f, Anm. 556), *Aufgang des medialen Wortes im Untergang des instrumentellen.*
Wir können auf eine weitere Analogie, nämlich die Symboldialektik *P. Tillichs,* verweisen. Kern seines Symbolverständnisses ist die *Dialektik von Selbstmächtigkeit und Uneigentlichkeit,* nämlich das Setzen eines anschaulichen Symbols und das Aufheben der Gegenständlichkeit in den eigentlich gemeinten Sinn. Um des Symbolisierten willen muß das Symbol sich selbst in seiner Anschaulichkeit ständig verneinen und überflüssig machen. Das Symbol des Kreuzes bringt diese Dialektik authentisch und angemessen zur Sprache. Jesus Christus, »der in sich die Fülle göttlicher Gegenwart verkörpert, opfert sich selbst, um nicht ein Götze, ein Gott neben Gott, ein Halbgott zu werden...« Darum muß er nach Jerusalem gehen und dort leiden und sterben. »Und das bedeutet, daß er die Vergötzung seiner selbst verneint.« Daher ist *das Kreuz das Kriterium für alle Symbole*[88]; diese müssen sich daran messen lassen, ob sie sich mit dem Kreuz Jesu vertragen.

Bader hat über Tillich hinaus zeigen können, daß die Fähigkeit zur Symbolbildung mit dem metaphorischen Charakter der Sprache selbst gegeben ist. Bader steht gerade angesichts des letzten Teils seines Buches auch vor dem Problem, mit dem sich Tillich seit 1940 immer wieder beschäftigt hat, nämlich dem Vorwurf des Fiktionalismus seiner Symbollehre. Tillich versucht das Problem durch einen *ontologischen* Lösungsversuch zu bewältigen, indem er das Symbolsystem an dem »Sein-Selbst« als letztem Bezugspunkt festmacht[89]. Für Bader bewahren Kraft und Widerständigkeit der *Dinge* die Symbolik vor dem Vorwurf »reiner« Fiktionalität. In der Spannung zu den Dingen entfalten die Symbole ihre dynamische Kraft. Im Falle der Symbolik des Todes Jesu beziehen sich die Symbole im letzten Grunde auf das allgegenwärtige Opfer. Dadurch gelingt es Bader, zugleich das *Problem der Vergegenwärtigung* des Kreuzes Jesu in seiner Heilsbedeutung auf spezifische Weise zu lösen. *Symbole gewähren als Dingsprache Heilsmitteilung angesichts des Unheils stummen allgegenwärtigen Opfers.*
Die Symbolik Baders entspricht genau der in diesem Theorieteil verfolgten

87 Vgl. *P. Ricoeur,* Biblical Hermeneutics, Semeia 4 (1975) 27–148, hier: 109–122; deutsch: Biblische Hermeneutik, in: *W. Harnisch* (Hg.), Die neutestamentliche Gleichnisforschung im Horizont von Hermeneutik und Literaturwissenschaft, Darmstadt 1982, 248–339, hier: 316ff.

88 *P. Tillich,* Die Frage nach dem Unbedingten (GW V), Stuttgart ²1978, 222.

89 Vgl. dazu: *P. Biehl,* Symbol und Metapher, in: JRP 1 (1984), Neukirchen-Vluyn 1985, 26–64, hier: 33. Hier sind auch die Gründe für einen *christologischen* Lösungsvorschlag genannt. *Letzter Bezugspunkt der Symbolik ist das Ereignis des Kommens Gottes in dem Menschen Jesus,* der durch dieses Ereignis zum »Symbol Gottes« wurde. Dieses eschatologische Ereignis bleibt der *Widerständigkeit* des Historischen ausgesetzt, die schon durch den Sachverhalt gegeben ist, daß historisch-kritisch am Neuen Testament gearbeitet wird.

Intention. In Korrespondenz mit bestimmten (theologischen) Inhalten ist das Symbolverständnis kritisch zu überprüfen, zu differenzieren und zu präzisieren; denn die Art des Inhalts entscheidet darüber, ob Symbolik des Abendmahls oder des Kreuzes zustande kommt. Eine solche Arbeit an der speziellen Symbolik ermöglicht auch eine genauere Beschreibung der allgemeinen Kennzeichen der Symbole. Dieser Sachverhalt ließ sich beispielhaft an den Phänomenen Realpräsenz, Stellvertretung und Tausch zeigen. Bader ist seiner *hermeneutischen* Fragestellung entsprechend an dem Vorgang besonders interessiert, wie im Symbol aus Dingen Worte werden. Das Ding ist älter als das Wort. Daß das Ding *mehr* bedeutet als seine übliche dingliche Kraft, kommt durch das Entstehen eines Symbols zustande. Dieser Sachverhalt läßt sich mit Hilfe kognitiver und psychoanalytischer Ansätze im Hinblick auf die Symbolbildung bei Kindern verifizieren[90]. Die Symbol*didaktik* ist an der Frage interessiert, wie dieser Prozeß der Symbolbildung gefördert werden kann, vor allem daran, wie der *mehrfache* Sinn der Symbole so wieder entbunden werden kann, daß er seine ursprüngliche Kraft im gegenwärtigen Lebenszusammenhang entfaltet. Aus diesen unterschiedlichen Fragehinsichten ergeben sich einige abweichende Akzentuierungen im Hinblick auf das Symbolverständnis. Insgesamt bestätigt die Untersuchung Baders die These, daß die religiöse Rede in ihrem Kern symbolisch-metaphorische Rede ist. In didaktischer Hinsicht bewährt sich ein Symbolbegriff, der die ganze Bandbreite von vorsprachlichen, bildhaften Äußerungen, in denen Dinge eine Bedeutung gewinnen, bis zur klaren Aussage umfaßt; im Bereich des Symbolischen gibt es ein Mehr oder Minder. Wenn wir die dunkle, kräftige, bildreiche Schicht des Symbolischen mitberücksichtigen, tragen wir dazu bei, daß das Wort der Verheißung wieder als elementenhaftes, konkretes, leiblich wirksames Wort verstanden werden kann. Bei unserer Untersuchung der sprachlichen Struktur der johanneischen Ich-bin-Worte haben sich die elementaren Symbole als tiefste Schicht der Metaphern erwiesen; auch hier könnte man von »unwillkürlichen Metaphern« sprechen[91]. Im Hinblick auf bestimmte neutestamentliche Textsorten (Bildreden, Gleichnisse) und didaktische Kontexte hat es sich jedoch als fruchtbar erwiesen, von einem spannungsreichen Beieinander von Metaphern (als Kontextphänomenen) mit *entdeckend-präzisierendem* Charakter und Symbolen mit *erschließend-vermittelndem* Charakter auszugehen[92]. So wird etwa die szenisch-symbolhafte Passionsgeschichte bei Markus durch die Metapher christologisch präzisiert: »Wirklich, dieser Mann war Gottes Sohn« (15,39). Bader grenzt sich angesichts der Frage, wie es zum Wort vom Kreuz gekommen ist, von H. Weder ab, für den man diesen Sachverhalt nur verständlich machen kann, indem man

90 Vgl. *Biehl u.a.*, Symbole I, 155ff.

91 Vgl. ebd., 63ff. Vgl. vom *Verf.*, Symbol (s.o. Anm. 89), 29–64.

92 Eine darüber hinausgehende Verhältnisbestimmung hätte zu berücksichtigen, daß Metaphern auf der Grundlage von Symbolen gebildet werden (vgl. 2.3).

erzählt, erzählt vom Tod Jesu, von seinem Begräbnis, von seiner Auferweckung durch Gott und von seinen Erscheinungen (vgl. 1Kor 15,3–5). Die Erzählung ist für Weder die sprachliche Form, in der Geschichte präsent wird, auch die Geschichte des Kreuzes, die konstitutiv für das Wort vom Kreuz ist[93]. Obwohl Weder auf die Narrativität des Wortes vom Kreuz soviel Wert legt, findet er sie bei Paulus jedoch nur in Spurenelementen, ausführlicher jedoch in der Passionserzählung. Diese stellt jedoch nach Bader »eine individuelle Art von Narration« (57) dar, einen Grenzfall von Geschichte. Weder kann sich für seine These auf E. Jüngel berufen, der gerade angesichts von 1Kor 1,18.24 formuliert: »Das Evangelium von der Menschlichkeit Gottes ist als Wort vom Kreuz *erzählend* in die Weltgeschichte eingeführt ... worden.«[94] Auch in post-narrativer Zeit könne die Menschlichkeit Gottes sachgemäß nur als Geschichte erzählt werden; denn das *kritische* Potential des Wortes vom Kreuz könne nur hervortreten, indem die »gefährliche Geschichte« (Metz) Jesu Christi erzählt werde[95].

Bader kann im Hinblick auf das paulinische Verständnis des Wortes vom Kreuz durch den Rückgriff auf die rhetorische und poetische Metaphernlehre sowie auf ein bestimmtes Verständnis von »Sprachmagie« seine Leitfrage zweifellos sachgemäßer beantworten als durch den Verweis auf Erzählelemente in Überlieferungsstücken wie 1Kor 15,3–5. Im Hinblick auf die Passionsgeschichte ist es ihm gelungen, die enge Verbindung dieser Geschichte zu Ritus und Symbol aufzuweisen. Sie tendiere zu einer äußersten »Reduktion alles Individuellen auf dies Allgemeine: Haut und Knochen« (189); reinste Gestalt einer zum Leidenskatalog skelettierten Passionsgeschichte finde sich in der dritten Leidensankündigung (Mk 10,33f parr). Dieses Beispiel zeigt zugleich, daß Bader diesen Gesichtspunkt, die individuelle Geschichte uniformiere sich zur Szene (189), überzieht; die Urgemeinde hat sich nicht damit begnügt, Leidenskataloge zu formulieren, sondern sie hat in spezifischer Weise (»individuelle Art von Narration«) die Leidensgeschichte des Gleichniserzählers aus Nazareth, der zum Gleichnis Gottes wurde, *erzählt*. Eine weitere Frage ist, ob Markus – wie U. Luz[96] nachzuweisen versucht – eine Theologie des Kreuzes entwickelt hat, indem er in bestimmter Weise *mit Erzählung argumentiert*.

Die wichtigste Leistung Baders besteht darin, gezeigt zu haben, daß die Wirklichkeit des Todes Jesu höchst angemessen *als Symbol* zur Sprache

93 Vgl. *Weder*, Kreuz (s.o. Anm. 56), 155.

94 *Jüngel*, Gott (s.o. Anm. 74), 425 (Hervorhebung von mir).

95 Vgl. ebd., 425f. Vgl. auch die Hinweise Jüngels zur Struktur des Erzählens, ebd., 424ff.

96 Vgl. *Luz*, Theologia crucis, 116–141. Luz stellt die vorwiegend narrative Kreuzestheologie des Markus und die vorwiegend argumentative Kreuzestheologie des Paulus gegenüber, ohne daraus eine exklusive Alternative konstruieren zu wollen (135). Vgl. *Baders* Kritik (187): Ins Argument gehöre keine Metapher.

kommen kann[97], genauer: durch das innere Symbolgefälle, das vom Wort vom Kreuz bis zum Opfer reicht. Eine Symboldidaktik, die sich an diesen Einsichten produktiv orientiert, sollte sich nicht allein beim Wort vom Kreuz aufhalten, sondern Stellvertretung, Tausch und Opfer einbeziehen. Von der »Sache« her gesehen stellt es eine Abstraktion dar, wenn der lebendige Symbol*zusammenhang*, in dem ein Symbol das andere hervortreibt, vorzeitig zerschnitten und in neuprotestantischer Weise das Symbol des Opfers (mit Paulus) zurückgelassen wird. Wir stoßen wie bei den anderen beiden Symbolen dieses Bandes auch beim Kreuz auf die ritualdidaktische Komponente der Symbolkunde.
Den Teilnehmern religiöser Lernprozesse jedoch macht es bereits erhebliche Schwierigkeiten, das Wort vom Kreuz als Wort der Versöhnung zu verstehen; diese Schwierigkeit nimmt genau in dem Maße zu, in dem die Symbole »dinghafter« werden; beim Opfer sind die Mißverständnisse »schier unausrottbar«[98]. Das Urphänomen, daß der Mensch opfert, er allein, läßt erschrecken vor dem Geheimnis der Unverfügbarkeit des Lebens. Das archaische Weltverständnis, wonach alles mit allem zusammenhängt und um der Lebensordnung willen gestörte Ordnung wie verwirktes Leben zu sühnen sind, müßte eigens thematisiert werden. Das Phänomen des Opfers und der »Blutfrömmigkeit« in unserer heutigen Gesellschaft und seine Verdrängung wären zu bedenken[99]. Erst dann könnte am Symbol Opfer deutlich werden, was sich durch Christus radikal verändert hat und welche neue Bedeutung Stellvertretung und Tausch gewonnen haben[100]. Ein solches Vorhaben würde den Zusammenhang zerdehnen, in dem das Kreuz Jesu als Symbol erschlossen werden kann. Vielleicht stoßen wir bei dem von Bader verfolgten Symbolgefälle überhaupt an die Grenze dessen, was didaktisch vermittelbar ist. *Die hermeneutische Reflexion gibt hier mehr zu denken, als sich in Lernprozessen realisieren läßt.* Verwandlung der Sprache von der Instrumentalität in Medialität, in der die Sprache von sich selber her spricht, läßt sich vorbereiten, »bewerkstelligen« läßt sie sich nicht[101].

97 Auch für *Ebeling* spricht nicht wenig für diesen Weg; es müßte jedoch dem abwertenden Tonfall »nur ein Symbol« mit einer Kritik an dem Wirklichkeitsverständnis begegnet werden, »daß dabei unbefragt als Maßstab dient« (Sühnetod, 20).

98 *Jüngel*, Gott, 481, Anm. 21 verzichtet daher auf die Rede von einem Opfer.

99 Vgl. *K.-P. Jörns*, Der Sühnetod Jesu Christi in Frömmigkeit und Predigt, in: s.o. Anm. 55, 70–93, hier: 74–78. Das Symbol des Blutes bedarf besonderer Beachtung.

100 Vgl. *Ebeling*, Sühnetod, 25: »Jesus Christus ist in ein und derselben Person beides: Stellvertreter Gottes vor den Menschen und Stellvertreter der Menschen vor Gott, gegenseitiger Sachwalter beider.«

101 Vgl. dazu *Biehl u.a.*, Symbole I, 38ff.

2.2.3 Zur Geschichte des Kreuzzeichens II

Die beiden vorangehenden Abschnitte lassen den *Bruch* zwischen dem vor- und außerchristlichen Kreuzzeichen und dem Kreuz Jesu erkennen. In der Alten Kirche treffen wir demgegenüber auf eine *patristische Kreuzesdeutung*, die gerade bemüht ist, *Verbindungen* zwischen dem Kreuz Jesu und einem vorchristlichen Kreuzesverständnis, insbesondere dem Chi Platons und dem Tav des Alten Testaments, herauszuarbeiten. Angesichts des Ärgernisses, das die geschichtliche Gegebenheit des Kreuzes im 2. und 3. Jahrhundert darstellte, bestand die Intention darin, einen *apologetischen Erweis der Wahrheit des Kreuzes als Heil* zu erbringen. In der Argumentation spielen der *Alters-Ausweis* und der Hinweis auf die *kosmische Dimension des Kreuzes* eine Rolle. »Der kosmische Beweis wurde Griechen wie Juden gerecht: Ist das Kreuz ein natürliches Symbol, so ist es keine Torheit mehr für das Denken; ist es biblisch vorweggenommen, so ist es kein Stein des Anstoßes mehr.«[102]

a) Die kosmische Dimension des Kreuzes

Der antike Christ erkennt in der Gestalt des Kreuzes das dem Kosmos von Gott aufgeprägte Grundschema, das Baugesetz der Welt. So gehört das Suchen des Kreuzsymbols in der leblosen Natur, in der Figur des menschlichen Körpers, wenn der Betende seine Hände ausstreckt, im Flug der Vögel, selbst in den Werken der technischen Bearbeitung der Welt zum Grundbestand frühchristlicher Symbolik. Alles bezeugt das Geheimnis des Kreuzes. Bei *Justin* (Apol. I, 55,3) werden erstmals die geläufigen Kreuzsymbole aufgezählt: »Betrachtet doch alles, was im Kosmos ist, ob es denn ohne diese Figur des Kreuzes gehandhabt werden oder Bestand haben kann. Das Meer kann nicht durchquert werden, wenn nicht das Tropaion, das ist die Segelstange auf dem Schiff, unversehrt bleibt. Die Erde wird nicht gepflügt ohne das Kreuz, Grabende und Handwerker verrichten ihre Arbeit nicht ohne Werkzeuge, die diese Form haben. Die menschliche Körpergestalt unterscheidet sich in nichts anderem von der Gestalt vernunftloser Tiere als dadurch, daß sie aufrecht ist, die Hände ausspannen kann ... Ja, auch die bei euch Heiden üblichen Sinnbilder bekunden die Macht dieses Kreuzeszeichens: ich meine die Feldzeichen und die Tropaia, mit welchen ihr überall aufmarschiert.«[103] Auch die von den Römern geachteten Machtsymbole wie Sieges- und Feldzeichen haben die Form des Kreuzes. *Tertullian* nimmt ebenfalls diesen Gedanken auf und beschreibt das Kreuz selbst als ein Siegeszeichen (Marc. 4, 20,5). Ein ähnlicher Text wie bei Justin und Tertullian findet sich bei *Minucius Felix* (Octav. 29,6f). Die Symbolik war zu jener Zeit weit verbreitet.

102 S. *Ch. Murray*, Art. Kreuz III, TRE 19, 726.
103 Zit. n. *H. Rahner*, Griechische Mythen in christlicher Bedeutung, Zürich 1945, 85.

Sie findet sich noch im 5. Jahrhundert bei *Maximus von Turin* (Hom. 38,2f): »Großartig ist dieses Mysterium des Kreuzes! Denn in diesem Zeichen wird der ganze Erdkreis gerettet. Ein Symbol dieses Mysteriums ist das Segel, das am Mast des Schiffes hängt, gleich als sei es Christus, der am Kreuz erhöht ist. Und wenn der gute Landmann sich anschickt, den Boden seines Ackers zu pflügen: siehe, auch er kann das nur mit der Figur des Kreuzes vollbringen. Selbst der Himmelsbogen ist nach der Gestalt des Kreuzes gestaltet. Und der Mensch, wenn er daherschreitet, wenn er seine Arme erhebt: er beschreibt ein Kreuz, und darum sollen wir mit ausgespannten Armen beten, daß wir selbst mit der Haltung unserer Glieder das Leiden des Herrn nachahmen.«[104]

In Abwandlung dieser kosmischen Deutung des Kreuzes knüpft *Justin* an das Chi Platons an. Die beiden großen Himmelskreise, der Äquator und die Ekliptik, schneiden sich in der Form eines liegenden Chi; für die christliche Symbolik werden sie zum Himmelskreuz.

Justin (Apol. I, 60) schreibt: »Auch was Platon im Timaios naturphilosophisch vom Sohne Gottes gesagt hat – wo es heißt: ›er bildete ihn im All wie ein Chi‹ –, hat er in ähnlicher Weise von Mose genommen.« Zum Beleg verweist Justin auf die eherne Schlange des Mose, die er als Präfiguration des Kreuzes versteht, und fährt fort: »Das las Platon, und da er es nicht genau verstand und dachte, es sei nicht die Figur des Kreuzes, sondern die Chi-Form gemeint, so sagte er: ›die dem ersten Gott zunächst stehende Kraft sei im All wie ein Chi ausgebreitet‹.«[105] Justin kombiniert zwei Timaios-Stellen: Aus der einen nimmt er die Vorstellung vom Chi der Weltseele (= der Logos), die auf das Kommen des Sohnes Gottes hinweist; aus der anderen nimmt er den Gedanken, daß die Weltseele vom »ersten Gott« (für Justin die erste Person der Trinität) »durch das Ganze ausgestreckt würde«. Die »eherne Schlange« ist ein Zwischengedanke, der das Chi mit dem Kreuz verbinden soll (kosmologischer Beweis und Altersbeweis stützen sich gegenseitig). Justin hatte bereits vorher (Apol. I, 55) die Gestalt des Kreuzes als das größte Symbol der Stärke und Herrschaft des Logos (= der Weltseele) bezeichnet, ohne die es keinen Zusammenhang in der Schöpfung geben kann. »So hat für Justin das Kreuz eine ebenso kosmische wie soteriologische Dynamik, . . . ist Symbol einer kosmischen Struktur.«[106]

In der Linie der kosmisch-soteriologischen Interpretation liegt auch eine Stelle in der Schrift »Erweis der apostolischen Verkündigung« (1,3) von *Irenäus:* Der Gekreuzigte »ist selbst das Wort des allmächtigen Gottes, welches in unsichtbarer Gegenwart uns alle durchdringt, und deshalb umfaßt es alle Welt, ihre Breite und Länge, ihre Höhe und Tiefe; denn durch das Wort Gottes werden alle Dinge in Ordnung geleitet, und Gottes Sohn ist in ihnen gekreuzigt, indem er in der Form des Kreuzes allem aufgeprägt ist«[107].

b) *Die Vorabbildungen des Kreuzes im Alten Testament*

Es gehört zu den Voraussetzungen der urchristlichen Symboltheologie, daß alles, was Gott im Alten Testament offenbart hat, auf das Heilsgesche-

104 Zit. n. ebd., 86.
105 Zit. n. *Dinkler*, Signum, 38f.
106 Ebd., 39.
107 Zit. n. ebd., 40. Vgl. Eph 3,18. Vgl. zu dieser Stelle: *W. Bousset*, Platons Weltseele und das Kreuz Christi, ZNW 14 (1913) 273–285.

hen am Kreuz verweist; es enthält nach Justin (Dial. 91) das »Mysterium des Kreuzes«. So suchte man überall im Alten Testament beispielhafte Vorwegnahmen; sie sollten das Alter des Symbols ausweisen und seine vielfältige religiöse Bedeutung zeigen. Die alttestamentlichen Vorausabbildungen des Kreuzes sind im Barnabasbrief (5,12f; 11,8; vgl. Tertullian, Marc. 3,18; Augustin, Sermo 300,4) zusammenggestellt[108]. Gegen Ende des 2. Jahrhunderts hatte sich ein relativ fest umrissener Kanon von Stellen, die als Zeugnis des Kreuzes dienten, herausgebildet: das rettende Holz der Arche Noah, der wasserspendende Stab des Mose, das Holzgerüst, an dem die eherne Schlange hing, die Opferung Isaaks, der sprossende Baum, der an Wasserbächen gepflanzt ist. Den größten Einfluß auf die Theologie und die Kunst aber gewann die *Deutung des Lebensbaumes im Paradies (Gen 2) auf das Kreuz Jesu.* Der Lebensbaum ist schon im Alten Testament und in der spätjüdischen Apokalyptik ein Bild des messianischen Heils (vgl. Ez 31,1ff; 47,7.12; Dan 4,7ff; Hos 14,8; TestLev 18,10f; Henoch-Apk 24,4; 25,4f) bzw. der Weisheit Gottes (Prov 3,18 u.ö.). In der Johannesoffenbarung ist der Lebensbaum ein Bild der Vollendung der Erlösung (Apk 2,7; 22,2.14). Zwischen dem Lebensbaum des Paradieses und dem Lebensbaum des neuen Himmels steht jetzt jedoch das Kreuz, das als Lebensbaum gedeutet wird und das erst »ein Anrecht auf den Baum des Lebens« ermöglicht (vgl. Apk 22,14). »Der Paradiesbaum ist nur eine Vordeutung des Kreuzes, und dieses Kreuz ist der Mittelpunkt der Welt und des Heilsdramas der Menschen. Es ragt von Golgatha zum Himmel, den Kosmos zusammenfassend, es ist errichtet an der gleichen Stelle, an der einst Adam erschaffen wurde, wo er begraben liegt, wo zur gleichen Stunde und am gleichen Tag der zweite Adam sterben sollte. Und zu seinen Füßen quellen die vier Paradiesflüsse des Taufmysteriums, durch das die Nachkommen des Adam ein neues Anrecht erlangen auf den ewig grünenden Baum des Lebens.«[109]

Um diese Deutung des Kreuzes als Lebensbaum - die Lateiner nannten es das »sacramentum ligni vitae« - rankten sich Legenden; sie bestimmte viele Darstellungen mittelalterlicher Kunst.

Erstmals in der christlichen Literatur begegnet das Bild vom Kreuzesbaum bei *Ignatius* (Trall 11,2; vgl. Sm 1,2); er spricht von den »Ästen des Kreuzesstammes«, die eine unvergleichliche Frucht zeigen[110]. Der Vergleich zwischen Kreuz und Lebensbaum erscheint auch bei *Justin* und wird von *Irenäus* voll entfaltet, der Vergleich zielt auf die wiederherstellende Kraft des Kreuzes.

»Gottes gesamtes Wollen ist für Irenäus . . . der Heilsplan des Kreuzes (Haer. 5,17,4), und in seinem Werk hat die Theologie des Kreuzes . . . eine umfassende Ausweitung erfahren. Viele Momente der späteren Tradition erscheinen bei ihm zum ersten Mal. Er unterstreicht den

108 Vgl. *Murray*, Kreuz, 727.
109 *Rahner*, Mythen, 93; vgl. die Nachweise ebd., 94f, zu den Legenden 96f.
110 Vgl. *J.A. Fischer*, Die Apostolischen Väter, Darmstadt 1959, 179.

Gegensatz zwischen dem Baum des Lebens und dem Baum der Erkenntnis (epid. 34) und kommt viermal auf diesen Gedanken zurück.« Im unmittelbaren Anschluß an Irenäus zeigt *Gregor von Nyssa* anhand der Kreuzsymbolik die Wahrheit der Menschwerdung auf. »Das Kreuz ist das natürliche Symbol der Gottheit, die das ganze Universum durchwaltet, lenkt und zusammenschließt. Der gekreuzigte Christus ist das Wort Gottes.«[111]

Die ursprünglich getrennten Gedankenkreise, der kosmische Beweis und der Alters-Erweis, sind hier endgültig verschmolzen.
Eine weitere bedeutsame Linie neben der Entsprechung zwischen Lebensbaum und Kreuz führt auf *das Tav von Ezechiel* (9,4.6). *Tertullian* lag in seinem Werk gegen Marcion daran, nachzuweisen, daß der im Alten Bund geweissagte Messias in Jesus als einer historischen Person erschienen ist. Dieser mußte leiden wie später alle Christen, »sowohl die Apostel wie auch später alle Glaubenden, die nämlich signiert sind mit dem Zeichen, über das Ezechiel sagt: . . . ›mache das Tau auf die Stirn der Männer‹ (Ez 9,4). Dies ist nämlich der Buchstabe Tau der Griechen, unser lateinisches T, die Figur des Kreuzes, von dem er ankündigte, daß sie auf unserer Stirn sein werde beim wahren und katholischen Jerusalem . . .« (Marc. 3,22). *Hier wird das Tav Ezechiels und das Kreuz Jesu verbunden.* Die Gestalt des Kreuzes wird als T beschrieben und zugleich als Erlösungszeichen aller Glaubenden in Anspruch genommen. »Es ist kein Zweifel, daß Tertullian auf das Taufsiegel als Kreuzzeichen hinweist und eine Stirnsignierung in dieser Form voraussetzt.«[112]
Die urchristliche Rede vom »Siegel« oder »Versiegeln« der Glaubenden läßt bereits *vor* Tertullian gelegentlich einen Bezug zum Tav in Ez 9,4.6 erkennen (vgl. Apk 7,3; 9,4; vgl. auch OdSal, bes. 8,15); das gleiche gilt von dem »Namen« Jesu an der Stirn der Glaubenden (vgl. Apk 14,1; vgl. 3,12; 22,4). Nach den uns erhaltenen Quellen verbindet zum erstenmal der *Barnabasbrief* (9,6–8) den Gedanken der eschatologischen Versiegelung, das Zeichen des Kreuzes und das historische Kreuz Jesu[113]. *Vom 2. Jahrhundert an verbinden sich also deutlich zwei Bedeutungslinien:* Die *eine* setzt beim historischen Kreuz von Golgatha und dem Ostergeschehen an (vgl. 2.2.2), das Kreuz wird zum *» Wort vom Kreuz«*, das Kreuzigung und Auferwekkung umschließt; die *andere* (ältere) Bedeutungslinie knüpft an Ez 9,4.6 an (vgl. 2.2.1) und versteht das Kreuz als *eschatologisches Siegel,* als Eigentums- und Schutzzeichen. Die (umstrittene) Frage ist, ob die Verbindung beider Bedeutungslinien einen wesentlich älteren »Sitz im Leben« der christlichen Gemeinde hat.

111 *Murray*, Kreuz, 727.
112 *Dinkler*, Signum, 40. Dinkler verweist auf einen weiteren Beleg aus dem sog. Evangelium nach Philippus.
113 Vgl. ebd., 94.113. Vgl. *Kuhn*, Kreuz, 725: Verbal wird mehrmals bis zur Mitte des 2. Jh.s vom »Zeichen« des Kreuzes Christi gesprochen (Barn 12,5; OdSal 27,2 par 42,1; 29,7 nimmt die Rede vom »Zeichen« wieder auf; Did 16,6).

c) *Die Taufe als »Sitz im Leben« für Kreuzzeichen und Kreuzsymbolik*

Die Taufe »auf den Namen« Jesu Christi (vgl. 1Kor 1,13.15) wird als *»Versiegelung«* verstanden: als eine rechtliche Übergabe des Täuflings an Christus. Das Siegel meint das bestätigende, die Zugehörigkeit erweisende Zeichen[114]. Vielleicht hat Paulus bei der Signierung 2Kor 1,21f (vgl. Eph 1,13f; 4,30) an einen Signierungsritus mit Kreuz gedacht. Paulus bezeichnet Röm 6,3–8 die Taufe als ein »Mitgekreuzigtwerden« mit Christus, das den Täufling an dem Heilsgeschehen des Kreuzes Anteil gewinnen läßt. Für E. Dinkler wird hier eine innere Verklammerung der beiden Bedeutungslinien erkennbar, des historischen Kreuzes als Zeichen des Heils und des Kreuzzeichens als eschatologischer Versiegelung. Bei der Versiegelung bleibt das Kreuzzeichen in der vom Judentum übernommenen Form erhalten, es wird aber als Siegel Christi, als sein Kreuz, identifiziert. »Wir haben an dieser Stelle also *formal* eine Kontinuität, in der eschatologischen Versiegelung mit dem Kreuzzeichen nämlich, *inhaltlich* aber eine wesentliche Verchristlichung, weil aus dem Jahwe-Zeichen Tav das Christus-Siegel wurde und dieses nunmehr als Übereignung des Täuflings an den Kyrios ... ausdrückt.«[115]

Mag die Rückführung einer Signierung mit dem »Kreuzzeichen« auf die urchristliche Taufpraxis umstritten bleiben, in der christlichen Literatur und frühchristlichen Kunst ist die innere Verklammerung der beiden Bedeutungslinien breit belegt. Dinkler verweist exemplarisch auf *Clemens Alexandrinus*, der mehrfach – sogar in Bibelzitaten – anstelle von »Kreuz« das Wort »Zeichen« setzt und damit *Kreuz und Kreuzzeichen als sachliche (soteriologische) Einheit* versteht[116].

Das *Sichbekreuzigen* von Christen ist früh bezeugt (eine erste Zusammenstellung von Schriftbelegen zur Rechtfertigung dieses Brauches findet sich bei *Cyprian* (Test. 2,22). Auch hier spielte die Auslegung von Ez 9,4.6 eine wesentliche Rolle. Der griechische Buchstabe Tau wird von *Tertullian* als Tau species crucis (Marc. 3,22) gedeutet. Der Ritus der Bekreuzi-

114 Vgl. *R. Bultmann,* Der zweite Brief an die Korinther (KEK), Göttingen 1976, 46; *Dinkler,* Signum, 99–117.

115 Ebd., 43 (Hervorhebungen von mir). Sprach Dinkler zunächst davon, daß keine »aufweisbare Kontinuität« zum jüdischen Kreuzzeichen vorliegt, so betont er hier den formalen Charakter der Kontinuität.

116 Vgl. ebd. In der vom historischen Kreuzesgeschehen ausgehenden Linie ist für die Kreuzsymbolik – besonders im Osten – Mt 24,30 von Bedeutung. Das leuchtende »Zeichen des Menschensohnes« wird als Kreuz Christi gedeutet, das ihm bei der Parusie als »Siegeszeichen« vorausgeht (Kyrill v. Jerusalem, Kat. 13,41). Vgl. *E. Dinkler – von Schubert,* Art. Kreuz, EKL[3] 2, 1463. In Mt 24,30 selbst findet sich nicht der geringste Hinweis auf das Kreuz. Die Kirche hat in der Auslegung des Textes aber schon früh an die Erscheinung des Kreuzes am Himmel gedacht (vgl. ApkPetr 1: »Indem mein Kreuz vor meinem Angesicht hergeht«; in einem christlichen Einschub der Eliasoffenbarung [32] ist vom »Zeichen des Kreuzes« die Rede). Weitere Belege: *E. Schweizer,* Das Evangelium nach Matthäus (NTD 2), Göttingen 1976, 297. Ob Did 16,6 – die Stelle spricht vom »Zeichen der Ausbreitung« (sc. der Hände) bei der Parusie – auf das Kreuz zu beziehen ist, ist umstritten. – Zum *eschatologischen Lichtkreuz* insgesamt vgl. *E. Peterson,* Frühkirche – Judentum – Gnosis, Rom/Freiburg/Wien 1959, 15–35.

gung hat ebenfalls seinen Sitz im Leben der urchristlichen Taufpraxis und knüpft an die Vorstellung der »Versiegelung« an. *Bis zum Ausgang des 4. Jahrhunderts war es allgemein üblich geworden, den Neugetauften an der Stirn mit dem Kreuz zu bezeichnen*[117].

d) Das Kreuz als dargestelltes Symbol in der Kunst

Wir können eine Übereinstimmung zwischen der literarischen Überlieferung und den erhaltenen *Denkmälern der christlichen Kunst* feststellen: Die von Dinkler aufgezeigten *zwei Bedeutungslinien* – Kreuzzeichen als Tav und Kreuz von Golgatha *(stauros) – vereinen sich in ihnen.* Die Darstellung des Kreuzzeichens und die Darstellung des gekreuzigten Christus bzw. der Kreuzigung sind jedoch zu unterscheiden. In der frühesten Kunst treffen wir das Kreuz nicht häufig an; es erscheint zunächst als einfaches Zeichen, und zwar in Verbindung mit einem erklärenden Sinnbild, wie zum Beispiel mit dem Anker. Es gibt keine Denkmäler aus dem 1. und 2. Jahrhundert, die von oder für Christen gemacht sind. Im 3. Jahrhundert gibt es *indirekte* Darstellungen der Kreuzigung und Auferstehung, etwa durch Bilder von Isaaks Opferung oder der Jonageschichte als Präfigurationen der Kreuzigung bzw. Auferstehung. Erst um die Mitte des 4. Jahrhunderts kommt es zu *direkten* Darstellungen dieses zentralen Gegenstandes des christlichen Glaubens, und zwar *im Symbol*[118].
Das Kreuz-Symbol begegnet um 350 auf römischen *Passionssarkophagen.*

(Foto: Dt. Arch. Inst. Rom, Neg. 33.155)

Das älteste erhaltene Beispiel (Sarkophag 171 aus dem Lateranmuseum in Rom) zeigt in der Mittelszene ein sog. *Triumphkreuz* (s. Abb.): Ein lateinisches Kreuz zeigt oben einen großen Lorbeerkranz, der das Christogramm (die Anfangsbuchstaben des Namens Christi: chi und rho) umschließt und vom Schnabel eines Adlers gehalten wird. Auf den Querbalken des Kreuzes sitzen zwei Tauben. In den Ecken zwischen den Balken erscheinen gerade noch Sonne und Mond; sie verweisen auf die kosmische Weltherrschaft des gekreuzigten Auferstandenen und verbinden zugleich die Rechts-Links-Symbolik mit dem Kreuz. Auf der Sonnen- und Heilsseite

117 Vgl. *Murray*, Kreuz, 728.
118 Vgl. *Dinkler*, Signum, 58.

sitzt unter dem Querarm ein aufblickender Soldat, während auf der Mond- und Nachtseite (links vom Kreuz aus) ein schlafender Wächter kauert. Lorbeerkranz und Adler sowie Tauben symbolisieren Unsterblichkeit, Leben und Heil. Durch die Seitensymbolik erscheint das Kreuz als Scheide zwischen Tod und Leben, zwischen Schlafenden und Glaubenden. Das Symbol des umkränzten Christogramms stellt die Einheit von Kreuzigung und Auferstehung dar[119].

Ein weiteres Beispiel (Fragment eines Säulensarkophags aus dem Museum S. Sebastiano in Rom, um 370) zeigt wiederum die Aufnahme des Kreuzigungsthemas im Symbol. Christus steht auf dem Paradiesberg in der Mittelnische, von Weinrankensäulen von den Seitennischen mit Petrus, der das Kreuz geschultert hat, und Paulus getrennt. Auffällig ist, daß Christus zur Linken ein Lamm beigegeben ist, das auf dem Kopf ein lateinisches Kreuz trägt. Dadurch wird der Leidensgedanke wieder betont. Durch das Kreuzes-Lamm wird der erhöhte Herr zugleich als der im Himmel Herrschende und als der Gekreuzigte dargestellt[120]. Andere Kompositionen stellen Christus auf dem Paradiesberg stehend dar; er hält den Kreuzstab und wird von akklamierenden Aposteln umgeben.

Im letzten Jahrzehnt des 4. Jahrhunderts finden wir auf einem Sarkophag (dem sog. »Probus«-Sarkophag aus den Vatikanischen Grotten) erstmals im Westen *eine Kreuzesform mit sich verdickenden Balkenecken*; es ist mit Edelsteinen besetzt. Es handelt sich um ein Lebens- und Siegessymbol. Was die älteste Triumphkreuzkomposition nur durch eine Häufung symbolträchtiger Einzelzüge darstellen konnte, bringt jetzt die Kreuzform als solche zum Ausdruck[121]. Diese neue Kreuzform setzt sich von jetzt ab in Ost und West durch, ab 400 auch im Kirchenraum. Im Osten findet es sich auf den Mosaiken unter der Kuppel der Hagios-Georgios-Kirche in Thessaloniki (um 400?), im Westen in dem ersten erhaltenen Apsismosaik in Rom (in S. Pudenziana, um 410), aber auch in zahlreichen Kirchenmosaiken in Ravenna, z.B. in dem Mosaik des Apsisgewölbes der Kirche *S. Apollinare in Classe* (um 549). Hier wird erstmals das Bild Christi als Pantokrator in die Vierung des Kreuzes gesetzt. Der Sieg des Kreuzes wird zum Beginn der Verklärung des Kosmos[122].

Auch auf einer der ältesten *Kreuzigungsdarstellungen*, auf dem Elfenbeinkästchen im Britischen Museum (um 420/30), ist der Gekreuzigte an diese neue Form des Kreuzes genagelt. Die Darstellung zeigt Jesus mit offenen Augen; er ging freiwillig in den Tod; die Kreuzform

119 Vgl. ebd., 59. Vgl. *D. de Chapeaurouge*, Einführung in die Geschichte der christlichen Symbole, Darmstadt 1984, 19f.

120 Vgl. *Dinkler*, Signum, 60.

121 Vgl. ebd., 62.

122 Vgl. *H.-R. Weber*, Und kreuzigten ihn, Göttingen [2]1982, 3(Tafel 1).70. Das menschliche Gesicht Jesu erinnert den Betrachter daran, daß das Kreuz nur durch jenes Ereignis auf Golgatha zum Symbol des Sieges und der Verklärung geworden ist. Das Kreuz, das reich geschmückt im Sternenhimmel aufscheint, steht auf den Worten »salus mundi« (»Heil der Welt«); über dem oberen Balkenende erscheint das Wort »Ichthys« (»Fisch«) für Christus.

interpretiert das Geschehen von Ostern her und unterstreicht den Siegescharakter. Im Kontrast dazu steht die Bedeutungslosigkeit des Todes von Judas[123].

Dinkler vermutet, daß die Aussagen der literarischen Überlieferung (Justin, Tertullian, Minucius Felix), die das Kreuz »als größtes Symbol von Christi Macht und Herrschaft bezeugt« (Justin, Apol. I, 55,3), eine Komposition wie die des Triumphkreuzes auf den Passionssarkophagen veranlaßt hat[124]. *Die neue Form des Kreuzes mit den geschweiften Enden, vergoldet und mit Edelsteinen besetzt, entstand, als die öffentliche Bedeutung des Kreuzes unanfechtbar wurde, in theodosianischer Zeit, wahrscheinlich in Byzanz.* Es entsprach dem *Kunstkanon* der Antike und Spätantike, daß sich die frühchristliche Kunst vor 400 nicht des Themas der Kreuzigung annahm und daß dieses dann über das Christus-Kreuz als *Siegessymbol* möglich wurde. *Theologisch* gesehen wurde durch den Siegesgedanken die Dialektik von Kreuz und Auferstehung zerrissen: Der Tod am Kreuz wird zur Vorstufe, zur Voraussetzung der Auferstehung zum Leben. Im Siegesgedanken wird »die Passion verklärt, ja sublimiert«[125]. Die *politischen* Voraussetzungen für die Aufnahme des Kreuzes in die Kunst lagen in dem Gedanken einer durch die Aufnahme der christlichen Religion seitens des Kaiserhauses in Byzanz erreichten Wiederherstellung des Reiches. Theodosius I. ließ Kreuze auf den Plätzen von Byzanz errichten, die vermutlich die spezielle Kreuzform mit geschweiften Enden hatten, also als Siegeszeichen zu verstehen sind[126]. Sie gaben den Anstoß für die Übernahme in den Kirchenraum. Im 5. Jahrhundert erhielt das Kreuz auf Kaiserinsignien einen festen Platz und verdrängte das Christogramm. Theodosius II. stiftete nach dem Persersieg 422 ein Prunkkreuz auf Golgatha (errichtet um 440). Mit großer Wahrscheinlichkeit hat »die Kreuzform als Siegeszeichen ihren Sitz im Leben in der kaiserlichen Kunst«[127]. Bei der Aufnahme der Bilder in den kirchlichen Raum brachte die Kirche den Charakter des Kreuzes als »scheidend-entscheidendes Zeichen«, das im Golgathageschehen seinen einmaligen Ort hat, wieder zur Geltung; sie verband mit dem Siegesgedanken wieder den Passionsgedanken. Jetzt konnte auch das Skandalon des Kreuzes Gegenstand der Kunst sein.
Als Ergebnis können wir festhalten: *Die Geschichte des Kreuzes als dargestellten christlichen Symbols beginnt in theodosianischer Zeit zugleich mit der Gefährdung durch eine »Politisierung« des Kreuzes*[128].

123 Vgl. ebd., 5(Tafel 2a).72. Vgl. dort auch Tafel 2b mit der Kreuzigungsszene auf der *Holztür von S. Sabina,* Rom (um 430). Hier ist das Kreuz allein in der Verlängerung der Hände des Gekreuzigten - wie der Schächer, die er übermäßig überragt - zu sehen.
124 Vgl. *Dinkler,* Signum, 65.
125 Ebd., 73.
126 Vgl. die Nachweise ebd., 68ff.
127 Ebd., 70.
128 Vgl. ebd., 73f.

2.2.4 Theologische und didaktische Konsequenzen

Wir haben die Geschichte des Kreuzzeichens und -symbols relativ ausführlich beschrieben, um die Gefährdungen auch dieses Symbols, das als Kriterium einer theologischen Symboltheorie gelten kann, herauszuarbeiten. Von einer *unsachgemäßen Politisierung des Kreuzes als Symbol* läßt sich nicht nur im Hinblick auf die zunächst von Kreisen um den Turnvater Jahn ausgehenden, dann im Nationalsozialismus gipfelnden Versuche sprechen, dem Haken-Kreuz eine politische Bedeutung beizulegen[129]. Die Gefahr der Politisierung ist bereits mit den Ursprüngen der Geschichte des christlichen Symbols verbunden. Sie hat - neben anderen - *einen* Grund darin, daß *das Symbol von der einmaligen (skandalösen) Geschichte der Kreuzigung Jesu auf Golgatha abgelöst wurde.* Es ist daher erforderlich, im Rahmen einer kritischen Symbolkunde immer wieder den Geschichtsbezug des biblisch-christlichen Symbolsystems (Exodus, Kreuz/Auferstehung) herauszuarbeiten. Der Geschichtsbezug bewahrt das Symbolsystem nicht nur vor dem Vorwurf »reiner« Fiktionalität, er stellt auch ein fruchtbares Widerlager gegen die Tendenz der Idolisierung dar. Die Anfangsgeschichte des Kreuzes als christlichen Symbols zeigt auch, daß durch den kritischen Rückbezug auf die Bedeutungslinie, die von dem historischen Kreuz und dem Ostergeschehen ausgeht, eine *Korrektur* der imperialen Bemächtigungstendenz möglich ist. Es besteht daher kein Anlaß, auf die Rede vom Kreuz als Symbol aus theologischen Gründen zu verzichten, sondern sie vielmehr zu präzisieren. Der eigenständige, sorgfältige Versuch G. Baders, eine Symbolik des Kreuzes bzw. des Todes Jesu zu entfalten, weist in diese Richtung. Das Kreuz Jesu hat das alttestamentliche Bilderverbot radikalisiert. *Daher ist gerade am Kreuz Jesu der präzise Sinn des Symbols erkennbar. Das Symbol ist ein Sprachgebilde, das Vorsprachliches, Bildhaftes umfaßt. In ihm wird Bild und Zerbrechen des Bildes zugleich wahrnehmbar.* In diesem Vorgang ereignet sich Nähe und Entzug der Wirklichkeit, die das Symbol *repräsentiert.*

Zu widersprechen ist aber dem Versuch, das Kreuz Jesu einem Verständnis des Kreuzes als *»Ursymbol«*[130] unterzuordnen; dieser Versuch rechnet mit einer eigenständigen Vitalität des Kreuzsymbols, dem das Kreuz Jesu einen neuen Wert zufügt.

Wir stoßen angesichts dieser These auf eine aktuelle Auseinandersetzung, die das Gesamtverständnis der Symboldidaktik betrifft, nämlich auf die Diskussion um eine *Hermeneutik des Archetypischen und des Geschichtlichen.* H. Halbfas will die beiden Hermeneutiken aus falschen Alternativen befreien. Er kritisiert an Mircea Eliade und Eugen Drewermann, daß sie sich für den Kosmos gegen die Geschichte, »für eine zyklische Zeit gegen

129 Vgl. *Lanczkowski*, Kreuz, 712f.

130 Vom Kreuz als »Ursymbol« spricht *A. Rosenberg*, Einführung in das Symbolverständnis. Ursymbole und ihre Wandlungen, München 1984, 40ff.128.

das historische Bewußtsein, für alle Naturhaft gebundenen, archetypischen Symbole gegen stärker geschichtlich geprägte Symbolforscher« entscheiden[131]. Eine solche Entscheidung zu einer Überordnung des Archetypischen über die Geschichte, eine solche Neigung zu einer ontologisch begründeten Anthropologie widerspreche der Affinität der Bibel zur Geschichte[132]. Gleichwohl sehe das Christentum Mythos und Geschichte nicht in kontradiktorischer Gegensätzlichkeit. Einseitig an der Geschichte orientierte Hermeneutiken müßten eine schlüssige Erklärung für die strukturellen Analogien in der Vielfalt symbolischer Erscheinungsformen der Religions- und Kulturgeschichte finden. Halbfas teilt die Grundüberzeugung, »daß die menschliche Natur von einer konstanten Matrix archetypischer Dispositionen geprägt ist«[133]. Daher bringt er die religionsgeschichtliche, archetypische Hermeneutik, die auf das Universale, jederzeit Gültige zielt, und die geschichtliche Hermeneutik mit ihrem Interesse an dem Einmalig-Konkreten in eine fruchtbare Spannung. Halbfas selbst aber schlichtet den »Konflikt der Interpretationen«: Das Konkrete bestätigt das Universale von einer neuen Ebene aus[134]. Die Offenbarungen des christlichen Glaubens zerstören nicht die »primären« Bedeutungen der Urbilder, sondern fügen ihnen nur einen neuen Wert zu[135]. Die mythische Denkform übersetzt die konkrete geschichtliche Individualität »in eine übergeschichtliche, archetypische Universalität«[136]. Somit läuft der Lösungsversuch von Halbfas letztlich wieder auf eine Unterordnung der Geschichte unter das Archetypische hinaus.

Kann sich aber Halbfas nicht gerade auf die im letzten Abschnitt beschriebenen Versuche der Alten Kirche berufen, das Kreuz Jesu mit der vor- und außerchristlichen Kreuzsymbolik in Verbindung zu bringen? Sie hat das Kreuz Jesu als Paradiesbaum, als Lebens- und Weltenbaum gedeutet, das Kreuz als Inbegriff des Weltbaugesetzes verstanden. Sie stellt das Kreuz dem Helios, dem obersten Kultgott, gegenüber: Helios ist vom Kreuz besiegt, und der Mensch wird »vom Sonnenlicht des Kreuzes umstrahlt und (in der Taufe) erleuchtet«[137]. Der gekreuzigte Christus wird als der »wahre Orpheus« gepriesen, der die Menschheit als seine Braut aus den Tiefen des Hades heimholte[138]. Die antiken Christen betrachteten den Mastbaum, an dem Odysseus gefesselt war, als Symbol des Kreuzes. Der gewaltige Mastbaum mit der quergestellten Antenne erinnerte sie an das Kreuz, an das man ehrlose oder fremde Verbrecher nagelte. Justin erblickte in dem Mastbaum das Symbol der über die Meeresstürme siegreichen Kraft, das Sieges-

131 *H. Halbfas*, Wurzelwerk, Düsseldorf 1989, 55.
132 Vgl. ebd., 53.
133 Ebd., 59.
134 Vgl. ebd., 60.
135 Vgl. ebd., 59.
136 Ebd., 61.
137 *Rahner*, Mythen, 87f.
138 Vgl. ebd., 88f.

zeichen des Schiffes[139]. Sprechen diese Beispiele nicht für die These, daß das Kreuz Jesu das Universale des Kreuzsymbols von einer neuen Ebene aus bestätigt? Zu fragen ist aber, welche *hermeneutische Funktion* die patristische Methode hat, durch die Kombination fragmentierter Mythenstükke, durch scheinbar spielerische Anklänge an Themen und Figuren der mythischen Überlieferung die Geschichte des Kreuzes Jesu zu interpretieren: *Auf symbolische Weise sollte die eschatologische Bedeutung der einmaligen Geschichte gehaltvoll expliziert werden.* Insofern handelte es sich nicht um eine sachlich entbehrliche Ausschmückung, in der die hellenistische Bildung der Kirchenväter brillierte, sondern um den Versuch, im Rahmen symbolischer Theologie das »Ein-für-allemal« der *einmaligen* Geschichte Jesu zum Ausdruck zu bringen[140]. Werden Symbole mit archetypischem Kern wie Sonne und Mond (vgl. den Passionssarkophag o. S. 50) auf das Kreuz Jesu bezogen, um die universale eschatologische Bedeutung hervorzuheben, so wird damit das Archetypische auf das historisch Einmalige bezogen. Schon dadurch wird das Archetypische, das seinem Wesen nach auf das *jederzeit* Gültige zielt, »gebrochen«. Der bisherige Vorstellungsgehalt - Sonne und Mond waren in der ausgehenden Antike Attribute der kosmischen Weltherrschaft des Kaisers - schwingt in dem neuen Verständnis mit. Dem christlichen Symbol des Kreuzes wird eine neue (kosmische) Dimension beigemessen, die etwa auch in dem Verständnis Christi als Pantokrator (vgl. Mosaik in S. Apollinare) zum Ausdruck kommt.

Es handelt sich bei dieser Auseinandersetzung keineswegs nur um ein theoretisches Problem; es muß sich bis in die Anlage einer Unterrichtseinheit zum Symbol Kreuz hinein auswirken, ob das konkrete geschichtliche Kreuz in einer archetypischen Universalität aufgehoben wird *oder* ob der bestimmte Sinn des Wortes vom Kreuz, der auf das geschichtliche Kreuz Jesu bezogen bleibt, *Ausgangspunkt und Kriterium* christlicher Symbolik des Kreuzes ist.

Der Überblick über die Geschichte des Kreuzzeichens hat gezeigt, daß selbst bei gleicher Form das Kreuz in den verschiedenen Kulturen und Zeiten keine einheitliche Bedeutung hat. Werden zwei Symbole wie Kreis und Kreuz, Lebensbaum und Kreuz aufeinander bezogen, entsteht ein *neuer Bedeutungszusammenhang* bzw. ein *erweiterter Bedeutungsumfang.*

Das Vorkommen der Kreuzform läßt nicht sogleich auf ein Symbol schließen; es kann sich um eine natürliche Form, um ein eindeutiges Zeichen bzw. um ein Zeichen mit rein dekorativer Bedeutung handeln. Gerade in religiösen Lernprozessen, in denen die Möglichkeit zu differenzierter Betrachtung noch fehlt, sollte die Tatsache der weiten Verbreitung der Kreuzform nicht zu dem Fehlurteil einer einheitlichen Bedeutung führen. Auch

139 Vgl. Justin, Apol. I, 55,3. Vgl. *Rahner*, Mythen, 414–486, bes. 467ff.
140 Vgl. W. *Pannenberg*, Grundfragen systematischer Theologie, Bd. 2, Göttingen 1980, 65.

im Hinblick auf die frühe Geschichte des Christentums ist zu unterscheiden zwischen dem *Kreuz Jesu als Geschichte, Zeichen und Symbol.*
Die These Weders, daß es *durch Erzählung* zum Wort vom Kreuz gekommen ist, läßt sich für Paulus nicht überzeugend nachweisen. Daß das urchristliche Bekenntnis zu Kreuz und Auferstehung durch Erzählung *entfaltet* worden ist, läßt sich im Blick auf die Passionsgeschichte auch angesichts der differenzierten Betrachtungsweise Baders nicht bestreiten. Die Entfaltung des Bekenntnisses durch Erzählung hat die hermeneutische und didaktische Funktion, den *Geschichtsbezug* des christlichen Symbolsystems zu wahren. Daher wird die Passionsgeschichte auch in symboldidaktisch orientierten Lernprozessen zum Kreuz eine wichtige Funktion haben.
Bereits angesichts des Abendmahls hatten die hermeneutischen Reflexionen die Notwendigkeit erwiesen, die Sprachformen *Symbol, Metapher und Erzählung* in einem Zusammenhang wahrzunehmen. Angesichts des Kreuzes Jesu stoßen wir auf den gleichen Sachverhalt.
Eine weitere Einsicht bleibt festzuhalten. Der Eintritt des Kreuzes in die Kunst hat sich in der Mitte des 4. Jahrhunderts in Rom über den Siegesgedanken vollzogen. Bis in das Mittelalter hinein erscheint das Kreuz Jesu immer wieder als Symbol des Sieges, des Lebens und der Hoffnung. Durch die Auswahl entsprechender Kreuzesdarstellungen sollte aber in den Lernprozessen erschlossen werden, daß das Kreuz Jesu *zugleich* Symbol für das Leiden Gottes und der Menschen sowie Ausdruck des Protestes und des Widerstandes ist.

2.3 Zusammenfassung im Hinblick auf das Symbolverständnis

Kritische Anfragen (1) und die Auseinandersetzung mit theologischen Inhalten (2) führten zu einer Überprüfung des vorausgesetzten Symbolverständnisses. Diese Überprüfung hat folgende *Ergebnisse* erbracht:
Das Symbolische umfaßt eine ganze Bandbreite von vorsprachlichen und sprachlichen Phänomenen. Wenn ein Ding *mehr* bedeutet als seine übliche dinghafte Kraft, dann kommt das durch das Entstehen eines Symbols zustande. Damit ist die *untere* Grenze des Symbolischen markiert (Übergang vom bloßen Ding zum Symbol). Wenn das Symbol seine Doppel- oder Mehrdeutigkeit verliert, wird es zum arbiträren Zeichen oder zum Signal. Dieser Vorgang stellt die *obere* Grenze des Symbolischen dar (Übergang vom Symbol zum bloßen Zeichen).
Symbole sind – wie schon die griechische Wortbedeutung zeigt – zusammengesetzte Größen, die aus einem anschaulichen Symbolträger und dem dadurch Bezeichneten bzw. dem, was symbolisiert wird, bestehen. Diese Kennzeichnung trifft für das *engere* wie für das *weite* Symbolverständnis

zu[141]. Für das engere Symbolverständnis ist darüber hinaus vor allem charakteristisch, daß Symbole (1) auf eine andere Wirklichkeit *hinweisen* und sie (2) *repräsentieren.* Vor allem an diesem *Kennzeichen der Repräsentation* entscheidet sich die *theologische Sachgemäßheit* des Symbolgebrauchs.

P. Tillich nennt das zweite Merkmal der Symbole »Partizipation«; die Symbole haben an der Wirklichkeit teil, auf die sie hinweisen[142]. D. Rohloff wendet sich aufgrund seiner Untersuchung zur Kreuzsymbolik aus theologischen Gründen gegen Tillichs Begriff der »Partizipation« und schlägt statt dessen den Begriff der »Repräsentation« vor, weil dieser Begriff die *Differenz* von Repräsentierendem und Repräsentiertem einschließt[143].

Der *Begriff der Repräsentation* ist aus weiteren Gründen in diesem Zusammenhang höchst sachgemäß. Dieses Wort erhält im Lichte des christlichen Gedankens der Inkarnation eine ganz neue Bedeutungswendung; Repräsentation heißt nicht mehr Abbildung, sondern *Vertretung.* Vertreten heißt, etwas gegenwärtig sein lassen, was nicht anwesend ist. »So vertritt das Symbol, indem es repräsentiert, das heißt, etwas unmittelbar gegenwärtig sein läßt.«[144] Repräsentation meint *stellvertretende Gegenwart.* Das Vergegenwärtigte ist nicht uneigentlich oder indirekt da. »Das Repräsentierte ist vielmehr selber da und so, wie es überhaupt dasein kann.«[145] Es handelt sich um eine *»Realpräsenz«* im Sinne der Abendmahlslehre Luthers. In der symbolischen Repräsentation wird das Repräsentierte zugleich *verkörpert* und *verbürgt,* so daß man von »vergewissernden Zeichen« sprechen kann. Die Gabe der Verheißung wird so zur Darstellung

141 Vgl. *U. Hemel,* Ist eine religionspädagogische Theorie des Symbols möglich?, RpB 25/1990, 145–176, hier: 159: »Symbolon = materia symboli + significatio«. Hemel schlägt einen generellen Symbolbegriff vor, der ausdifferenziert werden kann in einen psychogenetisch-interaktionellen, einen kulturell-objektivierenden und einen weltanschaulich-religiösen Symbolbegriff (vgl. 161).

142 *Tillich,* Die Frage nach dem Unbedingten (s.o. Anm. 88), 238.

143 *D. Rohloff,* Der Ertrag neuerer Symboltheorien für eine Bestimmung des Symbolbegriffs in der Religion – dargelegt am Kreuz-Symbol und seinen Komplementen, Diss. theol. Göttingen 1972, 341ff.

144 *H.-G. Gadamer,* Wahrheit und Methode, Tübingen 1960, 146, vgl. 134, Anm. 2.

145 *H.-G. Gadamer,* Die Aktualität des Schönen, Stuttgart 1977, 46. Gadamer verweist auf den kirchen- und staatsrechtlichen Begriff der Repräsentation. Vgl. *B. Haller,* Art. Repräsentation II, HWP 8, 812ff.790. – Der Soziologe *H.-G. Soeffner,* Auslegung des Alltags – Der Alltag der Auslegung, Frankfurt/M. 1989, 162 bezieht sich ausdrücklich auf die Abendmahlslehre, wenn er den Symbolbegriff im Sinne der *›Realsymbolik‹* bestimmt. Das Symbol wird dann nicht mehr als ›Zeichen für‹ gesehen, »sondern wird selbst zur Realität: Der Wein *ist* das Blut, und das Brot *ist* das Fleisch Christi . . . Symbole setzen keine Zeichen *für* etwas – sie *sind* selbst die Realität oder ein Teil der Realität, die sich in ihnen ausdrückt.« Der Kommunikationswissenschaftler *I. Werlen* stellt im Hinblick auf das Ritual des Abendmahls fest: »Diese Repräsentation, Darstellung ist nicht bloße Darstellung, sondern Vergegenwärtigung, die wirksam ist – der Kern des Sakraments: das, was dargestellt wird, wird auch hergestellt – ein wirksames Zeichen« (Ritual und Sprache. Zum Verhältnis von Sprechen und Handeln in Ritualen, Tübingen 1984, 189). Hier wird erkennbar, daß der im Hinblick auf Luthers Abendmahlslehre präzisierte Symbolbegriff durchaus auch *außerhalb der Theologie gebräuchlich* ist.

gebracht, daß sie auf diese Weise in gebrochener, aber sinnlicher Weise *gegenwärtig* ist (das Symbol ist Zeichen einer *anwesenden* Sache).
Noch unter einer anderen Perspektive ist der Gesichtspunkt der Stellvertretung von Bedeutung. Das Symbol läßt uns an der Bewegung von einem ersten, wörtlichen Sinn zu einem zweiten, übertragenen Sinn teilhaben. Es kommt zustande durch diesen Prozeß der Übertragung von einem ersten auf einen zweiten Sinn. Der erste Sinn *vertritt* den zweiten Sinn; der erste Sinn muß aber in seiner anschaulichen Gegenständlichkeit zerbrechen, damit der zweite Sinn erscheinen kann. *Der übertragene Sinn wird im Zerbrechen des wörtlichen Sinns vernehmbar, der ihn hervorgebracht hat.* Insofern ist jedes Symbol an sich stellvertretend. Diese symbolische Stellvertretung ist die Bedingung der Möglichkeit dafür, daß wir in angemessener Weise vom Symbol des Kreuzes sprechen können. Das Kreuz Jesu radikalisiert diesen Charakter der Stellvertretung[146].
Wir sind sowohl bei den Sakramenten als auch beim Kreuzsymbol auf den *Zusammenhang von Symbol, Metapher und Erzählung* gestoßen. Dieser Zusammenhang läßt Rückschlüsse auf das Symbolverständnis zu. Diese Trias bewahrt vor dem Fehlschluß, das Evangelium sei mit einer bestimmten Form religiöser Sprache gleichzusetzen. Eine theologische Symboltheorie darf daher nicht als »Theorie des Evangeliums« mißverstanden werden. Der bestimmte Sinn des Evangeliums kann sich nämlich in und unter den unterschiedlichen Formen der (religiösen) Sprache mitteilen. Bader hat das Symbolische als tiefste Schicht der Passionsmetaphern erkannt. Wir haben herausgearbeitet, daß die johanneischen Ich-bin-Worte auf der Grundlage elementarer, nicht-willkürlicher Symbole gebildet wurden[147]; dieser Befund hat sich im Hinblick auf die Einsetzungsworte (»Das ist mein Leib«) bestätigt. *Metaphern werden – auf der Grundlage nicht-willkürlicher Symbole – durch semantische Integration verschiedener Sinnbereiche gebildet, sie haben einen symbolischen Gehalt. Metaphern sind in Symbolen verwurzelt, aber nicht jedes Symbol ist eine Metapher.* Denn Metaphorizität ist die Funktion der Verwendung eines einfachen oder komplexen Ausdrucks in einem Text. Insofern ist es sachgemäß, bei aller notwendigen Differenzierung der Sprachformen die didaktischen Reflexionen unter dem Gesichtspunkt der *Symbol*didaktik zusammenzufassen. Das Symbol ist die weitere und offenere Sprachform. Die *Erzählung* verweist besonders auf den Geschichtsbezug der Symbole und den Handlungsbezug der Didaktik.
Bader hat am Beispiel der Passionsgeschichte die enge Verbindung von Erzählung, Symbol und Ritual aufgewiesen. Die Sinnfülle, die lebendige Symbole ausstrahlen, verleiht leicht in Erstarrung geratenden Erzählzusammenhängen neue Lebendigkeit – »bis die Symbole selber sterben oder

146 Die genannten Merkmale gelten für alle Symbole. Reichere ontische Erfahrung läßt jedoch eine differenziertere phänomenologische Beschreibung zu.
147 Vgl. *Biehl u.a.*, Symbole I, 63ff.

sich verwandeln«[148]. Umgekehrt sind Symbole, die ihre Lebendigkeit verloren haben, auf dem Wege der Erzählung wieder einzuführen. Das trifft beispielsweise für biblische und urchristliche Symbole zu, die nicht mehr unmittelbar verstanden werden, wie Symbole des Hirten oder des Fisches.

148 *G. Scholem,* Zur Kabbala und ihrer Symbolik, Frankfurt/M. 1973, 36.

3 Konkretionen: Symbole in religiösen Lernprozessen

3.1 Das Symbol »Brot« und das Abendmahl

3.1.1 Anthropologische und theologische Reflexionen zu »Brot«, »Mahl« und »essen«

3.1.1.1 »Brot« in der biblischen Überlieferung

Brot als Hauptnahrungsmittel steht im *Alten Testament* für ›Nahrung‹ und ›Lebensunterhalt‹ ganz allgemein. Brot als Kernstück jeden Gastmahls kann sogar die Bedeutung von ›Festmahl‹ annehmen (Pred 10,19). »Brot essen« kann »Mahlzeit halten« bedeuten (Gen 31,54; 37,25 u.ö.). Wir habenes also mit einem *Symbolfeld* zu tun, das allgemein Essen und Mahl umfaßt.

In Verbindung mit anderen Begriffen umschreibt Brot das, was zum Leben unbedingt erforderlich ist. »Brot und Wasser« ist die Hauptmahlzeit der Gefangenen und der ärmeren Volksschichten. »Brot und Wein« stehen nicht nur für Essen und Trinken, sondern sind Hinweise auf ein reichliches Freudenmahl. Sie gehören zu den Wundergaben von Himmel und Erde (Ps 104,16). Mit »Brot und Fleisch« nährt Jahwe sein Volk in der Wüste wie damals in Ägypten (Ps 78,20; Ex 16,2). Auch »Brot und Kleidung« können das Lebensnotwendige umfassen (Gen 28,20 u.ö.)[1].

Der Mensch lebt aber nicht vom Brot, also von irdischer Nahrung, allein, sondern von allem, was das Wort Jahwes schafft (Dtn 8,3; vgl. Am 8,11). Das Brot verweist über sich hinaus auf die Befreiung aus Ägypten, die Gott schafft, für die er »Manna« (das »Himmelsbrot« Ps 105,40; vgl. Neh 9,15) auf dem Wege gibt. Oder es verweist auf die Gerechtigkeit, die er anbietet. Die Antwort des Menschen auf die fürsorgliche Zuwendung Jahwes sind Lob und Dank und die Hinwendung zum Nächsten. Brich dem Hungrigen dein Brot (Jes 58,7); denn Jahwe hat Brot für alle gegeben (vgl. z.B. Ps 145,15f). Brot eignet sich nicht zum Horten, da es leicht verdirbt. Daher wird jedem nach seinen Bedürfnissen gegeben. »Sammelt davon, ein jeder, soviel er braucht« (Ex 16,16; vgl. 16,18). »Gott ist hier die Nährmutter, die ihre Kinder nährt, ohne daß diese etwas leisten müssen, um ein Recht auf Nahrung zu erwerben. Die zweite Anweisung Gottes warnt vor dem Horten, der Habgier und [dem] Besitzstreben.«[2] Brot gewinnt im Hinblick auf

1 Vgl. *W. Dommershausen*, Art. *lḥm*, ThWAT IV, 538–547.
2 *E. Fromm*, Haben oder Sein (dtv 1490), München 1979, 56.

unterschiedliche Lebenssituationen symbolische Bedeutung. Es kann Freude und Gemeinschaft symbolisieren. Regelmäßig »Brot mit jemandem zu essen« bedeutet, sein Freund, sein Vertrauter zu sein (Ps 14,4). Dem Hungrigen sein Brot zu geben ist der Ausdruck brüderlicher Liebe (Ex 18,7; Spr 22,9). Der Überfluß des Brotes symbolisiert Segen Gottes (Ps 132,15; Spr 12,11), Reichtum, Wohlergehen und Sicherheit (Gen 49,20; Jer 44,17). Der Mangel an Brot dagegen bedeutet bittere Armut (2Kön 25,3 u.ö.) und Strafe Gottes für die Sünde (Jer 5,17 u.ö.). Das Alte Testament kann vom »Brot der Tränen« (Ps 80,6) und vom »Brot der Mühsal« sprechen (Ps 127,2). Die Weisheit kann den Unverständigen auffordern, an ihrem Mahl teilzunehmen und von ihrem Wein zu trinken (Spr 9,5). In der eschatologischen Zeit wird das Korn reich und üppig wachsen (Jes 30,23; vgl. Jes 25,6–8). Der Überfluß dessen, was Jahwe gibt (vgl. schon die Gabe des Landes, in dem »Milch und Honig« fließt) übersteigt die Gegenwart und verweist auf die Zukunft. Gerade dieser Aspekt wird im *Neuen Testament* weiter ausgeführt[3]. Vor allem übernimmt Jesus die überlieferte Symbolik: »Zerteilung des Brotes durch den Hausvater zur Herstellung und Versinnbildlichung der Mahlgemeinschaft.«[4]
Diese Geste, verbunden mit dem Tischgebet, finden wir in der Speisungs- und Abendmahlsgeschichte (Mk 6,41; 8,6; 14,22 parr). *Die Speisung der 5000 bzw. 4000* ist die »Brotgeschichte«, die im Neuen Testament am häufigsten erzählt wird. Es handelt sich um eine Symbolgeschichte[5], in der sich die Erfahrungen vieler Generationen widerspiegeln, wie besonders an den vielen Anspielungen auf das Alte Testament deutlich wird. Sie hat historische »Haftpunkte« in Jesu eschatologischen Mahlfeiern (vgl. z.B. Mk 2,15; Lk 15,1f), in der Erinnerung an seine letzte Mahlfeier mit den Jüngern und im »Brotbrechen« der Urgemeinde (Act 2,46; 20,7); sie ist aber in ihrer vorliegenden symbolischen Gestalt weit mehr als ein historischer Bericht, der auf bestimmte Einzelheiten hin befragbar wäre (wie sollen in der Einöde so viele Menschen zusammenkommen und eine Predigt hören? - usf.)[6]. Bei

3 Vgl. *S.* und *H.K. Berg* (Hg.), ... und alle wurden satt, München/Stuttgart 1987, 7f.

4 *E. von Severus*, Art. Brotbrechen, RAC 2, 620–626, hier: 622.

5 Vgl. *W. Schmithals*, Das Evangelium nach Markus. Kapitel 1–9, 1 (ÖTK 2/1), Gütersloh/Würzburg 1979, 321, 331. Wir folgen Schmithals in dem Versuch, den Symbolcharakter der Geschichte besonders herauszuarbeiten. Nach *R. Pesch* ist die Erzählung von vornherein symbolisch angelegt (vgl. Das Markusevangelium, 1. und 2. Teil [HThK II/1], Freiburg u.a. ²1980, 355). Gegen eine symbolische Deutung spricht sich *F. Neugebauer*, Die Wunderbare Speisung (Mk 6,30–44 parr) und Jesu Identität, KuD 32 (1986) 255–277, hier: 269 aus.

6 *G. Theißen*, Der Schatten des Galiläers, München 1986, 168 sieht den »historischen Kern« in folgendem Vorgang: »Wenn die Leute erst einmal glauben, daß genügend Brot für alle da ist, verlieren sie die Angst vor dem Hunger. Dann holen sie die Brotreserven heraus, die sie versteckt hielten, um nicht mit anderen teilen zu müssen. Sie geben von ihrem Brot ab ...« Eine solche Erklärung geht von einem nicht unwichtigen Einzelzug des Textes aus, kann die Entstehung der Speisungsgeschichte bis zu einem gewissen Grad verständlich machen, erreicht aber den Sinn der vorliegenden Geschichte nicht (vgl. *Neugebauer*, Speisung, 260).

Markus wird die nachösterliche Situation auch ausdrücklich angesprochen: Die Jünger sind aufgrund ihres Sendungsauftrages (6,7–13) als »Apostel« tätig und haben in Galiläa Erfolg (6,31). Die Menge drängt zu dem einsamen Ort hin. Die Speisung ist Jesu Antwort auf das Tun der Jünger. Die Geschichte (Mk 6,30–44) hat ihre Pointe in der »Ausrüstung« der Jünger zu ihrer Aufgabe, gute Hirten zu sein.

Zunächst erweist sich Jesus selbst als der gute Hirte der erhofften Heilszeit (Ez 34,23). Markus akzentuiert die Speisungsgeschichte durch das vorangestellte Wort von dem Hirten und der Herde (6,34). Jesus hat Erbarmen mit denen, die richtungs- und orientierungslos wie Schafe sind, weil sie keinen Hirten haben (Num 27,17; Ez 34,5; 1Kön 22,17 u.ö.). Jesus lehrt, wie es Mose getan hat. Die Mosezeit kehrt wieder. Das neue Gottesvolk konstituiert sich. Eschatologische Hoffnungen erfüllen sich. Jesus weist als der gute Hirte den Menschen den »Weg des Lebens« und gibt ihnen Wahrheit, neue Orientierung (vgl. Joh 10,11; 14,6). Das »Brot«, das sie zum Leben brauchen, ist er selbst und sein Wort. Er handelt an Gottes Stelle; denn Gott ist der gute Hirte (Ps 23; Jes 40,11; 49,9f). Vom Hirtenbild her gewinnen auch andere symbolische Züge unserer Geschichte ihre Bedeutung: Öde und Mangel verweisen auf die Wüstensituation, und der »grüne Rasen« (6,39), der nach realistischer Betrachtung zu dieser Situation nicht passen will, erinnert an Ps 23,2 (vgl. Ez 34,11ff) »auf grünen Auen läßt er mich lagern ...« Jesus speist das Volk, so wie Gott es in der Wüstenzeit mit Manna gespeist hat (vgl. Ex 16,11ff; Joh 6,31 weist ausdrücklich darauf hin); die Speisung mit Manna und Wachteln kündigte schon an, »daß der Mensch nicht vom Brot allein lebt, sondern von allem, was aus dem Mund des Herrn geht« (Dtn 8,3; vgl. Mt 4,4). Hier in der »Einöde«, am Ort des Heils, erfüllt sich diese Verheißung in der eschatologischen Gabe Jesu. Auch das Lagern zu *Tischgemeinschaften* in Gruppen zu je 100 und 50 (6,39f) erinnert vielleicht an die Wüstenzeit, die Jesus zurückbringt, nämlich an die Gliederung des alten Gottesvolkes in Stammesverbänden (Ex 18,21.25). Die zwölf Körbe verweisen auf die zwölf Stämme Israels und auf die zwölf Apostel. Die Zwölf ist eine symbolische Zahl, die Zahl der göttlichen Fülle.

Die innere Dramatik der Erzählung spielt sich zwischen Jesus und den Jüngern ab. War Jesus als der gute Hirte um das Heil der Menschen bekümmert, so nehmen die Jünger (6,35f) sich des Hungers der Menschen an. Sie werden deswegen auch nicht getadelt, denn Heil im umfassenden Sinn schließt die leibliche Sättigung ein. Um die Teilhabe am Heil, das die Leiblichkeit umfaßt, geht es in dem folgenden Geschehen. Beim lauten Lesen des Textes spricht ein Satz den Hörer unmittelbar an, nämlich die Aufforderung an die Jünger: »Gebt ihr ihnen (doch) zu essen!« Diese Aufforderung am Höhepunkt der Spannung bringt das völlige *Unvermögen der Jünger,* ihre Verantwortung als Apostel bzw. Hirten wahrnehmen zu können, zutage. Das vorliegende Mißverständnis bezieht sich hier nicht auf die Person Jesu – obwohl Markus dieses Jüngerunverständnis sicherlich auch im Blick hat (vgl. 6,52) –, sondern auf die Funktion der Jünger. Jesus überwindet dieses Mißverständnis, indem er sie aktiv in das Geschehen einbezieht. Sie geben Auskunft über ihren Vorrat an Lebensmitteln: fünf Brote und zwei Fische (6,38.41). Die Wiederholung der Zahlen hebt ihren symbolischen Charakter besonders hervor: Es sind sieben Teile. Die Sieben ist eine heilige Zahl, die vor allem Gott symbolisiert. Bei der ausgeteilten Speise handelt es sich also um das Brot, das »mehr als notwendig« ist (Jüngel), um das *Brot des Lebens,* das vom Himmel kommt (vgl. Joh 6,33ff). Bestätigt und verstärkt wird diese Einsicht dadurch, daß die Speisung in der doppelten Gestalt von Brot und Fisch erfolgt. Der Fisch gilt schon früh als Christussymbol und als Zeichen der auf den Namen Jesu getauften Christen[7]. Ist diese symbolische Deutung bereits für den Erzähler vorauszusetzen, dann wird Jesus durch die beiden Fische als Brot des Lebens (vgl. Joh 6,35) bezeichnet, der das wahre Leben ist und gibt. Die Speisung ist nicht als Abendmahl zu verstehen, es handelt sich eher um ein ärmliches Mahl ohne Wein (anders Mk 14,22f); aber die Schilderung der *Austeilung* (6,41) ist wohl bewußt an Mk 14,22 angeglichen[8]. Jetzt wird die Lösung der Spannung im Verhältnis zwischen Jesus und den Jüngern erkennbar: Die eschatologische Gabe des Lebens wird durch die *Jünger* ausgeteilt. Erst als er ihnen die Hände füllt, können sie weitergeben und ihren Auftrag als Apostel bzw. Hirten wahrnehmen[9]. Der eine gute Hirte kann durch die vielen Hirten handeln (Jer 23,3f). Der Erzähler wählt in 6,41 mit dem griechischen Imperfekt für »er gab« eine Zeitform, die voraussetzt, »daß Jesus den Jüngern immer wieder neues Brot reichte«.[10] Die Speise ist in unermeßlicher eschatologischer *Fülle* gegeben. Aus dieser Fülle können die Jünger weiterhin schöpfen, so daß alle satt werden (vgl. 1Kön 17,16; 2Kön 4,43f). Noch einmal kommen alttestamentliche Analogien in den Blick. »Die theologisch-symbolische Ausrichtung und Qualität der vorliegenden Erzählung hebt sich jedoch ... von allen Analogien ab ...«.[11] Dieser Sachverhalt läßt sich nicht allein mit dem »Motiv der Überbietung« verständlich machen[12]. Er verweist vielmehr auf die Qualität der Erfahrung, die in dieser Symbolgeschichte verdichtet ist. Es kommt eine Erfahrung zur Sprache, die nicht in einer Ausnahmesituation, sondern in einer für die menschliche Existenz *exemplarischen* Situation der Gefährdung durch den Mangel gemacht werden kann[13], die Erfahrung nämlich, daß eben *in* dieser Situation Reich

7 Vgl. *Schmithals,* Markus, 326. Die Schlußbemerkung in 6,41 »und die Fische teilte *er* unter sie alle« könnte ausdrücken, daß Jesus im Unterschied zu den Broten die Fische selbst verteilt. Hängt dieser Sachverhalt mit dem christologischen Symbol zusammen, dann gibt er sich selbst (vgl. ebd., 328).

8 Vgl. *E. Schweizer,* Das Evangelium nach Markus (NTD 1), Göttingen 1967, 78. Die Brote sind damals tellergroße Kuchen aus Weizen oder Gerste, die beim Essen gebrochen werden. S. dazu genauer: *K. Berger,* Manna, Mehl und Sauerteig. Korn und Brot im Alltag der frühen Christen, Stuttgart 1993.

9 *Neugebauer,* Speisung, 260f betont, daß Gott selbst Tischherr ist, der im Tischsegen angerufen wird: »Gepriesen seist du, Jahwe, unser Gott, König der Welt, der du das Brot aus der Erde lässest hervorgehen.« *Jesus ist der erste Tischdiener, der Teilende und Verteilende, der die Jünger in diesen Dienst der Gottesherrschaft einbezieht.*

10 *Schweizer,* Markus, 78.

11 *Schmithals,* Markus 331.

12 *Pesch,* Markusevangelium, 354 nimmt an, daß die Geschichte als *Überbietung* der Speisung von 100 Leuten mit 20 Gerstenbroten durch Elisa (2Kön 4,42–44) konzipiert sei.

13 Der Mangel wird in dieser Geschichte als Orientierungslosigkeit (6,34) und als Hunger beschrieben. Die Überwindung des Mangels umfaßt den wirklichen leiblichen Hunger, also das Notwendige.

Gottes, Befreiung und Erlösung, die den ganzen Menschen umfaßt, durch Jesus realisiert wird.

Was diese Erfahrung des Befreit-Werdens besagt, kann durch eine Auslegung der Symbolgeschichte in *befreiungstheologischer, ökologischer* oder *tiefenpsychologischer* Perspektive konkretisiert werden. Diese Perspektiven müssen sich nicht ausschließen, sondern können sich wechselseitig ergänzen. Wir wählen den *psychoanalytischen* Interpretationsansatz, weil wir zugleich die anthropologische Sicht der Phänomene »Brot«, »Mahl« und »essen« vorbereiten möchten.

Heinz Müller-Pozzi hat die lukanische Fassung der Speisungsgeschichte (Lk 9,10–17) seiner Interpretation zugrunde gelegt[14]. Die psychoanalytische Deutung fragt nach dem verborgenen Sinn des Symbols »Speisung der Fünftausend«. Essen und Speisung spielen in der Bibel eine bedeutende Rolle. Wird das *Bekommen* der nötigen Nahrung und damit die Befriedigung fundamentaler Bedürfnisse als *Wunder* dargestellt, muß es dabei um mehr gehen als um leibliche Sättigung. Nahrungsaufnahme ist die erste »Tätigkeit« des Menschen; »essen« eignet sich daher besonders als symbolische Darstellung dessen, was den Beginn der psychischen Entwicklung ausmacht[15]. Die Psychoanalyse spricht im Hinblick auf die psychischen Vorgänge, die sich um die Mundregion und die Nahrungsaufnahme zentrieren, von *Oralität*. Freud, aber vor allem auch die neuere Narzißmusforschung haben die große Bedeutung der oralen Phase, in der es um den *Übergang* von der biologischen Einheit mit der Mutter zur Existenz als einem eigenständigen Individuum geht, herausgearbeitet. Dieser Übergang kann nur gelingen, wenn das Kind eine hinlänglich gute Mutter hat, die es nicht nur mit Nahrung für den Körper, sondern auch mit »narzißtischer Zufuhr«, also mit dem Gefühl, liebenswert und in Ordnung zu sein, versorgt. So kann gerade das Essen, für das man nichts zu tun braucht, das man einfach bekommt, die Einheit mit der Quelle alles Guten symbolisieren[16]. Darum wird in der Bibel das Genährtwerden als ein Bekommen ohne eigenes Dazutun als Wunder dargestellt; im Symbol der Speisung bedeutet dieses Genährtwerden jedoch nicht nur leibliche Sättigung, sondern in erster Linie Wärme, Geborgenheit, Einssein, Glück, Unverletzbarkeit. Da der Weg zurück in das *Paradies* nicht mehr möglich ist, symbolisiert das *Reich Gottes* das Wiedererlangen eines Zustands der Einheit mit der Quelle alles Guten.

Jesus selbst als Offenbarer ist diese Gabe. Er verhält sich *»mütterlich«*, indem er sich dem Volk nicht entzieht, sondern ihm die Möglichkeit zusagt, Einssein mit der Quelle narzißtischer Befriedigung zu erlangen[17].

14 *H. Müller-Pozzi*, Wunder, in: *Y. Spiegel* (Hg.), Doppeldeutlich, München 1978, 13–23. Lukas erzählt von der Speisung im Vergleich zu den drei anderen Evangelisten knapp und nüchtern; er spricht als einziger (9,11) im Zusammenhang der Speisung vom Reich Gottes.

15 Vgl. ebd., 15.

16 Vgl. ebd., 16.

17 Vgl. ebd., 17.

Bestimmte Merkmale des Reiches Gottes stimmen mit diesem Interpretationsversuch überein: Das Reich Gottes ist nicht verfügbar, man kann es nur erwarten und annehmen; es entspricht in dieser Hinsicht dem oralen Modus des *»Bekommens«*. Es symbolisiert die *Einheit* mit Gott. Das Symbol des Reiches Gottes ist durch die Dialektik von inhaltlicher Unbestimmtheit und maximaler Erfülltheit gekennzeichnet. Das Reich Gottes wird bei Jesus nicht ausgemalt, es ist Fülle, Friede, Gerechtigkeit, Sättigung und damit Aufhebung des Mangels überhaupt. *»Heil« und »Mahl« sind Symbole der Einheit, »der Aufhebung jeglicher Entfremdung, sind Symbole des ›wahren Lebens‹, des Glücks«*[18]. Das Reich Gottes ist schließlich zukünftig und wird gleichzeitig in der Gegenwart durch Jesus verkörpert. Er lebt aus der Gewißheit, »Speise die Fülle« zu haben, das Notwendige zu bekommen und den anderen geben zu können, was sie brauchen. Jesus verhält sich in der »Speisung der Fünftausend« *gelassen* angesichts der Bedürftigkeit des Volkes; denn weil er selber genug hat, kann er andere sättigen. Er zeigt die Grundhaltung einer ruhigen *Gewißheit*, die es ermöglicht, mit der »narzißtischen Wunde« leben zu können. Diese Gelassenheit kommt im Symbol des Reiches Gottes zum Ausdruck. »Im Gefühl der Gelassenheit – religiös ausgedrückt in der Hoffnung auf das Reich Gottes – wird Integrität des Selbst gewahrt angesichts der Gefahr drohender Mißbilligung, Beschämung, ja Verachtung. Reich Gottes wird so zum Ausdruck überzeugter Hoffnung, trotz endgültiger Trennung vom primären Objekt – religiös heißt das: von Gott –, ... von der Quelle narzißtischer Zufuhr nicht abgeschnitten zu sein.«[19] Das Symbol des Reiches Gottes stellt die Lösung des menschlichen Grundkonflikts nicht wie das regressive Symbol des Nirwana als Suche nach dem »verlorenen Paradies« dar, sondern die Trennung von Subjekt und Objekt wird als notwendig akzeptiert; es sieht das »Paradies« in der Zukunft, die im Grundgefühl der Gelassenheit antizipiert wird.

Müller-Pozzi hat in seiner sorgfältigen Interpretation bereits angedeutet, daß es *Korrespondenzen* zwischen dem psychoanalytischen und theologischen Verständnis des Symbols »Reich Gottes« gibt, daß das Gefühl der Gelassenheit und die Hoffnung auf das Reich Gottes jedoch *nicht identisch* sind. Das gilt entsprechend für die Interpretation der Speisungsgeschichte. Die psychoanalytische Deutung hilft, eine neue Tiefenschicht der Geschichte zu entdecken. Wo Menschen Brot, Speisung, einfach bekommen, ohne etwas dafür tun zu müssen, geht es immer auch und in erster Linie um das Ansehen der Person, um die Erfahrung, unendlich viel wert zu sein, sich trotz der eigenen Unannehmbarkeit annehmen zu können. Theologisch gesprochen bedeutet das: Der Aspekt »Rechtfertigung« ist verbunden mit der Speisungsgeschichte. Darüber hinaus bedeutet »Sättigung« Aufhebung des Mangels, des Verlustes, der Entfremdung überhaupt. Brot, für das man nichts zu tun braucht, das man »bekommt«, symbolisiert das Reich Gottes als endgültige Überwindung der Entfremdung in der Teilhabe an der Liebe, die Gott ist.

3.1.1.2 »Essen« in anthropologischer Sicht

Müller-Pozzi hat auf die hohe Bedeutung der oralen Phase für den Sozialisationsprozeß hingewiesen. Er hat gezeigt, daß sich von vornherein Nahrung und Liebe miteinander verbinden. »An der Frauenbrust treffen sich

18 Ebd., 18 (Hervorhebung von mir).
19 Ebd., 22.

Liebe und Hunger«, sagt S. Freud[20]. Der Essen aufnehmende, saugende Mund ist nach Freud die erste erogene Zone des Körpers und darüber hinaus die »Wiege der Wahrnehmung«[21]. Die Mundbetätigung des Säuglings dient also nicht nur der Nahrungsaufnahme und der »narzißtischen Zufuhr«, sondern - im Zusammenwirken mit der Hand - der Erfahrung der räumlichen Welt. Daher wird die Einverleibung der Nahrung zum *Grundmuster* der Aneignungsweise äußerer Natur[22]. Durch die Art und Weise des Fütterns und Essens nimmt das heranwachsende Kind die in einer Gruppe gültigen symbolischen Bedeutungen des Essens sowie die Grundregeln sozialen Verhaltens in sich auf. Zum anderen haben die später herausgebildeten Formen des Essens wegen ihres Ausgangspunktes in der oralen Phase auch etwas mit Kontaktaufnahme, Trennung und Erotik zu tun[23].

Gerade wegen der weitreichenden Folgen für den Sozialisationsprozeß muß hervorgehoben werden, daß in der oralen Phase bereits der *Anfang des Ambivalenzkonflikts* liegt. Dieser Gesichtspunkt ist in dem kurzen Beitrag von Müller-Pozzi nicht berücksichtigt. Das Genährtwerden bedeutet für den Säugling nicht nur, von einem liebenden Wesen beschützt, gesättigt und befriedigt zu werden; Versagungen rufen Gefühle von Bedrohung durch Hunger, durch Verlassen-, Gehaßt- und Ausgestoßenwerden hervor[24].

Auf einer *primären* Stufe des Saugens vollzieht sich die Einverleibung aber noch im Sinne von *Einung* (vgl. Müller-Pozzi); auf seiten des Kindes fehlt die Ambivalenz von Liebe und Haß. Auf der *sekundären* Stufe der Mundtätigkeit, die K. Abraham in die orale Entwicklung eingeführt hat, erhält die Mundtätigkeit durch das Beißen sadistische Züge. Das Objekt wird einverleibt »und erleidet dabei das Schicksal der Vernichtung«[25]. Damit beginnt eine Ambivalenz im Verhältnis zwischen Ich und Objekt.

Auch spätere »Hungerkrankheiten« haben ihren Ausgangspunkt in der oralen Entwicklung. »Der ›Hunger‹ ist nicht nur eine Angelegenheit des Magens, sondern auch des Narzißmus. Erhält ein Kind im Kleinkindesalter nicht genügend Bestätigung in Form von Wärme, Stimulation und Kognitionsmöglichkeiten, so bleibt es ungestillt im Bereiche des Selbst. Es bleibt liebes›hungrig‹. Aber auch Kinder, die übermäßig umhegt worden sind, leiden in ihrem späteren Leben unter diesem emotionalen ›Hunger‹, weil ihnen niemand die frühkindliche Verwöhnung zu ersetzen vermag. Dieses ›Hungrig-Sein‹ nach Liebe bedeutet, daß der betreffende Mensch zeitlebens eine Leere in seinem Selbst, in seinem Selbstgefühl, schmer-

20 *S. Freud,* Die Traumdeutung (GW II/III), 211.

21 *R.A. Spitz,* Vom Säugling zum Kleinkind, Stuttgart 1966, 79ff. Wir kommen im Zusammenhang der Hermeneutik des Abendmahls (S. 247ff) auf die anthropologische Sicht noch einmal zurück.

22 Vgl. *K. Abraham,* Psychoanalytische Studien, Frankfurt/M. 1969, 136.

23 Vgl. *K.-J. Pazzini,* Art. Alltagskultur Essen, EE 3, Stuttgart 1986, 325–330, hier: 326.

24 Vgl. *J. Zauner,* Einverleibung und Individuation, in: *M. Josuttis / G.M. Martin* (Hg.), Das heilige Essen, Stuttgart 1980, 83–94, hier: 87.

25 *K. Abraham,* Versuch einer Entwicklungsgeschichte der Libido auf Grund der Psychoanalyse seelischer Störungen, in: *ders.,* Gesammelte Schriften II, Frankfurt/M. 1982, 60.

zend erlebt und alles daransetzt, diese schmerzlich empfundene Befindlichkeit zu beheben.«[26]

Das Essen kann in starkem Maße die gesamte Familiendynamik bestimmen; im Essen können sich die familiären Konflikte symbolisieren. Auf vielfältige Weise sind nämlich Essen und Liebe, Hunger und Liebe, Essen und Macht, vor allem *die Lust, zu verschlingen, und die Angst(lust), verschlungen zu werden,* aneinander gekoppelt. Essen und Liebe sind die bevorzugten Bereiche für *ambivalente Konflikte* in unserem Leben. Die Vorgänge, die mit dem Essen und dem Sich-Einverleiben, mit Hunger und Sättigung zu tun haben, sind mit Lust bzw. Un-Lust besetzt (vgl. z.B. den Ausdruck »sich etwas verbeißen«[27]).
Übertriebenes Essen und *Verweigerung von Essen* sind meistens ein Signal dafür, daß sich ein Kind nicht aufgehoben und akzeptiert fühlt. Denn das Zusichnehmen von Nahrung steht für die Beziehung zwischen innen und außen und für das eigene Körpererleben. Freud und Mitscherlich und viele andere haben immer wieder darauf hingewiesen, daß übertriebenes und verweigertes Essen als verzweifelte Versuche zu verstehen sind, die eigene Not auszudrücken und sich unbewußt zu rächen[28]. Das *»Überfüttern«* kann Ausdruck vorenthaltener Liebe sein. Kinder können mit Essens*verweigerung* antworten, wenn sich sonst keiner um sie kümmert, so wie der *Hungerstreik* ein politisches Mittel ist, um auf Mißstände hinzuweisen und eine Verhaltensänderung durchzusetzen. Auf der anderen Seite wurde Essensentzug als *Erziehungsmittel* benutzt. Manchmal verhungern Kinder mitten im Überfluß, weil sie krank vor Liebe und nach Liebe sind, die nicht vereinnahmen will. Weil sie diese Liebe nicht bekommen, schlägt sie in Haß gegen sich selber um (wie in der *Magersucht*). Oder der Hunger nach Liebe verselbständigt sich, und die Kinder hören gleichsam nicht wieder auf zu essen (wie in der *Bulimie*). »Kinder, die an Bulimie leiden, füllen symbolisch die Leere in sich und um sich dadurch, daß sie selbst immer mehr Raum einnehmen. Einen lebendigen Wechsel von Hunger und Sättigung, Liebe und Gegenliebe, Geben und Nehmen, Alleinsein und Geborgenheit haben sie nicht erlebt.«[29]

Oft müssen Süßigkeiten zur Beschwichtigung herhalten für etwas, was eigentlich komplizierter ist. Im 19. Jahrhundert gab es noch eine sog. Storchentüte, wenn ein Geschwisterchen geboren wurde, um die älteren Kinder über den Verlust der Sonderposition in der Familie hinwegzutrösten. Später wiederholt sich der Ritus in Gestalt der *»Schultüte«* bei einer ande-

26 *R. Battegay,* Die Hungerkrankheiten, Frankfurt/M. 1989, 17. Vgl. *M. Josuttis,* Der Weg in das Leben. Eine Einführung in den Gottesdienst auf verhaltenswissenschaftlicher Grundlage, München 1991, 249ff.
27 Vgl. *E. Liebs,* Das Köstlichste von allem. Von der Lust am Essen und dem Hunger nach Liebe, Zürich 1988, 11f.
28 Vgl. ebd., 80.
29 Ebd., 87; vgl. 82f.

ren großen Veränderung im Kinderleben[30]. Die »Bitterkeit« einer Abschiedssituation soll »verzuckert« werden. Liebe gibt es jetzt nicht mehr umsonst, sondern muß durch Leistung verdient werden (dieser Vorgang setzt eigentlich sehr viel früher ein).

Es wurde bereits darauf hingewiesen, daß frühe Akte der Einverleibung nicht nur Bedeutung für die (Trieb-)Befriedigung des Individuums haben, sondern auch für die Übernahme einer *Kultur.*
N. Elias hat bei seiner Beschreibung des »Prozesses der Zivilisation« auf die historische Entfaltung der Eßkultur besonderen Wert gelegt. Durch die Analyse von Anstands- und Tischbüchern rekonstruiert er den Wandel gesellschaftlicher Standards des Verhaltens beim Essen.

Man bediente sich bis zum Ende des Mittelalters noch der gemeinsamen Eßschüssel, teilte sich Messer, Gabel und Becher. In der Renaissance setzte sich immer mehr eine Distanzierung zu den übrigen Tischgenossen und zum eigenen Körper durch, jeder erhält seinen eigenen Teller und sein Besteck, Speisen werden mit einer »distanzierenden« Gabel oder dem Löffel zum Mund geführt; Jagdmesser, die als Waffen dienen können, werden vom Tisch verbannt, der aggressive Umgang mit getöteten Tieren wird tabuisiert. Der Wandel der Verhaltensstandards läßt eine größere Affektkontrolle erkennen[31].
Mit dem Bürgertum kommt ein Zug der *Askese* auf, der ebenfalls im Dienst der Affektbeherrschung steht; die Forderung nach »vernünftigem« Essen und nach der Vermeidung von Leckereien ist meistens pädagogisch motiviert[32]. Anders motiviert kehrt dieser Zug zur Askese heute in der *»Öko-Kultur«* wieder. Über feudale Traditionen im Bürgertum überlebt aber auch die genuß- und lustvolle Seite der Eßkultur. In der »postmodernen« Kultur werden die subjektive Bedeutungsaufladung und die *Ästhetisierung des Essens* (»Das Auge ißt mit«) vorangetrieben. Die Ästhetisierung betrifft die Gestaltung des Bestecks und Geschirrs und die Präsentation der Speisen, aber auch die Entfaltung von Tischsitten und Ritualen.

»Auf der Grundlage sicher internalisierter ›Grundregeln‹ der Affektbeherrschung werden Variationen und Auflockerungen möglich, die der Erhöhung des Genusses« dienen und mit dafür sorgen, daß dem Essen im Alltagsbewußtsein neben dem Sich-Kleiden, Wohnen und Reisen große Bedeutung zukommt[33]. Andererseits können wissenschaftlich orientierte Nährwertanalysen und Diätvorschriften die Zusammenstellung des Essens sowie die Quantität und Häufigkeit der Mahlzeiten bestimmen. So kennzeichnen unterschiedliche, z.T. widersprüchliche Tendenzen die gegenwärtigen Eßkulturen, nämlich eine Art Verpflichtung zur Gesundheit *und* zum Genuß, wobei bei demselben Individuum unterschiedliche Genußstile wirksam sein können[34].
Th. Kleinspehn geht von der These aus, daß unter den gegenwärtigen gesellschaftlichen Bedingungen die orale Struktur zur dominierenden wird. Die in den letzten Jahren verstärkt beobachtete Unersättlichkeit, »die Su-

30 Vgl. ebd., 123.125.
31 Vgl. *N. Elias,* Über den Prozeß der Zivilisation, Bd. 1, Frankfurt/M. 1976, 86ff; vgl. auch *I. Bitsch u.a.* (Hg.), Essen und Trinken in Mittelalter und Neuzeit, Sigmaringen 1987.
32 Vgl. *Pazzini,* Alltagskultur, 327.
33 Ebd., 328.
34 Vgl. ebd., 328f.

che nach immer neuen Reizen auch im nicht-oralen Bereich (neue Medien, Video ...)« verweisen auf Forderungen nach Befriedigung und Versorgung, die keinen Aufschub dulden; sie lassen sich daher auch auf orale Strukturen zurückführen. Im imaginären und realen Essen kann sich gesellschaftliche Macht ausdrücken[35]. Das Essen wird daher nicht nur durch lebensgeschichtliche Erfahrungen und die symbolische Welt der Kultur geprägt, sondern auch durch die gesellschaftliche und politische Situation, in der einer ißt bzw. hungert.
Dementsprechend entwickelt Kleinspehn unterschiedliche Ebenen, die erst in ihrer Verknüpfung Aufschluß über den Bedeutungswandel des Essens ergeben:

- die *Ebene des Körpers,* auf der vor allem die Gesundheit zur normierenden Instanz wird;
- die *symbolische Ebene,* auf der Ängste vor der Auflösung der Körpergrenzen in den Vordergrund treten (Ängste vor dem Fremden und Unbekannten, vor dem Fressen und Gefressenwerden);
- die *psychische Ebene,* auf der sich dieses Phänomen in der Problematik von Nähe und Distanz ausdrückt, »die wir vor allem in der oralen Struktur, in der Melancholie und Depression und im Narzißmus finden«;
- die *Ebene der Gesellschaftsstruktur,* des Alltags und der Lebensformen, die unmittelbar in der Ausprägung der Individualstruktur wirksam wird;
- die *Ebene der Machtverteilung,* der Arbeitsteilung und der unterschiedlichen ökonomischen sowie »psychosozialen Bedingungen einzelner Klassen und Schichten«;
- die *politische Ebene,* auf der über die Produktion und Verteilung von Nahrungsmitteln und die Zuweisung von Lebenschancen entschieden wird[36].

In Aldous Huxleys »Schöner neuer Welt« wird den Menschen, ob sie wollen oder nicht, die Massen-Droge »Soma« (»Leib«) verabreicht; sie verfallen in eine lethargische Bedürfnislosigkeit, die ihnen eine Welt ohne Konflikte vorspiegelt – Utopie einer Welt, in der alle leiblichen Bedürfnisse des Menschen gestillt zu sein scheinen und der Tod an der Pille allein massenhaft geworden ist.

35 *Th. Kleinspehn,* Warum sind wir so unersättlich? Über den Bedeutungswandel des Essens, Frankfurt/M. 1987, 23.

36 Ebd., 27f. Von den älteren soziologischen Untersuchungen zum Thema ist für die Theologie besonders *G. Simmels* »Soziologie der Mahlzeit« (1910) interessant, in der er die Dialektik von Individualisierung und Vergesellschaftung herausarbeitet. Das Gemeinsamste der Menschen ist, daß sie essen und trinken müssen. Und gerade dieses ist am unbedingtesten und unmittelbarsten auf das Individuum beschränkt; denn was der einzelne ißt, kann unter keinen Umständen ein anderer essen. Auf das, was der eine haben will, muß der andere unbedingt verzichten. Diese exklusive Selbstsucht des Essens kann in der gemeinsamen Mahlzeit »aufgehoben« werden. Erst im christlichen Abendmahl, das das Brot mit dem Leib Christi identifiziert, »ist das egoistisch Ausschließende jedes Essens am vollständigsten überwunden« (*G. Simmel,* Brücke und Tür, Stuttgart 1957, 243–250, hier: 244).

3.1.1.3 »Hunger« und »Brot« in der neueren Literatur

»Sehr wenig, allzu wenig wurde bisher vom Hunger gesprochen. Obwohl dieser Stachel ebenfalls recht ursprünglich dreinsticht. Denn ein Mensch ohne Nahrung kommt um, während sich ohne Liebesgenuß immerhin eine Weile leben läßt ... Aber der zusammenbrechende Arbeitslose, der seit Tagen nicht gegessen hat, ist wirklich an die älteste bedürftige Stelle unseres Daseins geführt worden und macht sie sichtbar.«[37]

Die Feststellung Blochs, es sei bisher zuwenig vom Hunger gesprochen worden, trifft nicht nur für die Theologie, sondern auch für die Literaturwissenschaft zu. Eine erste umfangreiche Untersuchung der Phänomene Essen und Mahlzeit in Erzähltexten von Goethe bis Grass hat A. Wierlacher vorgelegt[38]. Das Ergebnis bestätigt die Feststellung Blochs auch im Hinblick auf die Literatur selbst. Anders als noch im literarischen Barock wird der Hunger durchweg tabuisiert. Entsprechend werden in den Erzähltexten kaum nutritive Mahlzeiten dargestellt, deren Hauptsinn in der Befriedigung täglichen oder zuständlichen Hungers besteht. »Die allermeisten Figuren der neueren deutschen Literatur leben frei von Sorge um das tägliche Brot.«[39] Nur selten werden soziale oder politische Horizonte mit der Thematisierung des Nahrungsmangels, wenn er denn dargestellt wird, in den Blick gebracht. In unserem Jahrhundert beziehen nur H. Böll (»Gruppenbild mit Dame«; »Die Waage der Baleks«) und G. Grass (»Der Butt«) diese Probleme mit ein[40].
Die Verdrängung des Hungers und der Nahrungsbeschaffung aus der Erzählliteratur hat mehrere Gründe. Ein Grund ist die Angst vor der Physis körperlicher Kreatürlichkeit. Ein anderer Grund besteht in dem Versuch der Literatur wie des Bürgertums, sich gesellschaftlich nach unten abzugrenzen. Nur in der Literatur nach 1945 wird von den Hungerjahren 1945–1947 erzählt (vgl. vor allem H. Böll, »Das Brot der frühen Jahre«, 1955); aber Leid-Gesichter Hungernder sind auch in dieser Zeit kaum erkennbar geworden. Der gegenwärtige Hunger in der Welt wird wiederum nur am Rande bei Böll und Grass dargestellt[41].
Dieses Ergebnis läßt bereits vermuten, daß das *Brot als Grundnahrungsmittel* in der Erzählliteratur eine untergeordnete Rolle spielt. Nur in der Zeit nach dem Zweiten Weltkrieg ist das Brot als »Rechnungseinheit« und als Kollektivmetapher für alle Lebensmittel von besonderer Bedeutung. Exemplarisch wird das an den frühen Erzählungen von W. Borchert »Das Brot« und von H. Böll »Der Mann mit den Messern« sowie »Die Bot-

37 *E. Bloch*, Das Prinzip Hoffnung, Bd. 1, Frankfurt/M. 1969, 71f.

38 *A. Wierlacher*, Vom Essen in der deutschen Literatur. Mahlzeiten in Erzähltexten von Goethe bis Grass, Stuttgart u.a. 1987.

39 Ebd., 18, vgl. 226: Im Widerspruch zu ihrer kulturkritischen Erzählhaltung tabuiert die Literatur »in der Regel wie die große Mehrheit ihrer Figuren die Physiologie des Essens einschließlich der Verdauung«.

40 Vgl. ebd., 19.

41 Vgl. ebd., 22.

schaft« deutlich[42]. Die Aussage des alten Mannes in dem zuletzt genannten Text »Hätte man nur etwas mehr Brot . . .«[43] zeigt die Reduktion der Welt auf ein Grundbedürfnis.

L. Rinser macht in ihrer Erzählung »Die rote Katze« (1947)[44] das *Weißbrot* – in damaliger Zeit am rarsten – zum Symbol neuen Lebens. Ebenso ist es in Bölls erstem Buch (»Der Zug war pünktlich«, 1949) und in seinen frühen Kriegserzählungen[45] zentrales Symbol individueller fürsorgender Liebe und festlicher Eßsituation. Das Brot in »Der Zug war pünktlich« für das »herrliche Mahl« wird aus feinem Weizenmehl gebacken; es bringt die sakramentale Bedeutung des Brotes und den Agape-Charakter des Mahls zum Ausdruck[46]. In der Zeit des Wirtschaftswunders verliert das Brot diese besondere Stellung in der Literatur wieder. Nur Böll hält bis 1971 am Brot als materieller Substanz der Eucharistie fest.

Brot erscheint in der Erzählliteratur vor allem als »Butterbrot« (»belegtes Brot«); es stiftet in literarischer Sicht vor allem Kindern Freiheit vom rituellen Zwang des Familientisches[47].

Zu den bereits erkennbar gewordenen Gründen für das Desinteresse vieler Figuren am Brot kommt hinzu, daß besonders Gewaltmenschen, die die Literatur kritisch vorführt, Brot zu verachten pflegen: »Wo das Fleisch herrscht, hat das Brot keinen Platz mehr.«[48] Gegenüber solchen Tendenzen kann das *Brot als Speisesymbol der Humanität* Bedeutung erlangen, so in Bölls »Billard um halb zehn« (1953) und in E. Canettis »Die Brotwahl« (= M 15). Der »Laib« Brot hängt etymologisch mit dem »Leib« des Menschen, mit dem »Leben« selbst zusammen. Diese Beziehung wird bei Canetti sinnfällig. In Grass' »Die Blechtrommel« (1959) hat das Brot die

42 In: *H. Böll,* Wanderer, kommst du nach Spa . . . Erzählungen (1950), München [32]1991, 17ff.67ff.

43 Ebd., 70. In *H. Bölls* erstem Roman, Der Engel schwieg, Köln 1992 bestimmen die Motive »Hunger« und »Brot« durchgehend die Darstellung; sie stehen z.T. in deutlicher Beziehung zum Abendmahl (vgl. 132ff).

44 In: Ein Bündel weißer Narzissen, Frankfurt/M. 1956, 162–168, abgedruckt in: *B. von Wiese* (Hg.), Deutschland erzählt, Frankfurt/M. 1962, 303–308; *M. Durzak* (Hg.), Erzählte Zeit, Stuttgart 1980, 83–90.

45 Vgl. z.B. »Damals in Odessa«, in: Wanderer (s.o. Anm. 42), 30–34, hier: 32.34; Weißbrotschnitten (und Würste) sowie flache, trockene Kuchen sind die letzte Mahlzeit der Soldaten.

46 Vgl. *Wierlacher,* Essen, 68. Vgl. *H. Böll,* Der Zug war pünktlich (dtv 818), München [21]1991: ». . . doch er bietet Andreas Brot an, weißes Brot mit Marmelade . . . Es ist fast wie Gier, und er kann seine Augen, die den großen Brotlaib umfassen, nicht mehr zähmen. Dieses weiße Brot ist herrlich« (44f; vgl. 28). ». . . ein furchtbarer Seufzer entwindet sich seiner Brust, ›ein Mensch, der kein Brot ißt, der ist verloren, sag ich dir . . .‹« (49).

47 Vgl. ebd., 146ff. Während *Simmel,* Soziologie, 247 das gemeinsame Essen idealtypisch als symmetrisches Miteinander versteht und zugleich unter Rekurs auf das Symbol des Tellers als Tischrunde interpretiert, findet sich in dem untersuchten Literaturkorpus weder ein solches Tableau noch Harmonie zwischen den Generationen. »Familiale Mahlzeiten erscheinen im Prüffeld der modernen Literatur nur mehr als Momente des Kleinkriegs, des Krachs, der Übervorteilung und schließlich der Trennung« (*Wierlacher,* Essen, 229).

48 Ebd., 66.

Funktion einer leiblich und moralisch reinigenden diätischen Kraft. »Während also bei Canetti, Böll und in Grass' *Blechtrommel* noch Bedeutungsreste des Theologumenons Brot zu erkennen sind, hat das Grundnahrungsmittel Brot in *Der Butt* und *Das Treffen in Telgte* auch diese Bedeutung verloren.«[49]

Die Untersuchung Wierlachers ist für die Pädagogik in mehrfacher Hinsicht von Bedeutung. Das gilt vor allem im Hinblick auf die literarische Beurteilung des »Kampfes der Generationen« am *Familientisch*, an dem sich Bildungsgeschichten entscheiden[50], aber auch für das Gegenbild der *Solidarmahlzeiten* als ungestörte Friedens- und Genußmahlzeiten[51].

Für unseren Zusammenhang ist das Ergebnis eindeutig: Die Urnot des Hungers wird in der neueren deutschen Erzählliteratur nur ausnahmsweise, und zwar in Texten, die nach 1945 erschienen sind, dargestellt. Diese Texte bieten Möglichkeiten der Identifikation Jugendlicher mit Hungernden, für die ein Stück Brot Leben bedeutet. Die Texte fordern zu einer notwendigen Erinnerungsarbeit heraus. Unter didaktischen Gesichtspunkten kommen vor allem zwei Texte in Betracht, *Luise Rinsers Kurzgeschichte »Die rote Katze«*, die eine Identifikation mit der dreizehnjährigen erlebenden Figur ermöglicht, und *Wolfgang Borcherts Kurzgeschichte »Das Brot«*, in der der Zusammenhang von Brot und Liebe thematisch wird. Beide Texte zeigen die Situation des Mangels, konkret des Hungers als eine Situation der Gefährdung des menschlichen Lebens und seiner Beziehungen. Es stellt sich in ihr heraus, wer der Mensch ist. »Ich muß immer an diesen roten Teufel von einer Katze denken, und ich weiß nicht, ob das richtig war, was ich getan hab.« Der Erzähler in Luise Rinsers Geschichte endet ganz ähnlich, wie er begonnen hat: »Und jetzt weiß ich nicht, ob es richtig war, daß ich das rote Biest umgebracht hab. Eigentlich frißt so ein Tier doch gar nicht viel.«[52]

Die Geschichte wird aus der Perspektive der erlebenden Figur erzählt. Der Erzähler ist mit sich allein; man erfährt nicht, wem er erzählt. Das Vergangene ist dem Erzähler noch so unabweisbar gegenwärtig, daß er vorwiegend das Präsens wählt, auch wenn vom Vergangenen selbst die Rede ist (»Ich fahr heim, so schnell ich kann . . .«). Wenn zuweilen das Tempus nicht durchgehalten wird, liegt das an der unreflektierten mündlichen Redeweise eines Dreizehnjährigen, der sich in Form eines inneren Monologs von einem quälenden Erlebnis befreien möchte. Eine zugelaufene, halbverhungerte Katze (das rote Fell hat als archetypisches Zeichen besondere Bedeutung) ließ sich nicht abschütteln und verlangte auch als häßliches, unbewußt selbstsüchtiges Wesen ihr Daseinsrecht. Aus »vernünfigen« Gründen der Selbst-

49 Ebd., 67.

50 Vgl. ebd., 145ff. Lieblosigkeit und Vereinsamung bei Tisch werden von der Literatur auf sozialpsychologische und moralische Faktoren zurückgeführt, sie gibt den standardisierten Essen-Ordnungen aber eine gewisse Mitschuld an den Verhältnissen (vgl. ebd., 227). Vgl. z. B. die Darstellung einer »Kampfmahlzeit« in *S. Lenz*, Deutschstunde, Hamburg 1968, 215–220.

51 Vgl. ebd., 180ff. Es handelt sich um Teilhabegemeinschaften Erwachsener, in deren vertrautem Miteinander gesellschaftliche und kulturelle Schranken aufgehoben sind.

52 Wir zitieren nach der Ausgabe *von Wieses*, Deutschland erzählt, 303–308.

erhaltung - auch in Verantwortung für die jüngeren Geschwister und die Mutter - hatte der Junge in der äußersten Not des Hungers das Tier getötet, das sich vorher noch ganz nah an ihn gekuschelt hatte. Jetzt erscheint die rote Katze in seiner Erzählung sechzehnmal mit derselben Hartnäckigkeit wie vorher. Die fast grausame Genauigkeit, mit der das langsame Sterben des Tieres erzählt wird, macht den Eindruck, als wolle der Erzähler sich nicht schonen, sondern mitleiden. Der Selbstrechtfertigungsversuch für den Mord an dem Tier mißlingt am Ende. Der Junge bleibt mit seiner Schuld und der Qual des Gewissens allein. Die Form des Monologs isoliert. Dementsprechend wird die Schuld im Vorgang des Erzählens selbst wahrnehmbar, sie wird nicht »moralisierend« von außen festgestellt. Der Erzähler bleibt nicht ganz ohne Trost. Die Mutter, die ihn bei einem ersten »Mordversuch« hart bestraft hatte, sah das Blut an seiner Jacke und hat später ganz ruhig zu ihm gesagt: »Ich versteh dich schon. Denk nimmer dran.«[53]
Die dialektgefärbte Alltagssprache entspricht der Situation des Dreizehnjährigen, aber ebenso der Kargheit des Nachkriegsalltags[54].

Sechzehnmal erscheint die rote Katze in der Erzählung, siebzehnmal mit großer Dringlichkeit das Brot. Das alte harte Brot, an dem man länger kauen muß, wird dem *Weißbrot* (»ganz weißes, und wie ich's aufklapp, ist Wurst dazwischen«) gegenübergestellt[55]. Neben dem Weißbrot, das er geschenkt bekommen hat, sind zwei Fische, die der Junge selbst geangelt hat, »Zeichen« eines neuen Lebens, das die Not wendet. Daß die Katze sich an Weißbrot und Fischen vergreift, verschärft den Konflikt (»da sitzt der rote Teufel und frißt den letzten Bissen«) und führt schließlich zu ihrem Tod. Die SchülerInnen können sich anhand der Kurzgeschichte - mit Hilfe zusätzlicher Informationen über die Nachkriegszeit - in die Situation der Hungernden hineinversetzen und die elementare Bedeutung des Brotes erfassen, die Einsichten auf andere Hungersituationen übertragen. Sie können die Grenze »vernünftigen« Argumentierens angesichts des Daseinsrechts alles Lebendigen erfahren[56]. Ihre Auseinandersetzung mit dem Konflikt kann das Gefühl mitkreatürlicher Solidarität stärken.
Im Unterschied zu der von Luise Rinser gewählten Erzählhaltung (personales Erzählen) bleibt der Erzähler in Wolfgang Borcherts *Kurzgeschichte »Das Brot«*[57] außerhalb des Geschehens. Ohne Einleitung blendet sich der Erzähler in eine offene Situation ein: »Plötzlich wachte sie auf. Es war halb drei. Sie überlegte, warum sie aufgewacht war.« Die Figuren bleiben namenlos. »Sie« und »er« sind die Beteiligten; er ist dreiundsechzig. Es kommt Borchert nicht auf das Individuelle an, sondern auf das *Exemplarische* der Lebenssituation und der Erfahrung, die in ihr gemacht werden kann.

53 Ebd., 308.
54 Vgl. *K. Gerth*, Die Arbeit mit dem Lesebuch im siebten bis neunten Schuljahr, Hannover 1966, 37f. Vgl. dort auch die methodischen Vorschläge.
55 *Rinser*, Katze, 304.
56 Zweimal wird hervorgehoben, die Katze habe wie ein Kind geschrien (ebd., 303.307).
57 In: *W. Borchert*, Draußen vor der Tür und ausgewählte Erzählungen, Reinbek 1956, 120f.

Das Sprechen wirkt auf den ersten Blick unbeholfen, bestimmte Wendungen und Details werden immer wiederholt (»es war still«, »zu still«, »besonders still«, »dann war es still« – »doch schon recht alt«, »so alt«, »doch schon alt«, »doch ziemlich alt«). Der Satzbau ist einfach (»es war ...«, »es war ...«, »und ... lagen«, »und ... lag«, »und sie sah ...«). Das Unreflektierte und Alltägliche des Sprechens entspricht der Hilflosigkeit, in der sich die Beteiligten befinden, dem Kreisen der Gedanken um eine Scheibe Brot und ihre Beziehung zueinander.

Die Frau ist nämlich aufgewacht, weil in der Küche jemand gegen einen Stuhl gestoßen hat. Das Bett neben ihr ist leer. Die Frau steht auf und findet ihren Mann in der Küche. Er hat sich heimlich von der gemeinsamen Ration eine Scheibe Brot abgeschnitten. Das Messer liegt noch da, und sie sieht Krümel. Er ist entdeckt, wird verlegen, sucht eine Ausrede. Sie stellt ihn nicht bloß (»Du hättest Schuhe anziehen sollen ... Du erkältest dich noch«). Aber ansehen kann sie ihn nicht (»weil sie nicht ertragen konnte, daß er log«), und sie muß das Licht ausmachen, um nicht nach dem Teller zu sehen. Später im Bett merkt sie, daß er leise und vorsichtig kaut, aber sie atmet absichtlich tief und gleichmäßig, damit er nicht merkt, daß sie noch wach ist.
Der letzte Abschnitt zeigt endgültig, daß sich die Hungergeschichte längst in eine Liebesgeschichte verwandelt hat, weil für die Frau gerade in der Not die Gemeinsamkeit größer ist als alles andere[58].

Als er am nächsten Abend nach Hause kam, schob sie ihm vier Scheiben Brot hin. Sonst hatte er immer nur drei essen können. »Du kannst ruhig vier essen«, sagte sie und ging von der Lampe weg. »Ich kann dieses Brot nicht so recht vertragen. Iß du man eine mehr. Ich vertrage es nicht so gut.« Sie sah, wie er sich tief über den Teller beugte. Er sah nicht auf. In diesem Augenblick tat er ihr leid. »Du kannst doch nicht nur zwei Scheiben essen«, sagte er auf seinen Teller. »Doch. Abends vertrag ich das Brot nicht gut. Iß man. Iß man!« Erst nach einer Weile setzte sie sich unter die Lampe an den Tisch.

3.1.2 Rahmenziele für die Sekundarstufen und den Konfirmandenunterricht

I. »Brot« als Symbol für Leben

Die SchülerInnen/KonfirmandInnen können
(1) Hunger »nacherleben«, indem sie auf Nahrung verzichten, ihre Gefühle dabei verbalisieren;
(2) bei einem gemeinsamen Mahl die Bedeutung des Brotes als Grundnahrungsmittel erfahren;
(3) die Bedeutung des Brotes für den hungrigen Menschen artikulieren;
(4) anhand von »Brotgeschichten« und »Brotliedern« die Bedeutung des Brotes in unterschiedlichen Lebenssituationen erkennen;

58 Vgl. *G. Otto,* Sprache als Hoffnung, München 1989, 71.

(5) situationsbezogene Neufassungen der Brotbitte des Vaterunsers formulieren;
oder:
die Bedeutung des Fastens in den großen Religionen untersuchen.
Alternativen (Grundschule/Orientierungsstufe) zu 1–5:
(1) eine Bäckerei in ihrer näheren Umgebung besuchen, einen Sauerteig ansetzen und selber Brot backen;
(2) ein Brotmuseum in ihrer näheren Umgebung besuchen und Grundwissen über die Bedeutung des Brotes für unsere und andere Kulturen erwerben;
(3) mit Hilfe Orffscher Instrumente Brot und Hunger verklanglichen;
(6) auf einer Collage (mit Plakat) Assoziationen zu Brot (und Wein) sammeln;
(7) in einer Symbolmeditation (zu Brot und Wein) die Bedeutungsfülle der Symbole erfahren;
oder:
mit Hilfe einer Metapher-Übung (»Brot ist für mich wie . . .«) erkennen, daß Brot weit mehr bedeutet als ein Grundnahrungsmittel;
(8) sich in einem »Schreibspiel« mit der provozierenden Verheißung in Joh 6,35 (»Ich bin das Brot des Lebens«) auseinandersetzen;
(9) (als Langzeitaufgabe) Bilder zu Brot und Wein sammeln.

II. »Brot« als Symbol für soziale Gerechtigkeit (»Hunger nach Gerechtigkeit«)
Die SchülerInnen/KonfirmandInnen können
(1) anhand eines exemplarischen Länderberichts (z.B. über Brasilien) die Ursachen der Armut in der Dritten Welt ermitteln und erkennen, daß die Bevölkerung zu Recht Gerechtigkeit und keine Almosen fordert;
(2) anhand der Lithographie Kokoschkas »Christus hilft den hungernden Kindern« (1946) Solidarität mit Hungernden christologisch deuten;
(3) eigene Texte zu Plakaten (z.B. Brotbrechende Hände; Plakat der Jugendaktion »Brot für die Welt«, vgl. M 16) schreiben und Lösungsmöglichkeiten artikulieren;
oder:
ein entsprechendes »Hungertuch« selber malen;
(4) sich über die Jugendaktion »Wir bauen unser ›goldenes Kalb‹« (Misereor 1988) informieren und Planungsideen für eine eigene Aktion entwickeln.

III. Das »Mahl« als Symbol umfassenden Heils
Die SchülerInnen/KonfirmandInnen können
(1) anhand von Beispielen (Aufstehen am Morgen, Mahlzeit) die Bedeutung von Alltagsritualen erkennen und diskutieren;
(2) anhand von Erfahrungsberichten, Werbeanzeigen usw. untersuchen, wie Festessen gefeiert werden und welche Lebensform sich darin jeweils ausdrückt;

(3) anhand von Beispielen aus dem Alten Testament (z.B. Gen 14,18f; Ex 12; Ex 16) und der Religionsgeschichte die grundlegende (kultische) Bedeutung des Mahles bzw. der Speisung erkennen;
(4) anhand ausgewählter Textstellen (z.B. Mk 2,13–17; Lk 7,34 parr; Lk 14,12–14) untersuchen, welche Rolle die Mahlgemeinschaft im Leben Jesu spielt, und selbst eine Leseszene oder ein Hörspiel schreiben;
(5) die Parabel vom großen Mahl (Lk 14,15–24) interpretieren und die Deutung, die Willy Fries mit seinem Bild »das große gastmahl« gibt (M 14), verstehen und beurteilen;
oder:
die Emmausgeschichte (Lk 24) »interaktional« lesen und die Deutung, die A. Hrdlicka diesem Text durch sein Bild »Emmaus – Abendmahl – Ostern« gibt (M 10), verstehen und in einem Dialog zwischen Bild und Text beurteilen;
oder:
die Speisungsgeschichte (Mk 6,30–44) mit Hilfe eines Farblinolschnitts von Th. Zacharias (vgl. u. S. 84 unter Anm. 77) unter christologischen und ökologischen Gesichtspunkten interpretieren;
(6) den Kurzfilm »Mr. Pascal« nachgestaltend interpretieren und einen ersten Zugang zum Verständnis des Abendmahls gewinnen.

IV. Das Abendmahl als Symbolhandlung
Die SchülerInnen/KonfirmandInnen können
(1) das Wandgemälde Leonardo da Vincis »Das letzte Abendmahl« (1495/98) auf seine Bildsprache hin analysieren (M 5);
(2) die Textgrundlage des Bildes (bes. Mt 14,18 parr) untersuchen;
(3) den ältesten Abendmahlstext (1Kor 11,23–25) im Zusammenhang einer Erzählung über die Mahlfeiern der korinthischen Gemeinde interpretieren (vgl. M 4);
(4) erkunden, wie in ihrer Gemeinde Abendmahl gefeiert wird und wie ein »Feierabendmahl« auf Kirchentagen aussieht;
(5) untersuchen, wie sich B. Willikens in seinem Bild »Abendmahl« (1976/79; M 8/1.2) und Siegfried Rischar in seinem Bild »Ich bin bei euch« (1982; M 6) mit Leonardos Werk auseinandersetzen;
(6) das Bild von Willikens als Vorlage für eine eigene Abendmahlsdarstellung in Anspruch nehmen (vgl. M 8/2 und M 9/1-4).
Alternativen (Sekundarstufe II) zu 5 und 6:
(5) die Rezeptionsgeschichte von Leonardos »Abendmahl« kritisch untersuchen und nach den unterschiedlichen Abendmahlsverständnissen fragen;
oder:
die Abendmahlsbilder von H. Duwe (M 7), A. Hrdlicka (M 10) und B. Willikens (M 8/1.2) im Zusammenhang interpretieren;
und/oder:
das Abendmahlsmotiv in der modernen Literatur (z.B. Paul Celan, Tenebrae; M 11) untersuchen;

(6) anhand des Evangelischen Erwachsenenkatechismus Grundwissen über die unterschiedlichen Abendmahlsauffassungen (römisch-katholisch, reformiert, lutherisch) erwerben;
(7) ein »ökologisches Mahl« mit Bildern, Liedern usw. ausgestalten und gemeinsam feiern.
Alternative (Konfirmandenfreizeit) zu 7:
(7) eine Abendmahlsfeier für einen Jugendgottesdienst mit Hilfe selbstgeformter liturgischer Elemente gestalten;
(8) sich mit entsprechenden Liturgien von Basisgemeinden in Lateinamerika auseinandersetzen;
(9) die Abendmahlsfeier im Gemeindegottesdienst aufgrund der Erfahrungen in der Freizeit verändern und bereichern.

3.1.3 Theologischer und didaktischer Kommentar

Die Unterrichtsversuche konzentrieren sich der Fragestellung des Buches entsprechend auf bestimmte Rahmenziele. Der Kommentar folgt dieser Schwerpunktbildung. Die didaktischen Leitfragen zur Auswahl religiöser Symbole und zur Strukturierung von Lernprozessen sind am Beispiel des Symbols »Brot« entwickelt (vgl. unten S. 291ff); sie sind an dieser Stelle heranzuziehen. Als Medium für die erste Phase des Unterrichts eignet sich das Bild »Brotbrechende Hände« (s. Symbole I [s.o. S. 24, Anm. 40], 239; M 35).

Das Verständnis des Symbols wird durch frühe Erfahrungen mit dem Brot, vor allem aber durch seine kultur- und gesellschaftsspezifische Ausprägung sowie durch die gegenwärtigen lebensgeschichtlichen und sozialen Verhältnisse bestimmt. Erscheint das Brot in Lebenssituationen, die durch Mangel oder durch die Sorge um das Übergewicht bestimmt sind? Wird es aus Gründen der Diät bei den Mahlzeiten an den Rand gedrängt? Wird es durch den Belag völlig verdeckt? Erfahren die Lernenden die Mahlzeit als Ort der Gemeinschaft oder des Familienstreits, des Konflikts zwischen den Generationen? Schlingen sie das Essen allein herunter, oder schmeckt ihnen das Essen nicht, weil sie bei Tisch nach den schulischen Leistungen ausgefragt werden? Wie kann in einer Gesellschaft, in der das Brot nur eine geringe Rolle spielt und achtlos weggeworfen wird, ein Verständnis dafür eröffnet werden, daß es in unserer Kultur (woanders: Reis, Hirse, Mais . . .) für menschliche Grundbedürfnisse, für das Lebensnotwendige schlechthin steht[59]?
Die didaktischen Probleme ließen sich in den Unterrichtsversuchen leichter bewältigen als beim Symbol Wein. Mit Wein verbinden Jugendliche häufig Feste, Betrunkensein und Gemütlichkeit. Brot dagegen ließ sich durch erfahrungsnahen Umgang auf verschiedenen Ebenen wieder neu entdecken und als Symbol in den Brauch nehmen. Wahrnehmendes, alle Sinne beanspruchendes sowie handlungsbezogenes Lernen ist für die Sym-

59 Vgl. Luthers Erklärung zur Brotbitte im Vaterunser (»Alles, was zur Leibesnahrung und -notdurft gehört . . .«), BKSL 514.

boldidaktik insgesamt charakteristisch. Wo es um die Zugänge zu Symbol*handlungen* gehen soll, hat es besondere Bedeutung. Dazu gehören Erkundungen im sozialen Nahbereich (»unsere Stadt, unsere Region ist unser Schulbuch«). Bei jüngeren Schülern können *Wahrnehmungsübungen* den Zugang zum Symbol eröffnen. Sie betrachten, befühlen, vergleichen Getreidekörner bzw. unterschiedliche Mehlsorten, verfolgen den Weg vom Kornfeld bis zum Brot im Laden, backen selbst Brot usw. Ältere SchülerInnen kommen nüchtern in die Schule und frühstücken gemeinsam; sie riechen, schmecken, brechen und teilen frisch gebackenes Brot unterschiedlicher Sorten. Bei *Mahlzeiten* können sich *Wiederholung* (eingelebte Muster, Regeln, Abfolge) und *Spontaneität* (Phantasie, Gesang, Spiel, Tanz) wechselseitig befruchten. Dieser Gesichtspunkt kommt in den Erfahrungsberichten bei der *Feier einer einfachen Mahlzeit* als ökologischer Symbolhandlung zur Geltung: Die einfache Mahlzeit besteht aus einigen Grundnahrungsmitteln (Brot, Käse, Obst, Saft). Es wird geteilt, was da ist; es bleibt nichts übrig. Man bricht und fühlt das Brot, geht sorgsam mit den Elementen der Natur um. Die einfache Mahlzeit ermöglicht und erfordert Kommunikation; sie kann durch Musik (z.B. Brotlieder) ausgestaltet werden[60].

Für die Symboldidaktik ist neben dem *Handlungsbezug* und der *Nähe zum Ritual* (vgl. dazu 4.1) die *Arbeit mit Bildern* als visuellen Verdichtungen von Erfahrungen charakteristisch. Wir beschränken uns auf Hinweise zu *drei exemplarischen Abendmahlsdarstellungen unseres Jahrhunderts* – neben Emil Noldes »Abendmahl« (1909) vielleicht den wichtigsten Darstellungen dieses Bildthemas.

Parallel zur documenta VII (1982) fand in der Kasseler Brüderkirche eine Abendmahlsausstellung statt, die viel beachtet und zum Teil als Provokation empfunden wurde[61]. Gerade das Bild von *Harald Duwe »Abendmahl«* (1978) hat heftige Diskussionen ausgelöst (M 7).

Das Bild hat einen konkreten Anlaß. Auf einer Gebirgswanderung mit Freunden wurde die Frage erörtert, ob in unserer Zeit ein Bild mit einem religiösen Thema überhaupt noch möglich und wie dieses darstellbar sei. Aus diesem Gespräch entwickelte sich der Auftrag eines Freundes. Die Darstellungsweise ist geprägt durch den »engagierten Realismus«, der für das Werk Duwes insgesamt charakteristisch ist. Es handelt sich um ein Gruppenbild (Öl auf Leinwand, 160 × 280 cm) von zwölf männlichen Personen, die sitzend bzw. stehend hinter einem gedeckten (runden) Tisch versammelt sind. Im Mann mit dem Löffel in der Mitte erkennt man den Künstler selbst, hinter ihm den Auftraggeber. Die Personen sind in Kleidung, Gestik, Mimik und Haaransatz sehr genau getroffen und als Kieler Akademie-Kollegen Duwes identifizierbar. In der Mitte steht ein alter, beschädigter Stuhl; er verweist auf die Abwesenheit des Gastgebers. Die Aufmerksamkeit der Personen richtet sich mit unterschiedlicher Intensität auf den gedeckten Tisch: Er ist mit Brotkorb, Schüssel, Tellern, Weingläsern ge-

60 Vgl. *G. Liedke*, Im Bauch des Fisches, Stuttgart u.a. 1979, 200–207; vgl. auch *F.K. Barth*, Mahlzeiten (Materialheft 14), Frankfurt/M. 1974 (Beratungsstelle für Gestaltung, Eschersheimer Landstr. 565).

61 Vgl. *H. Schwebel / H.-U. Schmidt* (Hg.), Katalog: Abendmahl, Kassel 1982. Vgl. dazu auch: *A. Mertin / H.-U. Schmidt*, »Nehmet hin und esset ...«, forum religion 3/1986, 2–11.

deckt und mit Blumen geschmückt. Bei genauerem Hinsehen erkennen wir, daß sich in der mit Blut gefüllten Schüssel das Antlitz des Gekreuzigten spiegelt; auf den Tellern sehen wir die rechte Hand und den linken Fuß mit den Wundmalen und das mit anatomischer Genauigkeit gemalte Herz. In einer Sardinenbüchse liegen die beiden Nägel, mit denen Fuß und Hand am Kreuz befestigt waren. Vor der Schüssel entdecken wir die beiden letzten Buchstaben der Kreuzesinschrift »INRI«. Ikonographisch steht diese realistische Darstellung der »Leidenswerkzeuge« in der Tradition der »Armae Christi«. Diese werden in der mittelalterlichen Kunst als Zeichen der Hoffnung, als Majestätssymbole des erhöhten und wiederkommenden Christus verstanden. »Auf kühne Weise aktualisiert Duwe dieses symbolische Thema der mittelalterlichen Kunst.«[62]

In jedem Menschen, der in unserer Gesellschaft unter die Räder kommt, wird Christus zerstückelt. Der Betrachter des Bildes wird in das Geschehen hineingezogen. Er muß sich mit denen identifizieren, deren Interesse sich auf das Angebot dieser Mahlzeit richtet; sie stehen wie hochgeschreckt hinter dem abgegessenen Tisch. Sie reden nicht miteinander. Ihre Reaktionen reichen von Erschrecken, Staunen, Zaudern, Abwägen bis zum Zugreifen. Die realistischen Stilmittel bieten Duwe die Möglichkeit, das Unvorstellbare darzustellen: Was sich im geordneten Ritual sonntags symbolisch abspielt (»Nehmt hin und esset, das ist mein Leib«), erweist sich plötzlich als real. Dieser Augenblick wird festgehalten[63]. Der Abendmahlsgedanke wird weder symbolisch im Sinne Zwinglis noch realpräsentisch im Sinne Luthers, sondern »wörtlich« verstanden. Die Tradition wird gegenläufig gelesen. Statt »für euch gegeben« heißt es jetzt: »Auch ihr habt ihn mit getötet«.

Trotz der realistischen Darstellungsweise, die beide Bildebenen betrifft, bleiben die Ebenen deutlich unterschieden. Die Figuren der oberen Bildhälfte treten stark hervor; das sind wir selbst. »Und das andere ist das, was sich entzieht, was mehr symbolischen Charakter einnimmt.«[64] Dieser Eindruck wird noch durch die Farbe des Gemäldes verstärkt. Das Geschehen ist in ein fahles Grau-Grün getaucht, das dem Bild einen verfremdenden, eigentümlich unwirklichen Charakter gibt[65]. Nach H. Schwebels Interpretation hat sich Duwe des Mittels der Aufhebung von Symbolen bedient; nach Duwes Verständnis hat die untere Bildhälfte symbolischen Charakter. Das ist kein Gegensatz; denn der Vorgang der Aufhebung von Symbolen hat symbolische Bedeutung, wie die Interpretation zeigt.

Die Lerngruppe erhält zunächst eine Fotokopie des Bildes (ohne Titel!). Die Schüler schreiben auf, was sie wahrnehmen und was ihnen zu dem Bild

62 *H. Duwe u.a.*, Gespräch über mein »Abendmahl«, Orientierung. Berichte und Analysen aus der Arbeit der Ev. Akademie Nordelbien 4/1980, 24–39, hier: 24. Duwe hat von Anfang an die Kannibalismus-Assoziation nicht auf den Text, sondern auf das Leben selbst bezogen (vgl. 29); die da zusammen sind, zerstückeln Christus (vgl. 28).

63 Vgl. *G. Rombold / H. Schwebel*, Christus in der Kunst des 20. Jahrhunderts, Freiburg u.a. 1983, 112f.

64 *Duwe*, Gespräch, 28. In dem Gespräch spielt die Interpretation des leeren Stuhls eine große Rolle. Im christlichen Rußland blieb bei jedem Essen ein Stuhl frei, falls der Herr vorbeikomme. Beim jüdischen Passamahl gibt es auch diesen leeren Stuhl für den kommenden Messias.

65 Vgl. ebd., 25.

einfällt. Wir interpretieren gemeinsam und greifen immer wieder auf die Aufzeichnungen zurück. Wir fragen, was Duwe sonst noch gemalt hat und wie er selber seine Bilder auffaßt[66]. Wir achten auf die Reaktionen der Ausstellungsbesucher und führen ein Streitgespräch: »Blasphemie oder produktiver Schock?« Wir erweitern den Kontext und suchen nach weiteren Abendmahlsdarstellungen zeitgenössischer Künstler.

Alfred Hrdlicka arbeitet in seinem Dreitafelbild aus dem »Plötzenseer Totentanz« *»Emmaus – Abendmahl – Ostern«* (1972) ebenfalls mit den Stilmitteln des Realismus (M 10). Hrdlicka nimmt die traditionsreiche Form des Totentanzes aus dem Mittelalter auf und schafft sie völlig neu angesichts der Erfahrungen unseres Jahrhunderts. Die Hinrichtungsstätte stellt gleichsam die Bühne dar, auf der der Totentanz stattfindet[67].

»Emmaus« wird unmittelbar in die Gefängniszelle verlegt. Die Fleischerhaken, die den Nazis zur Hinrichtung dienten, symbolisieren den Tod. Der Zusammenhang zwischen Kreuz und Auferstehung wird durch diese Darstellungsweise stark hervorgehoben. Hrdlicka arbeitet wie Rembrandt in seiner Radierung »Emmaus« (ca. 1645) mit dem Hell-dunkel-Kontrast. Das Licht von draußen fällt durch zwei Rundbogenfenster im Hintergrund, aber der Raum bleibt dunkler, als er der Fensterhelligkeit nach sein dürfte. Das Licht im Raum konzentriert sich in der Mittelfigur, die – kaum erkennbar – das Brot bricht. Die Helligkeit dieser Gestalt ist nicht aus dem Helligkeitseinfall der Fenster ableitbar, sondern entspringt dem Geheimnis dieser Person. Diese Helligkeit teilt sich in unterschiedlicher Intensität den Mitgefangenen mit, auch dem Gefangenen, der links im Bild gerade zur Hinrichtung abgeführt wird (hier in der Gestalt des Henkers finden wir zugleich die dunkelste Stelle). Aber auch der Gefangene, der vorne rechts sitzt, spiegelt das Licht wider. Das Licht symbolisiert das sinnliche »Erkennen« durch das Brotbrechen. Die zentrale Gestalt hebt sich von den anderen Figuren ab; aber der Vorgang wird nicht ins Sakrale gesteigert. Es überlagern sich *drei Bildinhalte*: (1) Die Erinnerung an alle verfolgten Menschen, die unschuldig in Gefängnissen leiden; (2) die Vergegenwärtigung der besonderen Situation der gefolterten und gehängten Widerstandskämpfer in Plötzensee; (3) die Verschränkung realer Ereignisse mit einem überlieferten christlichen Bildthema. Das Bild erlaubt dementsprechend mindestens *zwei Lesarten*: Es läßt sich ganz *menschlich* verstehen: Brüderlichkeit und Liebe teilen sich mitten in der Grausamkeit anderen mit. Es läßt sich aber auch *christologisch* deuten: Emmaus in Plötzensee – der Auferstandene wird beim Brotbrechen erkannt und schenkt hoffnungslosen Menschen Befreiung im Leiden. In jedem Fall steht das Brot im Zentrum des Vorgangs. Das Brot, die alte Gefangenenspeise, spielt in vielen Erfahrungsberichten aus der Verfolgungszeit eine Rolle: Das letzte Stück Brot wird geteilt und stiftet neue Gemeinschaft[68]. Die *pragmatische Bedeutung* des Bildes verstärkt diese Einsicht. Es hat eine *doppelte* Bedeutung: Es ist vom Altar der Abendmahl feiernden Gemeinde in Plötzensee erkennbar und erinnert sie daran, daß Christus in den »geringsten Brüdern« (vgl. Mt 25,40) gegenwärtig ist; und es ist zugleich Mahnmal für die in der nahen Hinrichtungsstelle Gefolterten und Gehängten.

66 Vgl. *G. Otto / M. Otto*, Auslegen, Seelze 1986, 85ff. Vgl. z. B. Duwes Bild »Familienfeier«.

67 Vgl. *F. Menneckes*, Kein schlechtes Opium. Das Religiöse im Werk von Alfred Hrdlicka, Stuttgart 1987, 198. A. Hrdlicka (geb. 1928 in Wien) erläutert sein Verständnis von Kunst und Bibel im Gespräch mit Menneckes (11ff). Sein besonderes Interesse gilt der »Fleischwerdung Gottes«. »Und das ist doch die Ursehnsucht, Gott als Menschen zu erleben, nicht als Dreieck oder als Quadrat« (15).

68 Vgl. *P. Levi*, Ist das ein Mensch?, München 1988, 160ff.

Der Dialog mit dem Bibeltext (Lk 24) bietet sich vom Titel und von der thematischen Gestaltung des Bildes her unmittelbar an. Die Bezugnahme ist beabsichtigt; die Darstellung gehört in die Wirkungsgeschichte von Lk 24. Das Bild kann den Text verfremden und ein neues Verständnis – gerade im Hinblick auf das Symbol des Mahls – eröffnen. Der Text kann eine mögliche Lesart des Bildes verstärken. Wir lesen Lk 24 »interaktional« (nach D. Dormeyer) mit verteilten Rollen oder stellen den Text (nach K. Petzold) pantomimisch dar[69]. Der Vergleich mit dem Bild wird durch folgenden Impuls eröffnet: »Der Künstler Alfred Hrdlicka bekommt von der Kirchengemeinde Charlottenburg-Nord den Auftrag, ein ›Emmausbild‹ für ihr Gemeindezentrum zu malen. Wie könnte er das Bild gestalten (einfacher: Welche Stellen des Textes könnte er auswählen)? Jeder überlegt sich zwei Vorschläge!« Wir diskutieren, warum Hrdlicka Lk 24,30f ausgewählt hat (Was war ihm an diesem Text besonders wichtig?)[70].
Bei *Ben Willikens* in seinem *»Abendmahl«* (1976/79) ist der Zugang zur Bildthematik ein völlig anderer (M 8). Das Bild gehört in die umfangreiche Rezeptionsgeschichte von Leonardos Abendmahl. In vielen Entwürfen hat sich Willikens mit dem Thema auseinandergesetzt (vgl. das Bild auf dem Umschlag dieses Buches). Gestaltungsprinzip wird das weiße Licht. Er schafft schließlich ein dreiteiliges Acryl-Gemälde.

Jesus und die Jünger werden entfernt, nur die Raumperspektive wird beibehalten. Man blickt in einen kahlen Fliesenraum mit einer leeren, horizontal aufgestellten Tafel. An den Längsseiten finden sich graue, fest verschlossene Metalltüren. Gerade im Vergleich mit Leonardos Bild (das wir in einer Doppel-Dia-Projektion zeigen) erzeugt dieser Raum mit seiner Nüchternheit und klinischen Sterilität beim Betrachter Kälte und Leere. Die Monumentalität des Raums wirkt wie eine Bedrohung. Religiöse Motive, auch in Form ihrer Umkehrung, bleiben ausgespart. Erlösung scheint hier nicht stattzufinden. Hat man sich soweit auf das Bild eingelassen, kann man einen Umschlag wahrnehmen. »Denn der Blick führt durch die mit Kreissegment zentral placierte Tür und die beiden Fensteröffnungen in einen zweiten Raum, der erfüllt ist von gleißendem weißen Licht. Dieses Weiß, das den hinteren Raum undefinierbar macht, erscheint als eigene dynamische Potenz, die über Tür und Fensterdurchbrüche Licht von hinten nach vorne bringt ... Das Licht wird zum Medium einer transzendenten Potenz, welche die kargen, kahlen Räume auf neue Weise definiert.«[71]

Gerade der Vorgang der *Entbildlichung,* der im Kontext zu Leonardos Bild wahrnehmbar wird, führt zur »Offenbarung« von Licht. In diesem Licht können nun auch Personen, Gesten, Dinge und Farben neu erscheinen. Wir wenden diesen interpretatorischen Wink didaktisch und setzen

69 Vgl. *K. Petzold,* Theorie und Praxis der Kreativität im Religionsunterricht, Frankfurt/M. u.a. 1989, 189ff. Petzold berichtet auch über eine Abendmahlsfeier mit Hauptschülern auf einer Freizeit.
70 Ein Realschüler schreibt: »Hrdlicka malt, wie Jesus das Brot bricht. Das ist es, da ist genug Leben und Licht drin für einen dunklen Raum. Und Jesus kommt in den Mittelpunkt. Er wird voll beleuchtet. Seine Erleuchtung strahlt über den Gefangenen, der abgeführt wird.«
71 *H. Schwebel,* Bildverweigerung im Bild, in: *A. Mertin / H. Schwebel* (Hg.), Kirche und moderne Kunst, Frankfurt/M. 1988, 113–123, hier: 122f.

die Idee methodisch um: Die Lernenden erhalten eine vergrößerte Fotokopie und können das Bild umgestalten, indem sie es mit Personen und Dingen auffüllen, so daß ihre Erfahrungen mit dem Abendmahl zum Ausdruck kommen. Die Schüler sammeln zunächst Ideen im Klassengespräch und führen die Gestaltungsaufgabe zu Hause durch (vgl. M 9).
Aus historischen und theologischen Gründen sind im Hinblick auf *die neutestamentliche Mahltradition* zwei Schwerpunkte zu erarbeiten: *Die Mahlfeiern Jesu und die Abendmahlspraxis der Gemeinde in Korinth.* Die Materiallage erlaubt hier auch eine didaktische Schwerpunktbildung, so daß die Lernenden durch Selbsttätigkeit in diese geschichtlichen Zusammenhänge »verstrickt« werden können.
1. Jesus verkündete den Armen das Reich Gottes und wendete sich den Kranken zu. In Mahlfeiern mit »Sündern und Zöllnern« integrierte er die sozial und religiös Ausgestoßenen in eine neue (Heils-)Gemeinschaft. Tischgemeinschaft war für die Juden damals Zeichen und Ausdruck engster Gemeinschaft. Er feierte mit den Eingeladenen den »Einstand« des Reiches Gottes, indem er das »Mahl der Gerechten« vorwegrealisierte. Jesus erwartete das Reich Gottes als großes Festmahl (Lk 13,29). Wenn er als Bräutigam bezeichnet wird, der mit den Hochzeitsleuten feiert (vgl. Mk 2,18ff), dann nimmt er als Hausherr, als messianischer »Wirt« (Moltmann), die Vollendung vorweg: Heute ist dem Haus Heil widerfahren, in das Jesus einkehrt und seine Gemeinschaft bringt (Lk 19,9). Für die Teilnehmenden haben die Mahlfeiern *Angebots- und Verheißungscharakter.* Wahrscheinlich hat Jesus einen Teil seiner Gleichnisse anläßlich dieser heftig umstrittenen Mahlfeiern erzählt (vgl. Lk 7,34), um sein Verhalten als Gottes Güte und Barmherzigkeit auszulegen (vgl. z.B. Lk 14,11–24; 15,11–32). Insofern läßt sich in diesen Mahlfeiern eine *implizite Christologie* erkennen. Vielleicht kennzeichnete Jesus anläßlich solcher Mahlfeiern seine *Sendung* mit dem Bild des bei Tische dienenden Sklaven (vgl. Lk 22,27). Jesus hat die Mahlfeiern, in die seine Jünger hineingezogen wurden, auch angesichts des nahen Todes durchgehalten. Der gewaltsame Tod mußte die Mahlgemeinschaft der Sache nach radikal in Frage stellen. Die Bedeutung des letzten Mahles mit seinen Jüngern liegt darin, daß sich das den Armen vergegenwärtigte Reich Gottes ganz auf seine leibliche Person verdichtete. »Er, der Geber des Mahles, ist zugleich selbst die Gabe des Mahles. Hier ist tatsächlich Jesus das ›Reich Gottes in Person‹.«[72] Der Bericht vom letzten Mahl in der vorliegenden Form (Mk 14,12–25) schildert die Einsetzung des Abendmahls durch Jesus. Das Abschiedsmahl wird zum Passamahl. Durch die Einfügung der liturgisch gebräuchlichen Abendmahlsworte begründete die Gemeinde ihre Mahlfeier[73].

72 *J. Moltmann,* Der Weg Jesu Christi, München 1989, 136. Diese *implizite* Christologie wurde von der Urgemeinde im Herrenmahl *expliziert.* Vgl. zu diesem Problem *W. Marxsen,* Das Abendmahl als christologisches Problem, Gütersloh 1963.

73 Vgl. Das Buch der Bücher. Neues Testament, hg. von *G. Bornkamm,* München ^{2}1980, 125f.

Die große Bedeutung, die die Mahlfeiern Jesu gehabt haben, läßt sich daran ermessen, daß sie in zahlreichen neutestamentlichen Texten ihre Spuren hinterlassen haben. In den *Speisungsgeschichten* wird unterstrichen, wie unermeßlich die Fülle der Gabe ist, die Jesus in der Mahlgemeinschaft anbietet und für die nahe Zukunft verheißt. Die Jünger erkennen den *Auferstandenen* beim Brotbrechen während einer Mahlzeit (Lk 24,30f; vgl. Joh 21,12f). Die Urgemeinde feierte daher die Tischgemeinschaft Jesu weiter; die eschatologische Freude kam in großem Jubel zum Ausdruck (Act 2,42–47). Es wird sich dabei um die feierlich ausgestaltete jüdische Hauptmahlzeit gehandelt haben, die mit Segensspruch und Brotbrechen eröffnet wird. Die Teilnehmenden erfahren die Gemeinschaft mit dem erhöhten Herrn. Es handelt sich nicht um sakramentale Mahlzeiten; sie werden einfach als »Brotbrechen« bezeichnet.

Als Grundlage für die unterrichtliche Erarbeitung dieses Schwerpunktes bietet sich das vorzügliche Kapitel »Menschen an der Grenze« in G. Theißens »Der Schatten des Galiläers« an[74]. Wir untersuchen die Textgrundlage, fragen, bei welchen weiteren Anlässen Jesus ein Mahl hält, erarbeiten eine Leseszene oder ein Hörspiel.

2. Das Urchristentum kannte wohl von Anfang an neben dem »Brotbrechen« das Abendmahl (Herrenmahl, Eucharistie) als gottesdienstliche Mahlfeier. Sie wurde nach einem festen Ritus begangen, und zwar mit einer Mahlzeit zwischen den beiden Akten des Abendmahls. Die Einsetzungsworte erläutern in Rücksicht auf den Ursprung den *Sinn* des Ritus: Gemeinschaft mit dem erhöhten Gekreuzigten und Teilhabe an seinem Werk. In den paulinischen bzw. hellenistischen Gemeinden wurden die Mahlfeiern dann (im Sinne der Mysterien) als sakramentales Mahl interpretiert. Der Grundgedanke ist der der sakramentalen Communio der Feiernden mit dem erhöhten Herrn[75].

In *Korinth* wurde das Abendmahl als Abschluß einer Gemeindemahlzeit begangen. Besonders die ärmeren Schichten der Gemeinde, die lange arbeiten mußten, kamen für die Mahlzeit zu spät und blieben hungrig. Die »Starken« beruhigten sich damit, daß alle, die an dem abschließenden sakramentalen Vorgang teilnahmen, eine heilswirksame übernatürliche Speise genossen. Der Gemeinschaftsbezug wurde vernachlässigt. Paulus hat dieser Meinung heftig widersprochen und sein eigenes Verständnis dargelegt (1Kor 10,16–17; 11,20–29.33–34). Er stellt den geschichtlichen Stiftungscharakter fest und betont, daß das Herrenmahl für die Zwischenzeit gilt, »bis daß er kommt« (es ist also nicht schon das Himmelsmahl, wie die Korinther meinen). Grundlage seiner Kritik ist der Gedanke des »Leibes Christi«. Es geht ihm um die Gemeinschaft mit dem Gekreuzigten. Das Herrenmahl verbindet die Feiernden mit seiner Geschichte, gliedert aber auch in seine Gemeinde, seinen »Leib«, ein. Wenn man sich satt ißt, bevor die Armen erscheinen, zerstört man den »Leib Christi«. »Die leibliche

74 München 1986, 155–165.
75 Vgl. *R. Bultmann*, Theologie des Neuen Testaments, Tübingen 1953, 145.

Selbstmitteilung Christi im Sakrament beschlagnahmt uns zu konkretem leiblichen Gehorsam im Leibe Christi.«[76]
Der Widerspruch des Paulus gegenüber der Abendmahlspraxis der Korinther wird deutlicher, wenn wir uns die Gemeindesituation im Blick auf die sozialen Probleme vergegenwärtigen. Das geschieht in der »narrativen Exegese«, die W.J. Hollenweger zu 1Kor 12–14 vorgelegt hat (M 4). Aufgrund dieses Textes kann eine Lehrererzählung erarbeitet werden. Die Schüler können aber auch (in arbeitsteiliger Gruppenarbeit) parallel zur Arbeit am ersten Schwerpunkt eine Leseszene oder ein Hörspiel selbst erarbeiten. Jede Gruppe nimmt ihr Hörspiel auf Tonband auf und stellt es im Plenum vor. Wir fragen jeweils nach der Gestaltung, nach dem historischen Hintergrund, ziehen Verbindungslinien zwischen beiden Schwerpunkten.
3. Von den im letzten Abschnitt besprochenen Bildern her finden wir Zugänge zu weiteren neutestamentlichen Texten. Eine ganz andere Möglichkeit des Zugangs bietet der *Kurzfilm »Mr. Pascal«* (Trickfilm von Alison de Vere, Großbritannien 1979, 7 Min., Farbe, 16 mm, Lichtton).

Es ist die Geschichte eines einsamen Schuhmachers, der seine Einsamkeit auf eine ungewöhnliche Weise überwindet: Sein ganzes Leben lang hat er Nägel eingeschlagen, jetzt zieht er die Nägel, mit denen der Gekreuzigte befestigt ist, heraus und holt ihn vom Kreuz an der Kirchenwand herunter. Er bekleidet den Nackten und verbindet seine Wunden; er reicht ihm Brot und Wein. Dabei wird der Gekreuzigte zum Auferstandenen. Zu den beiden stoßen Jugendliche, Randexistenzen, ein Clown. Sie zünden ein Feuer an, machen Musik und tanzen. Brot und Wein sind im Überfluß für alle da. Szenen aus dem Leben Jesu werden vergegenwärtigt (vgl. den Erfahrungsbericht von U. Hinze). Ostern wird als Fest der Freiheit begangen; Brot und Wein sind seine zentralen Elemente. Der künstlerisch hervorragend gestaltete Film – keine pädagogische Absicht, eher hintergründiger Humor bestimmen die Darstellung – spricht Jugendliche wie Erwachsene unmittelbar an, fordert zu immer neuen Wahrnehmungen und Deutungen heraus.

Das Abendmahl kann in seiner Beziehung zu den Mahlfeiern Jesu gesehen und im Licht von Ostern als Fest verstanden werden. Der Film regt die Phantasie zu weiterreichenden kreativen Gestaltungen an.
Die Metapher »Ich bin das Brot des Lebens« (Joh 6,35) begleitet wie ein *Leitmotiv* die Lerneinheit. Sie kann als »Deutewort« in die Speisungsgeschichte (Joh 6,1ff oder bei jüngeren Schülern Mk 6,31–43) einbezogen werden. *Der Farblinolschnitt von Thomas Zacharias »Wunderbare Speisung«* kann als Verstehenshilfe wirksam werden[77]. Der Geber wird zur Gabe, indem Jesus mit den Broten und Fischen auf weißem Feld liegend dargestellt wird. Derjenige, der dieses »Ich bin« spricht, steht im Zentrum der Abendmahlsgemeinschaft. Das »Brot des Lebens« nährt uns zur Liebe.

76 *E. Käsemann*, Anliegen und Eigenart der paulinischen Abendmahlslehre, in: *ders.*, Exegetische Versuche und Besinnungen, Bd. 1, Göttingen 1960, 11–34, hier: 34; vgl. *ders.*, Kirchliche Konflikte, Bd. 1, Göttingen 1982, 128–140, auch *Bornkamm*, Neues Testament, 250–252.
77 In: Biblische Bilder. Farblinolschnitte. Acht Folien, München o.J. (Kösel-Verlag).

»Es will die Liebe zurückbringen ins herrscherliche Leben, will uns den verinnerlichten Kapitalismus, das Reißen und Entreißen austreiben« und »zum Symbol und zum Anstoß einer neuen unerhörten Praxis des Teilens und Verteilens« werden, indem es uns für den Tod mitten im Leben, für das Leiden und die Leidenden, für die Trauer und die Angst empfänglich macht[78].

Es gehört zur Glaubwürdigkeit der Schule, daß sie diesen Erfahrungen nicht ausweicht. Die kritische Erinnerung an das Leiden kann im Hinblick auf unsere Thematik durch die Auseinandersetzung mit *Paul Celans Gedicht »Tenebrae«* (M 11) wachgehalten werden. Der Bezug auf den Symbolcharakter des Abendmahls ist unverkennbar. Celan bedient sich des Mittels der Abweisung zitierter Sprache[79] sowie der Umkehrung von Metaphern und der Aufhebung vom Symbolen. Der Leib der »ineinander verkrallten« leidenden Menschen wird so zum Vermächtnis. In »Tenebrae« herrscht erbarmungslos Finsternis (vgl. Mt 27,45 parr); auf diesen Tenebrae-Vers folgt in der Passionsgeschichte bei Markus und Matthäus der Verlassenheitsschrei Jesu. Diesem Schrei verleiht Celan in seinem Gesang neue Sprache[80].

Das Gedicht redet den sterbenden Jesus an. Nicht zu Gott, der dich verlassen hat, sondern zu uns sollst du beten; denn wir sind in der Solidarität des Leidens (»greifbar«, »gegriffen«, »ineinander verkrallt«) dir nah. Es wird auf Jesu letztes Wort am Kreuz angespielt (Mk 15,34). Die Anspielung auf das Abendmahl wird bereits in der zweiten Strophe deutlich. In Gestalt von Brot und Wein wird im Abendmahl der Leib des Herrn empfangen. Es ist zugleich der Leib, der am Kreuz hängt. Die leidenden Menschen, die wie in den Gaskammern »ineinander verkrallt« sind, identifizieren sich mit dem Leib des Herrn (»... dein Leib, Herr«). Ihnen wird sowenig geholfen wie dem am Kreuz schreienden Jesus. Darin ist er ihnen nah. Daher kann der Jesus, der den Tod auf sich nimmt, zu ihnen beten.

In der sechsten und neunten Strophe ist die Beziehung zum Abendmahl noch deutlicher. Das Bild von der Tränke erinnert an Ps 23,1f. Doch jene, die den Lebensdurst stillen wollen, finden kein erfrischendes Wasser, sondern Blut und das Bild des Herrn in der Tränke vor. Das Blut »glänzte«, heißt es kontradiktorisch zur »Tenebrae«-Dunkelheit. Von diesem Glanz geht aber keine Verheißung aus. Im Blut spiegelt sich das Bild des Herrn so, wie sich das eigene Gesicht im Wasser spiegeln kann. Es ist das Gesicht des Gekreuzigten. Das Bild des Herrn wird in die Augen »geworfen«, ein schmerzhafter Vorgang; denn auch ihre Augen sind offen und ihr Mund ist leer. Die Gottverlassenheit des Gekreuzigten erkennen sie als ihr Spiegelbild[81]. Im Trinken seines Blutes identifizieren sie sich mit seinem Bild und

78 *J.B. Metz,* Jenseits bürgerlicher Religion, München/Mainz 1980, 58f. Das »Brot des Lebens« stiftet zu einer Art »anthropologischer Revolution« an (vgl. ebd., 60ff).

79 Hölderlins »Patmos-Hymne«; Ps 34,9.18f; Ps 145,18f.

80 Vgl. *G. Wienold,* Paul Celans Hölderlin-Widerruf, Poetica 2 (1968) 216–228, hier: 228; vgl. auch *U. Baltz-Otto,* Poesie wie Brot, München 1989, 85ff.

81 Vgl. *H.M. Krämer,* Eine Sprache des Leidens. Zur Lyrik von Paul Celan, München/Mainz 1979, 85f.

nehmen ihren Tod an. »Wir haben getrunken« (9), »was du vergossen, Herr« (6). Die Symbolsprache des Gedichtes erinnert an Lk 22,20, an das Blut, das »für uns vergossen wird«. Doch die Verheißung, die in dem »für euch« liegt, fehlt hier. Die traditionelle Symbolik des Abendmahls wird aufgehoben. Es geht um den realen Vollzug des Todes[82], in dem der eigene Leib dahingegeben und das eigene Blut vergossen wird. Das Trinken seines Blutes schafft daher nicht Teilhabe am Leben, sondern Teilhabe an seinem Tod.

Darin sind sie ihm nah. So heißt es im Schlußvers noch einmal: »Bete, Herr. Wir sind nah.« Auch er ist nicht symbolisch gestorben, sondern hat am Marterpfahl gelitten. Der Vorgang der Aufhebung der Symbole hat wie bei dem Abendmahlsbild Duwes die Bedeutung, daß der Sinn der Abendmahlstradition *verfremdet* und zugleich *erweitert* wird. *Die Symbole von Brot und Wein bleiben auf die Realität des Todes Jesu bezogen, und in diesem Tod ist er auf einzigartige Weise mit der Leidensgeschichte der Menschheit solidarisch,* mit dem »Leib eines Jeden von uns« (2). »Der Tod wird ohne allen Trost und alle Hoffnung angenommen; darin nähert sich das Gedicht der letzten Intention der christlichen Inkarnationslehre ... Kein Gott, der nicht Mensch ist, kein Gott, der nicht das Sterben auf sich nimmt, kann für den Glaubenden eine Verheißung oder Erlösung bedeuten. Es ist nicht die Überwindung des Todes, wie sie das Christentum verheißt, die im Gedicht zu Worte kommt, und doch bleibt Jesus, der den Tod auf sich nimmt, der ›Herr‹.«[83]
Im katholischen Kultus wird in der Karfreitagsmette das Ereignis der Verfinsterung kultisch wiederholt. Diese Passionsmette enthält die Lesung der Klagelieder Jeremias. Schon der christliche Gottesdienst hat also die Gottverlassenheit Jesu am Kreuz (vgl. Ps 22,2) und das Leiden des jüdischen Volkes in Zusammenhang gebracht. Diese Tradition hat Celan vergegenwärtigt.

Die unterrichtliche Erschließung beginnt und endet mit lautem, gestaltendem Lesen. Die Interpretation kann bei den konkreten Bezügen auf die Leidensgeschichte des jüdischen Volkes ansetzen. Vom *Zentrum* des Gedichtes her »Windschief gingen wir hin, gingen wir hin« (4), in dem die Ausweglosigkeit und der Lastcharakter des menschlichen Lebens zum Ausdruck kommt, lassen sich die jeweils 9 Zeilen der oberen und der unteren Hälfte erschließen. Wir achten dabei auf die sprachliche Gestalt (Pespektivenwechsel, Tempuswechsel ...)[84] und gehen den zahlreichen Anspielungen nach, um die Aufhebung der Symbole zu erkennen. Das Gedicht hat als »offenes Kunstwerk« mehrere Lesarten, wie die vorliegenden Interpretationen zeigen.
Im *Konfirmandenunterricht* (vgl. den Erfahrungsbericht von D. Tiedemann im folg.) wird versucht, über *die Symbole des Lammes und des Blutes* das Versöhnungsgeschehen (»für euch vergossen«), das in der Abendmahlsliturgie dargestellt wird, verstehbar zu machen. Zentrale Medien sind

82 Vgl. *Wienold,* Widerruf, 221.
83 *H.-G. Gadamer,* Sinn und Sinnverhüllung, dargestellt an Paul Celans Gedicht Tenebrae, Zeitwende 46 (1975) 321–329, hier: 327; vgl. *K.-J. Kuschel,* Jesus in der deutschsprachigen Gegenwartsliteratur, München u.a. 1987, 288f.
84 Vgl. dazu vor allem *R. Lorbe,* Paul Celan, »Tenebrae«, in: *D. Meinecke* (Hg.), Über Paul Celan, Frankfurt/M. ²1973, 239–251.

die Geschichte von der Einsetzung des Passa (Ex 12), eine Erzählung von James Krüss (M 12) und der Farbholzschnitt von Thomas Zacharias »Fußwaschung und Abendmahl« (M 13). Die jugendgemäße säkulare Erzählung von Krüss erweist sich im Lernprozeß wie ein authentisches Symbol als »Brücke des Verstehens«. »Blut« und »Lamm« durchziehen die Erzählung wie Leitmotive. Sie läuft auf eine Pointe zu, die durch ihren Kontext verständlich wird: »Dieses Lamm hat euren Frieden mit seinem Blut bezahlt . . .« (283). Diese Pointe hat Entsprechungen zur Passa- und Abendmahlsüberlieferung, die bei Zacharias dargestellt ist. In der Erzählung versöhnt das Blut des Lammes jedoch nicht Gott, sondern es schafft Frieden in einer sich durch Haß selbst zerstörenden Gesellschaft. Mit älteren Schülern lassen sich ähnliche Entsprechungen in der Erzählung *»Der Deserteur« von Marie Luise Kaschnitz* entdecken[85]. Auch hier findet sich das Symbol des Lammes in einem säkularen Kontext, der durch Unfrieden gekennzeichnet ist.

Die Episode beginnt am Ende des Zweiten Weltkriegs in Italien. Der amerikanische Deserteur Jim war Ostern geflohen und hatte sich mit Marian versteckt. Er war ihr Geliebter geworden. Sie hatten mehrere Kinder bekommen. Die Leute im Dorf werden aber immer mißtrauischer. Die Erzählung setzt Ostersamstag ein; das Läuten der Glocken ist jeden Augenblick zu erwarten. Jim hat das Osterlamm geschlachtet. Zweimal wird hervorgehoben, daß seine Hände mit Blut verschmiert sind (194). Die Ostervorbereitungen sind getroffen. Jim sitzt bei seiner Frau. In einer Gerichtsverhandlung in Form eines Rollenspiels legt er noch einmal die Motive seiner Flucht dar. Er versucht, sich selbst zu rechtfertigen. Es war Angst vor einem neuen Krieg, die Angst, daß er wieder töten muß und auch seine Kinder. »Denn nun habe ich geschossen, und alle Soldaten sind umgefallen. Jeder aber, der umgefallen war, ist wieder aufgestanden und durch mich hindurchgegangen, und jeder hat etwas in mir zurückgelassen, sein Stück Leben und sein Stück Tod« (201). Jim bereut seine Flucht nicht. Sein Glaube an die Liebe behält am Ende des Selbstverhörs recht: »Ich habe sieben Jahre lang gelebt und Liebe gegeben und Liebe empfangen. Alle gelebte Liebe ist nicht verloren in der Welt« (202). Aufgrund dieser Erkenntnis ist er bereit, sich zu stellen. Inzwischen haben sich die Häscher aus dem Dorf aufgemacht, den Versteckten zu suchen. Als er »die Hände über dem Kopf« gefangen wird, »läuteten die eben aus Rom zurückgekehrten Glocken das Osterfest ein« (204). Im Akt der Selbstauslieferung um des Friedens willen wird er selbst zu einem Osterlamm, »das unschuldig-schuldig ›geschlachtet‹ wird an diesem Tag«.[86]

3.1.4 Erfahrungsberichte zu einzelnen Abschnitten der Unterrichtseinheit und zur Konfirmandenfreizeit

A *U. Hinze*, Die Arbeit mit den Symbolen »Brot« und »Mahl« in der Sekundarstufe I

Die Unterrichtseinheit wurde in fünf Doppelstunden in einer 8. Realschulklasse erprobt. Sie bezieht sich auf die Rahmenziele I, 1–3, III, 4–6, IV, 3–4 und 7; das Ziel IV, 3 wurde im Hinblick auf die Verstehensvoraussetzung einer 8. Klasse verändert: Der Abendmahlstext Lk

85 Aus: *M.L. Kaschnitz*, Lange Schatten, Hamburg 1960, 194–204.
86 *Kuschel*, Jesus, 293.

22,14–20 wurde nicht auf eine historische, sondern auf eine gegenwärtige Streitsituation zur Feier des Abendmahls bezogen.

Die Unterrichtseinheit hat ihren *Schwerpunkt* in der Erarbeitung neutestamentlicher Speisungs- und Mahlgeschichten, ihren *Höhepunkt* in der Diskussion um ein zeitgemäßes Verständnis des Abendmahls. Eine *Schlüsselstellung* in ihrer Anlage nimmt der Kurzfilm »Mr. Pascal« ein. Dieses Medium hilft, die Einsichten zu bündeln und die Verbindung zum Abendmahl zu stiften. Es sollte in unterschiedlichen thematischen Zusammenhängen (vgl. meine Unterrichtseinheit zum Symbol »Kreuz«) erprobt werden. Das Unterrichtsvorhaben beginnt und endet mit einer Mahlzeit.
In der *ersten Doppelstunde* wird ein großes Plakat in die Mitte eines Stuhlkreises gelegt, es zeigt ein Brot. Die SchülerInnen schreiben ihre Assoziationen auf das Papier.

»Brot für die Welt; Hunger; Fladenbrot; Teilen; UNICEF; Erntedankfest; Mehl; Getreide; Kirche; Abendmahl; Essen; Leiden; Welthungerhilfe.«

Frische Bäckerbrote werden auf das Bild gelegt. Die Klasse war zum Teil ohne Frühstück zur Schule gekommen. Die SchülerInnen äußern sich über ihre Gefühle beim Riechen des köstlich duftenden Brotes. Sie fühlen, brechen, teilen, essen und schmecken das Brot. Die entsprechenden Begriffe werden anschließend auf das Plakat geschrieben. Ich schreibe als »stummen Impuls« hinzu: »Brot, von dem wir leben . . .« Unter diesem Leitwort werden einige Begriffe noch einmal ausführlicher bedacht. Das Gespräch bleibt bei dem Wort »Abendmahl« hängen. Die Erfahrungen mit dem Brechen, Teilen und Weiterreichen des Brotes wirken nach.

»Wenn es einmal im Monat Wein und eine Oblate in der Kirche gibt, so kann man davon doch nicht leben.« »Das darf man doch nicht so wörtlich nehmen!« »Vielleicht weisen Brot und Wein auf etwas hin.« Das Wort »Abendmahl« wird mit einem großen Fragezeichen auf dem Plakat versehen.

Die Hausaufgabe wird besprochen. Die SchülerInnen können ein Gedicht, eine Geschichte, ein Erlebnis, ein Märchen oder einen Traum zum Thema Brot schreiben, sie dürfen aber auch eine eigene Strophe zu dem Lied »Bewahre uns, Gott . . .« (M 2/1) dichten, das wir nach unserer »Mahlzeit« gesungen haben.

Von Björn stammt die Geschichte »Brot, das unser Leben rettete«: »Es war Krieg. Überall flogen Bomben, Häuser brannten, viele Menschen kamen ums Leben. Wir hatten uns im Keller unseres Hauses versteckt. Außer einem halben trockenen Brot und einer kleinen Kanne mit Wasser hatten wir nichts zu essen und zu trinken. Wie jeden Abend schnitt meine Großmutter für jeden von uns eine dünne Scheibe Brot ab. Dazu bekam jeder noch einen Schluck Wasser. Wir mußten sehr sparsam sein, wenn wir überleben wollten. Es gab nichts mehr zu essen außer dem, was man bei sich hatte. Eines Nachts, als alle schliefen, brach ein Mann bei uns ein und wollte unser letztes Brot stehlen, dabei stieß er die Kanne mit dem

Wasser um. Wir wollten ihn festhalten, aber er war zu stark für uns und entkam mit dem letzten Brot ... Der Hunger war groß, wir mußten etwas zu essen suchen. Dabei gab es wieder Alarm. Wir mußten in einer Ruine Sicherheit suchen. Wir fanden einen kleinen Raum, in dem wir sicher waren. In dem Raum standen ein Tisch und ein Stuhl, in der Ecke lagen zwei Decken. Ich traute meinen Augen nicht, als ich in der Ecke ein halbes Brot, ein Stück Butter und eine Schale mit Wasser sah. Hier mußte jemand gewohnt haben ... Wir nahmen die Lebensmittel mit. Es reichte für ca. zwei Wochen. Als die Lebensmittel dann zu Ende waren und wir dachten, wir müssen verhungern, geschah das Wunder. Ein Versorgungswagen kam durch, und wir hatten wieder etwas zum Leben.«

In der *zweiten Doppelstunde* wird das Abendmahl durch Schülerbeiträge wieder thematisiert. Die SchülerInnen betrachteten die Mitte des Bildes von Willy Fries »das große gastmahl« (Bildausschnitt als Folie auf OHP, aus: braunschweiger beiträge [bb] 33, 1985/3, 65ff) und stellen Vermutungen darüber an, wie das Bild nach oben und unten weitergehen könnte (vgl. M 14).

»Einer verteilt das Essen und Trinken.« »Keiner nimmt sich selbst.« »Aber hier bekommen die Menschen so richtig satt zu essen; in der Kirche ist das Essen ja nur symbolisch gemeint.«

Die Betrachtung des Gesamtbildes bestätigt dann die Vermutung, daß es sich hier nicht um die Darstellung des Abendmahls handelt, sondern daß eine andere Geschichte gemeint ist. Die SchülerInnen sollen nicht nur distanzierte Beobachter sein, sondern sich mit je einer Person des Bildes identifizieren, sie zum Sprechen bringen. Die »Sprechblasen« – für die Personen der unteren Hälfte farbig, für die der oberen Hälfte grau – werden vorgetragen und auf einer Skizze des Bildes als Wandzeitung befestigt.

Die Menschen der unteren Hälfte rufen: »Ich habe Hunger!« »Gib auch mir zu essen!« »Hoffentlich schaffe ich es noch, an diesen Tisch ranzukommen.« »Die Menschen der oberen Hälfte antworten: ›Die haben doch selber schuld!‹« »Das Elend will ich nicht sehen, es geht mich nichts an!« »Wie gut, daß ich satt und gut gekleidet bin.« »Ich bin nicht auf die Hilfe der anderen angewiesen ...«
Die Figur, die das Brot austeilt, sagt: »Komm, iß dich mal so richtig satt!« Auffallend war, daß nur wenige SchülerInnen den »grauen Gestalten« Sprache verliehen.

Mein Impuls »Der Künstler Willy Fries hat in diesem Bild eine bestimmte biblische Geschichte gemalt« führt zu der Vermutung »Speisung der 5000«. Aber die gleichgültig wirkenden, abgewandten Menschen passen nicht zu dieser Geschichte. Die Parabel vom großen Mahl Lk 14,15–24 wird vorgelesen. Viele Übereinstimmungen mit dem Bild werden überraschend erkannt, aber auch Unterschiede zwischen Bild und Text herausgearbeitet. Lk 14,15 wird zunächst weggelassen. Die SchülerInnen schreiben selbst einen Vers oder eine Überschrift als »Vorspann«. Der Vergleich der Vorschläge mit dem »Rahmen« in Lk 14 (bes. V. 7 und V. 15) ergibt, daß es sich um ein »Reich-Gottes-Gleichnis« handelt.

»Reich Gottes ist wie das Paradies, es liegt in der Zukunft. Wir leben so davor.« »Aber auf dem Bild sieht man, wo es anfängt.« An einer Wandzeitung wird gesammelt, welche Aussagen der Künstler in diesem Bild über das »Reich Gottes« gemacht hat.

Das Reich Gottes fängt an, wo ...
- die Einladung dazu angenommen wird
- Menschen genug zum Leben haben und nicht verhungern müssen
- Leidenden geholfen wird
- Menschen bereit sind zu teilen
- ein Weg vom Tod zum Leben führt
- das Paradies schon anfängt ...

Mit einer freiwilligen Schülergruppe habe ich das Kapitel 12 »Menschen an der Grenze« (aus: G. Theißen, Der Schatten des Galiläers, München 1986, 155–165) gelesen. Wir haben gemeinsam überlegt, wie wir die Erzählung in ein Hörspiel umarbeiten können, haben einzelne Szenen entworfen, Dialoge gestaltet, das Hörspiel aufgenommen. Jetzt wird es der Gesamtgruppe vorgespielt. Der »Sitz im Leben« der Parabel vom großen Mahl wird auf diesem Wege sehr anschaulich erfaßt.
In der *dritten Doppelstunde* ist der Kurzfilm »Mr. Pascal« das zentrale Medium; es soll die verschiedenen Brot- und Mahlgeschichten in einen Zusammenhang mit Jesu Tod und Auferstehung bringen, so daß sie im Licht von Ostern verstanden werden können. Ich verspreche mir, daß damit zugleich ein sachgemäßer Zugang zum Abendmahl gewonnen wird.
Der Film vermittelt viele, schnell wechselnde Bildeindrücke. Die SchülerInnen werden gebeten, sich *ein* Bild genau zu merken. Sie malen es auf ein Stückchen Folie (vgl. S. 194). Die Bilder werden in die richtige Reihenfolge gebracht und auf OHP betrachtet. Es entsteht so ein vertiefter Eindruck des Films. Vier Schülerbilder werden ausgewählt. Die Klasse erhält die Aufgabe: »Nennen wir den Künstler dieses Films Marcel. Er schreibt in einem Brief an seine Freundin Stephanie über die Grundidee des Films ›Mr. Pascal‹. Er bezieht sich dabei besonders auf diese vier Szenen. Der Brief endet: ›... ich möchte dem Film folgenden Titel geben ...‹«
Zwei Schülerbeiträge möchte ich wiedergeben.

»Liebe Stephanie! Ich möchte Dir über einen Film berichten. Er handelt von einem Mann namens Mr. Pascal, der die Idee hatte, Jesus vom Kreuz zu holen. Er lief nach Hause, holte Werkzeug, lief zum Kreuz zurück und zog die Nägel heraus. Es donnerte und blitzte. Jesus fiel auf eine Bank, und Mr. Pascal holte ein paar warme Sachen von sich und kleidete den immer noch toten Jesus ein. Jesus wurde langsam wach. Mr. Pascal zog ein Brot heraus und trank mit Jesus Wein. Es kamen immer mehr Leute dazu und feierten mit. Das Brot und der Wein wurden nicht alle. Jesus half den Armen und heilte einen Kranken. Mr. Pascal wurde müde von den vielen Stunden, die er mit Jesus verbracht hatte. Er schlief ein. Jesus breitete seine Arme aus, segnete ihn und verschwand. Als Mr. Pascal morgens aufwachte, sah er einen wunderschönen Baum. Er ging beglückt nach Hause. Ich möchte dem Film den Titel ›Auferstehung Jesu‹ geben.« (York)
»Hallo Stephanie! Wie geht es Dir? Ich wollte Dir schon lange mal über meine Grundidee eines Films schreiben. Mit diesem Film wollte ich Menschen darauf aufmerksam machen, daß man sich Jesus nicht nur tot am Kreuz vorstellen soll, sondern daß er lebt, wenn man an ihn glaubt. Deshalb hat Jesus, als er von Mr. Pascal vom Kreuz genommen wurde, auch gelebt. Jesus hat armen Menschen zu essen und zu trinken gegeben, und dabei habe ich an das

Abendmahl gedacht. Zum Schluß des Films wurde von zwei Engeln ein Baum vor die Kirche gepflanzt als Zeichen der Auferstehung Jesu. Ich möchte den Film ›Jesus lebt‹ nennen. So, nun weißt Du, warum ich diesen Film gemacht habe. Dein Marcel.« (Martina)

Der blühende Baum, der aus den Resten des Kreuzes wächst, spielt in allen Schülerarbeiten eine besondere Rolle. Martina nennt ihn »Zeichen der Auferstehung«. Jörn spricht von einem »weißblütigen und weißblättrigen Baum«, der Mr. Pascal daran erinnert, daß Jesus lebendig ist. Diese Einsichten wurden sicherlich dadurch gefördert, daß wir das Lied »Freunde, daß der Mandelzweig wieder blüht und treibt . . .« während dieser Unterrichtseinheit begleitend gesungen haben (aus: Kirchentagsliederheft 83: Umkehr zum Leben, Nr. 701).
Nach dieser Doppelstunde wird die »Wandzeitung« ergänzt: Reich Gottes fängt da an, wo Menschen vor Freude, daß Jesus auferstanden ist, tanzen und singen. Die Schülerbeiträge zeigen, daß der Film die Möglichkeit bietet, an die schwierige Problematik der Auferstehung Jesu heranzuführen. Er hat zugleich das Symbolverstehen gefördert. Die SchülerInnen erfaßten, daß das Symbol des blühenden Baumes eine Veränderung der äußeren und der inneren Wirklichkeit zum Ausdruck bringt. Mr. Pascal sitzt am Ende des Films wieder alleine auf der Bank; aber er ist durch die Auferstehung Jesu ein anderer geworden. »Er ging beglückt nach Hause« (York).
Bei der zweiten Präsentation des Films wird besonders darauf geachtet, welche Szenen aus dem »Leben Jesu« vergegenwärtigt werden (Heilung eines Aussätzigen, Mahlfeiern Jesu, letztes Mahl mit den Jüngern, Speisung der 5000 . . .). Manche Szenen kamen auch in dem Hörspiel »An der Grenze« vor.
Der Brief der Schülerin Martina ermöglicht den Übergang zur *vierten Doppelstunde*. Das Thema Abendmahl zog sich ja wie ein Leitfaden durch den bisherigen Unterricht. Die SchülerInnen erkunden, wie in ihrer Gemeinde bzw. im Jugendgottesdienst Abendmahl gefeiert wird. Sie berichten darüber, wie sie in der Konfirmandenfreizeit Abendmahl gefeiert haben; Alternativen zum Gemeindeabendmahl kommen in den Blick. Der Sederabend mit seinen sieben Symbolen aus der vorhergehenden Einheit über »Exodus« wird erinnert. Angeregt durch einen Zeitungsartikel »Die Abendmahlsfeier mit Süßkartoffeln und Wasser« (EZ 18. 11. 90), kam ich auf die Idee, eine Kirchenvorstandssitzung in Gruppen spielen zu lassen und auf Video aufzuzeichnen.
Die SchülerInnen erhalten ein *Arbeitsblatt*: »Ihr seid der Kirchenvorstand in Eurer Gemeinde. Heute hat Herr . . ., Frau . . . folgenden Antrag eingebracht: ›Der Kirchenvorstand möge beschließen, das Abemdmahl zeitgemäß zu feiern, und das heißt, Brot und Wein durch Hamburger und Coca-Cola zu ersetzen.‹ Der Pastor und noch weitere Mitglieder des Kirchenvorstands argumentieren dagegen und berufen sich dabei auf *Lk 22,14–20*. Es entsteht ein spannendes Streitgespräch, das mit einer Abstimmung endet.«

Die Erarbeitung des Rollenspiels erfolgt in verschiedenen Räumen. Bei der Vorführung des Videos sind daher alle sehr gespannt. Die Argumente für und gegen Brot und Wein werden notiert. Ein Tafelbild entsteht:

Argumente für Brot und Wein:	*. . . für Hamburger und Cola:*
- Lk 22,14–20	- schmeckt besser
- sind Symbole für Leib und Blut Jesu	- auch alte Traditionen müssen erneuert werden
- sie sind seit dem Auszug aus Ägypten geschichtlich verwurzelt	- man muß mit der Zeit gehen
- Jesus hat Brot geteilt und Wein getrunken	- einfach mal im Jugendgottesdienst ausprobieren
- statt Wein kann Traubensaft genommen werden	
- sind billiger als Hamburger und Cola	
- man muß an die alten Leute in der Gemeinde denken	
- alte Traditionen müssen gewahrt bleiben	

Aus einem Streitgespräch: »Das geht auf keinen Fall, so etwas hatten wir ja noch nie.« »Ja, weil wir so etwas noch nie hatten, können wir es gerade ausprobieren. Vielleicht kommen dann mehr junge Leute in den Gottesdienst.« »Ja, und die alten Leute bleiben zu Hause. Es ist auch nicht gesund.« »Aber es schmeckt gut.« »Das spielt keine Rolle. Das Brot ist das Symbol für den Leib Jesu und der Wein das Symbol für das Blut Jesu. So steht es in der Bibel.« »Das ist den jungen Leuten zu konservativ. Wir können es im Jugendgottesdienst einmal anders probieren.« »Nun gut, das machen wir.«

In der abschließenden Diskussion über alle Argumente wird weitgehende Übereinstimmung darüber erreicht, daß Brot und Wein Symbole sind, die eine geschichtliche Verwurzelung haben und daher nicht beliebig ersetzt werden können. Lk 22,19b wird im Gespräch immer wieder als Bezugspunkt herangezogen: »Das ist mein Leib, der für euch hingegeben wird; das tut zu meinem Gedächtnis!« Die eingehende Auseinandersetzung mit einem – auf den ersten Blick vielleicht oberflächlich erscheinenden – Streitfall führt zum besseren Verstehen der Sache selbst; die Arbeit ist zugleich ein Testfall, ob ein Merkmal der Symbole, daß sie nämlich geschichtlich verwurzelt und sozial vermittelt sind, erkannt wird.
Die *fünfte Doppelstunde* soll der Bündelung der Einsichten dienen; sie wird in Korrespondenz zur ersten Stunde entwickelt. Zentrales Medium ist *der Farblinolschnitt »Wunderbare Speisung« von Thomas Zacharias* (München 1977). Das Bild ermöglicht, Mahlfeiern Jesu, Speisung und Abendmahl noch einmal in einem neuen Zusammenhang wahrzunehmen. Jesus selbst liegt hier mit den Broten und den Fischen auf dem Tisch. Sein Nimbus ist wie eines der Brote gezeichnet. Die Brote, die unter der grauen Menschenmenge verteilt werden, sind wie Lichtträger dargestellt. Die johanneischen Ich-bin-Worte »Ich bin das Brot des Lebens« (6,35) sowie »Ich bin das Licht der Welt« (8,12) und das Bild interpretieren sich wechsel-

seitig. Daß für die Urgemeinde der Fisch Jesus symbolisiert, kann zum besseren Verständnis des Bildes als Information in den Lernprozeß eingebracht werden. Die Textgrundlage des Bildes wird durch eine *Erzählung* »Speisung in der Wüste« (Mk 6,31-43 nach *I. Baldermann*, Der Himmel ist offen, München/Neukirchen-Vluyn 1991, 200-203) erschlossen. Die Speisungsgeschichte wird bei Baldermann als Ostergeschichte erzählt; dieser Sachverhalt ist auch für die Unterrichtssequenz nach dem Kurzfilm »Mr. Pascal« konsequent. Die Wandzeitung wird entsprechend ergänzt: »Das Reich Gottes beginnt da, wo Jesus als das Brot des Lebens empfangen wird, wo auf einmal Überfluß für alle da ist.« Das Brot-Plakat (vgl. 1. Std.) wird noch einmal in die Mitte gelegt. Ich schreibe INRI in das Brot. Die SchülerInnen erinnern sich an den Abendmahlstext (»dies ist mein Leib«). »Ich bin das Brot des Lebens« wird noch in das Brot hineingeschrieben. Es bietet sich an, gemeinsam eine »jugendgemäße« Abendmahlsfeier zu entwerfen, möglichst in Zusammenarbeit mit einem Pfarrer, so daß auch eine Realisierung in Aussicht gestellt werden kann. Wir lassen statt dessen die Unterrichtseinheit mit einer gemeinsamen Mahlzeit ausklingen (vgl. den folgenden Erfahrungsbericht von R. Tammeus): Wir essen gemeinsam Fladenbrot und trinken Traubensaft, teilen noch einmal das Brot wie in der ersten Stunde und singen eines der Lieder, das uns die Zeit über begleitet hat (M 2/1).

B *R. Tammeus*, Elementare Zugänge zum Abendmahl mit Hilfe der Symbole »Brot« und »Mahl« (11. und 12. Jahrgangsstufe/Gymnasium)

Die Unterrichtseinheit wurde gemeinsam mit Heike Klischka entwickelt und von ihr in einer Kursgruppe der 11. Jahrgangsstufe mit 24 SchülerInnen erprobt. Eine nur leicht revidierte Fassung führte der Fachlehrer später in einem Religionskurs der 12. Jahrgangsstufe durch. Die Intentionen der Unterrichtseinheit entsprechen den Rahmenzielen I, 1-4 und 7 sowie IV, 1-7 mit Alternativen für die Sekundarstufe II.
Wegen der genaueren Dokumentationsgrundlage (Tonbandmitschnitte) wird im folgenden schwerpunktmäßig der Unterricht mit den Elftkläßlern beschrieben. Auch die zitierten SchülerInnenäußerungen und -arbeiten stammen also - sofern nicht anders erwähnt - aus diesem Religionskurs.

In der *ersten Doppelstunde* empfing die Lehrerin die SchülerInnen in einem von ihr in der Pause vorbereiteten Stuhlkreis. In einer »Brot-Meditation« sollten die SchülerInnen - ausgehend von persönlichen Erfahrungen und Assoziationen - über den tieferen Bedeutungszusammenhang des alltäglichen Nahrungsmittels Brot nachsinnen und einen Zugang zum Verständnis des Brotes als christlichen Symbols gewinnen können.
Dazu legte die Lehrerin nach einer kurzen Einführung mit Erläuterungen zum Unterrichtsvorhaben und dem Appell, sich ernsthaft auf eine vielleicht ungewöhnliche Situation einzulassen, in die Mitte des Stuhlkreises auf ein großes Blatt Papier einen frischen, noch warmen Brotlaib (M 1/1). In

einer stillen Betrachtungsphase sollten die TeilnehmerInnen sich entspannen und ihren Gedanken, Assoziationen und Erinnerungen an eine eventuell besondere Begebenheit mit einem Brot freien Lauf lassen; von dem Gedachten solle später selbstverständlich nur das in der Gruppe veröffentlicht werden, was die/der einzelne SchülerIn wünsche. Die SchülerInnen ließen sich bereitwillig auf die ungewohnte Situation ein. Nur am Anfang war zwei- bis dreimal ein leises Flüstern oder Kichern zu vernehmen. Nach ungefähr acht Minuten bat die Lehrerin die SchülerInnen, ihre Assoziationen, Gedanken oder eine erinnerte Brotgeschichte zu erzählen. Offen und ungezwungen berichteten sechzehn von ihnen eine mehr oder weniger lange ›Geschichte‹. Sehr häufig vertreten waren Urlaubserinnerungen aus südlichen Ländern, wo jeweils nach einiger Zeit ein starkes Verlangen nach kräftigem Vollkornbrot verspürt wurde. Aber auch Kindheitserinnerungen, selbst erlebtes Brotbacken und persönliche Hungersituationen wurden geschildert. In einigen Assoziationen wurde die Selbstverständlichkeit des Brotes sowie der nachlässige Umgang mit ihm in unserer Gesellschaft dem Hunger der Menschen in der ›Dritten Welt‹ gegenübergestellt. Durch diese Assoziationen wurde die Überleitung von der individuell-existentiellen Dimension des Symbols »Brot« zur sozial-politischen, die für die zweite Unterrichtsphase geplant war, von den SchülerInnen unmittelbar hergestellt.
In der Fünfminutenpause zwischen den beiden Stunden legte die Lehrerin vier Plakate der 31. »Brot-für-die-Welt«-Aktion ›sternenförmig‹ um das Brot herum (M 1/2). Nach einer kurzen Betrachtungsphase entwickelte sich sofort ein lebhaftes Gespräch mit großer Beteiligung. Als erste Assoziationen nannten die SchülerInnen:

»Es soll die Welt darstellen. Die nördliche Hälfte mit der Gerste hat genug zu essen, die südliche mit dem Stacheldraht hat nichts zu essen / der Stacheldraht ist eine Grenze / auf der einen Seite ist so viel Weizen, daß man das Bündel auch aufschneiden und den Weizen verteilen könnte; aber so lebt die eine Hälfte im Überfluß, die andere hat gar nichts / ich sehe darin das Abendmahl (das Thema war den SchülerInnen nicht bekannt!); ich habe erst jetzt gesehen, daß es Stacheldraht ist; ich dachte zuerst, es wäre die Dornenkrone bei der Kreuzigung. Beim Abendmahl heißt es ja ›Nimm das Brot, das ist mein Leib‹ oder so ähnlich.«

Die nachfolgenden SchülerInnenäußerungen bezogen sich zunächst auf die »Dritte-Welt-Problematik«. In zum Teil hervorragenden Beiträgen wurden die Einzelbestandteile sowie die Gesamtaussage des Plakats erläutert, die sich wie folgt stichwortartig zusammenfassen lassen:

Zum Stacheldraht:
– symbolisiert einerseits eine Grenze, zeigt aber auch die Zusammengehörigkeit und bestehende Zusammenhänge von Armut und Reichtum / – »die reichen Länder halten die armen Länder in Gefangenschaft, in einer Gefangenschaft der Armut« / – Stacheldraht ist von Menschen geschaffen, »er steht auch für Folter. Nicht genug zu essen zu haben ist auch Folter« / – »vielleicht geht der Stacheldraht auch unter den Ähren weiter, in der unteren Hälfte sichtbar als materielle Armut; bei uns dagegen geistige Armut, die nur durch die materiellen Dinge abgedeckt wird«.

Die Ähren an der Seite:

– »der Überfluß ist so groß, daß sogar zwei Ähren am Rand liegenbleiben« / – »stellen den Übergang von Leben und Tod her« / – »fordern uns auf: ›Verteilt das Essen, die Grundnahrungsmittel, das Brot gerecht, schneidet das Bündel auf!‹« / – »Symbol für Hoffnung, sie können verteilt werden«.

Nach dieser intensiven Gesprächsphase leitete die Lehrerin durch das Zurückgreifen auf die Äußerung einer Schülerin (»Abendmahl«, s.o.) zu der christologischen Deutung des Plakats über. Der Gesprächsgang wurde damit eröffnet, daß eine Schülerin darauf hinwies, daß die Plakate und das Brot in der vorfindlichen Anordnung ein Kreuz bildeten. Als weitere Stichworte folgten:

»Beim Abendmahl ist das Brot der Leib Christi, die Ähren stehen für das Brot, der Stacheldraht als Symbol für das Leiden am Kreuz« / – »Abhängigkeit der Ähren vom Stacheldraht deutet neben der Abhängigkeit der 1. von der 3. Welt auch an, daß das Leiden Jesu erst das Leben möglich macht« / – »der Ährenkranz ist noch nicht vollendet! Er drückt aber Hoffnung, Ermutigung aus.«

Eine Zuspitzung der christologischen Deutung wurde dadurch erreicht, daß die Lehrerin als stummen Impuls rund um das in der Mitte liegende Brot das johanneische Brotwort »Ich bin das Brot des Lebens« auf das Papier schrieb (M 1/3). Die SchülerInnen beobachteten mit Interesse den Anschrieb, einige lasen halblaut mit. Zögernd ließen sie sich auf eine Interpretation der Metapher Joh 6,35 ein und benutzten dabei die Symbol- bzw. Bildsprache, um indirekt treffende christologische Aussagen zu machen, z.B.:

»Brot und Glaube, der das Leben lebenswert macht.« / »Brot, das Jesus sein will, als geistiges Brot, geistiges Leben, das wir Menschen brauchen.«

Eine kritische Auseinandersetzung mit der Metapher erfolgte trotz provozierender Intervention der Lehrerin (»Vermessener Anspruch?«) nicht. Statt dessen wurde der Aspekt der Nachfolge und damit das Verhalten der Christen, die sich auf den berufen, der sich das »Brot des Lebens« nennt, im Gespräch thematisiert, z.B.:

»Die Anstöße, die er (sc. Jesus) gegeben hat, selbst weiterverfolgen, selbst zu handeln, eigene Ideen zu entwickeln.« / »Man muß aber auch Dinge, die nicht mehr zeitgemäß sind, ersetzen.« / »Das Brot, den Glauben weiterreichen.« / »Nur den Glauben.« / »Nein, vom Brot abgeben . . ., Nächstenliebe.«

An dieser Stelle wurde das Gespräch abgebrochen, um das Brot, das die Stunde über den Unterricht begleitet hatte, zum Essen freizugeben. Als Hausaufgabe konnten die SchülerInnen wahlweise entweder ihre persönliche Brotgeschichte aufschreiben oder das »Brot-für-die-Welt«-Plakat, das

ihnen in DIN-A-4-Format zur Verfügung gestellt wurde, beschreiben und interpretieren.
In der *zweiten Doppelstunde* sollten die SchülerInnen ein weiteres für das Abendmahl konstitutives Symbol, nämlich das »Mahl«, durch ein gemeinsames ›ökologisches‹ Mahl persönlich erleben und dabei erfahren, daß Essen und Trinken nicht allein zur rein physischen Erhaltung des menschlichen Organismus da sind, sondern vielmehr Ort und Ausdruck eines Grundbedürfnisses menschlichen Lebens nach Gemeinschaft, Zuwendung und Kommunikation darstellen.
Das Mahl selbst fand in dem gemütlichen Speisenraum der Schulküche statt. Der Fachlehrer lud seine Kursgruppe zu einem festlichen Frühstück in seine Wohnung ein. Die Vorbereitungen waren dadurch weniger aufwendig, die Atmosphäre noch außergewöhnlicher. Die Lehrerin hatte eine besondere Atmosphäre durch die Sitzform (Tische im Kreis, jeder sieht jeden) und durch Kerzen und Blumen geschaffen. Auf den Tischen befanden sich die von G. Liedtke vorgeschlagenen Lebensmittel für eine einfache Mahlzeit: (Vollkorn-)Brot, Käse, frisches Obst und Saft. Die Lehrerin hatte die SchülerInnen gebeten, zu dieser Stunde (9.40 bis 11.15 Uhr) möglichst mit nüchternem Magen zu erscheinen.
Die KursteilnehmerInnen zeigten sich beim Betreten des festlich geschmückten Raumes freudig überrascht und ließen sich in gespannter Erwartung die »Spielregeln« für das Essen und Trinken in dieser Unterrichtsstunde erläutern. In einer ersten Phase sollte nicht geredet werden, keiner sollte sich selbst bedienen, jeder warten, bis ihn der Tischnachbar versorgt. In einer zweiten Phase sollte dann Kommunikation erlaubt, Spielregel 1 aufgehoben sein.

Außerdem wurden die SchülerInnen zu Beginn der Stunde gefragt, ob sie bereit seien, gemeinsam das Lied »Brich mit den Hungrigen dein Brot« zu singen. Spontane Reaktion: »Au ja!« – »Schön!« – »Das Lied kenne ich!«, aber auch abwartende Skepsis.

Zuerst wurde das Lied eingeübt, dann begann die erste Phase des Mahls. Nach anfänglichem Kichern trat bald eine ruhige und besinnliche Atmosphäre ein, und die SchülerInnen agierten regelkonform und konnten dabei erfahren, daß Gemeinschaft eine gegenseitige Fürsorge beinhaltet, Rücksichtnahme auf andere erfordert bzw. ein Gespür für Wünsche und Bedürfnisse des anderen nötig macht. Nach etwa fünfzehn Minuten wurde die erste Phase des Mahls durch das Singen des erwähnten Liedes abgeschlossen. Sichtlich erleichtert begannen die SchülerInnen mit der Unterhaltung und konnten die interaktional vermittelte Erfahrung machen, welche Bedeutung Kommunikation für die Gemeinschaft hat.

Nach einer kurzen Pause schloß sich ein Erfahrungsaustausch mit folgenden inhaltlichen Schwerpunkten an:
- Wie fühlten sich diejenigen, die ›hungrig‹ in die Schule kamen; wie die anderen?

- Welche Bedeutung hat Kommunikation für die Gemeinschaft? (Vergleich der beiden »Frühstücksphasen«)
- Welche Rolle spielt für Euch das gemeinsame Essen im Kreis der Familie oder von Freunden?

Der Erfahrungsaustausch war – ähnlich wie auch das gemeinsame Essen – von einer ungewöhnlich persönlichen Atmosphäre besonderer Qualität geprägt. Familiäre und private Erfahrungen kamen sehr offen zur Sprache. Die enge Beziehung von gemeinsamem Essen und Gemeinschaft sowie Gemeinschaft und Kommunikation wurde von den SchülerInnen voll erfaßt. Es fehlte jedoch aufgrund der Erzählfreude, die die Lehrerin in dieser Situation nicht durch zu starkes Lenken und Eingreifen unterbinden wollte, die notwendige Zeit für eine grundlegende Systematisierung der geschilderten persönlichen Erfahrungen. Auch der Bezug zum Abendmahl wurde nur durch einzelne SchülerInnenäußerungen hergestellt. Die naheliegende Frage, inwieweit Elemente des erlebten Mahls mit dem Abendmahl in Beziehung stehen, konnte aus Zeitgründen nicht mehr gestellt werden. Damit unterblieb auch der beabsichtigte Austausch über Vorerfahrungen mit dem bzw. Kenntnisse über das Abendmahl.

Zur Vorbereitung der nächsten Religionsstunde wurde den SchülerInnen ein Arbeitsblatt mit der lukanischen und paulinischen Abendmahlsperikope gegeben, die sie unter Berücksichtigung von zwei Aufgaben als Hausaufgabe bearbeiten sollten (M 3).
In der *dritten Doppelstunde* sollten die SchülerInnen einen Einblick in die neutestamentlichen Quellen zum »Abendmahl« gewinnen. Aus der Erarbeitung und dem Vergleich von Lk 22,15–20 und 1Kor 11,23–26 sollten die Bedeutung bzw. die Aspekte des Abendmahls herausgearbeitet sowie Informationen über das frühchristliche Gemeindeleben und ihre Abendmahlspraxis gewonnen, diskutiert und kritisch reflektiert werden.
Da in der vorherigen Stunde die ursprünglich geplante Bezugnahme zum Abendmahl unterblieben war, entschied sich die Lehrerin, als Einstieg und Anknüpfung nach Verbindungen zwischen dem in der zweiten Doppelstunde erlebten gemeinsamen Mahl und den ihnen bekannten Formen des Abendmahls zu fragen. In einem kurzen lebhaften Gespräch monierten die SchülerInnen besonders die unpersönliche Atmosphäre und die mangelnde Gemeinschaft bei den ›normalen‹ Abendmahlsfeiern, wiesen aber auch auf andere Erfahrungen hin: Tischabendmahl, Feierabendmahl, Abendmahl mit *Brot* und Musik. Für die Überleitung zur Textbearbeitung konnte die Lehrerin auf zwei SchülerInnenbeiträge zurückgreifen, die die Bezeichnung »Abendmahl« hinterfragten.

Zur Besprechung der Hausaufgabe war das Textblatt (M 3) auf Folie kopiert worden. Die SchülerInnen hatten die gestellten Aufgaben sorgfältig bearbeitet. Durch farblich kontrastierende Unterstreichungen der entsprechenden Passagen konnten die Ergebnisse des Vergleichs von Lukas- und Paulustext (Aufgabe 1) über OHP allen KursteilnehmerInnen sichtbar gemacht werden.

Die anschließende Erarbeitung der Bedeutung des Abendmahls anhand von zentralen Formulierungen aus dem Text (Aufgabe 2) zeigte, daß die SchülerInnen alle wesentlichen Aspekte des Textes und ihren Aussagewert erfaßt hatten. Sie wurden in der folgenden Reihenfolge von der Lehrerin an die Tafel geschrieben:

Verrat, Passa	→	Leiden, Tod werden angekündigt
Brot nehmt und *teilt*	→	Miteinander, Gemeinschaft, Zusammengehörigkeit
Das *ist* mein Leib . . ., *für euch* hingegeben	→	Gegenwart
Dieser *Kelch* ist der *neue Bund* in meinem Blut	→	»Opfer« für die Menschen Symbol für die Vergebung der Schuld/Sünden
verkündigt . . . den *Tod*	→	enge Verbindung von Kreuz und Abendmahl
Das tut . . . zu meinem *Gedächtnis*	→	Wiederholung, Erinnerung

Einige Aussagen und Begriffe – z.B. »Passa«, »neuer Bund in meinem Blut«, »Opfer« und »Sünde« – wurden während des Tafelanschriebs problematisiert und im Gespräch näher erläutert.
Die zunächst ungeordnet an der Tafel gesammelten Formulierungen wurden in einem nächsten Unterrichtsschritt zwecks Herausarbeitung der Bedeutung des Abendmahls stärker systematisiert, auf den Begriff gebracht und in einem vereinfachten, aber übersichtlichen Schaubild an der Tafel festgehalten:

Die Bedeutung des Abendmahls

Gedächtnis		Gemeinschaft		Vergebung der Schuld/Sünden (Stellvertretung)
Rückblick	⟷	Gegenwart	⟷	Ausblick (Vollendung im Reich Gottes)

Der Aspekt der »Gemeinschaft« wurde – auf dem Hintergrund der vorangegangenen Unterrichtserfahrungen verständlich – als erstes genannt. Für den Aspekt der »Stellvertretung« war stärkeres Nachfragen und Führen der Lehrkraft nötig. Auf die Begrifflichkeit »Vergebung der Schuld/Sünden« wurde genauer eingegangen.
Insgesamt unterschied sich der erste Teil dieser Doppelstunde erheblich von dem vorangegangenen Unterricht: Die intensive sachorientierte Text- bzw. Tafelarbeit erfolgte zwar unter insgesamt guter Beteiligung, ließ jedoch kaum Schüler*inter*aktionen zu und verlief folglich (besonders bei der Erstellung des zweiten Tafelbildes) eher lehrerzentriert. Auch die notwendigen Erläuterungen der formelhaften – für SchülerInnen schwer verständlichen – Begriffe trug zu dieser Tendenz bei.
Um so erfreulicher war der Einstieg in den zweiten Teil der Doppelstunde. Nach der anstrengenden Textanalyse lasen die SchülerInnen das Anfangskapitel der narrativen Exegese von W.J. Hollenweger »Konflikt in Korinth« (M 4) abschnittweise (ein entsprechend markiertes Textblatt wurde

jeweils weitergereicht) laut vor. Damit sollte der ›Sitz im Leben‹ der paulinischen Perikope und der Abendmahlspraxis der frühen Gemeinde verdeutlicht werden. Nach dem Vorlesen des Textes erhielten die SchülerInnen zunächst Gelegenheit, sich direkt zum Text zu äußern oder Verständnisfragen (z.B. *marana-tha*) zu stellen. Anschließend wurde der Text an alle verteilt, und die beiden folgenden Fragen wurden relativ zügig beantwortet:

1. Was wird in dem Text über die soziale Zusammensetzung dieser frühen christlichen Gemeinde (ca. 55 n.Chr.) und über ihr Verhältnis zur jüdischen Synagoge gesagt?
2. Wie feierte die Gemeinde in Korinth das Abendmahl? Worin lag der Konflikt?

In einem Rollenspiel wurde der Konflikt anschließend verdeutlicht. Dazu teilte die Lehrerin die Lerngruppe in zwei Gruppen ein. In einer kurzen Stillarbeit sollte jede/r für sich Argumente überlegen, die sie jeweils als Vertreter ihrer ›Partei‹ in einem gespielten Streitgespräch zwischen den ›Armen‹ und den ›Reichen‹ vorbringen könnten. Ohne größere Einleitung eröffnete die Lehrerin daraufhin das Streitgespräch. Es war erstaunlich, mit welcher Selbstverständlichkeit und Überzeugung die SchülerInnen ›ihre‹ Rolle spielten und ihre Argumente gegenseitig vorbrachten. Innerhalb eines lebendigen kurzen ›Schlagabtauschs‹ wurden alle wesentlichen Punkte des Kernproblems erfaßt. Einen Eindruck mag das wörtliche Tonbandprotokoll geben:

Arm 1: »Im Abendmahl steht doch Gemeinschaft im Vordergrund, jetzt werden doch wieder Unterschiede gemacht!«

Reich 1: »Die Religion soll an den Alltag gebunden sein; dann kann man das nicht an einen festen Zeitablauf binden, sondern es muß eine gewisse Spontaneität dahinterstecken – und außerdem sind wir ja nicht an eurer Armut schuld!«

Arm 2: »Wir werden dadurch aber vom eigentlichen Mahl ausgeschlossen, und dadurch kommt eigentlich auch keine richtige Gemeinschaft im Abendmahl zustande.«

Arm 3: »Es ist gar kein richtiges Abendmahl, wenn nicht alle vorher zusammensitzen und warten, bis Krispus (d.h. der ehemalige Synagogenvorsteher, der das eigentliche Abendmahl zelebrierte) das (d.h. die Einsetzungsworte) gesagt hat. So wird Gemeinschaft zerstört.«

Reich 2: »Das eigentliche Abendmahl ist doch das, was hinterher passiert, wenn das Brot und der Kelch hochgehoben werden! Das andere ist doch bloß ein gemütliches Beisammensein; das könnt ihr ja auch zu Hause machen! Dafür muß man nicht extra hierher kommen!«

Arm 4: »Warum bleibt ihr dann nicht zu Hause, wenn das so ist? Ihr habt doch genug zu essen!«

Arm 5: (bestätigend) »Ja, ihr habt doch genug zu essen, warum laßt ihr uns nichts übrig?«

Reich 3: »Ach so, darum geht es! Ihr wollt euch auf unsere Kosten durchfuttern!«

Arm 6: »Ich denke, es geht auch um das gemeinsame Beisammensitzen und das *Teilen*.«

Reich 4: »Wir sitzen ja auch zusammen.«

Arm 7: »Ja, aber man soll doch alles *gerecht* teilen!«

Reich 5: (empört) »Aber wir teilen doch!«

Arm 8: (wütend) »Nicht nur unter den Reichen, sondern auch unter den Armen!«
Reich 6: (ironisch) »Was regt ihr euch eigentlich auf? Ich finde, ihr müßt das so sehen: Wir haben *extra* auf euch gewartet, und als das *richtige* Mahl losging, da wart ihr alle da. Also, was habt ihr eigentlich?«
Arm 9: »*Ihr* könnt ja pünktlich sein! Ihr braucht ja nicht zu arbeiten, das müssen *wir* ja *für euch* tun!«
Reich 7: »Was heißt hier pünktlich?! Als das eigentlich für die Glaubensausübung wichtige Mahl losging, sind wir doch alle pünktlich gewesen!«

Eine interessante, allerdings auch zeitaufwendigere *Variante* erprobte der Fachlehrer in seinem Religionskurs der 12. Jahrgangsstufe:
Die SchülerInnen sollten sich – in mehreren arbeitsteiligen Gruppen – jeweils in eine der vom Konflikt betroffenen Personengruppen hineinversetzen und aus der Perspektive der ›Reichen‹ oder der ›Armen‹ einen Brief an ihren Gemeindegründer Paulus schreiben, in dem sie ihr Anliegen vorbringen sollten. Die Briefe wurden im Anschluß der gesamten Lerngruppe vorgelesen.
Als ›Antwort‹ auf den dargestellten Gemeindekonflikt wurde der Lerngruppe im Anschluß an das Rollenspiel die Position des Gemeindegründers, nämlich der Paulus-Text 1Kor 11,17–33, laut vorgelesen, die von ihm empfohlenen Konsequenzen konnten aber aus Zeitgründen nicht mehr genauer besprochen werden. Auch mögliche Folgen für die heute übliche Abendmahlsfeier wurden nicht mehr thematisiert.
Ein Auszug aus dem »Evangelischen Erwachsenenkatechismus« zur Bedeutung des Abendmahls (dort 1114f) wurde als eine vertiefende und das im Unterricht Erarbeitete sichernde Hausaufgabe gegeben.
In den *zwei folgenden Doppelstunden* standen unter der Leitfrage »Die Feier des Abendmahls in unserer Zeit: Entspricht sie noch dem eigentlichen Sinn?« ausgewählte Abendmahlsbilder aus der bildenden Kunst im Mittelpunkt des Unterrichtsgeschehens. Die SchülerInnen sollten über die Beschreibung und Interpretation der Bilder ein tieferes Verständnis von der Bedeutung des Abendmahls in seiner theologisch-christologischen und anthropologischen Dimension erlangen. Als theologische Aspekte sollten anhand der Bilder neu bzw. vertiefend die enge Beziehung von Kreuz und Abendmahl, von Zuspruch (befreiende Vergebung, Annahme) und Anspruch (Nachfolge) *(4. Doppelstunde)* und die Diskussion um das Verständnis der Einsetzungsworte (besonders das umstrittene Problem der Realpräsenz) *(5. Doppelstunde)* behandelt werden. Um der Gefahr einer Funktionalisierung der Bilder zu entgehen, erfolgte die Erschließung der Bilder in den folgenden fünf – von G. Lange vorgeschlagenen – Schritten, die allerdings nicht immer streng voneinander getrennt werden konnten:

1. Spontane Wahrnehmung (erste Kontaktaufnahme mit dem Bild, stilles ›Lesen‹, spontane Äußerungen);
2. Analyse der Formensprache bzw. Struktur des Bildes: »Außenkonzentration« (Beschreibung der »Syntax des Bildes« [Lange] und der verschiedenen »Codes« [Stock]; Per-

spektive, Farben, Kontraste, Landschafts- bzw. Raumgestaltung, Kleidung, Mimik, Gestik der Personen);
3. »Innenkonzentration« (Assoziationen, Gefühle der Betrachter);
4. Analyse des Bildgehalts (Aussage des Bildes, Interpretation);
5. Identifizierung mit dem Bild (Wo finden sich die Betrachter im Bild wieder?).

Als erstes Bild wurde zu Beginn der *vierten Doppelstunde* die berühmte Abendmahlsdarstellung von Leonardo da Vinci (M 5) besprochen.

Nach einer kurzen Bildbetrachtung des über OHP gezeigten Gemäldes bemängelten die SchülerInnen in der Spontanphase besonders die schlechte Qualität des Bildes (die Lehrerin gab als Gründe wenig beständige Temperafarben und eine Überschwemmung an) und analysierten den Aufbau und die Form. Dabei gingen sie auf die Perspektive, Komposition, Farben und Körpersprache ein. Ein besonderes Interesse rief die Frage nach Judas hervor. Erst nach längerem Hin und Her wurden das dunkle Gesicht und der Geldbeutel in der rechten Hand der zweiten Person neben Jesus als klare Indizien anerkannt. Auf die Lehrerinnenfrage, welche Situation denn eigentlich dargestellt sei, wurde die Ankündigung des Verrats identifiziert. Als Gründe führten die SchülerInnen die von den in Dreiergruppen dargestellten Jüngern ausgehende Dynamik sowie die in Gestik und Mimik erkennbare Unruhe über das Unfaßbare des Verrats an.

Die insgesamt in ihren Ergebnissen sehr gute Beschreibung und Interpretation des Leonardo-Bildes wurde durch einen kurzen Lehrervortrag zur Bedeutung des Freskos und zu seiner Wirkungs- und Rezeptionsgeschichte ergänzt. Zugleich diente er zur Überleitung zum Bild von Siegfried Rischar (M 6).
Die erste Reaktion nach der kurzen Betrachtungsphase richtete sich auf die fehlende Person Jesu und auf den vor dem Tisch stehenden ›Judas‹:

»Jesus selbst ist nicht anwesend, sondern in der Mitte symbolisch dargestellt.«

Die Aufmerksamkeit galt danach zunächst den Jüngern: Sie seien blaß, schmal, mit eingefallenen Gesichtern, einheitlich gekleidet, schauten traurig, seien erschreckt. Ein Schüler verglich die Jünger in Rischars Bild mit verfolgten Juden im Nationalsozialismus. Es fiel den anderen Schülern trotz gezielten Nachfragens jedoch schwer, diese Beobachtung in ihrem Aussagekern zu erfassen, wie überhaupt die kritischen Anspielungen auf politisch-soziale Mißstände nur mühsam von ihnen erkannt und benannt wurden. Es dauerte ungewöhnlich lange und erforderte ein kritisches Nachfragen der Lehrerin, bis die in Rischars Bild dargestellten ›Jünger‹ als Leidende, Gefangene oder Unterdrückte erkannt wurden. ›Judas‹ wurde zutreffend als dick, pausbäckig, hinterhältig schauend, gutbürgerlich gekleidet beschrieben,

»Ein ganz normaler Bürger, der sich auf Kosten anderer bereichert.«

Sehr gut erfaßt wurden die Hände, der Stacheldraht, das durch die Abendmahlssymbole »Brot« und »Kelch« gehende Kreuz sowie die Einordnung der Bildsituation, die die Kreuzigung voraussetzt und eine enge Beziehung zwischen Kreuzigung und Feier des Abendmahls herstellt. Der Beistand bzw. die Solidarität (Zuspruch), die der Gekreuzigte den Leidenden gegenüber zeigt, wurde ebenfalls gut herausgearbeitet. Den Gedanken der Nachfolge (Anspruch) nannten die SchülerInnen nicht explizit, sie erfaßten ihn jedoch indirekt durch die Beobachtung, daß

»die ›Jünger‹ durch den Stacheldraht in das Kreuz hineingezogen werden« / »Leute, die sich ihm (sc. Jesus) im Glauben angeschlossen haben und seine Sache ernst nehmen, ›verfolgt‹ werden«.

Einen neuen Gesichtspunkt entdeckte eine sehr engagierte Schülerin. Sie wies darauf hin, daß der Tisch, an dem die ›Jünger‹ sitzen, mit dem vertikalen Lichtkegel in der Bildmitte ebenfalls ein Kreuz bilde und damit die ›Jünger‹ auf/an dem Querbalken des Kreuzes säßen, der ein Symbol für die Verbindung der Menschen und ihr Verhalten untereinander sei.

Gegen Ende der Arbeit am Rischar-Bild waren bei einigen SchülerInnen erste Ermüdungserscheinungen zu spüren. Die Beteiligungsbreite ging zurück, es engagierte sich mehr oder weniger nur noch der ›immer aktive‹ Kern von etwa sieben SchülerInnen. Die Behandlung von zwei Abendmahlsdarstellungen in einem allgemeinen Unterrichtsgespräch im Plenum überforderte einen großen Teil der SchülerInnen. Methodische Varianten, z.B. ein interaktionaler Zugang zum Leonardo-Bild (Nachspielen der dargestellten Situation; mit Erfolg im Grundkurs des 12. Jahrgangs erprobt), wären wünschenswert gewesen.

In der *fünften Doppelstunde* sollten die SchülerInnen die provozierende Abendmahlsdarstellung von Harald Duwe (M 7) auf sich wirken lassen, sich kritisch mit der Rücknahme der Symbolik der Einsetzungsworte auseinandersetzen und die verschiedenen Abendmahlslehren der römisch-katholischen, reformierten und lutherischen Kirchen kennenlernen sowie sich kritisch mit der Frage der ›Realpräsenz‹ auseinandersetzen.
Unmittelbar nachdem die Folie auf den Tageslichtprojektor aufgelegt war, entstand Unruhe in der Gruppe. Ein Schüler fragte ungläubig, ob das Bild auch das Abendmahl darstelle. Mit lebhaften Beiträgen schlossen sich viele andere SchülerInnen an. Das Bild zeige:

»eine Konferenz von Unternehmern« / »Aufstellung zum Gruppenphoto wie bei einem Klassentreffen« / »gutbürgerliche Personen, die alle auf den Topf in der Mitte glotzen«.

Selbst als eine Schülerin sagte, die auf dem Tisch liegende Hand irritiere sie, schienen die meisten SchülerInnen die Einzelheiten des Bildes noch nicht entdeckt zu haben, obwohl weitere Äußerungen bestätigten, daß auch auf sie das Bild unangenehm wirke und eine »wahnsinnige Spannung« enthalte, daß »Streit in der Luft« liege. Erst als eine Schülerin mit deutlich erregter Stimme kundtat, daß sie das Bild wegen der Eingeweide auf dem Tisch ekelerregend finde, wurde es noch unruhiger im Raum. Nachdem sich der erste Tumult gelegt hatte, konnten die Einzelheiten des gedeckten Tisches ›entdeckt‹ werden: das Herz, die Kreuzesinschrift, der Fuß, die Nägel, das Antlitz Jesu in der Schüssel. Ein Schüler zitierte daraufhin spontan die Einsetzungsworte:

»Das ist mein Leib, für euch gegeben«,

worauf ihm eine Schülerin entsetzt entgegenhielt:

»Ja, aber das ist doch symbolisch gemeint – ich habe das Gefühl, die nehmen das wörtlich. Das ist ja Kannibalismus!«

Eine andere Schülerin wies auf den leeren Stuhl in der Mitte hin, auf dem wohl Jesus gesessen habe, den sie dann zerlegt hätten.
Das nachfolgende Gespräch erbrachte eine genaue Analyse des möglichen Aussagegehalts. Es wurde herausgestellt, daß in der Rücknahme der Symbolik, d.h. in dem wörtlichen Verständnis der Einsetzungsworte, eine – allerdings eine andere – Kritik am Menschen äußernde Symbolik zum Tragen kommt. Der ›Kannibalismus‹ wurde als symbolische Darstellung eines falschen oder geheuchelten Verständnisses von Glauben, aber besonders auch gesellschaftlicher Probleme und unseres bzw. des allgemeinen menschlichen Fehlverhaltens (Zulassen von Unrecht, Schaulust bei Unglücken, Gleichgültigkeit gegenüber Umweltzerstörung, Krieg) gedeutet. Die Lerngruppe erkannte auch, daß die Personen auf dem Bild im Grunde als vereinzelt dargestellt sind und daß Kommunikation nicht stattfindet – auch dies sei durchaus typisch für unsere Gesellschaft. Eine treffende Aussage machte eine sonst eher ruhige Schülerin, die sich intensiv mit dem Duwe-Bild beschäftigt hatte und sich an ihm spürbar ›abarbeitete‹:

»Es ist auch eine starke Ironie in dem Bild enthalten. Das Ursprüngliche des Abendmahls, die Gemeinschaft, um sich gegenseitig zu helfen, ist hier in eine Gemeinschaft des Nichthelfens verkehrt.«

Die gleiche Schülerin wies nochmals darauf hin, daß sie keinerlei Verständnis dafür habe, daß man die Einsetzungsworte in dieser Weise wörtlich verstehen könnte. An dieser Stelle bot sich ein nahtloses Übergehen zu der Erarbeitung der verschiedenen Abendmahlslehren an.
Dazu wurde den SchülerInnen nach einer Fünfminutenpause der Textabschnitt »Was lehren die Kirchen über die Gegenwart Christi im Abendmahl?« aus dem »Evangelischen Erwachsenenkatechismus« (1107–1110) zur Verfügung gestellt; sie sollten den Text unter folgenden Aspekten der Abendmahlslehren von Katholiken, Reformierten und Lutheranern bearbeiten: Verständnis der Einsetzungsworte (»Das ist . . .«), Vorstellung von der »Gegenwart« Christi, Verhältnis von Brot und Wein zu Leib und Blut,

Bedeutung für die Gläubigen und eventuell kritische Anfragen an bzw. Probleme der Lehre.
In konzentrierter Gruppenarbeit entnahmen die SchülerInnen in den folgenden dreißig Minuten dem Text die wichtigsten Informationen zu den unterschiedlichen Abendmahlsverständnissen und trugen sie mit Folienschreibern in die entsprechenden Spalten des auf Folie kopierten Arbeitsblattes ein. Beim Vorstellen und Zusammentragen der Ergebnisse über OHP stellte sich heraus, daß die auf dem Arbeitsblatt genannten Aspekte zu differenziert waren, als daß sie von den SchülerInnen in der zur Verfügung stehenden Zeit hätten bearbeitet werden können.
Der Fachlehrer wählte in seinem Religionskurs später die im folgenden Tafelbild dokumentierte vereinfachte Form:

Verständnis der Einsetzungsworte

katholisch	*reformiert*	*lutherisch*
wörtlich	zeichenhaft	symbolisch
»das *ist* mein Leib«	»das *bedeutet*...«	»das *ist*...«
Brot und Wein sind Leib und Blut Christi.	Brot und Wein weisen auf Leib und Blut Christi hin.	In den Symbolen Brot und Wein sind Leib und Brot (»in, mit, unter«) präsent.

Die Lehrerin kompensierte den oben beschriebenen Mangel dadurch, daß sie den SchülerInnen in der nächsten Stunde die auf S. 105 folgende, äußerst informative Ergebnisfolie zur Verfügung stellte.
Eine Problematisierung des Erarbeiteten (»[Wie] läßt sich die Vorstellung der Realpräsenz mit modernem naturwissenschaftlichen Wissen und Denken vereinbaren?«) unterblieb aus Zeitgründen, ebenso das Ziel, den SchülerInnen mit Hilfe des Symbolbegriffs die zentrale Bedeutung der Realpräsenz verständlich zu machen.
In der *Abschlußdoppelstunde* sollte das Abendmahlsbild von Ben Willikens (M 8/2, 1. Entwurf, 1977) zunächst gemäß den oben genannten methodischen Schritten beschrieben und interpretiert werden. In einer kreativen Abschlußarbeit sollten die SchülerInnen danach eigenständig tätig werden können und durch zeichnerische Umgestaltung des Willikens-Bildes oder durch eine Collage eine persönliche Stellungnahme zum Thema »Abendmahl heute« abgeben.
Die Beschreibung und Interpretation des Abendmahlsbildes von Willikens nahm nur fünfzehn Minuten in Anspruch und machte keine großen Schwierigkeiten. Die enge Orientierung an Leonardo da Vincis Bild, die ›Entbildlichung‹, die durch sie erzeugte funktionale Nüchternheit, Sterilität und Kälte sowie die mögliche Aussageabsicht wurden angesprochen. Kontrovers diskutierten die SchülerInnen die Frage, ob das Bild die heutige Situation des Abendmahls in Kirche und Gesellschaft treffe.

Das Abendmahlsverständnis der römisch-katholischen, reformierten und lutherischen Kirche

	röm.-kath. Kirche	reformierte Kirche	lutherische Kirche
Verständnis der Einsetzungsworte (»Das ist ...«)	wörtlich	zeichenhaft (»das bedeutet«)	wörtlich/symbolisch
Vorstellung von der »Gegenwart« Christi	wirkliche (leibliche) (Real-)Präsenz	*Zwingli:* keine wirkliche Gegenwart *Calvin:* wirkliche (geistige) Gegenwart	wirkliche (leibliche) Gegenwart (Realpräsenz)
Verhältnis von Brot und Wein und Blut und Leib	Brot und Wein wandeln sich mit den Einsetzungsworten in ihrer *Substanz* zu Leib und Blut; ihre äußere Erscheinung *(Akzidentien)* bleibt unverändert; Transsubstantiation (»Wesenswechsel«)	Brot und Wein sind und bleiben *Zeichen* (dienen zur Erinnerung an Christus) *Calvin:* Zeichen und Sache (Leib und Blut) sind zwar getrennt, der Heilige Geist stellt Verbindung zu Christus her	Christi Leib ist »in/mit/unter« den Symbolen Brot und Wein gegenwärtig (»sakramentale Einheit«); Konsubstantiation
Bedeutung für die Gläubigen	Gläubige werden direkt (leiblich) mit Christus verbunden (werden ein Teil von ihm); kein Zweifel an der Realpräsenz (»Gewißheit«)	*Zwingli:* Erinnerungsmahl an Christus *Calvin:* (geistige) Verbindung zu und Gemeinschaft mit Christus nur für Gläubige	Der ganze Mensch begegnet Christus mit Leib und Seele; seelsorgerliche Bedeutung: Christi Gegenwart unabhängig vom Glauben → Zweifel geschwächt
Kritische Anfragen bzw. Probleme der Lehre	Natürliches (Brot und Wein) droht vom Übernatürlichen aufgesogen zu werden (Mirakel/Verehrung) Transsubstantiation widerspricht heutiger naturwissenschaftlicher Denkweise	Abendmahl verliert Bedeutung durch Trennung von Zeichen und Sache; Unsicherheit (bin ich gläubig?)	Wie hat man sich die Realpräsenz durch die sakramentale Einheit bzw. die Gegenwart Christi in den Symbolen Brot und Wein vorzustellen? Abgrenzung zur katholischen Lehre?

An dieser Stelle leitete die Lehrerin zur oben näher beschriebenen kreativen Arbeit mit dem Willikens-Bild über und stellte Fotokopien der Skizze in DIN-A-4 (eher zum Zeichnen geeignet) oder DIN-A-3 (eher für Collagen geeignet) zur Verfügung. Für die Collagen lagen zusätzlich Illustrierte, Kleber und Scheren bereit. Thematisch sollte die Gestaltung (wahlweise) unter folgenden Fragestellungen erfolgen: »Wie stelle ich mir ein *gelungenes* Abendmahl in der heutigen Zeit vor?« oder (als kritische Version): »So sehe ich das Abendmahl in der heutigen Zeit«.

Die SchülerInnen sollten ihr Bild zusätzlich mit einigen Worten be*schreiben* – eine Hilfe für die spätere Auswertung, aber auch für die SchülerInnen, die künstlerisch weniger begabt waren und Schwierigkeiten hatten, ihre Vorstellungen gestaltend zum Ausdruck zu bringen.
In den folgenden vierzig Minuten arbeiteten vier SchülerInnen in zwei Partnergruppen, alle anderen in Einzelarbeit intensiv an Bild und Text; drei stellten ihre Ergebnisse gegen Schluß der Stunde in der Gruppe vor (M 9/1–3):

1. Die Dritte-Welt-Problematik bzw. das Problem der gerechten Verteilung der Güter auf der Welt hatte der erste Schüler in seinem Abendmahlsbild in auch künstlerisch origineller Weise thematisiert. (Er hatte auch bei der Interpretation des Plakats in der ersten Doppelstunde zu dieser Thematik engagierte und differenzierte Beiträge geliefert.) Der Abendmahlstisch ist in zwei Hälften geteilt. Auf der einen Seite sitzen nur wenige wohlgenährte, rotwangige Menschen vor gefüllten Tellern. Sie leben in derartigem Überfluß, daß sogar ein kleiner Beistelltisch nötig wird, auf dem Flaschen, Gläser und ein weiterer Teller stehen. Unter dem Tisch liegt – unbeachtet – eine dicke Fleischkeule. Sie sitzen auf der ›Sonnenseite des Lebens‹ und glauben, »daß Gott auf ihrer Seite steht« (symbolisiert durch das Licht?). Auf der anderen Seite drängen sich die ›Armen‹, die Hunger leiden und mit Totenschädeln dargestellt werden. Ihre Tisch- und Raumhälfte ist leer, farblos und kalt. Die Tischdecke ist geflickt, und unter ihrem Tisch liegen nur Totenschädel und Knochen. In dem Bild wird – im Unterricht über das Plakat, das Brot und das Bild von Rischar thematisiert – der Anspruch, das Abendmahl als Ort gerechten Teilens und als Zeichen der Solidarität mit den »materiell und geistig Hungernden in der Welt« zu sehen, durch die Anklage der bestehenden Ungerechtigkeit in künstlerischer Weise dargestellt.
2. Eine andere Schülerin hatte in ihrem Bild geradezu die gesamte Unterrichtseinheit verarbeitet: Die Gemeinschaft aller Menschen feiert gemeinsam ein Agapemahl, zu dem »jeder von ihnen ... soviel mitbringen ... sollte, wie es ihm möglich ist, Arme weniger, Reiche dafür um so mehr«. Wichtig war dieser Schülerin, die sich auch in dem gespielten ›Konflikt‹ in Korinth sehr engagiert beteiligt hatte und der hier aufgegriffen wird, daß alles gerecht geteilt wird. In diesem Agapemahl soll eine »Gedenkminute« eingelegt werden (= eigentliches Herrenmahl), »um sich über die eigentliche Bedeutung des Abendmahls klarzuwerden« (3. Doppelstunde) und »um an die ganzen anderen Menschen, vor allen Dingen an die aus der Dritten Welt, zu denken« (1. Doppelstunde: Plakat; vgl. auch die Funktion des Fürbittengebets in der Liturgie!).
3. Einen Sonderstatus nahm das Bild der dritten Schülerin ein. In dem Bild tritt das ›Weltliche‹ in den Hintergrund. Der Raum (als Arche dargestellt) ist gefüllt von christlich-religiöser Symbolik (Brot und Wein, Ölzweig → Ölberg, Licht und die Trinität: Gott als Gastgeber → Krone, Heiliger Geist → Taube mit den Abendmahlssymbolen, Jesus Christus als segnender und gekreuzigter Sohn). Menschen sind auf dem Bild nicht abgebildet, aber dennoch in einem auf die Tischdecke geschriebenen Liedtext ›anwesend‹, der die befreienden Sinnelemente der Vergebung der Schuld und der Nachfolge aufgreift.

Die spätere Auswertung aller Bilder ergab, daß nur sechs SchülerInnen ihr Abendmahlsbild unter das kritische, bewußt Distanz zulassende Thema »So sehe ich das Abendmahl in der heutigen Zeit« gestellt hatten und dabei die steife Atmosphäre und die überholten Rituale betonten. In überwiegender Mehrzahl gestalteten die SchülerInnen Bilder unter dem Thema »So stelle ich mir ein gelungenes Abendmahl vor« und gingen dabei besonders auf das Thema »Gemeinschaft« ein.
Insgesamt stellten die SchülerInnenarbeiten auch eine Art ›Lernerfolgs-

kontrolle‹ dar. Sie zeigten insgesamt, daß die SchülerInnen sich intensiv mit dem Abendmahl auseinandergesetzt, über dessen tieferen Sinn und Bedeutung nachgedacht und den zentralen Stellenwert der Gemeinschaft im Abendmahl und im allgemeinen zwischenmenschlichen Bereich erkannt hatten.

Auf dem Hintergrund der beschriebenen positiven Erfahrungen veranstaltete der Fachlehrer mit seinem Religionskurs zum Abschluß der Abendmahlseinheit einen Projekttag. In drei Arbeitsgruppen (szenisches Spiel, Musik, Malen) setzten sich die SchülerInnen mit dem Abendmahlsbild von Ben Willikens auseinander. Das Ergebnis der Malgruppe ist exemplarisch in M 9/4 dokumentiert.

Auf dem 150 × 100 cm großen Bild bildeten sechs SchülerInnen mit Abtönfarben nach längerer Diskussion und einigen Vorentwürfen Menschen ab, die zwar zu Brot und Wein als Lebensmitteln (dargestellt durch Bäckerei und Getränkemarkt) noch eine Verbindung haben, nicht aber zu ihrer sakramentalen Bedeutung. Die Kirche (symbolisch dargestellt durch die Hände) hat das Abendmahl (»durch ihre komplizierten Abendmahlslehren«) den Menschen entfremdet (»in den Himmel gehoben«). Ihre Einladung (auffordernde Hand, Verbindungsseil) nehmen die Menschen nicht mehr wahr, im Gegenteil, sie schirmen sich sogar dagegen ab.

In der Passionszeit hing das eindrucksvolle Bild in der Jakobikirche in Göttingen, am Gründonnerstag spielte es eine zentrale Rolle in der Predigt.

Im Grundkurs der 12. Jahrgangsstufe wurde die Unterrichtseinheit mit der folgenden Klausur abgeschlossen:

Aufgabenblatt zur Klausur

Text
Auszüge aus einer Predigt zu 1Kor 11,23–29:
Nachdenken über das Abendmahl (Heinz-Dieter Knigge)

(...) Die Einsetzungsworte »Das ist mein Leib«, »Dieser Kelch ist der neue Bund in meinem Blut« sind uns wohlbekannt, denn wir hören sie in dieser oder
5 jener Form bei jeder Abendmahlsfeier. Es sind schwere, schmerzhafte Worte. Nicht nur, weil sie vom Tod Jesu reden. Ich denke vielmehr daran, daß diese Worte Christen trennen, statt sie zu ver-
10 binden. Die Katholiken verstehen sie anders als die Lutheraner, und die Reformierten konnten sich mit Lutheranern nicht über ein einheitliches Verständnis einigen. Und deshalb sind jedenfalls Ka-
15 tholiken und Protestanten durch die Feier des Abendmahls immer noch getrennt. Das sollte nicht sein. Denn im Grunde geht es um etwas ganz Einfaches in diesen Einsetzungsworten.
20 (...) Jesus kommt jedem von uns unter Brot und Wein, unter Oblate und Traubensaft nahe. Er zeigt uns, läßt uns erfahren, daß er für uns dasein will, für jeden von uns.
25 II. Aber das ist ja nur die eine Seite des Abendmahls. Wir haben sie, so wichtig sie ist, oft *überbetont*: der einzelne und Jesus, mein Heiland ... Und wo bleibt mein Nächster, der Mitchrist, der an
30 meiner Seite Abendmahl feiert, in der Nähe und in der Ferne? Ist Jesus etwa für ihn nicht gestorben? Kommt er unter Brot und Wein nicht etwa auch zu ihm? (...) Das, was da geschieht, das Abend-

35 mahl, schließt, ja schweißt diese Menschen zu einer Gemeinschaft, zu einer Einheit zusammen, in der einer zum anderen gehört. Vom neuen Bund sprechen unsere Abendmahlsworte. Sosehr Jesus 40 jeden persönlich meint (...), sosehr schließt er die einzelnen zur Gemeinschaft der christlichen Gemeinde, der Kirche zusammen. In dieser Gemeinschaft ist Jesus jedem einzelnen lebend 45 nahe. Er eröffnet uns Zukunft, weil er uns Schuld im Namen Gottes vergibt.
Darum ist es so wichtig, daß in den letzten Jahrzehnten gerade dieser Gesichtspunkt der Gemeinschaft im Abendmahl 50 wieder neu entdeckt wurde.
(...) Denn es geht bei der Feier des Abendmahls darum, daß Jesus uns liebend nahe ist, damit er uns untereinander zu einer Gemeinschaft verbindet, in 55 der einer dem anderen weitergibt, was er empfangen hat: liebende Nähe, die dem neuen Bund entspricht, den Gott durch Jesus Christus mit uns geschlossen hat. (Aus: Zeitschrift für Gottesdienst und 60 Predigt 1983, Heft 1, 26ff)

Aufgaben

1. Fassen Sie den Predigttext mit eigenen Worten kurz zusammen!
2. Erläutern Sie die Ausführungen in den Zeilen 12 bis 17, indem Sie die unterschiedlichen Abendmahlsverständnisse von Katholiken, Reformierten und Lutheranern näher beschreiben!
3. Nehmen Sie – auf dem Hintergrund Ihrer Erfahrungen mit kirchlicher Abendmahlspraxis – Stellung zu dem zweiten Teil des Predigttextes (Zeilen 25–58)!

C *D. Tiedemann*, Das Thema »Abendmahl« im Konfirmandenunterricht

Der Unterricht und die Konfirmandenfreizeit, als Kernstück der Einheit, beziehen sich auf die Rahmenziele I, 6, III, 5, IV, 7 und 9 (Alternative). Andere Ziele wurden im Hinblick auf die Situation des Konfirmandenunterrichts abgewandelt: Die Konfirmanden/innen sollen auf dem Hintergrund der Passa-Tradition (Ex 12) das Abendmahl als Feier des Versöhnungsgeschehens (»für euch vergossen«) verstehen lernen; sie können durch den Vergleich des »letzten Mahles« mit der Emmausgeschichte entdecken, daß das Abendmahl zugleich ein Freudenmahl ist (vgl. III, 3.5; IV, 3).

Theologisch-didaktische Vorbemerkung

1. Das Abendmahl ist nur sehr eingeschränkt sag- und also lehrbar. Es will und soll gefeiert werden (»Kommt, schmeckt und seht!«). Die Feier ist nicht nur Gestalt des Abendmahls, sie ist sein Wesen.
2. Will man es dennoch sagen und lehren, muß man darauf achten, daß man es nicht exklusiv deutet. Das Abendmahl – das zeigt schon der innerneutestamentliche Vergleich – ist nicht auf eine Bedeutung reduzierbar. Es hat sein Geheimnis und seine Kraft gerade in der Bedeutungsvielfalt, der Mehrstimmigkeit, dem Spannungsreichtum.
3. Diese Spannung ist zu beschreiben als die von
- Abschied und Neubeginn
- Vergangenheit und Zukunft
- Gründonnerstag und Ostern
- einzelner und Gemeinschaft
- nur ein bißchen (Bissen) und Sattwerden
- Vorgeschmack und Himmel

- nicht wert und doch willkommen sein
- Lamm und Hirte
- Gabe und Geber.

4. In der gottesdienstlichen Feier des Abendmahls ist diese Spannung sowohl bewahrt wie verborgen. Den Konfirmanden/innen (und nicht nur ihnen) erscheint die Liturgie spannungslos, erstarrt. Sie erschließt sich erst, wenn sie gewissermaßen verflüssigt wird: Präfation, Sanctus, verba testamenti, Agnus Dei nicht als gesetzliche (»das ist so!«), sondern als zu gestaltende Vorgaben (»Wie könnte das aussehen?«). Liturgie ist Gestaltungsversuch, spielerisch und ernsthaft zugleich. Wie feiern wir Abendmahl so, daß es richtig wird?

A Unterrichtlicher Vorlauf: Abendmahl – Annäherung und Ahnung

In einer *ersten* Doppelstunde sammeln die Konfirmanden/innen zunächst Assoziationen zu Brot und Wein auf Plakaten, die die Umrisse eines Brotes und eines Kelches zeigen; sie entdecken dabei die Bedeutungsvielfalt der Symbole. Die Plakate werden nacheinander in die Mitte gelegt. »Brot, Wein ist für mich wie ...« bzw.: »Ich denke dabei an ...« Zunächst werden freie Assoziationen aufgeschrieben; dann wird die Collage durch neutestamentliche Aussagen erweitert. Es werden aufgeschlagen: Lk 22,19.42; Mt 26,29; Joh 6,35; 15,5; 1Kor 10,17. Je ein Vers wird auf eine Karteikarte geschrieben (DIN A 5); die Karten werden wie ein Kartenspiel gemischt und gezogen und nacheinander vorgelesen. Die Konfirmanden/innen versuchen, die Texte gemeinsam, unter Umständen mit Hilfe des Unterrichtenden und des (vermuteten) Kontextes, zu verstehen. Das entscheidende Stichwort schreiben sie groß auf die Karte und kleben sie zu den anderen Worten auf das Brot- bzw. Kelchplakat.

In der zweiten Hälfte der Stunde lesen wir die *Geschichte von Gottes Einkehr bei Abraham in Mamre: Gen 18,(1)2–8.* Hinter der Erzählung vom Besuch der drei Männer steht ein altes Sagenmotiv, das in der Antike weit verbreitet war: Die Götter weilen unerkannt unter den Menschen, um ihre Gastfreundschaft zu erproben. Wir fragen genauer nach dem Geschehen. Besuch kommt, die Gäste bekommen Wasser, um sich die staubigen Füße zu waschen, sie lagern sich im Schatten unter den Bäumen, ein Bissen Brot wird zur Begrüßung gereicht, dann wird ein reicher Tisch gedeckt mit Kuchen, Milch und Kalbfleisch.

Es wird von georgischen und arabischen Bräuchen erzählt. In Ost-Afrika gibt es kein Wort für Freundschaft. Da sagt man: »Wir wollen zusammen essen ...« Wir fragen, wer eigentlich zu Besuch kommt. Die Gäste erscheinen einmal als drei selbständige Personen, dann als die gemeinsame Verkörperung der einen Person Jahwes. Wir reiben die Verse 2, 3 und 4 aneinander. Die Konfirmanden/innen entdecken plötzlich: Gott kommt zu Besuch.

Das Wunder geschieht in fast alltäglicher Weise: ER sitzt mit am Tisch.

Der Zusammenhang von Gottesbegegnung und Mahl gewinnt zum erstenmal für die Konfirmanden/innen Konturen.
Kanon: Komm, Herr Jesu, sei du unser Gast!

B Die Freizeit (6.–8. 9. 1991)

1. Die Spannung Gründonnerstag und Ostern

Wir sitzen gemeinsam im Stuhlkreis. Ich lese die *Geschichte eines Knaben von James Krüss* vor (M 12). Der serbisch-kroatische Bürgerkrieg tobt! Da fließt Blut, da sterben Menschen. Wie kann bloß Frieden werden? Kennt ihr James Krüss? Der hat die Geschichte erzählt von einem Jungen in eurem Alter. Eine der stärksten Geschichten, die ich kenne.
Das Vorlesen nach dieser kurzen Einleitung dauert 40 Minuten. Zwischendurch habe ich zweimal gefragt: Könnt ihr noch? Sie konnten! Konzentriertes Zuhören. Anschließend ein Gespräch über die Leitworte der Geschichte: *»Lamm«*, *»Blut«* und *»Frieden«*.
Wenn irgendwo die Bezeichnung »narrative Theologie« zutreffend ist, dann hier. Hier versucht sich nicht ein Theologe als Erzähler, hier ist ein geborener Erzähler zu hören, der keine Absichten verfolgt. Vielleicht ist *das* das Geheimnis: Das so schwer zu predigende und kaum zu lehrende »für dich« (die Soteriologie) teilt sich in dieser Erzählung mit. Der Knabe Blascho erschließt das Versöhnungsgeschehen.
Die Geschichte hat sich als sehr produktiv zur Erschließung der Passa-Geschichte erwiesen. Das Passa wird noch heute von den Juden zur alljährlichen Vergegenwärtigung der Herausführung aus Ägypten gefeiert. Durch die Bereitschaft zum Aufbruch und das Essen der ungesäuerten Brote nehmen die Feiernden teil an dem großen Aufbruch am Anfang ihrer Geschichte.
Lied: When Israel was in Egypt's Land

When Israel was in Egypt's land, let my people go, oppressed so hard, they couldn't stand, let my people go. Go down, Moses, way down in Egypt's land, tell oh Pharaoh, let my people go.
»Thus spoke the Lord«, bold Moses said; let my people go, »if not, I'll smite your first born dead«, let my people go. Go down, Moses, way down in Egypt's land, tell oh Pharaoh, let my people go.
No more shall they in bondage toil, let my people go, let them come out with Egypt's spoil, let my people go. Go down, Moses, way down in Egypt's land, tell oh Pharaoh, let my people go.
The Lord told Moses, what to do, let my people go, to lead the children of Israel through, let my people go. Go down, Moses, way down in Egypt's land, tell oh Pharaoh, le my people go.

Wir lesen die *Geschichte vom Passa(-Lamm): Exodus 12.* Eine ganz fremde Geschichte. Aber die Geschichte des Jungen Blascho ist wie eine Brücke zu ihr. Die Konfirmanden/innen versuchen, Leitworte aus dieser Geschichte wiederzufinden. Das schreckliche Wort Blut taucht wieder auf (12,7.13); Blut ist ein Symbol, ein Schutzzeichen für die Israeliten. Die Konfirman-

den/innen entdecken, daß wieder von einem Lamm gesprochen wird (12,3.5), und verstehen jetzt den tieferen Sinn, warum der Junge als Lamm bezeichnet wurde. Die Geschichten interpretieren sich wechselseitig. Das Lamm wird geschlachtet, Blascho wird verletzt. Er blutet, das Lamm muß sogar sterben. Billiger war die Rettung nicht zu haben. Der Tod »des Lammes« bewirkt Leben und Frieden in der Geschichte von Krüss, Leben und Rettung in der alten Erzählung. Ex 12,25–27 wird die Rettung beschrieben. Wo Rettung und Frieden geschehen – wider alles Erwarten –, da können die Israeliten ein Fest *feiern* (12,14). Immer wieder haben sich die Israeliten an den großen Aufbruch erinnert, haben davon gesungen: Ps 105,1–3; 106,9–12; 98,1.
Wir singen als *Kanon*: Singet dem Herrn ein neues Lied, denn er tut Wunder. Passa – das erste und das größte Wunder, aber nicht das einzige. »Denn er tut Wunder – noch«.
Die Konfirmanden/innen formulieren in Einzelarbeit *Dankadressen* an Gott aus *ihrer* Wahrnehmung, jeder für sich, mit der Garantie, sie nicht vorlesen zu müssen. Durch diese Einzelarbeit sind aber alle darauf vorbereitet und eingestellt, im Plenum »ein neues Lied« zu dichten, dessen Kehrvers der Kanon ist; ein eigener Lobgesang entsteht (vgl. Mt 26,26.30).
Die *zweite* Hälfte des Tages. Im Vordergrund steht das *Abendmahlsbild von Thomas Zacharias* (M 13). Das Medium soll eine Brücke darstellen zwischen der Geschichte des Jungen in der Geschichte von James Krüss sowie der Passa-Tradition und dem Abendmahl. Die Vermittlung gelingt. Die Unterrichtseinheit erreicht hier ihren Höhepunkt. Entdeckendes, Verstehen auslösendes Sehen wird ermöglicht.

Zuerst wird der Blutbalken wahrgenommen: »Das ist die Tür.« »Die schwarzen Gestalten sind die Toten, der Farbige vorn ist lebendig.« »Hoffentlich steckt der sich nicht an!« (Todesengel) »Deswegen wäscht er sich ja die Hände.« »Er wäscht den Toten die Füße.« »Die sind gar nicht tot, die stehen ja, und er hockt vor ihnen.« »Er ist viel größer als sie und macht sich kleiner.« »Das ist wie ein Tisch.« »Der ist ja auch gedeckt« (sie entdecken die Schüssel mit dem Lamm, den Teller mit dem Brot, den Becher, das rote Blut, dieselben Orange- und Rottöne auf den Plätzen der 12 [?], dasselbe Orange im Hockenden). »Das hatten wir ja, er sieht sich selbst als Brot.« »Er identifiziert sich mit dem Lamm.«
»Kleine Teile des Orange sind in den Gärten.« »Sie werden Teile von ihm.« »Er ist *ganz* gut, sie werden auch *etwas* gut.« »Aber er wird dadurch nicht weniger. Er bleibt ganz, obwohl er in den andern ist.« »Er ist wie das Brot, es gibt doch so eine Geschichte, daß alle genug kriegten ...«

Zusammenfassung: Ich glaube, ihr habt das richtig und ihr habt alles gesehen: Der Maler hat drei Geschichten als ein Bild gemalt, Geschichten, die zusammengehören, die zusammenklingen: Passa und Abendmahl. Die dritte Geschichte kanntet ihr noch nicht, aber ihr habt schon angefangen, sie hier auf dem Bild zu lesen: von dem, der sich bückt, der sich nicht zu schade ist, sich nicht ekelt und abwendet; Zuwendung und Hingabe, obwohl er's nicht nötig hätte. Ich lese euch die Geschichte ganz vor: Joh 13,1–5 und 12–16.

Das *Lied* vom Weizenkorn: »Wer leben will wie Gott ...« (M 2)
Wir betrachten die *Einsetzungsworte* in der Abendmahlsliturgie (Gesangbuch) und verfolgen die Traditionslinie zurück (Mt 26,1; 1Kor 11,23–25). Wir stellen fest, daß sich der Wortlaut kaum verändert hat. Es handelt sich um eine kostbare Überlieferung, die von Mund zu Mund weitergegeben wurde. Auch von uns? Wir sprechen den Text gemeinsam ein.
Der Zusammenhang zwischen Passa und Abendmahl leuchtet auf. Das Abendmahlsbild von Zacharias wirkt weiter. Gründonnerstag ist *der* Abendmahlstag, der Tag, an dem das Passa-Lamm geschlachtet wird. Daher singen wir auch bei jeder Abendmahlsfeier das Lied »Christe, du Lamm Gottes«.
Wer aber bei Abendmahl *nur* an Gründonnerstag denkt, vergißt die Hälfte, die andere Hälfte, das *Freudenmahl.* Um diesen Aspekt des Abendmahls entdecken zu lassen, arbeiten wir am nächsten Tag an der *Geschichte von den Emmausjüngern (Lk 24,13–35).* Wir wollen sie interaktional lesen. Wir verteilen die Rollen der in der Geschichte beteiligten Personen, versetzen uns in sie hinein und erzählen die Geschichte aus ihrer Sicht. Die Erzählungen werden zunächst schriftlich ausgearbeitet und dann nach den Vorlagen mündlich vorgetragen, so daß ein lebendiger Gesamteindruck des Geschehens entsteht. Besondere Elemente der Geschichte kehren immer wieder: »Meine Augen waren wie zugehalten, so daß ich ihn nicht erkannte; ich hielt ihn für irgendeinen Wanderer.« »Dann fiel es mir wie Schuppen von den Augen, und ich erkannte, wer er ist!« Besondere Schwierigkeiten macht der Satz: »Und er verschwand vor ihnen!« (24,31) Er läßt sich nicht in die Alltagserfahrung einordnen und bedarf näherer Erläuterung. Ein Satz springt nach der Vorarbeit sofort in die Augen und wird in allen Erzählungen fast wörtlich wiedergegeben: »... Da er mit ihnen zu Tische saß, nahm er das Brot, dankte, brach's und gab's ihnen!« Sie erkennen ihn wieder beim Mahl!
In einem zweiten Durchgang durch die Geschichte entdecken die Konfirmanden/innen, daß fast alle Elemente unseres Gottesdienstes der Geschichte zugrunde liegen: *Schriftauslegung* (24,27), *Abendmahl* (24,28–31a), *Gebet* (24,29) und *Glaubensbekenntnis* (24,34). Der Auferstandene ist im Gottesdienst, vor allem im Abendmahl gegenwärtig. Der Charakter des Abendmahls als Freudenmahl tritt deutlich hervor. Nicht nur »Christe, du Lamm Gottes«, sondern auch »Christ ist erstanden« (EKG 75). Deswegen wird das Abendmahl nicht »in stiller Trauer« gefeiert, sondern mit lautem Jubel.

Als *Alternative* bietet sich an, die Geschichte bis Vers 27 zu erzählen und die Verse 28–31a genau untersuchen zu lassen.
Zu einer anderen Möglichkeit der Erschließung des Textes mit Hilfe eines Abendmahlsbildes vgl. oben S. 80f.

2. *Die Spannung einzelner – Gemeinschaft*

Situationsbeschreibung: Wartezimmer. Dann eine Stimme, die ruft: Nina

Wurtinger, bitte! Die Konfirmanden/innen versetzen sich in die Person und geben die Situation wieder.
Jetzt nicht Wartezimmer, sondern Gottesdienst: Der Pastor, am Abendmahlstisch stehend, ruft: »Kommt, es ist alles bereit!« Beschreibt bitte den Unterschied!

Aus den Antworten der Konfirmanden/innen (typisiert): Hier müssen wir, da dürfen wir kommen / hier Aufruf, da Einladung / hier nacheinander, da gleichzeitig / hier einzeln, da zusammen / hier unterschiedliche Diagnose, da dieselbe Zusage.

Wir lesen 1Kor 10,16f in verschiedenen Übersetzungen und überlegen, auf welchen Worten der Ton liegt (»*ein* Leib«, »Gemeinschaft«). Wieder wirkt das Abendmahlsbild von Zacharias nach: »Das ist wie gestern auf dem Bild, die orangenen Flecken, der Christus verbindet die.«
Wir überlegen, wie wir diesen Gemeinschaftsaspekt bei unserer Abendmahlsfeier zum Ausdruck bringen können. Die Konfirmanden/innen schlagen vor: ein Kelch, im Kreis stehen, sich ansehen, weiterreichen, die Hände geben oder sogar in den Arm nehmen.
Lied: 159, 1 (EKG)

3. Die Spannung nicht wert und doch willkommen sein
Einladung in die Villa Hammerschmidt! Wie läuft das, wenn ein Bundespräsident, ein König, ein Hochgestellter einlädt?

Aus den Antworten der Konfirmanden/innen: Der Brief, unpersönlich, formell, nicht jeder darf kommen, nur hochgestellte Persönlichkeiten, gleichrangige, keinesfalls aus niederen Positionen, geschlossene Gesellschaft. Wer nicht kommen kann, entschuldigt sich schriftlich; aber man würde auf jeden Fall versuchen zu kommen, weil es wichtig ist. Sonst findet das Fest ohne einen statt, die Buffets sind brechend voll. Nein, trotzdem unvorstellbar, daß irgendwann die Türen geöffnet werden und alle möglichen Leute Eintritt haben.

Ohne weitere Vorbereitungen wird das *Bild »Das große Gastmahl« von Willy Fries* (M 14) - zunächst: Bildausschnitt als Folie auf OHP - gezeigt. Über dieses Medium wird die Parabel vom großen Mahl Lk 14,15-24 erschlossen (der Unterricht verlief ähnlich, wie in dem Erfahrungsbericht von U. Hinze beschrieben; vgl. o. S. 89f).
Zwei Situationen werden erzählt, die Konfirmanden/innen um Beurteilung gebeten: (1) Nachkriegssituation in meiner ersten Gemeinde. Die Einheimischen lassen die Flüchtlinge nicht in die Kirchenbänke, auf »ihre« Plätze. Nur beim Abendmahl gab es keine Plätze, war für alle Platz, wurden alle gleich. (2) Gottesdienst in St. Jacobi, Göttingen: Ein Obdachloser nimmt am Abendmahl teil. Er geht nicht, nachdem er Brot und Wein empfangen hat. Er sagt: Ich will *mehr*! - Es entsteht eine lebhafte Diskussion, in der die Parabel vom großen Mahl als Kriterium herangezogen wurde, vor allem aber Jesu *Verhalten*: »Dieser nimmt die Sünder (= Ausgesonderten) an und ißt mit ihnen.«

4. Abendmahlsfeier/Abendessen

Zwei *Vorbereitungs*gruppen (Küche und Festsaal), die mit großer Begeisterung und ihr Geheimnis bis zuletzt hütend gearbeitet haben (»und bereiteten das Osterlamm«). Küche: selbstgebackenes Brot, griechischer Salat, italienischer Käse ... Festsaal: nicht gestreckte Tafel, sondern Tische als Block gestellt, Tischdecken (!); darauf die Namenskerzen der Konfirmanden/innen kreuzförmig gestellt; der Brotlaib (eingeritzt INRI) und daneben ein Teller mit Roggenkörnern; der kostbare Abendmahlskelch aus St. Jacobi (Saft) und daneben eine Schale mit Trauben; nur *gleiche* Teller, *gleiche* Messer (wollte die Vorbereitungsgruppe, obwohl dies sehr mühsam war); Liedblätter, Herbstlaub und Hagebutten als Tischschmuck; auf der Anrichte an der Wand das eigentliche Essen schon bereitgestellt.

Ablauf

Versammeln vor der Tür wie vor der Bescherung, dann: Kommt, es ist alles bereit!

Gucken und staunen lassen (einziges Licht: das Kreuz aus Kerzen). Noch stehend als Bittgebet singen: »Komm, Herr Jesu, sei unser Gast ...«, dann Platz nehmen.

Brotwort (gemeinsam gesprochen)

Lied: Christe, du Lamm Gottes

Kelchwort (gemeinsam gesprochen)

Lied: Wir nehmen gläubig Brot und Wein (neu für Konfirmanden/innen, aber auf die ihnen bekannte Melodie: When Israel was in Egypt's land ...).

Wir nehmen gläubig Brot und Wein,
laß sie ein Friedenszeichen sein.
Keiner der Menschen lebt ja vom
Brot allein.

Herr, sei bei uns Gast,
Herr, sei bei uns Gast!
Gib uns Frieden, Herr,
sei bei uns Gast!

Das eine Brot kann nur entstehn,
wenn viele Körner untergehn.
Keiner der Menschen lebt ja vom
Brot allein.

Herr, sei bei uns ...

Gekeltert muß die Traube sein,
damit sie aufersteht im Wein.
Keiner der Menschen lebt ja vom
Brot allein.

Herr, sei bei uns ...

So wollen wir bei Brot und Wein
Christi Tischgenossen sein.
Keiner der Menschen lebt ja vom
Brot allein.

Herr, sei bei uns ...

Austeilung
Dankgebet: Danket, danket dem Herrn ...
Abendessen (wobei der festliche Charakter bleibt, aber die feierliche Stimmung sich auflöst und das Staunen Worte findet: »Ich dachte, beim Abendmahl steht man!« »Ich dachte, man ißt nur symbolisch, Oblaten.«) Ich erinnere an Matthäus 26. *Ich erzähle vom »Konflikt in Korinth«* (vgl. M 4). Dann freie Tischgespräche.

Bündelung am nächsten Morgen
An der Wand ein großes Plakat mit den Umrissen eines Kelches. »Abendmahl – was gehört alles dazu/darein?«

C Wieder zu Hause – Konsequenzen
Freizeitabendmahl und Gemeindeabendmahl dürfen nicht auseinanderfallen wie Kirchentag und Kirchengemeinde. Daher ist es entscheidend, daß das auf der Freizeit beim und zum Abendmahl Erlebte und Erlernte

Liturgie	Möglichkeiten	6.10.	3.11.
1. Das Decken des Tisches	vor dem Gottesdienst im Gottesdienst Küster oder Konfirmanden	Gruppe Inga	Gruppe Kati
2. Der große Lobpreis	Singet dem Herrn Ich lobe meinen Gott EKG 111 »Sanctus« aus Taizé	Konfirmanden/innen (alle)	
3. Einsetzungsworte	(vom Pastor) zu singen (gemeinsam) zu sprechen		Pastor und Konfirmanden/innen
4. Deutung/ Akzent	meistens Lied 136 oder 75 oder 48, 4 oder Komm, Herr Jesu (Kanon) oder Psalm 23 (gesprochen)	Konfirmanden/innen	Konfirmanden/innen und Gemeinde
5. Austeilung und Zuspruch	Brot oder Oblaten, Wein oder Saft im Kreis oder vor den Stufen ein oder mehrere Austeiler nur empfangen oder auch weitergeben mit welchen Worten?		
6. Zeichen des Friedens	berühren, freundlich ansehen, die Hände reichen	Konfirmanden/innen	beispielgebend
7. Der Dank	Danket, danket (Kanon)	alle	alle

wenigstens partiell im Gemeindeabendmahl wiederzuerkennen ist. Sonst muß das Gemeindeabendmahl entsprechend verändert werden.
Die Vorbereitung auf die Teilnahme am Gemeindeabendmahl verläuft in zwei Schritten. Zunächst versuchen wir, mit dem inneren Ablauf der Abendmahlsfeier vertraut zu werden. Nach dem eigenen Vollzug schreckt die Liturgie nicht mehr. Sodann klopfen wir den Ablauf nach Variations- und äußeren Gestaltungsmöglichkeiten ab. Dabei stellt sich heraus, was verbindlich ist und von uns nicht verändert werden kann und wo Gestaltungsspielräume liegen. Wir bekommen Lust, den Gottesdiensten ein/unser Gesicht zu geben.
In einem Tafelbild werden Variationsmöglichkeiten der Liturgie erarbeitet und bereits konkrete Verabredungen festgehalten (s. vorige Seite).

3.2 *Das Symbol »Wasser« und die Taufe*

3.2.1 »Wasser« in kosmologischer, biblischer und kulturgeschichtlicher Sicht

3.2.1.1 »Wasser« als kosmisches Symbol

Wasser ist eigentlich Symbol des *Präkosmischen;* denn es ist der »Urstoff«, ohne den es kein Leben gibt[87].
Die ältesten Naturphilosophen, die die Sprache des Mythos durch die der Philosophie abgelöst haben, voran *Thales von Milet* (650–560 v.Chr.), halten das Wasser für die Substanz, woraus alle Dinge ursprünglich entstehen, bestehen und worin sie schließlich vergehen. Wasser ist für Thales der Urgrund aller Dinge[88].

Heutige Evolutionsforscher sind sich darin einig, daß erst Wasser das Leben möglich gemacht hat. Sie schätzen, daß etwa vor drei Milliarden Jahren in flachen Buchten des Urozeans chemische Substanzen entstanden, die sich selbst vervielfachen konnten. Aus diesen allerersten Grundbausteinen des Lebens entwickelten sich einfachste Organismen, mit einer Schutzschicht umhüllt, Vorläufer unserer Bakterien und Algen. Erst viel später kamen die ersten Lebewesen an Land, nach wie vor vom Wasser abhängig.

Wasser ist überall. Etwa 70% der Erdoberfläche, gut 60% des menschlichen Körpers bestehen aus Wasser. Der menschliche Stoffwechsel hängt vom frischen Wasser ab, der Mindestbedarf an Wasser beträgt 2,5 Liter pro Tag. Ohne Wasser kann der Mensch nur wenige Tage überleben. Umgekehrt würde ein gewaltsames Einflößen von zuviel Wasser zu einem qualvollen Tod führen. Der Mensch ist also ständig darauf angewiesen, Wasser

87 Vgl. *M. Lurker,* Die Botschaft der Symbole, München 1990, 258.
88 Vgl. *H. Böhme,* Umriß einer Kulturgeschichte des Wassers, in: *ders.* (Hg.), Kulturgeschichte des Wassers, Frankfurt/M. 1988, 29. Böhme bezieht sich auf Aristoteles, Metaphysik I, 3,983b 6ff.

von außen in sich aufzunehmen und Wasser abzugeben. Der menschliche Körper stellt einen eigenen Wasserkreislauf dar.

Das Wasser kennt keine Grenzen. Es bewegt sich in einem komplexen natürlichen Weltkreislauf. Es durchströmt gleichzeitig die Körper aller Menschen und Lebewesen, aber auch die Häuser, Fabriken, Dörfer und Städte. Der Mensch kann sich mit seinem Wasserkreislauf und seinen wasserbezogenen Handlungen nicht aus dem natürlichen Wasserkreislauf herausnehmen; der anthropogene Kreislauf ist in den natürlichen Wasserkreislauf eingeschlossen. Am Phänomen des Wassers läßt sich besonders gut erkennen, daß der Mensch in kosmischen Zusammenhängen steht. Er ist dem Wasser gegenüber Subjekt und Objekt zugleich, als in Natur Handelnder ist er zugleich in Natur Seiender[89].

Der Mensch besteht aus Wasser, es ist seine Lebensgrundlage; er ist in seinen leiblichen Vollzügen und Erfahrungen vielfältig mit dem Wasser verbunden. Daher kann er eigentlich nicht als Subjekt dem Wasser als »Stoff« gegenübertreten. Ebendies geschieht jedoch in der wissenschaftlich-technischen Weltbewältigung. Die natürlichen Beziehungen zwischen Subjekt und Objekt werden zerschnitten. Die Natur wird im Experiment ›gestellt‹. Das Wasser wird zur chemischen Formel H_2O. Es verliert seine Naturmächtigkeit und damit auch seine Symbolhaftigkeit. Es wird »beherrscht« und ist jederzeit zuhanden. Künstliche Bewässerungssysteme regeln den Rhythmus von Überflutung und Entwässerung. Durch Deichbauten mit modernsten technischen Mitteln wird der Lebensraum gegen die Macht des Wassers geschützt. Nur in außergewöhnlichen Situationen erfährt der Mensch unseres Kulturkreises noch die *Mächtigkeit* des Wassers, bei Sturmfluten, Unwettern und bei Schiffskatastrophen, und nur in besonderen Situationen erfährt er auch die lebenserhaltende Kraft des Wassers, bei anhaltender Dürre oder in Kriegen wie jetzt in Bosnien. Das Wasser wird verschwendet und verschmutzt. Dabei wird Wasser immer kostbarer. Die Niederschläge reichen nicht mehr aus, um das in steigenden Mengen von der Industrie abgepumpte Grundwasser zu ersetzen. Die Erdoberfläche ist durch zunehmende Asphaltierung, Betonierung und Bebauung »versiegelt« und kann immer weniger Wasser aufnehmen. Im Zuge der Flurbereinigung und zur Stromversorgung werden Bäche und Flüsse begradigt, kanalisiert und gestaut. Der Regen fließt immer schneller ab. Der Grundwasserspiegel sinkt nicht nur, er wird durch sauren Regen, Düngemittel und sinkende Gifte verseucht. Diese Sachverhalte werden immer genauer analysiert und durch die Medien der Öffentlichkeit vermittelt[90].

89 Vgl. ebd., 16f.

90 Vgl. dazu genauer das vorzügliche Greenpeace-Wasserheft 9/1989, »Wasser ist Leben« (zu beziehen für DM 3,– bei: Greenpeace, Vorsetzen 53, 2000 Hamburg 11). Noch umfassender informiert die interdisziplinär angelegte Einführung in die Umweltwissenschaften: *H.R. Böhm / M. Deneke* (Hg.), Wasser, Darmstadt 1992.

Im Weltmaßstab betrachtet ist das Problem des Wassers noch sehr viel größer. Etwa vier Fünftel der Landbevölkerung der Erde haben keinen Zugang zu sicheren Trinkwasservorräten. Durch das rapide Wachstum der Weltbevölkerung wächst der Bedarf an Wasser. Das ökologische Bewußtsein für die Kostbarkeit des Wassers als Grundlage alles Lebens wächst inzwischen. Die Europäische Wasser-Charta formuliert schon 1968: »Ohne Wasser gibt es kein Leben, Wasser ist ein kostbares, für den Menschen unentbehrliches Gut.« »Wasser – unser Leben« gab die UNESCO in den letzten Jahren als Motto aus[91].

Wasser wird angesichts der Bedrohung wieder zum *Symbol des Lebens.* Eine Ursache dafür, daß das Wasser zum unerschöpflichen Reservoir kultureller Symbolwelten werden konnte, liegt in der *Vielfalt seiner Erscheinungen.* Es ist das *Symbol des Ungeformten.* Wasser hat eine eigene Dialektik von Formlosigkeit und Form. Es ist zwar konkreter und substantieller als Luft, aber es bleibt ein amorph zerfließendes Element. Alle differenzierteren Erscheinungsbilder sind durch gestalterische Mittel von außen gewonnen; sie zerfließen wieder, wenn die Eingriffe aufhören[92]. Als das Gestaltlose ist das Wasser ein Medium der *Verwandlung.*

Das Wasser ist formlos, aber es kann sich jeder Form anpassen. Es ist ein sanftes, weiches Element, aber es ist stärker als Stein. Daher kann es – selbst formlos – Formen bilden: Täler, Küsten, Grotten, Landschaften und Lebensformen werden durch extremen Überfluß oder Mangel an Wasser gestaltet[93].

Das Wasser tritt aus der Erde als Quelle, bewegt sich als Fluß oder Bach, ergießt sich ins Meer, kommt als Welle oder Flut ans Land, bewegt sich aufwärts durch Verdunstung und abwärts als Regen, Schnee oder Hagel, verwandelt sich zu Eis oder Dampf, fliegt als Wolke davon. Diese Erscheinungsvielfalt regt an zu Symbolbildungen. Vor allem aber sind es *vier Bilder,* die die kulturellen Symbolwelten bestimmen.

(1) *Der See, das Meer, der Ozean;* die Verbindung von unendlicher Weite und unergründlicher Tiefe macht die Faszination des Meeresblicks aus. Das spiegelglatte und zugleich abgründige Wasser ist das geläufigste Symbol für das Unbewußte. Die Tiefe ist auch religiöses Symbol (»In der Tiefe ist Wahrheit«).

(2) Das Bild des Flusses ist vertikal strukturiert im endlosen Auf und Ab der Wellen; es hat darüber hinaus eine teleologische Struktur; in dem fortlaufenden Strömen liegt ein unumkehrbarer Richtungssinn. Gerade durch das rhythmische Auf und Ab der *Wellen* sowie ihr belebendes Gewoge, aber auch durch den unumkehrbaren Fortgang des *Flusses* ist das Bild geeignet als Symbol des Lebens (»Lebenslauf«), des Seienden überhaupt (»Alles fließt«).

(3) Die aus dem Erdboden hervorspringende und -sprudelnde *Quelle* wird

91 Zit. n. *U. Steffen,* Taufe, Stuttgart 1988, 47, vgl. 45f.

92 Vgl. *H. Timm,* Das Weltquadrat. Eine religiöse Kosmologie, Gütersloh 1985, 105.

93 Vgl. *Böhme,* Umriß, 13: Wasser »spritzt, rauscht, sprüht, gurgelt, gluckert, wirbelt, stürzt, brandet, rollt, rieselt, zischt, wogt, sickert, kräuselt, murmelt, spiegelt, quillt, tröpfelt ... Es ist farblos und kann alle Farben annehmen.«

besonders für die vom Wassermangel ständig bedrohten Menschen zum Symbol des *Segens* bzw. eines Lebens, das geschenkt ist. Das Bild des *Brunnens* gehört in diesen Zusammenhang[94].

(4) Das Gegenbild zum Bild der Quelle ist das der *Flut*, die das Leben bedroht und verschlingt durch ein maßloses, chaotisches Zuviel des Wassers. In der Wassersymbolik sind die kosmische und die anthropologische Dimension miteinander verschränkt. Daß das Leben aus dem Wasser hervorgeht, gilt nicht nur erdgeschichtlich - auch der menschliche Embryo lebt im Fruchtwasser des Mutterleibes. Nur im Sinne einer übersichtlichen Darstellung werden die Aspekte getrennt.

Alle genannten Gewässer der Erde - Quellen, Flüsse, Seen, Meere - sind in *mythischer* Sicht Teile des Urmeeres und werden daher religiös und kultisch verehrt. Es gibt Meer- und Flußgötter, und für den Naturglauben der Völker sind die Quellen heilig - sie werden von Nymphen bewacht[95].

Wir heben zunächst einen *Grundzug der Kosmogonien* hervor. In vielen Weltentstehungslehren kommt das Wasser als Urelement vor, als Urmeer, aus dem die Welt hervorkommt.

»Bei den alten Ägyptern galt das Urwasser als zeugend und gebärend und wurde mythologisch durch das Paar Nun und Naunet wiedergegeben, die zusammen eine androgyne Einheit bildeten. Aus den beiden Urgottheiten kam der Schöpfergott Atum hervor, oft als Urhügel gedacht, später auch als Sonne. Jeden Tag wiederholt sich diese Schöpfung, wenn das Licht der jugendlichen Sonne aus dem die Erde umschließenden Wasser aufsteigt, um am Abend als Greis wieder in das regenerierende Urelement zurückzukehren. Hier zeigt sich bereits die *Ambivalenz des Wassers*. Auf der einen Seite ist es dem Chaos zugehörig, mit der Dunkelheit verbunden, den Tod bringend; andererseits ist es kosmische Urpotenz, sich dem Sonnenlicht öffnend, Leben spendend. Mit dem Wasser sind Anfang und Ende verbunden, Urflut und Sintflut.«[96]

Das Wasser ist *ambivalent*, es bringt das Leben hervor und erhält es, es bedroht das Leben aber auch und verschlingt es. Die Symbolik des Wassers schließt *Tod* wie *Wiedergeburt* in sich. Nach mythischer Vorstellung muß das Leben immer wieder in das Chaos zurücksinken, sich auflösen, um in »neuer Geburt« daraus hervorzugehen[97].

Für die Ägypter wie für die Babylonier ist die Urflut doppelgeschlechtlich. Das weite Meer mit seinen Gefahren wird meistens von Göttern regiert: Nun (Ägypten), Poseidon (Griechenland), Neptun (Römer). Die Wasser von Quellen, Brunnen und Teichen dagegen werden mit dem Mütterlichen

94 Vgl. *Timm*, Weltquadrat, 106ff.

95 Das griechische Wort *»nymphe«* bedeutet sowohl »Quelle« als auch das »reife Mädchen«. Vgl. *Ph. Rech*, Inbild des Kosmos. Eine Symbolik der Schöpfung, Bd. II, Salzburg 1966, 308.

96 *Lurker*, Botschaft, 258 (Hervorhebung von mir).

97 Vgl. *M. Eliade*, Ewige Bilder und Sinnbilder, Frankfurt/M. 1986, 167. Die Berührung mit dem Wasser bewirkt eine Regeneration, weil auf die Auflösung eine »neue Geburt« folgt und weil das Untertauchen die Lebenskraft befruchtet und vervielfacht. Diese Vorstellung hat auf das Taufverständnis eingewirkt.

in Verbindung gebracht. Das aus der Erde hervorbrechende Quellwasser erinnert an den Geburtsvorgang. Das dunkle Wasser der Tiefe wird weiblich gedacht; es steht dem hellen Wasser der Höhe gegenüber, das die Erde befruchtet. Das Symbol des Wassers läßt sich also nicht eindeutig festlegen, sondern kann von einer Bedeutung zur anderen herüberwechseln: Es kann männlich und weiblich sein, aus der Tiefe als Quelle hervorbrechen und als Wasser des Himmels aus der Höhe herabregnen, Leben und Tod bringen.[98]

Die Ambivalenz des Wassers wird auch an der *babylonischen Vorstellung vom Lebenswasser* erkennbar. Das Wasser des Lebens ruht in der Tiefe des Alls und wird von Unterweltsgöttern gehütet. Bei ihrer Suche danach muß die Göttin Ischtar in die Totenwelt hinabsteigen. »Das Wasser des Heils ist nur unter Einsatz des Lebens, ja durch den Tod hindurch zu gewinnen. Dort, wo der Ursprung liegt, ist auch das Ende. In verschiedenen Märchen steht das Wasser des Lebens zugleich mit dem Wasser des Todes in Verbindung; in dem russischen Märchen ›Die Jungfrau Zar‹ findet Ivan links neben dem Apfelbaum den Quell des Todes, rechts davon den Quell des Lebens.«[99]

Das *Symbol des Regens* ist ebenfalls ambivalent. Der Regen ist Symbol eines Lebens, das nicht aus der Kraft schöpferischer Verwandlung hervorgeht, sondern das der Mensch ohne sein Zutun geschenkt bekommt.

So wird in zahlreichen Suren des *Korans* Gott als Spender des Lebens durch Regen gepriesen; »ja, die ganze Schöpfung entstand ... aus der Gnade Gottes, die Regen niedergehen ließ dort, wo nur Wüste und Leere war«[100].

So wie die Fruchtbarkeit des Regens als Segen Gottes gilt, wird die zerstörende Kraft des Regens als Strafe angesehen. Viele Völker überliefern Geschichten von einer *Sintflut* (= große Flut) als Strafgericht der Götter. Sie sind eng mit dem Todesaspekt des Wassers verbunden. Nach dem Gilgamesch-Epos wurde der babylonische Noah, Utnapischtim (= »Tag des Lebens«), vom Gott Ea vor der Flut gewarnt und zum Bau einer Arche aufgefordert, in die er den Samen alles Lebenden mitnehmen sollte[101]. Die Flut-

98 Vgl. *M. Ninck*, Die Bedeutung des Wassers in Kult und Leben der Alten. Eine symbolgeschichtliche Untersuchung, Leipzig 1921, 28: *»Das Wasser schließt also die doppelte (männliche und weibliche) Fruchtbarkeitspotenz in sich.* Nach ägyptischer Lehre enthält das Urwasser nun alle männlichen *und* weiblichen Keime des Lebens.«
Wird auf der einen Seite die Quelle als Mutter erkannt, so wird auf der anderen Seite betont, daß das den Quellen entströmende Wasser der Bäche oder Flüsse männlich sei (vgl. ebd., 21). Zur Ambivalenz von Tod und Leben vgl. ebd., 30ff.

99 *Lurker*, Botschaft, 259.

100 *B. Blum-Heisenberg*, Die Symbolik des Wassers, München 1988, 60.

101 Das Wort »Arche« enthält den lateinischen Begriff *»acra«* (= Kasten) und den griechischen Begriff *»arché«* (= Anfang, Ursprung).
Die babylonische Sintflutgeschichte ist in das Gilgamesch-Epos eingefügt. Das Motiv der Sintflut bleibt dunkel; sie wird aber ausdrücklich auf Enlil zurückgeführt. Vgl. dazu genauer: *P. Ricoeur*, Symbolik des Bösen, Freiburg/München 1971, 211ff. Zur *psychoanalytischen* Deutung der Sintfluterzählung vgl. *E. Drewermann*, Strukturen des Bösen II, München u.a. 1983, 389–430.

geschichte des Alten Testaments unterscheidet sich vor allem durch den Bund, den Gott mit den Menschen schließt, von den Erzählungen anderer Völker; es gibt sie bei den Mayas, im alten Griechenland, in Indien, China und Australien. Ihnen liegen reale Erfahrungen zugrunde, wenn auch eine Überschwemmung der gesamten Erdoberfläche von den Geologen ausgeschlossen wird. Man versteht diese Erzählungen am besten, »wenn man in ihnen den Ausdruck einer Urangst vor der Vernichtung erkennt und eine ursprüngliche Hoffnung auf die Möglichkeit einer Lebenserneuerung«[102]. Die Vision des Weltendes entspricht den Vorstellungen des Schöpfungsbeginns. Der kosmische Urzustand ist wiederhergestellt; die Wasser der Meere haben sich mit den Wassern des Himmels vereinigt, sie bedecken die Erde, aus ihnen kann neue Schöpfung entstehen. So mündet beispielsweise auch nach ***hinduistischer Tradition*** das Weltende in den Zustand des Schöpfungsbeginns ein. Die Sintflutgeschichten zeigen mehr oder weniger verborgen »die Grundidee, daß das uranfängliche Chaos negative wie positive Potenzen in gleicher Weise enthält, die sich aber in dem Vorgang des Verschlingens und dem des Hervorbringens getrennt manifestieren«[103].
In früheren Zeiten galt das Wasser als machthaltige Substanz. Bei den Ägyptern war Osiris der große Wasserspender. Der hinduistische Schöpfergott Brahma hält in der einen Hand ein Wassergefäß zum Zeichen dafür, daß er Fruchtbarkeit und Leben spendet. Das Wasser ist das sakrale Mittel, um die Kräfte des Unheils zu bannen und die des Heils zu fördern. Kultische Waschungen haben nicht nur den Sinn, den Körper zu reinigen, sondern darüber hinaus von seelischer Befleckung zu befreien. Die Reinigung als kultischer Akt steht in Beziehung zur urzeitlichen Schöpfung, er verwandelt das Leben und ermöglicht einen Neubeginn.

So wallfahren hinduistische Pilger zum heiligen Fluß Ganges, um ihre Sünden abzuwaschen; jeder Hindu möchte möglichst noch am Ende seines Lebens im Ganges ein letztes reinigendes Bad nehmen und die *moksha* erlangen, »d.h. durch den Tod die Befreiung aus der langen Kette der Inkarnationen. Seine Leiche wird dann auf dem Scheiterhaufen verbrannt und die Asche ... dem Strom übergeben ... zum Eintauchen in eine Welt der Leid- und Todlosigkeit.«[104]

Bis in prähistorische Zeit lassen sich als *Zeichen für »Wasser«* Wellen- und Zickzacklinie zurückverfolgen. Zu den ältesten Schriftzeichen gehört das für Wasser: »bei den Ägyptern eine dreifache Zickzacklinie, bei den Sumerern zwei waagerechte Wellenlinien und in Altchina eine einfache Wellenli-

102 *Blum-Heisenberg*, Symbolik, 63.
103 Ebd., 69; vgl. dort den frei wiedergegebenen Schöpfungsbericht. Wasser ist hier deutlicher als woanders die materialisierte Form des göttlichen Schöpfungsgeistes, Stoff gewordenes Fließen, Werden. Noch heute wird im täglichen Ritual Wasser in einem Becher oder Krug als Symbol für die Gegenwart der Gottheit verehrt.
Der (Bild-)Band von Barbara Blum-Heisenberg (s.o. Anm. 100) ist für die Vorbereitung des Unterrichts in den Sekundarstufen hervorragend geeignet.
104 *Lurker*, Botschaft, 263f.

nie«[105]. Auch Spiralbänder können die Bedeutung des Wassers haben – so etwa, unter dem Aspekt der Tod- und Wiedergeburtssymbolik, bei den alttägyptischen Felsengräbern.

3.2.1.2 Wassergeschichten der Bibel

Die Bibel ist ein Buch voller Wassergeschichten.
Das Wort »Wasser« findet sich über 500mal im Alten Testament, davon über 200mal im Pentateuch, besonders dicht in Gen 7–9 (Flut) und Ex 14f (Errettung am Schilfmeer). Der Rahmen der Verwendung ist weit gespannt, das Wort hat kosmische, rituelle und profane Bezüge.
Die im natürlichen Bereich anzutreffenden Wasser (Quellen, Brunnen, Wadis, Flüsse, Meere) haben im kosmischen Aspekt ihre Quellen im Urozean.
Das Wasser wird in Israel als Grundlage des Lebens angesehen. Als Bestandteil des Urozeans bekam es einen *mythologischen Aspekt,* der ihm die Bedeutung einer Urkraft gab[106].

Die Sammlung des Wassers im Meer galt in Israel als Wesensmerkmal der Schöpfungsordnung (Gen 1,10; Hab 3,15). Dadurch wurde dem Wasser ein überweltlicher Aspekt beigemessen. Es besaß die Kraft, Leben zu verleihen. Es wurde aber auch als bedrohliche Chaosmacht gedeutet, die den Tod bringen kann. In der *jahwistischen Schöpfungsgeschichte* (Gen 2,4b–3,24) ist das Wasser ein Element, das der Schöpfung förderlich ist. Der Jahwist zeichnet den Urzustand als den Gegensatz von Wüste und Kulturland, das durch Bewässerung entsteht. Die ursprünglich formlose Welt wurde durch eine Nebelwolke fruchtbar (Gen 2,6); es liegt die Vorstellung zugrunde, daß der »Nebel« aus den Gewässern der Erde aufsteigt und die ganze Erde befruchtet. Im Paradies herrscht ein unaussprechlicher *Wassersegen.* Ein Strom tränkt den Garten und teilt sich in vier Arme, die die ganze Kulturwelt umspannen und bewässern. Das Wasser als Grundlage alles kulturellen Lebens ist gleichsam nur der Rest, der von dem überreichlichen Wasser des Paradieses übrigbleibt (Gen 2,10–14).
In der im sechsten Jahrhundert im babylonischen Exil niedergeschriebenen *priesterlichen Schöpfungsgeschichte* (Gen 1,1–2,4a) spielt das Wasser eine fundamentalere Rolle. Es ist wie in einigen Psalmen eine feindliche Macht, wie sie bei Überschwemmungen erfahrbar wird. Die Schöpfung vollzieht sich als Weg vom Chaos zum Kosmos und zu einer lebensdienlichen Ordnung. Das Wasser ist im »Urozean« bzw. in der »Urflut« gesammelt (Gen 1,2). Das Wort steht im Zusammenhang mit der babylonischen Tiamat, dem urweltlichen Chaosdrachen. Die »Urflut« ist jedoch nicht mehr mit Personalität und Intelligenz versehen; sie hat ihre eigentliche Bedeutung längst verloren. Sie trägt noch Züge einer kosmischen Macht, die der göttlichen Schöpfungsordnung gefährlich werden (vgl. Ps 104,7–9), aber Gott selbst nicht überwältigen kann. Er dokumentierte seine Macht bei der

105 Ebd., 259.
106 Vgl. *R.E. Clements,* Art. *majim* I.1, ThWAT V, 844f.

Schöpfung dadurch, daß er die oberen von den unteren Wassern trennte (Gen 1,6ff). Durch diese Teilung des Wassers entsteht Raum für die Entwicklung des Lebens.

Es wird eine Himmelsglocke in den Urozean eingezogen; sie bildet zunächst eine Scheidewand zwischen dem oberen und dem unteren Wasser (senkrechte Scheidung). Dann wird das unter dem Himmelsgewölbe befindliche Wasser abgelassen und im Meer zusammengeführt (waagerechte Scheidung). Diese Begrenzung läßt die trockene Erdscheibe zutage treten, die vom Meer umspült wird und auch auf den Urgewässern ruht. Über dem Firmament stehen die Gewässer des Himmelsozeans, aus dem der Regen fällt. Bei den Wassern wird nicht nur an die Umwelt des Menschen gedacht. »Die Herkunft dieses Elements aus der Dimension des Chaotischen ist deutlich genug. So ist es also ein Kosmos, der um und um ... bedroht ist von kosmischen Räumen, die zwar nicht mehr unmittelbar chaotisch genannt werden können, die aber doch dauernd etwas Gott- und Schöpfungsfeindliches behalten.«[107]

Sie müssen daher *ständig* entmachtet werden durch das Setzen von Grenzen und festen Regionen (vgl. Ps 104,9; Spr 8,29). »Die Teilung der Wasser ist sogar als Grundbestand der israelitischen Kosmologie anzusehen« (vgl. Gen 1,6; Ex 20,4; Dtn 5,8; Ps 104,3; 136,6; 148,4)[108].
In Ps 33,7 wird darauf reflektiert, daß Jahwe die Macht hat, den Wassern Grenzen zu setzen und sie zusammenzupferchen wie »in einem Schlauch«. In der *Geschichte von der Flut* (Gen 6,5–8,22) zeigt sich die kosmische Macht des Wassers als ständige Bedrohung der Schöpfung am deutlichsten. Nach der priesterschriftlichen Sintflutgeschichte kommt die Flut dadurch zustande, daß alle Quellen des großen Urmeeres aufbrechen und sich die Schleusen des Himmels öffnen (Gen 7,11). Die ursprünglich gebändigten Wassermassen, des »Chaos« vor der Schöpfung, kehren wieder. Die Geschichte stellt ein großes Weltgericht aus der Perspektive der Rettung Noahs, des Stammvaters aller Menschen, dar. Die Wasser vernichteten alle lebenden Kraturen außer Noah und denen, die mit ihm in der Arche waren. Nachdem ein Wind die Erde wieder getrocknet hatte, schloß Jahwe einen Bund, daß das Wasser nie wieder zur Flut werden soll (Gen 9,15), d.h. von seiner Seite wird es keinen Gewaltakt gegen die Schöpfung mehr geben. Symbol dieses Bundes ist der Regenbogen.

Nach der Flut wird der Segen für die geretteten Lebewesen erneuert (Gen 9,1–7). Der Segen von 1,28 wird in 9,1 fast wörtlich wiederholt, nur die Herrschaftsformulierungen fallen anders aus (9,2); sie stehen jetzt unter der Bedingung von »Gewalttat« (vgl. Gen 6,5; 8,21b). Die Tötung von Tieren zu Nahrungszwecken ist jetzt möglich – damit wird der heutige Weltzustand beschrieben –, aber zum Schutz der Tiere wird die Nahrungsverfügung einge-

107 *G. von Rad*, Das erste Buch Mose. Kap 1–12,9 (ATD 2), Göttingen ²1950, 41f. Vgl. *W.H. Schmidt*, Die Schöpfungsgeschichte der Priesterschrift, Neukirchen-Vluyn ³1973, 103: »Die Chaoswasser werden hier geteilt und hören damit auf, Urflut zu sein.« Zu religionsgeschichtlichen Parallelen vgl. ebd., 21ff.102.

108 *Clements*, Art. *majim*, 853. Vgl. *O. Kaiser*, Die mythische Bedeutung des Meeres in Ägypten, Ugarit und Israel (BZAW 78), Berlin ²1962, 43ff.

schränkt. Die Gewalt des Menschen hat ihre Grenze angesichts des grundsätzlichen Wertes des von Gott gegebenen Lebens (Gen 9,4).[109]

Es sind also Konfliktregelungen zwischen Mensch und Natur möglich. So bleibt der Segen der Gesamtschöpfung trotz der Konflikte erhalten. Der Segen gewährt der Schöpfung mit ihren natürlichen Gegebenheiten Bestand: »Solange die Erde besteht, soll nicht aufhören Saat und Ernte, Frost und Hitze, Sommer und Winter, Tag und Nacht« (Gen 8,22).
Schöpfung und Flutgeschehen, die innerhalb des Grundgeschehens der Urgeschichte (Gen 1-11) zusammengesehen werden müssen, lassen die ambivalenten Erfahrungen mit dem Wasser erkennen. Der *Durchzug durch das Schilfmeer* der fliehenden Hebräer unter Mose gilt als die göttliche Rettungstat schlechthin. Das Rettungsgeschehen beginnt schon damit, daß Mose »aus dem Wasser gezogen« wurde (Ex 1,22; 2,10). Die Rettung des Volkes aus Ägypten wird dann als Durchzug durch das Wasser erzählt, demgegenüber Jahwe seine Macht demonstriert, um sein Volk vor den Verfolgern zu beschützen (Ex 14,28). Das Wasser wird zum Schutzschild für die fliehenden Hebräer, zum zerstörenden Element für die Ägypter (vgl. Jes 51,9f)[110].

Wieder ist es die priesterschriftliche Erzählung vom Meerwunder, in der das Wasser die größere Rolle spielt. Nach der jahwistischen Fassung stellt Jahwe die Naturgegebenheiten in seinen Dienst, das sumpfähnliche Gelände und den Ostwind. In der Priesterschrift wird das Wunder gesteigert. Wie der babylonische Gott Marduk in einem Kultdrama am Neujahrsfest den Chaosdrachen (Tiamat) der Länge nach spaltet, damit das trockene Land nach den Überschwemmungen im Frühjahr wieder sichtbar wird, so erweist sich Mose als der »Meeresspalter« (Ex 14,21-23). Schon bei der Schöpfung hatte sich Jahwe als Herr der »Urflut« erwiesen, als er die Wasser teilte (Gen 1,6ff). Jetzt hat er Mose den Befehl gegeben, mit seiner Hand das Wasser zu spalten, um Israel auf dem Trockenen zu retten. Es wird damit zugleich aus der Faszination des babylonischen Gottes befreit. Geschichtliche Rettung des Volkes wird als Neuschöpfung angesichts der tödlichen Gefahren durch die Völkerwelt verstanden (vgl. Ps 124,2-6).

Die Errettung aus Ägypten vollzog sich als *Durchzug durch das Meer* und als *Bestehen der Wüstensituation:* Die Quellen von Massa und Meriba retteten das Volk auf seinem Wüstenzug vor dem Verdursten (Ex 17,1-7; Num 20,1-13). Das *Quellenwunder des Mose* (Ex 17,6) wurde schon von Paulus (1Kor 10,4) typologisch auf Christus gedeutet; später wurde das Quellwasser, das aus dem Felsen kam, auf die Taufe bezogen.
In Josua 3 wird die Geschichte vom *Durchzug durch den Jordan* erzählt. Die Geschichten vom Durchzug durch das Schilfmeer und durch den Jordan haben grundlegende Bedeutung für die Heilsgeschichte Israels. Sie sind in der Erinnerung des Volkes als Symbole der Rettung lebendig geblieben

109 Vgl. dazu genauer: *G. Liedke,* Im Bauch des Fisches, Stuttgart/Berlin 1979, 141-146. S. auch *F. Johannsen,* Was der Regenbogen erzählt, Gütersloh 1987, 21ff.
110 Vgl. *Clements,* Art. *majim,* 847.

(vgl. Ps 114,1–3). Das Durchschreiten eines Wassers symbolisiert zugleich den Übergang in eine neue Existenzweise (vgl. Jakob am Jabbok, Gen 32,23–33). So verdichten sich in dem Symbol des Durchzugs durch das Meer unterschiedliche geschichtliche Erfahrungen, die die Hoffnung auf Rettung wieder entfachen können. »Bist du es nicht, der das Meer austrocknet, das Wasser der großen Urflut, der die Tiefen des Meeres zum Wege machte, daß die Erlösten hindurchzogen?« (Jes 51,10)
So wird »Wasser« in Metaphern und Symbolen reich verwendet. Dazu gehört auch, daß das Wasser, das jemanden umgibt oder jemandem bis zum Halse reicht, als Bedrohung verstanden wird (Ps 88,18; 69,3).
Gott gilt als die *Quelle lebendigen Wassers,* Symbol für die lebensspendende Kraft Jahwes, der sowohl Fruchtbarkeit schenkt als auch Heil und Gerechtigkeit schafft (Jer 17,13). Gott ist Quelle des Lebens (Ps 36,10) und des Segens für sein Volk. Wenn es daher von ihm abfällt, so ist das wie ein »Verlassen der Quelle lebendigen Wassers und Graben von Zisternen, die das Wasser nicht halten können« (Jer 2,13).
Eine noch vielschichtigere Symbolik findet sich in der *Vision Ezechiels vom wiederhergestellten Tempel und seiner Quelle* (Ez 47,1–12). Es wird von der starken, heilkräftigen Tempelquelle erzählt, die zum Paradiesstrom wird und die erstorbene Landschaft am Toten Meer verwandelt und die Wasser des Toten Meeres wieder gesund macht (47,8f). Im Symbol des Wassers verbinden sich hier Fruchtbarkeit, Heil, Reichtum und kultischer Segen[111].
Die *neutestamentlichen* Wassergeschichten von der *Sturmstillung* (Mk 4,35ff parr) und vom *Seewandel* (Mk 6,45ff parr; Joh 6,16ff) knüpfen unmittelbar an das Grundgeschehen von Schöpfung und Flut an.
Die *Sturmstillungsgeschichte* gehört zu den »klassischen« religionspädagogischen Texten; wir heben nur die Momente hervor, die für die Wassersymbolik typisch sind. *Matthäus* hat die Erzählung als Nachfolgegeschichte ausgestaltet (Mt 8,18–27); das von einem »großen Beben« bedrohte Boot auf dem See symbolisiert bei ihm das »Schiff« der verfolgten Kirche. Die *Markus-Fassung* ist den alttestamentlichen Wassergeschichten näher. Es geht um die Bewältigung einer doppelten Not: Jesus handelt gegenüber der den Menschen bedrohenden Flut wie Gott, und er ringt um den Glauben seiner Jünger. Bei Markus (wie bei Matthäus und Johannes) spielt die Geschichte »am Meer« (4,1). Es ist für ihn der »Ort des Schreckens« (W. Marxsen), der Schauplatz, an dem sich die drei großen Wunder abspielen (4,35–5,43). Jesus bedroht den Wind und befiehlt dem Meer: »Schweig und verstumme!« So redet er sonst die Dämonen an und bedroht sie (1,25; 9,25). Die Natur wird also als der Schauplatz der miteinander ringenden Mächte Gottes und der Dämonen vorgestellt. Der Wind kann, wie in der Hand der dämonischen Mächte, so auch im Dienst des Schöpfers stehen (Ps 104,3f; vgl. 18,11). Das Wasser kann in den Lob des Schöpfers einstim-

111 Vgl. ebd., 860 und Sach 13,1; 14,8; Joel 4,18.

men (Ps 96,11; 98,7). Hier klingt also die Sprache der Hymnen an, in denen das Schöpfungsgeschehen lebendig ist.

Die Chaoswasser sind gebändigt, aber die Bedrohung bleibt als Möglichkeit im Hintergrund und stellt eine beständige Anfechtung des Glaubens dar. Die Schöpfungstat Gottes behält daher ihre Aktualität. »Du herrschest über das ungestüme Meer; du stillst seine Wellen, wenn sie sich erheben« (Ps 89,10; vgl. Hi 26,12). Immer wieder preisen die Psalmen Gottes Herrschen über die Wasser als sein eigentliches Schöpfungswerk: Er ist stärker als die Bedrohung (Ps 93,4; 29,3; vgl. 65,7f; 77,17; 107,23ff; 124,4f). Durch sein machtvolles Wort hat Gott die Schöpfung gesetzt und erhält sie auch: »Der Himmel ist durch das Wort des Herrn gemacht und all sein Heer durch den Geist seines Mundes. Er hält die Wasser im Meer zusammen wie in einem Schlauch und legt die Tiefen in das Verborgene« (Ps 33,6f). Die Spannung zwischen der Schöpfung und dem sie Bedrohenden, zwischen Licht und Finsternis, zwischen dem Abgründig-Gestaltlosen und dem Geschaffenen (vgl. Hi 26,10) bleibt. *Gott will als der Schöpfer durch die Spannung hindurch geglaubt werden.* Der Mensch, der mit seiner geschichtlichen Existenz in diese Spannung einbezogen ist, kann sie als das bedrohende Außen im Glauben bewältigen.

Indem Jesus also Meer und Wind bedroht und zum Schweigen bringt, ereignet sich Gottes Schöpfungstat. Jesus partizipiert mit seinem Glauben an der Schöpfungsmacht Gottes. Die große Stille, die er schafft (Mk 4,39b), ist die Ruhe, auf die die Schöpfung angelegt war. Jesus hält mit seinem Glauben die Spannung der Welt aus, in ihm ist das verborgene Walten des Schöpfers *und* die vertrauende Antwort des Menschen eins (G. Koch). Der Glaube erweist sich gegenüber der Bedrohung als die »bergeversetzende Macht«. Mit diesem Glauben tritt Jesus für seine Jünger ein; diesen Glauben will er in ihnen erwecken.
Die Geschichte verbindet die äußere Bedrohung mit einer Krisis im Verhältnis der Jünger zu ihrem »Meister«. Es findet kein Dialog zwischen Jesus und den Jüngern statt; es werden nur Fragen gestellt. Wir treffen in Mk 4,41b auf das *Motiv des Jüngerunverständnisses,* durch das Markus seine Theorie vom Messiasgeheimnis ausgestaltet. Obwohl Jesus im Sinne des Markus vor Ostern nur Unglauben findet, will er dennoch zeigen, daß es Jesus gerade um den Glauben geht. Darum spricht Jesus die Jünger auf das hin an, was ihnen (noch) fehlt (4,40). So eröffnet er ihnen den Zugang zum Geschehen des Glaubens. Er tritt angesichts radikaler Bedrohung mit seiner *Gewißheit* (er kann schlafen) für die Seinen ein. Er ist Stellvertreter des Glaubens. Weil sich die Jünger trotz des Dabeiseins Jesu ihrer selbst nicht gewiß waren, müssen sie sich fragen lassen: »Wieso seid ihr so furchtsam? Wie kommt es, daß ihr keinen Glauben habt?« (4,40). Das Gleichnishafte der Geschichte ist auf dem Hintergrund der Wassersymbolik zu entdecken. Wir verstehen unseren Lebensweg als immer neuen Aufbruch zu neuen Ufern. Von den »Stürmen des Lebens« zu sprechen ist selbstverständlich geworden. Wir machen die Erfahrung, daß uns das Wasser bis zum Halse reicht, wissen, daß das Wasser für das Bedrohende, Verschlingende steht[112]. Angesichts der ökologischen

112 Vgl. *Schmithals,* Evangelium, 259; *Blum-Heisenberg,* Symbolik, 46ff: »Die Fahrt auf dem Meer des Lebens«. Nur wer mit ihm »in einem Boot sitzt«, hält dieser Fahrt stand (vgl.

Krise hat darüber hinaus das Bild von der Flut als Bild für die Bedrohung der Schöpfung neue Bedeutung gewonnen. Die Bedrohung von Meer und Wind steht ebenfalls exemplarisch für Gottes schöpferisches Handeln an der Welt. In der *großen* Stille wird die eschatologische Erlösungstat Gottes Ereignis, in der die Schöpfung zum Ziel kommt.
Die als Wundergeschichte gestaltete Erzählung von der Sturmstillung erinnert durch die Anrede an die Naturgewalten an eine Dämonenaustreibung. Sie hat damit Anhalt an dem Wort des historischen Jesus: »Wenn ich durch den Finger Gottes die Dämonen austreibe, so ist ja das Reich Gottes zu euch gekommen« (Lk 11,20). In der vorliegenden Gestalt ist sie geprägt von dem Glauben, daß *in Jesus der Schöpfer der Welt gegenwärtig* ist.
Die *Geschichte vom Seewandel* (Mk 6,45–52), die wieder mit dem Motiv des Jüngerunverständnisses endet, wird noch deutlicher auf die Situation der nachösterlichen Gemeinde bezogen: Die Jünger und Jesus sind »auf dem Meer« voneinander *getrennt*. Manche Ausleger vermuten, daß es sich um eine ursprüngliche Ostergeschichte handelt, in der die Jünger den Gekreuzigten *wiedererkennen:* »Seid getrost. *Ich bin es.* Fürchtet euch nicht.« Es handelt sich um eine »dreifaltige« Epiphanieformel, durch die sich Jesus als der zu erkennen gibt, der bei ihnen ist, auch wenn er sich ihnen entziehen muß. Das Motiv des Seewandels ist das zentrale Motiv in dieser Geschichte, in der von einer Notsituation nicht mehr die Rede ist. Das Schiff, das auf dem See nicht vorankommt, weil den Ruderern der Wind ins Gesicht bläst, symbolisiert die Kirche, so wie wir das bei der matthäischen Fassung der Sturmstillungsgeschichte vorausgesetzt haben.
Im *Johannesevangelium* kommt die Wassersymbolik in drei wichtigen biblischen Aspekten vor: Es ist vom *heilenden* und *reinigenden* Wasser sowie vom *Lebenswasser* die Rede (das Bild von der Flut findet sich in Joh 6,18).

5,1ff *heilt* Jesus am Sabbat einen Kranken am Teich Bethesda und hebt die natürlichen Regeln des dortigen Heilbetriebs und das Gesetz des Sabbats auf. In 9,1ff heilt er einen Blinden mit einem aus Speichel gefertigten Brei und läßt ihn im Teich der Siloaquelle abwaschen. 2,1ff wird auf der Hochzeit zu Kana der Wein aus dem Wasser gewonnen, das »gemäß der *Reinigung* der Juden« (2,6) zum Waschen der Hände und Besprengen der Gefäße bereitsteht. 13,1ff wäscht Jesus in einer symbolischen Handlung den Jüngern die Füße. Durch diesen Liebesdienst macht er sie vor Gott *rein* (13,6–11) und verpflichtet sie zu einem entsprechenden Dienst untereinander (13,12–20). 4,1ff geht das Evangelium von dem Wasser des Jakobsbrunnens aus und entwickelt in Antithese zu ihm das Angebot des *Lebenswassers*[113].

49). Zur *symbolischen* Deutung der Sturmstillungserzählung vgl. *E. Drewermann,* Das Markusevangelium. Erster Teil: Mk 1,1 bis 9,13, Olten u.a. ³1988, 354–359.

113 Vgl. *L. Goppelt,* Art. ὕδωρ, ThWNT VIII, 313–333, hier: 324ff. Das Symbol des »Lebenswassers« erscheint viermal in der Johannes-Apokalypse in freier Ausgestaltung alttestamentlicher Weissagungen (Apk 7,17; 21,6; 22,1; 22,17). Das Wasser ist Bild für das Leben selbst. Apk 21,1 wird ausdrücklich betont, daß die »neue Erde« ohne Meer sein wird.

Das *Gespräch Jesu mit der Samaritanerin am Jakobsbrunnen* (Joh 4,1–42) wollen wir genauer nachzeichnen; es kehrt in einem Erfahrungsbericht (vgl. S. 152f) wieder.

Die Geschichte spielt an einem *Brunnen.* Das Wort »Brunnen« bedeutet »Quelle«; das Brunnenwasser ist Quellwasser, das aus der *Tiefe* der Erde quillt. Quellen und Brunnen spenden »lebendes Wasser« im Gegensatz zu dem abgestandenen (= toten) Wasser der Zisternen. Lebendiges Wasser ist hell, klar, geruchlos und sprudelnd. Es belebt, stärkt und erquickt Körper und Geist. *Brunnen sind Orte der Erquickung und der Begegnung.*

Das *Alte Testament* kennt viele Brunnengeschichten. Der Samaritanerin am verwandtesten ist *Hagar am Brunnen* (Gen 15.21).

Hagar ist die Dienerin Sarais und Abrams. Sie soll Abram ein Kind gebären, ohne volle Eherechte zu bekommen. Heute spricht man von »Leihmüttern«. Abram läßt auf Wunsch Sarais Hagar fallen. Sie flieht in die Wüste. Eine Frau in der Wüste hat wenig Beistand. Ein Engel redet mit ihr am Wasserquell in der Wüste, bei dem »Brunnen am Wege gen Sur« (Gen 16,7). Israel gab diesem Brunnen um Hagars willen einen neuen Namen. Man nannte ihn den »Brunnen des Lebendigen, der dich ansieht«. Wir verstehen den Namen. Denn wenn uns einer in der Wüste in den Weg tritt und uns ansieht, einer, der uns wirklich kennt, dann ist das wie Leben und Lebensquell.

Isaak, so heißt es später (Gen 24), sei von diesem Brunnen gekommen in der Abendstunde, als ihm Rebekka entgegentritt – eine Liebesgeschichte am Brunnen.

Die Brunnen der Erzväter haben immer »lebendiges Wasser«, das Gott ihnen gab. So wird Gott selbst »Quell des sprudelnden Wassers« genannt (Jes 17,13, vgl. 2,13).

Die Begegnung an diesem Brunnen wird in typischer Form erzählt: Ein Ortsfremder sucht Kontakt über eine Frau, die vor dem Ort Wasser holt. Die Frau hat Kontakt zur Dorfgemeinschaft, die den Fremden aufnimmt (vgl. Gen 24,11–33; Ex 2,15–21). Der Brunnen Jakobs ist im Alten Testament nicht bekannt. Er wird heute noch gezeigt. Es ist ein gemauerter Brunnen von ca. 30 m Tiefe, der fließendes Wasser führt[114]. Jesus wählt den kürzesten Weg von Judäa nach Galiläa und muß durch ein »feindliches« Land. Juden und Samaritaner waren nämlich Erbfeinde[115]. Jesus kommt in der Mittagshitze beim Brunnen an und bittet eine Frau – ihren Namen erfahren wir nicht – um einen Schluck Wasser. Er ist müde von der Hitze und der Wanderung, aber er hat nicht einmal einen Becher. Diese bittende Geste drückt Jesu Bedürftigkeit aus, sie durchbricht aber auch die herrschenden Beziehungen zwischen Mann und Frau, Samaritanern und Juden. Die Frau artikuliert das Ungewöhnliche dieses Vorgangs (4,9): Wie kannst du als Jude von mir zu trinken erbitten? Jesus antwortet ihr eigenartig doppeldeutig: Eigentlich brauche nicht ich etwas, sondern ich könnte deine Be-

114 Vgl. *J. Becker,* Das Evangelium des Johannes. Kapitel 1–10 (ÖTK 4/1), Gütersloh/Würzburg 1979, 168.

115 Wir folgen vor allem der Auslegung von *B. Wartenberg-Potter,* Die Begegnung, EK 24 (1991) 332–335.

dürftigkeit stillen, und zwar mit weit mehr als einem Schluck Wasser. Ich könnte dir lebendiges Wasser geben. »Lebendiges Wasser« ist in der Alltagssprache fließendes Quellwasser (vgl. Gen 26,19; Lev 14,5; Jer 2,13; Sach 14,8). In diesem Sinn versteht auch die Frau das Angebot: Du willst mir Quellwasser geben und hast nicht einmal ein Gefäß zum Schöpfen? Sie denkt an den Jakobsbrunnen. Ja, sie empfindet das Angebot sogar als degradierend: Unser Vater Jakob hat uns einen tiefen Brunnen gegeben, aus dem er und sein Haus bis heute getrunken haben; ihm war das Wasser gut genug, uns ist es heilig. Jesus spricht weiter auf der Symbolebene von dem Wasser, das er geben kann. Er läßt sich nicht auf das wörtliche Verständnis ein; aber er wendet sich auch nicht von der Frau ab. Er ist voller Zuwendung, gewinnt ihr Vertrauen. Damit schafft er die Voraussetzung, den wahren Sinn seines Angebots zu verstehen.
Wer von diesem »irdischen« Wasser trinkt – so antwortet er –, wird wieder Durst bekommen; es kann den Durst nur zeitweilig stillen. »Himmlisches« Wasser, das ich gebe, stillt den Durst im Sinne endgültiger Lebenserfüllung. Meine Gabe wird im Menschen zu einer nie versiegenden Quelle, zum unerschöpflichen »Brunnen des Wassers«, das in das ewige Leben sprudelt. Dieses Angebot gilt zuerst der Samaritanerin. Er hat ihre Lebenssehnsucht erkannt. Er will sie zu einer Quelle machen, ihr zu einem Leben verhelfen, das sprudelt. Vielleicht hat sie das durchschaut. Sie möchte das Wasser haben. Sie versteht sein Angebot aber wieder wörtlich, denkt daran, daß er ihren Krug auf wunderbare Weise füllen kann, so daß sie nicht mehr diesen mühsamen Weg zum Brunnen gehen muß. Sie sieht in ihm den Magier. Doch sie hat sich hervorgewagt, sich auf sein Angebot ernsthaft eingelassen. Jesus kommt ihr entgegen, bietet ihr das Wasser des Lebens an, das sie hier und jetzt braucht: »Geh, ruf deinen Mann und komm wieder her!« Auf einmal kommen schmerzhaft die ehelichen Verhältnisse der Frau in den Blick, ihre Lebenssituation wird aufgedeckt: Sie hat keinen Ehemann, lebt in einer rechtlosen Beziehung.

Jesus will sie nicht bloßstellen oder beschämen, ihr Verhalten nicht moralisch bewerten. Er will sie heilen, und dazu gehört, daß die Wahrheit ihres Lebens aufgedeckt wird. Es ist kein guter Mann, den sie hat; er hat ihr nicht einmal ein Eheversprechen gemacht. »Ich habe keinen Mann (den ich hierherbringen könnte)«. Vielleicht will sie auch schon zaghaft zum Ausdruck bringen: »Ich habe diesen Mann nicht mehr.« Das könnte der Grund dafür sein, daß Jesus zweimal ihre Aussage bestätigt: »Recht hast du gesprochen!«

Jetzt, nachdem ihre Lebenswunde aufgedeckt ist, versucht sie Jesus zum erstenmal religiös einzuordnen: »Herr, ich sehe, du bist ein Prophet.« Als Samaritanerin denkt sie wohl zuerst an Mose, der das Volk aus der Knechtschaft durch das Schilfmeer in die Freiheit geführt hat. Sie will sich nicht mehr mit der Trennung zwischen Juden und Samaritanern abfinden, nachdem sie selbst von einem Juden Erhellung des Daseins, Befreiung und Heilung erfahren hat. Sie bringt eine alte theologische Streitfrage ins Spiel, ob Jerusalem oder der Garizim der rechte Ort der Gottesverehrung seien. Jesus verweist zunächst darauf, daß die Schrift *und* die Propheten zum Glauben gehören und nicht nur die Tora, wie die Samaritaner meinen. Aber das Heil, das Jesus als »Wasser des Lebens« bringt und selbst ist, überholt die Fixierung auf heilige Orte. Die Zeit eines neuen Gottes*verständnisses* (»Gott ist Geist«, »Gott ist Liebe«) und eines neuen Gottes*dienstes* ist angebrochen, nämlich die eschatologische Verehrung im Geist und in der Wahrheit (4,24). Die Heilszeit, die er heraufführt und repräsentiert, bedeutet die Aufhebung des Kultes. Die Frau versteht völlig richtig, daß Jesus von der messianischen Zeit spricht. Aber sie überhört – wie Maria (Joh 11,23f) – das »Schon-jetzt«. Er selbst ist der Gesandte. Und so offenbart er sich ihr, wie sich Jahwe Mose am Dornbusch zu erkennen gegeben hat (»Ich bin, der ich sein werde«). Er antwortet mit dem direkten »Ich bin es«. Diese Offenbarung eröffnet das neue Gottesverständnis. Die Samaritanerin, die als Frau vom Gottesdienst im Jerusalemer Tempel und auf dem Garizim ausgeschlossen war, wird in die Anbetung Gottes im Geist und in der Wahrheit einbezogen. Sie ist von dem Geschehen beeindruckt. Sie läßt ihren Wasserkrug stehen. Wo es um das Wasser des Lebens geht, ist er überflüssig. Sie läuft in die Stadt, um ihre Leute herbeizuholen. Sie spricht nicht mehr von Jesus als einem Propheten, sondern nennt ihn »Messias«. Aber die Leute sollen selbst kommen und erkennen. Sie ist selbst durch die eigene Begegnung zum *Anfang* ihres Glaubens gekommen, und so fordert sie jetzt ihre Nachbarn zu der gleichen Begegnung mit Jesus auf. Und so kommen sie zu ihm; sie haben der Frau geglaubt. Sie bitten Jesus, bei ihnen einzukehren. Er weckt bei vielen den Glauben. Sie kommen aufgrund dieser Begegnung zu einem eigenen Bekenntnis, das die Frau mitspricht: »Dieser ist wahrhaftig der Retter der Welt«.[116]

Das lebendige Wasser hat sich im Leben der Samaritanerin als Quelle erwiesen, das aus ihr heraussprudelt und viele Menschen erreicht. Sie selbst ist zum Brunnen geworden, aus dessen Tiefe andere schöpfen können. Die Geschichte von der Samaritanerin am Brunnen findet der Sache nach ihre Fortsetzung in *Joh 7,37f.* Jesus tritt am letzten Tag des *Laubhüttenfestes* auf.

Es gehört zu den drei Wallfahrtsfesten des Judentums und dauert eine Woche. Am achten Tag findet es seinen Abschluß durch ein großes Erntefest. Am siebten Tag wird zum letztenmal die Wasserspende beim Morgengebet dargereicht. Die Priester schöpfen Wasser aus der

116 Die Erzählung setzt voraus, daß die Frau als glaubende Missionarin bei den Dorfbewohnern wirkt (4,19f.42). V. 39 hebt ausdrücklich hervor, daß viele durch die Vermittlung der Frau an ihn glaubten. In V. 41 wird nicht die Qualität dieses Glaubens angezweifelt, sondern hervorgehoben, daß Jesus selbst Missionserfolg hat. Der Evangelist (V. 42) legt Wert darauf, daß die Dorfbewohner (und die Leser) »aus erster Hand«, nämlich durch das Wort des Offenbarers, zum Glauben kommen. Das entspricht genau der Intention von V. 29. Der Glaube ist auf Vermittlung angewiesen, aber er muß selbst sein Gegenüber finden. Auf diesen Sachverhalt hebt V. 42 ab und nicht auf die mindere Qualität des Glaubens der Frau. Daher besteht auch kein Grund zu der Annahme, sie habe das Bekenntnis zum »Retter der Welt« nicht mitgesprochen. Vgl. dazu *Becker,* Evangelium, 182f.

Siloaquelle, tragen es siebenmal um den Altar, um dann am Altar die Wasserspende darzubringen. Texte, die verheißen, daß die Zionsquelle am Ende der Tage immer sprudeln wird, werden als Lesungen benutzt (Ez 47,1–12; Jes 12,3; Joel 3,18; Sach 13,1; 14,8). Es wird auch an den Felsen erinnert, der in der Wüste Wasser spendete (vgl. Ex 17,6; Num 20,7–11; Ps 78,16).

Da steht Jesus (im Tempel) auf und ruft: »Wenn jemand Durst hat, komme er zu mir; und es trinke, wer an mich glaubt.« Wie die Schrift gesagt hat: »Ströme des lebendigen Wassers werden aus seinem Innern hervorströmen.« Jesus erfüllt die alttestamentlichen Verheißungen und Erwartungen. Wer an ihn glaubt, wird zur sprudelnden Quelle[117].
Wir bilden in Analogie zum Ich-bin-Wort vom Brot des Lebens (Joh 6,35) ein entsprechendes Wort: »Ich bin das Wasser des Lebens. Wer an mich glaubt, wird nie mehr dürsten. Wer aus mir trinkt, aus dem werden Ströme von lebendigem Wasser fließen.«[118]
In der johanneischen Symbolgeschichte vom Lebenswasser erreicht die biblische Wassersymbolik ihren Höhepunkt. Was im Mythos durch die Symbole vom Lebenslicht, Lebensbrot und Lebenswasser als Sehnsucht des Menschen nach dem Ursprung, dem Paradies, artikuliert wird, das ist jetzt hier Wirklichkeit (»Ich bin es«), und zwar im eschatologischen Sinne als Ursprung des Lebens für *alle* Menschen. Während die Bezeichnung der Offenbarung als »Licht« ursprünglich die Erhelltheit des Daseins meint – eine Gegenständlichkeit ist nicht im Blick –, bezeichnen »Brot« und »Wasser« zunächst ein Etwas, dessen der Mensch ständig bedarf. In dem sich immer wieder meldenden Bedürfnis nach Brot und Wasser kommt jedoch zutage, daß der Mensch *Leben* will. Jesus deckt auf, daß sich im körperlichen Durst der Durst nach Leben meldet, der nicht durch ein Lebensmittel – und sei es noch so unentbehrlich wie Wasser – gestillt werden kann, sondern der auf eine radikale und wirklich umfassende Erfüllung zielt[119]. Dieses *wahre* Leben kann man nur *empfangen*, schöpfen wie aus einer sprudelnden Quelle.
Joh 4,1–42 läßt sich durch Vorformen des Bibliodramas erschließen; die Szene am Brunnen kann gespielt werden. Einzelne Bild-Worte des Textes (»sprudelndes Wasser«; »gib mir zu trinken«) können durch Gesten dargestellt werden. Wie in der Paraphrasierung des Textes schon angedeutet, läßt sich der Dialog ausgestalten; dadurch kann das, was Darstellungsmittel des Evangelisten ist, lebendig werden. Bei diesem Vorgang wird das *Hin-und-Herschwingen zwischen Real- und Symbolebene* anschaulich. Er fördert da-

117 Da nach V. 39 Jesus sich auf die Gabe des Geistes bezieht, die die Glaubenden empfangen, läßt sich V. 38 auch so interpretieren: Wer an Jesus glaubt, der wird erfahren, daß *von Jesus* lebendiges Wasser ausgeht, d. h. der Glaubende wird keinen Durst mehr haben *(Schnackenburg)*.
118 Vgl. *Biehl u.a.*, Symbole I, 64–72.
119 Vgl. *R. Bultmann*, Das Evangelium des Johannes (KEK), Göttingen [12]1952, 136f.

her nicht nur das Verständnis der »Sache«, sondern auch die Kompetenzen im Hinblick auf ein besseres Symbolverstehen.

3.2.1.3 Das Symbol des Wasers in kulturgeschichtlicher Sicht

Eine Symboldidaktik, die nicht mit ewig gegebenen »Urbildern« rechnet, sondern berücksichtigt, welche geschichtlichen und gegenwärtigen Erfahrungen mit dem Symbol »Wasser« vorliegen, kann nicht unmittelbar an mythische oder biblische Symbolik anknüpfen. Sie muß vielmehr die kulturgeschichtliche Entwicklung berücksichtigen und sich an einer gegenwärtigen Theologie des Wassers orientieren. Es gibt allerdings nur *Vorarbeiten* zu einer Kulturgeschichte und Theologie des Wassers.
Eine ähnlich umfassende Untersuchung wie die A. Wierlachers zum »Essen« in der Literatur liegt zum »Wasser« nicht vor. Bernhard Blume hat wohl als erster eine *Literaturgeschichte des Wassers* gefordert und einige motivgeschichtlich orientierte Studien zu ihr vorgelegt[120].

Die *Ubiquität* und die *Vielgestaltigkeit* des Wassers machen es als dichterisches Bild geeignet. Es taucht in der Literatur in den Gegenbildern von Meer und Wüste, Meer und Insel sowie Meer und Schiffahrt auf. Der tiefste Einschnitt in der Geschichte des Wassers liegt nach Meinung Blumes am Beginn des 18. Jahrhunderts. Zu dieser Zeit beginnt im Bereich der dichterischen Bilderwelt der ursprünglich gemeinsame Besitz von Symbolen seine fraglos hingenommene ›Bedeutung‹ zu verlieren. Die alten dichterischen Topoi verblassen; aber gerade im Bereich der Bilderwelt des Wassers prägen alte Erfahrungen die neuen Schöpfungen mit. Das *Wasser als Landschaft und als Sinnbild* ist eines der ältesten Bilder der Dichtung überhaupt[121]. Das gilt für den Garten Eden und die Flut wie für *Odysseus*, der als Archetyp einer menschlichen Lebensform überlebte.

So sah Goethe die Bemeisterung des Meeres als Analogon zur Bemeisterung des Lebens an. Seiner eigenen Lebensempfindung entsprechend konnte er sich wie in einem »Schiff auf dem Meere« fühlen und als junger Mann sein Lebensprogramm in der Sprache von Seefahrtsmetaphern entwerfen: »Ich bin nun ganz eingeschifft auf der Woge der Welt - voll entschlossen: zu entdecken, gewinnen, streiten, scheitern, oder mich mit aller Ladung in die Luft zu sprengen.«[122]

Die allegorische Gleichsetzung von Schiffs- und Lebensreise ist uralt. Odysseus wird in die christliche Mythologie einbezogen. Das »Schiff der Kirche« wird zu einem Topos, der bis in das Barock von jedem Dichter beherrscht wird; danach verblaßt das Bild, so daß auch Eichendorff dem dichterischen Wortschatz kein Leben mehr einhauchen konnte[123].

120 Die Beiträge sind gesammelt in dem Band »Existenz und Dichtung«, Frankfurt/M. 1980. Wir beziehen uns vor allem auf den Beitrag »Lebendiger Quell und Flut des Todes«, ebd., 149-166.
121 Vgl. ebd., 153.
122 Brief an Lavater, 6. März 1776, zit. ebd., 155.
123 Vgl. *Blumes* Hinweise zu Eichendorffs Gedicht »Schiff der Kirche« (1848), ebd., 159ff.

Untergang und Auferstehung im Wasser, im Akt der Taufe symbolisch vollzogen, ist ebenfalls ein Ritus, der an Urerfahrungen der Menschheit rührt. »Sprung oder Sturz ins Wasser, symbolischer Untergang, wunderbare Errettung: in dieser Folge liebt Goethe an bedeutsamen Stellen seines Werkes, in der Novelle von den *Wunderbaren Nachbarskindern* etwa oder am Ende der *Wanderjahre,* seinen Glauben an die Erneuerungskraft des Lebens im Bild zu bezeichnen.«[124] Im Gedicht *»Mahomets Gesang«* (= M 19) stellt Goethe das Leben als ganzes mit den Symbolen des Flusses und des Meeres dar. Er bringt darin viel von seiner Erfahrung und Sehnsucht zum Ausdruck. Die einzelnen Phasen des menschlichen Lebens und sein Ziel werden jedoch in einer Form geschildert, durch die auch Erfahrungen anderer Menschen angesprochen werden.

Die Kindheit, freudenhell, war trotz der Klippen von guten Geistern hilfreich genährt worden; auch die Jahre als junger Mann verlaufen voll Munterkeit. Im Erwachsenenalter treten ernsthafte Aufgaben an ihn heran, er hat die Aufgabe, die Menschenbrüder zu fördern, die durch Widrigkeiten am lebendigen Fließen gehindert werden. Der lebendige Fluß befreit sie, verbindet sich mit ihnen, wird immer reicher. »Zedernhäuser trägt der Atlas auf den Riesenschultern« – der Fluß mit seinen Schiffen gewinnt jene mythologische Gestalt, die die ganze Erde trägt. Ziel des Lebens ist es, mit all den Brüdern und Kindern in dem ewigen Ozean aufzugehen, der zugleich der alte Vater, der erwartungsvolle Erzeuger ist. »Der Tod wird zur stürmischen Begegnung zwischen dem, ›der mit ausgespannten Armen unser wartet‹, und dem, der freudestrahlend sich dem Herzen des mütterlichen Vaters zuwendet.«[125]

Diese Konzentration vor allem auf die Hochliteratur kann noch kein Modell für eine Kulturgeschichte des Wassers abgeben. Es gibt keine *Kunst-, Text- oder Stilform,* die nicht mit Wasser zu tun hätte, keine *Kultur,* deren Symbolwelten nicht nachhaltig vom Element des Wassers bestimmt wären, keine Dimension des Menschen, die sich in ihrer Stukturform nicht auch durch die Erfahrung des Wassers gebildet hätte. Nicht nur biologisch und ökologisch, sondern auch kulturell ist das Wasser ein »absolutes Phänomen«[126].
Angesichts eines solchen Phänomens stellt die Erarbeitung einer Kulturgeschichte vor erhebliche theoretische und methodische Probleme. Unterschiedliche Wissenschaften müssen zusammenwirken, ihre Fragestellungen und Perspektiven verschränkt werden. H. Böhme entwickelt daher (ähnlich wie Kleinspehn für die Untersuchung der Wandlungen in der Eßkultur) unterschiedliche Ebenen einer Kulturgeschichte des Wassers.
Die erste, *grundlegende Ebene* ist *die des menschlichen Leibes.* Spezifisch wasserbezogene leibliche Gefühle und Raumstrukturen wären phänome-

124 Ebd., 162f.
125 *Y. Spiegel,* Glaube, wie er leibt und lebt, Bd. 2, München 1984, 117f. Vgl. auch Goethes Gedicht »Gesang der Geister über den Wassern«: »Des Menschen Seele / Gleicht dem Wasser: / Vom Himmel kommt es, / Zum Himmel steigt es, / Und wieder nieder / Zur Erde muß es, / Ewig wechselnd.«
126 *Böhme,* Umriß, 19.

nologisch und zivilisationshistorisch zu rekonstruieren. In phänomenologischer Hinsicht wäre etwa zu untersuchen, welche körperlichen Gefühle durch alle Modi des Trinkens, Durstens, Waschens, Badens, Schwimmens, Kurens usf. ausgelöst werden. Die Formen der *Körper-Wasser-Interaktion* wie Baden, Duschen, Waschen und Gewaschenwerden, Schwimmen sowie das körpereigene Fließen und Strömen (z.B. Weinen) *unterliegen direkt zivilisatorischen Stilisierungen.* Man wird feststellen, daß es individuell, schichtenspezifisch und ethnisch differenzierte Modi der Wassergefühle gibt und daß diese historischen Entwicklungen unterliegen. Wasserbezogene Erfahrungen sind für den lebensgeschichtlichen Aufbau von Körper-Selbst-Bildern nicht zu unterschätzen[127]. Neben Wasser gehören Erde, Feuer und Luft zu den leiblichen Grunderfahrungen. Gaston Bachelard hat offenbar die Möglichkeit gesehen, unter veränderten Bedingungen eine *Kulturgeschichte der Elemente* zu entwickeln. Zum Wasser und zum Feuer hat er Studien vorgelegt, die eine spezifische Imaginationsgeschichte der Elemente entfalten[128].

Die *zweite Ebene* ist *die psychodynamische und psychohistorische* Ebene. In allen Literaturen ist eine ›Beseelung‹ des Wassers zu beobachten, d.h. die Seele des Menschen wird auf eine seelenlose Materie projiziert. Dabei handelt es sich um eine moderne Umkehrung eines älteren Vorgangs. Danach hat sich das seelische Erleben wesentlich am und durch das flüssige Element gebildet, und eben darum sind zentrale Leitbilder des Psychischen wasserförmig.

Das *»ozeanische Gefühl«* ist ein solches zentrales Leitbild. »In einem Brief an Sigmund Freud hat Romain Rolland vom *ozeanischen Gefühl* gesprochen, das allen theistischen Glaubenslehren und Kulturpraktiken zugrunde liege. Es sei die *eigentliche Quelle der Religiosität, fons* et *origo des Lebens,* noch diesseits der satzförmigen Meinungen und Kontroversen darüber.« Freud ließ sich von Rolland nicht überzeugen; er erklärte auch öffentlich, er könne Ozeanisches, Unbegrenztes, Schrankenloses in sich nicht entdecken[129]. Freud schreckte vor dem Gang ins Wasser zurück und hielt sich an das Rollenspiel von Es, Ich und Überich.
Für C.G. Jung dagegen wurde das Wasser zum geläufigsten Symbol für das Unbewußte[130]. Einer der Archetypen, die das »kollektive Unbewußte« vermittelt, ist das Wasser. Jung führte eine Fülle von Beispielen aus Mythen, Märchen und Träumen an, in denen das Wasser als Symbol für das Unbewußte steht. Eines der immer wiederkehrenden Traumbilder ist das Wasser als See, zu dem man heruntersteigt, oder als Meer, in das man herunterstürzt. Nimmt man das Wasser als Bild des Erlebens, als Bild aller wirksamen und noch möglichen emotionalen Kräfte im Menschen, dann drückt das *Unterauchen im Wasser* das Hinabtauchen in die Tiefen des Unbewußten aus oder auch ein Sich-überwältigen-Lassen von den emotionalen

127 Vgl. ebd., 22.

128 Vgl. *G. Bachelard,* L'eau et les rèves, Paris 1942; *ders.*, Psychoanalyse des Feuers, München/Wien 1985. In »Symbole geben zu lernen I« haben wir von Bachelard die »Poetik des Raumes« (München 1975) herangezogen (vgl. ebd., 73f.85). Auch dort geht es um die Frage der Strukturierung der Einbildungskraft in den Formen, Bildern und Dynamiken, die gleichsam aus der Außenwelt in die Imaginationstätigkeit hineinwandern und deren künstlerische Produktion beeinflussen.

129 *Timm,* Weltquadrat, 107, vgl. 111.

130 *C.G. Jung,* Gesammelte Werke, Bd. IX/1, Olten 1976, 27f.

Möglichkeiten, also eine gefahrvolle Erfahrung, die zu einer Erweiterung des Bewußtseins führen kann.[131]
Für die neuere Narzißmusforschung ist ein anderes Bild des Wassers bedeutsam geworden, nämlich *das eigene Spiegelbild im Wasser.* Die griechische Sage erzählt von *Narziß,* einem schönen Knaben, der die hingebungsvolle Liebe der Nymphe Echo nicht erwidert hat. Die Götter straften ihn damit, daß er sich selber auf dem Grunde des Wassers erblicken mußte, bis er sich selbst erkannt habe. Der schöne Narziß war von seinem Anblick im Wasser so gebannt, daß er von ihm nicht mehr loskam und zu einer schönen Blume erstarrte, hingebeugt über die spiegelnde Wasserfläche.
Wahre Erkenntnis von sich selbst hätte Narziß nur gewinnen können, wenn er den Sprung ins Wasser gewagt und bei der Suche nach sich selbst nicht schon beim äußeren Anblick haltgemacht hätte[132].

Etwa um 1800 werden die Erde und das Wasser zu dem Symbolreservoir, aus dem sich die Entdeckung des Unbewußten speist und dieses auch strukturiert. Wasser und Erde werden um diese Zeit durch den Fortgang der Verwissenschaftlichung zu profanen Stoffen technischer Naturbeherrschung und scheinen damit für die Mythologie erledigt. »Damit aber werden sie ›frei‹ für neue semiotische Besetzungen: für das aufregende Abenteuer einer epochalen Entdeckung am Menschen, der unbewußten Zonen. So spielt das Wasser als zentrales Symbolbild in den Diskursen der Kosmogonie, Mythologie, Naturphilosophie . . . nach deren Säkularisierung keine bedeutende Rolle mehr. Dafür sickern die dort entwickelten Symbolstrukturen in die Kunst und Literatur und bilden hier die protopsychologische Phase jener unbekannten Kontinente des Subjekts, von denen wir heute wissen, daß sie die dynamisch stärksten und topisch größten Zonen des Subjekts darstellen.«[133]
Unter *psychohistorischem Aspekt* sind auch die älteren *motivgeschichtlichen Untersuchungen* von Bedeutung, die mythologische und volksliterarische Traditionen einbeziehen und strukturale Matrizes herausarbeiten[134]. Darüber hinaus käme es darauf an, *Wasser-Imagologien* zu schreiben, die an bestimmte Praktiken, wie z.B. die *Seefahrt,* anknüpfen. Wasser-Heroen wie Odysseus oder Kolumbus sind deswegen wirkungsgeschichtlich von so weitreichender Bedeutung, weil sie symbolische Markierungen für die Ausbildung neuer Männerbilder und neuer Kampf- und Eroberungsdynamiken darstellen. Der Schiffbruch spielt als »Daseinsmetapher« (Blumenberg) von der Antike an ebenso durchgehend eine Rolle wie Schiff und Seefahrt als Grundmetapher für den Staat (»Staatsschiff«) und die Kirche wie

131 Vgl. *K. Anderten,* Traumbild Wasser, Olten/Freiburg 1986. Dort (47) wird die Aussage der Jung-Schülerin M.-L. v. Franz zitiert: »So ist das Wasser, unter dessen Oberfläche Versunkenes ruht und das ungeahnte Tiefen birgt, ein Symbol des Unterbewußten, dem alles Wirkliche entsteigt und das auch wiederum, alles überflutend, die Wirklichkeit verschlingen kann.« Vgl. *H. Barz,* Tiefenpsychologische Deutung der Taufe, in: *ders.,* Selbst-Erfahrung, Stuttgart 1975, 57–79.

132 Vgl. *Blum-Heisenberg,* Symbolik, 71ff.

133 *Böhme,* Umriß, 25.

134 Das gilt z.B. für die Untersuchung von *Ninck,* Bedeutung.

für die Lebensreise. Zur Motivgeschichte des Wassers gehören auch die Traditionen der großen Überschwemmungen, des Atlantis-Mythos sowie signifikanter Schiffsuntergänge (z.B. der Titanic)[135].
Auf einer *dritten* Ebene (wir verändern die Reihenfolge bei Böhme) wäre das Konzept einer *Kulturphysiognomik des Wassers* zu erneuern, das den *naturästhetischen Aspekt* umfaßt. Einem solchen Konzept liegt zugrunde, »daß nicht allein die politische Macht durch den Faktor Wasser mitbestimmt wird, sondern eben die Physiognomie einer Kultur: mentale und expressive Stile, grundlegende Zeit- und Raumvorstellungen, Wertkomplexe, Kulte und Riten, Religion, Kunst und Wissenschaft«[136]. In wie starkem Maße das Wasser am Aufbau von *Landschaftsphysiognomien* beteiligt ist, läßt sich leicht an der Gartenkunst und Landschaftsmalerei, an der literarischen Landschaft wie auch an alltagsästhetischen Erfahrungen mit ›freier Natur‹ und ›Stadtlandschaften‹ nachprüfen.
Die *vierte Ebene* ist die einer künftigen *Wasser-Theologie*. Sie hätte die bisher genannten Ebenen zu berücksichtigen, also nicht nur die biblische Wassersymbolik zu beschreiben. Das geschieht in der einzigen bisher vorliegenden »religiösen Kosmologie« des Religionsphilosophen Hermann Timm, die wir daher schon in die Darstellung einbezogen haben[137].

Es handelt sich um den Elementarkurs einer auf drei Bände angelegten »Phänomenologie des Heiligen Geistes«. Es geht Timm darum, die Erfahrungsebene herauszupräparieren, die den systematisch geschlossenen Systemen vorgelagert ist[138]. Wie Phänomene von sich aus in den Logos, zur Phänomenologie drängen, so geht das Heilige in den Geist über, »in die Formwelt von Wort und Bild, von Mythos und Ritus, von Dogma und Institution: Heilig-Geist«[139]. Der Geist des Lebens ist nicht eingeengt auf die Binnenwelt von Glaubensgedanken, sondern er ist gleichermaßen präsent in den vorreflexiven Gefühlsmächten, in den vitalen Antriebsenergien des Körpers, in den Sinnesdaten von Gesicht, Gehör, Geschmack, im symbiotischen Miteinander von Menschen wie von Menschheit und Natur[140]. Ordnungsprinzip für die religiöse Kosmologie ist das »Weltquadrat«, das Geviert aus den Elementen Licht, Luft, Wasser und Erde. Im dritten Teil dieser Theologie der Elemente erscheint das Wasser als »Dimension der Tiefe« mit den Aspekten Abgrund, Undulation, Ursprung, Verwandlung und Wein. Im Sinne des Gedankenfortschritts innerhalb dieses Abschnitts entfalten wir den Aspekt *»Verwandlung«*. Das Wasser erscheint nicht nur als Bild des Meeres, des Flusses, der Welle und der Quelle, ihm wird auch von alters her die Kraft der Verwandlung zugeschrieben.

Das Wasser ist das bleibend Ursprüngliche, worin der Mensch elementarste Ganzheitserfahrungen machen kann. Diese Überzeugung teilt in kultsymbolischer Ausdrucksform die biblische Theologie; der göttliche Anfang wird aus der Bildsubstanz des Feuchten geschöpft. Im Alten Testa-

135 Vgl. ebd., 26.
136 Ebd., 31; vgl. 34.
137 Weltquadrat (s.o. Anm. 92). Vgl. dazu meine Rezension in: ThPr 21 (1986) 176–181.
138 Vgl. ebd., 16.
139 Ebd., 13.
140 Vgl. ebd., 14.

ment ist es die *Schöpfung* aus und die *Errettung* durch das Wasser, nämlich bei der Errettung des Volkes beim Durchqueren des Schilfmeeres; im Neuen Testament ist es die neuschöpferische Verwendung der Person durch den Initiationsakt der *Taufe,* die wasserförmige Einweihung in das Christsein, in der sich Schöpfung und Errettung verbinden. Das Schwimmen ist eigentlich eine nötige Disposition, um dieses Sakrament im Vollsinn zu verstehen. Kinder bringen diese Fähigkeit wie ein angeborenes Verdienst mit auf die Welt. Sie müssen die Schwimmkunst erst wieder verlernen, um sie später durch bewußte Schulung wieder zu erlernen. Entsprechend muß jemand »aus Wasser und Geist« (Joh 3,5) geboren werden, um in das Reich Gottes zu kommen. Darum wurde ehedem das Bad der Wiedergeburt an Erwachsenen vollzogen. »Die alte Kirche war näher an der Erfahrung, daß ein *Sprung ins Wasser* zwar riskant ist, weil man abrupt den *sicheren Grund unter den Füßen* preisgibt, dafür aber auch die einzigartige Chance bietet, nachher *wie neugeboren den Fluten entsteigen* zu können, fast aller Sünden ledig.«[141]

»Wasser tut's freilich nicht«, sofern das bloße, einfache Wasser gemeint wäre. Das ist aber nicht der Fall. Es handelt sich vielmehr um das »in Gottes Gebot gefaßte und mit Gottes Wort verbundene« Element (BSLK 515). Dann ist der Ritus aber auch realpräsentisch, inkarnatorisch zu verstehen. Sein Geheimnis »liegt in der Offenheit von Materie als geisthaft tiefer Potenz qua Möglichkeit einerseits sowie in der Leibhaftigkeit des Geistes oder des Wortes andererseits.«[142]

In der Alten Kirche wurde der Ritus der *Wasserweihe* geübt, die der Taufsymbolik sachlich vorgeordnet ist. Durch sie wurde das Wasser seinerseits ›getauft‹ durch das senkrechte Eintauchen eines Kreuzes oder einer brennenden Osterkerze, die das Herabsteigen des Feuergeistes in die Flut nachbilden sollte. Die Anrufung des Geistes wird am deutlichsten im Weihegebet. Der Geist soll das Element heiligen, d.h. aus der Fülle der Deutungsmöglichkeiten soll dem Wasser ein bestimmter Sinn zugesprochen werden. Dabei kommen beide Funktionen des Wassers zur Geltung, die lebensvernichtende *und* die reinigende, erfrischende und lebenserneuernde[143].

Wie am Beispiel des Kreuzsymbols gezeigt wurde (vgl. 2.2.3), waren die patristischen Theologen darum bemüht, das Christusgeschehen als typologische Erfüllung aller Verheißungen zu deuten. Dieser Alterserweis bezog sich sowohl auf die Heidenwelt (seit Homer und Plato) als auch auf das Alte Testament. Im Hinblick auf die Taufe war die Meerfahrt des Odysseus, der als Schiffbrüchiger durch die Stürme der Zeit getrieben und endlich vom schwimmenden Mastbaum gerettet wurde, die ergiebigste Quel-

141 Ebd., 129; vgl. 127f. Die Kirchenväter haben im Hinblick auf das Taufwasser einen üppigen Wassersymbolismus entfaltet, vgl. *Eliade,* Bilder, 169ff. S. auch *Lurker,* Botschaft, 264ff. Zum Taufwasser vgl. u. S. 271ff.

142 *C.H. Ratschow,* Die eine christliche Taufe, Gütersloh 1972, 126.

143 Vgl. *Timm,* Weltquadrat, 130f.

le[144]. Aus der israelitischen Heilsgeschichte wurden der »Geist Gottes über den Wassern«, die Sintflut, die Errettung durchs Schilfmeer bis zum Einzug in das Gelobte Land bei Jericho, über den Jordan hinweg, in typologischer Deutung auf die Taufe bezogen. Der Jordan war der Ort, an den Jesus gezogen war, um sich von Johannes in der Wüste taufen zu lassen. Die Geschichte des ins Wasser geworfenen und aus dem Wasser geretteten *Jona* stellt symbolhaft die Rettung des Glaubenden in der Taufe dar.
Auch der *Fisch* als Ureinwohner der Feuchte mit der von ihm perfektionierten Fortbewegungsart, dem Schwimmen, symbolisiert das Taufgeschehen. »Jesus soll den Fisch als sein Monogramm geführt haben. Er sei sein Wahl-, sein Lieblingstier gewesen. Diese in ihrer Historizität ganz unsichere Überlieferung will als verschlüsseltes Bekenntniszeichen verstanden werden: *Jesus Christus, Gottes Sohn, der Heiland.* Addiert man die Anfangsbuchstaben der entsprechenden griechischen Wörter, ergibt sich *ichthys,* der Fisch.«[145]
Eine künftige Wasser-Theologie würde in einer umfassenden Neuinterpretation des Taufgeschehens ihren Höhepunkt finden. Timms weitgespannter Entwurf, der von der Theologie weithin vergessene Traditionen aufspürt, versucht, die realen, kreatürlichen Wassererfahrungen und die reichhaltige Wassersymbolik wieder für das Verständnis der Taufe fruchtbar zu machen, während sie sonst einem allgemeinen Sakramentsbegriff unterstellt und faktisch vom Abendmahl her rückinterpretiert wird. Es entsteht so ein ursprüngliches Taufverständnis, das der Interpretation der Taufe als segnenden und rettenden (rechtfertigenden) Handelns Gottes vorausliegt.
Hat die Wasser-Theologie ihren Höhepunkt in der Taufe, so nimmt sie ihren Ausgang bei der Metapher der *Tiefe.* Was heute wertvoll zu sein scheint, liegt nicht mehr in der Höhe, sondern in der Tiefe wie der verborgene Schatz unter der Oberfläche des Wassers. Die Tiefenpsychologie hatte zuerst den Transzendenzgedanken vom Über- zum Unterirdischen verlegt. Als erster Theologe unseres Jahrhunderts hatte Paul Tillich die *verlorene Tiefendimension* und den Mut zum Sein als Sprung in den Grund der Wahrheit unterhalb des rationalistischen Oberflächenbewußtseins beschrieben. »Der Name dieser unendlichen Tiefe und dieses unerschöpflichen Grundes alles Seins ist Gott. Jene Tiefe ist es, die mit dem Wort Gott gemeint ist ... Denn wenn ihr erkannt habt, daß Gott Tiefe bedeutet, so wißt ihr viel von ihm ... Wer um die Tiefe weiß, der weiß auch von Gott.«[146] Daß Tillich beim Bild der Tiefe wirklich an das Wasser gedacht hat, wird daran deutlich, daß er die Tiefe der Wahrheit dem »Strom der täglichen Neuigkeiten«, den »Wellen der täglichen Propaganda«, den »Fluten von Konventionen und Sensationen« gegenüberstellte. Der Lärm dieser

144 Vgl. die Beispiele bei *Rahner,* Mythen, 101ff.414ff. Timm bezieht sich auf Tertullians Schrift »Über die Taufe«.

145 *Timm,* Weltquadrat, 132f.

146 *P. Tillich,* Die verlorene Dimension, Hamburg 1962, 106.

»seichten Wässer« hindere uns, »auf die Töne aus der Tiefe zu hören, auf das, was sich im Grunde unserer gesellschaftlichen Struktur ereignet«[147]. Die Metapher der Tiefe bezieht sich zugleich auf die Tiefe der sozialen Not und des menschlichen wie mitkreatürlichen Leidens. Zukunft als »Paradigma der Transzendenz« (J. Moltmann) ist ein notwendiges Korrektiv gegenüber der Metapher der Tiefe.

3.2.2 Rahmenziele für die Sekundarstufen und den Konfirmandenunterricht

I. »Wasser« als Symbol der Schöpfung und ihrer Bedrohung
Die SchülerInnen/KonfirmandInnen können
(1) anhand ausgewählter Texte aus der biblischen Urgeschichte die *ambivalenten* Grunderfahrungen mit dem Wasser herausarbeiten: Wasser als Urelement der Schöpfung und Lebensentstehung sowie als kosmische Macht und drohende Gewalt;
(2) anhand ausgewählter Texte (z.B. Ex 14) erkennen, daß sich die für Israel entscheidende Befreiung aus Ägypten als Durchschreiten des Schilfmeers und als Bestehen der Wüstensituation (vgl. Ex 17,1-7; Num 20,1-13) vollzieht;
(3) anhand der Wassergeschichten des Alten Testaments das Gottesverständnis herausarbeiten: Jahwe begrenzt heilsam die Macht des Wassers und erweist sich selbst als »Quelle lebendigen Wassers« (Jer 2,13; 17,13);
(4) in den neutestamentlichen Sturmstillungsgeschichten die Analogien zum Schöpferhandeln Jahwes entdecken;
(5) Mk 4,35-41 im Dialog mit einer Darstellung der ottonischen Buchmalerei auslegen und mit Mt 8,23-27 vergleichen.
Alternative zu 4 und 5 (Konfirmandenfreizeit):
(1) ein Bibliodrama zur Sturmstillungsgeschichte (Mk 4,35-41) darstellen[148].

II. Die Bedrohung des Wassers als Bedrohung der Grundlagen des Lebens
Die SchülerInnen/KonfirmandInnen können
(1) Ursachen benennen, die zur ökologischen Krise geführt haben;
(2) die These C. Amerys diskutieren, daß die biblisch-christliche Tradition an ihrer Entstehung beteiligt war, und im Hinblick auf das Alte Testament die These mit Gründen abweisen;
(3) anhand des Films »Das große Gleichgewicht«, anhand von Wasserana-

147 Ebd., 107. Vgl. *P. Tillich*, In der Tiefe ist Wahrheit, Stuttgart ²1952; *Spiegel*, Glaube, 123f; *Timm*, Weltquadrat, 111f.
148 Anregungen für ein Bibliodrama zu Mk 4,35-41 finden sich in: *R. Hübner u.a.* (Hg.), Biblische Geschichten erleben, Offenbach/Freiburg ⁴1985, 141ff.

lysen und (selbst beschafften) Informationen erkennen, daß heute das Wasser selbst und damit die Natur und das Leben bedroht sind;
(4) Lösungsvorschläge angesichts dieser Bedrohung erarbeiten;
(5) anhand der Federzeichnung »Mich dürstet nach reinem Wasser« (1974) von R.P. Litzenburger die Solidarität mit der bedrohten Mitkreatur christologisch deuten und eigene Texte zur Zeichnung schreiben oder ein Gegenbild entwickeln;
(6) durch ein Lied den Regenbogen als ein Hoffnungssymbol erschließen[149];
(7) Szenen zu einem eigenen Theaterstück »Verdursten im sauren Regen« entwickeln und erproben[150];
(8) eine Wasserausstellung für Schule oder Gemeinde einrichten oder ein Wasserdenkmal gestalten.

III. »Wasser« als Symbol des Lebens
Die SchülerInnen/KonfirmandInnen können
(1) anhand einer Diameditation den Reichtum der Erscheinungen des Wassers erfassen und eigene Erinnerungen mit ihnen verbinden (vgl. M 18);
(2) eigene Erfahrungen mit Körper-Wasser-Interaktionen verbalisieren;
(3) in einer Pantomime unterschiedliche Bewegungen des Wassers darstellen;
(4) mit Orffschen Instrumenten eine »Wassermusik« komponieren und ein »Wasserbild« malen;
Alternativen zu 3 und 4 (Sekundarstufe II):
(3) Goethes Gedicht »Mahomets Gesang« interpretieren (M 19);
(4) das eigene Leben als »Lebensfluß« gestalten;
(5) sich anhand von Erlebnisberichten oder Dias in die Situation von Verdurstenden und Ertrinkenden hineinversetzen und die Bedeutung des Wasers artikulieren[151];
(6) mit Hilfe einer Metapher-Übung (»Durst ist für mich wie...«) erkennen, daß ›Durst‹ Ausdruck der Sehnsucht nach einem Leben in Gemeinschaft und Gerechtigkeit sein kann.

IV. »Wasser« als Symbol für umfassendes Heil
Die SchülerInnen/KonfirmandInnen können
(1) durch das Erlernen des Tanzes Majim-Majim die Bedeutung des wasserspendenden Brunnens körperlich nachempfinden (vgl. III, 6);

149 Vgl. *Johannsen*, Regenbogen, 81.
150 Vgl. Versuche 10. Thema: Wasser, Natur und Umwelt, Frankfurt/M. 1986, 29-45 (zu beziehen bei: Beratungsstelle für Gestaltung, Eschersheimer Landstr. 565, 6000 Frankfurt/M.).
151 Vgl. *A. de Saint-Exupéry*, Wind, Sand und Sterne, Düsseldorf [16]1986; *T. Aitmatow*, Der Junge und das Meer (Goldmann-Tb. 9375), München 1978.

(2) die Geschichte von Jesus und der Samaritanerin am Brunnen (Joh 4,1-42) szenisch gestalten und darstellen[152];
(3) die Bedeutung des Symbols »Wasser des Lebens« in der Geschichte erkennen;
(4) die Bildsprache des (zweiten) »Hungertuchs« aus Indien (1984) mit Hilfe von Dias oder Folien zu Einzelmotiven und durch Gesamtinterpretation erschließen[153];
(5) noch einmal die Einzeldarstellung der Samaritanerin am Brunnen aus dem »Hungertuch« betrachten;
(6) ein »Standbild« zum Symbol »Wasser des Lebens« gestalten und ein Brunnenfest feiern;
Alternative zu 6:
(6) weitere Bezüge zur Wassersymbolik im Johannesevangelium entdekken und in Analogie zu Joh 6,35 ein Ich-bin-Wort zum »Wasser des Lebens« selbst formulieren.

V. Die Taufe als Symbolhandlung
Die SchülerInnen/KonfirmandInnen können
(1) mittelalterliche und reformatorische Darstellungen der *Taufe Jesu* vergleichen und im Dialog mit Mk 1,9-11 auslegen;
(2) durch eine Lehrererzählung einen *Taufgottesdienst* der korinthischen Gemeinde kennenlernen (M 22) und ein Textblatt mit neutestamentlichen Aussagen zur Taufe zu seinem besseren Verständnis heranziehen;
(3) durch ein Interview bei Eltern und Paten Informationen über die eigene Taufe beschaffen und die Ergebnisse in einem kleinen »Biographie-Album« zusammenstellen;
(4) in der Region Taufsteine(-becken) photographieren und die dargestellten Symbole auf dem Hintergrund biblischer Texte deuten;
Alternativen zu 3 und 4 (Sekundarstufe II):
(3) an einem Taufbild Wasser als unverzichtbares Element der Taufe wahrnehmen und hierfür Deutungsvorschläge machen;
(4) Sätze für ein Taufformular erarbeiten und bei einem Vergleich mit Luthers Tauflehre Gemeinsamkeiten wie Unterschiede erkennen;
(5) sich anhand der Radierung A.R. Pencks, »Taufe« mit dem Problem der volkskirchlichen Säuglings-Taufpraxis auseinandersetzen (M 26);
(6) einen Taufgottesdienst besuchen, Beziehungen zwischen dem Symbol des Wassers und der Taufhandlung herstellen und Argumente, die für die Säuglingstaufe sprechen, diskutieren;
(7) anhand eines Dias und eines Berichtes die »Celtic«-Aktion (Fußwa-

152 Ein Beispiel für eine musikalische Gestaltung in der Grundschule findet sich bei *B. Herrmann*, Im Gleichnis leben, Göttingen 1982, 103-110.
153 Vgl. Misereor '85: Das Misereor-Hungertuch aus Indien im Religionsunterricht, Werkmappe Teil 3, Deutscher Katechetenverein, München o.J.; *P. de Haas*, Das zweite Hungertuch aus Indien, religio 4 (1990) 16-19.

schung) von Joseph Beuys (M 28) kennenlernen und das Gesamtkunstwerk als Herausforderung an die Kirchen interpretieren bzw. selbst eine entsprechende Aktion (sich gegenseitig die Hände waschen) durchführen und dokumentieren;
(8) die Fußwaschung (Joh 13,1–17) als symbolische Zeichenhandlung verstehen und die unterschiedlichen Deutungen (VV. 6–10a; VV. 12–15) interpretieren;
Alternative zu 7 und 8 (Konfirmandenunterricht):
(7) einen Taufgottesdienst, in dem sie mitwirken dürfen, durch selbstgeformte liturgische Elemente gestalten;
(8) einen Tanz um den »Taufbrunnen« nach Jes 12,3 (Majim-Majim, Tanz aus Israel) gestalten (M 20)[154].

3.2.3 Theologischer und didaktischer Kommentar

F. Johannsen hat von den gleichen theoretischen Voraussetzungen her ein Unterrichtsmodell für die *Grundschule* entwickelt und dabei besonders die biblischen und ökologischen Aspekte (I/II) berücksichtigt[155]. Die folgenden Unterrichtsversuche konzentrieren sich vor allem auf die Aspekte III–V der Rahmenziele; die Kommentierung folgt dieser Schwerpunktbildung. Der Abschnitt zur Didaktik der Taufe (4.3) kann an dieser Stelle auch als Kommentar herangezogen werden.

Jugendliche haben durch ihre Erfahrungen mit *Wasserspielen* und mit dem *Schwimmen* bewußtere Beziehungen zu diesem Element als zum Brot. Dagegen lassen sich Dursterfahrungen schwieriger simulieren als Hungererfahrungen; wir sind hier noch stärker auf die Identifikation mit Dürstenden in Erfahrungsberichten angewiesen. Immerhin können wir nach einer Sportstunde oder nach einer Pause bei Hitze einen Becher sprudelnden Mineralwassers reichen, trinken, schmecken und gemeinsam die belebende, erquickende Wirkung beschreiben.
Wo irgend möglich, sollte ein *Unterrichtsgang* entlang einem Bach oder See durchgeführt werden. Wir können Wasser mit allen Sinnen erfahren, indem wir mit den Händen Wasser schöpfen, über Arme und Beine fließen lassen, mit den Füßen durch das Wasser waten, mit den Augen den Lauf des Wassers genau beobachten, mit den Ohren seine Geräusche wahrnehmen, das Wasser riechen, schmecken . . ., mit dem Mineralwasser vergleichen[156].
Wasserspiele der Kindheit sollten nicht nur erinnert, sondern Wasser im Spiel vor Ort erfahren werden. Besonders mit Hilfe von *Pantomimen* läßt sich die Vielgestaltigkeit und Ambivalenz des Wassers zum Ausdruck brin-

154 Schallplatte CAL 17 702.
155 Entwürfe für die Grundschule finden sich ferner in: *G. Baudler*, Korrelationsdidaktik: Leben durch Glauben erschließen, Paderborn 1984, 126ff; *H. Halbfas*, Religionsunterricht in der Grundschule, Lehrerhandbuch 2, Düsseldorf/Zürich 1984, 487ff.
156 Vgl. *K. Schilling*, Symbole erleben, Stuttgart 1991, 54ff; *H. Bull u.a.* (Hg.), Sand und Wasser, München 1979; *W. Longart*, Spielbuch Religion, Zürich 1974.

gen. Wir suchen lautmalende Begriffe zum Wasser (plätschern, sprudeln, rauschen, tropfen ...). Sie werden in unterschiedlicher Lautstärke und Betonung ausgesprochen. Gleichzeitig probieren wir eine passende Bewegung dazu aus. Jeder macht eine Bewegung vor, die Gruppe macht sie nach. Wir stellen in einer Pantomime dar, wo wir im Alltag Wasser brauchen und wie wir mit ihm umgehen. Wir stellen demgegenüber eine Wasserträgerin (mit Turban) aus einer wasserarmen Gegend dar.
Wir stellen eine Szene in Zweiergruppen dar: wie eine am Strand Liegende von einer Welle vertrieben wird; wie jemand in die Wellen steigt und Angst bekommt; wie jemand in die Wellen steigt und sich wohlfühlt; wie einer in der Welle untertaucht und wieder auftaucht.
Wir stehen im Kreis, fassen uns bei den Händen und bewegen uns wie eine Welle zur Kreismitte hin und wieder zurück. Wir ahmen die Geräusche von Meer und Wind nach. Einer aus der Gruppe geht in die Mitte. Wir »umspülen« ihn wie einen Felsen. Er hält stand. Jeder ist einmal »Fels in der Brandung«[157].
Wenn wir einen Projekttag in die Lerneinheit einbeziehen, lassen sich die Szenen zu kleinen Theaterstücken weiter ausgestalten:

(1) *Die Rache des Wassers: Sintflut.* Rahmenhandlung für die zu entwickelnde Szene: »Das Wasser steigt und steigt. An einem noch von den Wassermassen verschonten Ort treffen verschiedene Personen zusammen, die sich dorthin geflüchtet haben. Es sind Angehörige der unterschiedlichen sozialen Schichten.«[158]
(2) *Verdursten im sauren Regen.* Rahmenhandlung: »In einem provinziellen Ort warten verschiedene Menschen (Typen) an einer Haltestelle auf einen Trinkwasserwagen, der täglich zu einer bestimmten Zeit in diesem Notstandsgebiet (das Regenwasser ist verseucht, Trinkwasser nicht mehr vorhanden) vorfährt. Die Menschen sind zum Schutz mit Plastik vermummt, da der Regen Hautschäden verursacht. Sie warten – jeder mit eigener Flasche. Doch der Wagen kommt nicht. Beim Warten werden die verschiedenen Beziehungen der Leute zueinander deutlich, die Situation verdichtet sich zunehmend.«[159]

In den Spielen kommt schon die ambivalente Wirkung des Wassers zur Geltung (sich im Wasser getragen und vom Wasser bedroht fühlen). Die Einsicht kann anhand einer *Diameditation* vertieft werden[160]; geeignet dafür ist auch die Gegenüberstellung der beiden *Wasser-Bilder* (M 18).
Die in einigen Spielsituationen zum Ausdruck gebrachten *Urerfahrungen des Durstes* und *der Angst vor dem Ertrinken* können durch die Erfahrungsberichte/Erzählungen Betroffener erweitert zur Darstellung kommen. Die jugendgemäße Erzählung von *Tschingis Aitmatow, »Der Junge und das Meer«* ermöglicht es, sich in die Situation vom Wasser bedrohter Menschen hineinzuversetzen.

157 Vgl. Versuche 10 (s.o. Anm. 150), 27.
158 Ebd., 17.
159 Ebd., 29.
160 Vgl. *E. Gruber*, Wasser ist Leben, 8 Dias. Cassette. Heft (impuls studio und Calig Verlag).

Die Rettung bringt ein Vogel. Der alte Organ hatte erzählt, daß man ständig die Luft beobachten müßte, ob da nicht unversehens eine Agukuk vorbeiflöge. Das hatte der Junge nicht vergessen: »Er hörte es. Zu seinen Häupten hörte er plötzlich Flügelrauschen, etwas überflog das Boot tief im Nebeldunst. Er fuhr zusammen und erkannte im selben Augenblick, daß es ein Vogel war, ein großer kräftiger Vogel, der da mit den Schwingen schlug. ›Agukuk!‹ schrie er. ›Agukuk!‹ Blitzschnell erfaßte er die Flugrichtung der Polareule, prägte sich ein, woher der Wind wehte. Der Wind kam von links, blies von links in den Nacken, ein wenig hinter dem linken Ohr. ›Agukuk!‹ schrie er dem Vogel nach und hielt auch schon Organs Steuer in der Hand, um das Boot dorthin zu lenken, wohin die Eule geflogen war.«[161] Noah sendet eine Taube aus, um zu erfahren, ob sich die Wasser verlaufen haben; hier ist es eine Polareule, die die rettende Richtung weist.

Das *Durstdenkmal von Bad Kreuznach* (M 17), eine Plastik von L. Cauer, wird nachgestaltet, so daß sich die SchülerInnen in die Situation Durstender hineinversetzen können; sie verbalisieren ihre Gefühle und Gedanken. Weiterreichende Eindrücke vermittelt die unvergleichliche Beschreibung der Situation Durstender durch *Antoine de Saint-Exupéry* in seinem Buch *»Wind, Sand und Sterne«*. Dabei kommt bereits die religiöse Dimension des Wassers in den Blick[162].

»Wasser! Wasser, du hast weder Geschmack noch Farbe, noch Aroma. Man kann dich nicht beschreiben. Man schmeckt dich, ohne dich zu kennen. Es ist nicht so, daß man dich zum Leben braucht: du selber bist das Leben! Du durchdringst uns als Labsal, dessen Köstlichkeit keiner unserer Sinne auszudrücken fähig ist. Durch dich kehren uns alle Kräfte zurück, die wir schon verloren gaben. Dank deiner Segnung fließen in uns wieder alle bereits versiegten Quellen der Seele. Du bist der köstlichste Besitz dieser Erde. Du bist auch der empfindsamste, der rein dem Leib der Erde entquillt . . . Du nimmst nicht jede Mischung an, duldest nicht jede Veränderung. Du bist eine leicht gekränkte Gottheit! Aber du schenkst uns ein unbeschreiblich einfaches und großes Glück.«[163]

Das Wasser wird persönlich angesprochen, es wird als »Gottheit« bezeichnet. Es ist mehr als H_2O, es ist das Leben selbst. Der Text kann in Auszügen vorgelesen werden, spricht unmittelbar an.
Der Symbolcharakter des Wassers kann durch eine *Metapher-Übung* (»Durst ist für mich wie . . .«) deutlicher zur Geltung kommen; eigene Erfahrungen werden zum Ausdruck gebracht und erweitert um die Dimension des *Durstes nach Frieden und Gerechtigkeit.*
Als Alternative oder als Ergänzung dieser Arbeit legen wir eine *Sammlung von sprachlichen Bildern* an, ordnen sie und werten sie im Hinblick auf die angesprochenen Erfahrungen aus.

Beispiele: Schiffbruch erleiden, einen Schlag ins Wasser erleben, die Wogen glätten, in einem Boot sitzen, über Bord gehen, jemanden ausbooten, stranden, tiefsinnig werden, sich in etwas vertiefen, in Gedanken bzw. in sich selbst versunken sein; alles fließt, zerfließen, verschwimmen, schwankend sein, zwischen den Fingern zerrinnen, Fließband, Zeitströmun-

161 *Aitmatow,* Junge, 155, vgl. 102.
162 Vgl. bes. 96f. Mauretanier sehen zum erstenmal in ihrem Leben einen Wasserfall!
163 Ebd., 165f. Der Text beginnt 119ff.

gen, Lauf der Zeit, Lebenslauf, Kreislauf; zurück zu den Quellen, quicklebendig; Lebensquell, Ur-sprung; Springbrunnen; Jungbrunnen; Überfluß haben, überflüssig sein ...

Die zahlreichen Daseinsmetaphern[164], die sich auf den Lebenslauf beziehen, geben Anlaß, *das eigene Leben als Lebensfluß zu gestalten*, und zwar auf Folie, um die Arbeiten besser gemeinsam besprechen und deuten zu können, oder auf Karton, damit die Blätter schriftlich kommentiert werden können. Das Bild des Flusses gibt die Möglichkeit, den Lebensweg dynamisch zu gestalten und die SchülerInnen zu einer elementaren Form der Selbstreflexion sowie zu einer Auseinandersetzung mit ihren zukünftigen Perspektiven anzuleiten[165]. Das Bild des Flusses bietet sich einerseits an, um das Leben »einzuzeichnen«, umgekehrt ermöglicht diese erfahrungsnahe Arbeit, das Wasser als Symbol des Lebens zu verstehen. In der Sekundarstufe II können die eigenen Arbeiten in Beziehung gesetzt werden zu *Goethes Gedicht »Mahomets Gesang«* (M 19).
Der Unterricht sollte sich nicht nur auf die Bilder des *Meeres* und des *Flusses* konzentrieren, sondern gleichgewichtig die Bilder der *Quelle* und des *Brunnens* berücksichtigen. Daß das Wasser ein »Lebensquell« ist, wird heute kaum noch erlebt. Eine ferne Erinnerung daran, daß Brunnen Orte der Begegnung von Frauen und Männern sind, zeigt der Sachverhalt, daß sich an den kunstvoll gestalteten Marktbrunnen in oft öden Stadtzentren Jugendliche und »Penner« treffen. Wenn wir *Brunnengeschichten* aus dem Alten Testament erzählen[166] oder *Märchen* auslegen, also tiefer graben, wird erfahrbar, daß der Brunnen ein Symbol für den Übergang in eine andere Welt, eine andere Bewußtseinsebene (vgl. z.B. Frau Holle) ist und daß Brunnen oft magische Orte waren[167].
Zur Vorbereitung der *mehrschichtigen Auslegung der Geschichte von der Samaritanerin am Brunnen*, Joh 4,1ff (vgl. o. S. 128ff), eignen sich das *Bild eines Brunnens in der Wüste* (M 20) und der *Tanz »Majim, Majim«*. Sie können uns nach Palästina zur Zeit Jesu versetzen. Bei der Betrachtung des Brunnens können die Jugendlichen Assoziationen zu »Brunnen« und »Quelle« äußern und sich auf das »Spiel am Brunnen«, in dem die Begegnung Jesu mit der Samaritanerin dargestellt wird, einstellen. Der Tanz vermittelt die Freude beim Schöpfen des Wassers und einen Eindruck von der Bedeutung des Wassers in Palästina.
Wenn es zutrifft, daß die biblische Wassersymbolik in Joh 4,1ff; 7,37f ihren

164 Vgl. *H. Blumenberg*, Schiffbruch mit Zuschauer. Paradigma einer Daseinsmetapher, Frankfurt/M. 1979.

165 Vgl. als Beispiel eines Lebensweges: *Biehl u.a.*, Symbole I, 221, M 20.

166 Vgl. *U. Früchtel*, Mit der Bibel Symbole entdecken, Göttingen 1991, 398ff.

167 Vgl. das Märchen »Das Wasser des Lebens«. Es wird interpretiert in dem gleichnamigen Buch von *R. Bog*, Stuttgart ²1988. Nur das Wasser des Lebens kann den kranken König noch retten. Seine beiden älteren hochmütigen Söhne suchen vergeblich danach. Erst der Jüngste antwortet freundlich auf die Frage des Zwergs, der ihm begegnet, und findet die rettende Quelle. Entwurf 10, 46ff bietet Anregungen dafür, wie im Spiel und mit Musik zum Ausdruck gebracht werden kann, was uns Quellen und Brunnen zu erzählen haben.

Höhepunkt erreicht, und wenn die Jugendlichen engagiert werden können, bietet es sich an, bei dieser Wassergeschichte im Sinne exemplarischen Lernens länger zu verweilen. Wie der folgende Erfahrungsbericht von Ute Hinze zeigt (s.u. S. 152ff), läßt sich vom Brunnen und vom Symbol des Lebenswassers her ein elementarer Zugang zur Taufe gewinnen. Auch durch die anderen Phasen des Unterrichts sind wichtige Voraussetzungen zum Verständnis der Taufe geschaffen: Das Wasser wird in seiner Vielgestaltigkeit, in seiner Verwandlungsfähigkeit und Ambivalenz, in seiner Mächtigkeit erfahren. Dem Wasser müssen auf den skizzierten Wegen erst wieder *mehr Bedeutungen* zugeschrieben werden, wenn sein bestimmter Sinn in der Taufe verstanden werden soll. Jugendliche verbinden mit dem Stichwort »Taufe« Schiffstaufe, Bootstaufe, Taufe zum Bürger von . . . (vollzogen auf einem Stadtteilfest). Daran, daß sie selbst getauft worden sind, müssen sie erst wieder erinnert werden. *Tauferinnerung* im Rahmen des Sekundarstufenunterrichts vollzieht sich zunächst nach der *biographischen Methode.* Das Datum der Taufe läßt sich in dem »Lebensfluß« markieren. SchülerInnen befragen Eltern, Großeltern und Paten und beschaffen sich auf diesem Wege Informationen über ihren Tauftag, die Taufkirche mit dem Taufstein und dem Taufspruch; sie sammeln Bilder und stellen die Materialien zu einem kleinen »Biographie-Album« zusammen, schmücken es aus. Sie erfahren bei dieser Arbeit etwas über die Bedeutung der Taufe in unterschiedlicher Sicht (vgl. zu den Motivationen des Taufbegehrens S. 279). Die unterschiedlichen *Taufsteine(-becken)* mit ihren Ornamenten, die von der Klasse für die Alben photographiert worden sind, können durch Dias oder Photos von markanten Taufbecken ergänzt werden, beispielsweise aus dem Dom zu Hildesheim, das u.a. den Durchzug durch das Rote Meer und den Jordan zeigt[168]. Durch die Betrachtung werden die biblischen Wassergeschichten thematisch, die als Vorbilder der Taufe gedeutet worden sind. Die ausführliche *Arbeit mit neutestamentlichen Tauftexten* beginnt mit der eindrucksvollen Darstellung eines Taufgottesdienstes der korinthischen Gemeinde, »Taufe im Morgengrauen« (M 22). Diese »narrative Exegese« Hollenwegers vermittelt nicht nur ein anschauliches Bild einer christlichen Taufe jener Zeit und der sozialen Probleme der Gemeinde, sie enthält auch Zitate und Anspielungen auf wichtige Tauftexte. Die implizite Tauflehre kann durch weitere Arbeit an den Texten entfaltet werden (z.B. Gal 3,27; 1Kor 12,13; Eph 5,14). Die »narrative Exegese« wird am angemessensten zunächst als *Lehrererzählung* präsentiert; in der Sekundarstufe II kann dann anhand eines Textauszugs weitergearbeitet werden. Es wird erkennbar, daß in der Urkirche Erwachsene durch Untertauchen in fließendem Wasser getauft wurden (vgl. Did 7,1–3), und zwar im 1. Jahrhundert »auf

168 Hildesheim, Dom, Bronzeguß, um 1225, Detail mit den Paradiesflüssen und dem Durchzug durch den Jordan, in: *B. Schütz*, Romanik, Freiburg/Br. 1990, Abb. 75. M 24 zeigt die Taufe Jesu im Jordan (Detail aus der Bronzetür des San-Ranieri-Portals von Bonanno, Dom zu Pisa, um 1180). Vgl. *A. von Borsig*, Die Toscana, Wien 1939, 49.

den Namen Jesu« (vgl. Röm 10,9a). Mit dem Taufakt wurde der Täufling Jesus übereignet und unter seinen Schutz gestellt. Später wurde die Taufformel erweitert (vgl. Act 2,38; 10,48; Mt 28,19). Die christliche Taufe ist von Anfang an Aufnahme- und Initiationsritus: Durch ihren Vollzug konstituiert sich eine *neue Gemeinschaft,* in der sich jetzt schon die Herrschaft des Erhöhten im Geist auswirkt (vgl. 1Kor 12,12f; Gal 3,26–28).
Es gibt bekanntlich nicht *die* Tauflehre des Neuen Testaments, sondern das Taufgeschehen wird je nach der Situation der Adressaten konkret ausgelegt.

E. Dinkler verdeutlicht diesen Sachverhalt an *drei exemplarischen Tauftexten:* In *Römer 6,2-6* betont Paulus, daß die Taufe Freiheit von der Macht der Sünde und Einbezogenwerden in Tod und Auferstehung Jesu Christi bedeutet. Das Totsein gegenüber der Sünde ist zu erkennen, das Mit-Christus-Leben ist zu glauben. Die Pointe der Taufe ist die Errettung von der Macht der Sünde und die Übergabe an die Person und Geschichte Jesu Christi. *Apostelgeschichte 8,4-25* berichtet von der Mission des Philippus in Samarien, von seiner Predigt und der folgenden Taufe (V. 12–17). In diesem Text erscheint die Taufe als liturgischer Akt, der die Annahme des Evangeliums abschließt, der auch Kenntnis vom Namen des Erlösers gibt. Philippus tauft mit Wasser, die Apostel verleihen später den Geist durch Handauflegung. Der Akt der Taufe wird also von der in die Kirche als Leib Christi eingliedernden Gabe des Geistes unterschieden. In *Titus 3,4ff* zielt die Aussage auf eine Rettung der Glaubenden durch die Taufe als »Bad der Wiedergeburt«, verbunden mit dem Hinweis auf die »Erneuerung kraft des heiligen Geistes«. Taufe und Geistgabe sind Mittel des Heils der Christen. Die Texte zeigen, daß der *Taufritus* in der Ökumene uneinheitlich war und daß die *Taufdeutung* unterschiedlich entfaltet wurde[169]. Doch trotz der Differenzen lassen sich gemeinsame Elemente der Taufdeutung erkennen. Das *spezifisch Christliche der Taufe,* das in der nachösterlichen Kirche unableitbar ist, liegt nicht in dem Wie der Praxis, sondern allein in der Taufdeutung. Nach dem Neuen Testament gehören dazu *drei Aussagen,* die sich in allen Textstellen finden lassen:
1. In der Taufe handelt Gott am Menschen. Gott ist handelndes Subjekt, der Mensch wird unter seinen Schutz gestellt.
2. Dieses Handeln zielt ab auf eine Anteilgabe am Heilsgeschehen Jesu Christi, an seinem Tod und seiner Auferstehung.
3. Mit der Taufe auf Christus ist die Gabe des Heiligen Geistes verbunden[170].
Im Hinblick auf den zweiten (christologischen) Gesichtspunkt bestehen die größten Differenzen. Man kann im Hinblick auf diesen Sachverhalt Paulus als den maßgeblichen Sprecher innerhalb des Kanons ansehen; denn er hat als einziger die Taufe in christologischer und ekklesiologischer Richtung entfaltet. Für Paulus ist entscheidend, daß der Glaubende in der Taufe in den Tod Christi hineingetaucht und damit ihm übereignet ist. Durch diese Anteilhabe geschieht Vergebung der Sünden und nicht durch den Taufakt als Untertauchen im Wasser. Die Taufe schenkt ein neues menschliches Sein und gliedert in die Kirche als Leib Christi ein[171].

Es sprechen also theologische Gründe dafür, über die im Zusammenhang der Hollenweger-Erzählung genannten Texte hinaus Römer 6,1–14 im Un-

169 Vgl. *E. Dinkler,* Die Taufaussagen des Neuen Testaments. Neu untersucht im Hinblick auf Karl Barths Tauflehre, in: *F. Viering* (Hg.), Zu Karl Barths Lehre von der Taufe, Gütersloh 1972, 61–152, hier: 132f.
170 Vgl. ebd., 135.
171 Vgl. ebd., 137.152.

terricht zu erschließen und den Text mit der *Darstellung eines Taufbeckens* aus dem 5./6. Jahrhundert (M 23) in Beziehung zu setzen. Das Taufbecken bringt das paulinische Verständnis der Taufe als Anteilhabe an Tod und Auferstehung Christi durch seine Gestalt genau zum Ausdruck. Es ist in den Felsen auf dem Gipfel eines Hügels der Insel Rhodos eingehauen und war früher mit Wasser gefüllt. Während des Taufgottesdienstes am frühen Ostermorgen mußten die Täuflinge in das Kreuz hinabsteigen, um symbolisch mit Christus begraben zu werden.

Die Unterrichtsversuche in der Sekundarstufe II haben allerdings gezeigt, daß die didaktischen Möglichkeiten zur Erschließung paulinischer Tauftexte begrenzt sind. Die Auslegung eines anschaulichen *Textes aus der Apostelgeschichte* (19,1–5) durch eine Predigt (vgl. S. 162ff) bot die Gelegenheit, die Taufaussagen des Neuen Testaments zu bündeln. Es wäre zu erwägen, die schon genannte Geschichte von der Mission in Samarien (8,4ff) oder die bekannte Geschichte von der Bekehrung des Kämmerers (8,26ff) in die unterrichtliche Arbeit in der Sekundarstufe I einzubeziehen.

Ein Text ist unbestreitbar von weitreichender Bedeutung für die Geschichte der christlichen Taufe, nämlich *die Taufe Jesu (Mk 1,9–11)*. Die christliche Gemeinde griff auf die Adoptionsformel in Psalm 2 zurück, um das Ereignis der Taufe *theologisch* im Sinne der Einsetzung in die Stellung des Gottessohnes und der Berufung in sein messianisches Amt zu deuten. *Historisch* nicht bezweifelbar und von erheblicher Bedeutung für das Entstehen der christlichen Taufe ist jedoch die Tatsache, daß Jesus sich selbst der Johannestaufe zur Buße und zur Vergebung der Sünden unterzog. Wir fragen nach dem Sinn der Johannestaufe (Mk 1,4–7; vgl. Mt 3,7–12 parr; Lk 3,7–9.16f)[172]. In Mk 1,9–11 fehlen die Züge einer Kultätiologie. Die christliche Taufe knüpft an die Johannestaufe an; die Taufe bekommt jedoch nach Ostern einen neuen Sinn, sie ist Zeichen der Zugehörigkeit zur endzeitlichen Heilsgemeinde.
Die Szene der Taufe Jesu hat in der christlichen Kunst vielfältige Ausdrucksformen gefunden. *Lukas Cranach d.J.* malt 1536 das evangelische Bild der Taufe Christi.

Er verläßt den hierarchischen, meist hochformatigen Kompositionstyp. Schon die querformatige Bildanlage unterstreicht die irdische Ereignishaftigkeit der Erscheinung Gottes und Jesu. Mit der Schar der Bekenner – in der ersten Reihe die Fürstin von Anhalt – im Vordergrund und der Stadt Dessau im Hintergrund betont er die Verbindlichkeit des göttlichen Gnadenaktes für alle Menschen[173]. Etwa 1548 stellt Cranach die Taufszene noch einmal als Holzschnitt (gefertigt aus drei Blöcken) dar. Jesus steht knietief im Jordan, neben ihm Johannes, der ihn mit Wasser begießt und ihn segnet, über ihm im Strahlenkranz die Taube als Symbol des Heiligen Geistes, darüber – von der Schar der Engel umgeben – Gottvater, der auf den Sohn herabweist; im Hintergrund eine befestigte Stadt, am Ufer des Jordan rechts Luther und links Friedrich der Weise kniend. Die Darstellung folgt Luthers zweiter Taufpre-

172 Vgl. *G. Theißen*, Der Schatten des Galiläers, München 1986, 83ff.
173 Gemälde auf Lindenholz, 61,8 x 82,2 cm, Berlin, Jagdschloß Grunewald. Vgl. Martin Luther und die Reformation in Deutschland, Frankfurt/M. 1983, 361.

digt vom 25. 1. 1534, in der er betont, daß Christus sich nicht um seiner selbst willen taufen läßt, sondern um unseretwillen, um uns zu vergewissern, daß dort, wo Taufe ist, der Himmel offen und die Dreifaltigkeit gegenwärtig ist (vgl. WA 37, 647f)[174].

Einerseits erweist es sich als notwendig, die in der Hollenweger-Erzählung enthaltene Tauflehre zu entfalten. Andererseits sprechen didaktische Gründe dafür, *den Taufgottesdienst in Korinth mit einem Taufgottesdienst vor Ort zu konfrontieren.* Es wird eine Spannung erzeugt, die weiterreichende Fragestellungen hervortreibt, insbesondere die Frage nach Recht und Bedeutung der Säuglingstaufe. Wo die Möglichkeit dazu besteht, sollte der (freiwillige) Besuch eines Taufgottesdienstes mit dem Pfarrer vorbereitet werden, so daß eine Lehrpredigt entsteht, die auch die unterrichtliche Situation berücksichtigt. Es kann dadurch ein »Text« entstehen, der bereits eine Vermittlung zwischen der biblischen Überlieferung und gegenwärtigen Problemen leistet. Dieser »Text« kann dann von *allen* Jugendlichen im Unterricht interpretiert werden. Wo sich diese Möglichkeit nicht realisieren läßt, kann im Unterricht eine *Pro-und-Contra-Diskussion* mit Laien und »Experten« zum Problem »Säuglings- und Mündigentaufe« durchgeführt werden (vgl. die Argumente in 4.3). Auch bei dieser Methode müssen sich die Beteiligten »kundig« machen, so daß in einem dynamischen Prozeß Grundlinien des Taufverständnisses erkennbar werden können.
Wenn der Fachlehrer und der Pfarrer, dessen Taufgottesdienst besucht wird, aus theologischen Gründen *für* die Praxis der Säuglingstaufe eintreten, müssen auf der anderen Seite die kritischen Einwände vieler Jugendlicher aufgenommen und eventuell verstärkt werden. Eine interaktionale Auslegung von *A.R. Pencks Radierung »Taufe«* (M 26) kann die Auseinandersetzung mit den Einwänden Jugendlicher fördern. Die Bildsprache, die an Kinderkritzeleien erinnert, und die »karikaturenhafte« Darstellungsweise werden ohne Hilfen verstanden. Das Thema betrifft die meisten Jugendlichen unmittelbar, da sie selbst als Säuglinge getauft wurden und vor der Frage stehen, ob sie nach dieser volkskirchlichen Praxis auch einmal ihre eigenen Kinder taufen lassen sollen. Gerade bei der Taufe ist es auch für einen symboldidaktisch orientierten Unterrichtsansatz erforderlich, Elemente einer Tauf*lehre* zu entwickeln. Bei der Anlage des Lernprozesses müßte jedoch eine ›Bauform‹ entstehen, bei der die Abschlußphase der stark erfahrungs- und handlungsbezogenen Anfangsphase entspricht. Handelt es sich um ein fächerübergreifendes Projekt oder um Epochenunterricht, bietet sich die Gestaltung einer »Wasserausstellung« an, beim Abschluß einer Konfirmanden/innenfreizeit der Bau eines »Wasserdenkmals« oder eines Brunnens (mit Plastikplane und Steinen). Sind diese Vorhaben zeitlich zu aufwendig, so ist der *Bau eines Denkmals »Wasser des Lebens«*, bei dem die Jugendlichen selbst das ›Material‹ sind, überall realisierbar. Es

174 Vgl. *H. Reinitzer*, Wasser des Todes und Wasser des Lebens, in: *Böhme*, Umriß (s.o. Anm. 88), 99–144, hier: 114.127.

entstehen Gegenbilder zum Durstdenkmal von Bad Kreuznach (M 17). Für die abschließende Feier eines Brunnenfestes, bei dem der Tanz »Majim, Majim« wieder getanzt wird, läßt sich der Brunnen mit einfachen Mitteln andeuten.
Während es für den Konfirmanden/innenunterricht selbstverständlich ist, daß die Gruppe einen Taufgottesdienst mitgestaltet, ist es in den Sekundarstufen besonders schwierig, präsakramentale Erfahrungen zu initiieren. Wir sind daher bei der Entwicklung von Unterrichtsideen von der symbolischen Zeichenhandlung der *Fußwaschung, Joh 13,1–15(20)*, ausgegangen, da es sich hier auch um einen Wasser-Ritus handelt. Die Szene hat durch die *»Celtic«-Aktion von Joseph Beuys* (M 28) eine bestimmte Auslegung erfahren, die eine Provokation darstellt. Diese Symbolhandlung kann einerseits die Frage auslösen, welchen Sinn die Handlung Jesu ursprünglich hatte. Sodann kann sie die Phantasie anregen – und das ist in dieser Phase der Einheit entscheidend –, eigene Ideen für entsprechende Aktionen zu entwickeln. Auch abgesehen von der Realisierbarkeit ist das Durchspielen der Ideen ein wichtiger Lernschritt. Ein Beispiel, das sich an einem Projekttag gut durchführen läßt, ist ausführlich beschrieben (vgl. S. 273f).

3.2.4 Erfahrungsberichte zu einzelnen Abschnitten der Unterrichtseinheit und Darstellung eines Taufgottesdienstes

A *U. Hinze*, »Wasser« als Symbol des Lebens (Sekundarstufe I)

Die Unterrichtseinheit wurde in einer 9. Realschulklasse (12 Jungen und 8 Mädchen) in fünf Doppelstunden durchgeführt. Sie bezieht sich auf die Rahmenziele III, 6 und IV, 1–6; die Ziele V, 3–4 für die Sekundarstufe II wurden im Hinblick auf die Situation dieser Klasse abgewandelt.
Das Lied »Du bist da, wo Menschen leben« (KTL 83, Nr. 699) begleitete die Einheit und wurde von den Schülern umgedichtet.

Als Einstieg wurde das *Dia »Durst«* (M 17) gewählt. Nach einem stillen Einsehen in die Plastik bildeten die Schüler Dreiergruppen (Künstler, Trinkender, Durstender) und gestalteten mit ihren Körpern die Plastik nach. Dadurch wurde eine intensive emotionale und körperliche Identifikation mit dem Bild geschaffen, wie das sehr produktive anschließende Gespräch zeigte.

»Ich kam mir ziemlich mies vor, daß ich satt zu trinken hatte und den Durstenden gewaltsam abwehren mußte.« »Aber wenn es ums Überleben geht, würdest du dann noch das Essen und Trinken mit anderen teilen?« »Ich bin mir unsicher, wie ich in einer solchen Situatiuon reagieren würde.« »Dies Denkmal ist zeitlos, da es das Problem von Arm und Reich, von Unterdrücker und Unterdrückten zeigt.«

Bei der Suche nach einem Titel für die Plastik wurde häufig »Der Kampf um das Wasser« und »Überlebenskampf« genannt. In einer *Metapher-*

übung sollten die Schüler ausdrücken, was Durst für sie selbst bedeutet: »Ich habe Durst nach ...« bzw. »Durst ist für mich wie ...«. Sie konnten aus folgenden methodischen Angeboten auswählen: (1) Schreibe ein Gedicht, eine Geschichte, eine Assoziationskette; (2) suche dir aus einer Bildersammlung ein Bild aus und schreibe dazu deine Gedanken auf; (3) male selbst ein Bild. Die Beiträge der Jugendlichen wurden auf eine Wandzeitung geheftet; jeder las seinen Text vor oder beschrieb sein Bild.

»Ich habe Durst nach Liebe. Dieser Durst ist für mich wie eine Freundschaft, die mir sehr viel bedeutet. Mein Durst besteht aus Ehrlichkeit, Zuneigung, Treue und Wahrheit. Habe ich Durst, geben mir andere Liebe.« Ein Schüler wählte ein Bild von einem zarten Pflänzchen, das aus rissigem trockenen Boden sprießt: »Überlebenskampf in der Wüste. Diese Pflanze hat die Dürre bis jetzt überlebt. Sie teilt sich ihr Wasser ein. Ich meine, wir Menschen sollten das auch machen und nicht so verschwenderisch mit Nahrungsmitteln und Wasser umgehen. Nur so kann man die Not überleben.« »Durst ist für mich wie Schmerzen zu erleiden oder ohne Freunde zu leben, wo ich mit niemandem sprechen kann. Oder einfach ausgestoßen zu sein. Ich habe Durst nach Freunden, die mich verstehen und die ich verstehe. Oder Durst nach Liebe, Geborgenheit und Wärme. Darüber hinaus habe ich Durst nach Frieden, der überall herrschen soll.«

Nach dem Gespräch über die Schülerbeiträge entstand folgendes Tafelbild:

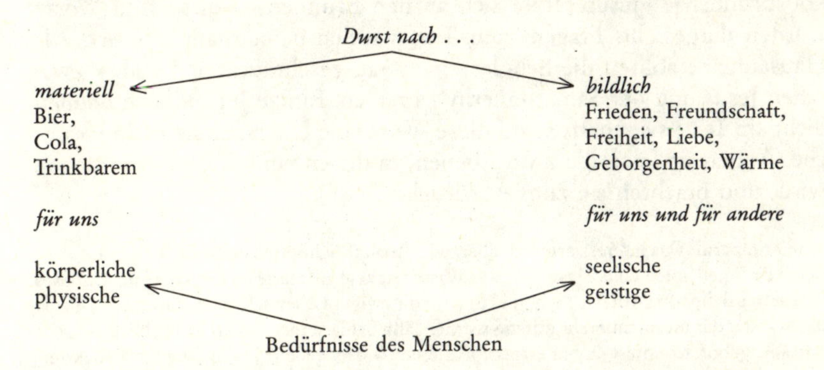

In diesem ersten Teil der Doppelstunde waren die Jugendlichen intensiv und aktiv beteiligt. Im zweiten Teil las ich die auf 40 Minuten gekürzte Erzählung *»Der Durst« von A. de Saint-Exupéry* (Wind, Sand und Sterne, 1971, 149ff). Beim Hören sollten die Jugendlichen auf die immer wiederkehrenden Beschreibungen von »Durstqualen« und »Durstphantasien« achten. Sie entdeckten in der Erzählung die beiden Dimensionen von Durst wieder. In den folgenden Stunden wurde immer wieder erkennbar, wie intensiv dieser Text aufgenommen wurde; die Situation wurde als Steigerung eigener Erfahrungen verstanden.

»Ich glaube, keiner von uns hat je solchen Durst gehabt. Irgendwie ist doch immer was zu trinken in der Nähe. Wenn er nicht immer diese Phantasien gehabt hätte, die ihm Hoffnung machten, hätte er auch nicht überlebt.«

Nachdem die Schüler den Zusammenhang von Durst und Leben in eigenen Erlebnissen und Fremderfahrungen nachvollzogen hatten, waren die Voraussetzungen geschaffen für das Verstehen der symbolischen Rede vom Wasser des Lebens in *Joh 4,1–15: Jesus und die Samaritanerin am Brunnen.* Wir hörten zunächst die Musik des israelitischen *Tanzes Majim, Majim* (M 20).

»Da kommt immer wieder das Wort *majim* vor. Das heißt Wasser, das sagt meine türkische Freundin immer.« »Ich stelle mir bei dieser Musik einen Kreistanz vor.«

Wir erlernten den Tanz, wobei die Jugendlichen deutlich die beiden Teile interpretieren konnten: das Schöpfen des Wassers aus einem Brunnen oder einer Quelle und die Freude darüber. Das *Bild* (M 20) erwies sich als geeignetes Medium, um die Erzählung »Durst« und den Tanz in einen Zusammenhang zu bringen. Der Ort des Geschehens von Joh 4 wurde so vorbereitet. Auf das erste Hören des Textes reagierten die Schüler mit einem Element aus dem Bibliodrama: Jeder merkte sich ein Wort oder eine bildhafte Aussage aus der Geschichte und brachte sie, begleitet von einer Geste (im Kreis stehend), in die Gruppe ein; diese nahm sie dreimal wiederholend auf. »Wasser schöpfen«, »sprudelnde Quelle«, »lebendiges Wasser«, »Jakobsbrunnen«, »Jesus setzte sich an den Brunnen« – diese Bild-Worte wurden dargestellt. Fragen zum Text wurden gemeinsam erörtert. Als Hausaufgabe sollten die Schüler einen »ausgeschmückten Dialog« zwischen Jesus und der Samaritanerin schreiben. Einige Jugendliche blieben dicht am Text; sie schafften auf diese Weise eine Übersetzung in ihre Sprache. Andere spürten die zwei Ebenen, in denen vom Wasser gesprochen wird, und brachten sie zum Ausdruck.

»Samaritanerin: Das interessiert mich aber, wie du ohne Schöpfgefäß dieses Wasser aus dem tiefen Brunnen holen willst. Jesus: Dieses Wasser ist keine Materie im direkten Sinne. Dieses Wasser wird dir von Gott gegeben, und es wird dir ewiges Leben schenken. Gottes Gnade ist das Wasser, das uns nicht mehr durstig werden läßt. Samaritanerin: Das ist wirklich ein sehr gutes Angebot. Könntest du mir etwas von diesem Wasser geben? Jesus: Du wirst es bekommen.«
»Samaritanerin: Wovon redest du eigentlich? Es scheint mir wie ein Rätsel. Und außerdem hast du kein Schöpfgefäß. Also, woher hast du dann das lebendige Wasser, und was ist das überhaupt für ein Wasser? Jesus: Sei nicht ungläubig! Höre genau zu, ich deute es dir. Wer von diesem Wasser, das ich ihm geben werde, trinkt, der wird niemals mehr Durst haben; vielmehr wird das Wasser, das ich ihm geben werde, in ihm zur sprudelnden Quelle, deren Wasser ewiges Leben schenkt. Samaritanerin: Herr, gib mir dieses Wasser, damit ich keinen Durst mehr habe und nicht mehr hierher kommen muß. Doch halt ein! Mir wird klar, du meinst mit dem Wasser nicht das, was man trinkt, sondern du meinst den Glauben an euren Gott, der einem das Gefühl gibt, nie mehr nach etwas dürsten zu müssen. Der einem ewiges Leben schenkt, auch wenn man tot ist. Ich habe erkannt, daß du weise und fromm bist. Ich will mich dir anvertrauen und das ewige Leben empfangen. Jesus: Ich glaube, wenn alle so wären wie du, gäbe es keinen Zwiespalt mehr zwischen Juden und Samaritanern.«

In einem anderen Dialog sagte die Samaritanerin: ». . . mir wird klar, daß das Wasser, das du meinst, kein gewöhnliches Wasser zu trinken ist, son-

dern daß es die Kraft zum Leben selbst ist, die du mir schenken willst.«
Einige Schüler haben inzwischen das Lied 699 umgedichtet. Eine besonders gelungene Strophe lautet: »Du gibst dem, der Durst hat, Wasser, rettest vorm Verdursten ihn. Gibst ihm Hoffnung für das Leben, führst ihn zu neuem Lebensmut.«
Diese Umdichtung und einige Dialoge werden mit dem Johannestext verglichen. Es zeigt sich dabei, daß der Fortgang der Geschichte von den Schülern richtig vermutet wurde. Das Tafelbild aus der dritten Stunde wird in der Mitte durch drei Worte vervollständigt: Jesus, Wasser, Leben.
Bei der Betrachtung des (zweiten) *Misereor-Hungertuches aus Indien* können die Schüler Bekanntes wiederentdecken. Sie empfinden nach, daß der Künstler die zwei Sichtweisen von Wasser ausgedrückt hat.

»Fließt nun das Wasser aus dem Krug zu Jesus hin oder umgekehrt?« »Ich glaube, daß hier beides gemeint ist. Das reale Wasser, von dem die Samaritanerin spricht, und das Wasser des Lebens.«
Die Schüler beschäftigen sich sehr mit dem Gerippe; sie deuten Jesus, der sich, von Licht und Wasser durchflutet, davon abhebt, als den Auferstandenen. So ergibt sich als Intention des Künstlers: »Jesus, der Auferstandene, ist das Leben.«

Zur Erinnerung an die erste Stunde werden einige Schüler gebeten, das »Durstdenkmal« noch einmal nachzustellen. Sie erhalten jetzt die Aufgabe, in Gruppen ein *»Gegendenkmal« zu entwerfen*, das den *Titel »Wasser des Lebens«* trägt.
Für die nächste Religionsstunde bringen die Jugendlichen etwas zum Frühstücken mit, das sich gut teilen läßt. Es wird ein blaues Tuch, zum Kreis geformt, auf die Erde gelegt. Die Schüler breiten darauf die von ihnen mitgebrachten Lebensmittel aus. Ich stelle Blumen und Kerzen dazu und streue Glaskugeln dazwischen. Als Rand wird für jeden eine Serviette hingelegt. Wir sitzen um unseren reich gedeckten Brunnen; ein Hauch von Feierlichkeit kommt auf. »Die Kerzen erinnern mich an einen Gottesdienst, den wir während der Konfirmandenfreizeit gefeiert haben.« »Schön finde ich auch die Kugeln, die beruhigen irgendwie.« Bevor wir zu essen anfangen, tanzen wir noch einmal »Majim, Majim« um unseren Brunnen. Das Essen vollzieht sich in einer unglaublichen Ruhe.
In der folgenden Woche sind die Photos von den »Standbildern« entwikkelt und vergrößert. Sie werden in Ruhe aus zeitlicher Distanz betrachtet. Die Schüler werden gebeten, die Bilder so zu ordnen, daß ein Spannungsbogen von der realen zur symbolischen Darstellung, von der Alltagserfahrung zur religiösen Erfahrung, entsteht.
Das Bild, das ein Pflänzchen zeigt, das zu wachsen beginnt, wenn es begossen wird, während eine andere Pflanze traurig den Kopf senkt, wurde an die erste Stelle gelegt. Bei dem nächsten Bild fiel die Differenzierung schwer. Es entstand eine lebhafte Diskussion über die »Standbilder«. Die einzelnen Gruppen hatten Gelegenheit, ihre Überlegungen mitzuteilen. Einigkeit bestand darin, daß das vierte Bild, das die *Taufe* darstellt, den

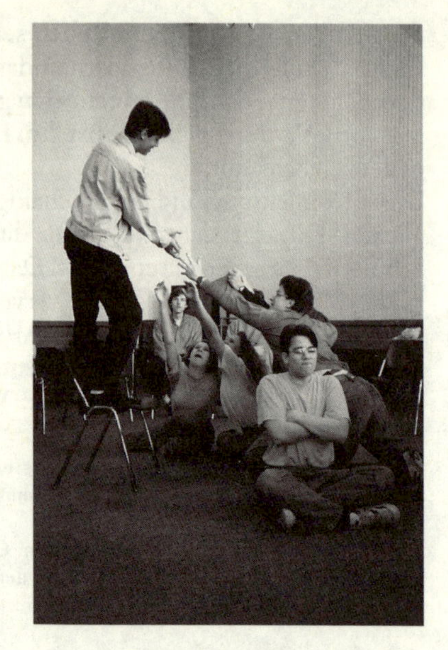

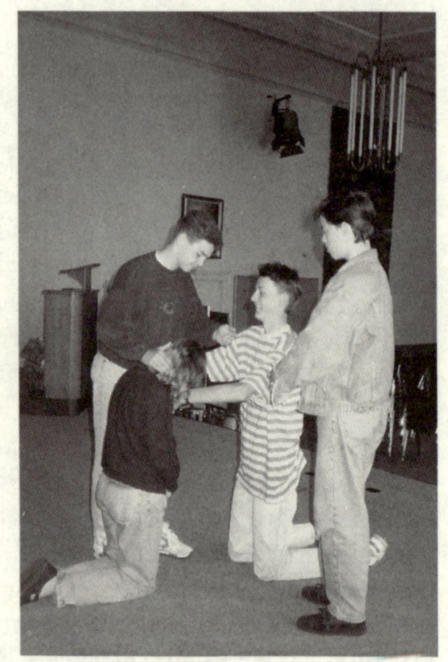

Spannungsbogen beenden soll, da hier eine symbolische Handlung dargestellt ist. In dieser Unterrichtseinheit ergab sich durch das entsprechende »Standbild« und das Brunnenfest der Übergang zur Taufe wie von selbst. Damit ist jedoch nicht in jedem Fall zu rechnen. Ich halte die Radierung »Taufe« von A.R. Penck (M 26) für ein geeignetes Medium, die Taufe zu thematisieren, da die provozierende Darstellung eine gesprächseröffnende Funktion hat.

Die Schüler beantworten folgende *drei Fragen in schriftlicher Form.*

(1) *»Was ist dir von deiner Taufe erzählt worden oder woran kannst du dich selbst erinnern?«*

Überraschend war die Freude, mit der die Schüler von ihrer Taufe erzählten. Mehrere Jugendliche erwähnten ihr weißes Taufkleid oder die Taufkerze, die die Eltern bis jetzt aufgehoben haben. Erstaunlich und für Göttinger Verhältnisse untypisch ist, daß nur eine Schülerin im Alter von 12 Jahren getauft wurde, alle anderen als Säuglinge.

(2) *»Was bedeutet die Taufe nach evangelisch-lutherischem Verständnis?«*

»Man tritt durch die Taufe in die Kirche ein.« »Wenn man getauft wird, dann wird man Christ.« »Taufe bedeutet Aufnahme in die Gemeinde.« Über diesen Sachverhalt bestand weitgehend Einigkeit. Eine heftige Diskussion entbrannte, als eine Schülerin vorlas: »Die Taufe ist auch ein Zeichen, daß man an Gott glaubt. Man wird in die Glaubensgemeinschaft aufgenommen.«

In arbeitsteiliger Gruppenarbeit überprüften die Schüler ihre Antworten anhand zweier *Kirchenlieder*, Johann J. Rambachs Lied »Ich bin getauft auf deinen Namen« (EKG 152, 1–2) und Martin Luthers Lied »Christ, unser Herr, zum Jordan kam« (EKG 146, 1–5). Die Aufgabe bestand darin, die Verse so umzuformulieren, daß ein heutiger Vorkonfirmand verstehen kann, was über die Taufe gesagt wird. In Rambachs Lied fanden sie ihre Aussage, daß sie mit der Taufe in der Nachfolge Christi stehen, wieder. Eine Gruppe übersetzte den zweiten Vers des Lutherliedes: »Merkt euch, was die Taufe ist und was ein Christ glauben soll, der sich taufen läßt. Gott sagt, daß es nicht nur Wasser ist, mit dem man getauft wird, sondern *daß auch immer etwas von ihm selbst dabei ist.*« Die Jugendlichen fanden die Aussage ihrer Mitschülerin, über die sie diskutiert hatten, bestätigt: Glaube und Taufe gehören zusammen. Sehr intensiv war das Gespräch über die Übersetzung von EKG 146, 2.

»Da fällt mir der Heilige Geist ein – dargestellt durch eine Taube; aber ich finde die Geschichte unglaubwürdig.« »Das verstehe ich so wie in der Geschichte von der Samaritanerin: Das Wasser steht für die lebensspendende Kraft.« »Das Wasser der Taufe symbolisiert das Leben, das Gott dem Kind geschenkt hat. Das Wasser steht für die Kraft Gottes. Gott und Heiliger Geist sind für mich dasselbe.« »Die Pflanzen brauchen das Wasser, um zu gedeihen, und so soll das Kind durch den Segen gedeihen.« »Ich glaube, man nimmt das Wasser, weil Jesus selbst mit Wasser, nämlich im Jordan, getauft wurde.«

(3) *»Würdest du deine Kinder als Säuglinge taufen lassen?«*

Zustimmung und Ablehnung hielten sich nach heftiger Debatte die Waage.

»Ja, weil ich meine, daß sonst keine anderen Menschen für das Kind verantwortlich sind, außer den Eltern.« »Ich finde, daß sie das später selbst entscheiden sollen. Ich kann sie ja nicht in eine Religion stecken, an die sie nicht glauben!«

Der Gedanke der *Gemeinschaft mit Gott* auf der einen Seite und das theologische Argument, daß *Glaube und Taufe zusammengehören,* auf der anderen Seite, standen sich gegenüber.
Diese brisante theologische Diskussion wurde sowohl durch die Unterrichtseinheit zum Symbol »Wasser« als auch durch den vorangegangenen Konfirmanden/innenunterricht ermöglicht. Den Höhepunkt erreichte die Taufdiskussion durch ein *Streitgespräch über Säuglings- und Erwachsenentaufe,* das die Fachlehrerin und eine Lehramtskandidatin, die Baptistin ist, inszenierten. Hätte die Kandidatin nicht zufällig im Unterricht hospitiert, hätte ein Besuch in der baptistischen Gemeinde stattgefunden, um das Gespräch über die unterschiedlichen Taufverständnisse zu führen.
Bisher wurde in meinem Unterricht die Taufe nicht explizit thematisiert. Die ausgesprochen positiven Erfahrungen bestätigen, daß das Thema das Interesse der Jugendlichen findet. Die Vertiefungsphase mit dem Hungertuch aus Indien hätte übersprungen werden können, um den Aspekt der Taufe noch zu erweitern.

B *R. Tammeus,* Elementare Zugänge zum Grundritual »Taufe« mit Hilfe des Symbols »Wasser« (11. Jahrgangsstufe/Gymnasium)

Die Unterrichtseinheit »Taufe« wurde in insgesamt fünf Doppelstunden in einer Lerngruppe des 11. Jahrgangs mit 22 Mädchen und 3 Jungen erprobt. Die Intentionen der Unterrichtseinheit entsprachen den Rahmenzielen III, 1 und 6 und V, 2 bis 6.

In der *ersten Doppelstunde* wurden den SchülerInnen nacheinander zwei Wasserbilder (M 18) gezeigt, die sie sich in Ruhe anschauen, zu denen sie Gedanken entwickeln und auf kleinen vorbereiteten Zetteln schriftlich festhalten sollten. Die assoziierten Nomen wurden von den SchülerInnen in einer Mitteilungsrunde gegenseitig veröffentlicht und die Zettel mit den Begriffen in die Mitte des Sitzkreises gelegt. Zum ersten Bild (ruhiges Wasser) wurden u.a. folgende Assoziationen genannt:

Entspannung, Stille, Ruhe, Einsamkeit, Friede, Idylle, Kühle, Klarheit, Leben, Tiefe, Weite, Erfrischung, Geborgenheit, Endlosigkeit, Kreise, Zentren.

Zum zweiten Bild (unruhiges Wasser) hatten die SchülerInnen u.a. auf die Zettel notiert:

Bewegung, Lebendigkeit, Erfrischung, Befreiung, Wildheit, Explosion, Gefahr, Dynamik, Lärm, Kraft, Energie, Gewalt, Bedrohung, Aggression, Aufregung, Spannung.

Außer den genannten Begriffen wurden zu beiden Bildern die Bedrohung des Wassers durch die Umweltverschmutzung und eine am Vortage in den Nachrichten gemeldete Flutkatastrophe in Bangladesh erinnert.
In einem Begriffs-»Soziogramm« ordneten die SchülerInnen die in der Kreismitte liegenden Zettel anschließend unter inhaltlichen Gesichtspunkten: Begriffe mit inhaltlicher Affinität wurden nah zueinander gelegt bzw. geschoben, solche mit gegensätzlicher Bedeutung weiter voneinaner weg. Auf diese Art und Weise entstand ein lebhaftes Gespräch über die Bedeutungsfülle des Wassers, und die Ambivalenz des Symbols wurde eindrucksvoll visualisiert: Am Ende bildeten die Zettel mit den eher positiven ein deutliches Gegenüber zu den Zetteln mit den eher negativen Assoziationen.
Im zweiten Teil der ersten Doppelstunde konnten die SchülerInnen entweder eigene »Durst«-Erlebnisse erinnern und aufschreiben oder in einer Metapher-Übung den Satzanfang »Durst ist für mich wie . . .« ausführlich ergänzen. Etwa die Hälfte der Klasse widmete sich der ersten Aufgabe und berichtete von Dursterfahrungen, z.B. bei (Berg-)Wanderungen, Fahrradtouren im Süden, Pfadfindertouren (in einsamen Gegenden) oder nach Operationen. Die andere Hälfte schrieb ausführliche Texte zu dem genannten Satzanfang. Zwei sehr unterschiedliche Beispiele zitiere ich im folgenden wörtlich:

Durst
»Durst haben oder nicht haben . . . Durst wonach . . .?
Können Menschen, die ein großes Auto vor der Tür stehen haben, die soviel zu essen haben, daß sie es wegschmeißen, die genügend Wasser haben, um mehrmals am Tag baden oder duschen zu können . . ., können solche Menschen, wie wir es sind, überhaupt Durst haben???
Ich glaube, sie können es! Jeder Mensch auf dieser Welt hat Durst; nur auf eine unterschiedliche Weise.
Menschen in der ›3. Welt‹ setzen sich mit dem Durst täglich, stündlich real auseinander. Für sie bedeutet Wasser Leben, körperliches Wohlbefinden, morgen auch noch die Sonne [zu] sehen. Auch im übertragenen Sinne haben diese Menschen Durst, Durst nach Schuldenerlaß und gerechten Preisen für ihre Produkte.
Aber was ist mit uns, die wir Wasser im Überfluß haben (obwohl es erst xmal gefiltert und gesäubert werden muß, bevor es so klar aus unseren Wasserhähnen fließt)?
Auch wir haben Durst, Durst nach geistiger oder seelischer ›Nahrung‹. Wie oft haben Kinder und Jugendliche Durst auf Liebe, Zuwendung, Aufmerksamkeit und Interesse von ihren Eltern, Geschwistern oder Freunden. Oft sehen sie sie nur beim Frühstück oder beim Abendessen, weil sie tagsüber viel arbeiten müssen (→ ihre Karriere nicht aufgeben wollen).
Oder was sagt einem das Wort ›Wissensdurst‹? Menschen, die immerzu fragen, lesen, Antworten verlangen.
Durst hat jeder Mensch, der nicht in einer heilen Welt lebt, der Wünsche hat – und: Hat die nicht jeder?«

»Zu Hause bin ich das Kind meiner Eltern und habe auch noch zwei Geschwister. Ich habe von Anfang an Durst gehabt, meine Eltern gaben mir zu trinken, und ich lernte, auch ihren Durst zu löschen. Aber mit der Zeit hatte ich immer mehr Durst und bekam immer weniger zu trinken, d.h. nicht weniger, aber was ich bekam, das löschte den Durst nicht mehr.
Da ging ich zu meinen Freunden, fragend, ob sie mir zu trinken geben könnten, aber sie ver-

standen mich nicht - sie lachten mich aus. Ich kann mich bei ihnen nicht verständlich machen; sie verstehen mich vielleicht schon, aber niemand kann mir zu trinken geben, kann mich zufriedenstellen.
Der Durst trieb mich weiter und weiter, bis ich Dich fand, der mir zu trinken gab. Nun endlich, da mich der Durst nicht mehr quält, fange ich wieder an zu leben. Doch wie lange?«

In der *zweiten Doppelstunde* sollte die symbolische Bedeutung des Wassers bei der Taufe thematisiert werden. Dazu zeigte der Lehrer zu Beginn der Stunde das Foto einer Taufszene (M 24: Taufe eines Säuglings) und ließ die SchülerInnen das Dargestellte als Taufe identifizieren, ihre vereinzelten Erfahrungen mit Tauffeiern artikulieren und kommentieren.
Zur Rolle des Wassers bei der Taufe wurden in diesem ersten Gesprächsgang bereits einige Andeutungen gemacht.
In einer Einzel- / (nach Wahl auch) Partnerarbeit sollten die SchülerInnen in einem zweiten Schritt Sätze formulieren, in denen sie - auf dem Hintergrund des in der ersten Doppelstunde Erarbeiteten - verschiedene Bedeutungen des Symbols »Wasser« auf die Taufe bezogen und diese Sätze auf einen Folienstreifen schrieben. Als Satzanfang wurde vorgegeben: »Mit dem Wasser bei der Taufe drückt man symbolisch aus . . .« Die SchülerInnenformulierungen wurden der Klasse über OHP zur Kenntnis gegeben und erläutert. Gesprächsweise wurden auf diese Weise elementare - auf die Wassersymbolik gegründete - Aussagen zum Taufverständnis zusammengestellt. Die SchülerInnen formulierten u.a.:

»Mit dem Wasser bei der Taufe drückt man symbolisch aus:
- daß die/der Getaufte durch das Leben (= Wasser) und den Tod (= Wasser) Gott näher kommt;
- daß der ›alte Mensch stirbt‹ und ein ›neuer‹ mit Gott verbundener Mensch ›geboren‹ wird;
- daß, wie das Wasser in einen leeren Krug gefüllt wird, Gott in die leere Seele eines Menschen eingefüllt wird;
- daß das Kind durch das Wasser reingewaschen wird und mit Gott verbunden ist;
- daß man in die Kirche wie in einem Meer aufgenommen wird;
- daß ein neues Leben anfängt;
- daß eine Verbindung zwischen Gott und dem Kind hergestellt wird;
- daß das Reine im Kind/Jugendlichen durch das Wasser bestätigt wird;
- daß ein Leben ohne Gott wie ein Leben ohne Wasser ist;
- daß Gott/Jesus die Quelle des Lebens ist;
- daß du von Gott von deinen Sünden befreit bist;
- daß es auch nach dem Tod noch ein Leben gibt;
- daß für Kinder ein Lebensweg beginnt, der von der christlichen Gemeinschaft beeinflußt wird.«

Die von den SchülerInnen erarbeitete Deutung der Taufe wurde abschließend mit dem Vierten Hauptstück aus dem Kleinen Katechismus Martin Luthers »Das Sakrament der heiligen Taufe« (M 27) verglichen, Gemeinsamkeiten und Unterschiede wurden durch Unterstreichen herausgearbeitet. Der Vergleich verdeutlichte eindrucksvoll die Bedeutung des Wortes Gottes und des Glaubens (solo verbo - sola fide) bei Luther.

Eine Variante zu dem letztgenannten Unterrichtsabschnitt erprobte der Fachlehrer in einer anderen Lerngruppe. Statt des Vergleichs mit dem Luther-Text erhielten die SchülerInnen den Auftrag, auf dem Hintergrund ihrer Satzergänzungen zur symbolischen Bedeutung des Wassers bei der Taufe ein situationsbezogenes Taufformular für einen Gottesdienst zu schreiben, in dem entweder ein Kleinkind oder ein(e) Jugendliche(r) getauft wird. Zwei Textbeispiele:

»Liebe Gemeinde, Paten und Eltern!
Heute feiern wir das Fest der Taufe. (Was bedeutet die Taufe eigentlich?) Warum taufen wir eigentlich mit Wasser? Wasser kennen wir als Symbol der Reinheit, als Bild der Erneuerung des Lebens, aber auch des Todes:
So wie es Leben hervorbringt – denken wir nur an den fehlenden Regen –, so kann es auch Bedrohung bedeuten. Einige mögen jetzt beispielsweise an die Flutkatastrophe in Bangladesh denken ...
Vor diesem Hintergrund stehen wir auch bei der Taufe: einerseits ein Abbruch mit dem alten Leben, andererseits der Neubeginn als ChristIn. In diesem Schritt in die Gotteskindschaft, in diese unsere Gemeinschaft, und in dem Bekenntnis zu Gott, dem Schöpfer, erhalten wir Segen und Verheißung für unser Leben.«

»Liebe Laura (Konfirmandin, die sich vor ihrer Konfirmation taufen läßt)!
Du hast Dich dazu entschlossen, Dich taufen zu lassen. Das Wasser, das Deine Taufe für uns alle sichtbar macht, weist auf die Chance eines Neubeginns für Dich hin.
In der Taufe befreit Gott Dich von allem Vergangenen, womit Du Dich und andere belastet hast. Das Wasser in seiner lebensspendenden Kraft reinigt und ermöglicht neues Leben.«

In der *dritten Doppelstunde* der Unterrichtseinheit sollten die SchülerInnen einen möglichen Taufgottesdienst in einer korinthischen Gemeinde kennenlernen und sich mit neutestamentlichen Aussagen zur Taufe beschäftigen. Dazu wurden zu Beginn der Stunde der unter M 22 (»Taufe im Morgengrauen«) abgedruckte Text von W.J. Hollenweger vorgelesen. Nach Klärung unbekannter Begriffe (z.B. Mysterienhandlungen, Anhänger der dionysischen Mysterienreligionen) stand zunächst die Art und Weise der Taufhandlung im Vordergrund des Gesprächs. Unter Zuhilfenahme des Textes und durch Zusatzinformationen des Lehrers wurde festgehalten, daß die Taufe durch Untertauchen in fließendes Wasser vollzogen, auf den Namen Jesu getauft und der Täufling mit dem Taufakt Jesus übereignet und unter seinen Schutz gestellt wurde. Von SchülerInnenseite wurde in diesem Zusammenhang bereits das Problem der Erwachsenen- bzw. Kindertaufe angesprochen und kontrovers diskutiert.
In einem zweiten Durchgang durch den Text wurden die in der Hollenweger-Erzählung enthaltenen biblischen Zitate (1Kor 12,13; Gal 3,27; Eph 5,14) sowie die Anspielungen auf 1Kor 15,29 und 12,3 bewußtgemacht und interpretiert. Die spätere Erweiterung der Tauformel wurde anhand von Act 2,38 (vgl. auch 10,48), Mt 28,19 und des folgenden Didache-Abschnitts verdeutlicht:

»Was die Taufe anlangt, haltet es so: Nachdem ihr dies alles vorher mitgeteilt habt, so taufet auf den Namen des Vaters und des Sohnes und des heiligen Geistes in fließendem Wasser.

Hast du aber kein fließendes Wasser, so taufe in anderem Wasser; kannst du nicht in kaltem taufen, dann in warmem. Hast du aber beides nicht, so gieße dreimal Wasser auf das Haupt im Namen des Vaters und des Sohnes und des heiligen Geistes« (Did 7,1-3).

Daß die christliche Taufe von Anfang an ein Aufnahme- und Initiationsritus ist, sich also durch ihren Vollzug eine neue Gemeinschaft konstituiert, in der sich jetzt schon die Herrschaft des Erhöhten im Geist auswirkt, wurde anhand von 1Kor 12,12f und Gal 3,26–28 erarbeitet.
Im Gegensatz zu den beiden vorhergehenden Unterrichtsstunden war die Arbeit an den Texten die dominierende Methode in dieser Doppelstunde. Wurde der Hollenweger-Text noch mit Interesse aufgenommen und besprochen (als Alternative sollte die Lehrer-Erzählung überlegt werden!), erwies sich die differenzierte Arbeit mit den Bibelzitaten als äußerst zäh und schwierig. Es wäre sinnvoller gewesen, sich für die biblische Fundierung auf die obengenannten – in der Hollenweger-Erzählung enthaltenen – Bibelzitate zu beschränken. Weitere Informationen und Differenzierungen hätten durch einen kurzen Lehrervortrag gegeben werden können.
Zum Schluß der Doppelstunde meldete eine Schülerin als Störung an, daß zwischen dem im Hollenweger-Text und in den Bibelzitaten Geschilderten und der heutigen Taufpraxis eine solche Diskrepanz bestehe, daß es ihr schwerfalle, einen inhaltlichen Zusammenhang herzustellen. In der heutigen Zeit sei die Taufe doch zu einer bloßen Konvention verkommen. Das angesprochene Problem konnte in dieser Stunde nur noch kurz diskutiert werden, wurde aber zum Thema der folgenden Doppelstunde gemacht.
Die (volkskirchliche?) Wirklichkeit der Taufe wurde in der *vierten Doppelstunde* mit Hilfe einer provokativen Radierung von A.R. Penck (M 26) thematisiert (Folie mit didaktisch-methodischem Kommentar bei der Religionspädagogischen Materialstelle [RPM], Hubertusstr. 32, 4230 Wesel, erhältlich).

A.R. Penck – bürgerlicher Name: Ralf Winkler – gehört zu den bedeutenden Künstlern der Gegenwart. Er wurde 1939 in Dresden geboren. Nach seiner Ausbürgerung aus der ehemaligen DDR im Jahre 1980 wurde er Professor an der Kunstakademie in Düsseldorf und arbeitet seitdem im Rheinland und in London. Die vorliegende Radierung zum Thema »Taufe« ist im Original 63 × 93 cm groß und 1986 in einer Auflage von 10 Stück erschienen. Sie gehört zu Pencks »System- und Weltbildern«, die seit 1965 einen Schwerpunkt seiner Arbeit bilden. »Nicht Arbeit an der Ästhetik, sondern Arbeit am Thema« (Penck) steht dabei im Vordergrund seines künstlerischen Interesses. Das, was vordergründig an Kinderkritzeleien, Strichzeichnungen oder Logogramme erinnert, erweist sich bei genauerem Hinsehen als differenzierte Arbeit am Thema »Taufe« mit spärlichsten künstlerischen Mitteln (Informationen nach RPM-Kommentar).

Die Radierung wurde den SchülerInnen ohne vorherige Erläuterung über OHP gezeigt. Nach einer etwa zweiminütigen Betrachtungsphase wurden sie aufgefordert, das Dargestellte detailliert zu beschreiben. Ohne Schwierigkeiten erfaßten die SchülerInnen anhand von Kruzifix und Taufstein die Kirche als Raum des Geschehens und identifizierten die Personen als Mitglieder einer (Groß-)Familie, die einen Säugling zur Taufe bringen. Eine

Diskussion entspann sich an der Frage, ob sechs oder sieben Personen in der Kirche versammelt sind. Man einigte sich schließlich dahingehend, daß mit einer siebten Person am rechten Bildrand ein Pate angedeutet sein könnte.

Nach der Beschreibungsphase wurde nicht direkt mit der Deutung des Bildes begonnen, sondern der Versuch eines interaktionalen Zugangs unternommen. Die SchülerInnen erhielten den Auftrag, sich in einzelne Personen des Bildes hineinzuversetzen und mögliche Gedanken/Assoziationen, die den betreffenden Personen während der dargestellten Handlung durch den Kopf gehen könnten, in einer Stillarbeitsphase aufzuschreiben. Das Notierte wurde anschließend nacheinander für jede einzelne Person vorgelesen. Hier einige Beispiele:

Oma: – Schööön! Jetzt ist auch der jüngste der fünf Enkel noch getauft worden! Welch ein schöner Gottesdienst, so hübsche Blumen und so feierlich!
– Gut, daß sie den Jungen noch taufen lassen. War schwierig, sie zu überzeugen. Wer wird ihm wohl etwas von Gott erzählen, wenn ich tot bin?!
– Wie schön, daß ich die Taufe meines Enkels noch miterleben kann.
– Hoffentlich sitzt mein Kleid.
– Sitze ich auch ordentlich genug und falle nicht negativ auf?

Opa: – Na, jetzt hat Anna nochmal ihren Willen durchgesetzt; aber so eine Taufe gehört schließlich dazu.
– Es ist doch schön, wenn die Tradition gewahrt bleibt.
– So eine Taufe ist schon etwas Feierliches. Zum Glück ist das Kind auch lieb.
– Diese heutigen Pastoren haben einfach kein Format mehr. Zu meiner Zeit war das noch ganz anders.
– Ich kann nicht mehr stehen.

Pastor: – Warum läßt diese Familie eigentlich das Kind taufen? Na ja, immerhin ein neues Mitglied in unserer Gemeinde!
– Noch ein Kirchenmitglied, das später Kirchensteuern zahlt.
– »Lasset die Kindlein zu mir kommen . . .!«
– (Denkt gar nichts; vollzieht nur seine Amtshandlung.)
– . . . und noch eins.
– Hoffentlich gibt es ein ordentliches Taufessen.

Täufling: – Was machen die hier nur mit mir?
– ???

Mutter: – Buh, ist der Junge schwer! Hoffentlich dauert das nicht mehr lange. Der redet soviel, dieser Pastor.
– Hoffentlich fängt er nicht an zu schreien!
Muß der Pastor denn auch soviel Wasser nehmen?!
– Es kann ja nicht schaden.
– Es gehört sich einfach, sein Kind taufen zu lassen; schließlich bin ich es ja auch.
– Oh Gott, ich habe vergessen, Servietten einzukaufen.

Vater: – Schon fünf vor elf. Kann der sich nicht kürzer fassen! Für zwölf Uhr ist der Party-Service bestellt.
– Sentimentaler Frauenkram; ich wußte es ja schon immer.
– Haben wir uns doch wieder belatschern lassen. Mein Gott, drei Tage die Schwiegereltern im Haus. Das halt' ich nicht aus.
– Hoffentlich ist das bald überstanden!

Pate: – Ich gebe mein Ja zu einer christlichen Erziehung, und dabei kann ich doch selber nichts mit der Kirche anfangen.

- Gut, daß ich nur im Notfall für das Kind einspringen muß.
- Hoffentlich gibt es wenigstens etwas Gutes zu essen – wo ich schon das Fußballspiel verpasse.
- Auf was habe ich mich hier nur eingelassen?!
- Ich habe so etwas noch nie mitgemacht; was soll das überhaupt?

Auf dem Hintergrund der SchülerInnenäußerungen wurde eine Deutung der Radierung in Anlehnung an die folgenden – von der Religionspädagogischen Materialstelle (RPM) Wesel vorgeschlagenen – Leitfragen versucht:
- Wird in der Taufe ein bloß traditionelles Ritual (in der Radierung repräsentiert durch die Großeltern) – meist den Eltern zuliebe – fortgesetzt?
- Werden die zur Taufe gebrachten Säuglinge tatsächlich in jener besitzergreifenden Weise vom Pfarrer (als Repräsentanten der institutionellen Religion) in die Kirche geholt?
- Symbolisiert die Haltung des Säuglings, daß hier etwas geschieht, was für den Täufling nicht mit- bzw. nachvollziehbar ist?
- Trifft die ignorante, distanzierte Haltung des Vaters die gesellschaftliche Wirklichkeit in bezug auf die Taufe?
- Entspricht die in der Karikatur dargestellte schlechte Taufpraxis unserer volkskirchlichen Wirklichkeit?
- Dient die Säuglingstaufe als »Einverleibungsritus« als Stabilisator der Volkskirche, oder hat sie als sakramentale Handlung noch eine lebensverändernde Bedeutung?

Die in den Fragen angedeuteten Probleme wurden in der Diskussion lebhaft und kontrovers diskutiert, wobei die kritische Einstellung zur Säuglingstaufe (bedingt durch die ›karikaturenhafte‹, tendenziöse Darstellung Pencks?!) bei den SchülerInnen eindeutig überwog. Ein ausführlicher Gesprächsgang über den Vorteil einer Jugendlichen- bzw. Erwachsenentaufe gegenüber der Säuglingstaufe schloß sich an.

Die *fünfte Doppelstunde* wurde mit Einverständnis der SchülerInnen und der Genehmigung der Schulleitung auf den folgenden Sonntagvormittag verlegt: Wir besuchten einen Gottesdienst mit Taufen in der St.-Jacobi-Kirche in Göttingen. Unser Besuch war langfristig mit dem Pastor vereinbart worden. Der Fachlehrer hatte ihm kurzfristig Informationen zur Unterrichtseinheit gegeben und ihn gebeten, – wenn möglich – auf das Problem »Kinder-/Erwachsenentaufe« in der Predigt einzugehen. In teilnehmender Beobachtung sollten die SchülerInnen an dem außerschulischen Lernort Kirche das bisher zum Thema »Taufe« Gelernte und Besprochene konkret erleben, überprüfen und gegebenenfalls korrigieren können. Mit Ausnahme von zweien waren alle KursteilnehmerInnen am Sonntagmorgen in der Kirche erschienen. Die SchülerInnen erlebten den von Dirk Tiedemann am 4. Sonntag nach Trinitatis in St. Jacobi gehaltenen Gottesdienst. Der *Predigttext* steht in der *Apostelgeschichte 19,1–5*.

Teil A

I

»Auf den Namen des Herrn Jesus.«
Taufe ist nicht Namensgebung, Schiffstaufe, ja, da macht man das, da bekommt das Schiff seinen Namen. Nicht so, wenn ein Mensch getauft wird, Ramona und Patrick hießen auch gestern schon Ramona und Patrick, hießen so, kaum daß sie auf der Welt waren, ja, wahrscheinlich hatten die Eltern den Namen schon vor ihrer Geburt ausgesucht. Jedenfalls: Kein Kind auf der Welt ist namenlos; und also ist Taufe nicht Namensgebung.
Was denn? Befehlsausführung?

II

Der sogenannte Taufbefehl: »Gehet hin und lehrt alle Völker und tauft sie *im Namen* des Vaters, des Sohnes und des heiligen Geistes.« – Ist es das?
Wer hingehört hat vorhin – ich habe das so nicht gesagt. Und hier, Apostelgeschichte 19 – Sie haben den Text ja vor Augen: letzter Satz – heißt es so eben auch nicht: »Und ließen sich taufen *im Namen* des Herrn Jesus.«
Der Richter spricht Recht – »im Namen des Volkes«, stellvertretend für, im Auftrag von, autorisiert durch ... Der Richter spricht Recht »im Namen des ...«
Ist dies Modell für das, was ein Pastor, der taufen soll, zu tun hat? Muß hier oder da am Taufstein einem Auftrag Genüge getan werden? Nein, ich taufe nicht *»im Namen* des Vaters, des Sohnes und des heiligen Geistes«, sowenig wie die, von denen hier berichtet wird, *»im Namen* des Herrn Jesus« getauft wurden – damit alles seine Richtigkeit hat, im guten Sinne erledigt ist.

III

So nicht. Sondern sie ließen sich taufen – es lohnt sich schon, genau hinzuhören, sorgfältig zu lesen –, »sie ließen sich taufen *auf den Namen«* oder – kann man auch übersetzen – *»in den Namen hinein«*. Immer heißt es so im Neuen Testament, wo von Taufe die Rede ist, in diesen fünf Versen hier allein fünfmal! – nicht: »im Namen«, Angabe dessen, der dahintersteht, sondern gewissermaßen nach vorn: zu dem hin! Taufe meint Richtungsangabe, Zielbestimmung. Und der Name, der dabei genannt wird, benennt nicht das Woher, den Auftrag, sondern das Wohin, die Zugehörigkeit. »Ramona, habe ich gesagt, ich taufe dich *auf den Namen* des Vaters, des Sohnes und des heiligen Geistes« – *dahin*!

Teil B

I

Sagte Paulus, Apostelgeschichte 19, auf dem Textblatt 6. Zeile: Wohin, woraufzu seid ihr denn getauft worden?
Sagten sie: Auf Johannes.
Sagte Paulus: Johannes hat die Bußtaufe vollzogen, hat dem Volk aber gesagt, sie sollten glauben an den (d.h. doch: sich orientieren, sich ausrichten an dem), der nach ihm kommen werde.
Weswegen Paulus auch gleich zu Beginn der Begegnung mit diesen Leuten in Ephesus – Zeile 3 im Text – die Gretchenfrage stellte: »Habt ihr, als ihr zum Glauben gekommen seid, den heiligen Geist empfangen?« – »Davon haben wir nicht einmal gehört!«
Und das ist kein Zufall. Der heilige Geist hat mit dem zu tun, »der da kommen soll«, oder: mit dem heiligen Geist kommt Zukunft ins Spiel. Bei Johannes aber ist nur Vergangenheitsbewältigung. »Johannes«, sagt Paulus, »hat die Bußtaufe vollzogen.« Umkehr, Vergebung, Johannes hat gewissermaßen nur untergetaucht im Sinne von Löschen. »Habt ihr«, fragt Paulus, »den heiligen Geist empfangen?« Also seid ihr – bei der Taufe – nicht nur Altes, Schlechtes losgeworden, habt ihr auch Neues, Gutes bekommen? Nicht nur untergetaucht – auch herausgekommen? »Habt ihr den heiligen Geist empfangen?«
»Davon haben wir nicht einmal etwas gehört!«
»Ja, woraufhin seid ihr dann getauft worden?«

II
Liebe Gemeinde, wenn es bei der Taufe nur um das Löschen geht, um Vergebung der Sünden, darum, Vergangenheit abzuwaschen, dann ist die Taufe von Kindern ein Unding. Wenn aber bei der Taufe Zukunft ins Spiel kommt, wenn das Wasser Lebenswasser meint, wenn der über einem Täufling genannte Name die Richtung angibt und das Ziel bestimmt, wenn die Taufe bedeutet, einen Menschen in den Wirkungsbereich (so muß man »Namen« wohl übersetzen: nicht »Schall und Rauch«, sondern Einflußzone und Wirkungsbereich) Christi zu bringen, dann, ja warum sollte man dann solange warten, bis dieser Mensch älter geworden ist? Das kann doch nicht früh genug geschehen!
»Und« – letzte Zeile – »ließen sich taufen auf den Namen des Herrn Jesus. Und als Paulus ihnen die Hände auflegte, kam der heilige Geist auf sie.« Und woran erkennt man den Heiligen Geist, wie macht der sich bemerkbar?
(Chorgruppe: Der Geist bringt gute Früchte, in: Steig in das Boot. Neue niederländische Kirchenlieder, hg. v. J. Henkys, Neukirchen-Vluyn 1982, Nr. 28)
Es reizt mich, zu diesem Lied noch etwas zu sagen, vor allem zur letzten Strophe: »Doch wer sich durch den Himmel / aus seinem Traum läßt ziehn, / erblickt den Baum des Lebens / messianisch groß und grün! / Und läßt er sich einpfropfen / dem Stamm als neues Reis, / dann reift im Wind des Sommers / mehr Frucht ihm, als er weiß.« Das Bild vom Lebensbaum, eines der neutestamentlichen Bilder für Taufe. »Ihm, Christus, eingepfropft werden«, Römer 6. »Ich bin in Christus eingesenkt, ich bin mit seinem Geist beschenkt«, so in dem alten Tauflied (EKG 152), wir haben's vorhin gesungen; und so in dem neuen, dem Kanon: »Du bist der Weinstock, ich bin deine Rebe, nimm mich in dich, daß ich lebe« (M 35/2).
Der Kanon wird von der Chorgruppe gesungen, dann von der ganzen Gemeinde.

In einem Nachgespräch gemeinsam mit dem Pastor gaben die SchülerInnen zunächst ihre ersten Eindrücke vom Gottesdienstgeschehen in einer Feed-back-Runde wieder. Sie fanden lobende Worte zur feierlichen Atmosphäre und zur Predigt: Wie wichtig die Taufe dem Pastor gewesen sei, habe man am ernsthaften Vollzug der Taufhandlung gespürt. Obwohl die Tauffamilie einen eher kirchenfremden Eindruck gemacht habe (»sie grinsten häufiger«), habe sich etwas von der Feierlichkeit des Geschehens auf sie übertragen; der Predigt habe man wegen der kurzen Redeabschnitte und der musikalischen Unterbrechungen gut zuhören können. Kritische SchülerInnenäußerungen gab es zu den Gesangbuchliedern (»altmodisch«) und zur Liturgie. Rückfragen wurden zum Kreuzeszeichen (»Kopf und Herz werden symbolisch durch Christus geprägt«), zum vorbereitenden Taufgespräch und zum Taufvorgang selbst (z.B. »Weshalb wurde das Wasser erst während des Gottesdienstes eingeschenkt?«) gestellt. Etwa die Hälfte der SchülerInnen nahm zum erstenmal an einem Taufgottesdienst teil. Ein Großteil der Wortbeiträge bezog sich schon in der ersten Runde auf das »Symbol Wasser« und auf das Problem »Säuglings-/Erwachsenentaufe«. Unter dem Eindruck der erlebten Unterrichtseinheit monierten die SchülerInnen, daß der Pastor in der Predigt zuwenig auf die symbolische Bedeutung des Wassers bei der Taufe eingegangen sei. Dieser verwies allerdings auf die entsprechende Predigtpassage, in der vom Taufwasser als Lebenswasser die Rede war (B II). Er erläuterte, weshalb für ihn – gerade auch unter Berücksichtigung des Predigttextes – der Aspekt »Lebenswasser« und nicht der Aspekt des Untertauchens im Sinn von »Löschen« im Vordergrund stehe.

Es schloß sich eine kontroverse längere Diskussion über die Frage an, ob man schon Säuglinge oder erst Jugendliche bzw. Erwachsene taufen solle. Von SchülerInnenseite wurde dabei besonders die Notwendigkeit der eigenen Entscheidung und das Gewicht des persönlichen Glaubens hervorgehoben, während der Pastor betonte, daß der Mensch bei der Taufe nicht unbedingt entscheidungsfähig (»die Entscheidung liegt auf seiten Gottes«), sondern resonanzfähig sein müsse. Nicht das aktive Moment, sondern das passive sei bei der Taufe wichtig. Die Taufe könne für den Menschen die Funktion eines Widerlagers (Luther) – auch in schwierigen Zeiten – haben: »Ich bin aber getauft, bin angenommen, bin trotzdem gehalten.«

Insgesamt erwiesen sich Gottesdienstbesuch und Predigtnachgespräch als hervorragende Möglichkeit, die in der Unterrichtseinheit »Taufe« behandelten Themen bzw. Probleme zusammenfassend noch einmal anzusprechen und die persönlichen Voreinstellungen bzw. (Vor-)Urteile auf dem Hintergrund des realen Gottesdienstgeschehens noch einmal zu überprüfen.

Die Predigt wurde als »Text« noch einmal in das Gespräch der Abschlußstunde einbezogen. Es konnten mit seiner Hilfe wichtige Aspekte des Taufverständnisses ›gebündelt‹ und Fragen aufgegriffen werden, die im Nachgespräch noch keine Rolle gespielt hatten.

Im Anschluß an die Unterrichtseinheit »Taufe« schrieben die SchülerInnen die folgende Klausur:

wißt ihr nicht
daß ihr bei eurer taufe
mit hineingezogen seid
in den tod christi
5 bei der taufe seid ihr
begraben worden
das heißt der alte mensch
ist begraben worden
der alte mensch
10 der unter dem zwang der bosheit steht
unter dem gesetz des egoismus
des neides
des ehrgeizes
der geltungssucht
15 der üblen nachrede
wißt ihr nicht
daß dieses alles begraben sein soll
mit der taufe
und daß mit eurer taufe
20 der neue mensch
auferstanden ist in euch
der mensch
der das gute wort auf der zunge hat
der sich freut wenn es dem andern
25 gut gelingt das leben

der nicht neidisch ist
der neue mensch soll in euch
auferstehen
denn der alte mensch
30 soll begraben sein
der mensch der unfrieden stiftet
der alte mensch
der geschwätzigkeit
wenn ihr wirklich
35 bei der taufe
mit christus gestorben seid
was den alten menschen betrifft
dann werdet ihr auch mit christus
auferstehen
40 in freude
der neue mensch wird in euch auferstehen
und die herrlichkeit
der glanz des lebens
der glanz gottes
45 der da ist friede
freude
freiheit
heiterkeit
menschenfreundlichkeit
50 dieser glanz wird an euch sichtbar
dies alles ist der geist gottes
mit dem ihr gesalbt seid
ihr wißt das doch alles
ihr wißt doch
55 daß man den mangel an geist gottes
an eurem ganzen gehabe
deutlich sehen kann
(Wilhelm Willms)

Aufgaben

1. Stellen Sie dar, wie Willms die Taufe deutet! Gehen Sie dabei auch auf sein Verständnis von »Auferstehung« ein!
2. Erläutern Sie das Taufverständnis von Willms auf dem Hintergrund Ihrer Kenntnisse über das Symbol »Wasser«!
3. Erörtern Sie – unter Berücksichtigung des vorliegenden Textes – den Zeitpunkt der Taufe (Kinder- oder Erwachsenentaufe)!
oder:
Nehmen Sie kritisch Stellung zu der Interpretation der Taufe in dem vorliegenden Text! Beachten Sie dabei besonders die Zeilen 53 bis 57!

C *D. Tiedemann*, Ein Taufgottesdienst

1. *Vorbereitung eines Taufgottesdienstes im Konfirmandenunterricht (Doppelstunde)*

Der Konfirmandenraum war »leergefegt«, keine Tische, Stühle an der

Wand, dem Empfinden nach nicht Unterrichtsraum, sondern – positive Überraschung –: »Das ist ja wie in Wahmbeck« (Konfirmandenfreizeit ein halbes Jahr zuvor).
Schallplatte Majim, Majim (CAL 17 702; M 20)
»Das kenn' ich, das ist ein Tanz!«
Was für einer? Vielleicht könnt ihr das hören ...
Ins Hören hinein, Vermutungen der Konfirmanden aufnehmend, habe ich den »Sitz im Leben« dieses Tanzes beschrieben: Israel, Negev, Wasser in der Wüste. Brunnentanz, Volkstanz.
Der kritische Punkt – wahrscheinlich weniger in einer Klasse, aber eben bei Konfirmanden, die sich nicht so gut kennen – war der Sprung vom bloßen Hören zum Sich-darauf-Einlassen, Mittanzen. Ich habe es in drei verschiedenen Gruppen ausprobiert; Reaktion von ablehnender Reserve bis zu (im Konfirmandenunterricht selten erlebter) Begeisterung (es handelt sich um eine *Vor*konfirmandengruppe, überwiegend Mädchen).
Betont feierlich die hebräische Bibel aufschlagen und vorlesen: Jesaja 12, Vers 3. Ungläubiges Staunen darüber, daß »aus etwas Heiligem« ein Volkstanz geworden ist, ein Lied der Negev-Bewässerer.
Vorschlag/Frage des Unterrichtenden: Wenn das möglich sei, ob es dann nicht auch und erst recht möglich sei, »den heiligen Text« bei einer Taufe zu singen und zu tanzen.
»In der Kirche tanzen? Das glauben Sie doch selber nicht!«
»Das wäre toll!«
»Wo denn? Da ist ja kein Platz« (ums Taufbecken herum).
»Nur wir?«
»Man müßte die Familie (gemeint: des Täuflings) fragen, ob denen das recht ist.« (Ich sage, daß ich der Familie gegenüber bereits angedeutet hätte, die Konfirmanden würden vielleicht ... Die Familie fände das prima.)
Beim Üben in der Kirche stellte sich erstens heraus: Der Raum ist zu knapp für die große Gruppe. Zweitens: Man kann nicht gleichzeitig singen und tanzen. Da aber einige sowieso »lieber nicht« tanzen wollten, haben wir uns in eine Sing- und eine Schwinggruppe aufgeteilt.
Dann, wieder im Konfirmandenraum, jetzt auf dem Fußboden sitzend, das *Dia vom Sakramentar zu Limoges* (M 21).

»Da gießt einer 'was aus einer Vase einer Frau über den Kopf.« »Ist keine Frau.« »Ist doch eine Frau, das sind Frauenbeine, der Körper auch.« »Aber die Hände nicht, die sind viel zu groß, richtige Flatschen.« »Die steht auch weiter unten. Ihre Füße zeigen nach unten.« »Die ist in der Mitte und oben und unten.« »Das ist Wasser. Das fließt aber nicht weg, das wird aufgefangen.« »Auch wieder in Vasen.« »Das sind Krüge, unten sind das Krüge.« »Aber das unten – das ist etwas ganz anderes.« »Gar nichts anderes, das gehört zusammen, guck' doch« (zeigt die Bewegungslinie von der Hand Johannes des Täufers bis zum blauen Krug). »Da wird das umgewandelt, das ist ein Kreislauf.« »Nein, das Wasser fließt doch nicht nach oben!« »Ist aber *doch* einer!«
(Frage nach dem *Bildaufbau*:)
»Drei Teile. Oben der Himmel, da sind ja auch Wolken. Das Grüne ist die Erde, und dann ist

unten die Hölle.« »Nein, kann nicht sein. Die Hölle ist doch nicht wie der Himmel.« »Das sind genau die gleichen Farben! Das Blau. Und die Farben der Wolken, das sind die Farben des Turmes.« »Und was ist das für ein Turm?« »Soll ich sagen? Ich kenn' die Geschichte. Das ist die von der Hochzeit und dem Wein. Dann ist das der Kirchturm, wo die Hochzeit war.« (Noch einmal Frage nach Bildaufbau, Vorder- und Hintergrund:)
»Vorn ist die Frau in der Mitte.« »Die steht in der ersten Position« (Ballett). »Die steht, die daneben schweben.« »Die steht in der Dusche.« (Nein, in der Dusche nicht. Wann steht denn ein Mensch noch nackt im Wasser?) »Ach ja, bei der Taufe, früher waren die nackt!« »Ach, das ist die Friedenstaube, als Jesus getauft wurde. Dann ist das keine Frau.« »Sieht aber so aus, halb eine Frau.« »Und die Friedenstaube pickt auf seinen Kopf.« »Die pickt doch nicht, die zeigt auf ihn.« »Aber trifft ihn auch.«

2. *Gottesdienst*
Nach dem *Orgelvorspiel*: Die Konfirmanden bringen in einer Art *Prozession* Tonkrüge (und Glaskaraffen), die mit Wasser gefüllt sind, zum Altar.
Introitus (Kinderchor), aus: 111 Kinderlieder zur Bibel, [3]1970, © Christophorus-Verlag, Freiburg und Verlag Ernst Kaufmann, Lahr (Text: Friedrich Hoffmann, Melodie: Gerd Watkinson)

Lied der Gemeinde: 53, 1–4 und 7 (!)
Eingangsliturgie
Evangelien-Lesung: Johannesevangelium 2, Vers 1–11
Schöpft nun!, hat er gesagt. Wir tun das immer noch, füllen die Krüge, die Kelche, dieses bronzene Becken. Schöpft nun – und sie brachten's. (Die *Konfirmanden holen* das Wasser und stellen die gefüllten Krüge und Karaffen rings um das Taufbecken.) Dann *singen* sie *und tanzen* um das Taufbecken herum nach Majim, Majim – auf Taufe hin eingedeutscht und umgedichtet:

Wasser aus dem Brunnen Gottes,
Wasser aus dem Quell des Heils.
Ja, ja, ja, ja, schöpft Wasser, Gottes Gnade,
ja, ja, ja, ja, taucht ein in Gottes Bund,
uns gegeben.
Wasser, Gottes reiche Fülle,
Wasser, Gottes Überfluß.
(Die Konfirmanden *gießen* – immer weitere gleichzeitig und in großen Bewegungen, Fülle verdeutlichend – Wasser ins Taufbecken.)
Schöpft nun, sagte er. Und sie brachten das *Wasser.*
Sie brachten auch Kinder zu ihm. Die Jünger aber fuhren die an, die sie trugen. Als Jesus das sah, sagte er: Nein, laßt sie, laßt sie zu mir kommen! Und legte die Hände auf sie und segnete sie. Das wollen wir auch tun.
Täuflinge nach vorn, *Kreuzeszeichen*:
»Gesegnet seist du,
gezeichnet mit dem Kreuz,
berufen zum Leben.«
Eltern- und Patenfrage . . .
Keiner kann allein leben. Keiner kann allein glauben. Darum wollen wir, uns gegenseitig stützend, leben und gemeinsam bekennen:
Glaubensbekenntnis
Schöpft nun, sagte er. Und sie taten's. Tauft nun, sagte er. Und wir tun's.
Taufhandlung
Geboren werden – die reinste Form des Passivs. Ohne unser Zutun. Getauft werden genauso. Weswegen das Neue Testament dazu auch sagt: neue Geburt. Björn und Birthe haben nichts dazu getan. Sie *wurden* getauft. Passiv. Leidensform?
O, das ist ein Leiden, an dem wir nicht kranken, von dem wir leben. Das mich nicht weinen, das mich singen macht.
Vor allem Tun und Müssen dies: Getauftsein. Gott kommt mir zuvor. »Da ich noch nicht geboren war, da bist du mir geboren« (*Lied* 28, Strophen 2 und 3).
Predigt als Bildmeditation zu der Taufdarstellung im Sakramentar aus Limoges, Buchmalerei um 1120 (vgl. M 21) unter Aufnahme dessen, was die Konfirmanden im Unterricht entdeckt haben, »einfließend« in: *Lied* der Gemeinde (Nr. 53, 7 [!] und 8).

3. *Andere Möglichkeit:* Das Unterrichtsgespräch über dieses Bild in einen *Abendmahls*gottesdienst einfließen lassen (so geschehen am 13. 1. 1991 in St. Jacobi, Göttingen, zwei Tage vor Ablauf des Ultimatums an Saddam Hussein/Irak).
I
(Bild an der Leinwand)
Aus dem Sakramentar zu Limoges. Um 1120. Im Original nur 12,5 × 21 cm. Hier um ein Vielfaches vergrößert. Aber die Proportionen stimmen:

Hochformat. Das heißt im Mittelalter immer: Bei dem, was *hier* dargestellt ist, ist der Himmel im Spiel.
Und man *sieht* das ja auch: die Taube, die die Begrenzung durchstoßen hat, die Wolken auseinanderreißt ... »Und siehe, da tat sich der Himmel auf, und er sah den Geist Gottes wie eine Taube herabfahren und über sich kommen. Und siehe, eine Stimme vom Himmel herab sprach: Dies ist mein lieber Sohn, an welchem ich Wohlgefallen habe.«
Taufe Jesu. Die Geschichte, die wir eben gehört haben. *Hier* zu *sehen.*
II
Aber hier ist noch *mehr* zu sehen. Darunter. Eine *zweite* Geschichte, der von der Taufe Jesu unterlegt. Zu erkennen? Vielleicht nicht mit den Augen *allein.* Aber wenn die *Ohren* die Geschichte *hören,* werden die *Augen auch sehend* (gelesen vom Pult Johannesevangelium 2, Vers 1–11).
III
Oben Taufe, unten Hochzeit zu Kana. Eine andere Geschichte. Aber eine, so hat jedenfalls der Maler gemeint, die man nicht isoliert betrachten sollte. Aus *sich* heraus, wenn man nur dieses untere Drittel nimmt, ist sie kaum zu verstehen. Man muß die Taufe dazusehen.
Oder – wer sie hört, die Geschichte von der Hochzeit zu Kana, der muß als ständige Begleit- oder Oberstimme dazuhören: Dies ist mein lieber Sohn, an welchem ich Wohlgefallen habe. Dann kann's sein, daß er begreift.
Zwei Geschichten zu einem Bild verwoben. Nein, das ist kein Gewebe, das ist ein Fluß – zwei Geschichten ineinanderfließend. »Wie ein Kreislauf«, hat einer der Konfirmanden gesagt. Wie ein Kreislauf, da, wo Hand, Krug und Taube zusammenstoßen, beginnend, die Richtung durch den Krug vorgegeben, am linken Arm Jesu entlang nach unten, über den Krug weitergeleitet zum Diener, dann auf die andere Seite, bei den Händen des sitzenden Jesus wieder aufsteigend ... *ein* Kreislauf, *ein* Zusammenhang: Der da in der Mitte, von Wasser wie von Licht umflossen, ist die Mitte *auch* der Geschichte vom Weinwunder zu Kana. »Und«, so heißt es da zum Schluß, »und offenbarte seine Herrlichkeit.« Sie, seine Jünger, sehen ihn hüllenlos, nackt, aller Zufälligkeiten entkleidet, sehen ihn als den, der er wirklich ist: der, in dem die Wolke aufreißt, der Geist Gottes herabkommt, der Himmel sich ergießt auf die Erde.
Nicht nur Himmel und Erde. »Da ist auch die Hölle«, hat Matthias gesagt. Und ich glaube, er hat recht. Das Bild ist gegliedert in diese drei Bereiche: Himmel, Erde und Hölle. Aber sie sind nicht mehr absolut wasserdicht gegeneinander abgeschlossen, sind in ihm durchbrochen. In ihm – man sieht das – ist der Himmel auf die Erde gekommen. Und *tiefer* noch: »hinabgestiegen in das Reich des Todes«.
Wo wir uns derzeit befinden. Unten. Im Keller. *Hoch*stimmung verflogen. »Sie haben«, sagt Maria, »sie haben keinen Wein mehr.« Unsere Möglichkeiten sind erschöpft; nicht nur die Möglichkeiten. *Wir auch.*
Was für ein Hochgefühl war das vor einem Jahr! Und diese – begründete! – Niedergeschlagenheit *jetzt.* – *Himmel* und *Hölle*!

IV

Seht mal seine Füße! »Hinabgestiegen in das Reich des Todes.« Und allein dadurch, daß er *kommt* - er braucht gar nichts zu tun! -, allein dadurch, daß er *kommt,* hört die Hölle auf, Hölle zu sein. Michaela hat das gesehen: Die Hölle hat die Farbe des Himmels bekommen. »Denn mein Freudenmeister Jesus tritt herein.«

»Auf daß er erscheine denen, die da sitzen in Finsternis und Schatten des Todes, und richte unsere Füße auf den Weg des Friedens« (Lukasevangelium 1, Vers 79).

»Weicht, ihr Trauergeister, denn mein Freudenmeister Jesus tritt herein!« - Tritt in einen Raum, der durch den babylonischen Turm und durch leere Krüge charakterisiert ist. Ohne Bild: keine Möglichkeit mehr der Verständigung; Erschöpfung, Ohnmacht und Leere. »Sie haben keinen Wein mehr«, sagt Maria.

Das Ultimatum läuft aus.

Sie haben keinen Wein mehr - das wäre nicht nur das Ende des *Festes.* Geht das *Leben* zur Neige?

»Sagte die Mutter Jesu zu ihm: Sie haben keinen Wein mehr.« Und *er*? Was wird er antworten?

»Was willst du von mir?« Laß mich in Ruhe, hat er gesagt.

Wird das sein *letztes Wort* sein?

»Seine Mutter sagte zu ihm: ›Was er euch sagt, das tut!‹«

Liebe Gemeinde, was *er* euch *sagt,* das *tut*! Sonst wird das *Wunder* nicht *ein*treten!

V

Das *Wunder* zu *Kana* - wird er es in Wilna und Bagdad, in Washington und Moskau noch *einmal* vollbringen? - er, der aus dem unerschöpflichen Überfluß Gottes nehmen kann, wird er uns davon geben? - wird er Leere in Fülle, Wasser in Wein, Drohung in Verständigung, Tod noch einmal in Leben verwandeln?

Werden wir *die* sein, die - ihre Gesichter kann man nicht erkennen - ihre leeren Krüge hinhalten, die, von denen es heißt: »Und von seiner Fülle haben wir genommen Gnade um Gnade«? (Johannesevangelium 1, Vers 16)

»Und am dritten Tage war eine Hochzeit zu Kana in Galiläa.« Liebe Gemeinde, das Fest dauert noch an. Seht ihr's? *Immer* noch hat er segnend die Hände erhoben. Über den Krügen, die leer sind, über uns Ohnmächtigen, Leergelaufenen, Zerbrechlichen. Segnend die Hände erhoben. Über den *einen* Krug besonders. *Dem* da außer der Reihe, dem, der buchstäblich aus dem Rahmen fällt, der gefüllt wird, gerade jetzt.

Hochzeitsmahl - Abendmahl - es ist das gleiche Fest! »Und von seiner Fülle haben wir genommen Gnade um Gnade.«

Lied 293, Verse 6 und 1.

3.3 Das Symbol »Kreuz«

3.3.1 Aspekte gegenwärtiger Kreuzestheologie im Unterricht

Die Geschichte des Kreuzzeichens, die Stellung des Kreuzes in dieser Geschichte, die Frage, ob wir von dem Kreuz Jesu als Symbol sprechen können, in welchem Verhältnis das christliche Symbol des Kreuzes zu vor- und außerchristlichen Kreuzsymbolen steht - diese Aspekte sind im Rahmen der theologischen Symboltheorie (2.2) ausführlich dargestellt worden. Die meisten Abschnitte gehören ebenso in den Zusammenhang einer »Sachanalyse« (vgl. bes. S. 29-34.45-56).
Das Symbol des Kreuzes bleibt auf den Marterpfahl von Golgatha bezogen. Er macht die Macht der Realität des Todes mitten im Leben sichtbar. Er zeigt aber auch die Realität der politischen Macht des Römischen Reiches. Pontius Pilatus hat Jesus öffentlich kreuzigen lassen, weil er ihn als Bedrohung der Herrschaftsstruktur der Pax Romana betrachtete. Das Kreuz steht für den gekreuzigten Jesus von Nazareth, der das Leben wollte und den Einstand des Reiches Gottes in Freudenmahlzeiten, Heilungen und nichthierarchischen, gewaltfreien Formen der Gemeinschaft feierte. Kreuz und Jesus sind *Gegensätze* schlechthin; denn Jesus heißt Leben und Kreuz Tod. Sie sind seit dem Geschehen am Karfreitag im Glauben der Christen nach Ostern *identisch,* »und zwar so, daß das Leben den Tod bezwang und das Kreuz Symbol des Lebens wurde«[175], eines Lebens, das sich auch durch die Macht des Römischen Reiches nicht mehr verdrängen ließ. Das Kreuz symbolisiert, daß aus dem Tod dieses *einen* Menschen Leben entsteht, weil Gott sich mit diesem Menschen identifiziert hat. Es steht dafür, daß Gott bei dem gekreuzigten Auferstandenen gewiß zu finden ist. Dieses Symbol hat schon im Neuen Testament immer neue Bedeutungen in sich versammelt. In vielen Variationen wurde auszudrücken versucht, *warum* aus dem Tod eines Menschen Heil entsteht (Sühneopfer) und was »Heil« für die Menschen besagt (Befreiung *in* Verfolgung und Leiden, Vergebung und Erlösung, Hoffnung).
In diesem Zusammenhang geht es um die *Frage, welche Aspekte dieses mehrschichtigen Symbols heute in Lernprozessen vermittelt werden können,* also um eine praktisch-theologische bzw. religionspädagogische Frage. Zu ihrer Beantwortung können wir von Beobachtungen ausgehen, die K.-P. Jörns an Predigten, Predigtmeditationen und Liedern gemacht hat. Er hat eine Liste von Motiven aufgestellt, die in der behandelten Literatur allerdings auch nebeneinander stehen oder sich verschränken können.[176]

175 *Jaspert,* Kreuz (s.o. S. 29, Anm. 55), 377.
176 Vgl. *Jörns,* Sühnetod (s.o. S. 44, Anm. 99), 82ff.

(1) *»Im Sühnegeschehen ist Gott selbst der Gebende«.* Diese Erkenntnis, die aus der neueren Exegese stammt, kommt gerade als Gegenmeinung zu dem verbreiteten Mißverständnis, daß der Mensch Gott etwas in besänftigender Absicht gibt, in der untersuchten Literatur nicht vor.
(2) *»Aufgrund des Opfers Christi ist kein anderes Opfer mehr nötig und sinnvoll«.* Dieser Gesichtspunkt begegnet in Predigten im Anschluß an den Hebräerbrief in vielfältigen Formen. Es gibt jedoch kaum Ausführungen darüber, worin die Sühnung besteht und wie sie zu denken ist.
(3) *»Stellvertretung«.* Dieses Motiv findet sich häufig, auch in neueren Liedern. Es gibt Differenzierungen im Blick auf das nähere Verständnis von Stellvertretung; sie reichen von exklusiven bis zu inklusiven Vorstellungen. Tenor ist, daß Jesus allein das Kreuz für uns auf sich genommen hat. Spezifischer wird der Stellvertretungsgedanke, wenn betont wird, daß Jesus einen Weg geht, den wir nicht gehen wollen oder können: »Du gehst den Weg, den wir nicht gehen können ... Du trägst die Schuld, die wir nicht auf uns nehmen, und nimmst das Kreuz, das wir nicht tragen wollen. Du stirbst den Tod, den wir nicht sterben sollen ...«[177]
(4) *»Das Kreuz ist der Ort der Erkenntnis«.* Dies ist das Thema der großen Passionslieder (vgl. z.B. EKG 62, 7; 69, 5). Ein moderner Liedversuch ist sprachlich mißlungen und bleibt auch theologisch in formelhafter Phrase stecken[178].
(5) *»Das Kreuz als Zeichen«.* Vor allem geht es um ein Zeichen der Nähe und der Begleitung. Dieses Motiv treffen wir in Liedern und Predigten häufig an. Der Menschgewordene ist bei den Menschen, die in dieser Welt leiden. Bonhoeffers Gedanke, daß Gott mit den Leidenden mitleidet, hat ein breites Echo gefunden.
(6) *»Gemeinschaft«.* Am unbefangensten wird in Liedern und Predigten der Gedanke weitergegeben, daß das Kreuz Gemeinschaft mit Gott und unter den Menschen stiftet. Er kommt vor allem in Verbindung mit der Abendmahlsfeier vor. Die Stiftung neuer Gemeinschaft wird angesichts des herrschenden Individualismus schon als »Erlösung« erlebt. Daß dabei der Sühnetod Christi eine Rolle spielt, bleibt oft undeutlich.
Jörns kommt zu folgendem *Fazit:* Von Sühne als Heilsbotschaft wird kaum geredet. Ein Zugang zu unserer *Mittäterschaft* bei der Tötung Jesu am Kreuz fehlt. Das Thema der Schuld ist von vielen Theologen an die Tiefenpsychologie abgetreten worden.

Jörns kann sich an einem Punkt zu Recht auf M. Josuttis berufen; in den Karfreitagspredigten, die er beobachtet hat, bleibt die Heilsansage *weitgehend imitativ.* Golgatha ist die Ur-Szene einer Lebenshaltung, die uns so oder so vorbildlich ist und einen neuen Umgang mit dem Leiden ermöglicht. Die Karfreitagsbotschaft von der objektiven Versöhnung als Befreiung kommt dagegen kaum vor. Die religiöse Opferterminologie ist verblaßt, die gesellschaftlichen Opferhandlungen dagegen laufen verstärkt weiter. Die Erde ist voller Opfer. Die Befreiungsbotschaft, daß Jesus Christus – für uns gestorben – das Ende des Opferwesens ist, würde unser Leben und unsere Gesellschaft von Grund auf verändern. »Karfreitag – das wäre dann nicht mehr nur der leidende Gott und der wahre Mensch und der stille Weg, sondern auch Umkehr, Verweigerung, Widerstand, Leiden um der Gerechtigkeit willen.«[179]
Diese Befunde sind für die Religionspädagogik in mehrfacher Hinsicht von Bedeutung. Sie zeigen eine *Bedeutungsvielfalt* des Symbols »Kreuz Je-

177 *H. Handt,* »Du gehst den Weg, den wir nicht gehen können«, Lieder für den Kirchentag, Hannover 1987, Lied Nr. 99.

178 *F.K. Barth,* »Am Ende seiner Wege«, ebd., Lieder Nr. 5 und 4.

179 *M. Josuttis,* Beobachtungen zur heutigen Karfreitagsverkündigung, ZGP 4 (1986) 16f.

su«, die im Unterricht nicht voll zu erschließen ist. Die kleine Phänomenologie von Motiven gegenwärtiger Kreuzestheologie, die Jörns erstellt hat, ist noch zu *erweitern* (und anders zu gewichten), wenn wir Vorschläge von feministischen Theologinnen zu einer Revision der Kreuzestheologie berücksichtigen[180]. Der Angelpunkt der gegenwärtigen Auseinandersetzung ist der Aspekt des Sühneopfers (vgl. o. S. 38ff). Einerseits bleiben Predigten und Lieder in dieser Beziehung hinter der Befreiungsbotschaft des Neuen Testaments zurück. Es ist zu vermuten, daß der Unterricht nicht wird leisten können, was die Predigt nicht vermochte, zumal die meisten in Frage kommenden Texte wegen ihres Schwierigkeitsgrades nicht Inhalt des Unterrichts werden können. Andererseits richtet sich die feministische Kritik gerade gegen eine Opfertheologie, die in Geschichte und Gegenwart immer wieder zur Unterdrückung mißbraucht worden sei.

Eine unterdrückerische Kreuzestheologie könne sich auf neutestamentliche Texte berufen. Christi Tod wird »Sühnemittel« für unsere Sünden genannt (Röm 3,25). Gott hat seinen Sohn »dahingegeben« (Röm 8,32). Die neue Lektüre dieser Traditionen sei der schwierigste Punkt für eine Re-Vision der Kreuzestheologie. Denn damals haben sich alle Beteiligten im Rahmen jüdisch-apokalyptischen Denkens bewegt und die Aussage, daß Jesus leiden »muß«, als Befreiung und Hoffnung verstehen können. Selbst angesichts des Kreuzes endet die Hoffnung nicht, daß Gott Leben schaffen will. Heute aber ist dieses apokalyptische Denken nur mühsam und nach langen Erklärungen nachzuvollziehen[181]. Unterrichtserfahrungen können diesen letzten Gesichtspunkt nur bestätigen.

Gleichwohl ist der von Josuttis genannte Aspekt der *Befreiung vom Opferwesen* von weitreichender pädagogischer Bedeutung. Kinder und Jugendliche sind in die Opferbeziehungen der Familien verstrickt. Sie müssen sich zu ihrem Teil an den Opferleistungen der ganzen Familie für den Bau eines Hauses oder die Karriere beteiligen. Für viele wird der Weg zur Schule zu einem »Opfergang«, weil sie den Prestigevorstellungen der Eltern folgen müssen. Sie werden früh auf Opferleistungen im Beruf hin trainiert. Gerade Kinder werden Opfer des Verkehrs auf unseren Straßen. Schon diese kurze Kennzeichnung unseres »Opferwesens« zeigt, daß der Sachverhalt von der Religionspädagogik nicht umgangen werden kann. Er sollte in problemorientiert strukturierten Lerneinheiten thematisiert werden.
Wir gehen die anderen von Jörns genannten Motive unter didaktischer Perspektive noch einmal durch. Die *Sühnevorstellung* (1) und die *Gemeinschaftserfahrung* (6) sind eng mit Vollzug und Verständnis des *Abendmahls* verbunden. Sie werden auch in diesem Zusammenhang thematisiert. Daß das rituell vollzogene Mahl neue Gemeinschaft symbolisiert, kommt in den oben dargestellten Unterrichtseinheiten durchgehend zur Geltung. Im Konfirmandenunterricht wird darüber hinaus das Versöhnungsgeschehen ausdrücklich thematisiert (vgl. o. S. 109ff). Die paulinische Vorstellung vom

180 Vgl. *E. Moltmann-Wendel*, Zur Kreuzestheologie heute, EvTh 50 (1990) 546-557.
181 Vgl. *L. Schottroff*, Die Crux mit dem Kreuz, EK 4/1992, 216-218, hier: 218.

Kreuz als Rechtfertigung, in der seine Sicht des *Stellvertretungsgedankens* (3) angesprochen wird, wurde im Unterricht der Sekundarstufe II zu erschließen versucht (vgl. o. S. 208.210). *Grundlage* der Arbeit sind neben anderen Medien *Gal 3,13f und 2Kor 5,19–21.* Paulus hat hier wohl zum erstenmal die Mitte seiner Theologie formuliert, nämlich die »befreiende Botschaft von der am Kreuz geschehenen Rechtfertigung der Verfluchten durch den zum Fluch gewordenen Christus«[182].

Christus ist für uns zum Fluch gemacht worden. Es geht um *»Stellvertretung«*, um einen Austausch, aber es geht um mehr. Christus wurde nicht nur an unserer Stelle und zugunsten von uns zum Fluch, sondern er nahm am menschlichen Schicksal teil, damit auch wir an seinem Schicksal teilhätten. Die Parallelität von 2Kor 5,21 und Gal 3,14 macht diesen Sachverhalt deutlich (vgl. auch Gal 4,4f). Es geht also um ein *gegenseitiges Teilnehmen* am Geschick des anderen. Die Teilnahme Jesu am menschlichen Geschick bewirkt Befreiung. Weil Christus wurde, was wir sind, können wir jetzt »für Gott leben« (Gal 2,19), »in Freiheit leben« (5,1), »im Geist wandeln« (5,16). Christus hat also nicht als Stellvertreter der Menschen, sondern als ihr *Repräsentant* erlöst. Darum ist der zum Fluch Gewordene ein größerer Segen als alles Segnen der Menschen (vgl. Gal 3,14)[183].

Die SchülerInnen haben die Möglichkeit, sich kritisch zu äußern. Sie formulieren – wohl stellvertretend für viele Zeitgenossen: »Ich will nicht, daß jemand anderes für mich gelitten hat.« Das Kreuz ist *»Ort der Erkenntnis«* (4) auch im Hinblick auf unsere Teilhabe an der strukturellen Sünde. Daß wir *Mittäter* bei der Verspottung, Geißelung und Kreuzigung Jesu sind, läßt sich (didaktisch) über die Einsicht vermitteln, daß Christus in *jedem* Menschen verspottet, gegeißelt und getötet wird (vgl. Mt 25,45) und daß wir an dem Geschick dieses Menschen teilhaben. Deckt das Kreuz unsere Teilhabe an der »objektiven« Macht der Sünde auf, kann es zum Mit-Leiden mit denen führen, die in besonderer Weise Opfer dieser Macht geworden sind.
Angesichts des Sachverhalts, daß in unserer Gesellschaft das reale Leiden von Menschen verdrängt bzw. an Institutionen am Rande delegiert wird, ist unter didaktischer Perspektive das Kreuz als Ort der Erkenntnis auch in elementarer Weise von Bedeutung. Das Kreuz ist der Ort, an dem das Leiden in seinen vielfältigen Erscheinungsformen ungeschminkt zur Sprache kommt, an dem das Elend nicht verdrängt, sondern aufgedeckt, beim Namen genannt wird. Daß das Leiden zum menschlichen Leben im vollen Sinne des Wortes gehört, muß erst (wieder) bewußtgemacht werden. Der Comic-Held geht ohne Leiden und Schwächen als der perfekte »Superman« durch das Leben. Das Kreuz ist aber gerade kein »Gipfelkreuz«, sondern »Kreuz in der Tiefe«, Mahnmal für die vom Sturz Bedrohten[184].
Dieser Gesichtspunkt kommt in vielen Kreuzesdarstellungen der bildenden Kunst und Literatur unseres Jahrhunderts zum Ausdruck. Er ist maß-

182 *H.-R. Weber,* Kreuz, Stuttgart 1975, 149f.
183 Vgl. ebd., 144ff.
184 Vgl. *Josuttis,* Beobachtungen, 16.

geblich bei der Anlage der Unterrichtseinheiten. Kreuz als »Ort der Erkenntnis« beinhaltet darüber hinaus die Kritik an Ersatzreligionen, Idolen und Gottesbildern, die das Leben blockieren. *Ideologiekritik wird durch die Kreuzestheologie radikal verschärft.* Wenn wir das Kreuz Jesu als *Kriterium* der Symboltheorie bezeichnen – alle Symbole müssen sich mit dem Kreuz Jesu vertragen –, dann hat das seinen Grund in dieser kritischen Potenz des Kreuzes.

Wir nennen über Jörns hinaus ein weiteres Motiv der Kreuzestheologie: Das Kreuz Jesu ist der *»Ort der Erinnerung und der Klage«*. Jesus stirbt zugleich als Repräsentant des Reiches Gottes, das er verkörperte und in seinem Leben als »Dasein-für-andere« (Bonhoeffer) vorweg realisierte. Sein Schrei am Kreuz, »Mein Gott, mein Gott, warum hast du mich verlassen?«, ist eine Klage, die er stellvertretend für diejenigen, die keine Stimme haben, vor Gott bringt. Das Kreuz ist der *Ort der Für-Klage* (vgl. die Schülerkreuzwege). In dieser Beziehung verschränkt sich die Kreuzestheologie am unmittelbarsten mit der Leidensgeschichte des Volkes. Das zeigt besonders eindringlich Ernesto Cardenals Nachdichtung des 22. Psalms:

> »Mein Gott, mein Gott – warum hast Du mich verlassen? Ich bin zur Karikatur geworden, das Volk verachtet mich . . . Panzerwagen umgeben mich. Maschinengewehre zielen auf mich . . . Jeden Tag werde ich aufgerufen, man hat mir eine Nummer eingebrannt . . . Nackt brachte man mich in die Gaskammer . . . Ich schreie in den Fesseln der Zwangsjacke, im Irrenhaus schreie ich die ganze Nacht, im Saal der unheilbaren Kranken, in der Seuchenabteilung und im Altersheim . . . Ich weine auf der Polizeistation, im Hof des Zuchthauses, in der Folterkammer und im Waisenhaus . . . Aber ich werde meinen Brüdern von Dir erzählen . . .«[185]

Der Schluß der Nachdichtung, in der Leidenssituationen unserer Zeit mit dem sterbenden Christus identifiziert werden, verweist bereits auf die Notwendigkeit, mit der Passion Jesu die Leidensgeschichte der Menschheit zu *erinnern.* Die Geschichte wird meistens bewußt oder unbewußt aus der Perspektive der Durchgekommenen, Erfolgreichen, Arrivierten geschrieben. Wenig ist die Rede von den Besiegten und Unterlegenen, von den Opfern und ihren uneingelösten Hoffnungen. Die Erinnerung dieser Leidensgeschichte ist Ausdruck der Solidarität mit möglichen zukünftigen Opfern und mit denen, deren Leben mit Gewalt abgebrochen wurde. Aus dem *Gedächtnis des Leidens* erwächst ein Wissen um die Freiheit und die Zukunft, die keine leere Antizipation ist. Es ist »der Einstiegspunkt für die Verkündigung der in der Auferstehung Jesu sich ankündigenden neuen Form eines lebenswerten Lebens«[186].

Im Unterricht der Sekundarstufe I wird im Zusammenhang mit den Kreuzesdarstellungen von Otto Pankok und George Grosz an die Leidensge-

185 *E. Cardenal,* Das Buch der Liebe. Lateinamerikanische Psalmen, Hamburg ^{2}1973, 118f.

186 *J.B. Metz,* Glaube in Geschichte und Gesellschaft, Mainz 1977, 98.

schichte des jüdischen Volkes und an das Schicksal der Künstler selbst erinnert.
Ebenfalls kommt das Motiv des Kreuzes als *Zeichen der Nähe und Begleitung* (5) im Unterricht zum Ausdruck. In der Religionspädagogik haben Dietrich Bonhoeffers Fragmente einer »Theologie nach Auschwitz«, geschrieben am Ort der Gefangenschaft, das theologische Denken in diesem Themenbereich beeinflußt. Die Kreuzestheologie läßt sich im Anschluß an Bonhoeffer konsequent theologisch denken. Es geht im Leiden um die Leidensgeschichte Gottes.

»Das ist die Umkehrung von allem, was der religiöse Mensch von Gott erwartet. Der Mensch wird aufgerufen, das Leiden Gottes an der gottlosen Welt mitzuleiden.«[187] Es geht nicht um einen partiellen »religiösen Akt«, sondern um das »Hineingerissenwerden in das – messianische – Leiden Gottes in Jesus Christus«[188]. Glaube ist als Lebensakt »Teilnahme an der Ohnmacht Gottes in der Welt«[189]. Diese Theologie der Passion ist keine negativ-pessimistische Weltanschauung, sondern sie umfaßt die Passion des beschädigten *und* des erfüllten Lebens. Es ist Ausdruck »tiefer Diesseitigkeit«, wenn der verantwortlich Handelnde »gewissermaßen das Sensorium Gottes in die Welt« bringt; »darum leidet er, so wie Gott unter der Welt leidet« (GS IV, 595). Das Leben, das diesem Leiden standhält und nicht auf *eine* Dimension zurückgedrängt wird, bleibt »mehrdimensional-polyphon«[190].

Sagten wir eben: Wo Menschen leiden, da leidet Christus mit, so ist Bonhoeffers Aussage, daß Christen am Leiden Gottes in der Welt teilhaben[191], komplementär dazu zu verstehen.
Wir erweitern die Phänomenologie gegenwärtiger Kreuzestheologie um ein weiteres Motiv. *Das Kreuz Jesu ist »Symbol des Lebens« bzw. »Baum des Lebens«.* Dieses Motiv steht im Zentrum der Unterrichtsvorhaben in der Sekundarstufe I und im Konfirmandenunterricht. Der Gesichtspunkt knüpft an die Geschichte des Symbols in der Alten Kirche (vgl. 2.2.3), aber auch an die Symbolik lutherischer Theologie von der »Rose im Kreuz der Gegenwart« an; er bringt ein Anliegen feministischer Theologinnen zur Revision der Kreuzestheologie zum Ausdruck[192].
Das Kreuz Jesu ist im Zusammenhang mit dem Ostergeschehen zu verstehen. Was im Unterricht auch immer an Eindrücklichem zum Kreuz und zum Leiden gesagt werden mag, es bleibt ohne den Bezug zu Ostern der Uneindeutigkeit ausgesetzt[193]. Der Tod hat seine eigene vernichtende Macht. Dem Kreuz als solchem ist eine Heilsaussage nicht zu entnehmen. Daß dieses Leiden mit Gott zu tun und daß Gott sich dem Menschen zu-

187 *D. Bonhoeffer*, Widerstand und Ergebung, München [14]1990, 192.
188 Ebd., 193.
189 Ebd.
190 Vgl. ebd., 162.
191 Vgl. das Gedicht »Christen und Heiden«: »Christen stehen bei Gott in seinem Leiden« (ebd., 188), vgl. ebd., 191.
192 Vgl. *Moltmann-Wendel*, Kreuzestheologie, 556f sowie *L. Schottroff u.a.*, Das Kreuz: Baum des Lebens, Stuttgart 1987.
193 Vgl. *Jörns*, Sühnetod (s.o. Anm. 99), 89f.

gute mit dem toten Jesus identifiziert hat, ist eine Aussage, die erst von Ostern her ihre Berechtigung hat. Umgekehrt liegt aus didaktischen Gründen viel daran, daß die Auferstehung auf die Realität des Todes Jesu bezogen bleibt. Die Verkündigung Jesu und sein Geschick erscheinen seit Ostern in einem neuen Licht. Jesus offenbart in den Ostererscheinungen seine *Identität* (»Ich bin es«) im *Widerspruch* von Kreuz und Auferstehung. Daher sind Verkündigung, Kreuz und Auferstehung eng aufeinander zu beziehen. Die Denkform der Dialektik ist Jugendlichen noch schwer zugänglich. Das *Symbol vom Kreuz als Lebensbaum* bringt die Dialektik von Kreuz und Auferstehung sinnfällig zum Ausdruck. Das Symbol kann in Lernprozessen als *Hoffnungssymbol* erschlossen werden[194]. Das *Kirchentagsplakat von 1975* – aus der durchbohrten Hand des Gekreuzigten wächst eine Rose – hat sich aus diesem Grunde bereits als sehr produktives Medium erwiesen[195]. Die Unterrichtsversuche in diesem Band bestätigen diese Einschätzung. Im Konfirmandenunterricht wird das Kreuz, das die Jugendlichen mit Weizenkörnern selbst zum Grünen gebracht haben, auf Joh 12,24f bezogen. In der Sekundarstufe I wird das grünende Kreuz der Bernwardstür in Hildesheim als Hoffnungssymbol verstanden. Befreiung und neues Leben können mitten in der Leidensgeschichte wahrgenommen werden und eine Hoffnung entbinden, die im Leben gegen die vielen Arten des Todes protestiert.

3.3.2 Rahmenziele für die Sekundarstufen und den Konfirmandenunterricht

I. Kreuze im Lebensumfeld der Jugendlichen und in der Religionsgeschichte

Die SchülerInnen/KonfirmandInnen können

(1) ausdrücken, was sie beim Tragen des Kreuzes als Schmuck empfinden;

(2) anhand von Fotos von Jugendlichen mit Kreuz beschreiben, warum diese vermutlich ein Kreuz tragen;

Alternative zu 2:

Menschen danach fragen, was es ihnen bedeutet, ein Kreuz um den Hals zu tragen;

(3) anhand entsprechender Bilder/Texte erkennen, daß das Kreuz ein altes Heilszeichen der Menschheit ist, das Zugehörigkeit zu Gott und Schutz verbürgen soll;

(4) anhand der Zeichnung Leonardo da Vincis »Proportionen des Men-

194 Ich würde nicht wie *Moltmann-Wendel* (Kreuzestheologie, 557) im Blick auf das Kreuz Jesu von einem »Symbol der Ganzheit« sprechen; *O. Betz* (vgl. u. S. 201f) spricht angemessener von einem »Zukunftszeichen«.

195 Vgl. *Biehl u.a.*, Symbole I, 145.236 (M 32).

schen« (um 1485) und eigener Wahrnehmungsübungen bzw. durch Betrachtung eines Skeletts die Kreuzesgestalt des Menschen entdecken;
(5) mit Hilfe einer Kreuzesmeditation das Kreuz als kosmisches Symbol wahrnehmen, das Extreme wie Himmel und Erde verbindet;
Alternativen zu 4 und 5:
(4) in einer Schreibmeditation Assoziationen zum Kreuz frei äußern und anhand unterschiedlicher Dias[196] die verschiedenen Sinn- und Bedeutungsebenen von Kreuzen erkennen und zuordnen (vgl. M 29);
(5) aus einer Sammlung von Darstellungen des Kreuzes Jesu eine Darstellung (eine, die positiv anspricht, oder eine andere, die Abwehr hervorruft) auswählen und ihre Auswahl begründen;
(6) einen Unterrichtsgang vorbereiten und durchführen, um Kreuzesdarstellungen in Kirchen der Umgebung zu betrachten.

II. Das Kreuz Jesu und seine theologischen Deutungen
Die SchülerInnen/KonfirmandInnen können
(1) einen Schüler-Kreuzweg, ein Passionskreuz[197] oder (im Konfirmandenunterricht) einen Passionsgottesdienst gestalten und einzelne Szenen der Passionsgeschichte zuordnen bzw. auslegen;
(2) anhand von drei exemplarischen Kreuzesdarstellungen erschließen, daß das Kreuz Leiden, Protest, Nähe Gottes und Hoffnung symbolisieren kann (M 31, 34, 38);
(3) durch Zuordnung von Mk 15,34–39 zu einer Kreuzesdarstellung (G. Rocha, Der gemarterte Christus [M 35]) und zu neueren Texten (E. Wiesel, Am Galgen; E. Zeller, Golgatha [M 36]; D. Bonhoeffer, Christen und Heiden) die Passionstheologie des Markus erarbeiten;
Alternativen zu 2 und 3 (Konfirmandenunterricht):
durch Zuordnung des Kreuzes zu Leiden, Abendmahl und Ostern die Bedeutungsfülle des Symbols »Kreuz« entdecken;
Alternativen zu 1–3 (Sekundarstufe II):
(1) die Kreuzigungsszene (Mk 15,20–41 parr) im synoptischen Vergleich erschließen und besonders anhand der ›letzten‹ Worte Jesu die theologische Intention der Evangelisten herausarbeiten und entsprechenden Darstellungen der bildenden Kunst zuordnen (M 31–33);
(2) anhand ausgewählter Texte (z.B. Gal 3,13f; 2Kor 5,19–21) die paulinischen Deutungen des Kreuzes Jesu erkennen und entsprechenden Darstellungen der bildenden Kunst zuordnen (M 30, 37);
(3) einzelne Szenen des Kurzfilms »Espolio« (FT 2357) erarbeiten, die Aktualität der ›Kreuzigung‹ erkennen und den Film kreativ fortschreiben; die Aussage des Films mit Aussagen D. Bonhoeffers konfrontieren;

196 Vgl. Kreuze im Alltag, Diamappe, Stuttgart (Calwer Verlag) (o.J.).
197 Passionskreuz von *H.-G. Annies*, Württembergischer Evangelischer Landesverband für Kindergottesdienst; zur Gestaltung von Schüler-Kreuzwegen vgl. *Biehl u.a.*, Symbole I, 119ff.

(4) eine theologisch ›geladene‹ Kreuzesdarstellung des Frühmittelalters entschlüsseln (M 40);
(5) eine Kreuzesdarstellung kreativ gestalten und ihr ›Werk‹ theologisch deuten.

III. Das Kreuz Jesu als Lebens- und Weltenbaum
Die SchülerInnen/KonfirmandInnen können
(1) einzelne Szenen des Kurzfilms »Mr. Pascal«[198] erinnern, auf Folie gestalten und in der entsprechenden Reihenfolge auf dem OHP vorstellen;
(2) von den Schlüsselszenen her zu einer Gesamtdeutung des Films gelangen;
(3) den Bezug einzelner Szenen zu Leben und Weg Jesu von Nazareth entdecken und den Zusammenhang seiner Botschaft und seines Kreuzes erfassen;
(4) den Film kreativ weiterentwickeln;
(5) in Anknüpfung an die Schlußszene des Films und mit Hilfe entsprechender Darstellungen der bildenden Kunst (z.B. M. Chagalls »Grüner Christus«; das ›grünende Kreuz‹ der Bernwardstür zu Hildesheim) den Zusammenhang von Kreuz und Baum erkennen und erörtern (M 38.39);
(6) anhand entsprechender Texte (z.B. Lied aus dem 13. Jh.) und Bilder (z.B. Paradies- und Kreuzigungsszene der Bernwardstür) das Kreuz als Lebensbaum und Hoffnungssymbol deuten sowie die kosmische Dimension des Symbols erkennen;
(7) einen »Schülerkreuzesbaum« als Bild oder Plastik gestalten;
(8) die Darstellungsmittel des Films und ihrer eigenen ›Werke‹ als Sichtbarmachung dessen verstehen, was Auferstehung heißen kann.

IV. Das Kreuz in Literatur und bildender Kunst des 20. Jahrhunderts
Die SchülerInnen/KonfirmandInnen können
(1) anhand exemplarisch ausgewählter *Kurzgeschichten* (H. Böll, Wanderer, kommst du nach Spa . . .; J. Bobrowski, Betrachtung eines Bildes) und *Gedichte* (H. Domin, Ecce Homo; E. Zeller, Golgatha; R. Kunze, Auf dem Kalvarienberg) erkennen, daß das Kreuz zum Sinnbild menschlicher Existenz wird (M 36);
(2) in ausgewählten Kreuzigungsdarstellungen der bildenden Kunst die Leidensgeschichte der Menschen unseres Jahrhunderts entdecken und erörtern, warum das Leiden auf den Gekreuzigten übertragen wird;
(3) eine alltägliche Geschichte (Verkehrsunfall eines Kindes[199]) in ihrer theologischen und ethischen Dimension wahrnehmen und deuten;
Alternative zu 3 (Sekundarstufe II):
(3) die unterschiedlichen theologischen Deutungen der Szene »Am Gal-

198 Großbritannien 1979 – 7 Min. – Farbe – 16 mm Lichtton, Trickfilm.
199 Z.B. von *S. Dagermann*, Ein Kind töten, in: *J. Pullwitt* (Hg.), Tod – eine Lebensfrage (Anstoß und Information. Materialien zum RU 2), Paderborn 1975, 13–16.

gen« aus E. Wiesel, Die Nacht durch J. Moltmann und D. Sölle herausarbeiten, vergleichen und diskutieren;
(4) ein altes Holzkreuz bearbeiten, die Risse mit Erde auffüllen, Weizen einsäen und zum Grünen bringen (M 42);
(5) in einer *symbolischen Aktion* (z.B. Aufstellen bzw. Eingraben eigener Skulpturen [M 43]) das Ärgernis des Kreuzes erfahren.

3.3.3 Theologischer und didaktischer Kommentar

Im Verhältnis zu den Symbolen »Brot«/»Mahl« und »Wasser« bietet das Symbol »Kreuz« geringere Möglichkeiten für einen selbsttätigen, kreativen Umgang; dieser Sachverhalt wird verstärkt durch die lebensgeschichtlich bedingten Zugangsweisen Jugendlicher.

Die drei Erfahrungsberichte zeigen unterschiedliche Ansätze, die durch die jeweiligen Lernorte mitbedingt sind. Der Konfirmandenunterricht läßt eine enge Verschränkung mit dem Gottesdienst erkennen, die der Realisierung einer handlungsorientierten Unterrichtsidee entgegenkommt. In der Sekundarstufe I kann sich der symboldidaktische Ansatz ohne Leistungsdruck entfalten. In der Sekundarstufe II wirken sich in der Anlage der Unterrichtseinheit bestimmte Vorgaben aus: Schriftliche Leistungen sind zu erbringen, und die Unterrichtsgegenstände stellen potentielle Themen für mündliche und schriftliche Abiturprüfungen dar. Durch diese Anforderungen wird der Anteil an kognitiven Lernzielen, die in einer kritischen Symboldidaktik *gleichgewichtig* berücksichtigt werden, erhöht. Die Grenze einer Überdehnung der kognitiven Lernzieldimension wäre überschritten, wenn der symboldidaktische Ansatz nur noch in der Motivationsphase des Unterrichts eine Rolle spielte. Insgesamt wird man davon ausgehen müssen, daß sich eine Veränderung der Lernkultur nur schrittweise vollziehen kann.

Die unmittelbarsten Beziehungen zum *Kreuz* haben Jugendliche, wenn sie es *als Schmuck* um den Hals tragen. Sie können ausdrücken, was sie beim Tragen dieses Schmucks empfinden. Da nicht alle Jugendlichen einer Gruppe betroffen sind, wird die Aufgabenstellung erweitert: Zu drei Fotos von Jugendlichen mit Kreuz schreiben sie auf, warum diese vermutlich ein Kreuz tragen. Denkbar wäre auch ein Interview, bei dem die Motive für das Tragen von Kreuzen ermittelt werden.

Eine Bremer Konfirmanden/innengruppe verband mit dem Schmuck ausschließlich positive Stimmungen. Die Jugendlichen assoziierten Wärme, Schutz, Geborgenheit und Hilfe durch Gott. Bei der Frage nach den Motiven gaben sie an, daß Jugendliche damit zum Ausdruck bringen wollen, daß sie an Gott, an Frieden glaubten, sich Gottes Schutz und Hilfe und Beruhigung erhofften. Die Frage, ob und aus welchen Gründen sie selbst so ein Kreuz tragen würden, beantworteten die Jungen zurückhaltender als die Mädchen. Die Mädchen schrieben z.B., daß sie ein Kreuz tragen würden, weil es beruhigend und schön sei, weil es mit Gott verbinde, weil es Frieden ausdrücke und für den gewaltfreien Kampf der Schwarzen gegen die Weißen stehe[200].

200 Vgl. W. *Konukiewitz*, Selbstbestimmtes Lernen im Konfirmandenunterricht?, in: JRP 7 (1990), Neukirchen-Vluyn 1991, 245–262, hier: 261.

Es verbinden sich unterschiedliche Motive: eine rein ornamentale Auffassung, alte magische Vorstellungen vom Amulett, das Unheil abwenden soll, Erinnerungen an ein Schutz- und Eigentumszeichen, Symbol für Frieden und den gewaltfreien Widerstand. Verbindungen zu dem Marterpfahl, an dem Jesus hing, werden nicht hergestellt.
Eine behutsame *kritische Auseinandersetzung* kann einmal anhand von Ez 9,4ff aufweisen, daß das Alte Testament das Kreuz als Schutz- und Eigentumszeichen kennt und daß sich der Sinn eines solchen Zeichens bis hin zum Amulett, dem gefahrenabwendende oder heilbringende Kräfte zugeschrieben werden, ausweiten kann (vgl. o. S. 32). Hier können auch religionsgeschichtliche Parallelen herangezogen werden. Sodann sollte die Differenz einer solchen Auffassung zum Verständnis des Kreuzes Jesu so weit herausgearbeitet werden, daß die Frage nach dem ursprünglichen Sinn dieses Symbols motiviert wird (vgl. Lernziele I, 1–3).
Überraschende Einsichten in die Symbolik der menschlichen Gestalt kann die *Abbildung der Rückseite eines menschlichen Skeletts* vermitteln: Sie zeigt das *untere Kreuz* ober- und innerhalb des Beckens und das *obere Kreuz* der Schultergegend mit Hals.

Gewöhnlich bezeichnet man nur das untere Kreuz, in dem die sprichwörtlichen »Kreuzschmerzen« auftreten, als »Kreuz«. Die Erfahrung lehrt uns, daß wir uns hier »auf dem Grunde« befinden. »Hier wird alles Grundlegende für die Existenz bereitet: die Ernährung als Sicherung der Gegenwart und die Zeugung als das Auslangen in die Zukunft . . . Das ›untere Kreuz‹ ist gleichsam die Erdwurzel des Menschen.«[201] Während das untere Kreuz gekennzeichnet ist durch seine Starrheit und Festigkeit als Basis des Rumpfes, zeigt schon die Gestalt des oberen Kreuzes eine Gegensätzlichkeit dazu an; hier herrscht nämlich (relative) Beweglichkeit und Freiheit. Das *Ausgreifen der Arme* – hier wirkt sich die Beweglichkeit der Schulterblätter aus – macht besonders deutlich, daß der Mensch in seiner Körpergestalt ein Kreuz darstellt. Es ermöglicht das Ergreifen der sinnenhaften Welt und das Sich-Mitteilen. »Der Mensch ist seiner Urgestalt nach als ein aufrechtes Wesen entworfen . . . Instrument und zugleich Symbol dieses unendlichen Strebens des Menschen ist sein aufrechtes Rückgrat, das als flexibler Bogen zwischen das untere und das obere Kreuz gespannt ist.«[202] Die beiden Kreuze in ihrer entgegengesetzten Funktion sind unaufhebbar aufeinander bezogen. Erst das Wechselspiel von Bindung (unteres Kreuz) und Freiheit (oberes Kreuz) macht den Menschen schöpferisch. »Sein Aufrechtsein weist über ihn hinaus in die Transzendenz – sie ermöglicht nicht nur seinen Stand inmitten der Welt, sondern befähigt ihn auch zum ›Stehen‹ vor Gott.«[203] Rosenberg faßt das Kreuz also als eine Form, unter der der Mensch sein Dasein gestaltet, und zwar in der Aufgabe, die beiden Polaritäten – Immanenz und Transzendenz – zusammenzubringen. Zur Existenzerfahrung im Zeichen des Kreuzes gehört die Erfahrung, daß die bisherige Lebensrichtung »durchkreuzt« werden kann, daß Beziehungen, berufliche Aussichten, Pläne für die Zukunft, Lebensentwürfe überhaupt scheitern können, »die Erfahrung, daß es eine Gegenbewegung zu der Richtung gibt, in der wir unser Leben bewußt steuern«[204].

201 *A. Rosenberg,* Kreuzmeditation. Die Meditation des ganzen Menschen, München 1976, 57.
202 Ebd., 62.
203 Ebd., 64.
204 *I. Riedel,* Formen, Stuttgart 1985, 51.

Ziel einer entsprechenden elementaren Reflexion im Unterricht kann nicht sein, eine Grundlegung für die Symbolik des Kreuzes Jesu im Sinne der sog. natürlichen Theologie zu schaffen. Es kommt vielmehr angesichts der einseitig positiven Assoziationen der Jugendlichen zum Kreuz als Schmuck darauf an, die Einsicht zu fördern, daß das Kreuz als Symbol des menschlichen Daseins wie als kosmisches Symbol einen *ambivalenten* Charakter hat. In ihm sind Tod und Leben aufeinander bezogen, wenn wir den Tod als die radikalste Gegenrichtung zu unserem Leben in die Betrachtung einbeziehen.

Der Mensch erfährt sich als *ausgespannt zwischen die Horizontale und die Vertikale*. Die *Horizontale* ist das tragende, verbindende Element des Kreuzes. Sie gleicht der Erde, die das, was auf ihr wachsen will, nährt. Sie gleicht auch dem Alltag, in dem sich die Dinge aneinanderreihen; sie ebnet ein. Die *Vertikale* dagegen verbindet Höhe und Tiefe miteinander; ihr eignet eine hohe Aktivität und Dynamik. Sie ist ein Gleichnis für die schöpferischen Kräfte, die in immer neuer Transformierung das bereits Erreichte überbieten wollen. »Gerade in der Kreuzung der beiden unvereinbar erscheinenden Linien, gerade im Leiden unter ihrer Widersprüchlichkeit kann sich etwas ereignen, was die Fruchtbarkeit der beiden Lebenslinien miteinander verbindet. Die bloße Ausrichtung auf die Vertikale mit ihrem Drängen, mit dem Über-sich-hinaus-Wollen . . . gefährdet den Menschen; er braucht als Ergänzung die breite Gelassenheit und Ruhe, die Sicherheit und Tragfähigkeit der weiblichen Horizontale«[205] (vgl. Lernziele I, 4f).

Das Kreuz kommt *als natürliche Form* nicht nur im menschlichen Skelett vor, sondern es strukturiert ebenso den Körperbau zahlreicher anderer Lebewesen, vom Grätenskelett der Fische bis zum Körperbau der Säugetiere. Wir finden es als Formprinzip bei Pflanzen (»Kreuzblütler«) und Bäumen (Astgabelungen). Es kommt auch in streng geometrischer Form als Strukturprinzip bei Kristallgittern vor. Die SchülerInnen können das Kreuz in ihrem *Lebensumfeld* und in den *Medien* wahrnehmen: Straßenkreuzung, Warnkreuz, Wegkreuz, Gedenkkreuz, Gipfelkreuz, Grabkreuz, Rotes Kreuz . . .; sie sehen bei der Regatta das Kreuzen der Segler, hören von Kreuzfahrten, erkennen das Kreuz als Sammelpunkt politischen Widerstands, gewaltfreier Aktionen und als Solidaritätszeichen (Blumenkreuze der »Solidarnoćź«). Mit Hilfe eigener *Fotos bzw. einer Schreib- und/oder Diameditation* lassen sich die unterschiedlichen Formen des Kreuzes sammeln und ordnen. In einer kurzen Reflexionsphase werden die Formen charakterisiert: das Kreuz als natürliche Form, als Ornament, als eindeutiges Zeichen (Rotes Kreuz), als mehrschichtiges Symbol (vgl. Sekundarstufe II).
Die SchülerInnen erhalten schon während dieser ersten Unterrichtsphase den Auftrag, Kreuzesdarstellungen aus Zeitungen oder als Kunstpostkarten zu sammeln oder zu fotografieren. Inzwischen wird auch ein *Unterrichtsgang* vorbereitet, um Kreuzesdarstellungen in Kirchen oder Klöstern der Stadt bzw. der Region zu betrachten. In den Interviews (I, 2) und in der

205 Ebd., 64, vgl. 42f.

Sammlung unterschiedlicher Kreuzesdarstellungen bestehen die ersten Möglichkeiten, den Unterricht *handlungsorientiert* zu gestalten. In den Seminaren, aber auch im Realschulunterricht setzte eine wahre Sammelleidenschaft ein; zu Beginn jeder Sitzung wurden neue Entdeckungen vorgestellt, nach der Bedeutung der unterschiedlichen Kreuzesformen (M 29) gefragt. Während wir bei der Erschließung des Symbols »Wasser« mit Bildern sparsam umgegangen sind, vollzieht sich *der didaktisch wichtigste Zugang zum Verständnis des Kreuzes Jesu als Symbol* über die Darstellung des Kreuzes in Malerei und Plastik. In den Kirchen der Umgebung finden sich vielleicht romanische, gotische und moderne Kreuzesdarstellungen; es lassen sich unterschiedliche kunstgeschichtliche Stile, aber auch Frömmigkeitsformen wahrnehmen. Im Blick auf das Kreuz zeigen sich die deutlichsten Entsprechungen zwischen der Kunst des 20. Jahrhunderts und der Theologie. Die ganze Leidensgeschichte dieses Jahrhunderts wird als Kreuz dargestellt: Jesus ohne Kopf, mit Stahlhelm, mit der Gasmaske vor dem Gesicht, inmitten der Juden von Auschwitz und der Hingerichteten von Plötzensee, Gastarbeiter-Kreuz, die leidende Kreatur in Gestalt des Fisches am Kreuz[206]. Die Überzeugungskraft der Kunst – gerade in didaktischer Hinsicht – liegt in ihrer sinnlichen Evidenz. Eine Erfahrung mit der Welt, eine Erfahrung des *Leidens*, des *Protestes* wie der *Hoffnung*, wird am Material (Farbe, Stein usw.) ›sichtbar‹ gemacht, sie ist *sinnlich gegenwärtig*. Wir wählen drei exemplarische Darstellungen aus, durch die diese Erfahrungen gegenwärtig werden können (z.B. M 31.34.38).

Die Leidensgeschichte in Gestalt des Christusbildes wird überzeugend dokumentiert in dem Bildband von G. Rombold / H. Schwebel, Das Christusbild in der bildenden Kunst der Gegenwart[207]. Kreuzesdarstellungen aus verschiedenen Jahrhunderten und verschiedenen Erdteilen werden dokumentiert und kommentiert von H.-R. Weber, Und kreuzigten ihn[208]. In der Reihe »kunststück« werden eine sehr alte und eine moderne Darstellung ausführlich interpretiert: Chr. Beutler, Der älteste Kruzifixus[209]; J. Zimmermann, Francis Bacon. Kreuzigung[210].

In den Kreuzesdarstellungen des 20. Jahrhunderts spielt die *Solidarität des Gekreuzigten mit den Leidenden* eine wichtige Rolle. Christus wird aus dem Schicksal des Frontsoldaten (M 34), aus dem Schicksal des Arbeiters (M 37), aus dem Schicksal der Juden im faschistischen Deutschland (M 31),

206 W. Jens spricht von der Verweisungskraft der *analogia crucis*, vgl. *ders.*, Theologie und Literatur, in: *ders. u.a.* (Hg.), Theologie und Literatur, München 1986, 30–56, hier: 54.
207 Freiburg u.a. 1983. Vgl. auch den Textband: *H. Schwebel*, Das Christusbild in der bildenden Kunst der Gegenwart, Gießen 1980.
208 Göttingen/Freiburg 1980.
209 Frankfurt/M. 1991.
210 Frankfurt/M. 1986. Vgl. *J.H. Schneider*, »Christus in der Dose«. Zu einem Objekt von Joseph Beuys, in: *V. Hertle u.a.* (Hg.), Spuren entdecken, München 1987, 15–21. S. auch die gründliche Untersuchung von *W. Kotte / U. Mildner*, Das Kreuz als Universalzeichen bei Joseph Beuys, Stuttgart 1986.

aus dem Schicksal der hungernden Kinder (Kokoschka) heraus verstanden. Die *Analogie des Kreuzes* verbindet Christus mit diesen Personen. Trotz der Gemeinsamkeiten unterscheiden sich diese Werke darin, wie Christus und die dargestellte Situation zusammengebracht werden.

In dem Holzschnitt *Masereels* »Es war einmal« (M 37) steht die Anklage im Vordergrund der Bildaussage: Diese Großstadtsilhouette wird mit dem Blut des Arbeiters bezahlt. Da der Arbeiter jedoch am Kreuz hängt und sein Blut *für die anderen* vergießt, entsteht eine Analogie zu Christus. Durch diese Analogie wird das Arbeiterschicksal als »Kreuzigung« verstanden, die Kreuzigung als Solidarisierung mit dem leidenden Arbeiter. Die Identifikation ist in diesem Fall so stark, daß sich nicht ausmachen läßt, ob es sich primär um ein Christusbild oder ein Arbeiterbild handelt.
In *Kokoschkas* bekanntem Weihnachtsplakat von 1945, »Christus speist die hungernden Kinder« (vgl. S. 217), kommt ebenfalls die Solidarität mit den Ärmsten zum Ausdruck. Christus neigt sich zu den hungernden Kindern und reicht ihnen seinen Arm zum Essen. Der Sich-Solidarisierende gibt sich selbst zur Speise. In diesem Werk kommt es nicht zu einer nicht mehr auflösbaren Identifizierung, sondern der Speisende bleibt als Gebender von den Empfangenden geschieden. Da er sich selbst als Speise gibt, zielt das Bild letztlich auf eine Überwindung dieses Gegensatzes. Bei Masereel partizipiert Christus an der ausweglosen Situation, bei Kokoschka vermittelt er durch sein »Sich-zur-Speise-Geben« Heil[211].

Die Kreuzesdarstellungen der bildenden Kunst interpretieren sich wechselseitig, wenn sie einen *Kontext* bilden. Es lassen sich jedoch auch Kontexte aus Gedichten und Darstellungen der Kunst bilden. In Gedichten wie in »Golgatha« von Eva Zeller (M 36/2) trägt der Mensch die Züge des Gekreuzigten und der Gekreuzigte die Züge des leidenden Menschen schlechthin. *Hilde Domins Kreuzesgedicht »Ecce Homo«* (M 36/1) ist auf dem Hintergrund der Bilder aus den Konzentrationslagern zu verstehen; es muß auch im geschichtlichen Kontext bedacht werden.

Schon der Titel mit dem lateinischen »Ecce Homo« macht den Doppelaspekt des Textes deutlich: »Seht, welch ein Mensch« (Joh 19,5) ist ebenso gemeint wie »Seht – der Mensch«. Die erste Zeile steht wie ein zweiter Titel über den folgenden Zeilen: Der Mensch bleibt stets hinter den Hoffnungen zurück, die man auf ihn setzt. Menschsein ist hinter sich selbst zurückbleibendes, verkürztes Menschsein. Das Bild von der Einarmigkeit bringt diesen Sachverhalt zur Sprache. Der Mensch ist unfähig zur Hingabe.
Auffällig ist die äußerste Verknappung der Sprache, die Reduktion der Sätze auf das Wesentliche und der *antithetische Aufbau*. Der Mensch und der Gekreuzigte werden gegenübergestellt; der Gegensatz ist durch das »nur« deutlich gemacht. Der Gekreuzigte ist durch die beiden weit geöffneten Arme gekennzeichnet. Die beiden Arme können umfangen, umschließen; sie drücken die uneingeschränkte Offenheit für die anderen aus. Zugleich geben sie sich den anderen wehrlos preis. Der Gekreuzigte ist der »Hier-bin-ich«; Präsenz wird zur höchsten Intensität gesteigert. Er will sich selbst zum Angebot machen, sich selbst zur Verfügung stellen. Der Gekreuzigte wird zur Kontrastfolie, durch die die Defizite des Menschen scharf wahrgenommen werden können. Der Mangel an Hingabe und verändernder Liebe wird offenkundig. Ist derjenige, der in der Nachfolge Jesu die Arme für die anderen bedingungslos öffnet, der Kreuzes-Gestalt am nächsten?

211 Vgl. *Schwebel*, Textband (s.o. Anm. 207), 35. Ein Bild, das nicht zur Illustration benutzt wird, hat mehrere Lesarten; die gesellschaftskritische Lesart ist bei Masereel unübersehbar.

Die Kleinschreibung bei »der gekreuzigte« ist auffällig. *Alle* Leidenden, Gemarterten und Verfolgten tragen die Züge des Gekreuzigten, insbesondere die verfolgten jüdischen Menschen[212].

Das Gedicht »Ecce Homo« kann mit der Plastik von *Johann-Peter Hinz, Kruzifix* aus der Marktkirche in Halle (M 30) einen Kontext bilden, so wie sich auch »Der gemarterte Christus« von Rocha (M 35) und das Gedicht »Golgatha« von Eva Zeller (M 36) wechselseitig auslegen. Hermeneutisch gesehen entsteht durch den Kontext ein Netz von Zwischenbedeutungen. Text und Bild zusammen bedeuten mehr, als sie einzeln bedeuten würden. Didaktisch gesehen stellt das Hin-und-Herschwingen der Auslegung zwischen Bild und Text eine Hilfe dar, da die Jugendlichen in der Regel einen leichteren Zugang zum Bild gewinnen. Die *Passionstheologie des Markus (Mk 15,34–37.39)* bringt in die genannten Kontexte eine spezifisch theologische Deutung ein. Das Evangelium erreicht in dem Bekenntnis des heidnischen Hauptmanns seinen Höhepunkt: »Wahrhaftig, dieser Mensch war Gottes Sohn« (15,39). Er nimmt mit diesem Bekenntnis den Schrei des sterbenden Jesus nach Gott auf (15,34)[213]. Hier schrie ein Mensch aus seiner Gottverlassenheit heraus nach Gott. Der Hauptmann nennt den so verstorbenen Menschen Gottes Sohn. Gerade da, wo im Ereignis des Todes Jesu die Gottverlassenheit kulminierte, ist Gott mit diesem Menschen Jesus eins geworden. *Der lebendige Gott hat sich mit dem toten Jesus identifiziert.* Gottes Leben ist mit einem Toten eins geworden, *um so für alle sterblichen Menschen dazusein.* Er offenbart darin sich selbst als unendlich liebendes Wesen. »Denn wo alles verhältnislos geworden ist, schafft nur die Liebe neue Verhältnisse. Wo alle Beziehungen abgebrochen sind, schafft nur die Liebe neue Beziehungen.«[214] Als der den Menschen Liebende ist er auch der solidarisch *Mit-Leidende.* Als Mit-Leidender ist er an allen Orten, in Auschwitz und anderswo, zu finden, weil er um seiner Liebe willen unendlich leiden kann und für den Menschen dasein will. Diese *Hoffnungsperspektive* bringt die Passionstheologie des Markus in die vom menschlichen Leiden bestimmten Kontexte ein.

Wo die Situation für die SchülerInnen tragbar ist und die Interpretation theologisch weitergeführt werden kann (vgl. Lernziel IV, 3 A), können wir

212 Im Verweis auf Christus in seiner Niedrigkeitsgestalt wird das Schicksal jüdischer Menschen gedeutet. Vgl. dazu genauer: *Kuschel,* Jesus (s.o. Anm. 83), 278f. Vgl. *Baltz-Otto,* Poesie (s.o. Anm. 80), 58ff.

213 Vgl. zur markinischen Interpretation der Kreuzigung Jesu: *Weber,* Kreuz (s.o. Anm. 182), 167–174. Vgl. auch den Erfahrungsbericht von R. Tammeus (im folg.).

214 *E. Jüngel,* Tod, Stuttgart 1971, 139, vgl. 131ff. Jüngel widerspricht ausdrücklich dem traditionellen theologischen Mißverständnis, »als sei die Tötung Jesu ein dem Zorn Gottes dargebrachtes menschliches Opfer; dargebracht, um den zürnenden Gott gnädig zu stimmen« (ebd., 143f). Wenn man in diesem Zusammenhang von Opfer reden will, dann von dem Opfer göttlicher Jenseitigkeit, Unberührtheit, Absolutheit. Der christliche Glaube glaubt an einen *menschlichen* Gott. »Nicht Gott hat *sich* versöhnen lassen durch Jesu Tod, sondern er hat die in ihre Gottfremdheit verstrickte *Welt* mit sich versöhnt (2.Kor 5,18f).«

von einer Geschichte ausgehen, die *E. Wiesel,* ein Überlebender von Auschwitz, in seinem Buch »Die Nacht« (dtsch. Gütersloh 1980 [GTB 347], 86-88) berichtet:

»Die SS erhängte zwei jüdische Männer und einen Jungen vor der versammelten Lagermannschaft. Die Männer starben rasch, der Todeskampf des Jungen dauerte eine halbe Stunde. ›Wo ist Gott? Wo ist er?‹ fragte einer hinter mir. Als nach langer Zeit der Junge sich immer noch am Strick quälte, hörte ich den Mann wieder rufen: ›Wo ist Gott jetzt?‹, und ich hörte eine Stimme in mir antworten: ›Wo ist er? Hier ist er ... Er hängt dort am Galgen ...‹«[215] Die Geschichte wird bei *D. Sölle* und bei *J. Moltmann*[216] ausführlich interpretiert. Die Interpretationen, die hier nicht nachgezeichnet werden können, sind zugleich charakteristisch für die jeweiligen Kreuzestheologien. Einig sind sich Sölle und Moltmann darin, daß jede andere Antwort Blasphemie wäre. Gott ist kein allmächtiger Zuschauer, nicht der mächtige Tyrann. Er ist auf der Seite der Opfer. Er wird gehängt. Gott ist in Auschwitz. Sölle bezieht die Aussage des heidnischen Hauptmanns (Mk 15,39) auf Auschwitz: Jeder einzelne von den sechs Millionen ist Gottes geliebter Sohn gewesen. Auch die Zukunft kann nichts daran ändern, daß der Junge dort so sterben mußte. Diese Zukunft kann aber das Gedächtnis dieser Kinder bewahren und den Kampf gegen den Tod besser kämpfen. Die Interpretation endet mit einer für Sölle charakteristischen Aussage: »Gott hat keine anderen Hände als die unseren, die für andere Kinder handeln können.«[217] Ab dieser Stelle wird der Unterschied zu Moltmann deutlich. Gilt die Aussage Wiesels im real übertragenen Sinne, daß Gott selbst am Galgen hing, so muß auch gesagt werden, daß *Auschwitz in Gott selbst* ist, »nämlich hineingenommen in den Schmerz des Vaters, in die Hingabe des Sohnes und in die Kraft des Geistes«[218]. Sölle beläßt es bei der Aussage »Gott in Auschwitz« und leitet aus ihr *ethische* Konsequenzen ab (»Gott hat keine anderen Hände als die unseren«). Moltmann dagegen wendet die Aussage *eschatologisch:* »Auschwitz in dem gekreuzigten Gott«. In dieser Aussage liegt der Grund für eine reale, weltumspannende wie weltüberwindende Hoffnung und der Grund für eine Liebe, die stärker ist als der Tod. Ich möchte hinzufügen: In dieser Aussage liegt zugleich die Hoffnung darauf, daß am Ende nicht die Mörder über das unschuldige Opfer triumphieren (Horkheimer).

Wir haben den Zugang zur Passionsgeschichte des Markus über Kreuzesdarstellungen der Kunst und Literatur gesucht, die die Erfahrung des Leidens sinnlich gegenwärtig machen. Ein noch unmittelbarerer Zugang wird dadurch geschaffen, daß die Jugendlichen ihre eigene Leidensgeschichte verbalisieren, sie durch Texte und Bilder wie an einer »Klagemauer« darstellen. In Klassen oder Konfirmandengruppen, in denen ein *Schüler-Kreuzweg* noch nicht gestaltet wurde, ist dieser Zugang zum Verständnis des Kreuzes Jesu jedem anderen vorzuziehen[219]. Er ermöglicht, erfahrungs- und handlungsbezogen zu arbeiten, das Leiden *an* der Schule nicht zu verdrängen und die in unserer Gesellschaft seltene Für-Klage zu praktizieren (vgl. Lernziel II, 1).
Der didaktische Aufriß entspricht jenem der symbolgeschichtlichen Studie in 2.2: Die vor- und außerchristliche Kreuzsymbolik wird durch das Kreuz

215 Zit. nach *D. Sölle,* Leiden, Stuttgart 1973, 178.
216 *J. Moltmann,* Der gekreuzigte Gott, München 1972, 262ff.
217 *Sölle,* Leiden, 183, vgl. 182.
218 *Moltmann,* Gott, 266, vgl. 267.
219 Vgl. die genaue Beschreibung in *Biehl u.a.,* Symbole I, 113f.119ff.

Jesu als Symbol *unterbrochen*; denn dieses Symbol bezieht sich auf den realen Tod Jesu am Marterpfahl. Die Alte Kirche aber nimmt die vorchristliche Symbolik wie die des Lebens- und Weltenbaums in Anspruch, um die eschatologische Bedeutung des Todes Jesu auszusagen. Diese von der patristischen Theologie entwickelte Vorstellung wurde in der Kunst vielfältig ausgestaltet. Das Kreuz Christi wurde besonders im Mittelalter oft als lebendes Kreuz, als Baumkreuz dargestellt.
Wir beginnen diese Unterrichtssequenz mit dem *Kurzfilm »Mr. Pascal«* (vgl. o. S. 84). Der Schwerpunkt der Arbeit liegt nicht wie im Kontext des Abendmahls bei der Rekonstruktion der Szenen aus dem Leben Jesu, sondern bei der kreativen Gestaltung der Schlußszene, in der sich das Kreuz in einen blühenden Baum verwandelt. Mr. Pascal sitzt wieder (wie zu Beginn des Films) alleine auf der Bank, aber er sieht die Welt mit anderen Augen, nimmt vielleicht die Menschen, die an ihm vorübergehen, neu wahr. Ausdruck dieser inneren Verwandlung ist der blühende Baum als Hoffnungssymbol. Im Unterricht und in Seminaren hat der Schluß des Films immer besondere Aufmerksamkeit erregt. Die städtischen Arbeiter heben eine Grube aus, in die sie die Reste des alten Kreuzes fegen, und pflanzen den Baum. Anschließend verwandeln sie sich in Engel und fliegen davon. Die Szene läßt mehrere Deutungen zu. Vielleicht stellt sie ein Widerlager dar gegen eine einlinige Deutung des Films als Traum eines alten Mannes. Die von ihm initiierte Verwandlung des Gekreuzigten in den Auferstandenen führt zur Begegnung mit einer neuen Wirklichkeit, die nun ihrerseits den Mann verwandelt.
Der Film weckt das Interesse, dem Symbol des Kreuzes Jesu als Lebensbaum intensiver nachzugehen.

Das Mittelalter kannte die Deutung des Kreuzes als Lebensbaum aus der Kreuzlegende, die die Herstellung des Golgathakreuzes aus dem Holz des Paradieses schildert. Bekannt ist diese Deutung jedoch vor allem durch die Liturgie. Vom Palmsonntag bis Gründonnerstag wird vor dem Meßkanon die Präfation vom heiligen Kreuz gebetet; sie greift die Baumsymbolik auf und verbindet sie antithetisch mit der Adamstypologie: »Von einem Baume kam der Tod, von einem Baume sollte das Leben entstehen; der am Holze siegte, sollte auch am Holze besiegt werden.«
Bonaventura, der 1257 Ordensgeneral der Franziskaner wurde, belebt in seinen Kreuzesbetrachtungen diese Symbolk neu. Er schildert das Kreuz als belaubten, blühenden Baum, der als Lebensspeise für die Christen Früchte trägt. Die Mystiker Meister Ekkehard und Tauler sprechen im 14. Jahrhundert vom »minniglichen Baum himmlischen Lebens«[220].

In der bildlichen Darstellung des Todes Jesu kommen von Anfang an Kreuzesformen vor, die das Kreuz als Holz des Lebens deuten. Schon vom 6. Jahrhundert an findet man das *Astkreuz*, in Deutschland vor allem das *Gabelkreuz*.
Das *Blühende Kreuz*, bei dem der Querbalken mit einem pflanzlichen Ge-

220 Vgl. *G. Schiller*, Ikonographie der christlichen Kunst, Bd. 2, Die Passion Christi, Gütersloh 1968, 145-147.

bilde endet, kann als eine Vorform des Baumkreuzes betrachtet werden, das das Kreuz als Baum mit Ästen, Ranken, Blüten und Früchten darstellt. Erst im *Baumkreuz* findet die Deutung des Kreuzes als Lebensbaum einen sinnfälligen Ausdruck. Im späten Mittelalter wird wie im *Triumphkreuz in St. Lorenz,* Nürnberg (M 39), das Baumkreuz, an dem der Gekreuzigte hängt, als Weinstock dargestellt; darin drückt sich eine Beziehung zum Abendmahl aus.
Die *Kreuzigungsszene aus der Bernwardstür im Dom zu Hildesheim* (M 38) zeigt die Vorform des Baumkreuzes: Das Kreuzholz treibt seinen Kanten entlang Knospen.

Es handelt sich um zwei bronzene Türflügel, aus je einem Stück gegossen, Gesamtmaß 472 × 227 cm. Jeder der beiden Flügel hat 8 Bildfelder von je 50/55 × 98 cm Größe. Die Tür wurde im Jahr 1015 gegossen und ca. 1033 in das Westportal des Domes eingefügt. Das dritte Feldpaar von oben zeigt eine Gegenüberstellung von Sündenfall und Kreuzigung. Der Paradiesbaum entspricht dem Kreuz Jesu. Der Stamm des Kreuzes reicht vom unteren zum oberen Bildrand und bildet die Mitte des Bildes. Jesus wird als Toter gezeigt; das Haupt ist seitlich gesenkt, die Augen sind geschlossen. Zwei Figurenpaare umgeben das Kreuz. Innen kommen die beiden Soldaten heran; sie tragen die Leidenswerkzeuge Lanze und Kelch. An den äußeren Seiten stehen Maria, die Mutter Jesu, und der Lieblingsjünger; beide halten ein Buch in den Händen. Der Darstellung liegt der johanneische Kreuzigungsbericht (Joh 19,25–34) zugrunde. Das Kreuz als Heilszeichen erweist sich als der neue, wiedergrünende Lebensbaum: Die Zweigknospen sprießen aus dem Kreuzesbalken. Lanze und Kelch sind besonders groß dargestellt, denn der Künstler konzentriert sich auf die Seitenwunde, die den realen Tod Jesu bezeugt, und auf den Kelch mit dem Blut, der auf das letzte Abendmahl verweist (vgl. Mt 26,28)[221].

Ist nicht bereits in der zweiten Unterrichtssequenz die Kreuzigung Jesu nach Markus erschlossen worden, kann die johanneische Darstellung zum besseren Verständnis der Kreuzigungsszene der Bernwardstür herangezogen werden.
Das Symbol des Kreuzes Jesu als Lebensbaum kehrt in einer bedeutenden künstlerischen Darstellung der Moderne wieder, nämlich in *Marc Chagalls »Grünem Christus«*[222]. In dem mittleren der Fraumünster-Fenster in Zürich wächst aus dem grünen Lebensbaum, dessen Wipfel Maria birgt, der grüne Kreuzesstamm in den Kosmos empor. Ein langgestreckter Kruzifixus, grün, mit golden schimmerndem Körper schwebt in diesen kosmischen Raum; er ist von einer riesigen Aureole umgeben.
Die enge Verbindung vom Kreuz als Lebensbaum und Weinstock finden wir wieder in dem zeitgenössischen Gedicht von *Reiner Kunze, Auf dem Kalvarienberg bei Retz im Januar* (M 36/3); es erschien 1981 in dem Gedichtband »Auf eigene Hoffnung«.

221 Vgl. *B. Gallistl,* Die Bronzetüren Bischof Bernwards im Dom zu Hildesheim, Freiburg 1990, 72ff.
222 Vgl. *I. Riedel,* Marc Chagalls Grüner Christus, Olten/Freiburg/Br. 1985.

Es ist in seiner ganzen Anlage doppelbödig. Bereits die erste Zeile zeigt ein Wechselspiel von Realismus und Symbolik. Ein realer Weinstock läßt in seiner Gekrümmtheit und Gebundenheit assoziativ an den Mann am Kreuz denken. Die gekrümmten Arme des Gebundenen sind »die gebärde des erlösers«. Das Kreuz aus Sandstein, das sich auf dem Berg bei Retz befindet, verdeutlicht diese Analogie in aller Konkretheit. Das Stichwort »erlöser« leitet zu dem zweiten, dichteren Symbolteil des Gedichts über, in dem von »blut und wasser« gesprochen wird. Der Vergleich zu der geöffneten Seitenwunde Jesu, aus der Blut und Wasser fließt, drängt sich auf. Der konkrete Kalvarienberg bei Retz ist zugleich ein Weinberg. Der Autor nutzt diesen *realen* Sachverhalt, um auf der *symbolischen* Ebene das Geheimnis des Kreuzesgeschehens zur Sprache zu bringen. So wie im Vorgang des Kelterns die Beere des Weinstocks vernichtet werden muß, um »süßen, einträglichen wein« zu ergeben, so muß auch der Nazarener gekreuzigt werden, damit sein Tod die »Erlösung« für viele erbringt. Es ist ein Geschehen, das so hart zu verstehen ist wie Stein, aus dem man »den glauben« keltern wollte. Der Schluß des Gedichts bleibt bewußt offen. Warum bedarf es so vieler »gekreuzigter«, um zu dem einen zu gelangen?
Reiner Kunze beläßt es nicht dabei, den Schrei des Gekreuzigten aufzunehmen und zu verstärken »in aller Munde« (Eva Zeller). Er sucht in symbolischer Sprache eine Annäherung an den *Sinn* des Geschehens. Die Bildsprache des Johannesevangeliums gibt ihm Hinweise dazu: »Wenn das Weizenkorn nicht in die Erde fällt und erstirbt, so bleibt es allein; wenn es aber erstirbt, so bringt es viel Frucht« (Joh 12,24). Tod und Leben sind dialektisch aufeinander bezogen. Aber er kann als zeitgenössischer Lyriker eine Symbolik, die wir noch in der Abendmahlslehre des frühen Luther finden, nur mit offenem Ausgang bejahen. Darin liegt die Zwiespältigkeit des Gedichts[223] (vgl. Lernziel IV, 1).

Von der Betrachtung des Kreuzes als »Schmuckstück« zur symbolischen Aktion als Ausdruck praktischen Widerstands gegen Folter und Krieg – das könnte der Spannungsbogen sein, der die Anlage der Unterrichtseinheit bestimmt. Ein Krefelder Grundkurs Religion der 13. Jahrgangsstufe fertigt eine Skulptur aus zwei Eisenbahnschwellen an, versieht sie mit zwei Armen und einem Kopf aus Gips, beklebt sie mit Zeitungsausschnitten, die von Folter und Krieg der Gegenwart berichten, und gräbt sie auf dem Ostwall ein. Eine schöpferische Zeichen-Handlung, die zum Umdenken anregen soll. Passanten werden in Gespräche verwickelt; sie können ihren Protest ebenfalls an das Kreuz heften (vgl. M 43).
Ein handlungsorientierter Abschluß der Einheit, in der viele Ausdrucksformen der Kunst erschlossen wurden, ist aber auch so denkbar, daß die Jugendlichen selbst am Material ihre Erfahrungen mit dem Kreuz »sichtbar« machen. »Kreuz Christi ist für mich wie ...« könnte der *Impuls* sein, unter dem sie das Material, das sie selbst wählen, gestalten.
Die Vorstellung kann von der Lebensbaumvorstellung geprägt sein (Lernziel III, 7): Wir gestalten einen »Schülerkreuzesbaum«. Als produktiver hat sich jedoch eine völlig freie Gestaltungsaufgabe erwiesen (Lernziel II, 5), die nur von dem Impuls geleitet wird.
Für das anschließende Gespräch, in der die Werke gemeinsam gedeutet werden, ist es hilfreich, wenn vorher Zeit für eine kurze schriftliche Äuße-

223 Vgl. *K.-J. Kuschel*, Ecce Homo, in: *R. Niemann* (Hg.), Seht, welch ein Mensch!, Gütersloh 1987, 101–112, hier: 110–112.

rung zur eigenen Deutung (in Fortführung des Impulses) bleibt. Die Werke können auf einem Elternabend präsentiert werden.
Eine andere Form der Arbeit am Material wählt die Konfirmandengruppe, die ein altes Holzkreuz bearbeitet und es mit Weizenkörnern zum Grünen bringt (M 42). Das Werk wird im Unterricht in Beziehung gesetzt zu einem Baumkreuz des Mittelalters (M 39) und in den Gottesdienst einbezogen. Indem die Jugendlichen ihr Kreuz zum Grünen bringen, stellen sie sinnfällig die Bedeutungsseite des Kreuzes dar, die man dem Kreuz sonst nicht ansieht; aus diesem Tod keimt neues Leben. Das Kreuz grünt im Licht von Ostern.

3.3.4 Erfahrungsberichte zu einzelnen Abschnitten der Unterrichtseinheit und Darstellung eines Konfirmandenunterrichts

A *U. Hinze,* Das Symbol »Kreuz« im Unterricht der Sekundarstufe I

Die Einheit bezieht sich auf die Rahmenziele I, 1.6; II, 2.3.5; III, 1-6. Für die Einstiegsphase wurde ein weiteres Ziel entwickelt: Die SchülerInnen können in Auseinandersetzung mit einer Kreuzesdarstellung ihre eigenen Vorstellungen und Gefühle verbalisieren. Die Einheit wurde in einer 9. und einer 10. Realschulklasse erprobt. Beide Gruppen mit je 20 Jugendlichen sind dem Religionsunterricht gegenüber sehr positiv eingestellt.

Der Unterricht setzt beim Vorverständnis der Jugendlichen an. Sie sehen sich still das *Bild »Verschwommenes Kreuz«* an und beschreiben es. Bei der anschließenden Besprechung bleibt offen, ob das Kreuz als Schatten an der Wand oder fototechnisch erzielt wurde. Einige Jugendliche sehen den jungen Mann in enger Beziehung zum Kreuz.

»Vom Kreuz her fällt das Licht auf sein Gesicht.« »Er sieht so unsicher und nachdenklich aus, als wende er sich mit seinen Problemen Jesus am Kreuz zu.« »Er sieht das Kreuz gar nicht.« »Es ist zwar da, wird aber gar nicht wahrgenommen.«

In dieser Spannung bleiben die spontanen Äußerungen stehen. Es folgt eine schriftliche Aufgabenstellung: »Ein Kreuz, das ich vor Augen habe . . .« Eine Schülerin nimmt ihre Kette ab, legt sie vor sich hin und schreibt:

»Das Kreuz, das ich vor Augen habe, ist ein Kettenanhänger, den ich zur Konfirmation bekommen habe. Es ist aus Silber und hat eine Inschrift: ›Jesus Christus‹. Das Kreuz hat eine große Bedeutung für mich, weil es mich an meine Konfirmation erinnert.« Ein Schüler malt liebevoll die Halskette seiner Urgroßmutter, die sie ihm vor ihrem Tod gegeben hat, und schreibt dazu: »Ein goldenes, prunkvolles Kreuz an einer Halskette von meiner Uroma, das ihr Glück bereitete. Jesus hatte einen Rosenkranz und keine blutigen Verletzungen. Die Hände und Füße waren anstatt mit Nägeln mit Stricken am Kreuz befestigt. Jesus machte einen schlafenden Eindruck. Sie behandelte das Kreuz immer so, als habe sie Angst, es könne verletzt werden.«

Aus: Evangelische Zeitung 12/89 (Hannover)

Beim Vortragen der Schülerbeispiele wird auf extreme Beschreibungen geachtet.

Der Beitrag eines Schülers, der sich selbst als »Antichrist« bezeichnet, fällt besonders auf: »Dies ist das ›layout‹ der Death-Metal-Gruppe. Bad Religion. Sie produzieren satanische Verse und Lieder. Sie sind strikt gegen die christliche Kirche und ihre Anhänger. Mich spricht dieses Kreuz so an, weil ich ebenso gegen die christliche Kirche bin.« Als die Mitschüler ihn fragen, warum er selbst das Kreuz als Ohrring trage, erklärt er: »Dieses Zeichen ist ein ›Anch‹, ein altes ägyptisches Zeichen für Leben, und hat nichts mit Christus zu tun!«

Die Antwort löst in der Klasse das Interesse aus, verschiedene Kreuzesformen und deren Bedeutungen zusammenzutragen. Das Engagement ist so

groß, daß in der nächsten Stunde M 29 verteilt wird, um die Bedeutung einiger Kreuze nachlesen zu können. Die Jugendlichen regen eine zusätzliche vorher nicht geplante Erweiterung der Einheit an. Eine Schülerin fragt, ob ein Unterschied in den Kreuzesdarstellungen zwischen evangelischen und katholischen Kirchen erkennbar sei. Wir beschließen, dieser Frage im Frühjahr nachzugehen und eine Radtour in das streng katholische Eichsfeld zu machen.
Nachdem die Jugendlichen ihr Vorverständnis zum Thema äußern konnten, werden Kreuzesdarstellungen aus verschiedenen Epochen und unterschiedlichen Intentionen erschlossen. Da das Bild bei diesem Thema im Vordergrund steht, muß versucht werden, Abwechslung durch verschiedene Zugangsweisen zu diesem Medium zu erzielen. Außerdem soll die Aussage des jeweiligen Bildes durch ein Lied verstärkt werden.
Die Klasse betrachtet still die *Kreuzigungsszene aus der Bernwardstür* (M 38), während zwei Schüler mit dem Rücken zur Projektionswand sitzen. Das Dia wird nach einer Minute ausgeschaltet. Durch gezieltes Befragen der Mitschüler müssen die beiden »Blinden« sich eine Vorstellung vom Bild verschaffen. Spannend ist bei dieser Methode, daß immer wieder Streitgespräche unter den »Sehenden« entstehen. Bei einem erneuten Einschalten des Dia äußern die »Blinden«, was sie sich durch die Beschreibung der Mitschüler ganz anders vorgestellt haben.
Beide Klassen lassen sich überraschend intensiv auf dieses doch recht spröde Bild ein.

»Dieser Jesus hat etwas Trotziges.« »Das zeigt sich auch in dem Kreuz, das lauter Knospen hat.« »Dem Tode zum Trotz.« »Er leidet nicht eigentlich, sein Kopf hängt nicht, und er hat auch keine Dornenkrone auf.« Bei der Frage nach den Personen unter dem Kreuz lesen wir *Joh 19,25-34.* »Das Bild sieht aus wie aus einer Bildergeschichte, die oben und unten weitergeht. Ist das vielleicht ein Bild aus unserer Rathaustür?« Eine Schülerin erinnert sich an die Bernwardstür in Hildesheim, die sie bei ihrer Klassenfahrt besichtigt hatte.

Die Jugendlichen lernen das Lied: »Freunde, daß der Mandelzweig ...« (KTL 83, Nr. 701) und entdecken in diesem Text eine starke Parallelität zum Bild. »Text und Bild drücken Hoffnung aus, die von jungen Trieben und Knospen ausgeht.« »Im Bild wird damit ausgedrückt, daß es trotz Jesu Tod noch Leben gibt. Und im Text heißt es, daß der blühende Mandelzweig Leben bedeutet und daß das Leben immer siegt, solange es noch Zweige gibt.« Eine geradezu fröhliche Stimmung bringt der *Kurzfilm »Mr. Pascal«* in den Unterricht (vgl. o. S. 84).
Nach dem ersten Sehen des Films wählt jeder Schüler ein Bild und malt es auf ein Folienstückchen. Anhand der Schülerbilder kommt der Film noch einmal zur Sprache, da auch die zwischen den Bildern liegenden Szenen erörtert werden. Die schnelle Bilderfolge des Films macht ein zweites Sehen erforderlich. Manche Szenen bleiben strittig; alle Anspielungen des

Films können auch nicht erschöpfend erörtert werden. In diesem Zusammenhang soll die Spannung zwischen Kreuz und Lebensbaum herausgearbeitet werden. Den Anstoß geben vier Schülerbilder.

»Nicole hat das nicht richtig gemalt. Sie hat Anfang und Ende des Films in ein Bild gepackt« (zu Nr. 4). »Aus dem Kreuz ist doch der Baum gewachsen. Der Baum soll das Leben symbolisieren.«

Als vertiefender Impuls wird folgender Vers auf den OHP gelegt: »Von einem boume uns leit geschah, daz hup sich durch des slangen nit: Gott schiere ein ander Holz ersach, an dem er uns erloste sit« (Kirchenlied aus dem 13. Jh., zit. n. *G. Gollwitzer,* Botschaft der Bäume, Köln 1985, 41). Diese den Schülern fremde Sprache, die sie in den wesentlichen Aussagen übersetzen können, erweist sich als sehr reizvoll. Durch das Wort ›slangen‹ fällt ihnen die Paradiesgeschichte ein, die nach spontanem Erzählen in der Bibel nachgelesen wird. »Im Film bewachen die Engel den Baum des Lebens nicht mehr. Das ist ja so, als sei das Paradies wieder zugänglich.« »Der Film ist eine Fortsetzung der Bernwardstür.« »Aus den Knospen ist ein Baum geworden.« »Ich finde so toll, daß so viele Menschen plötzlich dazukommen. Das zeigt mir, daß man andere ansteckt, wenn man selbst beginnt zu leben.« Im Gespräch äußern die Schüler, daß es ihnen wie ein Kreislauf vorkomme: »Die Vertreibung aus dem Paradies führt zum Tod, und daraus wird neues Leben.« In der folgenden Stunde bringt eine Schülerin ein Bild aus einem Buch mit, das sie zur Konfirmation bekommen hat. Es handelt sich um einen Ausschnitt aus der romanischen Holzdecke der Kirche St. Michaelis, Hildesheim, »Der Sündenfall, Christus im Lebensbaum«. Es wirkt wie eine Illustration des Kirchenliedes.

Die Beschreibung des Unterrichtsverlaufs dokumentiert, daß mit Hilfe der genannten Medien und Methoden *das Kreuz als Symbol für Hoffnung und Leben* von den Schülern selbständig erschlossen werden kann.

In einer weiteren Doppelstunde wird ein neuer Aspekt eingebracht: *das Kreuz als Symbol für Leiden.* Die Jugendlichen hören den ersten Satz der *Bachkantate* BWV 131, die Vertonung des Psalms 130 »Aus der Tiefe rufe ich, Herr, zu dir. Herr, erhöre meine Stimme!« Sie sollen beim Hören versuchen, den Text mitzuschreiben und Beobachtungen zur musikalischen Gestaltung festzuhalten. Die Reaktion auf die Art der Musik ist vielfältig; sie reicht von großer Zustimmung bis zu strikter Ablehnung. Der notierte Text wird zusammengetragen, dann der ganze Psalm gelesen. Impuls: »Welche Situation läßt einen Menchen so beten?« Die Antworten gehen alle in eine Richtung. Die Situation wird angemessen nachempfunden:

»Ein Mensch, der krank, süchtig oder von der Gesellschaft ausgestoßen ist.« »Es ist, als ob er gesündigt hat, sich tief unten fühlt und um Vergebung fleht.«

Der erste Satz der Bachkantate wird noch einmal gehört. Die Schüler blikken dabei auf das Bild von *Otto Pankok »Mein Gott, mein Gott, warum hast du mich verlassen?«* (M 31). Es entsteht eine kontroverse Diskussion darüber, ob Bild, Text und Vertonung zusammenpassen.

»Der Text und das Bild, aus dem Panik spricht, passen gut zusammen, aber die Musik ist zu schön dazu.« »Ich finde, die paßt gut dazu, sie führt immer wieder aus der Tiefe nach oben.« »Das Bild ist ekelhaft, macht mir Angst, und die Musik ist am Anfang geradezu idyllisch.« »Ich finde es so passend zueinander, daß ich mir vorstellen kann, daß der Künstler die Musik gehört und dazu das Bild gemalt hat.«

Es wird nach dem Künstler gefragt: In welcher Zeit und aus welcher Situation heraus hat er das Bild gemalt?

»Er ist arm und wollte seine Situation durch Jesus darstellen.« »Vielleicht wurde der Maler auch ungerecht behandelt, so wie Jesus, und hat sich mit ihm identifiziert.«

In einem *Lehrervortrag* über Pankok erkennen die Jugendlichen, daß sie von diesem Bild her sehr dicht an seine Lebenssituation herangekommen sind. Es handelt sich um das 54. Bild aus dem Werk »Die Passion in 60 Bildern«. Die Schüler überlegen, welchen Moment der Künstler hier festhält. »Wo Jesus sagt: ›Vater, vergib ihnen, denn sie wissen nicht, was sie tun.‹« »Nein, das ist zu milde. Hier sieht Jesus so verzweifelt aus. Das ist die Stelle, wo er aus Angst schreit« (die Passionsgeschichte war vor dieser Einheit behandelt worden). Wir lesen *Mk 15,33-39* und finden Vers 34 passend zu diesem Bild.
In einem zweiten Schritt soll das Bild aus der Perspektive eines leidenden Menschen betrachtet werden. Alleine oder in einer Kleingruppe wird eine mögliche Lebensgeschichte zu dem Bild von Pankok »Von Auschwitz zurück« (Kohle 1948 [s. folg. S.]) entworfen (das Bild wird ohne Titel präsentiert).
So verschieden die Lebensgeschichten auch sind, gemeinsam ist ihnen, daß sich hier ein Mensch in einer Notsituation befindet. Die Hausaufgabe lautet: »Denke an die Frau und ihre Lebensgeschichte, die du beschrieben hast. Diese Frau sieht die Christusdarstellung von Otto Pankok. Schreibe ihre möglichen Gedanken als Gebet, Psalm, Gedicht, Lied, Brief ...«

Eine Schülerin schreibt: »Brief einer Jüdin. Liebe Menschheit! Ich bin eine arme Jüdin, die keine Familie mehr hat und auch keine Freunde. Ich fühlte mich aus diesem Grund immer benachteiligt; denn ich war einsam und hatte Angst, Angst, zu leben. Doch dann habe ich das mit Gewalt und Grauen übersäte Gesicht von Jesus Christus gesehen. Er sieht ängstlich und panisch aus, so als würde er um Hilfe schreien. Jedoch ist da keiner, der ihm hilft. Er war alleine, hatte Angst und war auf sich gestellt, genau wie ich es bin. Auf dem Bild hatte er keine Kontrolle mehr über sich, aber er hat es trotzdem geschafft, unser Gott zu werden, auch ohne Freunde und Familie, ganz allein. Seitdem habe ich wieder Kraft und Mut zum Leben ... Aber trotzdem frage ich mich ›Warum‹, warum ist alles so kompliziert? Machen wir es uns selber so schwer? Kommt es durch den Haß, den die Menschen haben? Warum halten wir nicht alle zusammen? Wir sind doch eine Gemeinschaft. Die Gemeinschaft Gottes. Darum laßt uns zusammenkommen und unsere Probleme lösen. Eure Jüdin Rebecca.«
Ein Schüler schreibt: »O Gott, heute sah ich ein Bild von Jesus, der am Kreuz hängt. Ich glaube, ich werde dieses Bild nie wieder vergessen, denn dieser Jesus hatte einen Ausdruck von unglaublicher Trauer, Verzweiflung und Schrecken auf seinem Gesicht, wie ich ihn da-

mals selbst erlebt habe. Damals, als das Haus von einer Bombe getroffen einstürzte und meine Familie unter sich begrub. Ich höre noch heute ihre Schreie und fühle noch heute meine Hilflosigkeit. Und so frage ich dich, Gott, wie vielleicht auch Jesus auf diesem Bild: Warum???
Warum hast Du damals Deinem Sohn nicht geholfen, und warum warst Du, der Du so gerecht sein sollst, so grausam und hast mir alles genommen, was ich liebte? Ich hoffe, ich finde irgendwann die Antwort auf meine einfache, aber auch bedeutsame Frage, irgendwann vielleicht ...«

Ein ganz anderer Aspekt kommt durch das Bild von *George Grosz »Maul halten und weiterdienen«* (M 34) in den Unterrichtsverlauf, nämlich der des *Protestes.* Die Jugendlichen sind direkt angesprochen.

»Das ist das einzige Kreuz, das ich mir ins Zimmer hängen würde«, reagiert spontan jener Schüler, der sich als »Antichrist« bezeichnet. Ein anderer erzählt, dieses Kreuz sei auf einem Black-Metal-Plattencover.

Nach einer intensiven Betrachtung entsteht eine rege Diskussion über die Frage nach dem Entstehungsjahr.

»Nach 1945, um zu zeigen, was im 2. Weltkrieg mit den Juden geschah.« »Es ist eine Warnung an die Christen, nicht noch einmal so mit den Juden umzugehen.« »Es könnte von einem jüdischen Künstler sein.« »Das ist ein ganz neues Bild, um uns vor Augen zu führen, was im Golfkrieg geschah. Ein Hinweis auf den Gaseinsatz gegen Israel.« »Das ist viel allgemeiner auf unseren Umgang mit der Schöpfung zu beziehen.«

Als das Entstehungsjahr 1928 genannt wird, erinnert sich ein Schüler, daß im 1. Weltkrieg zum erstenmal Giftgas eingesetzt wurde. Die weiterhin lebhafte Diskussion bekommt jetzt einen Antikriegsakzent.

»Mit dem schiefhängenden Kreuz und dem abgebrochenen Balken will der Künstler ausdrücken, daß die Welt aus den Fugen gerät.« Ein anderer Schüler sieht in dem Bild den »Protest gegen die Verfilzung von Kirche und Militär«. »Ich denke, daß in diesem Kreuz viele Hinweise auf Gewalt und Vernichtung stecken. Die Schuhe stehen für Krieg, das abgebrochene Kreuz für Gewalt, der ausgemergelte Körper für Leid und die Gasmaske für Vergasung.« »Und trotz all dieser Vernichtungsmaßnahmen überlebt Jesus, und seine Ausstrahlung bleibt bestehen.« »Das Kreuz in seiner Hand deutet darauf hin, daß seine Wegweisung noch besteht.«

Durch die Nennung des Titels sehen die Schüler ihre Deutung bestätigt. Grosz hat für dieses Bild einen »Gotteslästerungsprozeß« erhalten. Die Jugendlichen sollen versuchen, diesen Tatbestand nachzuvollziehen, indem sie eine der drei Aufgaben wählen und schriftlich ausformulieren: (1) Anklageschrift, (2) Verteidigungsrede des Künstlers, (3) Verteidigungsrede des Verteidigers. Auf dem Hintergrund dieser schriftlichen Vorlagen wurde eine Gerichtsszene gespielt.

Ein Schüler schreibt als *Künstler:* »Ich bin im Sinne der Anklage unschuldig; denn ich habe auf keinen Fall Gotteslästerung betreiben wollen. Ich habe lediglich in meinem Bild dargestellt, wie ich die Kirche in der derzeitigen Situation sehe, nämlich als Befürworterin des Krieges und des Sterbens. Wenn Sie mich dessen anklagen wollen, daß ich die Wahrheit in meinem Bild ausgedrückt habe, kann ich nur noch sagen, daß Sie dann dieselbe Einstellung haben wie die Kirche.«
Ein anderer läßt den *Verteidiger* reden: »Ich glaube, daß Grosz nur ausdrückt, was viele denken. Es ist nicht zu verantworten, daß die Kirche die Waffen segnet; denn in den wichtigsten Regeln der Kirche, den 10 Geboten, steht: ›Du sollst nicht töten.‹«
In einer weiteren *Verteidigungsrede* schreibt eine Schülerin: »Der Titel des Bildes könnte aus dem Munde eines Offiziers stammen. Warum soll sich mein Klient strafbar machen, wenn er zu solchen gängigen Aussprüchen ein Bild malt?« Diese Schülerin hat den Anstoß für den Künstler, dieses Bild zu malen, genau getroffen (vgl. *Rombold/Schwebel,* Christus, 109). Die Anklage lautet auf »Verletzung der religiösen Gefühle von Gläubigen. Das ihnen heilige Kruzifix wird ins Groteske verzerrt.« Die Schüler sehen in diesem Kreuz, das eingezogen und vernichtet wurde, einen Protest gegen die Kirche, die auf seiten der kriegerischen Macht steht. Sie empfinden das nicht als einen Mißbrauch des Kreuzes. »Jesus hat sich ja auch gegen die politisch Mächtigen seiner Zeit gestellt.«

Als Abschluß dieser Unterrichtssequenz hören und singen wir das *Lied von Wolf Biermann: »Du, laß dich nicht verhärten«* (KTL 83, Nr. 721). In der *9. Klasse* schließt die Einheit mit einem *Unterrichtsgang* in die Göttinger Mariengemeinde ab. Die Christusplastik von Lothar Fischer, Berlin (im Gemeindesaal des Gemeindezentrums der St.-Marien-Gemeinde Göttingen, eingeweiht am 8.7.1990; Foto von Klaus Gottschalt 1990), soll abgemalt oder beschrieben und die Gedanken dazu in einer frei gewählten Form (Gebet, Psalm . . .) festgehalten werden.

Eine Schülerin schreibt dieses Gedicht:

Er war ein Mensch aus Fleisch und Blut
Er ist ein Mensch aus Rost und Stahl
Er war arm
Er hat keine Arme
Er ließ Gedanken zurück
Er läßt Gedanken kommen
Er löst Mit-Leid aus
Er ist hilflos und war doch ein König

Beide sind ein Christus
Beide predigen durch unsere Arme

Er ist unser Christus
(Tanjana Patzelt)

In dieser modernen Plastik ist das Kreuz *Symbol für unser Handeln in der Nachfolge Christi.* Stärker als bei allen anderen Kreuzesdarstellungen sind hier die Betrachtenden mit einbezogen.
In der *10. Klasse*, in der immer eine Doppelstunde zur Verfügung steht, schließt die Einheit mit einer *Metapherübung* ab. Es wird reichlich kreatives Material ausgebreitet (Buntpapier, Spielsachen, Abfallprodukte, Kerzen, Bindfaden, Stoff, Wolle ...). Zu dem Impuls »Kreuz Christi ist für mich wie ...« führt jeder Schüler eine gestalterische Arbeit aus. Die fertigen Werke werden auf einem großen Tisch ausgestellt, und jeder schreibt seine Gedanken zu seinem Werk auf einen Zettel, den er verdeckt dazulegt. Die Mitschüler betrachten zunächst stumm die Ergebnisse der anderen und können ebenfalls ihre Gedanken aufschreiben und verdeckt dazulegen. Erst wenn alle in Ruhe fertig sind, werden die Ergebnisse nacheinander betrachtet und dann auch die Interpretationsversuche vorgelesen.

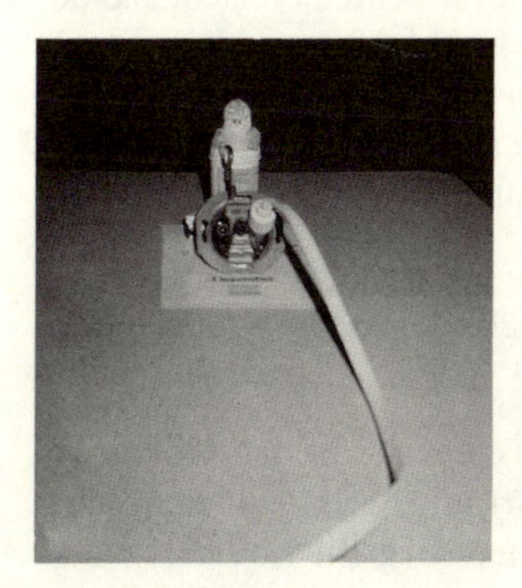

Ein Schüler schreibt zu *Werk 1*: »Ein Kreuz ist für mich wie ein Leuchtturm an der Küste. Es soll Menschen zum Nachdenken bringen und ihnen den Weg weisen, eine Lösung für ihre Probleme zu finden.« Andere ergänzen: »Ein Leuchtturm führt die Menschen, wenn sie nicht mehr weiter wissen. Das rote Band soll sagen, daß alle Menschen eingeschlossen sind.« »Und der Draht ist ein Zeichen für Ermutigung. Es geht trotz der Hindernisse weiter.« »Das Bild sieht aus wie eine Küste, an der die Gischt hochspritzt. Die Kerze ist ein Leuchtturm, der die Schiffe in den sicheren Hafen geleitet.«

Zu *Werk 2* schreibt der »Künstler«: »Jesus ist in der Medikamentendose. Das Kreuz auf dem Helm und der Dose soll darstellen, daß Jesus uns hilft und rettet. Außerdem hält er den Schlüssel des Lebens in der Hand und hat zu uns allen einen guten ›Draht‹. Jesus eröffnet diese Verbindung zu uns, und das andauernd.«

B *R. Tammeus,* Symbol »Kreuz« – Elementare unterrichtliche Zugänge (11. und 12. Jahrgangsstufe/Gymnasium)

Die Unterrichtseinheit wurde unter Mitarbeit von Heike Klischka entworfen und von ihr in einer Kursgruppe der 11. Jahrgangsstufe erprobt. Eine revidierte Fassung führte der Fachlehrer in je einer Lerngruppe der 11. und 12. Jahrgangsstufe durch. Die beschriebene Unterrichtseinheit bezieht sich auf den Unterricht des Fachlehrers in einer 11. Klasse mit 21 SchülerInnen.
Die Intentionen der Unterrichtseinheit entsprechen den Rahmenzielen I, 4 und 5 (Alternativen), II, 1 bis 3 (Alternativen) und IV, 1.

In der *ersten Doppelstunde* sollten die SchülerInnen durch eine Schreibmeditation und eine Diareihe die Bedeutungsbreite des Kreuzes bzw. von Kreuzen allgemein kennenlernen und dadurch in die Unterrichtseinheit eingeführt werden.
Zu Beginn der Stunde hatte der Fachlehrer eine ca. 200 x 100 cm große Papierbahn in der Mitte eines Stuhlkreises ausgerollt. Auf das Papier legte er zwei 50 cm lange Hölzer in der Form eines gleichseitigen Urkreuzes (vgl. M 29/1) übereinander. Die SchülerInnen erhielten den Auftrag, während der Schreibmeditation nicht zu sprechen, sich das Kreuz eine Weile in Ruhe anzuschauen und eventuelle Assoziationen mit Filzschreiber nacheinander auf das ausgerollte Papier zu schreiben. Auch Nachfragen und Bemerkungen durften nur in schriftlicher Form geäußert werden.
Nach vier Minuten schrieb die erste Schülerin einen Begriff auf das Papier, andere folgten nach kurzen Pausen in der folgenden Reihenfolge:

Kreuzung, Fensterkreuz, Rotes Kreuz, Pluszeichen, Zusammenkunft (Rückfrage: Was meinst Du damit? Antwort: Alles läuft in sich zusammen.), Mittelpunkt, Schnittpunkt, Himmelsrichtungen, Rückgrad = Kreuz, Tod, Sterben ...

Nach fünf Minuten wechselte der Fachlehrer eines der beiden Hölzer gegen ein längeres aus; es entstand auf diese Art und Weise ein lateinisches Kreuz (vgl. M 29/2). Sofort wurden als weitere Begriffe notiert:

Kirche, Christentum, Halskette, Kreuz Christi, Kreuzzüge, heiliger Krieg, Folter, Leiden, Schmerzen, Hexenverfolgung, Galgen, Sünde, Glaube, Gott, Kreuz am Straßenrand = Verkehrstoter, Grab, Waldsterben, Kreuzfeuer, Vampir, Unterwerfung ...

Zum Schluß schrieben einige SchülerInnen in kleinerer Schrift rund um den Begriff »Kreuz Christi« einzelne Wörter, die mit der Kreuzigung in inhaltlichem Zusammenhang standen:

Dornenkrone, Judas, Barrabas, Blutvergießen, Römer und Juden, Grablegung, Schwamm mit Essig.

Nach der Schreibmeditation äußerten sich die SchülerInnen in einer Feedback-Runde überwiegend positiv zu ihrer Befindlichkeit bei dieser für sie neuen Methode der Kommunikation.
In einer kurzen inhaltlichen Auswertung der auf dem Plakat notierten Begriffe wurden die thematischen Schwerpunkte zusammengefaßt und die Unterschiedlichkeit der Assoziationen zum gleichseitigen Urkreuz »allgemein-menschliches Kreuz« bzw. zum lateinischen Kreuz »das christliche Kreuz« thematisiert. In einem kurzen Gesprächsgang spekulierten die SchülerInnen dabei über die längere Vertikale gegenüber der kürzeren Horizontalen beim lateinischen Kreuz und begründeten dies mit der Bedeutung Gottes im Christentum. Anhand eines Arbeitsblattes (M 29) wurden weitere »Formen des Kreuzes« kurz vorgestellt und erläutert.
Aus der Diamappe »Kreuze im Alltag« (Calwer-Verlag) zeigte der Fachlehrer anschließend verschiedene Kreuzesdarstellungen (vom Fachwerkkreuz bis zum Kruzifix). Anhand der sehr unterschiedlichen Kreuzesbilder lernten die SchülerInnen verschiedene Sinn- und Bedeutungsebenen von Kreuzen kennen: das Kreuz als bloße Bezeichnung einer realen Erscheinung (z.B. Kreuzung, Fensterkreuz), das Kreuz in seinen übertragenen Bedeutungen als Zeichen (Verkehrsschild, mathematisches Zeichen) und Symbol (Kreuz Christi). Anhand des »Roten Kreuzes« wurden die Unterschiede zwischen Zeichen (»die Organisation, der Verein«) und Symbol (»Hilfe«) zum Abschluß der Stunde noch einmal thematisiert und dabei einige Merkmale von Symbolen angesprochen.
Zur Wiederholung und Festigung des Gelernten erhielten die SchülerInnen den folgenden Text zur Lektüre als Hausaufgabe:

Das Kreuz

»Das Kreuz steht für die Verbindung, für die Begegnung des Auseinanderliegenden. Die vier Richtungen kommen im Kreuz zu ihrem Schnittpunkt. Im Kreuz wird erkennbar, daß es nicht nur Trennung und Isolation gibt, sondern Zuordnung und Vereinigung. Wo sich die Straßen kreuzen, da treffen sich die Menschen, Gemeinschaft ist möglich, und ein Austausch zwischen ihnen kann beginnen.
Die Welt selbst ist kreuzförmig gebaut. Die ›vier Winde‹ stehen für die vier Hauptrichtungen unserer Orientierung. Wo gebaut wird, muß das Kreuz die Konstruktion tragen, damit nach allen Seiten ein Halt entsteht. Im Kreuz treffen sich die Vertikale und die Horizontale.

Das Oben und Unten kommt miteinander in Verbindung und trifft sich mit der seitlichen Ausdehnung. Wo das Kreuz erscheint, ist ein Zeichen gesetzt gegen das Chaos, gegen die Zersplitterung und allgemeine Auflösung. Im Begegnungszeichen wird die innere Verbundenheit des Geschaffenen erkennbar. Um das Kreuz kann gebaut werden, im Kreuz kann ein Widerstand gegen die Zerstreuung gefunden, kann ein Fixpunkt ausgemacht werden.
Aber auch in meiner eigenen Leiblichkeit entdecke ich das Kreuz. Ich finde die Erstreckung nach oben und unten in meiner Körpergestalt, und ich finde die seitliche Querung in der Schulter- und Armpartie. Wenn ich mich mit ausgebreiteten Armen hinstelle, bin ich selbst ein lebendes Kreuz. Ich kann meditierend wahrnehmen, daß ich in der Erde wurzele und nach oben wachse und daß ich mit meinen Armen nach den Seiten ausgreife, um Verbindung mit anderen zu bekommen und wirken zu können.
Auch in meiner geistigen und personalen Existenz erlebe ich mich als Kreuzung und Schnittpunkt. In mir treffen sich Materialität und Geistigkeit, die Tendenzen des Innen und des Außen, das Ordnungs- und das Chaosprinzip, das Zentripetale und Zentrifugale. Gelingt mir die Kreuzigung meiner Person, dann habe ich ein Zentrum, von dem aus alles gehalten wird; zerbricht das Kreuz, so löst sich auch der personale Zusammenhalt auf.
Für einen Christen ist das Kreuz in erster Linie das Kreuz Jesu. Und da ist das Kreuz ein Galgen gewesen, an den man Verbrecher hängt, um sie zu quälen und zu Tode zu foltern. Aber schon die Kirchenväter und frühen Theologen haben das Kreuz von seiner inneren Symbolik her betrachtet und gedeutet. Für Irenäus ist das Kreuz in Jesus Christus zum Grundmodell des Kosmos geworden. ›Er ist derjenige, welcher die Höhen erhellt, der hinabreicht in die Tiefen, an die Grundfesten der Erde, der die Flächen ausbreitet vom Morgen bis zum Abend und von Norden und Süden die Weiten leitet, der alles Zerstreute von allüberallher zusammenruft zur Erkenntnis des Vaters.‹ Im Kreuz wird der innere Zusammenhang von allem zu allem erkennbar. Ein Grundgerüst hält das Ganze in Zuordnung, so daß nichts mehr auseinanderfällt und beziehungslos bleiben muß. Die Kirchenväter können gar nicht genug Bilder finden, um diese Sicht des Kreuzes zu veranschaulichen . . .
Es wird also Zeit, daß wir das Kreuz nicht mehr einseitig als das dem Tod zugeordnete Zeichen verstehen, sondern daß wir es auch wieder als Zukunftszeichen wiederentdecken. Nicht zur Resignation soll das Kreuz verleiten, nicht zu einem Sichabfinden mit dem Vorgegebenen, es soll gerade nach vorne führen, es ist das Bauprinzip des Kommenden.
In den Oden Salomos fand ich folgenden Vers:
›Ich streckte die Hände aus und weihte mich dem Herrn,
denn das Ausbreiten der Hände ist sein Zeichen,
und mein Ausstrecken ist das ausgestreckte Holz.‹«
(Zitiert aus: *O. Betz,* Berührungen – Vom aufmerksamen Leben, München 1975, Pfeiffer-Werkbuch 130, 102ff; neu in: *ders.,* Vom Zauber der einfachen Dinge, Herder-Verlag Freiburg/Br., 214–218; © Otto Betz.)

In der *zweiten Doppelstunde* sollte eine erste Annäherung und persönliche Auseinandersetzung mit dem Kreuz Christi – und damit die Zuspitzung auf das eigentliche Thema der Unterrichtseinheit – über verschiedene Kreuzesdarstellungen in der Kunst erfolgen.
Dazu hatte der Fachlehrer seine – im Laufe der Jahre gesammelten – etwa fünfzig Bilder zur Kreuzigung im Klassenraum ausgelegt. Die SchülerInnen erhielten den Auftrag, sich die Kreuzesdarstellungen in Ruhe anzuschauen und ein Bild, das sie besonders anspreche bzw. das sie besonders ablehnten, auszuwählen. Die Fotolanguage dauerte ca. zwanzig Minuten. Die SchülerInnen gewannen einen Eindruck über die Vielfältigkeit, Verschiedenartigkeit und Deutungsbreite des Kreuzestodes Jesu. Durch die Auswahl eines Bildes konnten sie sich vergegenwärtigen, ob sie eine bzw.

welche persönliche Vorstellung sie zur Be-deutung des Kreuzes Jesu hatten oder ablehnten.
In der folgenden Gesprächsrunde stellten sich die SchülerInnen die ausgewählten Bilder gegenseitig vor und begründeten ihre Wahl. Zwei Bilder waren von jeweils zwei SchülerInnen, eins von dreien ausgesucht worden. Nach der Vorstellungsrunde lagen also insgesamt zwanzig Bilder in der Mitte des Stuhlkreises. Der Fachlehrer forderte die SchülerInnen auf, ein »Bild-Soziogramm« zu erstellen, indem sie Bilder mit inhaltlichen Affinitäten nahe zueinander schieben und solche mit divergierenden Aussagen weiter voneinander weg legen sollten. Es folgte eine rege Auseinandersetzung über die Positionierungen der Bilder, in der die SchülerInnen sich indirekt intensiv mit den Intentionen der Kreuzesdarstellungen auseinandersetzten. In eindrucksvoller Weise bildeten sich in etwa zehn Minuten drei große Bereiche heraus, die als große ›Trauben‹ auf dem Fußboden sichtbar wurden: eine Gruppe mit überwiegend realistisch-darstellenden Bildern (z.B. Rembrandts Radierung »Die drei Kreuze« von 1653), eine andere mit Darstellungen überwiegend anthropologisch-individueller bzw. existentieller Intention (z.B. Jawlenskys »Gesichts«-Meditationszyklus von 1935ff) und eine dritte Gruppe von Bildern, die den ethisch-politischen Aspekt des Kreuzes betonten (z.B. Litzenburgers Radierung »Mich dürstet nach reinem Wasser« von 1974). Zur letztgenannten Gruppe hatten die SchülerInnen die meisten Bilder ausgewählt. Drei Bilder wurden zur Seite gelegt, da sie nicht zu den genannten Bereichen paßten.
In einer Gruppenarbeit beschäftigten sich die SchülerInnen anschließend arbeitsteilig mit den Bildern zu den vorher erarbeiteten systematischen Aspekten. Sie sollten die jeweiligen Bilder einer der drei Gruppen hinsichtlich ihrer inhaltlichen Gemeinsamkeiten und Unterschiede untersuchen und dabei die gemeinsame bzw. jeweilige Aussageabsicht herausfinden. Während die Gruppe mit den realistisch-darstellenden Bildern Schwierigkeiten mit der Aufgabe hatte, teilte die Gruppe mit anthropologisch-individuellem Schwerpunkt ihre Bilder nach den Themenbereichen »Leid« und »Tod« auf. Das eindrucksvollste Ergebnis präsentierte die dritte Gruppe: Mühelos ließen sich ihre Bilder nach den Stichworten »Gerechtigkeit«, »Frieden« und »Bewahrung der Schöpfung« gliedern. Nach Vorstellung der Gruppenarbeitsergebnisse konfrontierte der Fachlehrer die Kursgruppe mit der Frage, welche der Darstellungen ihrer Meinung nach den Kreuzestod Jesu am angemessensten wiedergebe bzw. interpretiere. In der sich anschließenden – erwartungsgemäß kontroversen – Diskussion wurde dabei die Notwendigkeit eines geeigneten ›Maßstabs‹ deutlich, für dessen Festlegung eine genaue theologische Erarbeitung der Bedeutung des Kreuzestodes Jesu im Neuen Testament unumgänglich sei.
Der dazu notwendige synoptische Vergleich der Passionsgeschichten sollte in der Hausaufgabe vorbereitet und im ersten Teil der kommenden Doppelstunde ausgewertet werden. Den SchülerInnen wurde eine Synopse der Evangelientexte von der Kreuzigung (Mk 15,22–32.36 parr) und dem Tod

Jesu (Mk 15,33–41 parr) zur Verfügung gestellt. Sie sollten die Texte unter Berücksichtigung der folgenden Fragen vergleichen:

1. Was sagt Jesus am Kreuz?
2. Auf welche Art und Weise stirbt Jesus?
3. Wie verhalten sich die Gegner Jesu, wie die Mitgekreuzigten?
4. Welche Geschehnisse werden im Zusammenhang mit dem Tod Jesu erwähnt?

Der synoptische Vergleich sollte – wie bereits vorher geübt – mit Hilfe von farbigem Unterstreichungen durchgeführt, die Ergebnisse stichwortartig festgehalten werden.
In der *dritten Doppelstunde* sollten die SchülerInnen die verschiedenen theologisch-christologischen Aussageabsichten über Jesu Kreuzestod anhand eines Vergleichs der vier Evangelienberichte und dreier charakteristischer Kreuzesdarstellungen der bildenden Kunst erarbeiten.
Zu Beginn der Doppelstunde ließ der Fachlehrer die Hausaufgabe in einer Gruppenarbeit vergleichen und die Ergebnisse zu den genannten Fragen auf eine Folie übertragen. Über Tageslichtprojektor wurden sie im Plenum veröffentlicht und durch mündliche Erläuterungen ergänzt. Auf dem Hintergrund der literarischen Abhängigkeitsverhältnisse (vorher bereits im Unterricht behandelt!) erklärten die SchülerInnen die Übereinstimmungen und die jeweiligen Besonderheiten der einzelnen Berichte. Auf diese Weise wurden eine gründliche Textversicherung und ein nahezu gleicher Informationsstand bei den SchülerInnen erreicht. Durch eine Problematisierung der Historizität der Berichte wurde verdeutlicht, daß die vier Evangelisten Kreuzigung und Tod Jesu adressatenorientiert aus der Perspektive der Auferstehung beschrieben haben und daß sie sich bei der Abfassung ihrer Berichte nicht von historischen, sondern von kerygmatischen Interessen leiten ließen.
Zum Ende des ersten Teils der Doppelstunde war die Frage nach der Aussageabsicht der Passionserzählungen noch nicht zusammenfassend beantwortet worden; das sollte im zweiten Teil – durch Bildmaterial unterstützt – erarbeitet werden. Dazu hatten die Lehrer folgende Bilder ausgewählt:

1. *Für den markinischen und matthäischen Bericht* eine Kohlezeichnung von Otto Pankok (1933) (M 31).

Die Zeichnung zeigt lediglich den Oberkörper des hier wirklich am Kreuz Hängenden. Aus den Wunden der schmerzverkrampften Hände fließt das Blut auf die Unterarme. Das Gesicht wird bestimmt durch die weit aufgerissenen Augen und den geöffneten Mund. Der Körper wirkt ausgemergelt und kraftlos. Von der Schärfe des Leidens wird in diesem Bild wie in den Berichten nichts genommen. Die Zeichnung gehört zu einem insgesamt sechzig Bilder umfassenden Zyklus zum Thema Passion, die Pankok unter dem Eindruck des faschistischen Terrors gegen die Juden in Deutschland geschaffen hat. Auf diesem Hintergrund gewinnt der Titel des Bildes »Mein Gott, mein Gott, warum hast du mich verlassen?« eine verschärfte unmittelbare Aussage. Die Augen des Leidenden sind auf den Betrachter gerichtet, der sich somit der zur Handlung aufrufenden Nachfolge nur schwer entziehen kann. Auf diesen Aspekt sollten die SchülerInnen jedoch erst in der abschließenden persönlichen Auseinandersetzung hingewiesen werden.

2. *Für den lukanischen Bericht* ein Ölgemälde eines unbekannten Malers aus dem 18./19. Jahrhundert (M 32), das ganz dem Stil Lukas Cranachs nachempfunden ist.
Christus hängt hier an einem vor einer Küstenlandschaft (aus der Dubliner Kreuzesdarstellung Cranachs kopiert!) aufragenden Kreuz. Die Christusgestalt hebt sich hell vor dem dunklen Himmel (Lk 23,44) hervor. Der Kopf ist nicht passiv nach unten gesenkt, sondern der Blick Christi ist gen Himmel gerichtet, um sich seinem Vater mit den Worten anzuvertrauen, die der Maler in lateinischer Sprache (!) als Bildmotto am unteren Rand festgehalten hat: »Vater, in deine Hände befehle ich meinen Geist.«
Die Dornenkrone und die Haltung weisen auf das Leiden Jesu hin, das er jedoch geduldig auf sich nimmt.
3. *Für den johanneischen Bericht* eine farbige Miniatur (M 33), die den SchülerInnen als Farbfolie präsentiert wurde, um das Kunstwerk nicht absichtlich zu verfremden und seiner Wirkung zu berauben. Sie stammt aus dem Evangeliar der Uota von Niedermünster, Regensburg 1012-1025. Da um das Kreuz Christi herum eine Vielfalt von Figuren in schwer entschlüsselbaren mittelalterlichen Allegorien angeordnet ist, erschienen den Lehrern in diesem Fall die didaktischen Kriterien als so schwerwiegend, daß sie eine Reduzierung des Bildes auf einen Ausschnitt für gerechtfertigt hielten. Hierin wird Christus als der am Kreuz Erhöhte dargestellt. Seine purpurfarbene und mit einem goldenen Band verzierte Kleidung und die Krone weisen ihn als den »König« (vgl. Joh 19,21f) aus. Körperhaltung und Gesichtszüge sind völlig entspannt, und selbst seine durchbohrten Hände und Füße geben in dem Kreuz keine Spuren von einem Leiden zu erkennen. Die Augen sind weit geöffnet und blicken wohlwollend vom Kreuz herab. Auch wenn die Miniatur selbst keinen direkten Hinweis darauf gibt, kommt hier das johanneische »Es ist vollbracht!« bildlich voll zur Geltung.

Die Bilder wurden den SchülerInnen zunächst einzeln in der beschriebenen Reihenfolge über OHP gezeigt. Nach einer kurzen Betrachtungsphase gaben sie jeweils ihre ersten Eindrücke wieder und beschrieben daran anschließend die drei Kreuzesdarstellungen. In dem sich anschließenden Vergleich der Bilder wurden die charakteristischen Unterschiede - besonders im Blick auf die Haltung Jesu angesichts des Todes - erarbeitet. In dieser Phase war das Gespräch lehrerzentriert; eine Unterstützung durch gezielte Fragen des Fachlehrers war notwendig.
Das Gespräch wurde wieder lebhafter, als der Fachlehrer nach dem Zusammenhang der Bilder mit den verschiedenen Evangelienberichten fragte, nach kurzer kontroverser Diskussion die letzten Worte Jesu an die Tafel schrieb und die SchülerInnen bat, eine direkte Zuordnung dieser Aussprüche zu den Bildern vorzunehmen. Ohne Schwierigkeiten erledigten sie diese Aufgabe.
In einem entwickelnden Unterrichtsgespräch wurden anschließend die Aussageabsichten der Evangelisten unter Bezugnahme auf das Bild- und Textmaterial erarbeitet. Die Gesprächsergebnisse führten zu folgendem Tafelbild:

Die Aussageabsicht der Passionsberichte

Matthäus / Markus	*Lukas*	*Johannes*
»Mein Gott, mein Gott, warum hast du mich verlassen?«	»Vater, in deine Hände befehle ich meinen Geist.«	»Es ist vollbracht«,
Jesus ist als am Kreuz Leidender »Gottes Sohn«	Jesus als ›frommer‹ Märtyrer	Jesus als Erhöhter, als ›König‹
Leiden in voller Härte betont	›Sieg‹ im Leiden	Vollendung des Heilsplanes Gottes im Erhöhten
Nachfolge mit Blick auf das Kreuz	Vorbild Jesu im Leiden, Trost durch Errettung	
Mt: auch Hoffnung durch Auferstehung		

Für eine persönliche Auseinandersetzung unter der Fragestellung, welche Sichtweise des Todes Jesu nach Einschätzung der SchülerInnen für die heutige Zeit die größte Aussagekraft habe, und damit eine Anknüpfung an die Schlußdiskussion der vorangegangenen Stunde blieb keine Zeit mehr. Aus den vorhergehenden Diskussionsbeiträgen war aber bereits hinreichend deutlich geworden, daß die SchülerInnen die markinische Fassung und die Kohlezeichnung von Pankok favorisierten.
Als vertiefende Hausaufgabe diente die auf S. 207 folgende, von Heike Klischka neu zusammengestellte fiktive Stellungnahme der Evangelisten zu ihren Aussageabsichten in bezug auf das Kreuz Christi (das Material der Stellungnahme ist einem »Rundgespräch mit den Evangelisten« [aus: Unterrichtsmodelle Fach Religion, Heft 24, Passion, von G. Jost, N. Knobloch, L. Bach u.a., hg. vom DKV, 17f, © Kösel-Verlag, München] entnommen).

In der *vierten Doppelstunde* sollten die SchülerInnen anhand von Bildern, Pauluszitaten und eines Gedichts die soteriologische, ethische und existentielle Be-deutung des Kreuzestodes Jesu herausarbeiten.
Zu Beginn der Stunde zeigte der Fachlehrer Frans Masereels Holzschnitt »Es war einmal« von 1954 (M 37) über Tageslichtprojektor. Nach kurzem Betrachten und spontanen Äußerungen beschrieben die SchülerInnen das Bild und erwähnten dabei u.a. folgende Aspekte:

Der Gekreuzigte hänge über der Silhouette einer Großstadt. Er habe zwar die typische Haltung eines Gekreuzigten, sei aber in gewöhnlichem Straßenanzug und ohne Dornenkrone dargestellt. Aus den Händen und Füßen tropfe Blut auf die Stadt. Es handele sich um überdimensionale Blutstropfen, die an die Einsetzungsworte beim Abendmahl erinnerten. Die Stadt wirke dunkel und drohend; aus ihr reckten sich am unteren Bildrand Hände zum Kreuz empor: eine zeigend-hinweisende, eine offen-empfangende und eine zur Faust geballte aggressive.

Über die Bedeutung der Hände schloß sich eine längere Diskussion an. Die

Wer die Passionserzählungen der vier Evangelisten aufmerksam liest, stellt viele Unterschiede und Widersprüche fest. Auf diese Widersprüche von einem Außenstehenden angesprochen, könnten die Evangelisten folgende fiktive Stellungnahmen gegeben haben:

Matthäus:

Ich habe natürlich das Evangelium des Markus gekannt und habe ... es als Vorlage benutzt. Einiges aber haben wir geändert und ergänzt. Sie müssen zunächst wissen, daß ich aus einer anderen Gemeinde komme als Markus. Meine Gemeinde hat z.T. andere Erzählungen über das Leiden Jesu gekannt als die Gemeinde des Markus. So erklären sich schon einige Unterschiede. Etwas Wichtiges kommt aber hinzu: Wir Christen haben oft über den Tod Jesu nachgedacht und gesprochen. Erst nach und nach haben wir verstanden, was das alles für uns bedeutet. Und deshalb haben wir die Geschichte vom Leiden und Sterben Jesu immer wieder neu und immer wieder anders erzählt. Es ging auch nicht darum, einen Tatsachenbericht zu verfassen. An der Todesszene Jesu möchte ich verdeutlichen, was für mich das Wichtigste am Tode Jesu ist. Auf heutige Menschen wirkt es befremdend, wenn sie lesen, daß beim Tode Jesu die Erde bebte, Felsen barsten, Gräber sich öffneten, Tote erweckt wurden. Den Christen meiner Gemeinde waren solche Formulierungen geläufig. Sie sahen in ihnen keine tatsächlichen Ereignisse, sondern verstanden sie symbolisch, d.h. als Bilder vom Beginn des ewigen Lebens bei Gott. Ich wollte also meiner Gemeinde verdeutlichen, wie durch das Sterben Jesu den Menschen der Zugang zum ewigen Leben eröffnet ist.
Das Vertrauen in die Auferstehung Jesu hat die Jünger Jesu wieder derart bewegt, weil Gott dort eingegriffen hat, wo menschlich gesehen alles zu Ende war. Gott hat diesen Jesus nicht im Tod belassen, sondern mit ihm das Wunder eines neuen Anfangs gemacht. Durch Jesu Tod ist auch für den Menschen, der sein Leben nach Jesus Christus ausrichtet, der Zugang zum ewigen Leben eröffnet.

Markus:

Ich habe als erster ein Evangelium geschrieben und dabei vor allem die Leidensgeschichte ausführlich wiedergegeben. Dabei habe ich aber Erzählungen verwendet, die von den ersten Christen überliefert wurden.
Ich habe nie einen *Bericht* geschrieben oder schreiben wollen. Das war schon deshalb nicht möglich, weil es für einige Ereignisse der Passion Jesu keine Zeugen aus dem Kreis der Jünger gibt. Als ich anfing, in meinem Evangelium über das Leiden und Sterben von Jesus zu schreiben, da hatte ich kein Protokoll von dem Verhör Jesu vor dem Hohen Rat noch einen Auszug aus Prozeßakten vor mir liegen. Ich bin kein Geschichtsschreiber, der genau aufschreiben will, was passiert ist. Ich bin ein Christ, der an Jesus Christus als den auferweckten Herrn glaubt, und darum wollte ich darstellen, was das Sterben Jesu für einen Christen bedeutet.
Ich wollte der Gemeinde verdeutlichen, daß Jesu Gang zum Kreuz ein Gang in tiefste Dunkelheit ist. Ich zeigte Jesus, wie er von seinen Freunden verlassen in eine wachsende Vereinsamung gerät. Diese Einsamkeit findet ihren Höhepunkt im Schrei Jesu: »Mein Gott, mein Gott, warum hast du mich verlassen?« Absichtlich stelle ich diesen Weg in die Gottverlassenheit dar, um meiner Gemeinde zu zeigen:
Jesu Tod darf nicht als zufälliges Unglück verstanden werden, das man nach seiner glücklichen Auferstehung schnell wieder vergessen sollte. Jesu Weg in die Gottverlassenheit erweist sich am Ende als Gottesnähe. Das ewige Leben bei Gott kann man nicht haben ohne das Kreuz. Wer also Jesus als Gottessohn anerkennen will, muß wie der römische Hauptmann auf den gekreuzigten Jesus blicken.
Ich wollte Jesu Leiden und Sterben so hart und furchtbar wie möglich zeigen, um uns Christen, die wir Jesus nachfolgen wollen, zu sagen: Wer glaubt, wer sich auf Jesus einlassen will, für den gibt es keinen Weg durch das Leiden hindurch. Nur so begegne ich dem Wunder eines neuen Lebens aus dem Tod.

Lukas:

Daß Jesus mit einem lauten, wortlosen Schrei stirbt, schien mir zu hart. Gewiß wird so ein furchtbares Geschehen richtig festgehalten. Aber ich wollte meiner Gemeinde Mut machen und Trost zusprechen. Darum stirbt Jesus wie ein frommer Märtyrer, ganz ergeben in Gottes Willen.
Ich habe ein anderes Bild von der Todesstunde Jesu entworfen. Im Stil einer Märtyrer-Erzählung zeige ich, wie Jesus als Gerechter ein ungerechtes Ende gefunden hat. Auch am Kreuz ist Jesus noch der gütige Heiland, der seinen Feinden vergibt: »Vater, vergib ihnen, denn sie wissen nicht, was sie tun!« Jesus stirbt auch nicht mit einem gewaltigen Schrei, sondern mit einem kurzen Gebet, das die Juden als Abendgebet zu sprechen pflegen: »Vater, in deine Hände übergebe ich meinen Geist.«
Jesus stirbt als frommer Märtyrer, ganz ergeben in Gottes Willen. Seine Gegner scheinen zu siegen, aber im Tod zeigt er sich überlegen, weil er seinen Feinden vergibt und die Zuschauer sich bekehren.

Johannes:

Mir waren die Darstellungen der drei Herren bekannt. Aber wie schon Matthäus sagte: Mit der Zeit haben wir Christen das Leiden Jesu neu gesehen, und deshalb habe ich manche Stellen meiner Vorlagen geändert.
Das letzte Wort, das ich dem gekreuzigten Jesus in den Mund lege, ist nicht so hart und furchtbar wie bei Markus und Matthäus. Er stirbt siegreich mit dem Ruf: »Es ist vollbracht!« Jesu Weg zum Kreuz ist ein Siegeszug. Sein Kreuz wird zum Königsthron, auf dem seine Herrlichkeit offenbar wird.
Für mich ist Jesus kein »Schmerzensmann«, sondern in einem tiefsten Sinne wirklich »König der Juden«.
Ich halte es für unpassend, das Verhalten der Feinde Jesu beim Kreuzigungsgeschehen darzustellen, wie meine beiden Vorredner es getan haben. Durch Jesu Tod am Kreuz ist doch die feindliche Welt besiegt. Unters Kreuz gehören daher nicht die Feinde, sondern die Freunde Jesu: seine Mutter, die Frauen, die ihm nachfolgten, der Jünger, den er liebte, alle, die ihm nachfolgen. Wer unter dem Kreuz steht, den erwartet kein furchtbares Ende, sondern hoffnungsvoller Neubeginn.
In den Erzählungen über das Leiden und Sterben Jesu wollen wir eigentlich nur unseren Gemeinden und unseren Lesern verdeutlichen, daß Jesus der Auferstandene ist und was es für einen Christen bedeuten kann, an Jesus Christus, den Auferstandenen, zu glauben. Der Glaube an den auferstandenen Herrn hat uns auch in *dem* beeinflußt, was wir über Leiden und Sterben Jesu geschrieben haben. Mein Glaube an den auferstandenen und verherrlichten Christus ist so stark, daß Leiden und Sterben Jesu für mich nicht das Ende sein können.

SchülerInnen einigten sich schließlich darauf, daß sie mögliche Haltungen des Menschen zum Kreuz Christi symbolisierten:

Die dem Kreuz am nächsten befindliche sei die offene Hand, die um Hilfe bitte, in der sich zugleich aber auch Liebe und Vertrauen widerspiegelten. Die zeigende Hand symbolisiere sowohl positive als auch negative Elemente: Sie könne auf den Gekreuzigten weisen (im Sinne des Ecce-homo-Motivs); sie könne aber auch anklagen und verspotten. Die zur Faust geballte Hand drücke Ablehnung, Aggression und Gewalt aus.

Mit Hilfe von Gal 3,13f und 2Kor 5,19-21 wurde anschließend die soteriologische Interpretation des Kreuzesgeschehens in der Differenzierung des paulinischen Stellvertretungs- und Sühnegedankens thematisiert und mit dem Holzschnitt Masereels in Beziehung gesetzt.
Die SchülerInnen erkannten dabei, daß Masereel die Kreuzigung soteriologisch interpretiert und in die Gegenwart transferiert hat. Er konfrontiert die Zeitgenossen mit der Frage, welche Bedeutung der gekreuzigte Christus heute für die Menschen hat.
Der Titel »Es war einmal« wurde zum Abschluß der Beschäftigung mit dem Masereel-Bild vom Fachlehrer ins Gespräch gebracht und von den SchülerInnen sofort als typischer Märchenanfang identifiziert. Daß Masereel dadurch den Wahrheitsgehalt des Versöhnungsgedankens des Kreuzes in Frage stellen könnte, wurde als eine Möglichkeit erwähnt. Die mögliche Alternative formulierte eine Schülerin:

Wer an diesen Märchenanfang denke, erinnere sich auch an die Schlußworte: »... und wenn sie nicht gestorben sind, so leben sie noch heute.« Von daher sei auch die Deutung möglich, daß Jesus nicht im Tod geblieben, sondern auferstanden sei und dementsprechend sein Angebot auch heute noch gelte.

Einen sehr viel leichteren Zugang als zu den vorangegangenen Materialien hatten die SchülerInnen zu der ethischen Kreuzesdarstellung des zeitgenössischen Künstlers Johann-Peter Hinz (M 30). Anläßlich eines Kirchentages in Halle an der Saale stellte Hinz die Plastik zur Verfügung. In der Marktkirche aufgestellt, sprach sie die Betrachter auf Anhieb so stark an, daß sie auch nach dem Kirchentag ihren Platz in diesem Gotteshaus behielt. Hinz wählte für sein Werk Materialien unserer Zeit: Eisenabfälle, Stacheldraht und ein altes Standkreuz, das durch die Firma Krupp gegossen wurde.
Nach Betrachtung und unmittelbaren Reaktionen deuteten die SchülerInnen das Bild in nur zehn Minuten:

Anders als bei den meisten Kreuzesdarstellungen sei hier kein beschaulicher, sondern ein lebendiger Christus gestaltet worden. Das zeige der Arm, der die Drahtfesseln gesprengt habe und sich auf die (leidenden?) Menschen zubewege, der nach vorne schreitende Fuß und der tief gebogene Kreuzespfahl. Eine Hand sei noch in Verbindung mit dem Kreuz geblieben, symbolisiere Verbindung zu dem Ursprung christlich motivierter Hilfe.

Mit Hilfe des folgenden Gebets aus dem 14. Jahrhundert – den SchülerInnen gemeinsam mit dem Bild auf einer Fotokopie überreicht – wurde der ethische Anspruch des Kreuzes (»Die Sache Jesu geht weiter!«) und damit eine Aktualisierung des Stellvertretungsgedankens verdeutlicht:

»Christus hat keine Hände, nur unsere
Hände, um seine Arbeit heute zu tun.
Er hat keine Füße, nur unsere Füße, um
Menschen auf seinen Weg zu führen.

Christus hat keine Lippen, nur unsere
Lippen, um Menschen von ihm zu erzählen.
Er hat keine Hilfe, nur unsere Hilfe,
um Menschen an seine Seite zu bringen.

Wir sind die einzige Bibel,
die die Öffentlichkeit noch liest.
Wir sind Gottes letzte Botschaft,
in Taten und Worten geschrieben.

Und wenn die Schrift gefälscht ist,
nicht gelesen werden kann?
Wenn unsere Hände mit anderen Dingen
beschäftigt sind als mit den seinen?
Wenn unsere Füße dahin gehen,
wohin die Sünde zieht?
Wenn unsere Lippen sprechen,
was er verwerfen würde?
Erwarten wir, ihm dienen zu können,
ohne ihm nachzufolgen?«

Im Mittelpunkt des dritten Teils dieser Doppelstunde stand die Skulptur »Der gemarterte Christus« von Guido Rocha (M 35) aus dem Jahr 1975 und das Gedicht »Golgatha« von Eva Zeller (M 36/2) mit ihren existentiellen Deutungen des Kreuzestodes Jesu.
Nach der Bildbetrachtung zeigten sich die SchülerInnen in ihren ersten Reaktionen auf das Bild sehr beeindruckt davon, daß Rocha das Leiden in seiner vollen Schärfe zum Ausdruck bringt. In fast meditativer Atmosphäre – dem Dargestellten durchaus angemessen – wurde die Skulptur nur zögernd beschrieben. Mit Hilfe von Zusatzinformationen des Lehrers erkannten die SchülerInnen, daß hier Christus als »Brasilianer« in seiner vollen Leidenserfahrung am Kreuz dargestellt wird. Genauer erklärt werden mußte die Art der Kreuzigung in der Hocke mit angewinkelten Beinen.
Das Gedicht von Eva Zeller wurde den SchülerInnen auf einem Arbeitsblatt gemeinsam mit einem Schwarz-Weiß-Foto der Skulptur zur Verfügung gestellt und mehrere Male laut vorgelesen. Sie erkannten schnell die Parallelität der Aussagen in Bild und Text und arbeiteten in einem kurzen Gesprächsgang heraus, daß beide Künstler im Kreuz Christi die Solidarität mit allen Leidenden betonen. Diese Solidarität führe dazu, daß man nicht

wegschaue, sondern das Leid in seiner ganzen Brutalität zeige (Rocha) bzw. »den Schrei in aller Munde verstärke« (Zeller).
Ausgehend von der Behauptung Eva Zellers
»Nur seinen Schrei
nehmen wir ihm noch ab«
und der damit verbundenen Relativierung anderer Deutungsmöglichkeiten des Kreuzesgeschehens setzten sich die SchülerInnen zum Schluß der Doppelstunde noch einmal kritisch mit den drei Deutungen des Kreuzes auseinander.
Während der Erarbeitung der drei Positionen hatte der Fachlehrer bereits die folgenden Stichworte an der Tafel festgehalten:

Deutungen des Kreuzes

anthropologisch/ existentiell	*ethisch*	*soteriologisch*
Leid wird betont	– »Ich habe keine anderen Hände als die euren«	– Sühnevorstellung »pro nobis« (für uns)
– Verzweiflung im Leid wird ernst genommen	– Handeln im Sinne Jesu (Stellvertretung)	– Stellvertretungsgedanke »pro me« (an meiner Stelle)
– Das Kreuz Christi als Symbol für die Solidarität im Leiden	– Nachfolge (Jesus als Vorbild)	

Die SchülerInnen diskutierten kurz und konzentriert die drei Deutungen im Vergleich und artikulierten dabei besonders ihre Schwierigkeiten mit den Deutungsansätzen:

– soteriologisch	»Kann zu Apathie führen!« »Ich will nicht, daß jemand anderes für mich gelitten hat.«
– ethisch	»Wozu braucht man dazu das Kreuz Christi?« »Überfordert den Menschen.«
– anthropologisch-existentiell	»Die menschliche Verzweiflung bleibt trotzdem bestehen. Woher kommt Hoffnung?«

Insgesamt gesehen war das größte Problem dieser Doppelstunde die Stofffülle. Nur das hohe Reflexionsniveau und die konzentrierte Mitarbeit der ElftklässlerInnen ermöglichten die Durchführung in der beschriebenen Form. Im Kurs der 12. Jahrgangsstufe wurde der Stoff zufriedenstellender in einer Doppel- und der darauf folgenden Einzelstunde behandelt.
In der *Abschlußdoppelstunde* sollten die SchülerInnen an dem Film »Espolio« die Kreuzigung Jesu als ein überzeitliches Beispiel (bzw. Symbol) für

das Versagen des Menschen im Blick auf seine Verantwortung für mehr oder weniger direkt verschuldetes bzw. zugelassenes Unrecht erkennen, sich mit der Frage nach der Verantwortung und Schuld auseinandersetzen und in eine kritische Reflexion über eigenes bzw. allgemeinmenschliches »Handeln« treten.

Der Film »Espolio: Die Verantwortung des Menschen für seine Werke« (7 Min., 16 mm, Lichtton, Farbe) ist unter der Nr. 3202357 als FWU-Film über die Stadt- bzw. Kreisbildstellen auszuleihen. Auf dem Filmbegleitbogen sind zum Inhalt folgende Angaben zu finden: »Während unter Bläsersignalen ein Hinrichtungskommando einen Verurteilten durch eine neugierig gaffende Menschenmenge führt, bohrt ein Zimmermann - ganz auf seine Arbeit konzentriert - Löcher für die Nägel ins Kreuz. Er tut nur seine Pflicht. Er hält es mit der redlichen Arbeit. Er ist Realist. Anders als jener, der sterben muß, weil er einen Tick kriegte und anfing zu predigen. Espolio bedeutet »Entkleidung«. Wahrscheinlich ist die Entkleidung bzw. Entwürdigung Christi vor der Hinrichtung gemeint. Orientiert an der Kreuzigungsszene Christi, weitet der Zeichentrickfilm die darin enthaltene Problematik durch eingeblendete Bildfolgen so aus, daß sie bis in die Gegenwart hineinreicht.«

Nach einer Anknüpfung an die Ergebnisse der vorangegangenen Stunde und einer kurzen Einführung wurde der Film zu Beginn der Unterrichtsstunde gezeigt. Die SchülerInnen artikulierten erste Eindrücke, formulierten aber - u.a. wegen der eingeblendeten verwirrenden Bildfolgen - viele Fragen. Zu deren Beantwortung wurde der Film ein zweites Mal gezeigt und die Fragen - soweit am Anfang schon möglich - beantwortet.
Nach diesem Einstieg verteilte der Fachlehrer den folgenden Text des Filmkommentars an die SchülerInnen und las ihn laut vor:

Der Zimmermann geht ganz in seiner Arbeit auf.
Er versucht, den Stahl mit der Hand in das Holz zu
treiben. Es ist hartes Holz
aber es gibt einen Kniff, wie man das macht.
Er hat nichts übrig für den Raub der Kleider,
und es kümmert ihn nicht,
ob für ihn etwas dabei herausspringt.
An seiner Geschicklichkeit hängt jetzt alles,
selbst die Sicherheit des Staates.
Eigentlich kann jeder das hier machen.
Seine harten Fäuste fesseln die Augen der Frauen des Verbrechers.
Es ist gar nicht so einfach, Löcher richtig hinzukriegen
mitten in diesem wüsten Gedränge.
Sie müssen tief genug sein,
daß sie die Nägel halten,
nachdem sie die weichen Füße und Handgelenke durchbohrt
haben, die hinter ihm warten.
Der Zimmermann merkt gar nicht,
daß eine der Hände über ihn gehalten wird,
mit einer seltsamen flehenden Geste.
Doch was wird erbeten?
Vergebung - oder Segen?
Aber selbst wenn er es sähe -

er würde sich nicht darum kümmern.
Aufgehängt werden alle möglichen Leute,
wie jeder weiß, der Kreuze macht.
Sie sind genauso verrückt
oder normal wie die,
die ihren Tod beschließen.
Dieser hier hat sich bis jetzt vernünftig benommen,
obwohl er sich selber 'reingeritten hat.
Der Sohn eines Zimmermanns,
der 'nen Tick kriegte und anfing zu predigen.
Ich bin auch eines Zimmermanns Sohn,
ich werde Söhne haben,
die ebenfalls Zimmermann werden.
Wir werden bauen, was von uns verlangt wird.
Tempel oder Tische –
Krippen oder Kreuze –
egal, was es ist –
ich werde anständige Arbeit leisten.
Wenn ich arbeite,
vergesse ich alles um mich herum,
selbst das Grölen dieser Aasgeier hier.
Wer sich in redliche Arbeit kniet,
kommt nicht in Gefahr,
seinen Kopf zu riskieren.
Aber für ihn,
den andern Zimmermannssohn, ist es zu spät,
in den Frieden zurückzukehren,
den handfeste Arbeit gewährt. –
Schon wird auf die Nägel geschlagen.

Die SchülerInnen analysierten das im Text und in den Bildern des Films zum Ausdruck kommende Verhalten und Denken des Zimmermanns und arbeiteten die angedeutete Ambivalenz von Pflichterfüllung und verantwortetem Handeln heraus. In diesem Gesprächsgang spielte die bewußt erzeugte Spannung zwischen dem Zimmermannssohn Jesus von Nazareth (»der 'nen Tick kriegte und anfing zu predigen« – Kommentar des Films, Z. 33) und dem anderen Zimmermann, der nur seine Pflicht tat und seinen Beruf ausübte (»wir werden bauen, was von uns verlangt wird ...« – Kommentar, Z. 37), eine zentrale Rolle.
In einer zweiten Gesprächsrunde wurden die im Film eingeblendeten verschiedenen Geschichtsepochen mit Lehrerhilfe gedeutet und ihre Funktion in der Aktualisierung der »Kreuzigung« erkannt: Jesus wird immer wieder aufs neue gekreuzigt – sowohl durch die, die den Tod von Menschen beschließen, als auch durch die, die nur tun, was von ihnen verlangt wird, und die glauben, sich auf diese Weise der Verantwortung entziehen zu können.

Nach einer kurzen Pause erhielten die SchülerInnen den Auftrag, sich in andere im Film vertretene Personen (Jünger, Zuschauer, Soldaten, Pontius Pilatus) hineinzuversetzen und deren mögliche Sichtweise und Beurteilung des Geschehens, eventuell auch die damit verbundene »Selbstrechtfertigung«, in einem Kommentar zu verdeutlichen. Dazu wurden Arbeitsblätter mit Bildern (aus dem Filmbegleitmaterial, National Film Board of Canada, 1 Grosvenor Square, London, W1XOAB, GB) der entsprechenden Gruppe und einem möglichen Textanfang verteilt (nach einer Idee von Josef Fink, Golgatha-Report, München 1979; die kursiv gedruckten Textanfänge zum »Zuschauer« und zu »Pontius Pilatus« wurden wörtlich übernommen). Je nach Wunsch arbeiteten die SchülerInnen arbeitsteilig in Einzel-, Partner- oder Gruppenarbeit fünfzehn Minuten lang an dem Kommentar einer der genannten Personengruppen. Im folgenden jeweils ein Beispiel:

Ein Jünger:

»Ich glaube, die Welt bricht für mich zusammen. Alle Hoffnungen sind zunichte gemacht worden. Sollte am Ende auch seine Predigt vom anbrechenden Gottesreich nur eine leere Illusion sein? Habe ich mich derartig täuschen lassen können?
Jetzt ist er tot!
Gott, wie konntest du es nur zulassen, daß sie deinen Sohn wie einen Schwerverbrecher getötet haben. – Ich kann es nicht glauben ...
Oder: War er am Ende überhaupt nicht dein Sohn? Aber – wer war er dann?
Er hat doch Wunder vollbracht, auch wenn wir es oft nicht verstanden haben ...
Oder hat es am Ende auch einen Sinn, daß er *so* sterben mußte;
und ich verstehe es bloß nicht?!
Vielleicht ...«

Die Zuschauer:

1. »Da hat's wieder einmal ein paar erwischt. Ist ganz gut so, wenn vor dem Osterlammessen, unserem Hochfest, ein wenig ausgemistet wird. Ordnung gehört her. Ordnung gehört zu einem funktionierenden Staat. Natürlich: Scheißrömer.
2. »Guck mal, der Zimmermann Simon. He Simon! Wie gehts Deiner Frau?« (Zum anderen:) »Der Simon hat das hier schon häufiger gemacht. Der leistet saubere Arbeit, das Kreuz hält.«
1. »Stell dir vor, was die Frau neben mir gesagt hat, unglaublich; sie könnte das nicht, wie der Zimmermann. Einfach lächerlich, wo kommen wir denn da hin! Der pure Neid, sag' ich dir, das kann nicht jeder, dazu braucht man Geschick! Das ist noch echtes Handwerk.«
»Ihr Mann ist doch nur Kesselflicker ...«
2. »Komm, laß uns mal da rübergehen, da kann man besser gucken. (Pause) Siehst du schon was? Der Pöbel versperrt die ganze Sicht! ... Oh, wunderschönen Tag, Herr Quintius! (Zum anderen:) Das war der einflußreiche römische Kaufmann, von dem ich dir erzählt habe ...«
1. »Du, ich seh was: die Soldaten und dieser, na, wie heißt er, Jesus, oder so ...«
2. »Ne richtig fiese Visage, wie der schon guckt.«
1. »Kein Wunder, wer sich so aufspielt, der hat es verdient.«
2. »Eigentlich sieht er noch ganz schön jung aus, das soll der Aufständler, der verrückte Prediger Jesus sein???«
1. »Ja, ja, der ist doch immer rumgezogen, der Sohn Gottes.«
2. »Von wegen Gottessohn, jetzt soll er sich mal ein Wunder einfallen lassen, wie er hier rauskommt. He Jesus, zeig 'mal was!«

Die Soldaten:

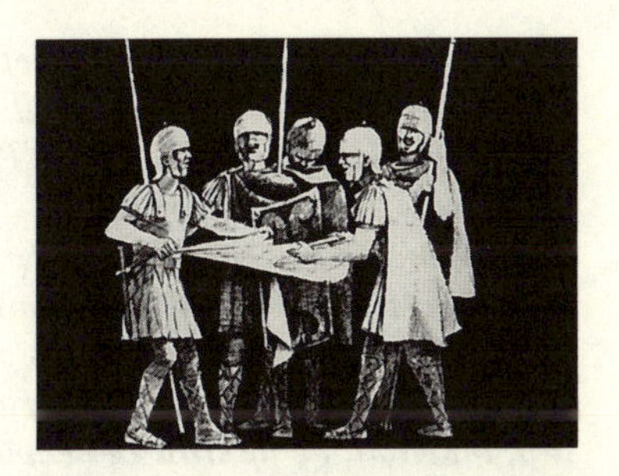

»Schon wieder Dienst – und dazu dieser Menschenauflauf. Hauptsache, es bleibt alles ruhig. Ich will keinen zusätzlichen Ärger haben ...
Ich fühle mich hier in Jerusalem sowieso nicht wohl. Wenn ich mich hier durch gute Dienste auszeichne, kann ich vielleicht auf eine Versetzung nach Rom hoffen, in die Nähe meiner Familie. Vielleicht bekomme ich auch einen Landsitz vom Staat, wenn ich meinen Dienst ordentlich hinter mich gebracht habe. Zu Hause hätte ich so viel zu tun, gerade jetzt, wo meine Mutter so krank ist. Ich könnte meine Familie so gut unterstützen ... Und was mache ich hier? Ich muß aufpassen, daß es wegen unnützer Verbrecher keinen Tumult gibt. Die Juden sind schon ein komisches Volk ...
Da hängen jetzt schon wieder zwei Räuber und dann dieser Sektenführer – oder was der war –, die machen aber auch 'n Theater um den ...
Bei uns in Rom fangen sie jetzt mit der Weinernte an – ob Vater schon begonnen hat? Er bräuchte so dringend Hilfe ... Ob Mutter überhaupt noch lebt? Sie hat letztes Jahr schon immer unter den Schmerzen gelitten. Ich frage mich, womit sie dieses schwere Schicksal verdient hat? Sie tut mir so leid.
Hoffentlich ist die Woche hier bald zu Ende! Na ja, das kann noch'n bißchen dauern, die hängen ja erst zwei Stunden. Kurz vor dem Passafest noch mal hier sein, wenn diese Verbrecher abgehängt werden, und dann haben wir erst mal drei Tage Ruhe.

Pontius Pilatus:

Pontius Pilatus gibt in einem Brief an den Kaiser folgendes zu Protokoll: »Pontius Pilatus, Prokurator der Provinz Judäa, grüßt seinen Kaiser. Unter den drei zur Kreuzigung Verurteilten befand sich heute ein gewisser Jesus von Nazareth – in der Volkssprache Jehoschua –, an dem ich persönlich, Majestät, keine ernst zu nehmende Schuld fand, der aber von den Theologen des Tempels dezidiert abgelehnt, der Volksverhetzung und Majestätsbeleidigung geziehen, zudem der Gotteslästerung – Klammer auf: auf diesen Vorwurf habe ich nicht reagiert, Klammer geschlossen – angeklagt war. Ich wollte ihn durch die gewohnte Geißelung der Wut der Masse entreißen. Es gelang mir aber nicht aus Gründen der Staatsräson.
Denn das Volk wollte ihn tot sehen. Selbst auf meinen Tauschvorschlag, Jesus freizugeben und dafür den Schwerverbrecher Barrabas zu kreuzigen, ließen sie sich nicht ein. Ich mußte der kaum noch zu zügelnden Masse nachgeben; zum Wohle des römischen Reiches mußte ich den in meinen Augen Unschuldigen zur Kreuzigung freigeben. Die weitere Verantwortung übergab ich meinen Soldaten.«

Die Ergebnisse wurden im Plenum nach Gruppen getrennt vorgestellt, die unterschiedlichen Perspektiven der Beurteilung zur Kenntnis genommen und die jeweilige Position diskutiert. Dabei stand noch einmal die Frage im Vordergrund, inwieweit der im Film vertretenen Auffassung von der Verantwortlichkeit des Menschen für sein eigenes Handeln bzw. Unterlassen zugestimmt werden könne bzw. müsse und welche Konsequenzen dies für unser eigenes Verhalten habe.
Im *Oberstufenkurs* (12. Jg.) mit dem Thema »Krippe, Kreuz und leeres Grab« wurde die Unterrichtseinheit nicht mit dem Film »Espolio« abgeschlossen, sondern ein Projekttag mit dem Zentralmedium »Mr. Pascal«

veranstaltet. Die Präsentation des Films entsprach der von Ute Hinze an anderer Stelle dieses Buches vorgeschlagenen Vorgehensweise. Intensiv beschäftigten sich die SchülerInnen anschließend in drei Arbeitsgruppen (Pantomime, Musik, Ton) mit der Aussage des Films.
Im Anschluß an die beschriebene Unterrichtseinheit wurde folgende Klausur geschrieben:

I. Materialien

Mat. A

»Christus kann nur in mir leben, wenn er auch an mir sterben kann. Wir haben die Macht, ihn stumm zu machen, ihn kaputt zu kriegen [...]
Aber vor allem: Jeder von uns ist in der Lage, ihn weiter und weiter zu kreuzigen. Es ist ja tatsächlich mein Profit [= Gewinn], an dem die Leute in der Dritten Welt verhungern ...
Ich bins, meine Freunde, meine Familie, meine Klasse, mein Volk, die durch Unterlassen, Dulden, Dazuschweigen, aber daran Profitieren, durch Mitmachen und Gehorchen den gegenwärtigen Zustand mitbauen, aufrechterhalten und rechtfertigen. Der gegenwärtige Zustand ist aber, in der Sprache des Glaubens geredet, der, in dem Christus an vielen Orten und in verschiedenen Gestalten ans Kreuz geschlagen wird, durch uns, die wir das Holz und die Nägel produzieren, um die Kleider würfeln und all das tun, wovon die Geschichte erzählt. (Mk 15,20–32) ... Das Lamm Gottes trägt die Sünde der Welt ja nicht, damit wir sie übersehen könnten oder aufhören könnten, an ihr zu leiden, sondern es will uns in den gleichen Prozeß des Tragens, des Für-andere-Daseins, hineinziehen. Wie tragen wir aber diese Last? Indem wir die eigene Schuld am gegenwärtigen Zustand erkennen und indem wir uns nicht mehr als Opfer dieser Welt fühlen, sondern als ihre Verantwortlichen ... Christus ist für mich der, der die Erniedrigung anderer als die ihm angetane erfährt, dem der Schmerz, den andere erleiden, selber wehtut.«
D. Sölle, Das Recht auf ein anderes Glück, 1992, 49ff; © Kreuz Verlag, Stuttgart.

Mat. B

Christus speist die hungernden Kinder (lithographiertes Plakat [1945] von Oskar Kokoschka)

II. Aufgaben

1. Beschreiben Sie kurz das Kokoschka-Plakat und fassen Sie den Sölle-Text knapp zusammen!
2. Skizzieren Sie die in den Materialien zum Ausdruck kommende Interpretation des Kreuzesgeschehens!
3. Erörtern Sie, ob und/oder inwieweit die vorliegende Interpretation des Kreuzes mit den biblischen Deutungen in Übereinstimmung zu bringen ist!
4. Nehmen Sie kritisch Stellung zu der den Materialien zugrunde liegenden Deutung des Kreuzesgeschehens!

AUCH IN EINER MÜNDLICHEN ABITURPRÜFUNG IM FACH EVANGELISCHE RELIGIONSLEHRE (4. PF) SPIELTE DAS THEMA - WIE FOLGT - EINE ROLLE:

Text

Am besten gefällt mir die Kreuzung Christi von Matthias Grünewald. Die Kreuzigung ist eine bittere Wahrheit. Die Auferstehung eine Verdrängung. Wir bilden uns ein, daß der Heiland zum Leben zurückgekehrt, daß alles gar nicht so schlimm gewesen ist. Wenn Menschensöhne wiederauferstehen, darf man sie ungestraft ans Kreuz schlagen; eine glänzende Ausrede für unsere Missetaten. Ich selbst bin ein Phantast und träume von der Auferstehung. Ich will mich nicht abfinden mit Tod und Untergang. Die Überwindung der Schwerkraft ist die Sehnsucht meines Lebens. Und doch habe ich meine Zweifel an der Auferstehung. Ich glaube an die Kreuzigung des Nazareners, weil sie uns anklagt. Weil sie zeigt, wie niederträchtig wir sind. Die Auferstehung ist eine Entschärfung der Realität. Das scheint mir gefährlich. Sie enthebt uns der Verantwortung. Frank Capra sagte einmal, das Evangelium sei eine Komödie, da es mit der Wiederauferstehung ende. Mit einem Happy-End. Das mag ja richtig sein, aber Komödien haben meines Erachtens den Nachteil, daß sie gut ausgehen. Man atmet auf und beginnt von neuem. Die Komödie ist eine Aufforderung zum Weitermachen. Zum Weitersündigen. Es ist gut, daß die Deutschen ihre Städte wiederaufgebaut haben; aber eigentlich ist es eine Komödie. Eine Wiederauferstehung, um vergessen zu können. Die Trümmer erinnern zu sehr an die begangenen Verbrechen. An die Schuld und die unausbleibliche Sühne.
(Aus: André Kaminski, Shalom allerseits, 1987, 42f; © Insel-Verlag, Frankfurt/M.)

Aufgaben

1. Arbeiten Sie heraus, welche Auffassung von Kreuz und Auferstehung Kaminski in dem vorliegenden Textausschnitt vertritt!
2. Skizzieren Sie die Interpretationen des Kreuzes in den Evangelien und bei Paulus und vergleichen Sie diese mit Kaminskis Position!
3. Erläutern Sie die Ausführungen Kaminskis in den letzten vier Sätzen

C *D. Tiedemann*, Das Kreuz Jesu als Lebensbaum (Konfirmandenunterricht)

Im Mittelpunkt des Unterrichts stand das Vorhaben: »Wir bringen mit Weizenkörnern ein Kreuz zum Grünen«. Dieses Kreuz wurde mehrfach in Gottesdienste der Passionszeit einbezogen. Die Unterrichtseinheit bezieht sich auf die Rahmenziele IV, 4; II, 2 (Alternative) und II, 4.

1. Stunde

Ein Kreuz (3 × 2 m, aus Fichtenholz, ehemals Balken eines Fachwerkhauses mit Zapflöchern, z.T. angebrannt, rissig, vom Küster verblattet und zusammengeschraubt) liegt im Chorraum.

1. Schritt: »von Ferne zusehen« (vgl. Mt 27,55)
Im großen Kreis um das Kreuz herum sitzen, es wahrnehmen, Äußerungen zulassen.

»Warum ist das angebrannt? Warum liegt das da?« »Wahrscheinlich wegen der Toten jetzt im Krieg.« »Meine amerikanische Brieffreundin hat eine Freundin, deren Freund ist da jetzt gestorben. Er war 19.« »Ja, das Kreuz ist ein Zeichen für Trauer.« (Warum ist denn z.B. nicht ein Kreis ein Zeichen für Trauer?) »Weil Jesus doch so gestorben ist.« (Hinweis auf die Passionszeit)

2. Schritt: »daß er ihm sein Kreuz trug« (vgl. Mt 27,32)
Faßt es ruhig an. Könnt ihr's tragen?

Alle fassen an und tragen es die ersten 5 Meter bis auf die Treppenstufen. Dann: Wie viele müssen's mindestens sein, daß ihr's tragen könnt? Sie probieren es aus – 6 Konfirmanden/innen schaffen es gerade, das Kreuz halb durch die Kirche zu tragen. Sehr leise und vorsichtig, ohne irgendwo anzustoßen. Die zweite Hälfte des Wegs trägt es eine andere Gruppe. Stöhnen beim Ablegen: ». . . und das hat einer allein getragen!« »Hat ihm denn keiner geholfen?« »Und wenn er nicht mehr konnte?«

Ortswechsel, ich gehe mit den Konfirmanden/innen in die geheizte Sakristei. Jeder schlägt eine andere Gesangbuchsstrophe auf: 56,3; 58,7; 62,3; 69,2; 55; 63,4; 136: Guckt mal zu eurem Nachbarn rüber, was für eine Strophe der aufgeschlagen hat! Merkt ihr was? (Überall das Wort »tragen«.)
Jetzt arbeitsteilige Gruppenarbeit. Gruppe A: Jeder schreibt seine Strophe mit Wachsmalstiften auf Plakatkarton und gestaltet die Verbform von »tragen« oder den Buchstaben »t« kreuzförmig. Gruppe B: Geht in der Zeit in den Chorraum und vertieft und verbreitert mit Hammer und Stemmeisen die Risse in den Balken.

3. Schritt: Den Riß ansehen

Ein Riß, ein besonders tiefer, geht durch von ganz oben bis ganz unten . . . »Wie eine Wunde.« »Woher kommt die?« »Risse im alten Holz sind wie Falten in der Haut; nein, wie aufgeplatzte Haut.« »Wird die wieder heil?«
Wie behandelt ein Arzt Wunden? »Ich hatte mal eine Wunde im Bein. Der Arzt hat die erst saubergemacht, mit Jod, glaub' ich. Das tat weh.« »Werden Wunden nicht auch ausgebrannt?« »Manchmal schneidet der Arzt noch tiefer.« Das haben ein paar von euch hier eben gemacht: den Riß vergrößert, gesäubert.

4. Schritt: Den Riß behandeln

Und wie wird eine Wunde dann wieder heil?
»Der Arzt klammert oder näht, manchmal wächst die Wunde auch von selbst zu.« – Dieser Riß hier im Balken wächst nicht mehr zu, schließt sich nicht von selbst. Das Holz ist ja tot. Mit Holzmasse oder mit Kitt – oder einfach mit Erde!, als wäre der Riß eine Furche, und wir säen dann richtig was ein; ich weiß nicht, ob was draus wird, aber wir versuchen's mal. Alle verfüllen mit großem Eifer die Risse und Zapfstellen mit Blumenerde, drücken Weizenkörner ein und wässern ...

2. *Stunde*

Das *Triumphkreuz aus St. Lorenz in Nürnberg* (M 39) wird stumm gezeigt.

Die Konfirmanden/innen betrachten es genau und äußern sich spontan: »Das sieht gar nicht aus wie ein Kreuz.« »Die Enden sind aufgebördelt, verschnörkelt.« »Das sind Gesichter, zwölf.« »Wie die Jünger ...« Sie stellen Vermutungen an, warum das Kreuz so dargestellt ist: »Sieht schöner aus, nicht so traurig.« »Sieht fast aus wie ein Baum, an dem einer hängt ...«

Um genau festzustellen, was der Künstler darstellen will, müssen wir in der Bibel auf der letzten Seite (Apk 22,1f) und ganz vorne (Gen 2,9) nachsehen. Aha-Erlebnis: Der stellt das Kreuz als *Lebensbaum* mit Ästen und vielen Früchten dar! Ich erzähle die Kreuzeslegende (vgl. *Schiller,* Ikonographie, 145).
Wir gehen in die Kirche und sehen das Kreuz auf unserem Altar an; es stehen nebeneinander die Bilder der Kreuztragung und der Kreuzigung.

Die Konfirmanden/innen entdecken: Solange er das Kreuz *trägt,* sind da *zwei Balken.* Aber wenn er daran *hängt,* ist da *ein Baum.* Noch nicht so erblüht wie das Triumphkreuz, aber er/es fängt schon an, treibt Knospen. Der Künstler wollte das Kreuz *auch* als *Lebens*baum darstellen.

Wir sehen unser Kreuz an, das wir letzte Woche bearbeitet haben, mit Erde und Weizenkörnern. Aus totem Holz soll lebendiger Baum werden. Der *Sinn* der Handlung wird plötzlich durchsichtig. Aber noch ist nichts entschieden. Wir müssen weiter wässern.
Warum haben wir eigentlich Weizen genommen?

»Kresse hält sich nicht, ist nach 14 Tagen schon gelb, glaube ich.« »Kresse ist auch kein richtiges Lebensmittel. Aus Weizen wird richtiges Brot gemacht.« »Weizen hält sich immer und wird immer mehr.«

Wir sehen uns *Joh 12,23f* an. Er hat *selbst* vom Weizen gesprochen.

Es entwickelt sich ein Streit darüber, ob das Korn stirbt oder ewig, unsterblich ist, ein Keim des Lebens. Wie Jesus ja auch: zwar in die Erde gekommen, aber auch nicht gestorben, seine Seele ... Einspruch von mir. Das Korn vergeht doch, ein Toter vergeht auch. Das Weizenkorn muß sterben, um zu leben.

Vielleicht verstehen wir das besser, wenn wir es nicht nur hören, sondern singen: »Das Lied vom Weizenkorn« (M 2/1). Wir sollten uns, schlage ich vor, für den nächsten Sonntag verabreden: Sechs oder sieben Konfirmanden/innen tragen das Kreuz leise, ohne anzustoßen, durch die Kirche, von Säule zu Säule, legen es schließlich an den Altar. Die Konfirmanden/innen lehnen ab: »Nicht noch einmal, ist zu schwer, man holt sich Splitter in die Finger.« Beschluß: Nicht nur Konfirmanden, Erwachsene sollen mittragen!

Die erste Stunde führte zu einer *Aktion*, die zweite Stunde diente der *Reflexion* auf den Sinn der gemeinsamen Handlung. Schon dieser Sachverhalt macht verständlich, daß die innere und äußere Beteiligung in der ersten Stunde viel reger war. Das Kreuz wurde als Lebensbaum wahrgenommen, aber die Einsicht blieb punktuell. Das »grünende Kreuz« der Bernwardstür (M 38) hat als Medium den Vorteil, daß in der Bronzetür der Paradiesbaum und das Kreuz als Lebensbaum bereits gegenübergestellt wurden, außerdem ist der Texthintergrund einfacher zu erschließen als bei M 39. Das »Lied vom Samenkorn«, das die Unterrichtseinheit begleitete, hat das Verstehen der Handlung »Wir bringen mit Weizenkörnern ein Kreuz zum Grünen« mehr gefördert als die Diskussion über Joh 12,23f.

Gottesdienst am 3. 3. 1991

Auf den Treppenstufen zum Chorraum liegt groß und im Wege das Kreuz.

Orgelvorspiel
Lied 54, 1 und 2
Kyrie
Gruß und Gebet:
Deine Augen, Herr, hast du sie geschlossen?
Deine Ohren – hältst du sie zu, daß sie nicht hören müssen? Schreie nicht nur, *Blut*, das zum Himmel schreit?
Und du wendest dich ab, hörst nichts und siehst nichts?
Responsorium des Chors: Psalm 34
Evangelien-Lesung: Lukas 9,57–62
Am Pult: »Geeignet für das Reich Gottes«. Wer ist das schon?
Wenn *das* die Kriterien sind: obdachlos und vogelfrei, einfach mitgehen, Erinnerungen nicht, nicht einmal Abschied zulassen – wenn das die Kriterien sind für Nachfolge, dann bin ich untauglich. – Folge mir nach! Wenn das so steil kommt, dann wirkt die Einladung eher als Ausschluß. So ist er: Den Erwachsenen hängt er das Reich Gottes so hoch, daß sie nie und nimmer hineinkommen; es ist einfach zu schwer.
Und derselbe Jesus sagt: Es ist kinderleicht. Wer das Reich Gottes nicht empfängt wie ein Kind, der wird auch nicht hineinkommen. Es ist kinderleicht und deswegen für unsereinen so schwer. Laßt die Kinder zu mir kommen, Gottes Reich ist für sie. – Nachfolge nicht als Wille und Anstrengung, sondern als Hineingenommenwerden und Übersichkommenlassen.

Die Tauffamilie kommt zum Taufstein.
Inga Paping, zum Zeichen, daß du hineingenommen werden sollst in die Bewegung, die von diesem Mann ausgeht, daß *er selbst* dich da mit hineinziehen will, zum Zeichen dafür nimm hin das Zeichen des Heiligen Kreuzes.
Das heilige und das unheilige Kreuz. Das Kreuz (zeigen), unter dem einer zusammenbricht, und das, das bahnbrechend vorangeht; nicht Fluch – das Gegenteil: Segen, so etwas wie Geleitschutz.
Kanon mit der ganzen Gemeinde: »Christus spricht: Ich bin das Licht der Welt, wer mir nachfolgt, wird nicht wandeln in der Finsternis.«
Eltern- und Patenfrage
Einschenken des Taufwassers
Credo
Taufspruch (Psalm 71,1a und 3): Herr, auf dich traue ich. Sei mir ein starker Hort, zu dem ich immer fliehen kann, der du zugesagt hast, mir zu helfen; denn du bist mein Fels und meine Burg.
Taufhandlung
Taufkerze
Chor: Herr, auf dich traue ich (Schütz)
(Am Pult:) »Herr, auf dich traue ich«, *und:* »Laß mich nimmermehr zuschanden werden!« – Leben in dieser Spannung, bis zum *Zerreißen* gespannt manchmal: Herr, auf dich traue ich – im Glauben stehen und stark sein.
Und: Laß mich nimmermehr zuschanden werden; den Boden unter den Füßen verlieren, zerbrechen.
Eine Gestalt wie Petrus: Herr, auf dich traue ich.
Und: »Ging hinaus und weinte bitterlich.«
Eine Gestalt wie Petrus. Oder – aus dem Alten Testament – Elia. Wohin man guckt: Nachfolge ist immer auch Scheitern. Die, die uns in der Bibel als Beispiel vor Augen geführt werden, sind eben nicht unangefochtene, überlegene Siegertypen, sondern, so heißt es von Elia – alttestamentliche Lesung für diesen Tag – (Lektorin): »Da fürchtete sich Elia . . .«, bis letzter Satz: »Als das Elia hörte, verhüllte er sein Antlitz« (1Kön 19). Ich möchte das nicht zerreden. Ich möchte, daß es so, leise und dicht zugleich, bleibt. Deswegen keine Auslegung. Statt dessen *An*betung – dieses sich unserem Zugriff entziehenden Gottes. »Du, der vor jedem Namen flieht.« Die Elia-Erfahrung »am Fuß des Berges« hat einer *nach*gedichtet, gedichtet auf eine Passionsmelodie. Nur so kommen wir diesem Gott auf die Spur. Nicht, wo wir ihn vermuten: oben, beeindruckend, mit Macht. Sondern unten. Und leise. »Bist unter uns zertreten«, heißt es in diesem Lied. Bist unter uns zertreten – Ortsbeschreibung dieses Gottes.

Können wir die erste Strophe singen? (Melodie: Es sind doch selig alle, die . . .)

Du, der vor jedem Namen flieht,
kein Weg, der deine Ferne sieht,
kein Wort kann dich anbeten.
Du, der nicht hocherhaben thront,

Licht, das in Nacht und Wolken wohnt,
bist unter uns zertreten.
Du kommst, der Tag ist nicht bekannt,
du gehst vorbei, verloschner Brand
und Stille in den Bäumen.
Du ferner Ruf, du Stimme nah,
nicht überall bist du, nicht da,
nicht Gott, den wir uns träumen.
(H. Oosterhuis)

Ich gehe heute nicht auf die Kanzel. Wenn das Thema dieses Sonntags ist: *Nachfolge* und als Kennzeichen das Kreuz – dann will ich darüber nicht predigen, dann sollten wir damit gehen! Nicht *hörendes*, heute einmal ambulantes Verstehen, Verstehen durch Mitgehen! Das ist eine alte gottesdienstliche Tradition: Kreuzweg in der Kirche. Die Konfirmanden/innen – Sie sehen das ja – haben das vorbereitet: 6 bzw. 7 Stationen. Kreuzweg in der Kirche.
Das Kreuz ist schwer. Es ist wirklich nur *gemeinsam* zu tragen. In 6 Etappen durch die ganze Kirche. Und *dazu, dazwischen* die Kreuztragestrophen.

Das Kreuz einmal ganz herum getragen.
Auf dem Tisch schließlich wird es abgelegt: »Christe, du Lamm Gottes, der du trägst die Sünd' der Welt«. *Die* legen wir ab. *Dann* können wir Abendmahl feiern.
Sänger und Sängerinnen für die Strophen werden wir haben. Auch genügend Kreuzträger?
»Mir nach, spricht Christus unser Held« – lassen Sie uns das singen. Die 1., die 5. und die 6. Strophe; und die 6. Strophe dann nicht nur singen: »So laßt uns denn dem lieben Herrn mit unserm Kreuz nachgehen« – sondern das auch wirklich tun. Bei der 6. Strophe: Wer sich das vorstellen kann, nach vorn kommen, das Kreuz anfassen, schultern und mitgehen. Von Station zu Station.
Stationsstrophen: 56,3; 62,3; 58,7; 69,2; 63,4; 55
Unmittelbar im Anschluß an 55,3 singe ich die Einsetzungsworte; und wenn dann die Gemeinde Lied 136 singt, wird das Kreuz in den Vorraum gebracht und mit dem Querbalken an die Mensa gelehnt, auf sie gelegt.
Abendmahlsfeier
Abkündigungen
Lied 185, 3 und 4, 6 und 7
Gebet, Vaterunser, Entlassung, Segen
Chor: Verleih uns Frieden gnädiglich (Schütz)

3. Stunde
Eröffnung mit dem Lied »Wer leben will wie Gott auf dieser Erde ...«
I

a) Ich schreibe an die Tafel, ohne jede Erläuterung:
»Dein Kampf ist unser Sieg, dein Tod ist unser Leben;
in deinen Banden ist die Freiheit uns gegeben.«
Erste Reaktionen abrufen.
b) Dann weiterführender Anstoß: »Das Kreuz hat sozusagen zwei Seiten ...« (etwa ein Drittel meldet sich). Ich bitte Imke an die Tafel: Kannst du auch ohne Worte, nur durch Unterstreichen mit Kreide, sagen, was du sagen willst? Einen Augenblick ist sie verwirrt, dann sagt sie: »Das sind immer Gegensätze«, und unterstreicht Kampf – Sieg, Tod – Leben, Banden – Freiheit.

c) »Das sind Zeilen aus einem Passionslied. Schlagt mal auf Lied 66,3! Blättert mal eben zurück: Lied 64,6 – *da* wird das Kreuz *auch* in solchen Gegensätzen beschrieben. Wer findet die Gegensätze? Wer traut sich, die Zeilen an die Tafel zu schreiben?«
»Du wirst ein Fluch, dagegen
verehrst du mir den Segen.«
Ich unterstreiche: Du ein Fluch, mir den Segen.

II

a) Ich erzähle von dem kostbaren *Sakramentar von Fulda von 975* (M 40) hier in der Universitätsbibliothek, das ich nicht ausleihen konnte, weil es so kostbar ist. Aber immerhin, ein *Foto* habe ich bekommen. Die Konfirmanden/innen betrachten mit unterschiedlicher Konzentration die Kreuzigungsszene; sie äußern sich spontan, fragen nach Einzelheiten, nach Sterbedauer . . .
b) Weiterführender Impuls: Als Jesus gekreuzigt wurde, haben die Zuschauer nicht gesehen, was ihr jetzt auf dem Bild seht. Was war nicht zu sehen?

Es werden entdeckt und phantasievoll gedeutet zuerst die Kreise und Fabeltiere am oberen Bildrand, dann aber auch der Bildrand unten: »Da sind welche in Kisten, die kommen da raus, ein Mann und eine Frau.« »Das sind vielleicht Gräber.« »Die stehen auf.« »In der Mitte eine Schlange, aus dem Paradies.« Ich: Ja, und vielleicht sind das Adam und Eva. Imke: »Ich verstehe nicht, was das mit dem da zu tun hat« (zeigt auf die Tafel). Ich: Ich bin überzeugt: Das hat damit zu tun. Konzentrierte Stille, dann Katrin: »Wenn das wirklich Gräber sind, dann sind das die Folgen von diesem Sterben. Wie das da steht: ›Dein Tod ist unser Leben‹.«
c) Ich: Ich glaube, du hast recht. Im Mittelalter haben die Maler nicht nur gemalt, was die Augen sehen konnten. Sie haben die Bedeutung dazugemalt. Die Bedeutung dieses Kreuzes ist: Es erweckt zum Leben.
Luise: »Können wir uns jetzt die Weizenkörner angucken?« Ich: Einen Augenblick noch. *Unser* Kreuz gleich. Vorher wollte ich euch noch mal eben an das aus Nürnberg erinnern, das kaum noch als Kreuz zu erkennen war, so verschnörkelt, so viele Knospen. Jetzt wißt ihr, warum. (Das Kreuz in seiner Bedeutung dargestellt.)

Und genau deswegen haben wir den Weizen eingesät in unser Kreuz: um die Bedeutungsseite anschaulich zu machen, das, was man am Kreuz normalerweise nicht sehen kann. An unserem Kreuz kann man die *Bedeutung* sehen, daß da, aus diesem Tod, neues Leben keimt. Es hat nämlich geklappt! Die Halme sind schon sichtbar. Laßt uns mal gucken!

III

Beim Herübergehen in die Kirche, Luise: »Ich habe unseren Biologielehrer gefragt. Der sagt, zum Keimen geht das in der Kirche. Aber richtig wachsen kann der Weizen da nicht. Da ist viel zuwenig Licht und viel zuwenig Erde.« (Überlegungen, ob man das mit Weizenkörnern tun dürfe, was wir getan haben, ob man sie nicht im Garten auspflanzen müßte.)

In der Kirche untersuchen wir, wo der Weizen wie aufgekommen ist; neues Wässern.

IV

Lied: Korn, das in die Erde, in den Tod versinkt (M 41/2).

4 Zur Didaktik religiöser Symbole und Rituale

Die *Vorgabe* religiöser Symbole kann durch erfahrungsbezogenen, selbsttätig gestaltenden symbolischen Umgang mit ihnen die Erfahrungen der Betroffenen erweitern, unter Umständen verändern und überbieten. Die durch Überlieferung und gegenwärtigen liturgischen Brauch vorgegebenen religiösen Symbole können für die Betroffenen in diesem Prozeß wieder zu Symbolen *werden.* Im Sinne dieses symboldidaktischen Grundsatzes haben SchülerInnen und TeilnehmerInnen an einem Seminar ihre *Kreuzdarstellungen gestaltet und gemeinsam interpretiert.* Es entstanden zum Teil Kunstwerke, die subjektive Erfahrungen zum Ausdruck brachten und zugleich von elementarer Eindringlichkeit waren. Zum Beispiel: Eine in Stricken gebundene brennende Kerze am Marterpfahl; das Wachs verströmte, die Flamme »befreite« von den Banden: das Kreuz als dynamisches Symbol. Die Interpretation – zunächst durch den »Künstler«, dann durch die Gruppe – bediente sich wiederum symbolischer Sprache, der Symbolik von Gebunden- und Befreitsein, von Licht und Finsternis, von Opfer und Liebe. Eine andere Darstellung versuchte, das Kreuz Jesu im Zusammenhang der vielen Kreuze der Gegenwart zu begreifen und gleichzeitig mit künstlerischen Mitteln seine Einzigartigkeit zum Ausdruck zu bringen. Andere TeilnehmerInnen gestalteten eher in Bilder gefaßte theologische Gedanken. Insgesamt wurden jedoch nicht die unterschiedlichen Kreuzestheologien aus Anlaß ihrer ›symbolischen‹ Gestaltung referiert, sondern es wurden überraschend neue Einsichten durch die Symbole angestoßen und Vernetzungen innerhalb des Symbolkomplexes wahrgenommen. Es war nach Aussagen der TeilnehmerInnen einer der Höhepunkte des symboldidaktischen Seminars, da alle kreativ wie reflexiv beteiligt waren. Bei der Interpretation kamen auf elementare Weise Einsichten des bisherigen Studiums zur Geltung. In der Schulklasse waren die Aussagen stärker durch den vorangegangenen Lernprozeß geleitet, in dem schon vorher kreative Gestaltungsprozesse neben Phasen kritischer Urteilsbildung eine Rolle gespielt hatten. Gestaltung und Interpretation ihres Kreuzes bildete den Abschluß der Unterrichtseinheit statt der üblichen »Verstehenskontrolle«.
Der symboldidaktische Ansatz erfordert nicht, daß die TeilnehmerInnen Religion in die Lernprozesse mitbringen; sie wird vielmehr dort anhand der Vorgabe religiöser Symbole erschlossen. Die Symbole geben nämlich einen *Erfahrungsraum* vor, der dazu einlädt, ihn durch individuelle, soziale und mitkreatürliche Erfahrungen auszugestalten und dadurch wohnlich zu machen. Authentische religiöse Symbole gewähren eine Bleibe, halten den Erfahrungsraum aber zugleich offen für das Kommen Gottes.

Es sind vor allem *kreative* Verfahren, die den vorgegebenen Sinn der Symbole, ihre bestimmte Mitteilung zu entbinden helfen und zu entsprechenden Gestaltungen anregen. Im ›Medium‹ eines solchen Prozesses kann das »Wort vom Kreuz« als Anrede vernommen werden. Insgesamt ist aber kritisch zu fragen, ob das Erfahrungsmuster der selbständigen schöpferischen Gestaltung jenem der Vorgabe entspricht. Diese Frage wird sich bei christlichen Symbolen nur beantworten lassen, wenn wir ihren ursprünglichen Sinn in den geschichtlichen Anfängen des Christentums und den reformatorischen Grundentscheidungen wiederzuentdecken suchen. Dazu sind *analytische* Verfahren (historisch-kritische, sozialgeschichtliche, feministische . . . Fragestellungen und Methoden) erforderlich. Wir werden auch bei einem symboldidaktischen Ansatz in der Religionspädagogik das Problem der Geschichte und der Hermeneutik nicht los. Er führt nicht hinter die Erkenntnisse R. Bultmanns und M. Stallmanns zurück, sondern durch *Erweiterung des Hermeneutik- und Lernverständnisses* ein Stück über sie hinaus[1]. Das hermeneutische Feld umfaßt nicht nur Texte, sondern Bilder, Gesten, Töne, Handlungen. Der Verstehensprozeß hat eine psychische und eine politische Dimension. Er eröffnet nicht nur Einverständnis, sondern bringt Täuschungen und Verzerrungen hervor, die eine Verschränkung von Hermeneutik und Ideologiekritik erforderlich machen[2]. Ein derart erweitertes Hermeneutikverständnis macht eine Neubestimmung des Verhältnisses von Hermeneutik und Didaktik erforderlich, die bisher noch aussteht. Bei einer solchen Neubestimmung ist zu berücksichtigen, daß *Rituale* ein Verstehen durch Teilhabe und gemeinsames Handeln voraussetzen.

KonfirmandInnen gestalten gemeinsam einen Taufgottesdienst; ihnen erschließt sich durch vorbereitenden Unterricht, durch gemeinsamen Vollzug des Gottesdienstes und durch nachfolgende Explikation der impliziten Lehre, die Liturgie und Predigt enthalten, Wesen, Gabe und Bedeutung der Taufe. Eine 9. Realschulklasse feiert in einer Unterrichtseinheit zum Symbol »Wasser« ein Fest am Brunnen des lebendigen Wassers. Sie gewinnt aufgrund der Unterrichtserfahrungen von sich aus einen Bezug zur Taufe, stellt Erkundungen zur eigenen Taufe an, vergleicht diese mit einer Taufe in Korinth. In welchem Verhältnis stehen die Lernprozesse in Schule und Konfirmandenunterricht? Im Religionsunterricht kann weder Abend-

1 Bei M. Stallmann bezieht sich die hermeneutische Grundaufgabe nicht allein auf das Verstehen von Texten; sie besteht vielmehr in einer *»Hermeneutik des Daseins«*. Die Symboldidaktik kann darüber hinaus zwei Konzeptionen integrieren, die in unserem Jahrhundert meistens nebeneinanderbestanden haben: *einmal* die Konzeptionen, die von der Lebenswelt der SchülerInnen ausgehen (z. B. das religionspsychologische Modell von R. Kabisch, das therapeutische Konzept von D. Stoodt), *zum anderen* die Konzeptionen, die vom biblischen Text ausgehen (z. B. der Hermeneutische Unterricht). Die symboltheoretische Reflexion kann deutlich machen, daß *diese beiden Linien von der Psyche und vom Text her zusammengesehen werden müssen,* wenn sich Bildungs- und Lernprozesse angemessen vollziehen sollen.

2 Vgl. vom *Verf.*, Symbole geben zu verstehen (s. o. S. 15, Anm. 13), 147ff.

mahl gefeiert noch eine Taufe vollzogen werden. Können das *Fest am Brunnen* oder das einfache *ökologische Mahl* einen Zugang zum Verstehen der anthropologischen und schöpfungstheologischen Dimensionen der Sakramente eröffnen?
Ritualkritik ist durch die gesellschaftliche Situation und entwicklungsmäßig bedingt. Im Alltagsleben und in der Subkultur spielen jedoch Rituale eine wesentliche, aber kaum wahrgenommene Rolle. Kann durch eine Einsicht in Wesen, Funktion und Bedeutung der Rituale das Verständnis der Sakramente gefördert werden? In welchem Verhältnis stehen Symbol und Ritual? Gelten die Stufen des Symbolverständnisses auch für das Ritualverständnis? Diese Fragen haben wir in diesem vierten Abschnitt in Rück-Sicht auf die im letzten Teil dargestellten Erfahrungen zu klären.

4.1 *Hermeneutik und Didaktik religiöser Rituale (allgemeine Voraussetzungen)*

Wir haben die Grundrituale Taufe und Abendmahl als Rituale mit *»symbolischem Mehrwert«* (Jetter), als *darstellende Symbolhandlungen* verstanden (vgl. 2.1.3). Diese Beschreibung ist im Hinblick auf das zugrundeliegende Ritualverständnis zu entfalten, damit die hermeneutischen und didaktischen Möglichkeiten der Erschließung von Ritualen erkennbar werden. Die verstehende Erschließung von Gottesdienst, Taufe und Mahl als Rituale vollzieht sich in der Interaktion mit der Gemeinde und hat daher ihren sachgemäßen didaktischen Ort im Konfirmandenunterricht. Zu fragen ist, ob die Symboldidaktik, die alle Sinne anzusprechen versucht, elementare Zugänge zu den Grundritualen in schulischen Lernfeldern und in der Erwachsenenbildung eröffnen kann.

4.1.1 Was ist ein Ritual?

War es zunächst die Religionsphänomenologie, die die Ritualisierung als eine fundamentale vorsprachliche Verhaltensweise des Menschen entdeckt hat, so gibt es inzwischen eine breite sozial- und kulturwissenschaftliche Ritualforschung, deren Interesse sich nicht nur auf religiöse Rituale richtet, sondern die auch die lange unbeachtet gebliebenen Rituale des Alltagslebens analysiert. Es hat sich nämlich herausgestellt, daß das Alltagsleben mit seinen sozialen Ordnungen weitgehend rituell organisiert ist. So definiert M. Josuttis im Anschluß an amerikanische Interaktionssoziologen (G.H. Mead, E. Goffman, A. Strauß): Ritual »meint ein System von interaktionalen Vollzügen, durch das eine Grup-

pe von Menschen für sich und ihre Mitglieder in einer bestimmten Situation die Identität sicherstellt.«[3]
Es handelt sich bei dieser Definition um ein *funktionales* Verständnis vom Ritual. Die Antwort auf die Frage, was ein Ritual ist, ist nämlich abhängig von der leitenden Fragestellung, die jeweils den Zugang zu dem komplexen Phänomen des Rituals bestimmt. Die ältere Religionssoziologie und die neuere Interaktionsforschung ist vor allem an der Frage interessiert, welchem Zweck oder welche Wirkung Rituale haben. Nach einer solchen praktischen Notwendigkeit des Rituals fragt die *funktionale Analyse.*
Nun ist der Gottesdienst als Ritual nicht auf einen »Effect« aus (Schleiermacher), sondern hat sein Wesen wie die Kunst in der Darstellung; daher greift eine nur an Zwecken und Nutzen orientierte Ritualforschung zu kurz, vor allem, wenn es um religiöse Rituale geht. Eine *phänomenologische Analyse,* die sich mit symboltheoretischen Fragestellungen verbindet, ist daran interessiert, was Menschen in Ritualen zum Ausdruck bringen, welche verborgene Wirklichkeit Rituale erschließen. Die *genetische Analyse* des Rituals ist an einer dritten Fragehinsicht orientiert, nämlich daran, wie Menschen die Fähigkeiten zur Teilhabe an Ritualen gewinnen[4].
Die Religionspädagogik ist an diesen *mehrfachen* Zugängen zum Ritual interessiert. Mit der religionspädagogischen Aufgabenstellung ist der genetische Aspekt am unmittelbarsten verbunden; wir stellen ihn daher am ausführlichsten dar. Der zweite Aspekt hat eine besondere Nähe zur sakramentstheologischen und symboldidaktischen Fragestellung. Angesichts der kritischen Haltung Jugendlicher gegenüber Ritualen kann die funktionale Analyse von Alltagsritualen unter Umständen eine Verstehenshilfe darstellen.
Unter allen drei Perspektiven wird der *ambivalente Charakter* der Rituale herausgearbeitet. Er läßt sich bereits an einem Grundzug der Rituale erkennen. Rituale sind auf Wiederholung angelegt. Sie entlasten dadurch von dem Druck ständiger Entscheidung und machen verhaltenssicherer; da Rituale wegen der Wiederholung einfach sein müssen, eignen sie sich aber nur zur Lösung begrenzter Probleme, und sie können unfreier machen. Auch zum Kult als Ausdruckshandlung gehört die Wiederholung. In der

3 *M. Josuttis,* Praxis des Evangeliums zwischen Politik und Religion, München [2]1980, 189. *Soeffner,* Auslegung des Alltags (s. o. S. 57, Anm. 145), 178 charakterisiert das Ritual folgendermaßen: »Das Ritual, *die Verknüpfung von Symbolen und symbolischen Gesten in gleichbleibenden und vorstrukturierten Handlungsketten,* kann verstanden werden als ein durch symbolische Handlungen ausgestalteter, in Handlungen repräsentierter und durch Handlungen strukturierter Text.« Diese Definition macht den Zusammenhang zwischen dem Ritual und dem von uns bevorzugten Symbolverständnis deutlich.

4 Diese Dreiteilung der Zugänge findet sich mit leichter Modifikation bei *H.-G. Heimbrock,* Ritual als religionspädagogisches Problem, in: JRP 5 (1988), Neukirchen-Vluyn 1989, 45–81, hier: 55ff. Die Darstellung gibt einen guten Überblick über die Geschichte und Ergebnisse der Ritualforschung, beginnend mit E. Durkheims Grundthese, daß religiöse Rituale eine gesellschaftsstabilisierende Funktion haben, den Zusammenhang im Wandel der Generationen ermöglichen und in persönlichen wie sozialen Krisen Ordnung stiften.

Wiederholung vertrauter Züge liegt die Kraft seiner Gestaltung, aber auch die Möglichkeit zur Ermüdung. Durch Wiederholung gewinnt das Ungestaltete Gestalt, durch Wiederholung wird es praktikabel, nachahmend erlernbar[5]; andererseits muß nachahmendes Lernen durch Erfahrungslernen abgelöst werden, das sich Neuem öffnet. Unter *theologischem* Aspekt wird der ambivalente Charakter des Rituals noch verschärft. Einerseits gehört zur »Sache« des Evangeliums, daß das Leiden Christi mit Hilfe der Passionsgeschichte *begangen* wird; andererseits ist das Evangelium als Wort vom Kreuz *mehr* als die Begehung einer alten Überlieferung (vgl. 2.2.2). Wir heben (1) einige weitere fundamentale Züge hervor, die die *funktionale* Analyse des Rituals herausgearbeitet hat.

a) Durch die Wiederholung schafft das Ritual Tradition, Kontinuität in der Diskontinuität der Zeiten.

Rituale knüpfen an Vergangenes an, setzen es fort und ordnen durch überlieferte Werte und Verhaltensmuster die Zukunft. Durch Jahresfeste, Zeiten des Kirchenjahres, Geburtstage, Gedenktage wird Vergangenes wiederholbar und der Jahreslauf, der Lebenslauf des einzelnen wie der Gesellschaft reguliert[6]. Rituale binden an die Herkunft und schaffen von dorther Lebensvertrauen und Hoffnung. Rituale haben meist etwas von der Vertrautheit des Elternhauses an sich. Religion haftet am besten durch ihre Rituale; die Kritik an ihnen trifft immer auch die Religion in ihrem Kern und ihrem Bestand. Rituale stellen zugleich unterirdische Kanäle dar, durch die in die Religion immer wieder ältere religiöse Formen, synkretistische, aber auch abergläubische Einflüsse in sie eindringen können[7].

b) Das Ritual schafft soziale Zusammenhänge, integriert zu einer Gruppe.

Die Rituale wirken wir die Symbole integrierend und orientierend in einer bestimmten geschichtlichen Gemeinschaft. Diese versichert sich durch Rituale ihrer selbst. Dementsprechend sind die Rituale sozial vermittelt und haben ihre Zeit. Sie können absterben, wenn sie nicht mehr durch die Erfahrungen der Gemeinschaft gedeckt sind. Solange sie lebendig sind, grenzen sie die Gemeinschaft gegen Nichtzugehörige ab. Durch Initiationsrituale wird die Aufnahme in die Gemeinschaft geregelt. Das Leben in Ritualen vollzieht sich weitgehend unbewußt. Daß wir in ihnen leben, wird uns erst bewußt, wenn sie gestört werden. Sie sind äußerst empfindlich gegen Störungen, denn das innere Gleichgewicht der Gemeinschaft wird gestört. Rituale sind daher mit Sanktionen gegen Außenseiter und abweichendes Verhalten verbunden. Durch Bestrafung und Reintegration des Täters –

5 Vgl. *W. Jetter*, Symbol und Ritual, Göttingen 1978, 104.
6 Vgl. *Moltmann*, Kirche (s.o. S. 27, Anm. 48), 290.
7 Vgl. *Jetter*, Symbol, 96.

wiederum geregelt durch Rituale – stellt die Gemeinschaft ihre Identität wieder her.

c) Das Ritual stiftet Ordnung und verbürgt dadurch Sinn.
Die Rituale ordnen den Raum, umgrenzen ihn schützend gegen Bedrohungen; sie ordnen die Zeit gegen das Chaos der Zufälle; sie ordnen das Gemeinschaftsleben gegen das Auseinanderfallen in divergierende Interessen und sichern es gegen asoziales Verhalten. Sie stellen diese Ordnungen her und spiegeln sie wider in Arbeits- und Feierritualen; sie machen das Zusammenleben verläßlich. »Sie lassen die konkreten Gemeinschaften in eine gegliederte Welt und die Nachwachsenden in ein konkret geformtes Gemeinschaftsleben und seine Rhythmen hineinwachsen und so das Vor-Geordnete nachlernen.«[8] Sie erweisen sich daher als *notwendig* für den Aufbau individueller und kollektiver Identität in der Notsituation der Weltoffenheit des Menschen.
Rituale, insbesondere religiöse Rituale, sind jedoch *mehr als notwendig.* Diesen Sachverhalt hat (2) die *phänomenologische Analyse* des Rituals herausgearbeitet.

d) Das Ritual gewährt dem Leben Ausdruck und Sprache, es hat expressiven Charakter.
Rituale bringen Erfahrungen zum Ausdruck, strukturieren sie und binden an sie. »Das Ritual ist, wie die Kunst, dem Wesen nach der aktive Abschluß einer symbolischen Transformation von Erfahrung.«[9] In Ritualen artikulieren sich Gefühle; das Endergebnis einer solchen Artikulation ist »eine komplexe innere *Haltung*«. So bedeutet ein ständig geübter Ritus die Wiederholung von Empfindungen gegenüber den ersten und den letzten Dingen[10]. Dementsprechend ist das wirklich Wichtige des Ritus weniger sein praktischer Erfolg als vielmehr der Ausdruck einer religiösen Erfahrung[11]. Rituale sind expressive Ausdruckshandlungen. Sie gewähren einen Erfahrungsraum, in dem die Teilnehmer sich selbst *darstellen* und vorstellen können, ohne alles selbst suchen und sich mit anderen darüber verständigen zu müssen. Das Ritual distanziert einmal von ›unmittelbaren‹ Affektäußerungen, sodann wirkt es als Auslöser »symbolisch vorgeformter Emotionen und Ausdruckshandlungen«[12]. Bedeutungsträger ist vor allem die menschliche *Geste*. Insofern ist *der Mensch selbst* das entscheidende *Mittel der Darstellung*. Das Ritual steht damit in einer Reihe mit Tanz, Pantomime und Theater[13]. Gerade diese Reihe zeigt, daß Rituale nicht nur jenen Charakter der Notwendigkeit haben, sondern Ausdruck des schöpfe-

8 Ebd., 97.
9 *Langer,* Philosophie (s. o. S. 13, Anm. 4), 53f.
10 Ebd., 155.
11 Vgl. ebd., 161; Langer spricht vom »religiösen Erfolg«.
12 *Soeffner,* Auslegung, 182.
13 Vgl. *Lorenzer,* Konzil (s. o. S. 13, Anm. 5), 35; *F.J. Nocke,* Wort und Geste, München 1985.

rischen Spiels, des Überschwangs der Freude und der freien Selbstdarstellung sind. Sie bringen einen »*demonstrativen Seinswert* zum Ausdruck«[14]. Im religiösen Ritual stellen sich die Teilnehmer selbst vor dem Ganz-Anderen der Götter dar. Das Ritual wirkt expressiv durch Lobpreis, Anbetung, Tanz. Es wird *implizit* durch den Wunsch nach Deutung begleitet; es will nicht durch eine verbale Erklärung ersetzt, wohl aber verstanden werden[15].

e) Das Ritual ist eine Vertretungshandlung; sie hat Hinweischarakter.
So wie im Symbol ein erster Sinn einen zweiten oder dritten Sinn vertritt, vertritt im Ritual ein Geformtes, Gestaltetes ein Ungeformtes, Ungestaltetes. Was Menschen gemeinsam gestaltet haben und was kollektive Verbindlichkeit gewinnen soll, tritt ihnen in der rituellen Wiederholung gleichsam als ein anderes gegenüber. Es gehört zum ambivalenten Charakter des Dargestellten, Gestalteten, daß es geronnene Zeit in der Wiederholung festhält, daß es ein *Fragment* dessen ist, was war und was sein könnte. Das Fragment vertritt das Gewesene und das noch ausstehende Ganze, ist Ausdruck der uneingelösten Verheißungen und Erwartungen. »Religionsphänomenologisch gesprochen: das Ritual lebt im und vom Geheimnis der Vertretung. Das ist seine heimliche Mächtigkeit, seine offene Grenze zum Numinosen . . . Die rituelle Handlung ist wie eine Tür, durch die man ›vertretungsweise‹ in ein anders Leben eintritt . . . oder durch die anderes Leben ins eigene Leben hineinkommt.«[16]
Durch die Vertretung des Ungestalteten durch das Gestaltete wird das Ritual zum Symbol und weist über sich hinaus. Es *vergegenwärtigt* im Modus der Erinnerung etwas Vergangenes, im Modus der Antizipation etwas Kommendes. Durch rituelle Darstellung wird das Repräsentierte verkörpert und verbürgt. Das Ritual hat also eine ähnliche Wirkung wie das Symbol. *Das Ritual verleiht der Wirkung der Symbole Dauer und Verbindlichkeit.*

f) Das Ritual dient der emotionalen Vergewisserung des Selbst und der Gemeinschaft angesichts krisenhafter Widerfahrnisse.
Rituale sind eigenständige, elementare, umfassende Ausdrucksmedien, die innere Erfahrungen dramatisiert zum Ausdruck bringen und eben dadurch individuelle und kollektive Krisen zu bewältigen versuchen. Sie dienen der Bewältigunng von Situationen, die das belehrende Wort noch nicht oder nicht mehr erreicht. Insofern läßt sich ihre eigenständige Weise der emotionalen Vergewisserung nicht durch Belehrung ersetzen oder in begriffliche Sprache überführen. Kinder lernen Rituale *spielend* und nicht durch Aus-

14 *Moltmann*, Kirche, 291, unter Hinweis auf F.J.J. Buytendijk.
15 Vgl. *Jetter*, Symbol, 94.
16 Ebd., 105. Vgl. zu diesem Gesichtspunkt *H. Cox*, Das Fest der Narren, Stuttgart/Berlin 1970, 99: »Das Ritual bildet für die Bewegung das, was die Sprache für den Laut ist: es verwandelt das Ungeformte in das Ausdrückliche.«

deutung. Einübung und Deutung sind aber nicht gegeneinander auszuspielen, sondern angesichts des Rituals aufeinander verwiesen, weil das Ritual eine symbolische Bedeutung hat. Absolute Verständlichkeit ist nicht Proprium des Rituellen, aber unverstandene Rituale können zum toten Ballast werden[17]. Auf dem Hintergrund der Vergewisserung, die Rituale gewähren, wird ein freies, kreatives, spielerisches Erkennen neuer Möglichkeiten eröffnet, das nicht destruktiv wirkt.

4.1.2 Rituale unter genetischem Aspekt

Unter *genetischem Aspekt* erörtern wir die *Frage nach den Zugangsmöglichkeiten zum Ritual*, das wir durch sechs Merkmale gekennzeichnet haben. Für *Erik H. Erikson* sind kindliche Rituale nicht notwendige Übergangsformen auf dem Wege zum kausalen Denken[18], sondern ein Vorgang, der sich auf jeder Stufe der psychosozialen Entwicklung mit spezifischen Inhalten und Zielen vollzieht. Ritualisierung ist also eine *Grundbedingung* dieser Entwicklung. Die Ausgestaltung des Ritualisierungsvermögens hängt für Erikson grundsätzlich mit dem menschlichen Spielvermögen zusammen; insofern greift er auf die phänomenologische Analyse des Rituals zurück. Unter Ritualisierung versteht er ein im gegenseitigen Einverständnis stattfindendes Wechselspiel zwischen wenigstens zwei Personen (z.B. Mutter - Kind), das in sinnvollen Intervallen wiederholt wird und für das Ich beider Partner einen *Anpassungswert* besitzt[19]. Ritualisierung vermittelt dem Menschen bestätigende Anerkennung, sie schränkt Ambivalenzen ein und stiftet Kontinuität, indem Trennung durch Wiederholung vertrauter Handlungen auf Gemeinschaft hin überschritten wird. Erikson beschreibt *sechs Ritualisierungsphasen*, die seiner Meinung nach den anerkannten Stufen Piagets entsprechen. Die Tabelle ordnet Elemente des Rituals bestimmten Problemfeldern der ontogenetischen Lebensabschnitte zu[20].
Symbole gehen aus dem Vorgang der Ritualisierung hervor; sie können aber auch zur Deutung und Erhellung des Prozesses der Ritualisierung an ihn herangetragen werden. Wir gehen bei der kurzen Beschreibung der sechs Ritualisierungsphasen jeweils auf den Grundkonflikt zurück und

17 Vgl. *Jetter*, Symbol, 107f.

18 Zu J. Piagets differenzierter Beschreibung des Stellenwerts kindlicher Rituale im Verlauf der Denkentwicklung vgl. *Heimbrock*, Ritual, 62ff.

19 Vgl. *E.H. Erikson*, Die Ontogenese der Ritualisierung, Psyche 22 (1968) 481-502, hier: 482. Erikson versteht die Ritualisierung als eine Sonderform des alltäglichen Verhaltens (483).

20 Aus: *E.H. Erikson*, Kinderspiel und politische Phantasie, Frankfurt/M. 1978, 92; zu Piaget vgl. ebd., 69. Zum Verständnis der Ritualisierung nach Erikson vgl. auch: *M. Josuttis*, Der Gottesdienst als Ritual, in: *F. Wintzer u.a.*, Praktische Theologie (Neukirchener Arbeitsbücher), Neukirchen-Vluyn ³1990, 40-53, hier: 43ff.

Die Elemente einer Epigenese der Ritualisierung

Säuglingszeit	Gegenseitigkeit des Erkennens					
Frühkindheit		Unterscheidung von Gut und Böse				
Spielalter			dramatischer Ausbau			
Schulalter				vorschriftsmäßige Leistung		
Adoleszenz					Solidarität der Überzeugung	
Elemente des reifen Rituals	numinoses Element	Recht setzendes Element	dramatisches Element	formales Element	ideologisches Element	generationale Weihe

ordnen ihm die entsprechenden Elemente des Rituals zu. Zu seiner Deutung nehmen wir bestimmte biblische Symbole in Anspruch. Erikson entwirft Ontogenese vom psychosozialen Zusammenhang her als Umgang der *gesamten* Kultur mit Ritualen; insofern ist auch bei ihm ein traditionsbildendes und wertsetzendes Moment mit gegeben. Bei ihm werden ferner emotionale Prozesse auf allen Stufen mit kognitiven Anteilen verbunden, die nach Deutung verlangen[21].

In der *ersten Periode* ist es der *Konflikt zwischen Urvertrauen und Mißtrauen.* Durch die Versicherung von Vertrautheit und Gegenseitigkeit in der Ritualisierung wird das Gefühl von Trennung und Verlassenwerden nie ganz überwunden; aber wenigstens Rudimente der Hoffnung gehen aus diesem Konflikt hervor, der Glaube an die Erfüllbarkeit leidenschaftlicher Wünsche trotz der Wutgefühle, die den Anfang des Daseins begleiten. Bewältigt wird dieser Konflikt durch das gegenseitige Erkennen von Angesicht zu Angesicht und durch das Nennen beim *Namen. Dieses erste Bestätigtwerden ist die ontogenetische Wurzel der Ritualisierung*; es ist mit dem *Gefühl des Numinosen*, des gegenwärtigen Heils verbunden, das sich durch alle Rituale verfolgen läßt. Es versichert uns der überwundenen Trennung und bestätigt uns zugleich als herausgehobenes Einzelwesen. Gelingt die Bewältigung durch die Zuwendung einer hinreichend guten Mutter nicht – und das ist offenbar in zunehmendem Maße der Fall –, ent-

21 Vgl. *Heimbrock*, Ritual, 66. – Auf die Zuordnung von biblischen Symbolen kommen wir später zurück, wenn es um die Entwicklung von Kriterien für eine Glaubenslehre geht (vgl. 4.5). Zum Folgenden vgl. *E.H. Erikson*, Kindheit und Gesellschaft, Stuttgart [4]1971, 241ff; *ders.*, Ontogenese; *ders.*, Kinderspiel, 69ff; *M. Klessmann*, Identität und Glaube, München/Mainz 1980, 118–132; *J. Scharfenberg*, Religionspädagogik und Gruppendynamik, WPKG 59 (1970) 453–468; *ders.*, Menschliche Reifung und christliche Symbole, Concilium 14 (1978) 86–92. Die Fruchtbarkeit dieser Fragestellung für die Elementartheologie wird bei *J. Werbick* (Glaube im Kontext, Zürich 1983, 179ff) erkennbar.

steht später der Wunsch, mit anderen Menschen zu verschmelzen. In entsprechenden biblischen Symbolen und Märchen kommt eine tiefe Sehnsucht nach Einheit und Symbiose, nach einem Leben in *gegenseitigem Erkennen von Angesicht zu Angesicht,* zum Ausdruck. Das *Symbol des verlorenen Paradieses* stellt die Erfahrung der Trennung dar, die jeder bei der Lösung aus der Mutter-Kind-Symbiose erlebt hat. Da der Zugang zum Baum des Lebens versperrt ist (Gen 3,24), wird eine kreative Bewältigung des Konflikts in der Teilnahme als Mitarbeiter an der Schöpfung angeboten. Das Symbol des Reiches Gottes drückt die Hoffnung aus, trotz der endgültigen Trennung vom primären Objekt - religiös gesprochen: von Gott -, trotz dauernder Gefahr von Liebesverlust und narzißtischer Kränkung nicht von der Liebe abgeschnitten zu sein. Paulus bringt diese Hoffnung Röm 8,38f zur Sprache: »Ich bin gewiß, daß uns nichts von dieser Liebe trennen kann, weder Tod noch Leben, weder Gegenwärtiges noch Zukünftiges . . .« Die Trennungsangst ist in diesem Hoffnungssymbol »aufgehoben«, aber latent noch gegenwärtig, so daß wir unsere Situation wiederfinden können. Die biblischen Symbole bieten uns keine Lösung dieses Grundkonflikts an, die in der Suche nach dem verlorenen Paradies, in der Wiederverschmelzung mit Gott liegt. Das Reich Gottes steht dem regressiven Symbol des Nirwana radikal entgegen[22]. Die Trennung wird als endgültig akzeptiert. Darum weist die Bibel quer durch alle Schriften auf das *Grundsymbol des personalen Gegenübers von Gott und Mensch* hin. In dem sog. aaronitischen Segen (Num 6,24–26), der in jedem Gottesdienst gesprochen wird, ist das Grundbedürfnis nach einem »Erkennen von Angesicht zu Angesicht« aufgenommen, aber auf Gott übertragen, so daß das Gegenüber gewahrt bleiben kann (vgl. auch 1Kor 13,12).

In der *zweiten Phase* besteht nach Erikson ein *Konflikt zwischen Autonomie und Scham und Zweifel.* Die Fähigkeit des Kindes, zu krabbeln und aufrecht zu stehen, verhilft zu gesteigertem Selbstvertrauen, bald auch dazu, die Grenzen des Erlaubten zu erreichen. Wir identifizieren uns mit den Normen der Eltern und fühlen uns von überlegenen Wesen beobachtet und beurteilt; wir lernen, uns selbst zu beurteilen und schuldig zu fühlen. Billigung und Mißbilligung wird in sich wiederholenden Situationen ritualisiert. Der Erwachsene spricht zu uns als Vertreter einer überindividuellen Rechtlichkeit. Das *richterliche Element,* das in jedem Ritual als Unterscheidung zwischen Zugelassenem und Verbotenem, zwischen Heiligem und Profanem eine Rolle spielt, hat hier seine Wurzel. Der Grundkonflikt wird bewältigt, wenn trotz der unvermeidlichen Erfahrung von Scham und Zweifel auf der Basis des Vertrauens Willenskraft gewonnen wird. Dieser Erfahrung korrespondieren die *ambivalenten Symbole von Gehorsam und Exodus*; in ihnen wird die Willensthematik bearbeitet. Gott erscheint als

22 Vgl. *H. Müller-Pozzi,* Wunder, in: *Y. Spiegel* (Hg.), Doppeldeutlich, München 1978, 13–23, hier: 22.

derjenige, der den Menschen an sich bindet und gerade als solcher in die Freiheit führt[23].
In dieser Phase »lernt« das kleine Kind die *Unterscheidung von Gut und Böse* an den Funktionen seiner Körperlichkeit; das »Gute« wird aufgenommen, das »Böse« ausgeschieden. Die Bewältigung des Konflikts mißlingt, wenn das »Gute« mit dem Angenehmen verwechselt und das »Böse« im eigenen Inneren nicht mehr wahrgenommen, sondern auf den Fremden projiziert wird[24]. Eine suchtartige Einverleibungstendenz auf der einen Seite und aggressive Exklusivität auf der anderen Seite sind die Folge. Auf der Basis der Erfahrungen, die die biblischen *Symbole des Essens und Trinkens* im Sinne eines »Bekommens« vermitteln, ist es in dieser Phase möglich, das Problem einer angemessenen Unterscheidung des Festhaltens und Loslassens zu lösen (vgl. Tischgemeinschaft und Speisung und Mt 15,10ff). Das *Ritual des Abendmahls*, das eine Vereinigung mit dem »Brot des Lebens« verheißt, kann als Vergewisserung des kritischen Einspruchs gegen die Verabsolutierung des oralen Anspruchs angesehen werden.
Im *Spiel- und Schulalter* – der dritten und vierten Phase der Tabelle – ist der *Konflikt zwischen Initiative bzw. Werksinn* einerseits und *Schuld- bzw. Minderwertigkeitsgefühl* andererseits zu bestehen. *Aktivität wird dramatisch ausgestaltet*, Leistungen werden methodisch aufgebaut. Das korrespondierende Gefühl von Anerkennung und Stolz kann angesichts von Rivalität und noch mangelnder Kompetenz umschlagen. Das *dramatische Element* hat seine Wurzeln im *Spiel des Kindes*. Hier kann es seine Erfahrungen wiederholen und variieren, seine künftigen Rollen vorwegnehmen und erproben. In der Schule verwandeln sich Spiel in Arbeit und Phantasie in Pflicht. In der jetzt wahrgenommenen und miterlebten Ordnung liegt die Wurzel des *formalen Elements*, das in jedem Ritus wiederkehrt. Schöpferische Produktivität kann chaotisch werden. Die Ritualisierung kann zur Vollkommenheit der Leistung, aber auch zu einer übermäßigen Formalisierung führen. Den Grunderfahrungen dieser beiden Phasen entsprechen biblische Symbole, die Elemente von *Schuld und Vergebung* zum Ausdruck bringen. Die Gotteserfahrung ist durch das ambivalente *Symbol des liebenden und strafenden Vaters* bestimmt. Daher kann das Lohn-Leistung- bzw. Gehorsam-Ungehorsam-Schema vorherrschen, wenn die vorausliegenden »mütterlichen« Elemente (Vertrauen, Trösten, Bekommen) als Voraussetzung von Aktivität und Leistung nicht in das Gottesbild integriert wurden.
In der *fünften Phase* der *Adoleszenz* muß sich *Identität gegenüber der Rollenkonfusion* als stärker erweisen. In der Bewältigung dieses Konflikts, in der die Gefahr besteht, zu regredieren oder »auszusteigen«, bildet sich eine gewisse solidarische Überzeugung aus. Ein *ideologisches Element* wird gewonnen, das die frühere Entwicklung, die gegenwärtige Richtung und die Zukunftsperspektiven zusammenhalten kann. In dieser Zeit ist das Ange-

23 Vgl. *Scharfenberg*, Reifung, 91.
24 Vgl. ebd.

bot überzeugender Symbole, die der Sinnlosigkeit bestehender Konventionen entgegenwirken können, besonders dringend. Das Symbol des mit dem Menschen im Leiden und in der Ohnmacht solidarischen Gottes *(Symbol des Kreuzes),* das Symbol des in Jesus Christus *geschwisterlichen und menschlichen Gottes* könnte seine besondere Kraft entfalten. Viele biblische Symbole spiegeln den Grundkonflikt dieser Phase wider: das Symbol vom brennenden Dornbusch (Ex 3), die Parabel vom verlorenen Sohn (Lk 15), das Geschenk neuer Identität bei Paulus (Phil 3).

Die *sechste Phase* des *Erwachsenseins* charakterisiert Erikson durch den Begriff der *Generativität.* Der Konflikt, der jetzt *zwischen schöpferischer Kraft und Stagnation* ausgetragen und immer neu bewältigt werden muß, kann zu einer Integration führen, die den Sinn des Lebenszyklus bestätigt. Der Erwachsene erhält nun selbst die Rolle als »Ritualsetzer«, als ein Vorbild des Numinosen - mit der Gefahr der Ambivalenz; denn seine Aufgabe den Kindern und der nächsten Generation gegenüber umfaßt elterliche, lehrende, schaffende und heilende Akte. Auf dem Hintergrund dieser Problematik symbolisiert das *Ritual der Taufe* den Machtverzicht der Eltern: Das Kind ist Gottes Eigentum und wird ihnen als Leihgabe zur Verantwortung und Fürsorge überantwortet[25]. In dieser Phase ist das *Symbol Gottes als des Schöpfers und Erhalters* des Lebens verwurzelt. Seinen Grund findet der Lebenszyklus in dem *Symbol des rechtfertigenden und versöhnenden Gottes,* der uns Identität als Person zuspricht, so daß Integration als Summe unserer Lebensleistungen trotz ihres fragmentarischen Charakters gelingen kann.

Erikson weist die ontogenetischen Wurzeln der Elemente auf, die zu jedem »reifen Ritual« gehören (das Numinose, Richterliche, Dramatische, Formale, Ideologische und Schöpferische), und zeigt, wie sie jeweils in den nächsten Phasen weiterwirken. Erikson hat mit den Ritualisierungsphasen den Rahmen beschrieben, in dem die psychosoziale Entwicklung verläuft; er läßt jedoch Raum für individuelle Spontaneität und kreative Entfaltung auf dem Hintergrund der Orientierung und Sicherheit im Verhalten, die die Ritualisierung gewährt. Erikson sieht gleichwohl ihren ambivalenten Charakter: Ritualisierung kann zu einer Verengung und zwanghaften Verfestigung führen; dementsprechend lassen sich *Ritualismen als Gefährdungen der Ritualisierung* den entsprechenden Phasen zuordnen: *Idolismus, Legalismus, Moralismus, Formalismus, Totalitarismus, Autoritarismus.* Die Übersicht läßt zugleich erkennen, welchen Konflikten die Grundrituale »Taufe« und »Mahl« und das Symbol »Kreuz« zuzuordnen sind.

Nachdem Rituale und Symbole mehrfach aufeinander bezogen worden sind, läßt sich die Frage, worin *der »symbolische Mehrwert« der Rituale* besteht, genauer beantworten.

Nach phänomenologischer Analyse wollen Rituale nicht nur etwas errei-

25 Vgl. *J. Scharfenberg,* Psychoanalytische Randbemerkungen zum Problem der Taufe, ThQ 154 (1974) 3ff.

chen, sondern vor allem etwas ausdrücken. Expressivität charakterisiert ihr Wesen, sie machen – solange sie lebendig sind – ein *Mehr an Sinn* ausdrücklich, indem sie über den bloßen Vollzug hinaus einen *Verweisungszusammenhang* stiften. Ein Ritual lebt davon, daß es Mitspieler findet und sie einbezieht in den weiterreichenden Sinn dessen, was in ihnen vollzogen wird: Das ist der Symbolcharakter der Rituale, ihr »symbolischer Mehrwert«[26].

Rituale formen das Verhalten der Teilnehmer derart, »daß es kein bloß individuelles Verhalten mehr ist, sondern, bei aller historischen und kulturellen Bedingtheit, ein generalisierender Verweisungstext wird«[27]. *Symbole* haben einen erschließend-vermittelnden Charakter; sie sind in ihrer offenen Struktur auf Interpretation angelegt. Sie geben zu verstehen und wollen in einem offenen Umgang verstehend erschlossen werden. Die Interpretation der *Symbolik der Rituale* dagegen vollzieht sich in *mithandelnder Teilnahme*, also nicht im deutenden, sondern *im handelnden Mit- und Nachvollzug*. Die »Interpretation« des Rituals »ist in Wirklichkeit immer eine Interaktion, besteht in handelnder Partizipation.«[28] Darum schließt das Ritual zugleich auf und zusammen, wirkt es integrierend und engagierend. Die christliche Glaubensdarstellung braucht auch eine rituelle Selbstdarstellung, »damit der Glaube nicht bloß als Theorie erscheint, sondern zur repräsentativen darstellenden Handlung sowohl die betrachtende Deutung wie die persönliche Beteiligung ausdrücklich hinzukommt«[29]. *Ihr symbolischer Mehrwert macht die Rituale zu Medien symbolischer Integration.* Dieser Charakter erfordert die *Freiheit* zur Teilnahme; er stellt vor besondere didaktische Probleme angesichts der Ritualkritik und der Distanziertheit Heranwachsender.

Da die Symbole der Rituale zum Verstehen herausfordern, gelten die *Stufen des Symbolverständnisses,* die F. Schweitzer im Anschluß an J. W. Fowler entwickelt hat[30], auch im Hinblick auf das Ritualverständnis. In einer *ersten Stufe* neigen Kinder im Vorschulalter zu einem *magisch-ritualistischen Verständnis* der Grundrituale »Taufe« und »Abendmahl«. Magische Vorstellungen entsprechen dem kindlichen Weltbild und prägen das religiöse Bewußtsein des Kindes, können also von existentieller Bedeutung sein. In magischer Weise sind die Symbolhandlungen mit dem, wofür sie stehen, verbunden. Die Handlung als solche vermag Reinigung bzw. Sättigung (Vermittlung physischer Kräfte) zu vollbringen.

Im Hinblick auf die *zweite Stufe* ist von einem *eindimensional-wörtlichen Verstehen* zu sprechen. Weltbild und Denken sind von einem naiven Realismus geprägt; die Erfahrung kennt nur *eine* Dimension. Der symbolische

26 *Jetter,* Symbol, 119.
27 Ebd.
28 Ebd., 120.
29 Ebd., 121.
30 Vgl. *F. Schweitzer,* Lebensgeschichte und Religion, München 1978, 192–194. Vgl. *Biehl u.a.,* Symbole I, 158–161.

Hinweischarakter der Rituale wird nicht erfaßt. Die Einsetzungsworte werden wörtlich verstanden; das führt notwendigerweise zu mythologischen Vorstellungen. Zwischen symbolischer Handlung und Symbolisiertem wird nicht unterschieden, beides wird synkretistisch identifiziert[31].
Das *mehrdimensional-symbolische Verstehen* der *dritten Stufe* ist dadurch gekennzeichnet, daß im Unterschied zur zweiten Stufe der symbolische Hinweischarakter der Rituale erkannt und dementsprechend zwischen der Handlung und dem Symbolisierten unterschieden wird. Rituale werden jedoch so betrachtet, als vermittelten sie das Heilige auf direktem Wege und als seien sie selbst heilig. Rituale sind daher untrennbar verbunden mit den Realitäten, die sie symbolisieren[32]. Das Verständnis bleibt konventionell auf das Vorgegebene bezogen, weil die vergewissernde Kraft in den Ritualen selbst gesehen wird, nicht in dem Verweisungszusammenhang. Es werden nur die von der Tradition vorgegebenen Rituale anerkannt. Ritualkritik wird als Angriff auf das Heilige selbst verstanden. Die Frage etwa nach neuen Formen des Abendmahls entsteht nicht.
In der *vierten Stufe* ist *symbol- und ritualkritisches Verstehen* möglich. Die vergewissernde Kraft kommt jetzt der symbolischen Bedeutung zu, die die Rituale stiften, nicht der Medien und Handlungen als solchen. Angesichts eines religiösen Rituals wird nach der *Bedeutung* gefragt. Wenn das Ritual als wirklich bedeutungsvoll angesehen wird, so wird erprobt, ob sich die Bedeutung nicht in ein anderes Bezugssystem (begriffliche Deutung) oder in alternative Formen überführen läßt. Es wird mit eigenen Gestaltungsmöglichkeiten experimentiert, die möglicherweise wenig direkte Ähnlichkeit mit der symbolischen Form oder Handlung haben[33]. Eine Tendenz zur *Kult- und Ritualkritik* ist mit dieser Stufe verbunden.
Die *fünfte Stufe* des *nachkritischen Verstehens* entspricht der von P. Ricoeur sogenannten »zweiten Naivität« oder der »gewollten Naivität«, in der die symbolische Kraft wieder mit den begrifflichen Bedeutungen verbunden wird. Rituale gelten jetzt als eigenständige, unersetzliche Formen der Darstellung religiöser Erfahrung. Vergewissernd ist jetzt das Ritual *und* das, worauf es symbolisch verweist. Biblisch motivierte Ritualkritik kann in eine Wiederaneignung religiöser Rituale aufgenommen werden. Die »erste Naivität« wird auf dieser Stufe respektiert, kann aber nicht ungebrochen fortgesetzt werden. Die Rituale werden wiederangeeignet, wenn man von der Tiefe der Realität, die sie repräsentieren, ergriffen worden ist[34]. Das Selbst wird nicht mehr als bloß rational angesehen, sondern als ein vielschichtiges Gefüge bewußter und unbewußter Zusammenhänge; das be-

31 Vgl. *Bucher,* Symbol (s.o. S. 14, Anm. 11), 365. Bucher verweist auf eine schon länger zurückliegende empirische Untersuchung. In dieser Stufe wird die Angst geäußert, Jesus wehzutun, wenn man auf die Hostie beißt. Zum Problem insgesamt vgl. *B. Grom,* Religionspädagogische Psychologie, Düsseldorf/Göttingen 1981, 220–224.

32 Vgl. *J. W. Fowler,* Stufen des Glaubens, Gütersloh 1991, 181.

33 Vgl. ebd., 199.

34 Vgl. ebd., 216f.

deutet vor allem ein »kritisches Anerkennen des eigenen sozialen Unbewußten«[35]. Dementsprechend wird jetzt ein darstellendes Handeln des Selbst vor dem »Ganz-Anderen« als sinnvoll angesehen. Die beiden ersten Stufen durchlaufen alle Menschen. Magisch-ritualistische Vorstellungen werden mit zunehmendem Alter überwunden. Viele Menschen kommen aber über das »wörtliche« Verständnis der Rituale nicht hinaus. Fowlers Stufen sind also nicht als das Ergebnis von Reifungsprozessen zu verstehen; es hängt vielmehr von *Erfahrungs- und Interaktionsprozessen* ab, welche der Stufen erreicht wird.

4.1.3 Rituale im Alltagsleben und in der Jugendkultur

Die Frage, welche Bedeutung Rituale für Jugendliche gewinnen können, hängt nicht nur von ihrer Entwicklung ab, sondern ebenso davon, an welchen Ritualen sie teilnehmen. Sie leben wie selbstverständlich in den Alltagsritualen, aber vielleicht auch in Ritualen der Jugendkultur, die expressiven Charakter haben. Wir können diese Rituale bewußtmachen und sie mit älteren Jugendlichen analysieren, um an ihnen zu erkennen, welche Funktion Rituale für das menschliche Leben haben.
Als typisches Beispiel für *Alltagsrituale* verweist E. Goffman immer wieder auf das *Begrüßungszeremoniell* zwischen zwei Menschen. Sie gehen aufeinander zu und teilen sich durch Kopfneigen, Augenkontakt, Verneigung, Händedruck usw. mit, daß sie sich kennen und schätzen. Die leichte Störanfälligkeit des Begrüßungsrituals zeigt, daß es sich um mehr handelt als um ein bloßes Höflichkeitszeremoniell. Es ist z.B. peinlich, wenn ich den Namen des anderen vergessen habe oder ihm klarmachen muß, daß ich mich schnell wieder verabschieden muß. Es geht zugleich um die Bezeugung von wechselseitiger Anerkennung, die lebensnotwendig ist. Blicke und Gesten können vielfältige Bedeutung haben. Deshalb wird etwa das Händereichen häufig durch begleitende Worte eindeutig gemacht: »Guten Tag«, »herzlichen Glückwunsch«, »wie schön, dich wiederzutreffen« usw. Die Umarmung kann die Zuwendung verstärken. Alltagsrituale können gelegentlich eine außergewöhnliche Verdichtung und Vertiefung erfahren sowie auf eine den Alltag transzendierende religiöse Deutungsebene gehoben werden. Frau und Mann reichen sich beim Trauungsritual die Hände und versprechen sich einander. Der Ritus ist aus der Alltäglichkeit gewonnen, hat aber durch eine Exklusivität und Unbedingtheit einen »symbolischen Mehrwert« gewonnen[36].
Darüber hinaus finden sich Alltagsrituale besonders in den *Übergangszei-*

35 Ebd., 216.
36 Vgl. *E. Goffman*, Interaktionsrituale. Über Verhalten in direkter Kommunikation, Frankfurt/M. 1971; *Josuttis*, Gottesdienst, 46f; *G. Biemer*, Katechetik der Sakramente, Freiburg ^{2}1987, 55.

ten zwischen Wachen und Schlafen (z.B. beim morgendlichen Aufstehen) und an den *Höhepunkten* des Tages (Hauptmahlzeit). Im ersten Fall betrifft das Ritual einen Zwischenraum, den Übergang vom Schlafen zum Wachen, der zugleich den Übergang zwischen zwei grundlegenden Existenzweisen, nämlich zwischen Passivität und Aktivität, darstellt, die dialektisch aufeinander bezogen sind. Der Mensch ist sich selbst im Schlaf in bestimmter Weise entzogen, er kann nicht wie im Wachen über sich verfügen, sein Handeln kontrollieren und sein Leben bewußt gestalten. Im Traum gestaltet das Unbewußte Handlungsabläufe eigener Art. Daher sind die Übergangszeiten zwischen Schlafen und Wachen Phasen tiefer Verunsicherung, deren Tragweite nicht bewußt ist. Das Ritual mit seiner Ordnung und Regelhaftigkeit begegnet dieser unbewußten Verunsicherung und hilft sie zu verarbeiten: »Der Weg ist vertraut, mag auch sein Ausgangsort (der Schlaf) verlassen und sein Ziel (Einpassung in den Tagesablauf) noch nicht erreicht sein.«[37] Der im Ritual vergewisserte Sinn wird erst hinterfragt, wenn das Ritual »gestört« wird, weil sich etwa die Lebensumstände verändert haben.

Die Situation des Aufstehens und des Schlafengehens muß auf jeden Fall gestaltet werden; *wie* sie im Ritual jeweils gestaltet wird, das ist bis zu einem gewissen Grad kulturell vermittelt, also Ausdruck bestimmter Normen- und Wertzusammenhänge[38].

Da das Aufsteh- und Einschlafritual eine größere existentielle Bedeutung hat, als meistens bewußt ist, ist es sinnvoll, es zuweilen bewußt zu inszenieren, die Erfahrungen auszutauschen und zu reflektieren. Es kann wenigstens in der Rückschau verständlich gemacht werden, warum gerade in diesen Übergangszonen zwischen Wachen und Schlafen *religiöse* Rituale ihren sachgemäßen Ort hatten. In ihnen werden alltägliche Handlungen und religiöse Deutungen miteinander verknüpft[39]. Die Tag- und Nachtschwellen mit ihren Trennungs- und Aufstehensängsten ziehen religiöse Rituale wie das *Kindergebet* an.

Der Gebetsakt ist die hochsensible Weise des Kindes, sich in diesen Situationen seiner Bezugsperson zu vergewissern; sie werden ›ins Gebet genommen‹[40]. Das Kind kann Erlebnisinhalte aus der frühesten Geborgenheit bei der Mutter mit ins Gebet nehmen und gegen Be-

37 *D. Zilleßen*, Sakramentalität und Alltagsrituale, in: *K. Ebert* (Hg.), Alltagswelt und Ethik, Wuppertal 1988, 107–129, hier: 109.

38 Vgl. ebd., 112.

39 Vgl. *Soeffner*, Auslegung, 179: Religiöse Anschauungen und alltägliches Handeln sind im religiösen Ritual so miteinander verknüpft, »daß einerseits die sozial bedeutsamen Handlungen (z.B. das gemeinschaftliche Einnehmen der Mahlzeiten) durch die religiösen Überzeugungen geformt und legitimiert werden (Tischgebet) und daß andererseits die religiösen Überzeugungen und symbolischen Konfigurationen ... ihren Platz im alltäglichen Leben ... haben: Rituale sind in dieser Form sichtbare Verknüpfungs- und Orientierungselemente einer einheitlichen symbolischen Wirklichkeitsdeutung.«

40 Vgl. *F. Grünewald*, Gebet als Übergangsobjekt, WzM 34 (1982) 221–228, hier: 225, vgl. 227.

streitung festhalten; dadurch verwandelt sich die Verlassenheit in Alleinsein in Gegenwart von jemandem. Das Gebet findet eine Grenze an der Nichtverfügbarkeit Gottes, die im Gebet aktiv ausgelebt werden kann; es entzieht sich damit einer Verbrauchsbeziehung.

Später können Rituale an den markanten Übergangsstellen des Tagesablaufs viele unterschiedliche Sinnorientierungen zum Ausdruck bringen. D. Zilleßen nennt für das *Aufstehritual* u.a. folgende Motive: Morgenstund' hat Gold im Mund. Das Leben wird geschenkt; ich werde jeden Tag neu geboren. Das Leben folgt natürlichen Ordnungen; es entspricht Vegetationsrhythmen. Leben macht keinen Spaß. »All Morgen ist ganz frisch und neu...« Gott schenkt jeden Morgen neu das Leben. Im Schlaf wird das Leben verschlafen. Leben ist Leiden. Totsein ist schön. Vita communis als Lebenswert und -sinn (gemeinsames Frühstück)...[41]. Durch elementare Reflexion auf Alltagsrituale kann ein Verständnis für die Bedeutung der Rituale für das menschliche Leben in Lernprozessen eröffnet werden. Überraschender für Jugendliche dürfte die Erkenntnis sein, daß auch die Jugendkultur durch Rituale geprägt ist. Insgesamt sind Jugendliche nicht so stark durch Alltagsroutinen und berufliche Einordnungen gebunden wie Erwachsene. Sie suchen nach Situationen, die ein Heraustreten aus der Alltäglichkeit und eine Ausgrenzung aus der Normalität ermöglichen. Sie leben weniger in Routinen, stärker in *»Szenen«*, d.h. mit einem Gefühl von Vergänglichkeit und Zerstörbarkeit. Sie suchen daher Lebensglück und Sinn in einer Art Augenblickserfahrung[42].

Für Jugendliche, bei denen eine jugendzentrierte gegenüber familienzentrierter Einstellung vorherrscht, besteht eine Möglichkeit des Heraustretens aus Alltäglichkeit und Normalität durch die Identifikation mit einer *Jugendgruppe.* Wir haben heute von einem *»Pluralismus«* jugendkultureller Gruppen (z.B. Skinheads, Punks, Hippies, New Wavern) auszugehen. Gleichwohl finden sich einige *Gemeinsamkeiten.* Die persönlichen Beziehungen sind im Vergleich zu anderen Gruppen intensiver, die sozialen Beziehungen werden als emotional bedeutsam erfahren. Die Jugendgruppen fordern starke Identifikations- und hohe Konfliktbereitschaft gegenüber anderen Gruppen und Sozialisationsinstanzen. Der Zusammenhalt ist entweder stark gefährdet – die Gruppen zerfallen schnell wieder – oder hyperstabil. Für unseren Zusammenhang ist besonders wichtig, daß Jugendgruppen durch Rituale und Symbole ein starkes Definitionspotential für ihre Mitglieder darstellen. Mythen, Rituale und Symbole haben in der Jugendbewegung immer eine große Rolle gespielt. »Sie eignen sich offenbar in besonderer Weise dazu, eine Gruppe allererst zu konstituieren und ihren

41 Vgl. *Zilleßen,* Sakramentalität, 111f.

42 Vgl. *D. Baacke,* Die stillen Ekstasen der Jugend. Zu Wandlungen des religiösen Bezugs, in: JRP 6 (1989), Neukirchen-Vluyn 1990, 3–25, hier: 24. Vgl. *Chr. Bizer,* Jugend und Religion, PTh 81 (1992) 166–180, hier: 166–172.

Zusammenhalt zu sichern.«[43] Durch Symbole wird eine bestimmte Identität nach außen dargestellt. Die Mitglieder haben dementsprechend ein aktives Interesse am Profil der Gruppe. D. Baacke umreißt die subjektiv-psychische Bedeutung der Gruppen für ihre Mitglieder durch die Stichworte Originalität, Narzißmus und Ethnozentrismus[44]. Ein jugendlich-persönlicher Narzißmus (Bedeutung von Kleidung, Frisuren, Accessoires) ist vor allem bei Jugendlichen anzutreffen, die in der Familie keine stabilen Objektbeziehungen entwickeln konnten. Dementsprechend erfolgt eine starke Identifizierung mit der Eigengruppe sowie die Ausbildung von Stereotypen und Vorurteilen gegenüber fremden Gruppen. Die Jugendgruppen bieten die Chance, gegenüber der Erwachsenenwelt Originalität zu entwickeln und Sinn in einer sich orientierungslos darstellenden Gesellschaft zu erfahren.

Auch abgesehen von der Zugehörigkeit zu bestimmten Gruppen entwikkelt sich in der Jugendkultur eine vielfältige Praxis der Sinnsuche vor allem durch die Aneignung neuer Ausdrucksformen. »Es gibt eine Fülle solcher Bricolagen, also der Vermischung unterschiedlicher Stil- und Ausdruckselemente in einem neuen, künstlichen, konstruiertem Ganzen. Es ist die Wahrheit der Oberfläche, der Inszenierung, in der wechselbarer Sinn sich konstituiert.«[45] In vielen Jugendkulturen bedeutet die Bricolage über Mode und Stil, daß die Oberfläche gültiges Signum der Persönlichkeit wird. Dementsprechend gewinnt die Wahrhaftigkeit der Selbstdarstellung bzw. der Selbstinszenierung Vorrang vor der Suche nach Wahrheit. Zur Selbstdarstellung gehören die Stilisierung und die mit ihr verbundenen Gesten, Gebärden und Zurschaustellungen. Stilisierung geschieht am und durch das outfit. Selbst der *Körper* ist machbar (Jogging, Bodybuilding), stilisierbar (Accessoires) und kann zum Symbolträger werden (z.B. die zu Kutten bearbeiteten Westen voller Embleme)[46]. Mit Hilfe solcher Ausdrucksformen wird mit »Sinn« experimentiert. Diese Sinnsuche setzt die Offenheit für Stile und Lebensformen voraus und arbeitet mit ständigen Varianten der Stilisierung.

Können vorgegebene Ordnungen Sinn nicht mehr dauerhaft verbürgen, ist ein in sich konsistentes Ich kaum noch leistbar und damit ein stabiler Sinn-

43 *R.-P. Janz,* Die Faszination der Jugend durch Rituale und sakrale Symbole, in: *Th. Koebner u.a.* (Hg.), »Mit uns zieht die neue Zeit«. Der Mythos Jugend, Frankfurt/M. 1985, 310–337, hier: 315. Die Besonderheit der Rituale besteht darin, »daß sie das Verbundensein durch gemeinsame Symbole manifestieren« (ebd.). Janz stellt fest, daß seit der Jahrhundertwende und zunehmend in den zwanziger Jahren ein auffälliges Interesse vor allem der Jugend an Kulthandlungen, Mythen und religiösen Symbolen zu beobachten ist. Dabei sind es die symbolischen Handlungen selbst in ihrem streng geregelten Vollzug, die kultischen oder magischen Praktiken, die auf die Jugendlichen eine außerordentliche Faszination ausüben (vgl. ebd., 310.313). Janz setzt das Ritualverständnis von Mary Douglas voraus.

44 Vgl. *Baacke,* Ekstasen, 18, vgl. 17.

45 Ebd., 23.

46 Vgl. *D. Baacke,* Jugend und Jugendkulturen, Weinheim/München 1987, 158.

mittelpunkt nicht mehr gegeben[47], dann kann der Jugendliche diese Situation als Chance ergreifen und in wechselhafter Inszenierung aus sich heraustreten, sich präsentieren, sich symbolisch selbst ständig neu vergegenwärtigen. Rituale erweisen sich auch in der Jugendkultur als umfassende Ausdrucksmedien, die innere Erfahrungen dramatisch zum Ausdruck bringen und dadurch Krisen zu bewältigen suchen. Ritualisierung vollzieht sich jedoch in wechselhaften Inszenierungen und in *Szenen*, in denen man sich für eine gewisse Zeit aufhält. Identität ist das, was ich jeweils bin. Zeremonien, ritualistische Handlungen, bestimmte Musik, Kleider und Frisuren stützen aber die Szene, geben ihr Kraft und helfen ihr zur ständigen Vergegenwärtigung. Während das Alltagshandeln nur durch Routine, Regeln und Rituale »funktioniert«, ist – wie die Jugendkultur zeigt – auch das *Übersteigen* der Alltäglichkeit und Normalität auf eine bestimmte Art von Ritualen angewiesen, nämlich (in der heutigen Jugendkultur) auf ein formalisiertes Ausdruckshandeln, auf eine Dominanz der Expressivität gegenüber zweckrationalem Handeln. Baacke stellt fest, daß im Vergleich zur 68er Generation *eine Verschiebung* von *einer Überbetonung der Protest- und Appellfunktion* in den gegenkulturell orientierten Jugendkulturen *zu einer Überbetonung der Ausdrucksfunktion* stattgefunden hat[48]. Dementsprechend wandelten sich die »Rituale« von Diskussion, Demonstration, Besetzung über Regelverletzungen, spielerische Improvisationen, Maskeraden zu Bricolagen.

Eine Überbetonung der Ausdrucksfunktion läßt sich auch in der Rock- und Pop-Szene feststellen. In Ritualen der Jugendkultur, die durch das Symbolmedium Rock und Pop bestimmt werden, kann über Ausdruckshaltungen Sinn vermittelt werden, und zwar nicht als Traktat oder Diskurs, sondern über »hedonistische« Vehikel wie Tanz, Bewegung, erhöhtes Körpergefühl, Individualisierung durch Kleidung, Stil usw. »In einer Welt, da nicht nur Arbeit, sondern auch ›Sinn‹ knapp geworden ist, wird dieser über den Mythos der Jugendkulturen sozusagen angeliefert.«[49] Während in den gegenkulturellen Jugendkulturen »Sinn« durch Demonstration, Regelverletzungen usf. gefunden wird, vermittelt er sich in stärker manieristisch orientierten Jugendkulturen vorwiegend über den Gestus von Mode, Trends und aktualisierter Individualität. Er wird sinnlich gegenwärtig in den künstlichen Arrangements der Rockszene[50].

Musikerlebnisse spielen bei allen Jugendlichen eine besondere Rolle[51]. Sie sind häufig verbunden mit freundschaftlichen Beziehungen. Man phanta-

47 Vgl. *Baacke*, Ekstasen, 24.

48 Vgl. *Baacke*, Jugend, 146.

49 *D. Baacke*, Jugend, Kulturen und Popmusik, in: *ders. / W. Heitmeyer* (Hg.), Neue Widersprüche. Jugendliche in den achtziger Jahren, Weinheim/München 1985, 154–174, hier: 167.

50 Vgl. ebd.

51 Vgl. *A. Goerlich*, Popmusik und Religion, EvErz 43 (1991) 442–445; s. auch. *H.-G. Heimbrock*, Didaktik des klangvollen Ohres, EvErz 43 (1991) 459–471.

siert und träumt zusammen. Es kommt aber nicht zur Aneignung und Erweiterung von Wirklichkeit mit Hilfe von Symbolen in gemeinsamen Handlungen[52]. Obwohl sich in diesen Musikerlebnissen durchaus Momente finden, die ursprünglicher religiöser Erfahrung verwandt sind, ist jeweils zu fragen, ob von *befreienden* Ritualen gesprochen werden kann. Da Rituale das Leben einengen und erstarren lassen können, sind *Gegen- oder Alternativrituale* erforderlich, die die eingefahrene Alltagspragmatik in Frage stellen und überbieten können. Ein *befreiendes* Ritual bietet die Formalstruktur, in der sich Freiheit und Phantasie entfalten können. »Es bietet dem Menschen eine Reihe von Bewegungen, durch die er Zugang zu einem ungeheuren Reichtum menschlicher Empfindungen erhält. Aber diese Empfindungen werden nun zum Material seiner eigenen Eskapaden der Kreativität. Die beste Analogie für ein befreiendes Ritual dürfte immer noch die Jazz-Combo oder das Dixieland-Orchester sein. Die Saitenstruktur und die rhythmischen Konventionen schaffen die Grundlage, von der aus sich spektakuläre Neuerfindungen und individuelle Einfälle ad libidum entwickeln können.«[53] Das Ritual ist eine Form menschlichen Handelns, die die Phantasie nährt und sie *gleichzeitig* in Gesellschaft und Geschichte verleiblicht.

H. Cox berichtet von einem *Beispiel*, das zeigt, wie sich Protest und Phantasie sowie Festlichkeit in einem befreienden Ritual verbinden können. Ein Kriegsdienstverweigerer in den USA, dessen Antrag auf Anerkennung von der zuständigen Kammer abgelehnt wurde, wollte sich beim Wehrmeldeamt melden, den symbolischen Schritt des Vortretens aus Protest gegen den Krieg in Vietnam aber nicht vollziehen. Um diesen Akt nicht wie üblich zu einer destruktiven Angelegenheit verkommen zu lassen, hatte er ihn lange vorbereitet. Er bat seine Freundin, frischgebackenes Brot und Erdbeermarmelade mitzubringen. Luftballons, frische Blumen und Fähnchen wurden angebracht. Eine Rock-and-Roll-Band spielte. Die Szene im Wehrmeldeamt verwandelte sich in eine farbenfrohe Feier. Die lebensbejahende Atmosphäre hatte ansteckenden Charakter, sie stiftete ein gewisses Verständnis für den Akt der Wehrdienstverweigerung selbst bei denen, die ihm tief ablehnend gegenüberstanden. Verbunden mit dem Ritual des Brotbrechens und der Festlichkeit wurde das »Nein« gegenüber einem ungerechten Krieg klar zum Ausdruck gebracht, aber als Fußnote des »Ja«-Sagens zu Leben und Frieden[54].

Ähnliche befreiende Rituale wurden in der Friedensbewegung in Europa, in der Anti-Atomkraft-, in der Frauen- und Ökologiebewegung oder auf Kirchentagen inszeniert (Menschenketten, Friedensnetze, Mahlfeiern, Straßentheater, Pantomime, Tanz etc.). In den Gruppen dieser sog. Alter-

52 Vgl. *H. Hartwig*, Jugendkultur, Reinbek 1980, 76ff.233. Nach *H. von Hentig*, Was ist eine humane Schule?, München/Wien 1976, 122 gehört es zu den Aufgaben der Schule, *Regeln* finden zu lassen, *Rituale* einzuführen und *Reviere* zu bilden, die die Verantwortung der Kinder auf etwas Bestimmtes begrenzen.

53 *Cox*, Fest, 101.

54 Vgl. ebd., 153f. Die Stilmittel entsprechen denen, die seit der Mitte der 70er Jahre in Basisgruppen bei uns zunehmend benutzt wurden: Regelverletzungen, spielerische Improvisationen, Maskeraden. Vgl. *Baacke*, Jugend, 147f. Der Kampf der Bauern auf dem Larzac und in Wyhl war für diese Gruppen von exemplarischer Bedeutung.

nativbewegungen stimmen persönliche Überzeugung und gelebter Lebensstil überein. Sie registrieren sensibel gesellschaftliche Mißstände und bieten für bestimmte Probleme, etwa zum Erhalt einer lebenswerten Mitwelt, Lösungen an. Haben Jugendliche selbst Erfahrungen in diesen Gruppen oder auf Kirchentagen mit Alternativ- oder Gegenritualen gesammelt, bringen sie günstige Voraussetzungen zum Verständnis religiöser Rituale mit.
Zwei *Kriterien* werden bei der Beurteilung *befreiender* Rituale eine Rolle spielen: einmal die Orientierung der Rituale an der produktiven Phantasie für die Zukunft und am Fest, sodann die Orientierung am Konfikt, daran, Konflikte zu inszenieren, um die eigene Ausdrucksfähigkeit spielerisch zu erweitern.

4.2 Zur Hermeneutik und Didaktik des Abendmahls

In der katholischen Religionspädagogik wird seit Jahren der Symbolansatz für die Sakramentenkatechese fruchtbar gemacht[55]. Dieser Versuch wurde vorbereitet durch systematisch-theologische Orientierungen, die die Sakramente als symbolische Zeichenhandlungen verstehen[56]. Er wurde vorangetrieben durch die symboldidaktische Diskussion[57]; er wurde konkretisiert durch Beispiele zu den einzelnen Sakramenten. In der evangelischen Religionspädagogik fehlen bisher entsprechende Überlegungen. Ein Grund für diesen Sachverhalt liegt in der Zurückhaltung der Systematischen Theologie gegenüber einem symbolischen Verständnis von Taufe und Abendmahl. Wir haben uns daher bemüht, in der Fassung des Symbol- und Ritualverständnisses die Problemgeschichte der Systematischen Theologie zu berücksichtigen (vgl. 2.1). Wir konzentrieren uns bei dem Versuch, die Sakramentenkatechese als Symboldidaktik zu begreifen und sie damit zugleich für schulische Lernfelder fruchtbar zu machen, auf das Abendmahl, um dann in einem nächsten Schritt die speziellen Probleme der (Säuglings-)Taufe zu markieren (4.3).

55 Vgl. z. B. das Themenheft »Symbol und Glaubensvermittlung«, LS 37 (1986) H. 2/3; *E. Feifel*, Sakrament – das Symbol des Glaubens, MThZ 38 (1987) 257–274; *G. Biemer*, Katechetik der Sakramente, Freiburg ²1987; *D. Emeis*, Sakramentenkatechese, Freiburg 1991. Emeis versteht (28ff.60) Sakramentenkatechese als Symboldidaktik.

56 Vgl. z. B. *Th. Schneider*, Zeichen der Nähe Gottes. Grundriß der Sakramententheologie, Mainz ⁵1987; *F.-J. Nocke*, Wort und Geste. Zum Verständnis der Sakramente, München 1985; *S. Konijin*, Sakramente als Symbole menschlicher Grunderfahrungen, Freiburg 1988; *Taborda*, Sakramente (s. o. S. 14, Anm. 9).

57 Vgl. *H. Halbfas*, Das dritte Auge, Düsseldorf 1982, 140ff. Vgl. die Übersichten in: *Bucher*, Symbol (s. o. S. 14, Anm. 11), 353ff; *Weidinger*, Elemente (s.o. S. 15, Anm. 14), 431ff.

4.2.1 Zur Hermeneutik des Abendmahls

Wenn in schulischen Lernfeldern das Abendmahl bisher überhaupt thematisiert wurde, geschah das im Zusammenhang mit neutestamentlichen *Texten* (Einsetzung des Abendmahls) sowie mit *Texten* aus der Reformationsgeschichte (z.B. das Abendmahlsverständnis von Luther und Zwingli). Im Konfirmandenunterricht standen die Katechismus*texte* im Vordergrund der Arbeit. Entsprechendes gilt für die Taufe. Nach dem bisher skizzierten Ansatz ist jedoch vor allem eine *Ritualhermeneutik* erforderlich. Am Abendmahl ist die ganze Person mit ihrem inneren Erleben und mit ihren sozialen Beziehungen innerhalb einer Gruppe beteiligt. Daher darf sich die hermeneutische Reflexion nicht nur auf Texte beziehen, sondern sie muß berücksichtigen, was bei der *Ausführung* der Texte in und zwischen Menschen geschieht, sie bezieht sich auf das komplexe Geflecht von sprachlichen, physischen, psychischen und sozialen Vorgängen[58].
Verstehen wir das Abendmahl als Ritual, so erscheint es im Vergleich zu anderen Ritualen als Ritual der Oralität. In *funktionaler* Betrachtung werden elementare Bedürfnisse nach Hunger und Liebe gestillt. In *genetischer* Hinsicht werden frühe Erfahrungen von wechselseitigem Erkennen sowie des »Bekommens« von Nahrung und Zuwendung reguliert (vgl. 4.1.2). In *phänomenologischer* Perspektive erschließt sich den Beteiligten durch den rituellen Vollzug eine Wirklichkeitsdimension, die dem Alltagsbewußtsein unzugänglich ist; denn individuelle Identität und gesellschaftliche Realität werden um eine neue Dimension erweitert[59].
Diesem komplexen Ritualphänomen wird man hermeneutisch nicht gerecht, wenn man das Wahrnehmungsfeld auf die Texte einengt, die Wahrnehmung auf eine Trennung des heiligen Essens vom profanen Essen und auf die Abgrenzung der christlichen Sakramente gegenüber den religionsgeschichtlichen Parallelen konzentriert oder die Wahrnehmung auf die Abendmahls*elemente* fixiert (vgl. 2.1). Gegenüber diesen *Isolierungstendenzen*[60], die zu Mißverständnissen des Abendmahls geführt haben, kommt es unter hermeneutischer Perspektive vor allem darauf an
– (1) den Zusammenhang zwischen profanem und heiligem Essen im Hinblick auf die Vermittlung von Gemeinschaftserfahrungen und die Revitalisierung von Lebenskraft wahrzunehmen;
– (2) das Interesse auf den Gesamtvorgang des Abendmahls zu richten und mit einer Wandlung der Teilnehmer, nicht nur der Elemente zu rechnen;
– (3) das Abendmahl als Ritualphänomen zu interpretieren und die Texte im Kontext des gesamten Rituals zu verstehen;

58 Vgl. *M. Josuttis*, Das Abendmahl als heiliges Essen, in: *ders. / G.M. Martin* (Hg.), Das heilige Essen. Kulturwissenschaftliche Beiträge zum Verständnis des Abendmahls, Stuttgart 1980, 111–124, hier: 114.
59 Vgl. *Josuttis*, Hermeneutik (s.o. S. 11, Anm. 1), 412.422.
60 Vgl. ebd., 413–417.

– (4) die Besonderheiten und Gemeinsamkeiten des Abendmahls mit entsprechenden Ritualen anderer Religionen herauszuarbeiten.

Diese vier Gesichtspunkte sollen durch kurze Hinweise erläutert werden; der Zusammenhang von Hermeneutik und Didaktik soll dabei im Blick bleiben.

1. Daß die *Wahrnehmung des Zusammenhangs zwischen profanem und heiligem Essen* einen elementaren Zugang zum Verstehen des Abendmahls darstellt, gehört zu den leitenden Hypothesen des Buches; sie hat sich bereits in der Anlage des Kapitels zum Symbol »Brot/Mahl« ausgewirkt. Das urchristliche Herrenmahl wurde ursprünglich im Kontext einer gemeinsamen Mahlzeit gefeiert; dieser Zusammenhang wird erst in einigen neueren Reformbemühungen wieder zu stiften gesucht. Die Schultheologie hat aber auch in hermeneutischer Hinsicht unterstellt, daß das Abendmahl im Vollsinn zu verstehen sei, ohne daß man das Phänomen des Essens in seiner individuellen, sozialen, kulturellen und religiösen Bedeutung in die Betrachtung einbezieht. M. Josuttis hat das Verdienst, durch einen interdisziplinären Dialog die Einsichten in diesen Zusammenhang gefördert[61] und entsprechende Konsequenzen für die Hermeneutik formuliert zu haben[62]. Wir heben in diesem Zusammenhang noch einmal den religionssoziologischen und psychoanalytischen Aspekt hervor. Für die *religionssoziologische* Betrachtung knüpft das Abendmahl an gewöhnliches Alltagsgeschehen an – es wird gemeinsam ein Mahl eingenommen; es *steigert* die gemeinschaftsbildende Kraft rituell, indem es der Kommunikation mit dem Transzendenten dient. Es gibt eine ganze Reihe solcher rituellen Steigerungen, z.B. die rituelle Waschung. »Gebärden und – wie in der Taufe das Wasser – Hilfsmittel der profanen Körperreinigung werden dabei zur seelischen Hygiene verwandt.« Im interreligiösen Vergleich steht das Abendmahl also in einer Reihe mit ähnlich gearteten Speiseritualen; im intrareligiösen Vergleich steht es in einer Linie mit andersartigen religiös gesteigerten alltäglichen Handlungsweisen[63]. Beim profanen wie beim heiligen Essen werden Gemeinschaftserfahrungen vermittelt. Unsere Festmahle wie unsere Verlobungen, Hochzeiten, Kindtaufen und Beerdigungen setzen unwiderstehlich Verbrüderungsimpulse frei (»Bruderschaft trinken«). »Zwischen der Ernährungssymbiose von Mutter und Säugling und den Vergemeinschaftungsschüben durch Festgelage steht die Tischgemeinschaft im familiären Haushalt. Nicht mehr naturales Ereignis wie die Mutter-Kind-Symbiose und nicht mehr gelegenheitsvariabel wie das Festgelage, ist die Versammlung aller Mitglieder einer Familie an der Tafel ... und ihre regelmäßige Speisung dort eine der kaum beachteten und doch funda-

61 *Josuttis/Martin* (Hg.), Essen.

62 *M. Josuttis,* Der Weg ins Leben. Eine Einführung in den Gottesdienst auf verhaltenswissenschaftlicher Grundlage, München 1991, 247ff.

63 *K. Messelken,* Vergemeinschaftung durchs Essen, in: *Josuttis/Martin* (Hg.), Essen, 41–57, hier: 44.

mentalen sozialen Institutionen zur Regulierung des Alltagslebens.«[64] Die Tischgemeinschaft der Familie bietet emotionale Hintergrunderfüllung; ihr Fehlen kann schmerzhaft empfunden werden. Es ist genau festgelegt, wer dazugehört. Der Gemeinschaftscharakter kann nach außen als Ablehnung erfahren werden, wenn man keinen Platz mehr findet. Auch religiöse Speiserituale vermitteln – in gesteigerter Weise – ein intensives Dazugehörigkeitsgefühl, bei ihnen gibt es den Lebensunterhalt von demselben Brot und demselben Wein, so wie Geschwister von der Milch derselben Mutter genährt werden. »Das Speisungsritual vergemeinschaftet so nicht nur positiv durch Einschließung, sondern auch negativ durch Abgrenzung.«[65]
Wie mit jedem gemeinsamen Mahl eine Kommunikationsleistung verbunden ist, so wird mit jeder Nahrungsaufnahme eine das Leben aufbauende, stärkende, zuweilen auch heilende Kraft übertragen. Beim heiligen Essen ist in dieser Beziehung ebenfalls von einer rituellen Steigerung zu sprechen[66].
In *psychoanalytischer* Betrachtung wird die bereits angesprochene anfängliche Begegnung zwischen Mutter und Kind unter dem umfassenden Aspekt der *»Einverleibung«* eingehender beschrieben. In den frühen Akten der Einverleibung wird Zuwendung in erster Linie somatisch als Entspannung und Sättigung erlebt. Durch adäquate Stillung hilft die Mutter dem Kind, seine Bedürfnisse zu differenzieren, seine Liebe allmählich von der erogenen Zone abzulösen. »Da Lieben zu dieser Zeit also in gewissem Sinne mit Essen gleichgesetzt wird, werden Trennungen von den Kindern naturgemäß sehr schwer ertragen und als lebensbedrohlicher Verlust erlebt ... Gefüttertwerden umfaßt also ... die Qualität, von einem liebenden Wesen beschützt, gesättigt, geliebt, befriedigt ... zu werden. Versagungen rufen daher diffuse Gefühle von Bedrohungen durch Verlassen-, Ausgestoßenwerden, zu verhungern, nichts wert zu sein hervor.«[67] Auf dieser Entwicklungsstufe kommt dem Genährtwerden also ein sehr breites Erlebnisspektrum zu.
Durch die enge Kooperation zwischen Mund und Hand[68], die sich beim Säugling allmählich entwickelt, bildet sich die Möglichkeit des Erfassens der *räumlichen Welt* aus. »Durch das Erkunden der Welt mit dem Mund und der Hand entsteht initial durch Bewältigung eines Mini-Raumes ein inneres Modell der Umwelt. Dabei darf nicht vergessen werden, daß mit zunehmender Differenzierung auch dem visuellen Aufnehmen eine Rolle zukommt, die für das Phantasieerleben nicht ohne Bedeutung ist. Das heißt, daß mit zunehmender Entwicklung Aufnehmen nicht mehr nur eine

64 Ebd., 53.
65 Ebd., 57.
66 Ignatius von Antiochien (IgnEph 20,2) kann die Eucharistie als »Unsterblichkeitsarznei« bezeichnen.
67 *J. Zauner*, Einverleibung und Individuation, in: *Josuttis/Martin* (Hg.), Essen, 83–94, hier: 87.
68 Vgl. zu diesem Sachverhalt unter der Perspektive des Handgebrauchs *Biehl u.a.*, Symbole I, 127ff.

primär somatische ... Angelegenheit bedeutet, sondern in übertragenem Sinne ein Hineinnehmen von Phantasien, Vorstellungen und somit bestimmten Aspekten der äußeren Objekte ... Rituelle Einverleibungs- und Vereinigungszeremonien könnten also einer kultischen Wiederbelebung latent bereitliegender Bedürfnisse aus Erinnerungsspuren archaischer Verschmelzungserlebnisse entsprechen.«[69]

In die von J. Zauner beschriebene orale Entwicklungsstufe hat K. Abraham die Differenzierung zwischen saugender und beißender Mundtätigkeit eingeführt. Während auf der *primären* Stufe des Saugens saugendes Kind und nährende Mutter in keinem Gegensatz zueinander stehen, erhält auf der *sekundären* Stufe des Beißens die Mundtätigkeit sadistische Impulse, die den Charakter der Einverleibung verändern: Das Objekt erleidet bei der Einverleibung das Schicksal der Vernichtung. »Die sekundäre, oralsadistische Stufe bedeutet also in der Libidoentwicklung des Kindes den Anfang des Ambivalenzkonfliktes.«[70]

Der Akt der Nahrungsaufnahme enthält auch *aggressive* Aspekte. Die zivilisatorische Erziehung in der Neuzeit hat diese Aspekte, die mit dem Tötungs- und Zerstückelungsvorgang verbunden sind, aus den Tischsitten weitgehend zurückgedrängt. »Von jenem Standard des Empfindens, bei dem der Anblick der erschlagenen Tiere auf der Tafel und sein Zerlegen unmittelbar als lustvoll, jedenfalls ganz und gar nicht als unangenehm empfunden wird, führt die Entwicklung zu einem anderen Standard, bei dem man die Erinnerung daran, daß das Fleischgericht etwas mit einem getöteten Tier zu tun hat, möglichst vermeidet.«[71]

Die religionspädagogische Bedeutung besonders der psychoanalytischen Einsichten leuchtet auf den ersten Blick mehr ein als ihr Wert für die Hermeneutik des Abendmahls. Ihre hermeneutische Bedeutung besteht darin, daß wir den psychosozialen Zusammenhang, in dem sich die *Wirkung* des Abendmahls vollzieht, besser verstehen können. Das Abendmahl stiftet Gemeinschaft; es kann aber zugleich eine ausschließende Tendenz entwikkeln. Es stiftet nicht nur Vereinigungs-, sondern auch Vernichtungsphantasien[72]. Frühe Erfahrungen von Zuwendung und Geborgenheit, aber auch von Angst vor Vernichtung, frühe magische Vorstellungen von Kraftübertragung und Kraftaneignung werden reaktiviert.

Das Evangelium wird im Zusammenhang alltäglicher und religiös gesteigerter Lebens- und Handlungsformen wirksam; diese werden durch das Evangelium zugleich unterbrochen und zu ihrer Wahrheit gebracht, indem es etwa die ausschließende Tendenz in Richtung auf eine universale Solidarität aufbricht.

69 *Zauner,* Einverleibung, 88.

70 *K. Abraham,* Versuch einer Entwicklungsgeschichte der Libido auf Grund der Psychoanalyse seelischer Störungen (1924), in: *ders.,* Gesammelte Schriften II, Frankfurt/M. 1982, 60. Vgl. dazu genauer *Josuttis,* Weg, 252.

71 *N. Elias,* Über den Prozeß der Zivilisation (stw 158), Frankfurt/M. [14]1989, 162.

72 Vgl. *Josuttis,* Hermeneutik (s.o. S. 11, Anm. 1), 420.

2. Die verheißene *Wandlung im Abendmahl betrifft* nicht allein die Elemente Brot und Wein, sondern *die Teilnehmer insgesamt.* Die Hermeneutik des Abendmahls war jahrhundertelang an der Frage der Wandlung von Brot und Wein in Fleisch und Blut des Erlösers, an der Frage seiner realen Präsenz in den Elementen interessiert (vgl. oben S. 22.26); sie war damit auf Probleme der Ontologie konzentriert. Daß solche Fragen »kirchentrennende Sprengkraft gewonnen haben, signalisiert, daß in, mit und unter der ontologischen Problematik existenzielle Konflikte der Wirklichkeitskonstruktion, der Identitätssicherung und der Heilsgewißheit verhandelt werden.«[73]
Die Fixierung auf die ontologische Problematik hat aber die Streitigkeiten nicht lösen geholfen, sondern mit dazu beigetragen, daß das Abendmahl für Laien unverständlich wurde. Die innerprotestantische Differenz über den Modus der Realpräsenz konnte erst beigelegt werden, als man von dem *Gesamtgeschehen* des Abendmahls ausging. Es wird nicht mehr gefragt, ob die Substanzen von Brot und Wein Leib und Blut Christi enthalten oder nur bedeuten; es geht vielmehr darum, daß Christus im *Geschehen* dieses Essens und Trinkens gegenwärtig ist und wir ihn empfangen. Luthers Anliegen im Kampf um die Realpräsenz kann durchaus festgehalten werden. Dieses Geschehen des Mahls bedeutet nicht nur, sondern *ist* sein Kommen zu uns[74] und *verwandelt* unsere Situation.
Unter dem Gesichtspunkt der *Wandlung der Teilnehmer* läßt sich auch ein fruchtbares Gespräch mit der katholischen Sakramententheologie und -didaktik führen; Verwandlung wird hier jedoch in einem umfassenderen Sinne verstanden. Nach G. Biemer ist der *Prozeß der Verwandlung* die entscheidende Struktur *aller* Sakramente als »Zeichen der Nähe Gottes« (Th. Schneider). Grundsituationen des Alltagslebens, anthropologische, gesellschaftliche, selbst kosmische Prozesse sind unter der Perspektive der Nähe Gottes auf Verwandlung angelegt.

Insbesondere die Eucharistie wird als umfassender Verwandlungsprozeß verstanden, in dem die Gaben menschlicher Nahrung eine neue Bedeutung erhalten. »Der Verwandlungsprozeß soll die Mahlgenossen einbeziehen, die sich mit diesen Gaben beschenken lassen.«[75] Ihre Grundbedürfnisse und Grundsituationen sind auf Verwandlung angelegt, und die Zeichenhandlungen der Sakramente begleiten diesen Verwandlungsprozeß, weil sie mit ihren Symbolen und rituellen Handlungen Wirklichkeit nicht nur deuten, sondern als wirkmächtige Zusage der Nähe Gottes verändern. »Mit ihrer Struktur der Verwandlung sind Sakramente Gesten, Zeichen sowohl der Menschwerdung Gottes wie der Menschwerdung des Menschen.«[76]

In der Feier der Eucharistie werden die Feiernden hineingenommen in die von Jesus Christus gestiftete Gemeinschaft und in ihr ›verwandelt‹.

73 Ebd., 415.
74 Vgl. *Joest*, Dogmatik, Bd. 2 (s.o. S. 26, Anm. 47), 587f.
75 *Biemer*, Katechetik, 69.
76 *Feifel*, Sakrament, 264.

»Manchmal ist solche Verwandlung auch unmittelbar erfahrbar: Man verhält sich nach der gemeinsamen Feier anders zueinander als vorher. Manchmal wird gerade die Versöhnung stiftende Kraft dieser Feier spürbar.«[77] Der Prozeß der Verwandlung ist *Kriterium der Glaubwürdigkeit* sakramentaler Feiern, nach dem gerade Jugendliche sie beurteilen[78]. Verlagert sich das Interesse von einer einseitigen Fixierung auf die Elemente Brot und Wein auf den *Gesamtprozeß* des Abendmahls, wird (3) deutlich, daß *eine ausschließlich an den Texten orientierte Hermeneutik des Abendmahls die psychischen und sozialen Prozesse ausklammert* und die Erfahrungen der beteiligten Menschen unberücksichtigt läßt. Am Höhepunkt des Abendmahlsgottesdienstes werden zwei Texte aus der biblischen Tradition zitiert, nämlich das Herrengebet und die Einsetzungsworte. Diese Texte können in ihrer wirklichkeitserschließenden sowie ihrer psychischen und sozialen Bedeutung jedoch nur verstanden werden, wenn sie im Gesamtprozeß des Rituals interpretiert werden[79]. Eine sachgemäße Hermeneutik hat also *das Abendmahl als Ritualphänomen* in funktionaler, genetischer und phänomenologischer Perspektive zu *erschließen.* Die Anlage dieses Kapitels spiegelt diese Einsicht wider.
Kommen wir noch einmal auf die Höhepunkte des Gottesdienstes, die *Rezitation der Einsetzungsworte,* zurück.

»Sie will die *kultische Ur-Szene* des christlichen Glaubens vergegenwärtigen. Der Liturg vollzieht mit seinem Verhalten einen *kultdramatischen Akt,* sehr sparsam gewiß, weil die Gebärdensprache mit dem Erheben der Elemente und dem Kreuzschlagen mehr angedeutet als ausgeführt ist. Hier findet also . . . eine *Aufführung* statt, *ein Drei-Minuten-Spiel,* das sich von allen anderen Teilen des Gottesdienstes dadurch unterscheidet, daß es auf den Kultstifter zurückgeht, ja daß es ihn in *personaler Repräsentanz* durch den Liturgen auftreten läßt. Das Dasein ›zwischen den Zeiten‹, in dem sich die Feiernden befinden, ist auf diese Weise um eine neue Dimension erweitert . . . Jesus Christus lädt seine JüngerInnen zum Mahl. Noch einmal werden dadurch die räumlichen, zeitlichen und personalen Grenzen gesprengt, aber durch die Entgrenzung gleichzeitig präzisiert. Der ewige Augenblick definiert sich als ein Ereignis aus der Vergangenheit. Die göttliche Atmosphäre personalisiert sich in der Gestalt des Erlösers.«[80]

An dieser dichten Beschreibung wird noch einmal deutlich, daß im Kern der gottesdienstlichen Handlung nicht einfach Elemente verwandelt werden, sondern eine Ur-Szene *vergegenwärtigt* wird. Es vollzieht sich ein *symbolisches* Geschehen, eine *Repräsentation:* Durch Erzählung und Gebärden wird das Dargestellte zugleich *verkörpert* und *verbürgt, wirksam gegenwärtig* (vgl. oben S. 57f). In diesem Sinne repräsentiert der Liturg den

77 *Nocke,* Wort, 26. Deshalb ist für die Befreiungstheologie die *solidarische Gemeinschaft* der »Dreh- und Angelpunkt der Sakramente« (*Taborda,* Sakramente, 142; vgl. *G. Gutiérrez,* Theologie der Befreiung, München ³1978, 248).
78 Vgl. *U. Fischer,* Konfirmanden gestalten Gottesdienst, Stuttgart 1991, 43ff.
79 Vgl. *Josuttis,* Weg, 284ff.
80 Ebd., 287 (Hervorhebungen von mir).

Stifter des Mahls. »Realpräsenz« charakterisiert also den *gesamten* Vorgang.
Sodann zeigt die Beschreibung, daß Parallelen, aber auch grundlegende Unterschiede zwischen Herrenmahl und hellenistischem Kult bestehen. Eine Hermeneutik des Abendmahls muß also (4) die *Gemeinsamkeiten mit entsprechenden Ritualen in anderen Religionen* bewußtmachen, damit die sachliche und dramaturgische Logik der sakramentalen Handlung voll erfaßt wird[81]. Dabei geht es nicht nur darum, genetische Abhängigkeiten des Abendmahls vom jüdischen Gastmahl bzw. Passamahl oder von den Mysterien aufzuweisen; vielmehr sind auch *strukturale Analogien* für sein Verständnis bedeutsam[82].
In den paulinischen bzw. hellenistischen Gemeinden wurden die urchristlichen Mahlfeiern als *sakramentales* Mahl interpretiert. Der Grundgedanke ist der der sakramentalen Communio der Feiernden mit dem erhöhten Herrn. R. Bultmann sieht - wie die Religionsgeschichtliche Schule[83] - im Mysterienmahl die nächstliegende Parallele zum Herrenmahl im hellenistischen Christentum. Spezifisch für die Mysterien ist der Gedanke, daß der Feiernde durch das sakramentale Mahl Anteil an dem Schicksal einer gestorbenen und wieder zum Leben erstandenen Gottheit bekommt[84].

• H.-J. Klauck arbeitet in einer differenzierten Untersuchung *Gemeinsamkeiten und Unterschiede* zwischen Mysterienmahl und Herrenmahl heraus. Folgende *gemeinsame Aspekte* findet er: »Der Mahlritus ist vom Sättigungsmahl getrennt und zu einem reinen Kultakt stilisiert, er findet seine Begründung in einem Stiftungsakt, einem vorbildhaften Tun des Kultgottes, das im erzählenden Mythos aufbewahrt ist und das von Mysterien imitierend nachvollzogen wird, der Initiand wird dadurch in das Leidensschicksal der Gottheit, das in den Mysterien in der kultischen Setzung erst seine eigentliche Realität gewinnt, einbezogen und gewinnt Anteil an ihrem unzerstörbaren Leben, es kommt eine Kommunio von Mensch und Gott zustande, die im Fall des dionysisch-orphischen Kults die Stufe der stoffgebundenen Theophagie erreicht. Nur hier liegt eine im religionswissenschaftlichen Sinn sakramentale Mahlkonzeption vor, die es in der Umwelt so nicht mehr gibt.«[85]
Klauck hebt auf der anderen Seite die *grundlegenden Unterschiede* zwischen Herrenmahl und Mysterienmahl hervor. Das letztere »ist an die einmalige Initiation oder an einen jahreszeitlichen Rhythmus gebunden, das Herrenmahl wird wiederholt begangen (wenigstens wöchentlich) und nimmt eine zentrale Stelle ein. An die Stelle der Arkandisziplin tritt der Öffentlichkeitscharakter. Der individuell vereinzelnden Ausrichtung der Einweihung steht das Gemeindeleben und das Kriterium der Bruderschaft gegenüber. Die ethisch-soziale Verpflichtung, die sich für Paulus aus der Mahlfeier ergibt, . . . steht . . . nicht derart im Mittelpunkt. Die entscheidende Differenz aber liegt im Zeitverständnis, insofern die Kulterzählung des Herrenmahls nicht in die zeitlos-mythische Vergangenheit zurückgreift, sondern . . . auf ein Ereignis, das erst eine Anzahl von Jahren zurückliegt. Auch die Zukunftserwar-

81 Vgl. *Josuttis,* Hermeneutik, 416.

82 Vgl. z.B. *F. Bammel,* Das heilige Mahl im Glauben der Völker. Eine religionsphänomenologische Untersuchung, Gütersloh 1950.

83 Vgl. z.B. *W. Heitmüller,* Taufe und Abendmahl bei Paulus. Darstellung und religionsgeschichtliche Bedeutung, Göttingen 1903.

84 Vgl. *R. Bultmann,* Theologie des Neuen Testaments, Tübingen 1953, 145f.

85 *H.-J. Klauck,* Herrenmahl und hellenistischer Kult. Eine religionsgeschichtliche Untersuchung zum Ersten Korintherbrief, Münster [2]1986, 367f.

tung ist verschieden. Von den Mysterien erwartet man z.B. Befreiung von der versklavenden Macht des Schicksals in diesem Leben und ein besseres Los im Jenseits . . ., das Herrenmahl blickt auf die eschatologische Neuschöpfung voraus.«[86]

Gerade die von Klauck hervorgehobenen Analogien und Differenzen führen zu einem besseren Verständnis des Abendmahls. Die grundlegende Differenz besteht in dem Sachverhalt, den wir in unserer kritischen Symbolkunde immer wieder herausgestellt haben: Das christliche Symbolsystem ist bleibend auf die Geschichte, auf ein (einmaliges) Ereignis bezogen und weist über sich auf die eschatologische Neuschöpfung hinaus.
Nach diesem religionsgeschichtlichen Vergleich läßt sich die Beschreibung des Höhepunktes des (Abendmahls-)Gottesdienstes durch M. Josuttis präziser erfassen. Durch die kultdramatische Vergegenwärtigung des von Jesus Christus gestifteten Mahls werden die räumlichen, zeitlichen und personalen Grenzen der Feiernden gesprengt. Durch den Bezug auf die Geschichte wird die Entgrenzung zugleich präzisiert. Der eschatologische Augenblick »definiert sich als ein Ereignis aus der Vergangenheit«.
In der Religionspädagogik haben wir nicht die Aufgabe, eine methodisch reflektiert angelegte, im interdisziplinären Dialog bewährte Hermeneutik des Abendmahls auszuführen; gleichwohl haben die genannten hermeneutischen Gesichtspunkte in unterschiedlicher Gewichtung für die didaktische Reflexion Bedeutung, sofern es in den Praxisfeldern um ein *Verstehen* des Abendmahls (durch teilnehmenden Vollzug) gehen soll. Die von Josuttis genannten vier Isolierungstendenzen haben dieses Verstehen behindert. In didaktischer Hinsicht wird vor allem zu beachten sein, daß das Abendmahl weder gegenüber dem Kontext gemeinsamer Mahlzeiten noch gegenüber dem Kontext des gesamten Gottesdienstes isoliert wird. Ein interreligiöser Vergleich kann bei diesem Thema in der Sekundarstufe I in Ansätzen vorbereitet werden, aber erst in der Sekundarstufe II zum Zuge kommen.

4.2.2 Das Abendmahl in der Didaktik

Die *Aufgabe einer verstehenden Erschließung der christlichen Grundrituale durch teilnehmenden Vollzug* stellt vor schwierige didaktische Probleme. Sie liegen einmal in der weitverbreiteten Kritik an öffentlichen, speziell religiösen Ritualen; diese Ritualkritik ist zum Teil gesellschaftlich bedingt (vgl. 4.1.2). Sie liegen aber auch in der christlichen Gemeinde selbst. Die Feier des Abendmahls in der Gemeinde wird häufig nicht so gestaltet, daß Jugendliche zur Mitfeier verlockt werden.
Diese Probleme können dazu führen, daß man im Konfirmandenunterricht auf eine Lehre von den Sakramenten ausweicht oder daß alternative

86 Ebd., 368.

Formen des Abendmahls, die in der Konfirmandenfreizeit oder im Jugendgottesdienst begonnen wurden, im Gemeindeabendmahl nicht fortgesetzt werden können. In der Schule hat man angesichts dieser Probleme auf die genannte Aufgabe ganz verzichtet; diese bedarf angesichts der gängigen Aufgabenverteilung zwischen Konfirmanden- und Religionsunterricht auch einer besonderen didaktischen Begründung.
Wir vermitteln in der Schule kein zureichendes Verständnis von Religion, wenn wir sie auf das System einer Lehre oder auf ethische Handlungsanweisungen reduzieren. Religion äußert sich in einer *Lebensform*; diese wird vor allem durch Kultus und Rituale, also durch Formen darstellenden Handelns geprägt. Daher sollte auch in schulischen Lernprozessen ein Verständnis dafür gefördert werden, daß sich christliche Religion in symbolischen Zeichenhandlungen und in einer bestimmten Frömmigkeitspraxis äußert.
Den didaktischen Problemen stehen produktive Ansatzmöglichkeiten für ein angemessenes Verständnis gegenüber. Es gibt eine Basisbewegung, von der *Impulse für eine neue Abendmahlspraxis* ausgegangen sind; das »Feierabendmahl« auf Kirchentagen wird von Jugendlichen stark in Anspruch genommen. Angeregt durch solche Erfahrungen mit dem »Feierabendmahl« können Vorformen des Abendmahls in Lernfeldern mit Jugendlichen erprobt werden. Das Experimentieren mit neuen Formen des Rituals ist jugendgemäß wie die Ritualkritik (vgl. 4.1.2).
Im Blick auf die Taufe kann von einer entsprechenden Basisbewegung nicht die Rede sein. Allerdings sind die Taufgottesdienste, besonders wenn Kinder und Konfirmanden an ihnen mitwirken, häufig für Jugendliche ansprechender als Abendmahlsgottesdienste. Die Symbole des Taufgottesdienstes (z.B. Wasser, Taufbecken, Taufkleid, Kerze) sind nicht so vielschichtig wie beim Abendmahl. Bei der Taufe kann jedoch der *biographische* Bezug fruchtbar gemacht werden.
Gelingt eine wechselseitige Erschließung von Jugendlichen und Grundritualen, dann kann diese Erfahrung von weitreichender *exemplarischer Bedeutung* für das Verständnis der christlichen Religion sein. Eine *projektartige* Unterrichtsgestaltung ist dadurch gerechtfertigt.
Die Korrespondenz zwischen Hermeneutik und Didaktik wirkt sich auch darin aus, daß zum *Verstehen* der Grundrituale in Lernfeldern keine anderen Voraussetzungen erforderlich sind als zur Entwicklung einer Hermeneutik der Taufe oder des Abendmahls. Eine solche Hermeneutik hat die Aufgabe, in der Vorbereitung und in der Verarbeitung des sakramentalen Geschehens eine Einstellung zu entwickeln, die Ritualphänomenen gerecht wird. Dazu ist kein Glaube (im dogmatischen Sinn) erforderlich, sondern Fähigkeiten, die man als »teilnehmende Beobachtung« oder als »freischwebende Aufmerksamkeit« umschreiben kann. Eine solche Hermeneutik wird sich selbst beim rituellen Vollzug überflüssig machen[87]. Im Sinne einer solchen »teilnehmenden Beobachtung« können auch SchülerInnen

87 Vgl. *Josuttis*, Hermeneutik, 413.

den Vollzug der Grundrituale begleiten. (Zum Vergleich: Der Deutschlehrer wird nach der Interpretation eines Dramas mit den SchülerInnen eine Theateraufführung besuchen, ihr möglichst in »freischwebender Aufmerksamkeit« folgen und anschließend die besondere Lesart, die das Stück durch den Regisseur erfahren hat, herausarbeiten.)
Die meisten SchülerInnen eines Religionskurses der 11. Jahrgangsstufe haben freiwillig an einem Taufgottesdienst teilgenommen (vgl. 3.2). Die teilnehmende Beobachtung hat nicht nur das Verstehen eines Taufgottesdienstes, des Zusammenhangs zwischen Liturgie, Taufhandlung und Predigt, gefördert, sondern auch die elementare theologische Urteilsbildung im Hinblick auf das Problem der Kindertaufe, über das sie später mit dem Pastor diskutiert haben. Die Predigt wurde als Text im Unterricht interpretiert. Die in ihr implizit enthaltene Tauflehre wurde durch umschreibende Deutung der leitenden Symbole expliziert.
Im Hinblick auf die Taufe besteht zwischen den Teilnehmern eines Religionskurses und einer Konfirmandengruppe, die den Taufgottesdienst mitgestaltet, ein *gradueller* Unterschied. Die Konfirmandengruppe ist in das liturgische Geschehen als Mitspieler verwickelt. Angesichts des rituellen Vollzugs aber sind beide Gruppen auf teilnehmende Beobachtung angewiesen.
Im Hinblick auf das Abendmahl bestehen *grundlegende* Unterschiede. Eine schulische Lerngruppe kann beobachtend an einem Abendmahlsgottesdienst teilnehmen[88] oder in eigenen Mahlfeiern (Friedensmahl, ökologisches Mahl) *»präsakramentale« Erfahrungen* machen, die Konfirmandengruppe aber feiert gemeinsam Abendmahl, ist am rituellen Vollzug unmittelbar beteiligt. Daraus können andere Erfahrungsqualitäten resultieren, und zwar sowohl hinsichtlich des inneren Erlebens als auch im Blick auf die sozialen Beziehungen innerhalb der Gruppe. Dieser Sachverhalt erfordert eine differenzierte didaktische Reflexion auf die unterschiedlichen Lernorte.
Wir entwickeln am Beispiel des Abendmahls *fünf Gesichtspunkte* für eine an den Symbolen orientierte Sakramentendidaktik.

1. *Die Analogien zwischen den christlichen Grundritualen und den Gesten wie Ritualen des Alltagslebens können produktiv für das Verständnis von Abendmahl und Taufe in Anspruch genommen werden.*

Die Analogien bestehen weniger in funktionaler Hinsicht, sondern vor allem im Hinblick auf die Expressivität der Rituale und ihres Charakters als zweckfreien Spiels (vgl. 4.1.3). In den Grundritualen wird Jesus Christus als das eine Sakrament des Glaubens *mit symbolischen Gesten als Fest* gefeiert. Soll der Sinn der Gesten und des Festes in Worte gefaßt werden, geschieht das in Form der *Erzählung*.

88 Einige Schüler und der Lehrer feiern das Abendmahl vielleicht selbst mit.

W.J. Hollenweger[89] berichtet von einem Abendmahlsgottesdienst der deutsch-schweizerischen Gemeinde in Genf. Italienische und spanische Kellner feiern ihn mit und erfahren die Freundschaft zwischen Fremden und Einheimischen. Die Gottesdienstbesucher werden mit einer Tasse Kaffee begrüßt. Italiener, Spanier und Schweizer tragen Brot, Wein und einen großen Sack Kaffeebohnen herein, der auf dem Abendmahlstisch ausgeschüttet wird. Die Einsetzungsworte werden auf deutsch, spanisch und italienisch gesprochen; es wird aber auch erzählt. Ein Spanier erzählt von den brasilianischen Plantagearbeitern, die nur soviel verdienen, daß sie ihre Familien acht Monate lang ernähren können. Die übrige Zeit müssen sie betteln oder Gelegenheitsarbeiten verrichten. Jeder Gottesdienstbesucher erhält ein Säckchen Kaffee und ein Stückchen Brot. Es wird von dem Bischof von Cuarnavaco (Mexiko) erzählt, der die Arbeiter und Indianer von einem Priester ausbilden läßt, so daß sie das Revolutionäre des Abendmahlsgeschehens erfassen. Sie fragen die Fabrikdirektoren und Gewerkschaftsbosse, warum sie am Abendmahlstisch, aber nicht am Konferenztisch gleichberechtigt sind. Jedem wird der Kelch gereicht. Ein italienischer Saisonarbeiter singt ein Lied über die »Koffer eines Emigranten« und fügt hinzu, daß keiner von ihnen nur Lumpen in seinem Koffer hat. Seine Hoffnung ist die neue Freundschaft. Jeder Gottesdienstbesucher schreibt seine Vorschläge auf Karten, was sie dazu tun können, daß die Brasilianer mehr Geld für ihren Kaffee bekommen, die Süditaliener mehr Brot haben und die Außenseiter nicht kaltgestellt werden. Die Antworten werden im Schlußggebet und in einem Zeitungsartikel zusammengefaßt.

Ein Fest wird gefeiert. Die »Liturgie« bestimmt die Abfolge der verschiedenen Programmpunkte. Innerhalb eines festen Programms gibt es aber Variationsmöglichkeiten (außer Brot und Wein wird Kaffee gereicht). Das Fest braucht einen Gastgeber und einen Anlaß. Der Gastgeber richtet das Fest an und stellt die Redner und Teilnehmer vor. Er ermöglicht die Atmosphäre der Freude und Offenheit. Der Gastgeber ist in diesem Fall ein Pfarrer, der Einheimische und Fremde zu einem Abendmahl eingeladen hat und in seiner Predigt (über die Berufung des Zöllners Levi) auf einen anderen Gastgeber verweist. Anlaß eines Festes kann ein Geburtstag, ein Abschied, eine Taufe, eine Hochzeit, eine gelungene Prüfung oder ein gewonnenes Fußballspiel sein. Das Abendmahl als Fest der Kirche ist insofern ein besonderer Anlaß, »als es einen Abwesenden feiert, der zugleich ein Kommender und Gegenwärtiger ist«[90]. Er wird daher mit symbolischen Gesten und mit Erzählungen gefeiert, also in einer weisenden Sprache, weil die »Beweissprache« (E. Grassi) für diese Wirklichkeit keine Kategorien hat. *Gesten* spielen aber auch im zwischenmenschlichen Bereich eine wichtige Rolle. Eine Einladung zum Essen kann Vertrautheit anbahnen, ein Lächeln kann Beziehungen stiften, ein Händedruck kann Verbundenheit zum Ausdruck bringen, Umarmung und Kuß sind Zeichen der Liebenden. Der Mensch als Person verwirklicht sich in solchen Gesten, weil sie das Geheimnis der Person zeichenhaft zum Ausdruck bringen[91]. Solche zwischenmenschlichen Gesten erhalten in dem skizzierten Abendmahlsgottesdienst eine Verdichtung und Überbietung, indem sie das Geheimnis des

89 *W.J. Hollenweger*, Umgang mit Mythen. Interkulturelle Theologie 2, München 1982, 130–132.

90 Ebd., 133.

91 Vgl. *Feifel*, Sakramente, 262.

gekreuzigten Auferstandenen verkörpern und in Verbindung mit Erzählungen den Bezug zu gegenwärtigen gesellschaftlichen, sozialen und wirtschaftlichen Konflikten stiften sowie einen »Verheißungsüberschuß« zur Sprache bringen.

Solche leibhaften Gesten und Riten spielen auch bei anderen Festen eine Rolle: Das Anschneiden des Hochzeitskuchens, das Auspusten der Lichter beim Geburtstagskuchen, der Händedruck beim Glückwunsch, das Anstoßen der Gläser mit Champagner, das Erzählen von Geschichten am Kaminfeuer. Der Kundige sieht hinter solchen Handlungen den alten Umgang mit religiösen Riten, »die zwar von den Beteiligten nicht mehr als solche bezeichnet, aber knapp unter der Bewußtseinsgrenze als solche empfunden werden«[92].

Aufgabe elementarer Reflexion in Lernprozessen wäre es, das, was angesichts solcher religiöser Phänomene unter der Bewußtseinsgrenze empfunden wird, *in das Bewußtsein zu heben* (vgl. Symbol »Brot«, Lernziel III, 1.2). Was sich auf vorbegrifflicher Ebene abspielt, kann wenigstens nachträglich in die Reflexion eingeholt werden, so daß *Analogien benennbar werden.*

Dieser Gesichtspunkt, der für Religions- und Konfirmandenunterricht von Bedeutung sein kann, wurde in den vorliegenden Entwürfen nicht ausdrücklich berücksichtigt. Das »Fest am Brunnen« (vgl. oben S. 153) weckte aber Assoziationen, die bei einzelnen Schülern zum Benennen von Analogien führten. Die Berücksichtigung dieses Gesichtspunktes ermöglicht es, den *Lebensbezug* der Grundrituale und ihren *Festcharakter* erkennbar werden zu lassen.

2. *Kinder und Jugendliche können anhand eigener Mahlfeiern präsakramentale Erfahrungen machen.*

Ging es bei dem ersten Kriterium um das Entdecken von Analogien zwischen Gesten des alltäglichen Lebens sowie festlichen Elementen und christlichen Grundritualen, so werden nach diesem Gesichtspunkt festliche Elemente und möglichst optimale Bedingungen für Gemeinschaftserfahrungen selbst gestaltet. Dabei spielen wiederum symbolische Gesten, Elemente des Festes und Erzählungen eine Rolle, jetzt aber im unmittelbaren Erfahrungshorizont von Kindern und Jugendlichen. Hier liegt wahrscheinlich der wichtigste Zugang zum Verständnis des Abendmahls, der im Rahmen *schulischen* Lebens möglich ist. Daher wird dieser Gesichtspunkt in den vorliegenden Erfahrungsberichten durchgehend berücksichtigt.

Entsprechende Erfahrungen können bereits in der *Grundschule* angebahnt werden. Die Kinder kommen nüchtern zur Schule. Sie riechen, fühlen, brechen, teilen, schmecken frisches Bäckerbrot. Sie feiern miteinander. Singen Brotlieder. Durch Erzählungen werden Jesu Mahlfeiern, sein letztes Mahl

92 *Hollenweger,* Umgang, 134.

oder österliche Mahlgeschichten vergegenwärtigt[93]. *An* der Erlebnisgestalt Brot, *an* der Gemeinschaftserfahrung des Miteinander-Feierns und *an* den Erzählungen lassen sich präsakramentale Erfahrungen machen[94]. Von diesen Vor-Erfahrungen führt kein direkter Weg zu dem, was in der Teilhabe am Abendmahl selbst erfahren werden kann. Die Didaktik der Sakramente ist aber auf solche Vor-Erfahrungen in anthropologischen Grundsituationen angewiesen. Auch im Konfirmandenunterricht wird nicht nur eine Hinführung zu einer ganz bestimmten rituellen Veranstaltung beabsichtigt, sondern *vom Abendmahl her* wird die anthropologische Situation des Mahls als Symbol der Nähe und Zuwendung Gottes erschlossen. Bei *allen* Mahlzeiten essen wir von den Gaben des Schöpfers, und in *jeder* menschlichen Gemeinschaft kann etwas von dem Geist Jesu Christi lebendig sein, der Menschen verwandelt. E. Feifel nennt weitere Lebenssituationen, die im Abendmahl betroffen werden und in einem neuen Licht erscheinen können: einander annehmen, sich versöhnen, miteinander teilen, zum Opfer bereit sein, dankbare Erinnerung pflegen, Hoffnung künden[95].

Das Abendmahl läßt sich nicht auf einzelne Aspekte anthropologischer Art reduzieren, sein Verständnis ergibt sich auch nicht durch eine Summierung dieser Aspekte. Im Abendmahl werden diese anthropologischen Situationen aber *vertieft, verdichtet* und *überboten*; daher können sich in ihnen *gleichnishafte Vorwegrealisationen* der Erfahrungen abspielen, die im Vollzug des Abendmahls möglich sind. Die Erschließung der anthropologischen Situationen ist didaktisch erforderlich, wenn das Abendmahl in seinem ursprünglich *weiten* Horizont und in seinem umfassenden Lebensbezug verstanden werden soll. Insofern handelt es sich bei der Feier des einfachen ökologischen Mahls (vgl. S. 93.96ff) nicht um eine »Ersatzhandlung« für das Abendmahl. Im Lichte des Abendmahls erscheint das ökologische Mahl oder das Friedensmahl vielmehr als Vorform und Verstehensvoraussetzung für ein *universales* Abendmahlsverständnis. In ihm ist der wirkliche Vollzug der Gemeinschaft untereinander und mit Gott sowie das Empfangen der Gaben seiner Schöpfung möglich[96]. Das Beieinander von universaler Weite und heilsamer Begrenztheit ist auch für *Luthers* Aussagen in der Abendmahlslehre charakteristisch. Gott ist in dem geringsten Körnlein

93 Vgl. *I. Baldermann*, Der Himmel ist offen. Jesus aus Nazareth: Eine Hoffnung für heute, München/Neukirchen-Vluyn 1991, 52–54.86f.175–177.193–203.

94 Zum Begriff der »präsakramentalen« Erfahrung vgl. *Bucher*, Symbol, 357.365.

95 Vgl. *Feifel*, Sakrament, 266f: »Deshalb muß eine Sakramentendidaktik für konkrete Lebenssituationen sensibel, einfühlsam machen. Es geht um humane Erfahrungen als Voraussetzung sakramentaler Vollzüge ... Wo in der angedeuteten Weise ›profane Vollzüge‹ gedeutet und in die Deutungshorizonte des Glaubens gestellt werden, gewinnen sakramentale Vollzüge Erfahrungshorizonte.« Vgl. auch *Biemer*, Katechetik, 71.

96 Das Brot steht für alles Brot und letztlich für die ganze Natur. »Dies Brot an sich ist kein Gegenstand sakramentaler Erfahrung, wohl aber das, wofür es steht. Im Protestantismus hat jedes Sakrament repräsentativen Charakter, der auf die Universalität des Sakramentsprinzips hinweist« (*P. Tillich*, Symbol und Wirklichkeit, Göttingen 1966, 68).

und in dem geringsten Baumblatt wie in allen Kreaturen leibhaft gegenwärtig. Damit wir ihn aber nicht überall suchen müssen und gewiß finden können, macht er seine Gegenwart an einer konkreten Stelle sichtbar[97]. Haben wir ihn auf diesem Wege gefunden, erscheinen im Lichte solcher Erfahrungen alle Dinge als Gleichnis für das Geheimnis seiner Gegenwart. Hermeneutisch und didaktisch folgt aus diesem Sachverhalt ein Hin- und Herschwingen der Deutung zwischen den Zeichen konkreter Nähe und dem weiten Horizont der »Einwohnung« Gottes (J. Moltmann) in seiner Schöpfung. Dabei sind *zwei Wege des Verstehens komplementär aufeinander bezogen:* Von der Erfahrung der Nähe und Zuwendung Gottes in den christlichen Grundritualen fällt ein Licht auf zwischenmenschliche und mitkreatürliche Situationen; die Erschließung solcher Situationen ist wiederum die Verstehensvoraussetzung für ein universales Abendmahlsverständnis.

3. *KonfirmandInnen können Erfahrungen mit dem Abendmahl machen, es durch Mitvollzug verstehen und deuten lernen.*

Bei diesem Gesichtspunkt kommt die hermeneutische Einsicht, daß Rituale spielend, durch teilnehmenden Vollzug und nicht durch verbale Erklärung verstanden werden (vgl. oben S. 231f), zur Geltung. Abendmahlsfeiern während der Konfirmandenzeit, insbesondere in der Konfirmandenfreizeit, sind dementsprechend angemessene »Lernorte«. Es war daher weder theologisch noch hermeneutisch noch didaktisch gerechtfertigt, KonfirmandInnen vom Abendmahl »auszusperren«. Davon kann inzwischen in vielen Gemeinden nicht mehr die Rede sein[98].

Das Abendmahl kann in der Entwicklung der Lebens- und Glaubensgeschichte eine je spezifische Bedeutung gewinnen. Wird der Gedanke der *Verwandlung* nicht nur einseitig auf die Elemente, sondern auf die Teilnehmer an der Feier bezogen, so ist unter der didaktischen Perspektive nicht nur an den eschatologischen Augenblick des Empfangs zu denken, sondern von einem *Prozeß der Verwandlung im Hinblick auf die Lebensgeschichte* auszugehen. Wir hatten das Abendmahl der zweiten Ritualisierungsphase nach Erikson, also dem Konflikt zwischen Autonomie und Scham und Zweifel, zugeordnet (vgl. oben S. 234)[99].

Im Konfirmandenunterricht spielt die hermeneutische Einsicht, daß Rituale eine eigenständige Weise der emotionalen Vergewisserung darstellen, aber eben auch *verstanden* werden wollen, eine besondere Rolle. Das im Ritual *gewährte* Verstehen kann hier eigens expliziert werden. Ging es bei den bisherigen Gesichtspunkten darum, das Abendmahl nicht gegenüber

97 Vgl. die Luther-Zitate aus WA 23 in: *Biehl u.a.*, Symbole I, 68f.71.

98 Vgl. *R. Hempelmann u.a.* (Red.), Abendmahl mit Kindern. Dokumentation 1977–1982 (CID 4), Münster 1983.

99 Da es sich bei Erikson um weiterwirkende Grundkonflikte handelt, kann allein aus dem Gesichtspunkt nicht auf das Alter einer Erstbegegnung mit dem Abendmahl geschlossen werden.

den Ritualen des Lebens sowie gegenüber dem Essen zu isolieren, so geht es hier vor allem um den *Zusammenhang von Abendmahl und Gottesdienst bzw. Liturgie* im weiten Sinne des Wortes. Damit entspricht dieser Gesichtspunkt einer Theorie, die den Konfirmandenunterricht insgesamt aus dem Zusammenhang von Gottesdienst in Wort und Sakrament begreifen möchte[100].

»Mit dem Gottesdienst umgehen zu lernen ist didaktisch die zentrale Aufgabe, von der her sich Kirche insgesamt erschließt.« Es bedarf einer »Gottesdienstdidaktik«, die »die Zugänge zu christlichen Konkretionen von Ritus, Symbol und Kult für Jugendliche aufdeckt« und »die Baugesetze gottesdienstlicher Formen« elementartheologisch zu erkennen und sie für praktische Gestaltungen nutzbar zu machen« lehrt. Die Aufgabe, Tradition und Lebenswirklichkeit zu vermitteln, findet in dieser Möglichkeit gestaltender Teilnahme am Gottesdienst seine Konkretion[101].

Der Erfahrungsbericht von D. Tiedemann (vgl. oben S. 114ff) zeigt, daß der *Zusammenhang von Fest, Sättigungsmahl und Abendmahl*, in der Konfirmandenfreizeit bewußt gestaltet, bei den KonfirmandInnen Staunen ausgelöst hat (»Ich dachte, man ißt nur symbolisch, Oblaten«). Ihnen wird durch die Gestaltung des Tisches das Verstehen vermittelt, daß im Neuen Testament *Brot* (Brotlaib, eingeritzt INRI) und *Kelch* (Becher) die eigentlichen Symbole der eucharistischen Zeichenhandlung sind. Der Teller mit Roggenkörnern symbolisiert, daß das Brot aus vielen Körnern, die Schale mit Trauben, daß der Wein aus vielen Trauben entstanden ist; sie symbolisieren *Gemeinschaft* und *Verwandlung* (vgl. Luther, Clem I, 203,22-26; oben S. 21). Das Lied »Wir nehmen gläubig Brot und Wein« bringt diese Symbolik ebenfalls zum Ausdruck und vertieft sie. Die Vorbereitungsgruppe stellt durch die Gestaltung des Tisches dar, daß beim Abendmahl alle gleich sind. Das Kreuz ist aus Kerzen gestaltet und symbolisiert Hoffnung. In das Tischgespräch wird vom Pastor eine *Erzählung vom Herrenmahl in Korinth* (M 4) eingebracht, die die Beziehung der eigenen Mahlfeier mit dem urchristlichen Brauch erkennen läßt. Was zuvor in der Konfirmandengruppe erarbeitet wurde, kann sich jetzt als gemeinschaftliches Abendessen und als Abendmahl darstellen. In der »Liturgie« kommen bestimmte agendarische Vorgaben zur Geltung, so daß ein Vertrautwerden mit dem inneren Ablauf der Abendmahlsfeier möglich ist; sie zeigt darüber hinaus freie Gestaltungselemente, die den Ertrag der eigenen Arbeit zum Ausdruck bringen. Im Tischgespräch können die Symbole der Mahlfeier gedeutet werden: »Kreuz/Licht«, »Korn/Brot«, »Trauben/Wein«, »Becher/Kelch«.

100 Vgl. *K.E. Nipkow*, Bildung als Lebensbegleitung und Erneuerung, Gütersloh 1990, 403; s. auch *W. Gräb*, Liturgie des Lebens, PTh 77 (1988) 319-334; *Chr. Bizer*, Facetten der Diskussion zum Konfirmandenunterricht, in: JRP 1 (1984), Neukirchen-Vluyn 1985, 137-147, hier: 146f.

101 *Chr. Bizer*, Art. Konfirmandenunterricht, in: HbRE II, 391-402, hier: 400. Vgl. *ders.*, Liturgik und Didaktik, in: JRP 5 (1988), Neukirchen-Vluyn 1989, 83-111.

Wenn der jüdische Hausvater den *Becher* des Segens weiterreichte, brachte er zur Sprache: Wie ich euch den Becher reiche, so gewinnt ihr Anteil an den Gütern der Welt, die der Herr für euch bereitet hat (vgl. Ps 23,5; 116,13). Der ganze Lebensweg des Menschen kann als ein Weg des *Kelchs* verstanden werden; der Kelch symbolisiert das Geschick, das einem Menschen bereitet ist (vgl. Joh 18,11; Lk 22,42). So wurde der Leidens-Kelch Jesu zum Kelch des Herrenmahls (vgl. Mt 26,27f; 1Kor 11,26)[102].

Tiedemanns Modell zur Gestaltung des Abendmahls in der Konfirmandenfreizeit ist ein überzeugender Versuch, die Isolierung der Abendmahlspraxis aufzubrechen und das Herrenmahl im Zusammenhang eines Festes und eines Sättigungsmahls zu feiern. Der Übergang zwischen Abendmahl und Abendessen mit Tischgesprächen scheint gelungen zu sein. Das Problem liegt in dem Verhältnis von Freizeit- und Gemeindeabendmahl. Das Freizeitabendmahl büßt seine Überzeugungskraft für die Jugendlichen wieder ein, wenn von ihm keine fruchtbaren Impulse zur Umgestaltung des Gemeindeabendmahls ausgehen bzw. hier bereits wirksam sind. Es ist sinnlos, mit KonfirmandInnen über eine Neugestaltung des Abendmahls nachzudenken, wenn man nicht gleichzeitig das Gemeindeabendmahl mitbedenkt[103].
K. Eulenberger hat die Kluft zwischen Freizeit- und Gemeindeabendmahl durch ein eigenes Modell zu überwinden versucht. Er hat zunächst die Abendmahlspraxis der Gemeinde schrittweise so verändert, daß sie »genau auf der Grenze zwischen Reproduktion und Spontaneität, zwischen Ritual und Offenheit, zwischen der Verläßlichkeit der Form und der Verletzlichkeit derer, die in ihr ein Gehäuse suchen« liegt[104]. Die ersten Schritte zum Abendmahl im Konfirmandenunterricht erfolgen so, daß die Jugendlichen präsakramentale Erfahrungen machen können: Sie teilen Brot und Wein »in der Nähe Jesu«; das Abendmahl selbst wird im Konfirmationsgottesdienst erlebt[105]. Es handelt sich im Konfirmandenunterricht um eine festlich und musikalisch gestaltete (abendliche) Stunde »Brot und Wein« mit der Auslegung von Bildern und Texten, wie wir sie auch für den Lernort Schule vorgeschlagen haben. Die spezifischen didaktischen Möglichkeiten der Konfirmanden*freizeit,* die das Modell von Tiedemann enthält, werden nicht wahrgenommen, weil die Konfirmation als Zulassung zum Abendmahl verstanden wird.
Ein didaktisch sachgemäßer Weg, die Kluft zwischen Freizeit- und Gemeindeabendmahl zu überwinden, kann darin bestehen, daß die Jugendlichen die Abendmahlsgottesdienste der Gemeinde mit vorbereiten und gestalten. Das Feiern des Abendmahls kann so zum gemeinsamen Erfah-

102 Vgl. *M. Lurker,* Wörterbuch biblischer Bilder und Symbole, München ²1978, 43f.
103 Vgl. *K. Eulenberger,* Konfirmanden und Abendmahl, in: *Comenius-Institut* (Hg.), Handbuch für die Konfirmandenarbeit, Gütersloh ²1985, 212–219, hier: 216.
104 Vgl. ebd.
105 Vgl. ebd., 216–219.

rungsraum werden. Gemeinde und KonfirmandInnen können gemeinsam über die Inhalte und die Bauformen des Abendmahls neu nachdenken[106].

Die KonfirmandInnen berichten über ihre Erfahrungen mit dem Freizeitabendmahl, sagen, was sie bei der normalen Abendmahlsfeier stört, tragen eine Meditation zum Bild der brotbrechenden Hände vor[107], zeigen, welche Konsequenzen das Abendmahl für Familie, Schule, weltweites Zusammenleben haben könnte. In einem anderen Gottesdienst kommentieren die Jugendlichen Szenen des Films »Einladung zu Tisch« von Jörg Zink zu dem Abendmahlsgemälde Leonardo de Vincis, übernehmen Textlesungen, sprechen selbstgeformte Gebete. In einem weiteren Beispiel berichten sie über ein »Mahl des Friedens«, das sie gemeinsam gefeiert haben; sie interpretieren Folien, die anhand des Konflikts in Korinth Mißverständnisse und Gefährdungen des Abendmahls zeigen. Oder sie bereiten gemeinsam mit dem Pastor die Predigt vor und halten sie auch gemeinsam in Form einer Sprechszene[108].

4. *Tanz, Pantomime, Rollenspiel, Bibliodrama, Erzählung haben eine Nähe zu ursprünglichen religiösen Ritualen und können sich als angemessene Formen der Erschließung christlicher Grundrituale erweisen.*
Soll die Didaktik der Sakramente nicht auf eine Lehre über die Sakramente verengt werden, sondern will sie Wege dazu aufweisen, daß junge Menschen das, was in symbolischen Zeichenhandlungen geschieht, wahrnehmen, verstehen und daß sie sich selbst als Mithandelnde symbolisch ausdrücken können, dann haben alle Formen analoger, symbolischer Kommunikation Vorrang vor digitaler Kommunikation. *Die Wahrnehmung dessen, was die christlichen Grundrituale durch ihren Vollzug zu verstehen geben, liegt der Interpretation von Grundtexten* (z.B. Katechismustexten) *voraus.*
Unter Formen symbolischer Kommunikation sind besonders diejenigen für die Sakramentendidaktik von Bedeutung, die den menschlichen *Leib*, die die *Gestalt* gelebten Lebens symbolisch zum Ausdruck bringen.

»Die Körpersprache einer menschlichen Gestalt ist wenigstens ebenso vielfältig und wirksam wie seine bewußte und *verbale Sprache* . . . Des Menschen Leiblichkeit ist vom *schöpferischen Geist* durchdrungene, lebendiggemachte und geprägte Leiblichkeit: Der Mensch ist *Geist-Leib.*«[109]

Kinder haben zu leiblichen Ausdrucksformen noch eine ursprüngliche Nähe; sie vollziehen sie spielend. Aber auch Jugendliche und Erwachsene

106 Vgl. *Fischer,* Konfirmanden, 25.

107 Vgl. *Biehl u.a.,* Symbole I, 239 (M 35); *Fischer,* Konfirmanden, 43–46.

108 Vgl. ebd., 25–52 mit insgesamt fünf Beispielen. Vgl. auch *H. Siegel,* Gottesdienst und Konfirmanden, Handbuch (s.o. Anm. 103), 143–159.

109 *J. Moltmann,* Gott in der Schöpfung, München 1985, 264.266; vgl. das wichtige Kapitel über »Leiblichkeit« in Moltmanns Schöpfungslehre insgesamt (250ff). Vgl. ferner: *M. Krieg / H. Weder,* Leiblichkeit (ThSt 128), Zürich 1983. Nach *Emeis,* Sakramentenkatechese, 29 steht im Mittelpunkt der Symboldidaktik die Bemühung, *»den menschlichen Leib als Realsymbol wahrzunehmen und einzusetzen,* über das Gott sich mitteilt und empfangen wird.« Ebendadurch ist der Symbolansatz für die Sakramentendidaktik besonders fruchtbar.

können ermutigt werden, sich in Gesten und Symbolhandlungen auszudrücken.

In einer Lehrerfortbildungsveranstaltung haben die TeilnehmerInnen die körperlichen Zugänge zum Symbol »Wasser/Taufe« mit großer Intensität selbst erprobt (vgl. oben S. 150ff): Sie stellten in einem »Standbild« ein Durstdenkmal nach und entwickelten ein »Gegenbild«; sie stellten ein Bild-Wort, das sie in Joh 4 (»Jesus und die Samaritanerin«) besonders angesprochen hatte, gestisch dar; sie tanzten den Tanz um den Brunnen »Majim, Majim«; sie hörten eine Erzählung über die Taufe in Korinth (M 22) und setzten einzelne Motive in eine Pantomime um.

Vertrauen, Hoffnung gegen den Tod, Lebensfreude lassen sich nicht argumentativ einlösen; sie bedürfen vielmehr der Dramatisierung durch solche Ausdruckshandlungen[110].
Die christlichen Grundrituale sind nicht nur in der *Leiblichkeit* verwurzelt, sie sind auch bleibend auf die *Geschichte Jesu* bezogen. Geschichte wird durch Erzählung vergegenwärtigt. Die Erzählung ist nämlich die sprachliche Form, in der Geschichte in der Gegenwart *präsent* werden kann.

»Die Erzählung von Geschichte hat die Funktion, Identität zu präsentieren.«[111] Sie macht uns mit der Unverwechselbarkeit des einzelnen vertraut und trägt dadurch dazu bei, daß Individuen sich selbst durch die ihnen zukommende Geschichte verstehen. Die erzählende Präsentation geschichtlicher Identität ermöglicht geschichtliches Verstehen unter intensiver Berücksichtigung der *Fremdheit* dessen, was uns zu verstehen gegeben wird. Gerade die Auseinandersetzung mit der Fremdheit trägt erheblich zum Verständnis unserer selbst bei[112]. Indem wir in fremde Identität verwickelt werden, erscheint die eigene in einem neuen Licht. Wir lernen, Geschichte wahrzunehmen als ein Geschehen, das uns zum Sein ermächtigt. Erzählte Geschichte bedeutet nicht nur die Aufforderung zum eigenen Entwurf; sie bietet auch einen Daseinsraum an, in den hinein ich mich entwerfen kann und den ich nicht erst durch meine Entscheidung schaffen muß[113].

Aus dieser *hermeneutischen* Einsicht folgt die These, daß *die Erzählung* im Hinblick auf die Geschichte die *didaktische Grundform* ist. Diese These hat jedoch nicht die *methodische* Entscheidung zur Folge, daß die Lehrererzählung einen Vorrang hat. In methodischer Hinsicht gibt es verschiedenartige Möglichkeiten, Geschichte als erzählte Geschichte präsent werden zu lassen, etwa Hörspiel, Leseszene, Film, Tonbild-Serie, (Augenzeugen-)Bericht.
Wir haben an der Struktur des Abendmahls aufgezeigt, daß neben Symbol und Metapher die Erzählung als Grundform zu dieser symbolischen Zeichenhandlung gehört (vgl. oben S. 58f)[114]. Wenn wir auch in Lernprozessen im Zusammenhang von Taufe und Abendmahl erzählen, daß Jesus sich von

110 Vgl. die körpernahen Übungen mit den Händen in: *Biehl u.a.*, Symbole I, 140.
111 *Weder*, Kreuz (s.o. S. 29, Anm. 56), 108; vgl. *ders.*, Neutestamentliche Hermeneutik, Zürich 1986, 331ff, bes. 399ff.
112 Vgl. *Weder*, Kreuz, 113.
113 Vgl. *Weder*, Hermeneutik, 400.
114 Vgl. *Taborda*, Sakramente (s.o. Anm. 56): »Erzählende Infrastruktur der Sakramente«.

Johannes zu Beginn seiner öffentlichen Wirksamkeit im Jordan hat taufen lassen oder wie die Urchristenheit nach Ostern »auf den Namen Jesu« getauft hat, erzählen, wie Jesus mit den Armen in Palästina den »Einstand« des Reiches Gottes in Mahlfeiern begangen hat, dann wird daran deutlich, daß die Grundrituale nicht in sich selber gründen, sondern bleibend auf die *Unverwechselbarkeit und Externität* Jesu bezogen sind. Wir haben aus den genannten Gründen die »narrative Exegese« (Theißen, Hollenweger) in starkem Maße berücksichtigt[115].
So wie das Abendmahl den Bezug zur Geschichte bewahrt hat (»Unser Herr Jesus Christus, in der Nacht, da er verraten ward . . .«), enthält das Apostolikum im Hinblick auf das *Kreuz Jesu* eine historische und politische Angabe (»gelitten unter Pontius Pilatus, gekreuzigt . . .«). Wenn das Kreuz nicht durch Erzählung auf die realen Bedingungen der politischen und sozialen Situation bezogen wird, wird es zu einem überzeitlichen Symbol. Die Erzählung vermag die Leidensgeschichte des Volkes zur Zeit Jesu mit der Leidensgeschichte unseres Jahrhunderts zu verbinden. Anhand von Bildern und Texten erzählen SchülerInnen in *»Schülerkreuzwegen«* ihre eigene Leidensgeschichte und bringen sie mit der Passionsgeschichte Jesu in Zusammenhang[116]. In dem Abendmahlsgottesdienst der deutsch-schweizerischen Gemeinde in Genf waren es Erzählungen, die die Feier der Freundschaft zwischen Fremden und Einheimischen mit der Leidensgeschichte brasilianischer und mexikanischer Arbeiter sowie italienischer Gastarbeiter verschränkten. In der Konfirmandenfreizeit (vgl. oben S. 110) wurde eine jugendgemäße (literarische) *Erzählung von James Krüss* vorgelesen. Sie stiftet einmal den aktuellen Bezug zum Leiden der Menschen, die vom Krieg im ehemaligen Jugoslawien betroffen sind; sodann erschließt sie über die *Symbole des Blutes und des Lammes* das Versöhnungsgeschehen (»für euch vergossen«). Allerdings ist es nicht Gott, der durch das Blut des Lammes zu versöhnen ist, sondern die zerrissene, durch Unfrieden sich selbst zerstörende Gesellschaft, der durch Versöhnung Frieden gebracht wird[117]. Analogien und Differenzen zur traditionellen Versöhnungslehre lassen sich herausarbeiten. Kritisch kann nach sinnlosen (Blut-)Opfern in unserer Gesellschaft gefragt werden[118]. Die Erzählung von Krüss (Die Geschichte eines Knaben = M 12) stellt – nach theologischen, literarischen und didaktischen Kriterien geurteilt – ein sachgemäßes

115 Das Abendmahl ist nicht nur auf das Kreuz Jesu als einmaliges geschichtliches Ereignis bezogen, sondern auf das, was *ein für allemal* durch den Kreuzestod Jesu geschah. Bei der wiederholten Begehung des Abendmahls geht es also nicht um eine Wiederholung des Opfers Christi, sondern um die Verkündigung des ein für allemal Geschehenen.

116 Vgl. *Biehl u.a.*, Symbole I, 114ff.

117 Diese Intention findet sich auch bei Martin Luther King, vgl. *D. Sölle,* Gott denken, Stuttgart [3]1990, 161f.

118 Zum Beispiel durch die Teilnahme am »Ritual« riskanten Fahrverhaltens im motorisierten Straßenverkehr. Vgl. dazu: *K.-P. Jörns,* Krieg auf unseren Straßen, Gütersloh 1992.

Medium dar, um die *Opfersymbole*[119] der christlichen Überlieferung auf jugendgemäße Weise wenigstens ansatzweise zu erschließen.

5. *Die Symboldidaktik sollte bei Taufe und Abendmahl Gemeinde und Schule als je spezifische Lernorte in ihrer Reflexion berücksichtigen.*
Wenn in Lernprozessen die Fähigkeiten der symbolischen Wahrnehmung und des symbolischen Ausdrucks gefördert werden und Wirklichkeit mit Hilfe von Symbolen erschlossen und gedeutet werden, kommt das zugleich dem Verstehen der Grundrituale zugute[120]. Bei diesem Verstehensprozeß kommen die spezifischen Möglichkeiten und Grenzen der jeweiligen Lernorte zur Geltung. Die *Verstehensbewegungen* in den Lernorten Schule und Gemeinde verlaufen *komplementär zueinander.* Im *Religionsunterricht* setzen die vorliegenden Unterrichtsversuche bei den Erfahrungen der SchülerInnen mit »Brot/Mahl« bzw. »Wasser« ein und erproben durch einen kreativen symbolischen Umgang, ob diese Phänomene für die Betroffenen zu Symbolen *werden.* Sie können diese Symbole in biblischen und literarischen Texten und Darstellungen der bildenden Kunst entdekken und ihren Bedeutungsreichtum ermessen. Vielleicht kann der Religionslehrer in Kooperation mit dem Kunst- oder Deutschlehrer (bzw. im epochalen Unterricht) den Themen »Essen« und »Trinken« bzw. »Abendmahl« in Religion, Literatur und Kunst intensiv nachgehen[121]. Da in einem Symbolzusammenhang ein Symbol auf das andere verweist, wäre es aus didaktischen Gründen völlig unverständlich, wenn die Beziehung zu Abendmahl und Taufe, auf die die Jugendlichen - wie die Versuche zeigen - von sich aus stoßen, nicht ausdrücklich thematisiert, sondern diese Aufgabe einerseits dem Konfirmandenunterricht, andererseits dem Kunst- oder Deutschunterricht überlassen würde.
Für einen erfahrungsdidaktischen Ansatz versteht es sich von selbst, daß man nicht *über* Mahlzeiten redet, sondern ein Friedensmahl oder ein ökologisches Mahl miteinander feiert. Der rituelle Vollzug selbst bleibt jedoch - sieht man von Wochenendfreizeiten, Schulgottesdiensten oder Erkundungen ab - außerhalb schulischer Möglichkeiten. Der Unterricht weist gleichsam auf ihn über sich selbst hinaus.
Der *Konfirmandenunterricht* findet dagegen an einem Lernort statt, an dem Taufe und Abendmahl als Feier des einen Sakraments des Glaubens begangen werden. Diese Feiern stellen überraschende Unterbrechungen des Alltagshandelns dar, ohne den Bezug zum Sättigungs- und Reinigungsvorgang aufzugeben; die Dialektik von Vertrautheit und Verfremdung bildet ein fruchtbares didaktisches Moment. Im Konfirmandenun-

119 Die Opferthematik wurde oben (S. 38ff) im Anschluß an *Baders* »Symbolik des Todes Jesu« erörtert.

120 Vgl. *Emeis,* Sakramentenkatechese, 28.

121 Vgl. die Themenhefte »Abendmahl« (Heft 115/1987) und »Essen und Trinken« (Heft 149/1991) der Zeitschrift »Kunst + Unterricht«.

terricht werden die Jugendlichen (nach einer Zeit der Vorbereitung) zu einem Tauf- oder Abendmahlsgottesdienst eingeladen; sie erschließen die innere Bauform dieser Grundrituale durch aktive Mitgestaltung. In diesem Verweisungszusammenhang können die Symbole durch Mitvollzug erschlossen werden. Ihm wird in Lernprozessen weiter nachgegangen. *Anthropologische Analogien* werden aufgedeckt. In den Zeichenhandlungen geht es in anthropologischer Perspektive darum, dem Leben Gestalt zu verleihen, das Leben mit neuen Augen sehen zu lernen, die Erfahrung der Fragmentarizität und Begrenztheit unseres Lebens zu verarbeiten, das Leben als angenommenes Leben zu empfangen, entsprechende Vorerfahrungen zu erinnern, Hoffnung, die der Wirklichkeit standhält, zu stärken, Wegzeichen und Weggefährten zu gewinnen[122].
Gerade Jugendliche fragen bei ihrer Suche nach neuen Lebensformen nach Wegzeichen und Geleit. Taufe und Abendmahl können sich als solche »Wegzeichen« erweisen, die dem Leben Orientierung, Geleit und Gestalt verheißen. Von den symbolischen Zeichenhandlungen her erscheinen unsere Erfahrungen in einem neuen Licht. Der Konfirmandenunterricht wird den genannten anthropologischen Perspektiven nur anhand weniger exemplarischer Situationen nachgehen können. Er berührt sich bei dieser Aufgabe mit der Verstehensbewegung, der der Religionsunterricht folgt, und ergänzt sie.

4.3 *Religionspädagogische Probleme der Taufe*

Grundsätzlich gelten die am Beispiel des Abendmahls entwickelten hermeneutischen und diaktischen Grundsätze auch für die Taufe. Auch im Hinblick auf die Taufe gilt – um nur einen Gesichtspunkt zu nennen –, daß nicht das Element Wasser *verwandelt* wird, sondern der mit Wasser Getaufte, und zwar nicht nur in dem einmaligen rituellen Vorgang, sondern in einem lebenslangen Prozeß. Darüber hinaus entstehen jedoch vor allem aus dem Brauch der Säuglingstaufe spezifische religionspädagogische Probleme. Insbesondere sind folgende Sachverhalte zu erörtern:
– (1) Bei der Säuglingstaufe sind – anders als beim Abendmahl – die KonfirmandInnen auf teilnehmende Beobachtung angewiesen; eine Ausnahme bildet die Taufe von KonfirmandInnen für die unmittelbar Betroffenen;
– (2) angesichts der besonderen Problematik des volkskirchlichen Brauchs der Säuglingstaufe sind Pfarrer und Lehrer herausgefordert, eine elementare Tauf*lehre* zu vermitteln;
– (3) die Säuglingstaufe macht es erforderlich, Eltern und Paten in das Tauf-

122 Vgl. *Feifel*, Sakrament, 272f.

geschehen einzubeziehen; die Interpretation des Taufgeschehens muß ihr Dabeisein umfassen.

1. *Kinder und Jugendliche können als Mitfeiernde des Tauf-(Erinnerungs-)Festes spielend Erfahrungen mit diesem Grundritual machen.*
Wie die Beschreibung einer urchristlichen Taufe in Korinth (M 22) zeigt, muß dieses Ereignis für die Betroffenen ein eindrückliches Erlebnis gewesen sein. Angesichts der (noch) vorherrschenden Praxis der Säuglingstaufe[123] können die Jugendlichen bei der Taufe nur zuschauen. W. Neidhart formuliert daher als These: »Das Zuschauen bei der Taufe von anderen ersetzt nicht, was ein Täufling bei seiner eigenen Taufe erlebt oder erleben könnte, wenn er nicht ein Säugling wäre . . . Selbst die Taufe eines Mitkonfirmanden, an der die ganze Gruppe mit einem eigenen Beitrag teilnimmt, schafft es nicht, die eigene Taufe zu einer für sie wichtigen Erfahrung zu machen.«[124]
Schon angesichts der Möglichkeiten zur Mitgestaltung eines Taufgottesdienstes für einen Säugling scheint uns die Skepsis Neidharts überzogen zu sein. Es gibt gute theologische und pädagogische Gründe dafür, Kinder erst in dem Alter zu taufen, in dem sie ihre eigene Taufe bewußt mitfeiern können.[125] Angesichts der oben dokumentierten Mitgestaltungsmöglichkeiten – Wasserprozession mit Krügen, Tanz um das Taufbecken, Liedbeiträge, Übernahme liturgischer Elemente, Taufpredigt unter Berücksichtigung der Einsichten von KonfirmandInnen (vgl. S. 166ff) – kann jedoch kein Zweifel daran bestehen, daß die Freude des Mitfeierns einen *erfahrungsnahen* Umgang mit diesem Ritual ermöglicht und damit einen angemessenen Zugang zum Verstehen der Taufe schafft.
Wird in der Taufe (wie im Abendmahl) Jesus Christus als das eine Sakrament durch die an ihn glaubende und sich zu ihm bekennende Gemeinde gefeiert, dann versteht es sich von selbst, daß die Gemeinde gerade junge ChristInnen zu dieser Feier einlädt und sie um aktive Mitwirkung bittet. Das Taufgeschehen bezieht alle Mitfeiernden ein; insofern bleibt die Mitgestaltung dem rituellen Vollzug nicht äußerlich.
Die Einmaligkeit der Taufe gründet nicht in dem Ja des Getauften, sondern in dem Ja Gottes zum Getauften und *betrifft* als grundlegendes Anfangsgeschehen *das Leben als ganzes*; denn es bedarf einer immer wieder zur Taufe zurückkehrenden Bejahung der Verheißung[126]. Die Taufe *erinnert die Mitfeiernden*, die selbst durch die leiblich vollzogene symbolische Handlung

123 Schon 1984 wurde EKD-weit 7% aller Taufen als Konfirmandentaufen vollzogen; vgl. *Chr. Grethlein,* Taufe von Konfirmanden, ku-praxis 24: Taufendes Handeln der Gemeinde, Gütersloh 1986, 20–26, hier: 20.

124 *W. Neidhart,* Die Behandlung der Taufe im KU. Anfragen an die traditionelle Tauflehre, ku-praxis 24 (s.o. Anm. 123), 16–20, hier: 17.

125 Vgl. *H. Schröer,* Die Taufe als religionsdidaktischer Fundus, EvErz 40 (1988) 167–184, hier: 171.

126 Vgl. *Ebeling,* Dogmatik III (s.o. S. 25, Anm. 44), 326.

in den »Leib Christi«, in den Machtbereich seiner Herrschaft einbezogen und zur Freiheit berufen wurden, *an ihre eigene Taufe*, daran, daß durch die Mitteilung des Geistes ein Gleichzeitigwerden von Tod und Auferstehung Jesu Christi mit ihrem Leben wirksam wird[127].
Die Taufe ist also – anders als das auf Wiederholung angelegte Abendmahl[128] – eine einmalige Handlung, die durch Erinnerung immer wieder in das Bewußtsein eingeholt werden will. »Der Vollzug der *Taufe* verlangt danach, daß die *Tauferinnerung* im Leben der Gemeinde einen festen Platz hat.«[129]
Das vor allem an *Rettung* und *Umkehr* orientierte Verständnis der christlichen Taufe gerät in einen unauflösbaren Widerspruch zum Brauch der Säuglingstaufe, wenn die Taufe als isolierter Akt aufgefaßt wird. Die Taufe als einmaliger Akt muß in den Lebensvollzug und in den Vollzug des Gemeindeaufbaus integriert werden. Daher sind Taufe und Tauferinnerung gleichursprünglich miteinander zu verbinden: Jede Taufe erinnert uns an unsere eigene Taufe[130]. Durch die Mitgestaltung von Taufgottesdiensten werden die als Säuglinge getauften KonfirmandInnen an ihre eigene Taufe erinnert. Die Motivation, die durch diese Mitgestaltung geweckt wird, kann wirksam bleiben, wenn die in Liturgie, Taufhandlung und Predigt enthaltene Theologie in Lernprozessen entfaltet wird. Die Vorbereitung der Tauffeier ist projektbezogen; sie versucht nicht die Taufe vorweg durch verbale Erklärungen verständlich zu machen. Die *Taufe von MitkonfirmandInnen* als Abschluß des ersten Teils des Konfirmandenunterrichts ermöglicht es, durch die Taufpredigt und den Unterricht die Notwendigkeit von Säuglings- *und* Mündigentaufen theologisch verständlich zu machen. Didaktisch gesehen schafft die Taufe von MitkonfirmandInnen für das Projekt »Wir gestalten einen Taufgottesdienst« noch günstigere Ausgangsbedingungen[131].
Die *Förderung des Taufbewußtseins durch Tauferinnerung* ist eine (praktisch-theologische) Grundaufgabe, die sich nicht nur angesichts des besonderen Problems der Säuglingstaufe stellt, sondern ebenso die Praxis der Mündigentaufe betrifft. Die Realisierung dieser Grundaufgabe erfordert einmal die Einrichtung von *Tauferinnerungsgottesdiensten* aus wiederholbaren Anlässen. Der Ort der Tauferinnerung ist in erster Linie der Taufgottesdienst selbst. Zu festen Taufzeiten – sie bestanden für die alte Christen-

127 Vgl. 1Kor 12,13; 6,11; Röm 6,3ff. Zuspruch der Sündenvergebung, Übereignung des Getauften in den Herrschaftsbereich Jesu und die Verleihung des Heiligen Geistes sind die drei konstitutiven Elemente der urchristlichen Taufe, die Paulus in verschiedene Richtungen weiterentwickelt hat: Eingliederung in den Leib Christi, Vermittlung der Sohnschaft, Mitsterben und Mitauferstehen mit Christus.
128 Das Abendmahl ist daher auf die Einmaligkeit der Taufe bezogen.
129 *W. Huber / G. Liedke*, Was nützt meinem Kind die Taufe?, in: Themenstudien für Predigtpraxis und Gemeindearbeit, Bd. 4, Stuttgart 1980, 121–135, hier: 128.
130 Vgl. ebd., 129.
131 Vgl. zum Problem insgesamt *Grethlein*, Taufe, 20–26.

heit zu Ostern, Pfingsten und Epiphanias - könnten Säuglinge, Konfirmanden und andere mündige Taufbewerber gemeinsam getauft und das Taufgedächtnis begangen werden. Die Tauferinnerung hatte in der *Feier der Osternacht* ihren besonderen liturgischen Ort[132]. Auch das jährlich wiederkehrende Gemeindefest könnte als Tauffest gefeiert werden.

E. Richter dokumentiert einen *Familiengottesdienst*, der aus Anlaß des Taufgedächtnisses besonders gestaltet wurde; es wurden ein Säugling und drei Konfirmanden getauft, 18 Kinder hatten sich nach einer Einladung zum Taufgedächtnis gemeldet[133].
J. Opp erläutert vier Vorschläge, die Taufe in Erinnerung zu bringen, u.a. die Feier des Taufgedächtnisses und der Taufe von Konfirmanden sowie das Taufgedächtnis für alle Getauften des letzten Jahres[134].
Chr. Köhler berichtet von einem Taufgedächtnisgottesdienst für junge Erwachsene, bei dem die Symbole »Feuer/Licht« und »Wasser« im Mittelpunkt stehen (die Elemente Feuer und Wasser werden zum Taufstein getragen)[135].
Es werden jeweils die praktischen Voraussetzungen, die Chancen und die Schwierigkeiten beschrieben; die Modelle haben anregenden Charakter für die Praxis des Gemeindeaufbaus.

Die genannte Grundaufgabe hat jedoch *zweitens* Bedeutung für die religionspädagogische Arbeit im *Kindergarten*[136] und in der *Grundschule*. Da für viele Kinder der Religionsunterricht die einzige institutionalisierte Möglichkeit darstellt, mit Riten, Symbolen und zentralen Inhalten der christlichen Religion bekannt bzw. vertraut zu werden, ist die (Grund-) Schule für Taufgedächtnis und Taufgeleit ein wichtiger Lernort.
E. Herwerth u.a. berichten von einem gelungenen Unterrichtsversuch in einer 2. Klasse, der das *Ziel* hatte, die SchülerInnen an ihre Taufe zu erinnern und ihnen etwas von ihrer Bedeutung erfahrbar zu machen. Der Unterricht wurde vorbereitet durch einen Lerngang in eine Kirche und zu ihrem Taufstein sowie durch die Aufgabe, sich bei den Eltern nach Tauftag, Taufpaten und Taufkirche zu erkundigen (Elternbrief). Während des Unterrichts gestalten die Kinder ihr »Tauf-Gedenkblatt«, hören von der Bedeutung der Taufe, stellen ein entsprechendes Arbeitsblatt her und schmücken es aus. Den Höhepunkt der Unterrichtssequenz, die der Klasse auch die Möglichkeit zum Besuch eines Taufgottesdienstes bot, stellte die Feier des *Tauferinnerungsfestes* dar. Tische wurden festlich geschmückt, es wird ge-

132 Vgl. »Osternachtsfeier: ein Anlaß zur Tauferinnerung«, in: *Chr. Lienemann-Perrin* (Hg.), Taufe und Kirchenzugehörigkeit, München 1983, 483-487.

133 Taufe und Taufgedächtnis in einem Familiengottesdienst, ku-praxis 24 (s.o. Anm. 123), 86-90.

134 Taufen allein tut's freilich nicht, ebd., 91-93.

135 Taufgedächtnis - Gottesdienst mit jungen Erwachsenen, ebd., 93-96.

136 Vgl. *H. Bewersdorff*, Tauffeier im Kindergarten, ebd., 77-85. Vgl. den Erfahrungsbericht über die Vorbereitung und den Ablauf eines *Taufgottesdienstes für ältere Kinder*, in: *Lienemann-Perrin* (Hg.), Taufe, 478-483. Werden heranwachsende Kinder getauft, *wird die Taufe zum Spiel.* Sie verarbeiten ihr Erlebnis dadurch, daß sie Puppen und Teddies taufen. Die Verkündigung wird vor allem an Mt 19,13-15 orientiert: Jesus ist dein Freund; du brauchst keine Angst zu haben; du gehörst dazu. Auch dieser Sachverhalt zeigt, daß die Gemeinde neben der Taufe von Säuglingen und Kindern auf die Taufe von Erwachsenen angewiesen ist.

sungen, gemeinsam gegessen, die Kinder nennen ihr Taufdatum und ihre Taufkirche, eine Erzählung wird gelesen oder ein Rollenspiel dargestellt; jedes Kind erhält ein Foto mit dem Taufstein und den Taufgeräten, das auf das Gedenkblatt geklebt wird[137].
Ein weiterer Untersuchungsvorschlag für das 1.–4. Schuljahr, der sich auf die mit der Taufhandlung verbundenen Symbole »Wasser«, »Kreuz«, »Licht« und »Kleid« konzentriert[138], zeigt, daß die gängige Praxis, die Erstbegegnung mit der Taufe dem Konfirmandenunterricht vorzubehalten, schrittweise überwunden werden kann.

2. *Ansätze zu einer Tauflehre können aus dem mitfeiernden Umgang mit der Taufe und aus einem erfahrungsnahen Umgang mit dem Symbol »Wasser« durch elementare Reflexion entwickelt werden.*
Mit der (Missions-)Taufe sind vom Ursprung her stärker lehrhafte Elemente verbunden als mit dem Abendmahl[139]. »Für die Alte Kirche war der vorangehende Taufunterricht so grundlegend, daß sich ein besonderer Katechumenenstand bildete.«[140] Der Brauch der Säuglingstaufe macht Konfirmandenunericht als nachgeholten Taufunterricht erforderlich. Die Taufe ist daher ein zentrales Thema dieses Unterrichts. Die aktive Mitgestaltung der symbolischen Zeichenhandlung kann zum Verstehen des Taufgeschehens führen, weil die Handlung das Taufgeschehen interpretiert. Folgen wir im Unterricht nach-denkend der Handlung, wird eine Verknüpfung des Unterrichts mit der Liturgie erreicht. Bei der Formulierung eigener Texte und Liedbeiträge sowie von Wünschen für den Täufling wird die Lebens- und Lerngeschichte der KonfirmandInnen mit der Liturgie verschränkt. Wir erwarten eine noch stärkere *Verknüpfung des Unterrichts mit der Lebensgeschichte* Jugendlicher durch einen erfahrungs- und handlungsbezogenen *Umgang mit den Symbolen,* die mit der Taufhandlung verbunden sind. Für den Lernort Schule markiert dieser Gesichtspunkt die wichtigste Zugangsweise zum Verstehen der Taufe.

Wir müssen uns im Hinblick auf diese These mit *zwei Einwänden* auseinandersetzen. H. Schröer hat zu Recht darauf hingewiesen, daß die Taufe auch bei den Themen Rassismus und Menschenrechte, Identität und Gemeinschaft, neues Leben und Ethik, Berufung des »Laien« im Alltag bzw. Spiritualität zur Sprache kommen sollte[141]. Wenn wir die Taufe aus-

137 Taufe - ein uns wichtiges Thema, Entwurf 3/1991, Themenheft Symboldidaktik II, 20–25.

138 Vgl. *A. Krautter u.a.,* Ich bin getauft, ebd., 25–35; s. auch *H.K. Berg,* »Ich bin getauft«. Unterrichtsvorschlag für die 5.–7. Klasse, ru 12 (1982) 121–123. Vgl. *K. Buggle / Th. Hautli,* Einübung in die Symbolhaftigkeit von Wasser und Licht am Beispiel des Sakraments »Taufe« (Vorschlag für die Grundschule), ru 14 (1984) 156–159.

139 Dieser Sachverhalt hängt auch damit zusammen, daß das Abendmahl auf den einmaligen Akt der Taufe bezogen bleibt; es ist das wiederholte Bekenntnis zu dem, was in der Taufe verheißen ist und im Taufunterricht entfaltet wurde.

140 *G. Barth,* Taufe auf den Namen Jesu, EvErz 40 (1988) 124–136, hier: 133 (Lit.).

141 Vgl. *Schröer,* Taufe, 183.

schließlich im Zusammenhang von Ritus und Symbol erörtern, so ist das in dem hier gewählten Ansatz begründet.
U. Früchtel hat bei ihrer Unterrichtseinheit zum Thema Taufe bewußt auf Assoziationen zum Thema Wasser verzichtet, weil das Element Wasser ambivalent sei, bei der Taufe aber nur positiv verwendet werde[142]. Dieser Einwand wirft die grundsätzliche Frage auf, ob das Symbol »Wasser« einen sachgemäßen Zugang zum Verständnis der Taufe ermöglicht.

(1) Für die Hermeneutik und Didaktik der Taufe gilt - wie für das Abendmahl - der Grundsatz, daß die Taufe nicht von dem alltäglichen und symbolischen Umgang mit dem Wasser sowie gegenüber entsprechenden rituellen Akten in anderen Religionen zu isolieren ist. Das Wasser erhält einen die natürlichen und symbolischen Bedeutungen sprengenden, neuen Sinn, wenn es in der Taufe auf den Tod und die Auferstehung Jesu Christi bezogen wird. Die natürliche und symbolische Bedeutung des Wassers bleibt aber die *Verstehensvoraussetzung* für die neue Bedeutung des Taufwassers. Angesichts unseres rationalen Umgangs mit dem Wasser als Ding (H_2O) ist es didaktisch erforderlich, diese Verstehensvoraussetzungen auch eigens zu entfalten. *Die den Menschen betreffende Bedeutung von Wasser* (als belebendes und heilendes Element, als Gefahr, als Medium der Reinigung, als Symbol von Aufbruch und Neuanfang, als Inbegriff von Klarheit usw.) *sollte wahrgenommen werden, um die »Umstiftung« des zunächst gegebenen Symbolsinns im Taufgeschehen verstehen zu können*[143].

C.H. Ratschow weist in einem *religionsgeschichtlichen Vergleich* auf, daß uns in anderen Religionen Taufhandlungen begegnen, die dem christlichen Taufgeschehen auf frappierende Weise gleichen; sie werden mit Wasser und Wort vollzogen und führen den Menschen zur Wiedergeburt aus dem Tode, zur Sündenreinheit aus der Schuld und in den Dämonenschutz hinein[144]. Daraus ergibt sich die Herausforderung, die christliche Taufe mit den Taufen anderer Religionen analog zu interpretieren und die unverwechselbare Eigenart der christlichen Taufe zu gewinnen und darzustellen[145].
In diesem religionsgeschichtlichen Zusammenhang wird erkennbar, daß dem Wasser Qualitäten als Wirkungsweisen zugeschrieben werden, die es als Tauf-Wasser ausdrücklich geeignet machen. Die Christen der Alten Kirche haben sich dieser Einsichten bedient und sie für ihr Taufverständnis fruchtbar gemacht. Wenn wir das Wasser ausschließlich als H_2O betrachten, können wir einem Wasserritus nur distanziert gegenüberstehen. Fischer und Seeleute wissen heute noch von der tiefen Lebensabhängigkeit vom Wasser als einer eigenen Gewalt, die nicht einfach überschaubar und benutzbar ist. »Dies Wasser ist kein ›Ding‹. Emil Nolde z.B. zeigt von diesem Wasser viel auf seinen Bildern. Dieses Wasser ist stets überraschend neuartig. Es ist lebendig, denn es steht im Kontakt zu Situationen, in denen es immer wieder andersartig wirkt. Dieses Wasser ist das Wasser der vielen Geschichten, in denen es den so

142 Vgl. *U. Früchtel*, Auf dem Weg, Göttingen ²1986, 65. Das Wasser spielt auch abgesehen von symboldidaktischen Erwägungen in anderen Unterrichtsentwürfen und Gottesdiensten eine wichtige Rolle. Vgl. z.B. *Lienemann-Perrin* (Hg.), Taufe, 463f; *D.* und *Th. Wrensch,* Taufen im Familiengottesdienst, ku-praxis 24 (s.o. Anm. 123), 61-65.
143 *U. Kühn*, Sakramente (HST 11), Gütersloh 1985, 242 bezeichnet den Vorgang als *»Umstiftung«*, den wir (vgl. oben S. 26.55) *»christologische Brechung«* genannt haben.
144 Vgl. *C.H. Ratschow,* Die eine christliche Taufe, Gütersloh ³1983, 135.
145 Vgl. ebd., 137.

und so segnete, den aber so und so vernichtete. Dieses Wasser der Geschichten, in die wir verstrickt sind, ist das lebendige Wasser.«[146]

In ähnlicher Weise rechneten die Religionen mit dem Wasser als einem lebendigen Gegenüber, das seinen Charakter im Verhältnis zu bestimmten Situationen hat. Wir heben nur die Aspekte hervor, die es als Taufwasser besonders geeignet erscheinen lassen. Das Wasser vermittelt den Eindruck des Lebendigen, sich ständig Verwandelnden. »Die Erfahrung des Wassers als Verwandlung und Möglichkeit ist entscheidend«; sie macht einleuchtend, daß das Wasser kultisch und sittlich rein macht[147]. Der Grundvorgang der Reinigung hat jedoch über die natürliche Bedeutung für das Wohlbefinden des Menschen hinaus bereits eine symbolische Bedeutung. Der erste Sinn der leibhaften Wasserberührung verweist auf den zweiten Sinn der Sündenreinigung. Durch die Bewegung vom ersten zum zweiten Sinn bringt das Symbol diese Ähnlichkeit hervor; aber der zweite Sinn wohnt dem ersten Sinn gewissermaßen inne. Es besteht nämlich *ein nichtwillkürliches Band* zwischen der reinigenden Gewalt des Wassers und der Reinigung von Sünde oder ähnlichem[148]. Das Wasser in der Taufe kann daher nicht beliebig durch andere Elemente ersetzt werden. Darüber hinaus kann das Wasser als die verwandelnde Macht den ambivalenten Vorgang von Tod und Leben repräsentieren. Das Eintauchen in das Wasser repräsentiert den Tod, das Wiederauftauchen die Wiedergeburt. »Mit dem Wasser ist dieser ganze Komplex von Reinigung, Verwandlung und Sterben wie neu ins Leben Hineintreten da. Dieser komplexe Tatbestand entspricht dem, was in und mit der Initiation ins Werk gesetzt werden soll.«[149]
Für die Kirchenväter waren diese mythischen und symbolischen Bedeutungen *in gebrochener, aber anschaulicher Weise* mit dem Taufwasser der christlichen Taufe verbunden. Hinzu kamen die vielen »Wassergeschichten« des Alten Testaments, die sie als *Vorausdarstellungen der Taufe* verstanden – Schöpfung und Sintflut, Durchzug durch das Rote Meer und den Jordan wie die Geschichte von Jona. Die Darstellungen auf vielen mittelalterlichen Taufsteinen lassen sich ohne diese Bezüge nicht verstehen. Sie können aber auch in einem *lutherischen Taufgottesdienst* zur Sprache kommen, wenn die Pastorin bzw. der Pastor beim Eingießen des Taufwassers in das Taufbecken spricht: »Das Wasser, mit dem wir taufen, ist zugleich Zeichen des Todes und des Lebens ... Als Gottes Geist bei der Schöpfung über den Wassern schwebte, nahm alles, was ist, seinen Anfang. In der Sintflut jedoch fand alles Leben ein Ende ... So soll im Wasser der Taufe alles, was uns von Gott trennt, untergehen. Aus dem Wasser der Taufe soll

146 Ebd., 122.
147 Ebd., 118.
148 Vgl. *Ricoeur*, Interpretation (s.o. S. 14, Anm. 9), 44.
149 *Ratschow*, Taufe, 119. Es geht also nicht nur um Reinigung, sondern auch um Abstieg in das Chaos und um Rückkehr in das Leben und seine Erneuerung. Vgl. *Lurker*, Botschaft (s.o. S. 30, Anm. 57), 264.

der neue Mensch auferstehen, der mit Christus lebt.«[150] Für den Weg, den elementaren Zugang zur Taufe durch einen erfahrungs- und handlungsbezogenen Umgang mit dem Symbol »Wasser« zu suchen, sprechen also nicht nur *didaktische* Gründe im Hinblick auf den notwendigen Lebensbezug, sondern auch *hermeneutische* Gründe. Der Zugang zur Taufe ist an Verstehens*voraussetzungen* gebunden, die heute nicht mehr von selbst gegeben sind. Dem Wasser müssen in einem symbolischen Umgang mit ihm in Lernprozessen wieder *mehr Bedeutungen* zugeschrieben werden, als das in unserem alltäglichen Verbrauch von Wasser geschieht, wenn die Beziehungen zwischen Taufe und Wasser aufgedeckt werden sollen.

(2) Hermeneutisch gesehen geht es nicht nur um das Verstehen eines Elements oder Symbols, sondern um den Zugang zu einem Wasser*ritus*. Didaktisch gesehen stellt sich die Frage, ob am Lernort Schule Kinder und Jugendliche *an einem Wasserritus* – analog zum ökologischen Mahl – *präsakramentale* Erfahrungen machen können. Diese Frage ist bei der Taufe schwieriger zu beantworten als beim Mahl. Die nächste neutestamentliche Parallele ist die *Fußwaschung* (Joh 13,1ff); auch hier hat ein Wasserritus eine symbolische Bedeutung, die weit über den wohltuenden Vorgang der Reinigung staubiger Füße hinausreicht. In der Jugendgruppe oder im Kontext einer Freizeit läßt sich eine entsprechende »biblische Aktion« erproben[151]. Im normalen Unterricht eines Gymnasiums wäre die Grenze zum Ulk schnell überschritten – »Oberstudienrat wäscht seinen SchülerInnen nicht den Kopf, sondern die Füße!« So wird zunächst der Bericht über die *Aktion »Celtic«*, die *Joseph Beuys* 1971 in Basel durchgeführt und in Abwandlungen wiederholt hat[152], eingesetzt. Die TeilnehmerInnen eines Religionskurses (11. Jahrgangsstufe) verstehen diese Aktion als Provokation; sie fragen genauer nach dem Sinn der symbolischen Zeichenhandlung bei Johannes und bei Beuys; sie entwickeln Ideen, wie sie selbst eine entsprechende Aktion durchführen können. Im Mittelpunkt der nächsten zweitägigen Blockveranstaltung soll die Feier eines Friedensmahls im Mittelpunkt stehen. Vor Beginn der Mahlzeit können sich die Gäste *gegenseitig die Hände waschen*. Es stehen einige Schüsseln und Krüge mit Wasser bereit. Das Wasser wird langsam in die Schüsseln gegossen, es tropft in die offene Handschale der Beteiligten, wir spüren es, verreiben es; die Arme werden über die Schüsseln gehalten, Wasser fließt langsam darüber; wir gehen vorsichtig mit dem Wasser um, verspritzen nichts; wir spüren und fühlen das Wasser; es wird nicht viel geredet, ein Mensch tut etwas für den anderen. Beide Hände werden nacheinander in das Wasser gehalten, vorsichtig massiert und mit einem weichen Handtuch abgetrocknet. Dann wech-

150 Taufe, Agende für evangelisch-lutherische Kirchen und Gemeinden, Bd. 3, Teil 1, Hannover 1988, 101. Die Ordnung sieht als Anregung weitere Betrachtungen zum Taufwasser vor, teils in Form eines Gebets, teils in Form einer Meditation.

151 *R. Hübner u.a.*, Biblische Geschichten erleben, Offenbach/Freiburg [4]1985, 83–87 berichten von einer Fußwaschung vor einem Gottesdienst.

152 Vgl. Symbol »Wasser«, Lernziel V, 7 und 8; vgl. M 28.

seln die Paare. Während der anschließenden Mahlzeit werden die Erfahrungen ausgetauscht, Joh 13,1–7 gelesen[153], Beziehungen zu den Erfahrungen im Taufgottesdienst erörtert. Es wird von einem Brauch der Versöhnung in einem afrikanischen Dorf erzählt: Zum Zeichen der gegenseitigen Vergebungsbereitschaft waschen sich alle Beteiligten die Hände. Anschließend wird das Wasser weggeschüttet und mit ihm alles, was zum Streit geführt hat[154].

Eine Alternative zur Aktion der Handwaschung ist die *Feier eines Brunnenfestes* (vgl. oben S. 153). Wir schöpfen aus unserem Brunnen sprudelndes (Mineral-)Wasser, reichen dem anderen einen Schluck, trinken, schmekken, erinnern uns an die gestischen Darstellungen aus Joh 4,5–14 (»lebendiges Wasser«, das »Leben quillt«), wir stellen Beziehungen zum *Taufbrunnen* her[155].

(3) Bei der Taufhandlung ist das ins Wort gefaßte *»Wasser«* das entscheidende Symbol; darüber hinaus spielt bei dem Taufgeschehen ein ganzer *Symbolkomplex* eine Rolle: der *»Name«*, das *»Kreuz«*, das *»Licht«* (Taufkerze), das *»Kleid«*, die *»Hände«* (Segen). Wir müssen unsere Frage also erweitern: Ist von einem erfahrungs- und handlungsbezogenen Umgang mit diesem Symbolkomplex ein sachgemäßer Zugang zur Taufe möglich?

Unter der didaktischen Perspektive des Lebensbezugs kommt dem *Symbol des »Namens«*[156], das eng mit der Identitätsproblematik verbunden ist, besondere Bedeutung zu. Bei jeder Taufe wird der *Name des ›Täuflings‹* laut und deutlich genannt; anschließend heißt es: »Ich taufe dich *auf den Namen* des Vaters und des Sohnes und des Heiligen Geistes!«[157] Warum kommt dem Namen bei dem Taufgeschehen eine so zentrale Rolle zu? Um diese Frage zu beantworten, sind elementare Reflexionen auf die Erfahrung von Namengebung und Namennennung erforderlich. Es sollte jedoch auch die *Spannung* erkennbar werden, daß auf den Namen des dreieinigen Gottes getauft, die Taufe aber weithin als Zueignung des dem Kinde zugedachten Namens verstanden wird[158].

Namen sind nicht »Schall und Rauch«, wie sich an vielen Märchen erken-

153 Vgl. die Hinweise auf kreative Methoden zum Umgang mit diesem Text in: *Hübner*, Geschichten, 34ff.105ff.

154 Vgl. *K. Schilling*, Symbole erleben, Stuttgart 1991, 69. Bei Schilling finden sich weitere Anregungen, vgl. 55f.

155 Der Taufstein wird fons (niederdeutsch: Fünte) – *Quelle* genannt; die Symbole »Quelle« und »Lebensbrunnen« verbinden sich mit der Taufe. Vgl. *U. Steffen*, Taufe, Stuttgart 1988, 71.

156 Vgl. *Lurker*, Wörterbuch, 220–222 (Lit.).

157 In urchristlicher Zeit verstand man die Formel »im Namen« bzw. »auf den Namen« als Beauftragung durch Jesus und als Übereignung an Jesus (vgl. *J. Roloff*, Neues Testament [Neukirchener Arbeitsbücher], Neukirchen-Vluyn [4]1985, 230); Luther verstand sie als Auftrag, gelegentlich als Auftrag zur Stellvertretung Gottes (BSLK 692). Anrufung des dreieinigen Namens und Verwendung von Wasser ist konstitutiv für die Taufe.

158 *Huber/Liedke*, Kind, 127 belegen diesen Sachverhalt durch Thomas Manns Schilderung der Taufe im »Gesang vom Kindchen«. Dadurch, daß das Kind den Namen eines Heiligen bekommt, kann die katholische Taufliturgie das Element der Namengebung integrieren.

nen läßt, aber auch daran, daß wir empfindlich reagieren, wenn unser Name vergessen, vertauscht oder verstümmelt wird. Eltern drücken mit dem Namen etwas von den Erwartungen aus, die sie in das Kind setzen. Wir fragen daher (mit Hilfe eines Namenslexikons), was Vornamen bedeuten, und (anhand eines Arbeitsblattes), was mir mein Name bedeutet[159].

Einen Namen haben heißt etwas bedeuten (Ruth 4,14). »Sich einen Namen machen« heißt, sich Geltung zu verschaffen. Wenn Gott den Namen Abrams (Gen 17,5), Sarais (Gen 17,15) und Jakobs (Gen 32,29) ändert, so wird darin ausgedrückt, daß Gott ihre Person mit Beschlag belegt. Auch Saulus erhält nach seiner Bekehrung einen neuen Namen, eine neue Identität, die ihm von Gott her zukommt.
Adam erhält den Auftrag, jedem der Tiere einen Namen zu geben (Gen 2,19f), und Gott vollendet die Schöpfung, indem er jedes der Gestirne mit seinem Namen benennt (Jes 40,26). Wessen Name vergessen wird, dessen »Angedenken« schwindet von der Erde (Hiob 18,17). Darum spricht Jesus zu seinen Jüngern: »Freut euch, daß eure Namen im Himmel aufgezeichnet sind« (Lk 10,20; vgl. Jes 43,1: »Ich habe dich bei deinem Namen gerufen, du bist mein!«). Wer aus der Verfolgung als Sieger hervorgeht, wird »bekleidet werden mit weißen Gewändern« und dessen Name wird nicht aus dem Buch des Lebens ausgetilgt werden (vgl. Apk 3,5).

Jüngere SchülerInnen können ein Namenmobile erstellen, KonfirmandInnen gestalten ihren Namen künstlerisch aus, so daß die Darstellung etwas von dem zum Ausdruck bringt, was sie gerne sein möchten. Mit Hilfe des Symbols des »Namens« läßt sich die Identitätsproblematik Jugendlicher mit der Taufe bzw. der Tauferinnerung sach- und jugendgemäß verschränken.

Das Unterrichtsmodell zum Thema Taufe in *ku-praxis 11* versucht die Verschränkung durch den Zusammenhang mit der Taufe Jesu (»Gott sagt ja zu uns – wie zu seinem Sohn«) zu erreichen[160]. In *U. Früchtels* Unterrichtseinheit »Auf den Weg gebracht worden sein (Taufe)« wird die Identitätsproblematik Jugendlicher (»Meine Taufe sagt mir, wer ich bin«) erörtert, der Gegensatz vom Menschen als Nummer und als Person mit Namen herausgearbeitet, der Bezug zur Taufe aber vor allem über den Gedanken der Gottebenbildlichkeit (Gen 1,26f) gesucht (Jes 43,1.4 wird wenigstens erwähnt)[161].

D. Gerts und *Chr. Witting* haben ein *Bausteinmodell* zur Taufe vorgelegt: Wort (Taufspruch), Wasser, Hände (Segen), Kleid und Licht (Kerze) sind seine Elemente[162]. Bis auf den Namen und das Kreuz werden alle im Taufgeschehen relevanten Symbole berücksichtigt. Der erfahrungs- und handlungsorientierte Ansatz des Modells entspricht den hier entwickelten didaktischen Gesichtspunkten; wir konnten daher an dieser Stelle auf eine ent-

159 Vgl. *F. Sorkale*, »Freut euch, daß eure Namen bei Gott aufgeschrieben sind« (Lk 10,20b), ku-praxis 24 (s.o. Anm. 123), 39–44.
160 Die Taufe. Zehn Gebote. Schuld und Vergebung, Gütersloh ^{2}1985, 4–15, hier: 7ff.
161 Vgl. *Früchtel*, Weg, 69–74, hier: 71.74. Zur Kritik beider Modelle vgl. *Schröer*, Taufe, 176–179.
162 »Im Namen des Vaters ...« – Fünf Bausteine zur Taufe, ku-praxis 24 (s.o. Anm. 123), 45–60.

sprechende Darstellung verzichten[163]. Vor allem die bereits vorliegenden praktischen Erfahrungen belegen, daß durch den symbolischen Umgang mit den genannten Elementen diese Phänomene für die Betroffenen wieder zu Symbolen *werden* und den Bezug zur Liturgie wie zur Lebensgeschichte stiften können. Ein Symbol verweist auf das andere. Durch eine Verkettung verschiedener Gestaltungsformen und Geschichten entsteht keine systematische Tauflehre, wohl aber ein bestimmtes *Erfahrungsmuster*, das für das Taufgeschehen kennzeichnend ist, das probeweise Identifikationen und neue Interpretationen zuläßt. So sind beispielsweise der *Name* und der *Segen* fest mit der Taufliturgie verbunden; diese Symbole ermöglichen zugleich den *Zugang zu den Erwartungen* (Bitte um Segen, Hoffnung auf Verläßlichkeit für den Lebensweg), die heute vor allem im Taufbegehren zum Ausdruck kommen. Sowohl für den Konfirmandenunterricht wie für den Religionsunterricht (vor allem der Sekundarstufen) besteht jedoch die Aufgabe nicht nur darin, durch einen praktischen symbolischen Umgang mit den Symbolen ihren Sinn wahrnehmen zu helfen, sondern ihn in die kritische Reflexion und theologische Urteilsbildung einzuholen.

(4) *Die Reflexion auf den erfahrungsnahen Umgang mit der Taufe und ihren Symbolen ermöglicht die Formulierung eigener »katechismusfähiger Sätze«*[164], die mit Luthers »Kleinem Katechismus« (M 27) oder mit Aussagen von Taufliedern verglichen werden können. Dadurch wird die Erfahrung mit den Symbolen schrittweise in das Licht verstehenden *Erkennens* und theologischer *Urteilsbildung* gerückt[165]. Die Umrisse einer Tauflehre können erkennbar werden. Der Sinn eines solchen Vorgehens besteht nicht darin, die Formulierungen der Jugendlichen als dogmatisch richtig oder falsch zu qualifizieren. Wir fragen vielmehr, wo gegenwärtige und überlieferte Aussagen ins Einverständnis geraten, welche für das Urchristentum und die Reformation konstitutiven Elemente der Taufe nicht in das Verstehen eingeholt werden konnten und daher unberücksichtigt geblieben sind, welche biblischen oder reformatorischen Aussagen unsere Formulierungen steigern, überbieten, radikalisieren können. In einer bestimmten gesellschaftlichen und lebensgeschichtlichen Situation können nicht alle Aspekte der Tauflehre erschlossen werden. Das Erinnern und Verstehen des Taufgeschehens bleibt daher eine lebenslange Aufgabe: »Darümb hat ein iglicher Christen sein Leben lang gnug zu lernen und zu uben an der Taufe; denn er hat immerdar zu schaffen, daß er festiglich gläube, was sie zusagt und bringet . . .«[166]

163 Im Hinblick auf das Symbol »Hand« (Segen) entsprechen auch die methodischen Anregungen denen aus *Biehl u.a.*, Symbole I (vgl. 149ff).

164 Vgl. *F. Krotz*, Was Konfirmanden lernen, PTh 77 (1988) 335–345, hier: 343.

165 Vgl. *Nipkow*, Bildung, 431.

166 *M. Luther*, Großer Katechismus, BSLK 699,27–31.

Als *Vorstufe* zu einem Taufformular, das die Symbolik des Wassers berücksichtigt, formulieren SchülerInnen einer 11. Klasse Sätze, die die Beziehung von Taufe und Wasser zum Ausdruck bringen sollen: »..., daß ich das vorherige Leben abstreife, es in der Materie Wasser praktisch zurücklasse ...«; »..., daß ich das Leben mit Gott anfange«; »..., daß ich mich mit allen Menschen zu einer Gemeinde verbinde ...; damit bin ich gleichzeitig geschützt und geborgen und doch mit allen Menschen gleich vor Gott; ich sündige wie jeder Mensch, aber die Sünde wird mir auch vergeben«; »..., daß der ›alte Mensch stirbt‹ und ein ›neuer‹, mit Gott verbundener Mensch ›geboren‹ wird«; »..., daß Gott/Jesus die Quelle des Lebens ist«.
SchülerInnen einer 9. Realschulklasse formulieren: »..., daß nicht nur Wasser, sondern auch etwas von Gott bei der Taufe dabei ist«; »..., daß das Wasser (wie in der Geschichte von der Samaritanerin) für die lebensspendende Kraft steht«; »..., daß das Wasser das Leben symbolisiert, das Gott dem Kind schenkt«; »..., daß das Wasser die Kraft Gottes symbolisiert, die durch den Heiligen Geist gegeben wird (wie bei der Taufe Jesu im Jordan)«. Die 11. Klasse vergleicht ihre Aussagen mit dem »Kleinen Katechismus«, die 9. Klasse mit den Liedern EKG 152,1–2 (Rambach) und 146,1–5 (Luther), möglich wäre auch EKG 153,1–5.

Durch die Aufgabe, in einem Satz zu formulieren, geht viel von der Kraft symbolischer Sprache wieder verloren – teilweise werden gelernte theologische Formeln verwendet, es kommt jedoch auch das elementare Bedürfnis nach Schutz und Geborgenheit zum Ausdruck. In beiden Klassen besteht große Einigkeit darin, daß wir durch die Taufe in die Gemeinschaft mit Gott bzw. in die Kirche aufgenommen werden (die Spannung zwischen beiden Aussagen wird durchaus erkannt), daß die Sünden vergeben werden und ein neues Leben (neue Geburt!) mit Gott beginnt. Die drei Elemente, die für die urchristliche Taufe konstitutiv sind – Vergebung der Sünden, Aufnahme in die Gemeinschaft Jesu und Geistverleihung –, werden durchaus genannt; der Konfirmandenunterricht liegt noch nicht lange zurück. Darüber hinaus jedoch lassen die zitierten Formulierungen erkennen, daß der Umgang mit dem Symbol »Wasser«, besonders die Erfahrung mit der verwandelnden, Tod und Leben schaffenden Kraft des Wassers, zu neuen Einsichten über die Taufe geführt hat. Die »lehrhaften« Sätze schließen den Lernprozeß nicht ab, sondern werden in die weitere kritische Auseinandersetzung hineingenommen. Sie spielt sich in der 9. Klasse als *Pro-und-Contra-Diskussion über Säuglings- und Mündigentaufe ab.* Sie war der Höhepunkt der Unterrichtseinheit. Es können »Sachverständige« (Pfarrer, andere Lehrer, Eltern, engagierte Gemeindeglieder) eingeladen werden. Die eigenen Aussagen werden im Austausch mit anderen, lebendig dargestellten Positionen besser begründet bzw. modifiziert.

In der 9. Klasse waren beide Positionen ungefähr gleich stark vertreten; die 11. Klasse sprach sich mehrheitlich dafür aus, daß ihre Kinder einmal selbst über ihre Taufe entscheiden sollen. Die 2. EKD-Mitgliedschaftsumfrage hat ergeben, daß 20% der Jugendlichen die Kindertaufe ablehnt; andererseits identifizieren viele die Taufe mit dem Brauch der Säuglingstaufe und halten die Taufe eines Gleichaltrigen für merkwürdig[167].

167 Vgl. *Grethlein*, Taufe, 22.

Folgt man der Argumentation G. Ebelings, daß die schlechthinnige Einmaligkeit der Taufe in dem Ja Gottes zu dem Getauften (nicht aber in dessen Ja) gründet, daß das Taufverständnis daher das genaue Korrelat zum Rechtfertigungsverständnis ist, dann wird der *Zeitpunkt der Taufe relativ gleichgültig*[168]. »Welchen Zeitpunkt man auch wählt, in jedem Fall muß man sich vor der Illusion hüten, daß der Akt der Taufe und das Ja des Getauften zeitlich und sachlich je zur vollen Deckung kommen können.«[169] Die Säuglingstaufe läßt sich *sachlich vertreten*, wenn Gemeinde, Familie, alleinerziehende Mütter oder Väter die Verantwortung wahrzunehmen bereit sind, die sie mit der Taufe übernommen haben. Der Ertrag der Taufdiskussion der 60er Jahre und des Streites um Barths Tauflehre (KD IV/4) kann darin gesehen werden, daß die *These von der Komplementarität der Säuglings- und Mündigentaufe* breite Zustimmung gefunden hat. Die Mündigentaufe ist im theologischen Grundsatz und kirchenrechtlich anerkannt, praktisch vollzieht sie sich in den Gemeinden nur am Rande. Daher kann auch der Religionsunterricht durch eine entsprechende Diskussion dazu beitragen, daß die Taufe von Säuglingen *und* Mündigen in den Gemeinden akzeptiert wird.

3. *Im Taufkatechumenat kann gemeinsam mit Eltern oder mit mündigen Taufbewerbern eine teilnehmer- und situationsbezogene Interpretation des Taufgeschehens versucht werden.*

Es gibt sowohl für das Taufkatechumenat *vor* der Taufe (Taufgespräch) als auch für das Taufkatechumenat *nach* der Taufe (Tauf-Eltern-Seminare) anregende und weiterführende Praxisberichte. In beiden Formen des Katechumenats spielen das *Vorverständnis* von der Taufe (»über die Taufe weiß ich ...«; »die Taufe bedeutet für mich ...«) und die *Motive* des Taufwunsches (»ich lasse mein Kind taufen, weil ...«) eine wichtige Rolle, weil sich die theologische Interpretation auf die Situation und die Teilnehmer einlassen muß. Das Taufkatechumenat spricht die Erfahrungen der Eltern (und Paten) an, deutet sie im Lichte des Evangeliums und erschließt sie für das Taufverständnis. Das *Taufgespräch* führt darüber hinaus in die Liturgie des Taufgottesdienstes ein, das *Taufseminar* nach der Taufe bietet vor allem Hilfen für das Geleit und die Erziehung der Kinder in christlicher Verantwortung.

(1) *Voraussetzungen des Taufkatechumenats*

Die Taufeltern oder Mütter haben eine ganz individuelle Biographie, sie sind aber in einer *vergleichbaren Lebenssituation*; sie haben erfahren, daß ihr Kind geboren und von ihnen angenommen worden und nun auf die Vorgabe ihres Vertrauens und ihrer Liebe angewiesen ist.

Die *Motive des Taufwunsches* sind vielfältig; sie können von den Eltern

168 Vgl. *Ebeling*, Dogmatik III, 326. Auf diese Stelle haben wir uns wiederholt bezogen.
169 *Huber/Liedke*, Kind, 128, vgl. 130.

häufig gar nicht formuliert werden, weil wenig bewußte Erwartungen bestehen. Es lassen sich folgende *Hauptmotive* unterscheiden.
R. Leuenberger hat auf dem Hintergrund der Befragung von Müttern in der Schweiz drei Hauptmotive (kirchenferner) Gemeindeglieder genannt: das Bedürfnis nach religiöser und sozialer *Integration,* das »magische« *Schutzbedürfnis* und die *Brauchtumstreue,* durch die dem Kind die Grundlage für eine spätere eigene Entscheidung gesichert werden soll[170].
Chr. Lienemann-Perrin kommt nach der Auswertung von Erfahrungsberichten zu einer ähnlichen Gliederung. Das Integrations- und Schutzbedürfnis verbindet sich mit Motiven einer *rituellen bzw. festlichen Volksreligion.* Die *rituelle* Volksreligion versucht, Situationen der Not und Gefahr durch den Vollzug von Riten magisch zu bewältigen; den Angstgefühlen entspricht ein religiöses Schutzbedürfnis. Für die *festliche* Volksreligion gewinnt durch die religiöse Begehung des Lebens- und Jahreszyklus das Leben Gestalt und Ordnung; sie zielt darauf, daß das Kind »aufgenommen« wird bei den Menschen, in die Religion/Kirche und bei Gott[171]. Gesellschaftliche und religiöse Motive verschmelzen hier. Die Taufe verschafft dem Kind und der Elternschaft eine gewisse gesellschaftliche Anerkennung. Taufe erscheint als *Integrationsritus;* sie gilt vor allem als Initiation in den erweiterten *Familienkreis.* Für viele Menschen ist daher der eigentliche »Sitz im Leben« der Taufe das Familiensystem, nicht das Kirchensystem[172]. »Im Rahmen einer Familienbiographie gibt die Taufe der Bitte um *Segen* und der Hoffnung auf *Verläßlichkeit* Ausdruck.«[173]
Religionspädagogisch besonders interessant ist der Sachverhalt, daß Lienemann-Perrin die »Brauchtumstreue« vieler Taufeltern als Funktionieren eines *»religiösen Generationsvertrages«* versteht, und zwar in Entsprechung zu einem »ökologischen Generationsvertrag«[174]. Ein Generationsvertrag hat es mit der Weitergabe von Lebens*möglichkeiten* zu tun; dabei ist nicht entscheidend, ob man selbst als Wirklichkeit akzeptiert, was man als Möglichkeit weitergibt. Ein Lebensraum, den man der Arbeit früherer Generationen verdankt, wird so weitergegeben, daß er auch künftigen Generationen Lebensmöglichkeiten bietet. Es werden z.B. Bäume gepflanzt, die erst kommenden Generationen nützlich sein können. So unterstellen die Eltern im Sinne eines religiösen Generationsvertrages ihre Kinder einem Vollzug, dem sie auch unterstellt worden sind[175]. Sie kommen damit einer *Verpflichtung* nach, ohne aus einem expliziten Glauben heraus zu handeln.
In vielen Gemeinden funktioniert dieser Generationsvertrag noch; die

170 Vgl. *R. Leuenberger,* Taufe in der Krise, Stuttgart 1973, 10–14. *Emeis,* Sakramentenkatechese (s.o. Anm. 55), 79 nennt ebenfalls Integration und Schutz/Segen als Hauptmotive.

171 Vgl. *Lienemann-Perrin* (Hg.), Taufe, 69f.

172 Vgl. ebd., 70.

173 *Huber/Liedke,* Kind, 126. Huber/Liedke übernehmen wörtlich die Aussagen von Lienemann-Perrin.

174 Vgl. *Lienemann-Perrin* (Hg.), Taufe, 71.

175 Vgl. ebd.

Taufe wird wie kaum eine andere kirchliche Handlung fraglos akzeptiert; es mehren sich jedoch die Kirchenaustritte, und besonders in Großstädten geht die Selbstverständlichkeit der Säuglingstaufe zurück.

(2) *Unterschiedliche Taufverständnisse*
Angesichts der genannten Motive, die dem Taufwunsch zugrunde liegen können, entstehen *zwei Probleme*: Wie läßt sich die kirchliche Deutung der Taufe, die auf das Neue Testament und die Bekenntnisschriften zurückgeht und vor allem auf *Rettung, Umkehr* und *Herrschaftswechsel* zielt, mit dem Bedürfnis nach *Integration, Schutz* und *Segen* in Verbindung bringen? Und wie läßt sich die Rolle der Eltern bzw. Mütter und Väter im Taufgeschehen bestimmen? Die zweite Frage hängt mit der ersten eng zusammen; denn im Neuen Testament geht der Glaube der Taufe voraus, fordert sie allerdings auch. Läßt sich von einem *stellvertretenden Glauben* der Eltern und Paten sprechen?
Luther hatte angesichts dieses Problems in den Jahren 1520/21 zunächst erklärt, daß die Kinder auf den Glauben und das Bekenntnis der Paten hin getauft werden; sie antworten an Stelle des Täuflings auf die Frage, ob er glaube. So spricht Luther in De captivitate Babylonica von einem »fremden Glauben« derer, die die Kinder zur Taufe bringen[176].
1522 hat Luther diesen Gedanken wieder aufgegeben zugunsten der Annahme eines *Kinderglaubens*: Bei der Taufe glauben die unmündigen Kinder (vgl. WA 17 II, 19ff; 81, 3,17). Luther schließt aus der Einsetzung und Gültigkeit der Kindertaufe auf den Glauben des Kindes. Weil die Kinder ohne Vernunft sind, sind sie besser zum Glauben geschickt als die Alten und Vernünftigen (vgl. WA 17 II, 84,33; 85,8). Darum bedürfen sie nicht des Glaubens der Erwachsenen, sondern diese brauchen den Glauben der Kinder. Luthers *Lehre vom Kinderglauben* hat Entwicklungen durchgemacht.[177]
1529 im *Großen Katechismus* hält er zwar noch am Gedanken des Kinderglaubens fest, aber er klammert ihn ein. Bei der Taufe ist nicht entscheidend, ob der Täufling glaubt, denn darum wird die Taufe nicht unrecht. »Wenn das Wort bei dem Wasser ist, so ist die Taufe recht, obschön der Glaube nicht dazu kömmpt; denn mein Glaube machet nicht die Taufe, sondern empfähet die Taufe« (BSLK 701,39–42).
Der rechtfertigende Glaube ist *reines Empfangen* als Grund der Möglichkeit für das rettende Handeln Gottes am Menschen. Insofern besteht eine Entsprechung zum Glauben der Kinder. Der Charakter des Empfangens steht aber in dialektischer Spannung zum Antwortcharakter des Glaubens.

176 Vgl. Clem I, 472,34f; WA 6, 538,7. Vgl. Grund und Ursache aller Artikel (1521), Clem II, 67,1–4; WA 7, 321,15.

177 Vgl. zu den einzelnen Stadien *Althaus*, Die Theologie Martin Luthers (s. o. S. 24, Anm. 38), 312–315. Vgl. auch *P. Brunner*, Die evangelisch-lutherische Lehre von der Taufe, in: *ders.*, Pro Ecclesia, Berlin/Hamburg 1962, 138–182, hier: 158–160. Vgl. zur Entwicklung der Tauflehre insgesamt: *W. Jetter*, Die Taufe beim jungen Luther (BHTh 18), Tübingen 1954. Vgl. zu Luthers Sicht der Kindheit: *F. Schweitzer*, Die Religion des Kindes, Gütersloh 1992, 45ff.

Intensive Passivität und extensive Aktivität sind im Glauben aufeinander bezogen. Daher hat es Konsequenzen für das Glaubensverständnis, wenn am Beispiel des Kinderglaubens das passive Moment einseitig hervorgehoben wird. Anthropologisch gesehen kann die Bedeutung des Grundvertrauens in der frühen Kindheit für die Entwicklung des Glaubens nicht hoch genug eingeschätzt werden; gleichwohl ist es noch ein weiter Weg zu jener Erfahrung (mit aller Erfahrung), die man als Glauben bezeichnen kann. Luther denkt über die Taufe fast ausschließlich unter dem Gesichtspunkt des Handelns Gottes an dem *einzelnen* Täufling nach. Dieses Handeln muß jedoch theologisch als ein Handeln in, mit und unter dem Handeln der *Gemeinde der Glaubenden* beschrieben werden. Die Gemeinde als Raum des »Mit-Glaubens« der Kinder[178] trägt die Verantwortung für die Taufe von Säuglingen. In diesen Raum sind Eltern und Paten mit einbezogen. Die Eltern sind die natürlichen Stellvertreter des Kindes. Diese Stellvertretung bezieht sich aber nur auf den Wunsch der Eltern, daß das Kind getauft wird, nicht auf den Glauben. Die Gemeinde nimmt an Stelle des Willens des Kindes den Wunsch der Eltern an und bringt ihn vor Gott in der Einsicht, daß die Taufe Verheißung ist[179]. Eltern und Paten treten also an die Stelle des erwachsenen Taufbewerbers. Damit fällen sie auch eine Entscheidung über sich selbst. »Indem sie ihr Kind zu einem Empfänger der Liebe Gottes erklären, lassen sie sich als Träger der Liebe Gottes behaften. Von jetzt an sind sie dem Kind nicht nur die natürlichen Eltern, sondern Statthalter der Vaterschaft Gottes.«[180] Insofern muß das Taufkatechumenat die Situation der Eltern verarbeiten und ihre Rolle zum Gegenstand der Reflexion machen.

Die Kinder sind lebensnotwendig auf die Liebe der Eltern angewiesen. Die sog. natürliche Elternliebe ist *ambivalent.* Um die Liebe der Mutter bzw. der Eltern nicht zu verlieren, muß das Kind sich an ihre Wünsche und Bedürfnisse *anpassen* und dabei oft bestimmte eigene (unerwünschte) Gefühle von seinem Selbst abspalten. Die Folge kann sein, daß in der Kindheit und später bestimmte eigene Gefühle (wie z.B. Ohnmacht, Scham, Neid, Eifersucht, Verlassenheit), die auch zu einem authentischen Leben gehören, nicht bewußt erlebt werden. Das Kind muß also schon etwas leisten, um sich Liebe, Zuwendung und Verständnis der Eltern zu »verdienen«. Darüber hinaus stellt das Kind für die Eltern einen sozialen Wert dar, so daß sie in der Gefahr stehen, das Kind an sich zu binden und die eigenen Wünsche auf das Kind zu projizieren (»mein Sohn soll es einmal weiter bringen als wir«). Diese Ambivalenz der Elternliebe und ihre verborgene Machtstruktur können aufgedeckt werden. Die natürliche Elternliebe bedarf der frei gewählten *Begrenzung.* Das Patenamt symbolisiert die Macht-

178 Vgl. *Kühn,* Sakramente, 45, vgl. 44. Wir folgen damit stärker der Linie, die durch die Aussagen Luthers aus den Jahren 1520/21 markiert wird.

179 Vgl. *Ratschow,* Taufe, 236.

180 *Leuenberger,* Taufe, 93.

begrenzung der Eltern gegenüber dem Kind. »Der äußerste theologische Sinn der Taufe ist der, daß Eltern ihr Kind Gott übergeben: also darauf verzichten, über das Kind als ihren Besitz eigenmächtig zu verfügen.«[181]
Das, was dem Kind in der Mutter- bzw. Elternliebe nur eingeschränkt, durchmischt mit anderen Motiven zuteil wird, das *empfängt* es in der Taufe wirklich *vorbehaltlos* und *umfassend*, das wird ihm von Gott her *rein* und *radikal* zuteil. Die Elternliebe wird als Gleichnis für die Gottesliebe in Anspruch genommen; dieser Vorgang besagt zugleich etwas für die Elternliebe. Die Zuwendung Gottes in der Taufe zum Kind begrenzt die elterliche Liebe und bringt zugleich einen Komparativ in die Liebe, sie kann eine veränderte Gestalt gewinnen, sich *verwandeln*. Die Eltern können ihre Elternschaft in die »Taufe« geben[182].
Diese Deutung der Taufe ist religionspädagogisch von besonderer Bedeutung, weil sie theologische und anthropologiche Erkenntnisse in Korrelation bringt und sich auf die Situation der Eltern einläßt. An dieser Deutung wird erkennbar, daß die Taufe keine andere Gabe als die Rechtfertigung verleiht, diese Gabe aber anders verleiht.
Wir finden diese Deutung nicht im Neuen Testament, weil es sich dort um den Brauch der Erwachsenentaufe handelt. Wir befinden uns angesichts der Säuglingstaufe in einer analogen Situation wie das Urchristentum. Die Taufe der Erwachsenen kam als Brauch in das Urchristentum; es wurde vom Wirken Jesu her gefüllt und jeweils mit unterschiedlichen Akzenten theologisch interpretiert[183]. Wir interpretieren die wirklich geschehene Taufe von Säuglingen in kritischer Rück-Sicht auf neutestamentliche und reformatorische Erkenntnisse so, daß die Situation der Angesprochenen erhellt wird.
Trotz dieses Deutungsversuchs der Säuglingstaufe, der die Eltern und Paten einschließt, müssen wir auf die *Frage* zurückkommen, *wie das Bedürfnis nach Segen und Schutz in die theologische Interpretation eingeholt werden kann*. Zunächst ist noch einmal daran zu erinnern, daß es *die* Taufe im Neuen Testament nicht gibt, sondern daß das Taufgeschehen je nach der Situation der Adressaten unterschiedlich ausgelegt wurde[184].
Die Säuglingstaufe kann nicht nur unter der Perspektive der Rechtfertigungslehre so ausgelegt werden, daß der Getaufte und seine Eltern in den Lebensbereich des *rettenden* Gottes getreten sind. Die Säuglingstaufe bezieht sich auf das elementare *Gegebensein* und *Gegebenwerden* des Lebens[185]. Sie kann dementsprechend unter der Perspektive der Schöpfungslehre interpretiert werden. Der Getaufte befindet sich im Bereich des *seg-*

181 *R. Leuenberger*, Taufe und Tauferziehung, in: *E. Feifel u.a.* (Hg.), Handbuch der Religionspädagogik, Bd. 3, Gütersloh/Zürich 1975, 91–99, hier: 98.
182 Vgl. *Leuenberger*, Taufe, 94. Wir haben daher das Ritual der Taufe der 6. Ritualisierungsphase nach Erikson (»Generativität«) zugeordnet (vgl. oben S. 236).
183 Vgl. *W. Marxsen*, Darf man kleine Kinder taufen?, Gütersloh ²1970, 43.
184 Vgl. *Huber/Liedke*, Kind, 133.
185 Vgl. *D. Rössler*, Grundriß der Praktischen Theologie, Berlin u.a. 1986, 219.

nenden und erhaltenden Gottes[186]. Der von Gott geschaffene Mensch wird vom Segen begleitet, der *allen* Menschen wie allen lebendigen Wesen gegeben ist. In jeder Geburt eines Kindes wird die Schöpfung erneuert, sie ist Auswirkung des Schöpfungssegens. Nach M. Buber besagt eine alte jüdische Erwartung, daß mit jedem Kind der Messias geboren werden kann. Für das jüdische Denken verbindet sich so das segnende Handeln Gottes mit der Hoffnung auf sein rettendes Handeln. Im Neuen Testament steht das rettende Handeln Gottes durch Christus im Vordergrund. Es kann jedoch nicht bestritten werden, daß Gottes segnendes Handeln in Jesu Wirken und Reden einen wichtigen Platz hat, etwa in der *Segnung der Kinder* (Mk 10,16; vgl. Lk 9,16; 24,30.50f). Jesus wird als der Helfende, Heilende und Leben Bewahrende dargestellt[187]. *So können sich in der Deutung der Säuglingstaufe die Dimension des rettenden (rechtfertigenden) und segnenden Handelns Gottes verbinden.* In beiden Fällen werden die Eltern in die Deutung einbezogen; denn die Aufgabe der Eltern umfaßt schaffende, heilende und lehrende Akte. Die elterliche Verantwortung ist geradezu ein Modellfall der Verantwortung für den Lebensraum. »Mit jedem Kind, das geboren wird, fängt die Menschheit angesichts der Sterblichkeit neu an, und insofern ist hier auch die Verantwortung für den Fortbestand der Menschheit im Spiel.«[188] Zu den Symbolen, die im Taufgeschehen eine Rolle spielen, kommt also das *Kind* als ein entscheidendes Symbol hinzu. Die *Mündigentaufe* kann ebenfalls unter der Perspektive des rettenden *und* segnenden Handelns Gottes interpretiert werden, wobei das rettende Handeln dem Neuen Testament entsprechend das Hauptgewicht erhält. In der Taufe wird »das Gestorbensein, das Totsein gegenüber der Sünde als Ereignis des gerechtfertigten Lebens gefeiert«[189]. Das rettende Handeln Gottes in der Taufe wird als unwiderrufliche Befreiung aus der Macht der Sünde und als Befreiung zum neuen Leben in der Gemeinschaft erfahren. Die Taufe steht am Beginn der Befreiungstaten Gottes und am Beginn des Weges in die Freiheit. »Die Taufe ist also sozusagen der Umschlagplatz vom Indikativ zum Imperativ ...«, von der Rechtfertigung zur Heiligung[190]. Wir können dementsprechend die Mündigentaufe als *Ordination zum christlichen Leben* verstehen, als Ordination zum »Priestertum aller Gläubigen«, das für Luther mit der Taufe verbunden ist. Die Gabe des Geistes gehört zu diesem »Amt« aller Getauften. In diesem Amt hat der Ge-

186 Vgl. *C. Westermann,* Der Segen in der Bibel und im Handeln der Kirche, München 1968, 108.

187 Segnendes und rettendes Handeln sind vielfältig miteinander verbunden, sie sind aber immer voneinander zu unterscheiden. Vgl. *C. Westermann,* Das Alte Testament und die Theologie, in: *G. Picht* (Hg.), Theologie – was ist das?, Stuttgart 1977, 49–66, hier: 55f.

188 *H. Jonas,* Das Prinzip Verantwortung, Frankfurt/M. 1979, 141f.

189 *E. Jüngel,* Zur Kritik des sakramentalen Verständnisses der Taufe, in: *ders.,* Barth-Studien, Zürich 1982, 295–314, hier: 312, vgl. 311.

190 Ebd., 312f. Vgl. in diesem Band auch die vorzügliche Darstellung der Tauflehre Karl Barths, die aus der Gesamtintention der Kirchlichen Dogmatik heraus verständlich gemacht wird: Karl Barths Lehre von der Taufe, ebd., 246–294.

taufte als Mitarbeiter Gottes an der Schöpfung am segnenden Handeln Gottes teil.

Der Komplementarität von Säuglings- und Mündigentaufe entspricht eine *Komplementarität unterschiedlich akzentuierter Taufaussagen.* Sowohl Mündigen- wie Säuglingstaufe lassen sich unter der Perspektive der Rechtfertigungs- und der Schöpfungslehre auslegen. Diese Auslegung bezieht sich allerdings auf unterschiedliche lebensgeschichtliche Situationen und Systeme (Familie/Kirche); von daher ergeben sich die unterschiedlichen Akzentuierungen[191].

Die theologisch einleuchtende These von der Komplementarität der Säuglings- und Mündigentaufe darf jedoch nicht über die nach wie vor bestehenden Probleme der Tauf*praxis* hinwegtäuschen. Denn Taufen von Erwachsenen, die ihre Taufe als Feier des gerechtfertigten Lebens und als Umkehr zu einem neuen Leben verstehen, werden Ausnahmen sein. *Konfirmandentaufen,* deren Zahl zunimmt, können in der Regel das theologische Gewicht, das man ihnen durch die Komplementaritätsthese beimißt, nicht tragen[192]. Bei KonfirmandInnen, deren Eltern aus theologischen Gründen die Taufe aufgeschoben haben, kann die Taufe großes Gewicht bekommen. In den meisten Fällen kommt aber der *Konfirmation* die weit größere Bedeutung zu als der Taufe, die vielleicht vergessen wurde. Die Taufe bleibt damit auf einen *biographischen* Wendepunkt und auf das *Familiensystem* bezogen. Außerdem befinden sich KonfirmandInnen meistens in einem Prozeß der Umorientierung ihres Lebens und der Identitätsfindung. KonfirmandInnen sind jedoch mündig und zu einer verantwortlichen Entscheidung fähig. Sie kennen wichtige Inhalte des christlichen Glaubens. Ihre Entscheidung kann durch die Gleichaltrigengruppe und/oder die Eltern gestützt werden. Die Taufdeutung muß sich auf die Situation der Jugendlichen, also vor allem auf die Identitäts- und Ablöse- bzw. Freiheitsproblematik beziehen. Die Taufe kann in dieser Situation

191 Wir *modifizieren* damit die These Hubers und Liedkes (vgl. *dies.*, Kind, 131); sie verstehen die Mündigentaufe als Gottes rettendes Handeln und die Säuglingstaufe als Gottes segnendes Handeln. Uns liegt daran, das *ganze* Handeln Gottes jeweils im Blick auf beide Taufformen zur Sprache zu bringen. Auch die Säuglingstaufe läßt sich – wie der Versuch zeigt – unter der Perspektive der Rechtfertigung auslegen.
Die These von der Komplementarität unterschiedlicher Taufaussagen haben *G. Kugler* und *H. Lindner,* Trauung und Taufe: Zeichen der Hoffnung, München 1977, 67 entwickelt: »Es geht um die eine Taufe und die möglicherweise vielen Taufverständnisse, die nicht kontradiktorisch, sondern komplementär zueinander verstanden werden müssen.« Vgl. zur Denkform der Komplementarität genauer: *G. Otto,* Handlungsfelder der Praktischen Theologie, München 1988, 300–303.

192 Vgl. *Lienemann-Perrin* (Hg.), Taufe, 486: »Kaum eine Gemeinde scheint ein offenes Ohr zu haben für die ›Taufe zur Vergebung der Sünden‹, die im neutestamentlichen Taufverständnis eine ganz wesentliche . . . Rolle spielt. Die Botschaft prallt an den Konfirmanden ebenso ab wie an den Taufeltern«, während die Botschaft von Schutz, Trost, Segen und Zuwendung Gottes dankbare Zuhörer findet.

vor allem die Erfahrung des Neubeginns und des Aufbruchs symbolisieren[193].

Wir fassen die Einsichten über die komplementären Formen der Taufe und die entsprechenden Deutungen zusammen. In der Taufe wird Gottes ganzes Handeln in seiner rettenden und segnenden Dimension je nach der Situation der Angesprochenen in unterschiedlicher Akzentuierung erfahren.

(1) In der *Säuglingstaufe*, die einem religiösen Generationsvertrag entsprechend erbeten wird, werden vor allem Eltern und Paten angesprochen. Die vorbehaltlose Zuwendung Gottes zu ihrem Kind in der Taufe weist zugleich darauf hin, daß mit der Gottebenbildlichkeit des Kindes seine unableitbare Würde in die Welt gekommen ist, die die Macht der Eltern begrenzt. Der Säugling ist in diesem Ritus Empfangender.

(2) In der *Kindertaufe* hat das Kind vielleicht noch nicht selbst entschieden, ob es sich taufen lassen will; es erlebt aber den Ritus mit vollem Bewußtsein. Es ist nicht nur Empfangender, sondern kann spontan - vielleicht im Spiel - antworten. Möglicherweise ist ihm die Symbolsprache der Zeichenhandlung leichter zugänglich als dem Erwachsenen. Später kann es seine eigene Erinnerung an die Taufe aufarbeiten[194]. Die Anrede an die Kinder wird vor allem an dem sog. Kinderevangelium orientiert.

(3) Die *Konfirmandentaufe* ist Mündigentaufe. KonfirmandInnen können selbst entscheiden. Ihre Entscheidung ist eingebettet in die Gleichaltrigengruppe, die den Taufwunsch von MitkonfirmandInnen als Chance begreifen kann, gemeinsam ein Taufverständnis zu erarbeiten. Sie kann dabei von den Symbolen der Taufhandlung (»Wasser«, »Licht«, »Name«) ausgehen, um das Taufverständnis aus dem eigenen Erfahrungshorizont herauszuentwickeln.

(4) Die *Erwachsenentaufe* wird aufgrund einer bewußten persönlichen Entscheidung als Ausdruck von *Glaubenserfahrungen* vollzogen, die sich in, mit und unter der Lebensgeschichte ereignen. Ein ganzes Spektrum von Glaubens- und Lebenserfahrungen wird durch die Taufe angesprochen und in einem neuen Licht wahrgenommen. Dieser Zusammenhang spielt auch in der *Tauferinnerung* eine Rolle.

In der Taufe wird das *Grundverlangen des Menschen nach Leben* symbolisch dargestellt:
»- Der Mensch erfährt sich auf unterschiedliche Weise gefangen und sucht einen Weg in die Freiheit.
- Der Mensch erfährt sich als alt im Sinne von verbraucht, unansehnlich und müde und möchte neu werden.
- Der Mensch erfährt sich als beladen von Schuld oder Krankheit und möchte diese Last abstreifen und unbehindert leben.
- Der Mensch erfährt sein Leben als brüchig und vergänglich und sucht nach einem Leben, das nur Leben ist.

193 Vgl. *G. Baudler*, Einführung in symbolisch-erzählende Theologie, Paderborn u.a. 1982, 201ff.

194 Vgl. *G. Theißen*, Sakrament und Entscheidung, ku-praxis 27: Zum Abendmahl geladen, Gütersloh 1990, 77-83, hier: 77.

– Der Mensch erfährt sich bedroht, weil er keinen festen Boden unter den Füßen hat und sich selbst nicht tragen kann, ... und daraus sucht er Rettung.
– Der Mensch muß seinen Tod als zu seinem Leben gehörig annehmen und möchte dies tun dürfen in der Hoffnung, darin den Weg in ein ganz gutes Geheimnis allen Lebens zu gehen.«[195]

(3) *Zur Praxis des Taufkatechumenats*

Die verschiedenen Formen der Taufe bringen deutlicher als früher die *Bedeutungsvielfalt der Taufe* zum Ausdruck. Alle diese Formen sollten keine isolierten Akte bleiben, sondern mit dem Leben der Gemeinde und ihrer Taufverkündigung verbunden werden. Darin besteht die wichtigste Aufgabe des Taufkatechumenats. Die Auseinandersetzung mit den unterschiedlichen Interpretationen der Taufe können Eltern im *vorbereiteten Taufgespräch* zur eigenen Frage- und Urteilsfähigkeit anregen.

Chr. Müller berichtet davon, wie er die Taufgespräche durch entsprechende Materialien vorbereitet: Die Eltern erhalten Listen mit Taufsprüchen, von anderen Eltern verfaßte Tauffragen bzw. -versprechen und Taufgebete sowie »Meditationen« des Pfarrers, die unterschiedliche Taufdeutungen ansprechen, schließlich Themenangebote für Gesprächs- und Informationsabende. Dieses Angebot und die Einsicht, daß es *die* Taufdeutung nicht gibt, motiviert die Eltern zur Beteiligung an der Taufliturgie und zur Weiterarbeit[196].

Im Taufgespräch werden die Taufmotive aufgenommen und geklärt; das Verhältnis von Eltern und Kind wird unter theologischer Perspektive erörtert. Aus einem solchen teilnehmerorientierten Zugang kann das Bedürfnis nach weiterer theologischer Information entstehen. Es handelt sich um einen Prozeß, der zugleich das Taufbewußtsein der Beteiligten fördert. Das Taufgespräch kann jeweils mit nur *einem* Elternpaar oder bei wenigen festen Taufterminen in der Gemeinde mit mehreren Elternpaaren geführt werden. Durch die Arbeit in Gruppen kann die Kommunikation unter den Eltern gefördert werden. Der Pfarrer kann sich in einem Gruppengespräch stärker zurücknehmen und die Rolle eines Anregers oder Katalysators übernehmen[197]. Der Gesprächsverlauf hängt weitgehend von den anregenden Materialien und von den Beiträgen der TeilnehmerInnen ab.
Aus solchen vorbereiteten Taufgesprächen sowie aus *Tauf- und Besuchskreisen*[198], die den Kontakt zu Täufling und Eltern aufrechterhalten, können *Tauf-Eltern-Seminare* hervorgehen.

195 *Emeis,* Sakramentenkatechese, 68f.

196 Vgl. *Chr. Müller,* Beteiligung von Eltern und Taufpaten bei der Vorbereitung und der Durchführung der Taufe, ThPr 23 (1988) 115–123, hier: 118; vgl. auch *Nipkow,* Bildung, 415-417.

197 Eine Einzelberatung wird durch das Gruppengespräch nicht verhindert, sondern gefördert; vgl. *Leuenberger,* Taufe, 96. Vgl. auch *Chr. Gäbler / Chr. Schmid / P. Siber,* Taufgespräche in Elterngruppen. Überlegungen, Gestaltungsvorschläge, Informationen, Zürich 1976, 23.33ff.

198 Ein solcher *Taufkreis (-ausschuß)* hat in der Kirchengemeinde *Köln – Neue Stadt* eine neue Taufpraxis initiiert und getragen (vgl. *Lienemann-Perrin* [Hg.], Taufe, 444ff). In ihm könnten die ReligionslehrerInnen einer Gemeinde mitwirken.

M. Mölleken plant zur Vorbereitung solcher Seminare zunächst einen Familiennachmittag zum Kennenlernen. Die Teilnehmer bedenken Möglichkeiten und Probleme christlicher Erziehung als Folge der Taufe. Daran schließen sich *zwei Gesprächsabende* an (1. »Wie wir die Taufe verstehen«, 2. »Im christlichen Glauben erziehen«). Auch bei diesem Versuch werden nur bestimmte Impulse und Informationen vorgegeben; der Pfarrer ist Partner und als Vater selbst Betroffener. Es werden folgende *Ziele* verfolgt: Taufeltern können
- sich als Menschen in einer vergleichbaren Lebenssituation kennenlernen und gemeinsam ein Stück Gemeinde erleben;
- sich mit dem christlichen Taufverständnis und dem entsprechenden Gemeindeverständnis auseinandersetzen;
- Erfahrungen und Anregungen zum Problem der christlichen Erziehung austauschen und sich möglicherweise zu einer festen Gemeindegruppe konstituieren, die diese Thematik weiterverfolgt[199].

Angesichts des großen Interesses, das die Arbeit mit Symbolen in der Erwachsenenbildung findet, kann auch in Taufseminaren versucht werden, das Taufverständnis anhand der Symbole der Taufhandlung zu erschließen. Aus einem solchen Auslegungsprozeß können »Meditationen« oder katechismusfähige Aussagen zur Taufe entstehen, die wiederum andere Eltern im Taufgespräch zum eigenen Nach-denken über die Taufe anregen können.

4.4 *Symboldidaktik und Glaubenslehre*

Das Symbol »Kreuz« und die Grundrituale »Taufe« und »Abendmahl« führen bereits in das Zentrum der christlichen Glaubenslehre. Wir fragen daher, ob von einem symboldidaktischen Ansatz her Grundzüge einer Glaubenslehre entwickelt werden können. Besonders bei der Glaubenslehre wird deutlich, daß ein eigenständiger religionspädagogischer Zugang erforderlich ist; denn eine elementare Glaubenslehre kann nicht durch Reduktion fachwissenschaftlicher Komplexität gewonnen werden.
Bevor wir die Fragen nach der Bedeutung von theologischer Urteilsbildung und Lehre im Rahmen eines symboldidaktischen Ansatzes angehen können, ist die Frage nach den Kriterien für die Auswahl religiöser Symbole zu stellen; denn erst anhand solcher Kriterien kann begründet werden, warum christliche Symbole überhaupt zu einem religionspädagogischen Thema werden[200].

199 Vgl. *M. Mölleken,* Ein Tauf-Eltern-Seminar als Begleitung der Gemeinde nach der Taufe der Kinder, ku-praxis 24 (s.o. Anm. 123), 68–73, hier: 68f.
200 Vgl. *F. Schweitzer,* Wie wird das Symbol zu einem pädagogischen und religionspädagogischen Thema?, in: *J. Oelkers / K. Wegenast* (Hg.), Das Symbol – Brücke des Verstehens, Stuttgart 1991, 169–181.

4.4.1 Kriterien zur Auswahl religiöser Symbole für Bildungs- und Lernprozesse

In der Erprobungsphase der Symboldidaktik erfolgt die Auswahl nach *pragmatischen* Gesichtspunkten. Wir suchen nach Symbolen, die in den Interessen- und Erfahrungshorizont der SchülerInnen und Unterrichtenden geraten können, weil sie einen selbständigen Umgang und kreative Aneignung ermöglichen, die zugleich einen Zugang zu christlichen Erfahrungen ermöglichen, so daß sich die Hypothese von der Brückenfunktion der Symbole bewahrheiten läßt.
Die Entwicklung von Auswahlkriterien, die didaktische Entscheidungen auch auf der Lehrplanebene begründen können, setzt die Darstellung des Gesamtverständnisses von Bildungs- und Lernprozessen voraus, vor allem die Bestimmung ihrer Voraussetzungen und ihrer Zielperspektiven. Diese Aufgabe kann hier nicht geleistet, es sollen nur einige andernorts ausführlich dargestellte Sachverhalte erinnert werden[201].
Wir unterscheiden zwischen *Alltagserfahrungen, religiösen Erfahrungen* und *christlichen Glaubenserfahrungen.* Diesen drei Ebenen werden unter der Voraussetzung, daß eine enge Beziehung zwischen Erfahrung und Symbol besteht, unterschiedliche Symbole zugeordnet. Den Alltagserfahrungen entsprechen *Alltagsmythen und Alltagssymbole* Jugendlicher (z.B. Jeans, Turnschuhe, Rituale der Musikszene)[202]; sie können religiösen bzw. quasireligiösen Charakter haben, wenn Jugendliche beispielsweise Kreuze als Schmuck tragen und ihnen eine Schutzfunktion zuschreiben. Auf der Ebene religiöser Symbole treffen wir einmal auf die religiös potenzierten Alltagssymbole und -rituale (shopping-Gehen als Ritual, Kaufen und Verbrauchen mit ihren Symbolen), sodann auf die *Symbole, die Manifestationen des Heiligen darstellen*[203]. Religionspädagogisch besonders interessant ist die Schicht religiöser Symbole, in denen es um die Erfassung des Heiligen in konkreten Dingen, Handlungen und Gestalten geht; es ist die Schicht der *elementaren* Symbole (z.B. Licht, Wasser, Eltern, Freunde, Tiere). Das Verstehen *christlicher Symbole* (auf der dritten Ebene) setzt häufig religiöse Symbole und Rituale als Verstehensbedingung voraus. Wir haben den Prozeß der Aufnahme, Brechung und Überbietung religiöser Symbole und Rituale, die einen anfänglichen Bezug zur sakralen Wirklichkeit haben, durch ihren Bezug auf Jesus als die alles bestimmende Manifestation des Heiligen an den Beispielen »Kreuz«, »Taufe« und »Abendmahl« gezeigt. Bei diesem Prozeß *christologischer Brechung* religiöser Symbole

201 Vgl. vor allem *P. Biehl*, Erfahrung, Glaube und Bildung, Gütersloh 1991, 16–52.101–223.
202 Vgl. *Biehl u.a.*, Symbole I, 161–165.
203 Vgl. ebd., 60f.

spielt der Zusammenhang von Symbol und Metapher eine besondere Rolle[204].

Die *pädagogische* Herausforderung zur Entwicklung einer kritischen Symbolkunde besteht zunächst darin, daß Symbole mit höchst ambivalenten Wirkungen im Zusammenhang der Alltagserfahrungen von Kindern und Jugendlichen vorkommen. Der falsche Schein der (religiösen) Symbole in der Alltagswelt muß enthüllt, ihre Wahrheitsmomente müssen freigelegt und verstärkt werden (vgl. o. S. 17). Es handelt sich bei den im Bereich der Alltagserfahrungen wirksamen Symbolen nicht nur um ›private‹ Symbole, die in der Lebensgeschichte ausgebildet wurden, sondern vor allem um Symbole, die gesellschaftlich vermittelt und gestützt werden; jede Gesellschaft ist darauf angewiesen, ihre Identität durch grundlegende Symbole zu rechtfertigen. Auch dieser Gesichtspunkt macht deutlich, daß Symbole krankhaft und verlogen sein können und der (ideologie-)kritischen Aufarbeitung bedürfen. Dieser Tendenz zur Idolisierung (religiöser) Symbole, die emotional hoch besetzt sind, ist nicht allein durch begriffliche Arbeit (Entmythologisierung im Sinne Bultmanns) entgegenzuwirken, sondern durch das Angebot lebendiger, authentischer Symbole. Solche Symbole, die sich kritisch auf die bereits wirksamen Symbole beziehen lassen, indem sie zugleich deren Wahrheitsmomente aufnehmen und verstärken, lassen sich aber nicht beliebig erfinden. Wir greifen daher auf die Symbole der biblisch-christlichen Überlieferung zurück, die in der Gegenwart wirksam sind. Die Auswahl und Inanspruchnahme christlicher Symbole ist also in einem *ersten Argumentationsgang wirkungsgeschichtlich* zu begründen. Die in der heutigen Alltagswelt unseres gesellschaftlichen und kulturellen Zusammenhangs wirksamen Symbole, Riten und Bräuche mit ihren ambivalenten Wirkungen stehen in einem – meist nicht mehr wahrgenommenen – *Bezug zur Wirkungsgeschichte des christlichen Glaubens.* Es ist eine Rückkoppelung an ihre Ursprungsgeschichte erforderlich, um ihren authentischen Sinn in ihren geschichtlichen Anfängen – durch originale Begegnung mit den Ursprungssituationen – wiederzuentdecken. Bei einem kreativen Umgang mit christlichen Symbolen geht es jedoch nicht nur darum, bestimmte geschichtliche Erfahrungsmuster wieder zu entbinden, um probeweise eine Identifikation zu ermöglichen, sondern vor allem darum, ihre *Zukunftsbedeutung* zu erschließen. Die zentralen christlichen Symbole sind Antizipationen des verheißenen heilen, gemeinschaftlichen Lebens. Die Symbole enthalten – wie besonders am Symbol »Reich Gottes« deutlich wird – Bilder gelingenden Lebens; sie zielen auf die Vorwegrealisation in konkreten Lebensformen. Sie haben zugleich die Funktion, der Unwahrheit und dem Leiden an der gesellschaftlichen Situation zu *widersprechen.* Es geht bei der Vermittlung von christlichen Symbolen in Lernprozessen nicht um den Aufbau einer religiösen Gegenwelt, sondern

204 Vgl. ebd., 63ff. Die drei Ebenen sind also zu unterscheiden, stehen aber aus hermeneutischen Gründen in enger Beziehung.

darum, daß der *Streit* um die Auslegung der Lebenswelt und ihrer Zukunftsperspektiven ausgetragen wird. Da, wo es um das Allgemeine der Bildung, vor allem um die Zukunft als ihren umfassenden Horizont geht, kommt auch die säkulare Pädagogik nicht ohne die Inanspruchnahme von Symbolen aus[205]. Wir erfahren die Zukunft als das gemeinsam Angehende. Die Symbole sind die Sprache der Zukunft, insofern es sich um die Zukunft dessen handelt, was sein *könnte (adventus)*. Es ist daher ein Streit darüber erforderlich, welche Symbole sich am Ende als wahr erweisen. Die Auswahl und Inanspruchnahme christlicher Symbole erfordert deshalb in einem *zweiten Argumentationsgang* die theologische Interpretation derjenigen Symbole, die für Bildungs- und Lernprozesse von regulativer Bedeutung sind, im Hinblick auf die Wahrheitsfrage. Dazu ist eine Auseinandersetzung mit pädagogischen Bildungskonzeptionen nach der Methode von Analogie und Differenz erforderlich.

Symboldidaktik ist induktive, schülerorientierte Didaktik, weil sie die im Bereich der Alltagserfahrungen bereits wirksamen Symbole thematisiert und sich auf die Dialektik von Wahrheit und Falschheit kritisch einläßt. Sollen den Jugendlichen ihre enteigneten Möglichkeiten wieder zugespielt werden, sind (überlieferte) Symbole erforderlich, die eine *befreiende* Wirkung entfalten können. Die Möglichkeiten einer induktiven Didaktik werden damit überschritten. Das bedeutet jedoch nicht, daß aus der Fachwissenschaft deduziert werden kann, welche Symbole in Lernprozessen zu vermitteln sind. Dieser Gesichtspunkt macht besonders deutlich, daß die Auswahl und Inanspruchnahme christlicher Symbole als Themen von Lernprozessen in einem *dritten Argumentationsgang* eine *didaktische Entscheidung* erforderlich macht, die von einem kritischen Bildungsbegriff (als genereller Zielbestimmung) geleitet ist. Welcher Symbole bedarf der Heranwachsende, um angesichts seiner gegenwärtigen und vermutlich zukünftigen Wirklichkeit auf dem Grund des ihm gewährten Personseins die Fähigkeit zu selbstbestimmtem, solidarischem Handeln entwickeln zu können? Der Sachverhalt, daß die Auswahl christlicher Symbole nach *didaktischen* Kriterien erfolgt, hat jedoch nicht zwangsläufig zur Folge, daß sie in Lernprozessen funktionalisiert werden. Symbole können ihre kritische, zukunftserschließende Kraft dann optimal entfalten, wenn sie in ihrem »Eigenwert« – ihrer Widerständigkeit, ihrem Verheißungsüberschuß – wahrgenommen werden.

Die bisher genannten drei Argumentationsgänge betreffen den *Begründungszusammenhang der generellen Zielbestimmungen* von Bildungs- und Lernprozessen. Die Formulierung zweier religionspädagogischer Grundaufgaben, die in enger Beziehung zueinander stehen und die generelle Zielbestimmung erläutern, zeigt die entscheidenden Kriterien für die Auswahl religiöser Symbole auf der Lehrplanebene: (1) Die Religionspädago-

205 Vgl. *P. Biehl*, Symbole – ihre Bedeutung für menschliche Bildung, Zeitschrift für Pädagogik 38 (1992) 193–214, hier: 204ff.

gik hat die Aufgabe, Menschen helfend dabei zu begleiten, auf dem Grund der ihnen gewährten Person-Identität in Interaktion eine Ich-Identität zu gewinnen. (2) Die Religionspädagogik hat die Aufgabe, Heranwachsende zu befähigen, die gemeinsame Lebenswelt mit Hilfe von Symbolen, Metaphern und Erzählungen unter der Perspektive der Verheißung Gottes zu deuten[206]. Es sind also Symbole auszuwählen, von denen sowohl eine Identitätshilfe als auch eine Deutung der gemeinsamen Lebenswelt unter der Perspektive des Evangeliums zu erwarten ist. Dabei ist vorauszusetzen, daß die Lebenswelt einem *geschichtlichen Wandel* im Hinblick auf die Kultur, die Lebensformen und die gesellschaftlichen wie ökologischen Probleme unterworfen ist, so daß die Frage nach der *Zukunftsbedeutung* der Symbole von besonderem Rang ist. In dem hier entwickelten Konzept der Symboldidaktik ist die Frage nach den Auswahlkriterien also keineswegs überflüssig, weil sie mit Symbolen als »ewig gegebenen« Urbildern (Eliade) rechne[207]. Eine solche Auffassung würde sich nicht mit dem kritischen Bildungsbegriff vertragen. Für die konkreten *didaktischen Entscheidungen vor Ort* im Rahmen der allgemeinen Bildungsziele sind weitere Kriterien zu entwickeln[208].

Wir beschreiben zunächst *Leitfragen zur Auswahl religiöser Symbole und zur Strukturierung von Lernprozessen*, erläutern die Fragen anhand des Symbols »Brot/Mahl« auf dem Hintergrund der dargestellten Erfahrungsberichte und heben abschließend einige Kriterien besonders hervor[209].

Didaktische Leitfragen / Erläuterungen

1. Welche menschliche Grunderfahrung / welcher Grundkonflikt kann im selbsttätigen Umgang mit dem Symbol erschlossen werden? Bzw.: Welches Symbol kann die thematisierte Grunderfahrung zu strukturieren helfen?[210]

Erläuterung

Brot als Hauptnahrungsmittel in unserer Kultur verweist auf den *Vorgang des Essens* als elementare Grundlage der Lebenserhaltung; er vollzieht sich als Austausch des Individuums mit seiner sozialen und natürlichen Umwelt.

206 Vgl. die Beschreibung der drei religionspädagogischen Grundaufgaben in: *Biehl*, Erfahrung, 186–189. Die zweite Grundaufgabe lautet: Aufwachsende sind darin zu fördern, daß sie angesichts der »Schlüsselsituationen« unserer Zeit durch Erfahrungslernen Handlungskompetenz und ethische Urteilsfähigkeit gewinnen.

207 So *R. Sistermann*, Symboldidaktik und gebrochener Mythos, EvErz 42 (1990) 321–341, hier: 323.

208 Vgl. zu den unterschiedlichen Lehrplanebenen *P. Biehl*, Zur Analyse und Bedeutung von Rahmenrichtlinien für den Religionsunterricht, in: *U. Becker / F. Johannsen*, Lehrplan kontrovers, Frankfurt/M. 1979, 13ff.

209 Vgl. oben S. 60ff und 87ff.

210 Vgl. *G. Baudler*, Korrelationsdidaktik: Leben durch Glauben erschließen, Paderborn 1984, 120.231; er entwickelt jeweils vier Fragen zur Erschließung von religiösen Gegenstandssymbolen und zu sakramentalen Handlungssymbolen.

Die frühe Nahrungsaufnahme stiftet erste Erfahrungen von Zuwendung und Geborgenheit sowie von Ablehnung und Bedrohung. Der Grundkonflikt des Festhaltens und Loslassens ist zu bewältigen. Der Hunger verweist immer auch auf die Sehnsucht nach Leben und Liebe.
(Ebene der menschlichen Grunderfahrungen)

2. Welche geschichtlichen/aktuellen Brechungen und Wandlungen menschlicher Erfahrungen bringt das Symbol zum Ausdruck?
Erläuterung
Die aggressiven Aspekte, die mit dem Essen verbunden sind, werden in der Neuzeit immer weiter in den Hintergrund gedrängt; das Verhalten zu den getöteten Tieren ändert sich (N. Elias). Auch der Umgang mit dem Brot verändert sich (vgl. Brotmuseum, Umgang mit den Pausenbroten usw.). Essen repräsentiert auch eine kulturelle Form, die sich im Laufe der Zeit wandelt, ablesbar etwa an den Tischsitten. Der Zugang zum Symbol »Brot/Mahl« ist auch davon abhängig, wie Jugendliche alltäglich ihre Mahlzeiten einnehmen.
(Ebene des geschichtlichen Wandels in Lebensform, Kultur und Gesellschaft)

3. Welche Erfahrungen/Riten im alltäglichen Leben und in der Jugendkultur werden durch das Symbol angesprochen?
Erläuterung
Bei Jugendlichen sind die Erfahrungen gemeinsamer Mahlzeiten am Familientisch häufig negativ besetzt (Verbote, Frage nach Schularbeiten usw.). Gemeinschaftserlebnisse machen sie eher bei Feten, Geburtstagsfeiern, Abschlußfeiern – häufig verbunden mit Musikerlebnissen. Gemeinschaft wird bei solchen Festen gesteigert und erhält damit eine religiöse Dimension.
(Ebene der Alltagserfahrungen)

4. Welche tieferliegende/umfassendere (religiöse) Dimension menschlicher Erfahrungen läßt sich durch einen selbsttätigen Umgang mit dem Symbol erschließen?
Erläuterung
Wie beim Atmen wird auch angesichts des Essens deutlich, daß der Mensch nicht autark, sondern ständig darauf angewiesen ist, etwas von außen in sich aufzunehmen (Gegebensein des Lebens). Die religiöse Erfahrung des Essens knüpft an die soziale Erfahrung an und steigert die gemeinschaftsbildende Kraft zur Kommunikation mit dem Transzendenten (»heiliges Essen«). Das gemeinsame Mahl hat eine integrative Funktion, die dadurch unterstützt wird, daß andere von der Teilnahme ausgeschlossen werden. Beim heiligen Essen wird auch die lebensbewahrende und heilende Kraft gesteigert. Brot wird einverleibt, das Liebe und Gemeinschaft in einem umfassenden Sinn gewährt. Man bekommt Nahrung (wie in der frühen Kindheit) umsonst.
(Ebene der religiösen Erfahrungen)

5. Auf welche Verstehensvoraussetzungen ist ein elementarer Zugang zum Symbol angewiesen? Welche fortschreitenden Kompetenzen des Symbolverstehens können im Umgang mit diesem Symbol gefördert werden?
Erläuterung
In den Sekundarstufen kann vorausgesetzt werden, daß die Mehrzahl der Jugendlichen durch entsprechende Lern-Angebote die Stufe eindimensional-wörtlichen Verstehens überwunden hat und zwischen symbolischer Handlung und dem Symbolisierten unterscheiden kann. Ziel des Lernprozesses ist es, zu einem symbol- und ritualkritischen Verstehen anzuleiten und mit eigenen Gestaltungsmöglichkeiten zu experimentieren (Gestaltung von Friedens- und Ökologiemählern). Die Jugendlichen können u.a. durch eine Metapher-Übung erkennen, daß Brot weit mehr bedeutet als ein Grundnahrungsmittel; sie können durch teilnehmende Beobachtung an einem Freizeit-Abendmahl wahrnehmen, daß die gemeinschaftsfördernde Kraft einer Mahlzeit gesteigert wird.
(Fortschreitende Kompetenzen)

6. Durch welche Medien (Kurzfilme, Bilder, Lieder, Texte) und Methoden (Meditation, Erzählung, Gestaltungsaufgabe) läßt sich eine wechselseitige Erschließung des Symbols in seinem anthropologischen und religiösen Sinn und der Lebenserfahrungen der Teilnehmer fördern?
Erläuterung
Die tieferliegende/umfassendere Dimension des Symbols »Brot/Mahl« kann durch einen ganzheitlichen Umgang »entdeckt« werden. Wir machen an einem Morgen gemeinsame Erfahrungen des Hungers, schmecken, riechen, brechen, teilen frisches Brot, lesen Brotgeschichten, um mitzuerleben, welche Erfahrungen andere Menschen zu anderen Zeiten mit dem Brot gemacht haben (z.B. W. Borchert, Das Brot), wir singen Brotlieder, feiern ein einfaches Mahl. Die Grundsituation des Hungers wird durchsichtig für die Sehnsucht nach Leben, Liebe und Anerkennung.
(Wechselseitige Erschließung von Symbol und Teilnehmern)

7. Durch welche Formen kreativen Umgangs und durch welche theologischen Elemente (biblische Texte, Kurzformeln des Glaubens, gegenwärtige Texte, Bilder, Lieder mit theologischer Thematik) kann das Symbol seine Kraft zur Deutung der Wirklichkeit im Licht des Evangeliums (wieder) freigeben? Bzw.: *Durch welches didaktische Arrangement kann das in seinem anthropologischen und religiösen Sinn erschlossene Symbol seinen spezifischen theologischen Sinn für die Lernenden gewinnen?*
Erläuterung
Der theologische Sinn des Symbols »Brot/Mahl« wird einmal durch Auseinandersetzungen mit dem Bildthema »Abendmahl« (da Vinci, Willikens, Duwe, Hrdlicka), sodann durch selbstgefertigte Hörspiele zu den Mahlfeiern Jesu bzw. zum Konflikt in Korinth, schließlich anhand des Kurzfilms »Mr. Pascal«, in dem an die Mahlfeiern Jesu erinnert wird, erschlossen.
(Ebene theologischer Deutung)

8. Wie läßt sich ein handelnder bzw. gestaltender Umgang mit dem Symbol/Ritual erreichen?
Erläuterung
Außer den beiden genannten Möglichkeiten handlungsorientierten Lernens bieten sich in den verschiedensten Phasen der Einheit weitere Gestaltungsmöglichkeiten an: SchülerInnen feiern gemeinsam einen Teil des jüdischen Passafestes; sie sammeln eine Woche lang die weggeworfenen Pausenbrote und stellen sie aus; sie planen und veranstalten eine Ausstellung zu einem Entwicklungsland ...
(Handlungsbezug)

Für die Auswahlproblematik ist die Ebene menschlicher Grunderfahrungen, die Ebene theologischer Deutungen und die Möglichkeit der wechselseitigen Erschließung von Symbol und Lebenserfahrung, von der die bildende Wirkung des Umgangs mit dem Symbol abhängt, von besonderer Bedeutung. Diese Gesichtspunkte sollen daher weiter entfaltet werden.
(1) Wir haben innerhalb der Didaktik des Abendmahls und der Taufe immer wieder auf die spannungsvolle Beziehung zwischen christlichen Glaubenserfahrungen und *menschlichen Grunderfahrungen*[211] verwiesen und diese Grunderfahrungen den Knotenpunkten oder Krisen des menschlichen Lebenszyklus zugeordnet. Versuchsweise wurden bestimmte biblische Symbole zur Interpretation der sechs Ritualisierungsphasen nach Erikson in Anspruch genommen (vgl. oben S. 233ff). Dabei setzen wir mit Erikson voraus, daß die phasenspezifischen Grundkonflikte nach Abschluß der jeweiligen Phase fortbestehen und auf immer neue Lösung drängen. Die von Erikson herausgearbeiteten Konflikte und Ich-Stärken sind unter bestimmten soziokulturellen Bedingungen phasentypisch; sie sind jedoch nicht die einzig möglichen Konflikte[212].
Die Zuordnung von Symbolen zu den Ritualisierungsphasen hat für die Auswahl von religiösen Symbolen für Lernprozesse *heuristische* Bedeutung. Sie kann dazu beitragen, *Symbole im Zusammenhang des Lebenslaufs* zu entdecken und sich bei ihrer Auswahl nicht einseitig an einer theologischen Systematik zu orientieren. Die lebensdienliche Wirkung des einzelnen Symbols hängt von seiner Stellung im Zusammenhang des Lebenslaufs ab. Daher ist es für die Auswahlentscheidung wichtig, daß die Zugänglichkeit bestimmter Symbole in einem direkten Entsprechungsverhältnis zu den Inhalten oder Themen steht, die in einer bestimmten Phase des Lebenslaufs von zentraler Bedeutung sind (1. Leitfrage). F. Schweitzer hat zu Recht herausgearbeitet, daß eine solche Hermeneutik menschlicher Grunderfahrungen nicht wie in manchen symboldidaktischen Konzeptionen verabsolutiert werden darf, sondern durch eine Hermeneutik des geschichtlichen Wandels (2. Leitfrage) und durch eine Hermeneutik lebens-

211 Zum Problem der Grunderfahrungen vgl. *Biehl u.a.*, Symbole I, 182.
212 Vgl. *H. Schmidt*, Leitfaden Religionspädagogik, Stuttgart 1991, 69.

geschichtlich fortschreitender Kompetenzen des Verstehens (5. Leitfrage) zu erweitern ist[213].

(2) Die Auswahl und die lebensdienliche, bildende Wirkung eines Symbols hängen ferner von seiner Stellung im *Zusammenhang der christlichen Symbolwelt* ab. Die Einsicht in die Beziehung der Symbole untereinander ermöglicht eine exemplarische Auswahl. Die Wahrnehmung des Zusammenhangs der Symbole und Rituale wirkt auch einer Idolisierung, einem Mißbrauch für psychische oder gesellschaftliche Interessen, entgegen. Schließlich erfordert der Aufbau einer Glaubenslehre anhand von Symbolen, daß der ganzheitliche Umgang mit ihnen einen Reflexionsprozeß auslöst, der Lernende in den Gesamtzusammenhang der christlichen Symbolwelt hineinführt[214]. Dieser Gesamtzusammenhang wird umgekehrt bereits wirksam, wenn der spezifisch theologische Sinn dem einzelnen Symbol in Lernprozessen wieder zugeschrieben wird (7. Leitfrage).

Um die christliche Symbolwelt zu strukturieren, haben wir mit P. Tillich *drei Grundarten religiöser Symbole* unterschieden[215]: Auf einer *ersten* Ebene geht es um Symbole, die das *Wesen Gottes* zu erfassen suchen. Die *zweite* Ebene umfaßt die fundamentale Schicht der *christlichen Glaubenssymbole*; sie sprechen vor allem von *Schöpfung* und *Fall*, von *Rechtfertigung* und *Vollendung* (Reich Gottes). Auf der *dritten* Ebene sind die *religiösen Gegenstandssymbole* angesiedelt, die das Göttliche in seiner Inkarnation in der endlichen Welt zu begreifen suchen. In der christlichen Symbolwelt stellt *Jesus von Nazareth* die alles bestimmende Manifestation des Heiligen dar; alle anderen Symbole, die ursprünglich mit magisch-sakramentaler Kraft geladen waren, sind »depotenziert«. Sie verweisen auf das Kommen Gottes in Jesus und haben eine wichtige Funktion darin, die eschatologische Bedeutung dieses Ereignisses konkret darzustellen. Dieser Sachverhalt läßt sich an den Ich-bin-Worten des Johannesevangeliums besonders gut beobachten (Licht, Brot, Weg, Weinstock usw.)[216].

Ein symboldidaktisches Problem, das für die Frage nach der Auswahl von Symbolen unmittelbar relevant ist, besteht in der Bestimmung des Verhältnisses zwischen zweiter und dritter Ebene. Die religiösen Symbole der dritten Ebene, zu denen wichtige menschliche Organe, Bezugspersonen und Grundgegebenheiten des Lebens gehören, sind anschaulich und daher didaktisch gut zugänglich; sie sind in ihrer Anschaulichkeit allerdings christologisch gebrochen. Die Symbole der zweiten Ebene sind zum großen Teil in ihrer sinnlichen Zeichenhaftigkeit so reduziert, daß ihnen von einigen Religionspädagogen der Symbolcharakter abgesprochen wird. Es besteht daher die Tendenz, aus didaktischen Gründen bei der Auswahl die Symbole der dritten Ebene zu bevorzugen und sie im Sinne einer *religiösen*

213 Vgl. *Schweitzer*, Symbol (s.o. Anm. 200), 175f.
214 Vgl. *H.-J. Fraas*, Die Religiosität des Menschen, Göttingen 1990, 148.
215 Vgl. dazu genauer: *Biehl u.a.*, Symbole I, 60f.
216 Vgl. ebd., 64ff; in diesem Band S. 25f.55.

Propädeutik im Unterricht breit zu entfalten. Einer solchen Verhältnisbestimmung können wir aus theologischen Gründen nicht zustimmen. Das Problem ist im nächsten Abschnitt ausführlich zu erörtern. Es geht weder darum, den Glaubenssymbolen durch den Rückgriff auf die Symbole der dritten Ebene symboldidaktisch aufzuhelfen[217], noch darum, sie auf das dogmatisch vorgegebene Schema von Schöpfung, Fall, Rechtfertigung und Vollendung zu beschränken. Die didaktisch wie theologisch fruchtbare Möglichkeit unseres symboldidaktischen Ansatzes liegt gerade in der *Verschränkung* der zweiten und der dritten Ebene religiöser Symbole.

Von den entfalteten sechs Beispielen wird in einem Fall – dem Symbol des »Kreuzes« – von dem zentralen christlichen Glaubenssymbol ausgegangen und ein Symbol der dritten Ebene – das Symbol des »Lebensbaums« – in die unterrichtliche Erschließung einbezogen. In den anderen Fällen setzt die unterrichtliche Arbeit bei elementaren Symbolen ein (»Haus«, »Weg«, »Hand«, »Brot«, »Wasser«) und intensiviert den Umgang mit dem Symbol im Sinne der 7. Leitfrage, bis die Schicht fundamentaler Glaubenssymbole erreicht wird. In den Beispielen dieses Bandes mit den christlichen Grundritualen »Taufe« und »Abendmahl« ist dieser Sachverhalt unverkennbar. Beim Symbol »Hand« wird die Problematik des Gottesbildes ausführlich entfaltet und das Symbol »Kreuz/Auferstehung« zur Interpretation herangezogen[218]. Auch das Symbol des »Weges« wurde mit dem Symbol »Kreuz und Auferstehung« in einen verstehbaren Zusammenhang gebracht[219]. Dieses christliche Zentralsymbol sollte im Sinne eines Spiralcurriculums in allen Jahrgängen wiederkehren und dabei in überraschenden thematischen Zusammenhängen erschlossen werden. Die Glaubenssymbole »Schöpfung«, »Fall«, »Rechtfertigung« und »Vollendung« stellen zugleich *theologische Grundkategorien* dar, mit deren Hilfe die theologische Sachgemäßheit der Anlage von Unterrichtsprozessen beurteilt werden kann; allerdings ist eine Schwerpunktbildung und keine Vollständigkeit anzustreben. So lassen beispielsweise die Erfahrungsberichte zu »Brot/Abendmahl« den Aspekt der Versöhnung und die eschatologische Perspektive, aber auch die schöpfungstheologische und ökologische Problematik erkennen. Diese theologischen Sachverhalte sind zunehmend auch für ältere SchülerInnen verstehbar, wenn die entsprechenden Glaubenssymbole selbst Inhalt des Unterrichts werden; dabei müssen nicht immer symboldidaktische Prinzipien im Vordergrund stehen.

Die Beispiele zeigen, daß die Inanspruchnahme elementarer Symbole nicht zu einer religiösen Propädagogik führen muß, die dann durch die Arbeit an den »eigentlichen« Glaubenssymbolen überhöht wird. Wir sind schon bei dem erfahrungsnahen Umgang mit diesen Symbolen bei der ›Sache‹ selbst. Das ist allerdings nur dann der Fall, wenn Symbole ausgewählt werden, die in das Zentrum biblischer Theologie führen.

Unter diesem Gesichtspunkt ist die von U. Früchtel erarbeitete Bestandsaufnahme biblischer Symbole für die Auswahlproblematik von Bedeutung. Sie unterscheidet: (1) Symbole, die aus Phänomenen der Natur gewonnen wurden, nämlich die Kontrastsymbole Mangel/Leere – Fülle (Wüste, Wasser), Licht – Finsternis, Höhe – Tiefe (Berg, Tal); (2) Symbole, die aus Verhaltensweisen der Menschen gewonnen wurden (Fuß, Hand, Auge, Ohr, Mund, Rücken, Angesicht, Herz); (3) Symbole, die aus dem Bereich der Natur *und* dem Bereich der

217 Vgl. *R. Lachmann*, Grundsymbole christlichen Glaubens, Göttingen 1992, 25f.
218 Vgl. *Biehl u.a.*, Symbole I, 137ff.
219 Vgl. ebd., 108ff (Schülerkreuzwege, Emmausjünger).

Kultur entnommen wurden (Weg, Feuer); (4) Symbole, die aus dem Bereich der Kultur entnommen wurden (Brunnen/Quelle, Haus, Garten, Weinberg/Weinstock, Brot, Kleid/Mantel/Gewand, Schiff)[220].

Mit Hilfe dieser Symbole können wir die Erfahrungen erreichen, die biblischen Texten zugrunde liegen, und wichtige *Erfahrungsmuster*, die die biblische Theologie kennzeichnen, erarbeiten. Beispielsweise erinnert das *Symbol des »Gartens«* an den Garten des Anfangs (Gen 2,4bff) und antizipiert den zukünftigen Garten (Visionen vom Garten des Heils in Ez 34 und 36)[221]; es vergegenwärtigt aber auch Jesu Passion (Joh 18,1–11; 19,38–42) und Auferstehung (Joh 20,1–18). Schon die Anordnung der biblischen Texte zum Symbol »Garten« läßt unschwer die Beziehung von Schöpfung und Fall, Erlösung und Vollendung erkennen. Die fundamentalen Glaubenssymbole markieren *Grundrichtungen*, unter denen die biblischen Texte und Textzusammenhänge ausgelegt werden können; sie erfahren ihrerseits eine Konkretion dadurch, daß sie auf biblische Erzählzusammenhänge bezogen werden. Die genannten biblischen Symbole sind im Sinne der ersten drei Leitfragen ebenso auf die in ihnen dargestellten Grunderfahrungen hin zu interpretieren, und zwar unter Berücksichtigung des geschichtlichen Wandels, und auf die Alltagserfahrungen Jugendlicher (z.B. im Umgang mit der Werbung) zu beziehen[222].

(3) Von besonderer Bedeutung für die Auswahlproblematik ist die Möglichkeit einer *wechselseitigen Erschließung von Symbol und Lebenserfahrung der Teilnehmer* an den religiösen Lernprozessen (6. Leitfrage). Die bildende Wirkung des Umgangs mit dem Symbol, ob das Symbol für die Lerngruppe zum Symbol *werden* kann, hängt von dem Vorgang »doppelseitiger Erschließung« (Klafki) ab. Die Formel wäre mißverstanden, wenn sie im Sinne eines »Sowohl-als-auch« ausgelegt würde; das Erschlossensein des Symbolsinns für den Lernenden und das Erschlossensein dieses Lernenden für den Symbolsinn ist vielmehr als dialektisches Zusammenspiel zu begreifen. Dieses Zusammenspiel läßt Subjekt und Symbol in eine beide Seiten verändernde Bewegung geraten. Jugendliche und Erwachsene sind also nicht passive Empfänger einer Glaubenslehre, wie die Leitvorstellungen »Weitergabe des Glaubens« oder »Glaubensvermittlung« nahelegen könnten. Indem die Lernenden das Symbol schöpferisch in Anspruch nehmen und ihre Erfahrungen mit ins Spiel bringen, erweitert sich die Bedeutungsfülle des Symbols. Auf der anderen Seite entbindet das Symbol neue Erfahrungen und Erwartungen; es schafft aber auch Distanzierung von der *entfremdeten* Gestalt der Bedürfnisse und Erfahrungen. Christli-

220 Vgl. *U. Früchtel*, Mit der Bibel Symbole entdecken, Göttingen 1991. Die Symbole »Wind« (»Atem«) und »Baum« u.a. sind zu ergänzen.

221 Vgl. auch Apk 22,15.

222 Zum Symbol »Garten« in der Religions- wie in der Kulturgeschichte und in der Werbung vgl. *W. Teichert*, Gärten. Paradiesische Kulturen, Stuttgart 1986; *H. Tremel* (Hg.), Das Paradies im Angebot, Frankfurt/M. 1986.

che Glaubenssymbole können also dadurch *gewinnen*, daß bei ihrer Erschließung produktiv Erfahrungen ins Spiel gebracht werden, umgekehrt können in diesem Vorgang den Lernenden neue Möglichkeiten durch den Verheißungsüberschuß der Symbole zugespielt werden.

Die LehrerInnen können angesichts der Verstehensvoraussetzungen der Lerngruppe (5. Leitfrage), ihres eigenen Engagements und des didaktischen Arrangements nur vor Ort entscheiden, ob die *Möglichkeit* wechselseitiger Erschließung bei dem auszuwählenden Symbol überhaupt besteht. Die Leitfragen insgesamt geben Anhaltspunkte für die Beantwortung dieser Frage.

4.4.2 Was kann die Symboldidaktik zum Aufbau einer Glaubenslehre für Jugendliche beitragen?

Sprechen wir im Zusammenhang fachdidaktischer Strukturen von »Glaubenslehre«, soll nicht der Eindruck erweckt wrden, daß wir die Lernfelder in Anlehnung an die klassischen Disziplinen der Theologie gewinnen. Wir gehen vielmehr von den genannten drei religionspädagogischen Grundaufgaben aus, die bereits pädagogische Intentionen angeben und eine weitere inhaltliche Ausgestaltung zu Lernfeldern ermöglichen[223]. Die Grundaufgaben umfassen die personale Dimension, die Dimension der Handlungskompetenz und der sozialethischen Urteilsfähigkeit angesichts der »Schlüsselprobleme« unserer Zeit und die Dimension der Deutung der gemeinsamen Lebenswelt mit Hilfe von Symbolen, Ritualen, Metaphern und Erzählungen unter der Perspektive der Verheißung Gottes. Quer zu diesen Dimensionen besteht eine weitere Aufgabe darin, angesichts unserer multikulturellen und multireligiösen Gesellschaft den Streit um die »Schlüsselthemen« unserer Zeit argumentativ auszutragen und die Wahrheit bei der Deutung der gemeinsamen Lebenswelt im Dialog zu finden. Es wurde hervorgehoben, daß die christlichen Glaubenssymbole als Identifikationsangebot sowie als umfassender Deutungshorizont bei der ersten und dritten Grundaufgabe eine besondere Rolle spielen. Aber auch zur Beschreibung der fundamentalen Erfahrungsgewißheiten als Voraussetzung verantwortlichen Handelns werden Symbole in Anspruch genommen. »Glaubenslehre« als eine Form von Elementartheologie für Jugendliche und Erwachsene kann durch eine systematische Verknüpfung der Einsichten, die im Umgang mit den Glaubenssymbolen in den genannten Lernfeldern gewonnen wurden, aufgebaut werden. Vollzieht sich das Verstehen der Glaubenssymbole in der Dialektik von Sinnvorgabe und Reflexion, von ganzheitlicher Erschließung des Symbolsinns und kritischer Distanzierung, so überwiegt

223 Vgl. *Schmidt*, Leitfaden (s.o. Anm. 212), 186f. Schmidt bezieht sich hier auf die vier religionspädagogischen Grundaufgaben K.E. Nipkows.

bei der *Verknüpfung* der so gewonnenen Einsichten die Reflexion, nämlich die elementare theologische Urteilsbildung. Der Aufbau einer Glaubenslehre entfernt sich also ein Stück weit von erfahrungsorientierten Lernprozessen, sollte aber immer wieder den Weg zur Erfahrung finden.

An den Erfahrungsberichten von Rudolf Tammeus ist der Vorgang der Unterbrechung erfahrungsorientierter Lernprozesse durch den Versuch, Glaubenslehre aufzubauen, gut zu beobachten: bei der Erarbeitung unterschiedlicher Abendmahlsauffassungen, bei dem Vergleich mit Luthers Tauflehre und der Entwicklung von Grundlinien neutestamentlichen Taufverständnisses, am deutlichsten bei der Interpretation paulinischer Kreuzestheologie nach einem erfahrungsnahen Umgang mit dem Symbol »Kreuz«. Diese ›Unterbrechungen‹ bleiben aber eingebettet in ganzheitliche Vollzüge, die insgesamt über die bildende Wirkung des Vorhabens entscheiden.

Die bisher vorgelegten Beispiele beziehen sich auf Glaubenssymbole und Grundrituale, die insgesamt nach symboldidaktischen Grundsätzen erschlossen werden konnten. Sollen religiöse Lernprozesse jedoch stärker in Richtung auf eine Glaubenslehre in dem beschriebenen Sinn angelegt werden, dann müßte von Schöpfung und Gottebenbildlichkeit, von Sünde und Entfremdung, von Versöhnung und Rechtfertigung, vom Reich Gottes und der Hoffnung (auf Vollendung) die Rede sein. Es handelt sich dabei um Grundsymbole des christlichen Glaubens, die den Menschen einmal vertraut waren und in lebendiger Beziehung zu ihren Erfahrungen standen. Heute handelt es sich weitgehend um dogmatische *Begriffe*. Dementsprechend stellt A. Bucher kritisch fest: »Rechtfertigung« ist kein präsentatives Symbol, nicht einmal ein doppeldeutiges Zeichen (Ricoeur), sondern ein abstrakter Begriff[224]. Bucher bestreitet in seinem Konzept präsentativer Symbolik überhaupt, daß (wie bei P. Tillich) Grundworte der Glaubenslehre als Symbole verstanden werden können. Nach unserem Verständnis kann ein Bild, eine Geste, eine Person, eine Melodie, aber auch ein Wort ein Symbol sein. »Rechtfertigung« war für Luther kein abstrakter Begriff, sondern ein Symbol, in dem sich befreiende Erfahrungen seines Lebens und seiner Zeit verdichteten. Ein Wort kann zu einem Symbol werden, wenn es fundamentale Erfahrungen des Glaubens zum Ausdruck bringt und zugleich in Beziehung zu dem Lebensgefühl und den Lebensperspektiven einer Zeit steht. Für unsere Zeit gewinnen die »Schlüsselthemen« des konziliaren Prozesses *Gerechtigkeit, Frieden* und *Bewahrung der Schöpfung* den Rang von Symbolen, zumal sie in Basisbewegungen einen konkreten »Sitz im Leben« haben.

Buchers Anfrage besteht jedoch darin zu Recht, daß bei einer stärkeren Berücksichtigung der genannten Glaubenssymbole die fruchtbaren symboldidaktischen Möglichkeiten überschritten werden könnten. Die Bezeichnung der fundamentalen Aspekte der Glaubenslehre als Symbole –

224 Vgl. *Bucher*, Symbol (s.o. S. 14, Anm. 11), 429.

R. Lachmann spricht sogar von »elementaren Glaubenssymbolen«[225] – darf nicht schon zu der Folgerung verleiten, sie seien nach symboldidaktischen Grundsätzen in Lernprozessen zu erschließen. Daher ist die Frage berechtigt: Was kann die Symboldidaktik überhaupt zum Aufbau einer Glaubenslehre für Jugendliche und Erwachsene beitragen?
Vor der Beantwortung dieser Frage ist eine Verständigung darüber erforderlich, welche Inhalte des überlieferten und gegenwärtigen Christentums als Glaubenssymbole von exemplarischer Bedeutung gelten können. Von besonderer Bedeutung für die Religionspädagogik ist der Versuch W. Lohffs, vier Problemkreise der Glaubenslehre, die von der Tradition vorgegeben sind, in Beziehung zu sozialpsychologischen und pädagogischen Interpretationsmodellen so auszulegen, daß Entsprechungen zu säkularer Humanität und pädagogischen Einsichten deutlich werden.

Die Grundsymbole *»Schöpfung«* und *»Gottebenbildlichkeit«* beziehen sich auf den Problemkreis der Bestimmung des Menschen; *»Fall«* und *»Sünde«* deuten die Grundsituation der Entfremdung des Menschen als Verfehlung seiner Bestimmung; die Symbole *»Versöhnung«* und *»Gnade«* verheißen die Überwindung der Entfremdung und eine heilsame Gestaltung des menschlichen Daseins; die Symbole *»Unsterblichkeit«* und *»Auferstehung«* beziehen sich auf das Problem der Erfüllung der menschlichen Bestimmung auch angesichts des Scheiterns in Grenzsituationen[226]. Lohff verfolgt bei seiner Interpretation der christlichen Glaubenssymbole die Intention, die *»Existenzbedingungen menschlicher Freiheit«* aufzeigen zu können: *Schöpfung* und *Gottebenbildlichkeit* zeigen, daß die relative Freiheit des einzelnen ermöglicht ist; menschliche Freiheit hängt ab von der Sensibilität für das, was Freiheit und Heil verhindert *(Sünde, Entfremdung)*; sie hängt ebenfalls ab von der Bereitschaft und Fähigkeit des Menschen, unbedingte Kommunikation zu üben *(Versöhnung)*; schließlich hängt die Freiheit von der Fähigkeit ab, das absolute Scheitern in den Horizont der Lebensbedingungen aufzunehmen *(Erlösung)*[227].

Zahlreiche Religionspädagogen haben Lohffs Weg der Interpretation der *Grundsymbole des christlichen Glaubens* (zweite Ebene der Grundarten religiöser Symbole nach Tillich) weiterverfolgt und Analogien wie Differenzen zwischen Glaubenssymbolen und Anthropologie herausgearbeitet[228].

225 Vgl. *Lachmann*, Grundsymbole, 16f.
226 Vgl. *W. Lohff*, Glaubenslehre und Erziehung, Göttingen 1974, 32.
227 Vgl. ebd., 65f sowie *K.E. Nipkow*, Grundfragen der Religionspädagogik, Bd. 1, Gütersloh 1975, 194f.214f.
228 Vgl. z.B. *K. Wegenast*, Der christliche Glaube als Lehre im Religionsunterricht, in: *G. Adam / R. Lachmann* (Hg.), Religionspädagogisches Kompendium, Göttingen 1984, 224–273, bes. 232f; *Lachmann*, Grundsymbole, 16.57–106.

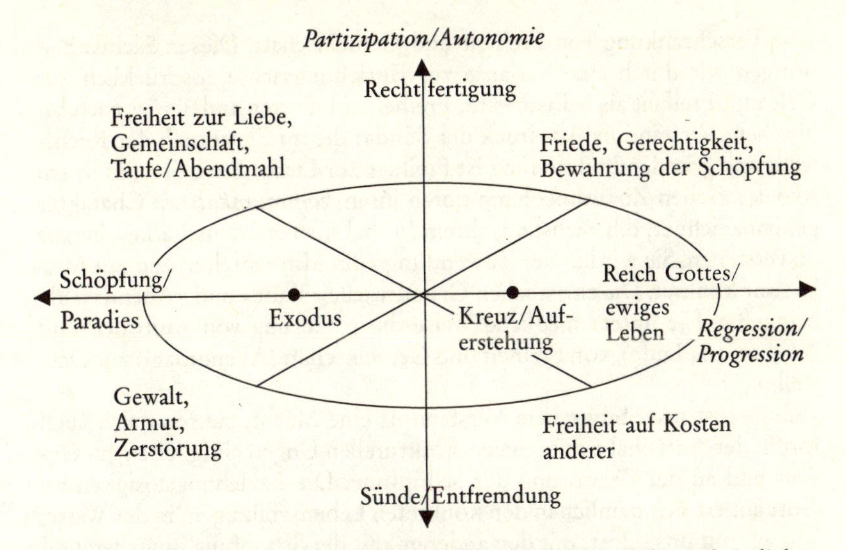

Im Sinne einer solchen Weiterführung haben wir das Gefüge christlicher Glaubenssymbole in Form einer *Ellipse* dargestellt, deren zwei *Brennpunkte* »Exodus« wie »Kreuz und Auferstehung« die geschichtliche Verankerung deutlich machen[229]. Die Brennpunkte liegen auf der Zeitachse, der sich die Grundambivalenz zwischen dem Gefühl, vorwärts gehen zu wollen oder sich (in das Paradies) zurückzuwünschen, zuordnen läßt *(Progression/Regression).* Diese Grundambivalenz wird durch die Symbole *»Schöpfung«* und *»Hoffnung«* auf das Reich Gottes zum Ausdruck gebracht. Nach Ricoeur liegen alle wahren Symbole am Schnittpunkt von Progression und Regression[230]. Der Raum- oder Beziehungsachse läßt sich dagegen die Grundambivalenz *Partizipation* und *Autonomie* zuordnen, also die Ambivalenz zwischen dem Gefühl, räumlich eingebettet zu sein, irgendwo eine Bleibe zu haben, oder dem, mich loszulösen, frei zu sein[231]. Diese Erfahrung nehmen die Symbole *»Rechtfertigung«* und *»Sünde«* auf. In der Rechtfertigung geht es nämlich um die Überwindung der Entfremdung durch die Erfahrung unbedingter Annahme (trotz der eigenen Unannehmbarkeit) und um die Re-Integration in eine neue Gemeinschaft. Nach Lohff variieren alle christlichen Heilssymbole – er nennt »Erlösung«, »Versöhnung«, »Gerechtigkeit« und »Rechtfertigung«, »Reich Gottes«[232] –, die sich jeweils auf veränderte Erfahrungsbedingungen beziehen, das christliche Verständnis der Überwindung von Entfremdung durch eine spezifi-

229 Vgl. *P. Biehl*, Symbole und Metapher, in: JRP 1 (1984), Neukirchen-Vluyn 1985, 29–64, hier: 50; die Skizze wird hier weiter ausgestaltet.
230 Vgl. *Biehl u.a.*, Symbole I, 55.
231 Vgl. *J. Scharfenberg / H. Kämpfer*, Mit Symbolen leben, Olten 1980, 172f. Die beiden Gegensatzpaare entsprechen den Antinomien, die *F. Riemann* zur Beschreibung der Grundformen von Angst herangezogen hat (Grundformen der Angst, München/Basel [12]1977, 12ff).
232 Vgl. *Lohff*, Glaubenslehre, 57.

sche Verschränkung von Freiheit und Gemeinschaft. Diesen Sachverhalt bringen wir durch eine Variante zur Beziehungsachse ausdrücklich zur Geltung: Freiheit als Selbstbesitz, Freiheit auf Kosten anderer ist nach biblischem Verständnis Ausdruck der Sünde; die im Freispruch der Rechtfertigung gründende Befreiung ist Freiheit zur Liebe; Freiheit ist in ihrem sozialethischen Zusammenhang durch ihren *kommunikativen* Charakter gekennzeichnet, d.h. sie ist aus ihrem Verhältnis zur Dienstbarkeit heraus zu verstehen. Sie wird in der Zuwendung zum Mitmenschen und zur Mitkreatur konkret. Die christlichen Grundrituale »Taufe« und »Abendmahl« bringen auf je unterschiedliche Weise die Erfahrung von Aufbruch und Neubeginn (Taufe), von Freiheit und Gemeinschaft (Abendmahl) zur Darstellung.

»Sünde« ist nach biblischem Verständnis eine Macht; sie setzt sich auch fort in der Anteilhabe an sozialen strukturellen Ungerechtigkeiten, an Gewalt und an der Zerstörung der Schöpfung. Die Beziehungslosigkeit zu Gott äußert sich nämlich in den konkreten Lebensvollzügen, in der Weise, wie wir mit uns selbst, mit den anderen, mit der Schöpfung umgehen und uns vom Hunger in der Welt, von der Sorge um den Frieden und von der weltweiten Ausbeutung der Natur bekümmern lassen. Neues Leben, wie es in dem in Christus gestifteten *Bund* verheißen ist, äußert sich ebenfalls konkret *in* der Todespraxis, nämlich als gemeinsames Vertrauen auf diese Zusage und als gemeinsames Handeln in der Perspektive von *Frieden, Gerechtigkeit* und *Integrität der Schöpfung*. Im konziliaren Prozeß werden diese Erwartungs- und Handlungsperspektiven als weltbezogene Konkretisierung christlicher Bundeserneuerung verstanden, die über eine Umkehr zu einer neuen Gemeinschaft der Hoffnung und des Teilens sowie zu einem vielstimmigen Loben Gottes führen kann. H. Schmidt hat herausgearbeitet, daß diese Erwartungsstruktur einerseits auf den Fundamentalsymbolen einer spezifischen religiösen Tradition beruht (»Bund«, »Nachfolge«), andererseits »universalisierte projektive Symbole (Gerechtigkeit, Friede, Schöpfung) enthält«, »die auch in post- und außerchristlichen Umgebungen handlungsrelevant« sein können[233]. Die entsprechende Achse in der Ellipse bringt am deutlichsten zum Ausdruck, wie die christliche Symbolwelt unter den Erfahrungsbedingungen der Gegenwart »weitergeschrieben« werden muß. Die Grundsymbole des christlichen Glaubens insgesamt stellen das dar, was Gott an uns und seiner Welt tut:

- Er schenkt Leben und schafft den Menschen zu seinem Gegenüber (Schöpfung, Gottebenbildlichkeit);
- er befreit die Unterdrückten aus Knechtschaft, Armut und Gewalt (Exodus);
- er »befreit« zur Freiheit und stiftet Gemeinschaft (Bund, Nachfolge);

233 *H. Schmidt*, Gerechtigkeit, Friede und Bewahrung der Schöpfung – Der konziliare Prozeß als Modell religiösen, ethischen und ökumenischen Lernens, in: JRP 9 (1992), Neukirchen-Vluyn 1993 (in Vorb., zit. nach dem Manuskript S. 25f).

- er erweist sich als der Mit-Leidende und schafft neues Leben mitten in der Todespraxis (Kreuz und Auferstehung);
- er rechtfertigt die Gott-losen (Rechtfertigung);
- er verheißt das Reich Gottes als eschatologischen Horizont universaler Humanisierung und des Friedens mit der Natur (Reich Gottes).

In diesem Handeln wird das dreifach unterschiedene, aber *eine* »Ereignis Gott« (H.-M. Barth) als Liebe wirksam. Gott ist in sich Liebe und gibt durch den Geist an der Liebe teil, so daß sie in der schöpferischen Ermöglichung der kommunikativen Lebenspraxis erfahrbar wird. Der christliche Glaube bekennt Gott als Schöpfer und Erhalter, Christus als Versöhner und Erlöser und den Heiligen Geist als Geist des Lebens und der Liebe. Das *Symbol der Dreieinigkeit* ist daher das »alles umschließende Symbol« des christlichen Glaubens[234].

Dieser knappe Beschreibungsversuch läßt erkennen, daß es sich um die *zentralen* Symbole des christlichen Glaubens handelt, die sich als schöpferische Träger des Überlieferungsprozesses erwiesen haben und im Leben der christlichen Gemeinde aktualisiert werden[235]. Aus ihnen lassen sich theologische *Grundkategorien* entwickeln; mit deren Hilfe können Themen strukturiert und Lerneinheiten, seien sie symboldidaktisch, problemorientiert oder wirkungsgeschichtlich konzipiert, *theologisch beurteilt* werden[236].

Wir verstehen die Glaubenssymbole als das *Fundamentale* des christlichen Glaubens. Das Fundamentale ist der »Inbegriff jener umfassenden Grunderfahrungen«, die eine Dimension der (religiösen) Wirklichkeit konstituieren. Dazu gehört das Ensemble von Grundsymbolen und Kategorien[237], in denen die (überlieferten) Aspekte des Glaubens zur Geltung kommen, die eine Erfahrung als christlich qualifizieren.

R. Lachmann bezeichnet demgegenüber Gott als das Fundamentale der fachdidaktischen Reflexion, die Glaubenssymbole als das Elementare, an dem das Wesentliche des Gottesglaubens erfaßt werden kann[238]. Faßt man das Elementare als *didaktischen* Begriff, handelt es sich um eine *Beziehungskategorie*. Sie hat ihren Ort an der Stelle der Begegnung zwischen Subjekt und Objekt; es geht bei dem Elementaren nämlich um die Stiftung einer bildenden Beziehung im Prozeß der wechselseitigen Erschließung von Subjekt und Objekt. Was elementar im Sinne der Bildung ist, kann daher nicht allein von der Sache »abgeleitet« werden[239]. Es wird sich also erst in der Begegnung mit den Symbolen herausstellen, ob elementare Erfahrungen gemacht wer-

234 *Ebeling*, Dogmatik III, 534.
235 Vgl. *Schmidt*, Leitfaden, 202.
236 Ein erster Versuch, theologische Grundkategorien zu bestimmen, wurde unternommen in: *P. Biehl*, Zur Funktion der Theologie in einem themenorientierten Religionsunterricht, in: *H.-B. Kaufmann* (Hg.), Streit um den problemorientierten Unterricht, Frankfurt/M. 1973, 64–79. Vgl. dort auch das didaktische Strukturgitter (73). *H.K. Berg*, Ein Wort wie Feuer, München/Stuttgart 1991, 429ff spricht von »Grundbescheiden«.
237 *W. Klafki*, Studien zur Bildungstheorie und Didaktik, Weinheim 1963, 123.
238 Vgl. *Lachmann*, Grundsymbole, 16.
239 Vgl. *W. Klafki*, Art. Das Elementare, Fundamentale, Exemplarische, in: Pädagogisches Lexikon, hg. v. *H.-H. Groothoff / M. Stallmann*, Stuttgart/Berlin ⁵1971, 251–256, hier: 254.

den können. Um diesen Prozeß möglichst optimal zu fördern, muß die didaktische Reflexion die *elementaren Strukturen* und die *elementaren Zugänge* (Objektseite) und die *elementaren Anfänge* und die *elementaren gesellschaftlichen Vermittlungsgestalten* (Subjektseite) bestimmen[240]. Nun haben wir selbst eine bestimmte Symbolsorte als »elementar« charakterisiert, nämlich jene Symbole, zu denen Lernende eine unmittelbare Beziehung haben (»Brot«, »Wasser«, »Licht«, »Luft«, »Hand« ...). Strenggenommen wird damit nur *ein* Strukturelement des Symbols gekennzeichnet; denn ob es zu einer wechselseitigen Erschließung kommt, ist durch die unmittelbare Beziehung keineswegs sichergestellt. Das uns Nächstliegende kann das Fernste sein.

Die Grundsymbole sollen nicht nur *Kriterien* von Lernprozessen sein, sondern mit zunehmendem Alter der SchülerInnen selbst *Thema* des Unterrichts werden.
Ob dabei der symboldidaktische Ansatz zur Geltung kommen kann, hängt von der Struktur des Symbols ab. Sie haben nämlich unter den Erfahrungsbedingungen der Gegenwart *einen unterschiedlichen Bildgehalt bzw. ästhetische Qualität* (gibt es etwa entsprechende Darstellungen in der bildenden Kunst?). Die Symbole bieten daher von sich aus unterschiedliche Möglichkeiten ganzheitlicher Erschließung und eines handlungsorientierten Umgangs. Ferner spielt es eine Rolle, ob *der anthropologische Sinn der Glaubenssymbole* erfahrungsnah erschlossen werden kann. Von diesen Möglichkeiten hängt nämlich der Versuch zu einer *Re-symbolisierung* der zu Formeln erstarrten Glaubenssymbole ab[241].
Unter dem Gesichtspunkt der sinnlichen Zeichenhaftigkeit bzw. ästhetischen Qualität bieten sich für symboldidaktisch orientierte Lernprozesse die Symbole »Schöpfung«, »Exodus«, »Kreuz« und »Auferstehung«, »Reich Gottes«, »Trinität«[242] und die Grundrituale »Taufe« und »Abendmahl« an.
Bei der Trias »Friede, Gerechtigkeit, Bewahrung der Schöpfung« wird sich wegen der sozialethischen Implikationen des konziliaren Prozesses ein projektartiges Lernen nahelegen, bei dem sich problemorientierte und symboldidaktische Komponenten verschränken.
Wie bei den Ritualen »Taufe« und »Abendmahl« bereits deutlich wurde, handelt es sich auch bei den Glaubenssymbolen meistens um *Symbolkomplexe*[243]. Bei solchen Symbolkomplexen haben wir davon auszugehen, daß von den Erfahrungen einer bestimmten Lebensphase her zu den einzelnen Symbolen unterschiedliche Zugangsmöglichkeiten bestehen und dementsprechend das Verständnis des Glaubenssymbols prägen. »Schöpfung« stellt unter ökologischer Perspektive einen Symbolkomplex dar, bei dem zahlreiche Symbole in Beziehung zueinander stehen (»Licht«, »Wasser«,

240 Vgl. dazu genauer *Biehl*, Erfahrung, 193ff.
241 Vgl. dazu *Biehl u.a.*, Symbole I, 187ff.
242 *Lachmann*, Grundsymbole, 110–113 schlägt im Hinblick auf die Trinität zwei Lernwege vor, von denen einer symboldidaktisch verläuft.
243 Bei der Taufe waren es die Symbole »Kind«, »Name«, »Kreuz«, »Licht«, »Kleid«, »Hände« (»Segen«), »Wasser«.

»Geist«, »Garten«, »Lebensbaum«, »Sintflut«, »Arche«, »Regenbogen« ...). Entsprechendes gilt für das Symbol des »Reiches Gottes«; in diesem Symbolkomplex kehren bestimmte Symbole des Anfangs unter dem Gesichtspunkt der eschatologischen Fülle wieder.

Wir stoßen hier auf den bereits genannten Sachverhalt, daß die Glaubenssymbole religiöse Gegenstandssymbole (dritte Ebene) aufgenommen haben. Sie erfahren innerhalb des Symbolkomplexes eine bestimmte Interpretation. Die Glaubenssymbole und Rituale stehen aber auch untereinander in Beziehung und interpretieren sich wechselseitig. So haben wir bei der Deutung der Säuglingstaufe herausgearbeitet, wie sich die Dimension des rettenden (rechtfertigenden) und des segnenden (schöpferischen) Handelns Gottes miteinander verbinden.

Bei der Gesamtanlage von Lernprozessen in den Jahrgangsstufen wäre also darauf zu achten, daß die genannten Grundsymbole bei unterschiedlicher Schwerpunktbildung in einer Weise berücksichtigt werden, daß *das Gesamt der christlichen Symbole* wahrnehmbar wird.

Eine elementare Glaubenslehre wird am fruchtbarsten durch die *Verkettung von Einsichten* aufgebaut, die bei projektartigen Unterrichtsvorhaben mit bildender Wirkung gewonnen werden.

Bei den meisten bisher genannten Glaubenssymbolen und Ritualen treffen die beiden genannten Gesichtspunkte zu, d.h. sie stellen sich in sinnlicher Zeichenhaftigkeit dar und lassen sich in ihrem anthropologischen Sinn erschließen. Das Kreuz als tiefste menschliche Erfahrung und deren Grenze sowie das Reich Gottes als Ende und Überbietung aller Erfahrung stellen ein erfahrungsorientiertes Lernen vor besondere Probleme. Bei den Symbolen der Beziehungsachse Sünde/Rechtfertigung ist der eigene Bildgehalt so weit reduziert, daß ihr anthropologischer Sinn erst (wieder) erschlossen werden muß, bevor der Zugang zu der *mehrfachen* theologischen Bedeutung gewonnen werden kann[244].

Beim Symbol »Rechtfertigung« ist auch der umgekehrte Weg denkbar, daß von einem bestimmten theologischen Sinn (z.B.: wir erfahren vorbehaltlose Annahme) ausgegangen wird, von dem her ein überraschendes Licht auf menschliche Erfahrungen (z.B.: wir sind lebensnotwendig auf Anerkennung angewiesen) fällt.

Der Aspekt Rechtfertigung und Anerkennung bzw. Leistung und Gerechtigkeit wird didaktisch sachgemäß in *problemorientiert* strukturierten Lerneinheiten unterrichtet. Der Aspekt erfordert nämlich die kritische Frage nach den gesellschaftlichen Strukturen, die lebensnotwendige Anerkennung Menschen vorenthalten, und weiterführende Überlegungen, wie die Strukturen gerechter gestaltet werden können. Rechtfertigung und Recht bzw. Gerechtigkeit Gottes und soziale Gerechtigkeit sind zu unterscheiden, aber zugleich in ihrem Zusammenhang wahrzunehmen.

244 Vgl. z.B. *G. Brockmann / D. Stoodt*, Sünde – Versuch der Erschließung eines zentralen christlichen Symbols, Frankfurt/M. u.a. 1981.

Daneben bietet sich zum Symbol »Rechtfertigung« ein *zweiter* Lernweg an, der nach *symboldidaktischen* Kriterien gestaltet werden kann. Nach reformatorischem Verständnis bleibt die Rechtfertigung nie ohne Folgen, doch das Ansehen Gottes, seine Zuwendung zum Menschen, ist immer grund- und bedingungslos. Die Gerechtigkeit der Person gewinnt der Mensch also nicht im Medium ethischer Verwirklichung, überhaupt nicht in der Dimension des Tuns, Machens, Habens, sondern als *Empfangender*. Der rechtfertigende Glaube ist ein Ortswechsel, der den Menschen aus dem Bereich des Habens in den des Seins versetzt. Der Mensch läßt sich nicht als »Täter« definieren; er ist vielmehr darauf angewiesen, daß er sein Recht empfängt. Aktivität und Passivität lassen sich jedoch nicht gegeneinander ausspielen, sondern gehören dialektisch zusammen. Gerade am Kind läßt sich erkennen, wie sich Aktivität und Passivität in demselben Subjekt verbinden. Das Person-Sein, das der Mensch empfängt, begründet und ermöglicht die Aktivität neu. Auch im Geschehen der Liebe sind Aktivität und Passivität unlösbar miteinander verschränkt. In ihr werden wir aus Habenden zu Seienden.

Der Streit um das Verständnis des Menschen wird im Streit um die leitenden Symbole ausgetragen, im Streit darum, welche Symbole sich am Ende als wahr erweisen. Sind es die Symbole, in denen sich der Mensch als einer darstellt, der das ist, was er aus sich macht, die Symbole der Herrschaft, der Macht, des Konsumismus, des Habens? Oder erweisen sich die Symbole als wahr, in denen sich der Mensch als einer darstellt, dessen Person-Sein *vor* dem Haben rangiert, also die Symbole der Kindschaft, der Liebe, des Teilens, des Seins?

Dieser Streit kann auch didaktisch zum Austrag kommen.

5 Materialien

5.1 Materialien zum Symbol »Brot« und zum Abendmahl (M 1 – M 16)

5.2 Materialien zum Symbol »Wasser« und zur Taufe (M 17 – M 28)

5.3 Materialien zum Symbol »Kreuz« (M 29 – M 43)

M 1

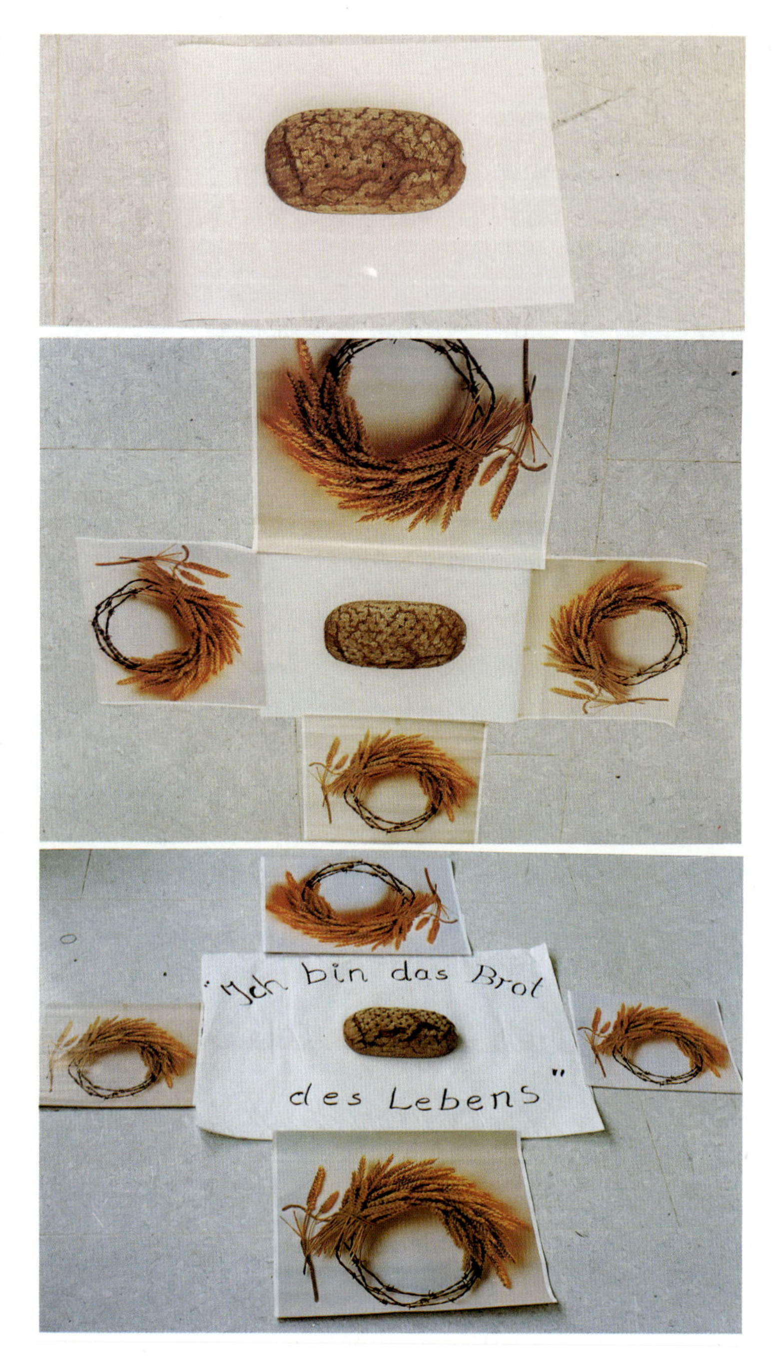

Brote
Fotos: Heike Klischka

Bewahre uns, Gott

M 2/1

Text: Eugen Eckert, Melodie: Andreas Ruuth

M 2/2 Das Lied vom Samenkorn

2. Er geht den Weg, den alle Dinge gehen.
   Er trägt das Los, er geht den Weg,
   er geht ihn bis zum Ende.
3. Der Sonne und dem Regen preisgegeben,
   das kleinste Korn in Sturm und Wind
   muß sterben, um zu leben.
4. Die Menschen müssen füreinander sterben:
   das kleinste Korn, es wird zum Brot,
   und einer nährt den andern.
5. Den gleichen Weg ist unser Gott gegangen,
   und so ist er für dich und mich
   das Leben selbst geworden.

Text: Huub Oosterhuis, Übertragung: Johannes Bergsma
Melodie: bei Coussemaker 1856
Aus: Du bist der Atem meiner Lieder, 1976, S. 60 (Lied Nr. 45)

M 3

Luk 22,15–20

15 Und er sprach zu ihnen: Mich hat sehnlich verlangt, dieses Passamahl mit euch zu essen, bevor ich leide. 16 Denn ich sage euch: Ich werde es nicht mehr essen, bis es in seiner Vollendung gefeiert wird im Reiche Gottes. 17 Und er nahm den Kelch, sprach das Dankgebet darüber und sagte: Nehmet ihn und teilet ihn unter euch! 18 Denn ich sage euch: Ich werde von jetzt an vom Gewächs des Weinstocks nicht [mehr] trinken, bis das Reich Gottes gekommen ist.

19 Und er nahm Brot, sprach das Dankgebet darüber, brach es, gab es ihnen und sagte: Das ist mein Leib, der für euch hingegeben wird; das tut zu meinem Gedächtnis! 20 Und ebenso nach der Mahlzeit den Kelch und sagte: Dieser Kelch ist der neue Bund in meinem Blute, das für euch vergossen wird.

18 Denn ich sage euch: Ich werde von jetzt an vom Gewächs des Weinstocks nicht [mehr] trinken, bis das Reich Gottes gekommen ist.

1Kor 11,23–26

23 Denn ich habe vom Herrn her empfangen, was ich euch auch überliefert habe, daß der Herr Jesus in der Nacht, in der er verraten wurde, Brot genommen hat, 24 und als er das Dankgebet darüber gesprochen, hat er es gebrochen und gesagt: Das ist mein Leib für euch; das tut zu meinem Gedächtnis! 25 Desgleichen auch den Kelch nach dem Essen, indem er sagte: Dieser Kelch ist der neue Bund in meinem Blute; das tut, sooft ihr [daraus] trinkt, zu meinem Gedächtnis! 26 Denn sooft ihr dieses Brot eßt und den Kelch trinkt, verkündigt ihr [damit] den Tod des Herrn, bis er kommt.

**Passa(fest)* (hebr. *päsach*, griech. *pascha* = Leiden) jüdisches Fest zur Erinnerung an den Auszug aus Ägypten (Ex 12), gefeiert am Abend des 14. Nisan, d.h. am Abend des ersten Frühlingsvollmondes; zum Fest gehörten ein Osterlamm, ungesäuertes Brot (Mazzen) und bittere Kräuter.

Aufgaben:

1. Notieren Sie stichwortartig die Gemeinsamkeiten und Unterschiede der beiden Textpassagen aus dem Neuen Testament.
2. Schreiben Sie bitte die zentralen Wörter aus den Texten heraus, an denen Ihrer Meinung nach die *Bedeutung* des Abendmahls deutlich wird. Geben Sie jeweils eine kurze Erläuterung.

M 4 Konflikt in Korinth

Ich bin Schreibsklave in der großen Korinthischen Handels- und Gewerbebank. Wir haben Filialen in Patrae, Athen, aber auch in Rom, Alexandria und Marseille. Unsere Bank wurde gegründet vor etwa fünfzig Jahren, als die großen isthmischen Spiele hier in Korinth wieder eingeführt wurden. Wir führen Wechselgeschäfte für die Besucher der Sportwettkämpfe durch, vermitteln aber auch Kredite für die Metallindustrie und gelegentlich für die Provinzverwaltung von Achaia.
Einer meiner Kollegen ist Schreibsklave bei der Provinzverwaltung. Er heißt Tertius. Wir lernten uns in der Abendschule kennen, wo wir in die griechische und römische Handelskorrespondenz eingeführt wurden. Wir müssen nämlich für unsere Arbeit nicht nur die griechische, sondern auch die römische Fachterminologie kennen. Dieser Tertius nun lud mich vor kurzem zu der Kultveranstaltung einer Sekte ein, die die Sekte der »Christen« genannt wird. Ich wußte von dieser Sekte nur vom Hörensagen und benutzte daher die Gelegenheit, mit Tertius an eine ihrer Veranstaltungen zu gehen. Allein hätte ich mich nicht getraut.
Tertius holte mich also nach Schalterschluß in der Korinthischen Handels- und Gewerbebank ab. Die letzten Kunden hatten das Gebäude verlassen. Ich versorgte – unter der Aufsicht des Obersklaven – die Münzen, Kreditbriefe und Buchhaltungsbücher und machte mich mit Tertius auf den Weg. Heute, sagte er, sei eine besonders wichtige Zusammenkunft. Sie, die Christen von Korinth, hätten nämlich einen Brief an den Gründer der Gemeinde, einen Menschen namens Paulus, geschickt. Heute würde ein Teil seiner Antwort verlesen und studiert.
Von Paulus hatte ich schon früher gehört. Vor zwei oder drei Jahren war er in einen Streit mit einer Partei der Juden verwickelt worden. Die ganze Sekte war vor den Prokonsul Gallio gekommen. Aber dieser merkte bald, daß es sich hier um eine innerjüdische Streitigkeit handelte, um gewisse Auslegungen ihrer Bücher. Er hielt es nicht für seine Sache, in diese Auseinandersetzung einzugreifen, und hatte unbeteiligt zugeschaut, wie der Synagogenvorsteher verprügelt worden war.
Die meisten Korinther waren übrigens der Meinung, die Sekte der Christen sei eine Partei der Juden. Andere sagten, es sei purer Aberglaube. Jedenfalls hatten die Christen sich eine Zeitlang bei einem gewissen Titius Justus getroffen, der direkt neben der Synagoge wohnte. Aber aus Bemerkungen von jüdischen Kunden hatte ich erfahren – und mein Begleiter Tertius bestätigte dies –, daß die Sekte der Christen sich endgültig mit der Synagoge verkracht hätte. Es ging hier um Fragen der Beschneidung, des Sabbats und gewisser Menüvorschriften. Die Einzelheiten interessierten mich nicht. Man muß sowieso vorsichtig sein mit jüdischen Kunden, daß man keine unvorsichtigen Bemerkungen macht über ihre Religion. Sonst kann es passieren, daß sie die Geschäftsverbindung mit der Korinthischen Han-

dels- und Gewerbebank abbrechen und zur Konkurrenz, der Gräco-Ägyptischen Kreditbank, übergehen. Und das gibt dann Ärger mit dem Chef, dem Obersklaven. Immerhin etwa ein Zehntel der Einwohner Korinths unterstützen die Synagoge der Juden finanziell und besuchen gelegentlich ihre Gottesdienste. Da ist man besser vorsichtig.
Die Zusammenkunft der Christen fand an diesem betreffenden Sonntagabend nicht bei Titius Justus statt. Tertius sagte mir, die christliche Sekte hätte sich so vermehrt, daß sie unterdessen größere Prämissen hätte suchen müssen und jetzt im Hause des stadtbekannten Gajus zusammenkomme. Gajus war übrigens ein Freund des Vorstehers des korinthischen Bauamtes, Erastus, der sowohl ein Vorgesetzter von Tertius wie auch ein Mitglied des Verwaltungsrates unserer Bank war. Im übrigen war mir noch bekannt, daß der ehemalige Synagogenvorsteher Krispus, ebenfalls ein Kunde meiner Bank – über sein Bankkonto bei uns darf ich selbstverständlich keine Angaben machen –, bei den Christen eine ziemliche Rolle spielt.
Dies und anderes beredete ich mit Tertius auf dem Wege. Er nannte die Sekte der Christen immer »die Bürgerversammlung Gottes«. Ich hatte noch nie vorher gehört, daß ein so merkwürdiges Wort, das ich sonst nur aus alten Geschichtsbüchern kannte, für einen religiösen Kultverein benutzt wurde. Ich fragte ihn, warum sie ein so merkwürdiges Wort zur Selbstbezeichnung verwendeten. Er wußte aber keine Antwort. Es heißt einfach so. Im übrigen seien sie nicht einfach eine Kultvereinigung neben anderen, sondern das neue Volk Gottes, die Heiligen der letzten Tage, die Bürgerschaft Gottes. Nun ja, dachte ich, jeder will eben für seine Religion Propaganda machen.
Als wir im Hause des Gajus ankamen, waren schon etwa zwanzig bis dreißig Personen versammelt, meistens bessere Leute aus Korinth, entweder Schreib- oder Haussklaven wie ich selber oder aber relativ begüterte Beamte und Gewerbetreibende. Selbstverständlich waren auch Krispus, der ehemalige Synagogenvorsteher, und Erastus, der Vorsteher des korinthischen Bauamtes, da. Letzterer begrüßte mich persönlich herzlich, wodurch ich mich – ich muß das wohl zugeben – sehr geschmeichelt fühlte. Er sagte, er freue sich, mich hier anzutreffen, und bot mir auch gleich einen Becher Wein, Weintrauben und Nüsse an. Im ganzen herrschte eine gelockerte Stimmung, anders als bei offiziellen Empfängen. Die meisten Neuankömmlinge brachten etwas Eßbares mit: Früchte, Brot, Käse, Oliven, Blumen. Alles wurde auf einen großen Tisch gelegt. Ich war etwas verlegen, da ich nichts mitgebracht hatte.
Der Innenhof der Villa des Gajus füllte sich mehr und mehr. Nach der Abenddämmerung kamen auch Hafenarbeiter. Hätte man sie nicht gesehen, man hätte sie gerochen, denn sie brachten den typischen Geruch der Hafenarbeiter mit sich: Salzwasser und Fisch. Zudem kam nach acht Uhr eine ganze Clique von Hilfsarbeitern – alles Sklaven, wie man schon ihrem Benehmen anmerkte – und ausländische Arbeitskräfte aus Oberägypten und anderen entlegenen Orten des römischen Reiches. Unter sich redeten

M 4 sie übrigens weder griechisch noch lateinisch, sondern irgendeinen barbarischen Dialekt. Erastus begrüßte sie ebenfalls und schenkte ihnen Wein ein, wie allen anderen. Allerdings reichte es nicht mehr für alle, denn sie hatten offenbar einen Riesendurst.
Nun stellten sich Krispus und Gajus hinter einen Tisch, auf dem Brote lagen. Auch ein großer Kelch war sichtbar. Drüben bei den Hilfsarbeitern und Ausländern war mir schon lange eine etwas exotische Frau aufgefallen mit kurzgeschnittenen Haaren und einem purpurnen Kleid. Soweit ich das im Licht der unterdessen angezündeten Fackeln feststellen konnte, bewegte sie eine kleine Handtrommel, eine Art Tamburin. Die Hilfsarbeiter standen auf und stampften mit den Füßen den Takt des Tamburins mit. Ich merkte, daß sie in außerordentlich scharfen und zackigen Rhythmen und archaischen, fast einfältigen Harmonien ein Wort ständig wiederholten. Es hieß »marana-tha«*, wobei sie die zweitletzte und die letzte Silbe betonten: »marana-tha«. Als sie geendet hatten, nahm Krispus einen Brotfladen, hielt ihn hoch, sprach ein kurzes Dankgebet, brach ihn und sagte: »Das ist mein Leib für euch. Tut dies zu meinem Gedächtnis!« Ich gab Tertius einen Puff, denn ich hielt das für einen schlechten Witz, mußte aber sehen, daß er tief im Gebet versunken war und nicht merkte, was um ihn her vorging. Nun wurde das Brot in Stücke gebrochen und verteilt. Nach kurzer Zeit hielt Krispus auch den Kelch hoch und sagte: »Dieser Kelch ist der neue Bund in meinem Blute. Das tut, sooft ihr daraus trinkt, zu meinem Gedächtnis. Denn sooft ihr dieses Brot eßt und den Kelch trinkt, verkündigt ihr damit den Tod des Herrn, bis er wiederkommt!«

* *marana-tha* (aramäisch), »unser Herr, komm!«: Gebetsruf aus der palästinischen Urgemeinde, der, als heilige Formel unübersetzt, auch von griechisch sprechenden Gemeinden übernommen wurde.

Aus: W.J. Hollenweger, Konflikt in Korinth, [6]1990, 9–13

Fragen:
1. Was wird in dem Text über die soziale Zusammensetzung dieser frühen christlichen Gemeinde (ca. 35 n.Chr.) und über ihr Verhältnis zur jüdischen Synagoge gesagt?
2. Wie feierte die Gemeinde in Korinth das Abendmahl? Worin lag der »Konflikt«?

Leonardo da Vinci, Das Abendmahl, 1495/98
Druckvorlage (mit freundlicher Genehmigung): Reiter Kunstverlag AG (CH-8123 Etmatingen-Zürich)

M 6

Siegfried Rischar, Ich bin bei Euch – Das Abendmahl, frei nach Leonardo da Vinci (1982), 160 × 115 cm Öl auf Leinwand

Harald Duwe, Abendmahl (1978), 160 × 280 cm Öl auf Leinwand (Evang. Akademie Tutzing)

M 8/1

Ben Willikens, Abendmahl (1976/79)
Aus: A. Mertin / H. Schwebel, Kirche und moderne Kunst, Frankfurt/M. 1988, 122

M 8/2

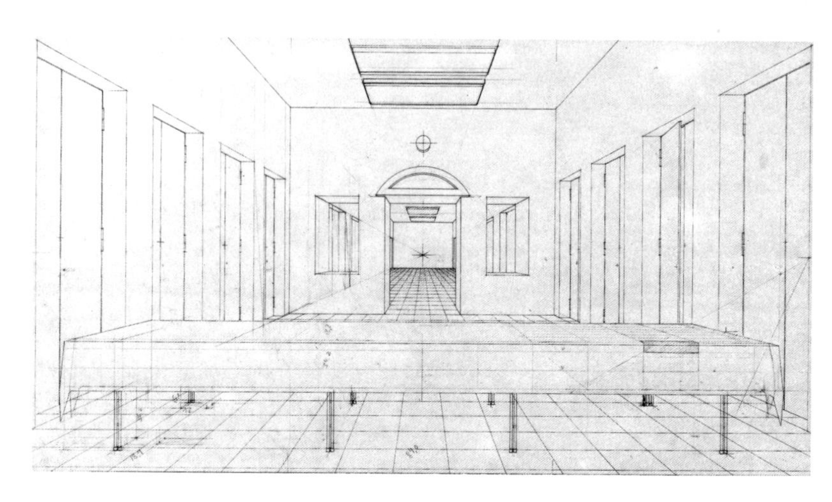

Ben Willikens, Abendmahl (1977), 1. Entwurf: Perspektivkonstruktion, 102 × 73 cm Bleistift auf Karton

M 9/1

Jan Scheffer. – Text des Schülers: Dieses Bild stellt die Ungerechtigkeit der Welt dar: Die bevorzugten, wenigen Menschen auf der einen Seite; und die armen, vielen Menschen auf der rechten Seite. Sie sind kurz vor'm Sterben und müssen zusehen, wie die Reichen, in dem Denken, daß Gott auf ihrer Seite steht, sich über(fr)essen.

M 9/2

MOTTO: Alle Menschen, egal ob arm und reich, groß und klein, sollen heute beisammensein!

M 9/3

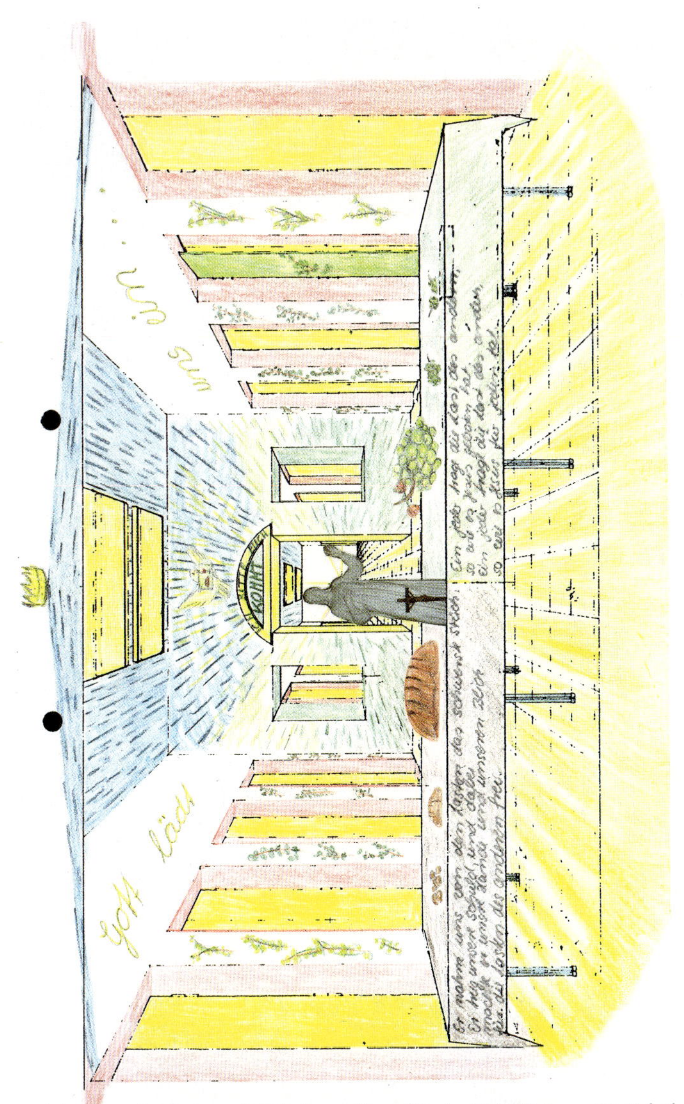

Miriam Bartels, Kommt (1990), Buntstift auf Papier 30 × 18,5 cm. Die Schülerin schreibt zu ihrer Zeichnung folgenden Text: »Ich möchte zu diesem Bild keine Interpretation geben, da ich mir in manchen Punkten z.T. selbst nicht ganz darüber im klaren bin, warum ich das Abendmahl so und nicht anders dargestellt habe. Der Text auf dem Tischtuch stammt aus einem Lied aus dem Liederbuch ›Gott lädt uns ein‹. Zum Bild aber trotzdem noch: Das Ganze bildet ein Schiff (Arche); Jesus steht im Mittelpunkt (es handelt sich um die bislang einzige Skulptur, die ich von ihm sah, auf der er nicht gekreuzigt, sondern segnend dargestellt wird – aus der Gruftkapelle Thurn und Taxis in Regensburg); der Schmuck an den Wänden stellt Ölzweige (Ölberg) dar; die Anlage des Raumes weist fluchtpunktartig auf die Taube an der Rückwand (mit Abendmahlssymbolen); Farben an der Rückwand: vom Himmel zur Erde leuchtend; ein weiterer Hinweis: die 2. Tür an der rechten Seite ist die einzige offenstehende; zur Bedeutung der Farben: grün = Hoffnung, gelb = Licht (Wärme . . .), rot = Liebe, blau = deutet auf »Herrscher«, auch Unendlichkeit/Weite. Jesu Herz befindet sich fast exakt im Fluchtpunkt des Raumes, oder: von ihm gehen Strahlen der Liebe aus.«

M 9/4

Bild der Schülerinnengruppe (ohne Namen)
Foto: Rudolf Tammeus

M 10

Alfred Hrdlicka: Emmaus – Abendmahl – Ostern, aus dem »Plötzenseer Totentanz«, 1972, Graphit und Kohle auf Holz, überlebensgroß; Berlin, Evang. Gemeindezentrum Plötzensee

M 11 Paul Celan
Tenebrae

Nah sind wir, Herr,
nahe und greifbar.

Gegriffen schon, Herr,
ineinander verkrallt, als wär
der Leib eines jeden von uns
dein Leib, Herr.

Bete, Herr,
bete zu uns,
wir sind nah.

Windschief gingen wir hin,
gingen wir hin, uns zu bücken
nach Mulde und Maar.

Zur Tränke gingen wir, Herr.

Es war Blut, es war,
was du vergossen, Herr.

Es glänzte.

Es warf uns dein Bild in die Augen, Herr.
Augen und Mund stehn so offen und leer, Herr.
Wir haben getrunken, Herr.
Das Blut und das Bild, das im Blut war, Herr.

Bete, Herr.
Wir sind nah.

Aus: P. Celan, Sprachgitter

James Krüss
Die Geschichte eines Knaben

M 12

In Montenegro, im Land der Schwarzen Berge, lebte in alter Zeit ein Knabe namens Blascho Brajowitsch, ein Junge mit großen, fast schwarzen Augen, der als einziges Kind der näheren und weiteren Umgebung lesen und schreiben konnte, weil auf seinen eigenen Wunsch ein Pope es ihm beigebracht hatte. Während die anderen Knaben seines Alters sich danach sehnten, so schnell wie möglich Gewehr und Schnauzbart eines Mannes zu verdienen, hatte Blascho nur den einen Wunsch: ein kluger Mann zu werden, wenn möglich, so klug wie der Herr Fürstbischof.
Blaschos Vater Rade, ein Hüne von zwei Zentnern, der die Pistole und die Flinte liebte wie ein anderer seine Pfeifen, pflegte seinen Sohn »das Lamm« zu nennen. Oft fragte er sich sorgenvoll: »Was wird aus ihm, wenn die Wölfe kommen?«
Der große starke Mann meinte mit den Wölfen nicht etwa die Türken, gegen die in den montenegrinischen Bergen seit undenklichen Zeiten ein immerwährender Kleinkrieg geführt wurde; er meinte vielmehr: Männer des eigenen Volkes, Männer aus Stämmen, die mit seinem Stamm verfeindet waren.
Denn zu jener Zeit gab es in Montenegro die Blutrache noch, die sich wie eine unheilbare Krankheit fortschleppte von Geschlecht zu Geschlecht. Das Heldenlied vom kleinen Volk, das in seinen Bergen der türkischen Übermacht widerstand, war zugleich das Trauerlied eines unter sich in Zwist und Hader zerrissenen Volkes. Man erschoß oder erschlug Männer aus anderen Stämmen, weil jene zuvor Männer des eigenen Stammes umgebracht hatten. Mord zeugte Mord in einer Kette ohne Ende.
Da es nun als schimpflich galt, an Frauen und Kindern Rache zu üben, da nur ein erschlagener Mann der Blutrache Genüge tat, war es eine männermordende Zeit. Blaschos Mutter und seine beiden Schwestern unterbrachen ängstlich Gespräche oder Arbeit, wenn sie in den Bergen einen Schuß dröhnen hörten; denn es konnte sein, daß statt eines Bären oder Hasen Rade, der Mann und Vater, getroffen war.
Der Knabe Blascho hatte anfangs wie die Frauen gezittert, wenn das Echo eines Schusses von den Felswänden herübergeworfen worden war. Aber mit zunehmendem Alter und mit dem Fortschritt, den er im Lesen und Schreiben machte, hatte die Angst um den Vater nachgelassen. Er hatte erkannt, daß sein Vater zwar wild und rasend wie ein Stier sein konnte, aber zugleich von füchsischer Vorsicht war. Er bangte nicht mehr um des Vaters Leben. Statt dessen machte er sich von Jahr zu Jahr mehr Gedanken über die Männer, die mit Pistolen und Flinten rächend durch das Gebirge zogen und Haus, Feld und Kinder den Frauen überließen. Gewöhnlich lag er in seinem weißwollenen Hirtenmantel mit den schwarzen Säumen unter dem

M 12 Granatapfelbaum im Gras und hatte die Bibel bei sich, das einzige Buch, das es im Hause gab.
Blascho hatte in der Bibel Sätze gelesen, die er noch nie aus montenegrinischem Munde gehört hatte, nicht einmal aus dem Munde des Fürstbischofs. Er hielt diese Sätze deshalb für Geheimnisse, die man nicht aussprechen durfte. In ihnen war die Rede davon, daß man seinen Feinden vergeben, ja, daß man sie sogar lieben solle. Es war die Rede von den Friedfertigen, die selig sind, und von denen, die in das Himmelreich kommen, wenn sie nur wie die Kinder werden.
Wenn Blascho, im Grase liegend, hinaufsah in das Grün des Granatapfelbaums, dessen Früchte sich im steigenden Jahr langsam röteten, dann dachte er oft an den lustigen Onkel Petar, den Bruder seiner Mutter, der eines sonnigen Sonntagmorgens schreiend und wie ein Betrunkener schwankend unter diesen Baum getaumelt war. Zwischen den Fingern seiner Hände, die er über dem Herzen gehalten hatte, war ein Strom von Blut hervorgequollen und hatte Wams und Hose besudelt. Hier unter diesem Baum war Onkel Petar vornüber ins Gras gestürzt. Hier hatte er gerufen: »Rächt mich! Es waren ...«
Die Stimme war gebrochen, ehe Onkel Petar seine Mörder genannt hatte, und er war gestorben, ehe die Frauen aus dem Haus gekommen waren. Damals hatte den Knaben Blascho ein heiliger Zorn gepackt. Wer die Mörder waren, hatte er gewußt. Auch wenn Onkel Petar den Namen nicht mehr hatte aussprechen können. Es konnten nur die Djuranowitschi gewesen sein, mit deren Stamm sein eigener Stamm in Blutfehde lag.
Im Angesicht des toten Onkels hatte Blascho geschworen, später, wenn er Gewehr und Schnauzbart besäße, das Blut Onkel Petars mit Blut zu vergelten.
Aber inzwischen war der Mörder gerichtet und der Tote gerächt. Blaschos eigener Vater hatte den Mörder erstochen, als er ihm oben im Gebirge in einem Wald begegnet war. Dafür hatten die Djuranowitschi den jüngsten Bruder des Vaters erschlagen, den schönen Onkel Leka mit den schmalen Händen.
Nun war es nicht mehr Onkel Petar, sondern Onkel Leka, der gerächt werden mußte. Die blutige Fehde ging weiter ohne Hoffnung auf ein Ende, Auge um Auge, Zahn um Zahn, Mann um Mann.
Blascho, der Knabe, dachte jetzt mit Schaudern daran, daß er vielleicht eines Tages den kleinen Ivo erschlagen oder erschießen mußte, Ivo, mit dem zusammen er Forellen gegriffen hatte, ehe er erfuhr, daß Ivo zu den Djuranowitschi gehörte, mit denen sein Stamm in Blutfehde lag.
Blascho fand keinen Sinn mehr in dem blutigen Ringelspiel. Er dachte an die geheimnisvollen Sätze in der Bibel, er träumte von einem Reich des Friedens. Er wollte nicht mitspielen in diesem Karussell der Rache.
Deshalb schoß ihm vor freudiger Bestürzung wahrhaftig das Blut in den Kopf, als sein Vater eines Tages erklärte, am folgenden Festtag werde zwischen den beiden feindlichen Stämmen, den Djuranowitschi und den Bra-

jowitschi, seinem eigenen Stamm, eine Verhandlung stattfinden, um die Blutrache zu beenden.
»Was ist denn geschehen, Vater?« fragte Blascho in atemloser Verwunderung.
»Dein Großonkel Krso ist von einem Djuranowitschi erschossen worden. Ich hätte ihn noch am selben Tag rächen können ...«
»Aber du hast es nicht getan?« unterbrach Blascho den Vater.
»Nein. Ich habe es nicht getan. Der Bruder des dreimal verfluchten Mörders, Hazmi, der den türkischen Glauben und einen türkischen Namen angenommen hat, küßte mir den Schuh und bat um Verzeihung und um Frieden zwischen unseren Häusern.«
»Und du hast Frieden gemacht!« rief Blascho freudig erregt.
»Nein, mein Sohn. Das habe ich nicht. Wie kann ich, ein einzelner, für das ganze Haus den Frieden schließen. Ich habe nur nachgezählt, wie viele Männer wir und die Djuranowitschi noch haben. Und ich habe festgestellt, daß unsere beiden Häuser bald ohne Stammhalter sein werden, wenn die Fehde nicht aufhört. Deshalb müssen wir auf die Rache verzichten und Frieden machen. Ob es uns paßt oder nicht. Freitag ist die Verhandlung. Du führst mein Pferd.«
»Gern, Vater«, sagte Blascho. Und wieder schoß ihm Röte ins Gesicht.
Die Verhandlung fand auf einer Wiese unterhalb einer schroffen Felswand statt. Es war gegen Mittag. Die Sonne stand hoch. Die Luft war heiß und trocken. Wie üblich kamen alle zur Verhandlung: die Frauen in Schwarz, die Kinder hell gekleidet, die Männer bunt und in bestickten Wämsern, manche mit zwei Pistolen in den Schärpen.
Jede Familie erschien in der Ordnung, die die Sitte vorschrieb: Der Hausherr ritt, der älteste Sohn führte das Pferd, die übrige Familie folgte zu Fuß. Widerwillig und fast als letzter kam so auch der hünenhafte Rade mit seiner Familie an. Hoch aufgerichtet saß er auf dem schwarzen Hengst, den Blascho führte. Bei den Brajowitschi, die links lagerten und deren Ältester er jetzt war, ließ er halten. Behend trotz seiner mehr als fünfzig Jahre sprang er vom Pferd und setzte sich auf einen Feldstein, den ein junger Mann bei seiner Ankunft wortlos geräumt hatte. Noch im Sitzen überragte er alle anderen Brajowitschi.
Nach einem kurzen Gruß murmelte er mit einem Blick auf die Djuranowitschi, die auf der anderen Wiesenseite saßen: »Ich wünschte, sie führen alle zur Hölle.«
»Dann fahren wir mit, Rade«, sagte ruhig ein alter Hirte, der unverheiratet und kinderlos und daher ohne Stimme im Rat war.
Rade entgegnete ihm: »Ja, wir fahren mit zur Hölle, wenn die Fehde weitergeht. Deshalb sind wir ja hier. Gott seis geklagt.«
Als die Versammlung, die zwischen den verheirateten Männern geführt wurde, begann, machte Rade sich rasch zum Wortführer seines Hauses, und bald holte man ihn als Verhandlungsführer in die Mitte der Wiese. Blascho sah, als sein Vater gerade zur Wiesenmitte schritt, zufällig Ivo, sei-

M 12 nen einstigen Spielgefährten, auf der gegenüberliegenden Seite zwischen den Djuranowitschi sitzen und winkte ihm zu. Ivo machte große Augen, weil er entweder Blascho nicht gleich wiedererkannte oder weil der Gruß aus dem feindlichen Lager ihn überraschte. Dann aber winkte er zurück. Zwei Knaben schlossen Frieden, als die erwachsenen Männer noch weit von einem Friedensschluß entfernt waren.
Beide Häuser klagten noch um einen Toten, als man um Frieden verhandelte; denn dem Mord an Blaschos Onkel Krzo war der Mord an einem Djuranowitschi vorausgegangen. So war für eine Verhandlung, die Vernunft und Mäßigung regierten, die Zeit nicht eben günstig; Schmerz und Trauer um die Toten waren noch frisch. Und der Zorn auf die Mörder, mühsam unterdrückt, konnte jeden Augenblick ausbrechen wie ein Stauwasser, das sein Wehr sprengt.
Doch Blaschos Vater Rade hielt, weil er den eigenen Zorn gemeistert hatte, einstweilen auch den Zorn der anderen in Zaum. Als wieder und wieder Klagen um Väter, Männer oder Brüder laut wurden, als beide Seiten gar anfingen, die Toten gegeneinander aufzurechnen, hob er die Hände, brachte auf beiden Seiten die Ankläger zum Schweigen und rief: »Wir sind hier nicht zusammengekommen, um Tote zu zählen und neuen Zorn zu wekken. Wir sind zusammengekommen, damit unsere Häuser nicht verderben wie ein Acker ohne Frucht. Seht euch doch um! Wie viele Frauen sind ohne Männer? Wie viele Kinder ohne Väter? Es gibt auf beiden Seiten genügend Gewehre und genügend sichere Hände, um auch die letzten Frauen noch zu Witwen, auch die letzten Kinder noch zu Waisen zu machen. Wir wollen nicht aus Angst und Schwäche Frieden schließen, sondern aus Überlegung und Vernunft. Wenn das Blut der Vergangenheit wieder über uns kommt, wenn wir mit den Gewehren statt mit Worten reden, wird es für beide Seiten keine Zukunft geben! Für keinen Djuranowitsch! Für keinen Brajowitsch! Dann sterben unsere Häuser aus, und die letzten des Stammes werden zahnlose Witwen sein, die ihre Männer und Väter verfluchen bis ins letzte Glied.«
Blascho hatte, als der Vater redete, an dessen Lippen gehangen wie sonst nur an den Lippen des Fürstbischofs, wenn der an hohen Feiertagen predigte. Von der Vernunft als Lenkerin der Taten hatte er den Vater noch nie reden hören. Ihm war, als sprenge der Vater den fürchterlichen Ring der Blutrache, in den sie alle eingeschlossen waren. Er hätte aufspringen und den Vater umarmen mögen. Aber in dieser Welt der stolzen Männer hätte er sich damit nur lächerlich gemacht.
Es waren im übrigen nicht wenige unter den Versammelten, die Rade für die Rede dankbar waren. Als Rade die offenen Hände beiden Seiten hinhielt und ausrief: »Wer für den Frieden ist, der stehe auf!«, da sprangen viele der Versammelten sogleich auf die Beine, und nach und nach erhoben sich alle anderen, bis vor der Felswand wie ein ungemähtes Feld Kopf an Kopf die Mitglieder der beiden Häuser standen.
»So sei denn Friede!« rief Rade mit erhobenen Händen. Aber bevor er

beim Senken der Hände das Kreuz schlagen konnte, schrie aus dem Lager der Djuranowitschi die alte Andja, die Mutter eines der jungen Erschlagenen: »Nein! Es wird kein Frieden, ehe mein Sohn gerächt ist!«
»Aber er ist gerächt, Mutter!« sagte ihr jüngster Sohn, der neben der immer noch am Boden Hockenden stand.
»Ist er gerächt, wenn sein Mörder lebt?« kreischte die Alte. »Ich kenne seinen Mörder. Dort steht er!«
Sie stand auf und zeigte auf einen jungen Mann im Lager der Brajowitschi. Dann hockte sie sich wieder hin und rief, Hohn auf dem faltigen Ziegengesicht, ihrem Sohn zu: »Ein Feigling, wer seinen Bruder nicht rächt! Ein Hundsfott, wer den Tod mehr fürchtet als die Schande!«
Die ganze Versammlung stand noch starr nach diesem plötzlichen Ausbruch der Alten, als der Sohn der Andja blitzschnell die Pistole zog, anlegte, ohne lange zu zielen, und abdrückte.
Der Knall des Schusses wurde von der Felswand zurückgeworfen. Aber der Aufschrei der Menge überdröhnte ihn. Hände fuhren an die Pistolen. Kinder weinten. Frauen packten die Hände ihrer Männer, um sie am Schießen zu hindern.
Ein Augenblick hätte genügt, den kaum gewonnenen Frieden wieder in blutigste Fehde zu verwandeln, wenn nicht Rade abermals die Arme hochgeworfen und – sich gegen seine eigenen Leute wendend – gebrüllt hätte: »Wer ist getroffen?«
Die Frage hatte den beginnenden Tumult überdröhnt und war verstanden worden.
Jetzt wurde es plötzlich still, weil jedermann auf Antwort wartete.
Aber es kam keine Antwort. Die Stille wurde so tief, daß man aus der Ferne ein Schaf blöken hörte.
Da wandte Rade sich den Djuranowitschi zu und sagte: »Wäre einer der Unseren getroffen worden, so lebte auch dein jüngster Sohn nicht mehr, Andja. Willst du, daß es so weitergeht? Willst du niemals Enkelkinder in Schlaf singen? Willst du ohne Nachkommenschaft sterben, als morscher Baumstumpf, der kein Blatt mehr treibt? Dein Sohn ist kein Feigling. Wir alle wissen es. Du hast ihm Krieg befohlen, und er hat geschossen. Nun befiehl ihm den Frieden. Steh auf!«
Mit verschlossenem Gesicht, in dem die kleinen Augen mißtrauisch die schweigend um sie versammelten Leute musterten, erhob die alte Frau sich ganz langsam aus ihrer Kauerstellung. Ihr Mund war zusammengepreßt. Sie sprach kein Wort. Aber sie stand auf. Als letzte.
Nun wiederholte Rade, die offenen Handflächen den beiden Lagern hinhaltend: »So sei denn Friede!« Dann schlug er langsam das Kreuz.
Der Frieden war geschlossen. Einige der Versammelten setzten sich wieder. Andere fingen stehend Gespräche an. Viele gingen hin und her, und auch von einem Lager zum anderen gab es Bewegung.
Die alte Andja brach, ohne mit ihrem Sohn ein Wort zu wechseln, als erste auf. Ihr folgten bald andere, die daheim bei Schnaps oder Wein den ereig-

M 12 nisreichen Tag noch einmal besprechen wollten.
Die Familien, die noch Väter hatten, brachen in der vorgeschriebenen Ordnung auf: Der Hausherr ritt, der älteste Sohn führte das Pferd. Die übrige Familie folgte zu Fuß.
In dieser Reihenfolge wollte auch Rade mit seiner Familie aufbrechen. Er rief seinen Sohn Blascho, daß er das Pferd übernehme. Aber der Junge antwortete: »Ich kann nicht, Vater. Du mußt mich aufsitzen lassen.«
»Wie?« Rade fuhr herum und sah erst jetzt seinen Sohn an, der ungewöhnlich blaß und nach vorn gekrümmt im Grase saß.
»Was ist denn? Ist dir nicht gut?« fragte er ungeduldig. Der große Mann haßte Krankheiten, bei anderen ebenso wie bei sich selbst. Aber der Junge sah wirklich schlecht aus. Das Gesicht war blutleer. Die Augen waren fiebrig.
»Was ist denn?« wiederholte Rade. Diesmal stellte er die Frage weniger barsch. Er beugte sich sogar herab und legte eine Hand auf die Stirn des Knaben. Sie glühte. Blascho fieberte.
Jetzt wurde Rade unruhig. »Was ist denn geschehen?« fragte er zum drittenmal.
Da schlug sein Sohn den Hirtenmantel ein wenig zurück, und Rade sah, daß der Knabe unter dem Mantel seine Hand auf eine Wunde hielt. Die Finger und das Leinenhemd waren blutverschmiert.
Rade richtete sich wieder auf, sah mit großen Augen und halboffenem Mund auf seinen Sohn nieder und fragte: »Bist du etwa . . .?«
»Ja«, sagte Blascho. »Ich bin getroffen worden.« Er schloß den Mantel wieder über seiner Wunde und fügte hinzu: »Aber es hat niemand gemerkt. Du brauchst es auch keinem zu sagen. Bring mich weg. Der Militärdoktor von Podgoritza macht mich sicher schnell gesund.«
Der Vater stand fassungslos vor seinem Sohn. Er hatte das dumpfe Gefühl, daß dieser Junge im Grase ein Held sei. Aber Helden, die leiden und schweigen, kannte er nicht. Zorn auf diesen Dulder und Schweiger wuchs in seinem Bauch. Und Zorn auf den Schützen, auf den Sohn der alten Andja. Und Zorn auf die Djuranowitschi. Und Zorn auf diesen Frieden, der ihn hinderte, das Gewehr zu nehmen und Rache zu üben für ein Kind, das getroffen war.
Mit ungewöhnlich rauher Stimme fragte er: »Warum sagst du mir erst jetzt, daß du getroffen bist?«
»Sonst hätte es keinen Frieden gegeben, Vater.«
»Ein Frieden, der mit dem Blut eines Kindes erkauft ist, Blascho, ist das ein Frieden?«
»Der Militärarzt kuriert mich bestimmt, Vater. Und mein bißchen Blut spart so viel anderes Blut.«
Plötzlich merkte Rade, daß der Junge, der schwer atmete, Schmerzen hatte und einer Ohnmacht nahe war. Er merkte, daß der Militärarzt jetzt wichtiger war als Ehre, Rache, Zorn und lange Reden. Ohne ein weiteres Wort hob er Blascho auf, setzte ihn in den Sattel seines Pferdes und fragte:

»Kannst du dich mit einer Hand halten?«
Blascho nickte.
Da rief Rade die Frauen heran, die sich in einiger Entfernung mit Nachbarinnen unterhielten, und sagte zu ihnen: »Wir gehen. Achtet mir auf den Jungen. Er muß zum Doktor.«
Ehe die Frauen Zeit zu Fragen hatten, griff Rade in den Zaum des Hengstes und führte ihn von der Wiese.
Wer noch auf dem Versammlungsplatz war, sah mit Staunen, daß etwas Unerhörtes geschah. Der Älteste eines Hauses, ein großer stolzer Krieger vor dem Herrn, führte für seinen Sohn das Pferd, für einen Knaben, dem noch kein Flaum aus Kinn und Wangen sproß.
Ein Djuranowitschi, der sich für witzig hielt, rief: »Glaubst du, im Frieden müssen die Wölfe die Lämmer hüten, Rade?«
Rade antwortete im Weitergehen: »Dieses Lamm hat euren Frieden mit seinem Blut bezahlt, Djuranowitsch. Andjas Sohn hat ihn getroffen. Er hat keinen Laut von sich gegeben, damit du deinen ... Frieden hast.«
Jetzt, da sie wußten, was geschehen war, schrien die drei Frauen auf. Die Männer ringsum aber betrachteten staunend oder bewundernd den Knaben auf dem Pferd. Als der alte kinderlose Hirte die Kappe vom Kopf zog, taten alle Männer es ihm nach.

Aus: J. Krüss, Mein Urgroßvater, die Helden und ich, 1967, 270–284

M 13

Thomas Zacharias, Fußwaschung und Abendmahl
Aus: Th. Zacharias, Farbholzschnitte zur Bibel, 1991, Abb. Nr. 18

M 14

Willy Fries, Das große Gastmahl

M 15 Elias Canetti
Die Brotwahl

Abends, wenn es schon dunkel war, ging ich zu jenem Teil der Djema el Fna, wo die Frauen Brote verkauften. In einer langen Reihe hockten sie am Boden, das Gesicht so sehr verschleiert, daß man nur die Augen sah. Jede hatte einen Korb vor sich, der mit einem Tuch bedeckt war, und darauf lagen einige der flachen, runden Brote, zum Verkauf ausgestellt. Ich ging ganz langsam an der Reihe vorbei und betrachtete die Frauen und die Brote. Es waren meist reife Frauen, und ihre Formen hatten etwas von den Broten. Ihr Duft stieg mir in die Nase, und zugleich empfing ich den Blick aus den dunklen Augen. Keine Frau übersah mich, für jede war ich ein Fremder, der Brot kaufen kam, aber ich hütete mich wohl, es zu tun, weil ich die Reihe bis ans Ende gehen wollte und einen Vorwand dazu brauchte. Manchmal saß eine junge Frau dazwischen; die Brote wirkten zu rund für sie, als hätte sie sie gar nicht gemacht, und ihre Blicke waren anders. Keine, ob jung, ob alt, war lange müßig. Denn von Zeit zu Zeit nahm jede einen Laib Brot mit der Rechten auf, warf ihn leicht in die Höhe, fing ihn wieder auf, schwankte ein wenig mit der Hand, als ob sie ihn wöge, tätschelte ihn ein paarmal, daß man es hörte, und legte ihn dann nach diesen Liebkosungen wieder auf die übrigen Brote zurück. Der Laib selbst, seine Frische, seine Schwere, sein Duft, boten sich so zum Kaufe an. Es war etwas Nacktes und Lockendes an diesen Broten, die tätigen Hände der Frauen, von denen nichts außer den Augen unbedeckt war, teilten es ihnen mit. »Das kann ich dir von mir geben, nimm es in deine Hand, es war in meiner.« Männer gingen daran vorbei, mit kühnen Blicken, und wenn einer an etwas Gefallen fand, blieb er stehen und nahm einen Laib in seine Rechte entgegen. Er warf ihn leicht in die Höhe, fing ihn wieder auf, schwankte ein wenig mit der Hand, als wäre dies eine Waagschale, tätschelte ein paarmal den Laib, daß man es hörte, und legte ihn, wenn er ihn zu leicht befand oder aus einem anderen Grunde nicht mochte, zu den übrigen zurück. Aber manchmal behielt er ihn, und man spürte den Stolz des Laibes und wie er einen besonderen Duft verbreitete. Der Mann griff mit der Linken unter seinen Überwurf und holte eine ganz kleine Münze hervor, kaum sichtbar neben der großen Form des Brotes, und warf sie der Frau hin. Dann verschwand der Laib unter seinem Überwurf – es war nicht mehr zu merken, wo er war –, und der Mann ging.

Aus: E. Canetti, Die Stimmen von Marrakesch, 1980, 95f

M 16

Abendmahlsszene. Aktion BROT FÜR DIE WELT, Jugendaktion »Vergib«, 1986

M 17

L. Cauer, Durstdenkmal in Bad Kreuznach
Foto: R. Lunde

M 18

Wasserringe auf ruhigem Wasser / Wildbewegtes Wasser

M 19 Johann Wolfgang v. Goethe
Mahomets Gesang

Seht den Felsenquell,
freudehell,
wie ein Sternenblick!
Über Wolken
nährten seine Jugend
gute Geister
zwischen Klippen im Gebüsch.

Jünglingfrisch
tanzt er aus der Wolke
auf die Marmorfelsen nieder,
jauchzet wieder
nach dem Himmel.

Durch die Gipfelgänge
jagt er bunten Kieseln nach,
und mit frühem Führertritt
reißt er seine Bruderquellen
mit sich fort.

Drunten werden in dem Tal
unter seinem Fußtritt Blumen,
und die Wiese
lebt von seinem Hauch.

Doch ihn hält kein Schattental,
keine Blumen,
die ihm seine Knie umschlingen,
ihm mit Liebesaugen schmeicheln:
Nach der Ebne dringt sein Lauf,
schlangenwandelnd.

Bäche schmiegen
sich gesellig an. Nun tritt er
in die Ebne silberprangend,
und die Ebne prangt mit ihm,
und die Flüsse von der Ebene
und die Bäche von den Bergen
jauchzen ihm und rufen: Bruder!

Bruder, nimm die Brüder mit,
mit zu deinem alten Vater,
zu dem ew'gen Ozean,
der mit ausgespannten Armen
unser wartet,
die sich, ach! vergebens öffnen,
seine Sehnenden zu fassen;
denn uns frißt in öder Wüste
gier'ger Sand, die Sonne droben
saugt an unserm Blut; ein Hügel
hemmet uns zum Teiche! Bruder,
nimm die Brüder von der Ebne,
nimm die Brüder von den Bergen
mit, zu deinem Vater mit!

Kommt ihr alle! –

Und nun schwillt er
herrlicher; ein ganz Geschlechte
trägt den Fürsten hoch empor!
Und im rollenden Triumphe
gibt er Ländern Namen, Städte
werden unter seinem Fuß.

Unaufhaltsam rauscht er weiter,
läßt der Türme Flammengipfel,
Marmorhäuser, eine Schöpfung
seiner Füße, hinter sich.

Zedernhäuser trägt der Atlas
auf den Riesenschultern; sausend
wehen über seinem Haupte
tausend Flaggen durch die Lüfte.
Zeugen seiner Herrlichkeit.

Und so trägt er seine Brüder,
seine Schätze, seine Kinder
dem erwartenden Erzeuger
freudebrausend an das Herz.

M 20

Bild mit Brunnen (Quelle unbekannt)

Majim, Majim
Wasser aus dem Brunnen Gottes,
Wasser aus dem Quell des Heils.
Ja, ja, ja, ja schöpft Wasser, Gottes Gnade,
ja, ja, ja, ja taucht ein in Gottes Bund,
uns gegeben.
Wasser, Gottes reiche Fülle,
Wasser, Gottes Überfluß.
(Text: Dirk Tiedemann)

M 21

Taufe Christi, Sakramentar aus Limoges (um 1120)

Taufe im Morgengrauen

M 22

Am nächsten Sonntagmorgen um drei Uhr früh klopfte mich Tertius heraus. Wir hatten eine Wegstunde zu gehen. Tertius hatte mir ja versprochen, mir mehr über das »Tränken im Geiste« zu erzählen. »Taufe« nennen es die Christen auch.
Wir machten uns also auf den Weg. Und da es noch tiefe Nacht war, nahmen wir Öl-Laternen mit. Da und dort kläffte ein Hund kurz auf, wenn wir an den verschlossenen Türen vorbeigingen. Wir verließen die Stadt und stiegen durch einen lockeren Olivenwald eine Anhöhe hinauf. Die Sterne verblaßten bereits, und wir konnten unsere Laternen ausblasen. Oben angekommen, setzten wir uns. Ich stocherte mit meinem Stock im lockeren Waldboden. Zwischen den langblättrigen Olivenbäumen konnte man das Meer mehr ahnen als sehen.
»Sag mal, Tertius«, fing ich an, »das, was ihr Christen Taufe nennt, das gibt es doch auch bei den Juden. Einige der Korinther, die Juden geworden sind, sind einem Wassererlebnis unterzogen worden, das sie Taufe nennen.« »Stimmt«, antwortete Tertius, »nur ist sowohl die Ausführung wie auch die Bedeutung der Taufe bei den Christen ganz anders als bei den Juden.« »Ist sie denn so etwas wie eine Mysterienhandlung, der sich die Anhänger der dionysischen Mysterienreligionen unterziehen? Soviel ich gehört habe, lassen sie diese Handlungen auch stellvertretend für ihre verstorbenen Vorfahren über sich ergehen?« Tertius gefiel die Parallele nicht. Er antwortete aber geduldig: »Ja gewiß, auch Christen lassen sich für Verstorbene taufen. Aber, du wirst es schon sehen. Die Taufe der Christen ist nicht eine religiöse Handlung wie andere. Es ist etwas, bei dem die Christen in einen Leib, in eine wirkliche Verbindung hineingeführt werden, untereinander – das ist vermutlich ähnlich bei Juden und griechischen Mysterien – und mit ihrem Herrn. Dieser Herr Christus ist eben in der Taufe selber anwesend.« »Ist das derselbe, von dem man am letzten Sonntag gesagt hat, er sei gestorben – für uns, hieß es dort?« fragte ich weiter. »Ja«, antwortete er, »es ist derselbe. Aber er ist der erste und bis jetzt der einzige, der den Tod überwunden hat und seither nicht nur der Herr der Christen, sondern der Herr der Welt ist.« Ich schaute ihn ungläubig an. Bis jetzt hielt ich Tertius für einen vernünftigen Menschen. Wie er behaupten konnte, sein Christus sei gestorben und trotzdem an der Tauffeier anwesend, verstand ich nicht. Aber immerhin, es gibt ja allerhand Merkwürdiges. Auch von anderen Wundertätern in Griechenland hat man behauptet, sie seien vom Tode auferstanden. Wie er aber noch beteuern konnte, der Gründer der unbedeutenden Sekte der Christen sei der Herr der Welt, das war mir ein Rätsel. Schließlich weiß doch alle Welt, daß der Kaiser in Rom der Herr der Welt ist, wenn auch wir Griechen das nicht gerne haben und dies der Grund dafür ist, daß ich, als Nichtrömer, nur Schreibsklave und nicht, wie

M 22 die römischen Verwaltungsangestellten, ein Beamter im gehobenen Dienst bin. Aber ich fragte nicht weiter und wir setzten unseren Weg fort.
Wir zweigten nun vom Weg ab und stiegen in ein Tobel hinunter. Man hörte ein Wasser rauschen – und richtig, schon entdeckten wir den Bach, der hier in jahrhundertelanger Arbeit ein Becken aus dem Felsen herausgearbeitet hatte. Es schien, als ginge das Wasser im Kreise herum, teilweise unter dem überhängenden Felsen hindurch. Auf der uns zugewandten Seite schäumte es weiß. Dort, wo es unter dem Felsen hindurchfloß, war es tiefgrün. Am Rande des Beckens standen schon etwa dreißig oder vierzig Christen. Tertius blieb mit mir in respektvollem Abstand von den Christen stehen, denn – so sagte er – er war sich nicht ganz sicher, ob den Christen und besonders den Täuflingen die Gegenwart eines Außenseiters nicht etwa unangenehm wäre. Aber da die Handlung im Freien stattfand, konnten sie nicht gut jede Beobachtung ausschließen. Im übrigen, fügte Tertius hinzu, gebe es hier nichts zu verbergen.
Die rote Chloe war auch hier mit einem Teil ihrer Leute. Ebenso entdeckte ich Krispus, den ehemaligen Synagogenvorsteher. Hingegen konnte ich Erastus, den Vorsteher des korinthischen Bauamtes, nirgends sehen. Gajus hielt sich im Hintergrund. Die Leute der Chloe sangen ein schönes Morgenlied:
»Wach auf, der du schläfst,
und steh auf von den Toten,
so wird Christus dir als Licht aufgehen.«
Sie sangen es mehrere Male hintereinander, und mit jeder Strophe, die sie sangen, fügten sie weitere Harmonien hinzu. Dann schritt einer der Sklaven ins Felsenbecken hinein – »Fortunatus heißt er«, flüsterte mir Tertius zu – und betete eine Art Wasser- oder Weihegebet, das ich aber nicht recht verstand. Plötzlich wurde es ganz still. Man hörte nur das leise Rauschen des Wassers und einen Vogel, der gelegentlich zwitscherte. Als die Sonne ihre ersten Strahlen über den Olivenwald herunterschickte und schräg ins Wasser eintauchen ließ, fingen alle Christen spontan an, jenes Lied zu singen, das ich schon bei meinem ersten Besuch gehört hatte: »Halle-, halle-, halleluja, Jesus ist der Herr!« Die zwei Täuflinge, die ich bis jetzt nicht beachtet hatte – es waren zwei Sklaven –, warfen ihre Kleider ab und wurden von einem Christen zu Fortunatus geführt. Er rief laut: »Jason, ich taufe dich auf den Namen Jesu. Amen.« Er tauchte ihn im Bach unter, und die Christen riefen »Amen«. Gleich tauchte er auch noch den zweiten Sklaven unter und rief: »Quartus, ich taufe dich auf den Namen Jesu. Amen.« »Amen«, riefen die Christen wieder. Die beiden wurden von Fortunatus zurück ans Ufer begleitet, mit weißen Bademänteln eingekleidet und gleichzeitig trockengerieben. Während Fortunatus sie trockenrieb, sagte er zu ihnen: »Ihr alle, die ihr auf Christus getauft worden seid, habt Christus angezogen.«
Singend zogen die Christen ab. Mir aber war aufgefallen, daß Fortunatus die beiden Täuflinge »auf den Namen Jesu« getauft hatte, später aber ge-

sagt hatte, sie seien »auf Christus getauft worden«. Ich fragte Tertius, was das zu bedeuten habe. Er wußte es nicht. Man habe es immer so gehalten, sagte er.
Es war ihm aber bekannt, daß einige sagten »anathema Jesous, verflucht sei der Jesus der Juden, wir halten es nur mit dem auferstandenen Christus«, während andere, die sich auf Paulus beriefen, behaupteten, der auferstandene Christus sei kein anderer als der Jude Jesus von Nazareth. Wir kamen hier offensichtlich auf ein Thema, wo die sozialen Spannungen in Korinth, die ich schon letztes Mal beobachtet hatte, sich religiöser Signale und Einkleidungen bedienten. Offenbar waren diejenigen, die die Briefe des Paulus lesen konnten, also die Gebildeten und Reicheren, eher auf der Seite des Paulus. Sie hatten fast alle früher Beziehungen zur Synagoge gehabt und hielten die jüdische Tradition, die ihnen im großen Übersetzungswerk der Septuaginta zugänglich war, sowie die Berichte über den Juden Jesus von Nazareth für notwendige Bestandteile des christlichen Glaubens.
Die Hafenarbeiter und Sklaven jedoch, kurz »die Leute der Chloe« genannt, die nie zur Synagoge gehört hatten und die auch nicht lesen konnten, denen die jüdische Tradition darum völlig unbekannt war, diese verließen sich lieber auf ihre spontane Eingebung, die sie mit dem auferstandenen Christus in Beziehung setzten. Hier, auf diesem Gebiet, waren sie eindeutig begabter als Krispus, Gajus, Erastus, Stephanas und die übrige Minderheit der einflußreichen und begüterten Christen in Korinth.
Trotz dieser Erklärung war mir nicht klar, wie Tertius hatte sagen können, dieser Herr Christus sei bei der Taufe anwesend gewesen. Ich jedenfalls hatte ihn nicht gesehen. Oder war etwa dieser auferstandene Christus mit der Sonne identisch, die im Augenblick der Taufe die ganze Szene in zauberhaftes Morgenlicht getaucht hatte? Ich wagte nochmals Tertius zu fragen nach dem Christus, der nach der Meinung der Christen bei der Taufe anwesend gewesen sei. »Ja, er war dort«, sagte er schlicht. »Hast du davon nichts gemerkt?« Ich hatte nichts gemerkt.

Aus: W.J. Hollenweger, Konflikt in Korinth, [6]1990, 23–27

M 23

Christliches Taufbecken aus dem 5. oder 6. Jahrhundert auf der Insel Rhodos
Aus: H.-R. Weber, Und kreuzigten ihn. Meditationen und Bilder aus zwei Jahrtausenden, Göttingen/Freiburg ²1982, 67

M 24/1

Taufe Jesu (Detail). Pisa, Dom, Bronzetür des San-Ranieri-Portals von Bonanno (um 1180)
Foto: Dirk Tiedemann

M 24/2

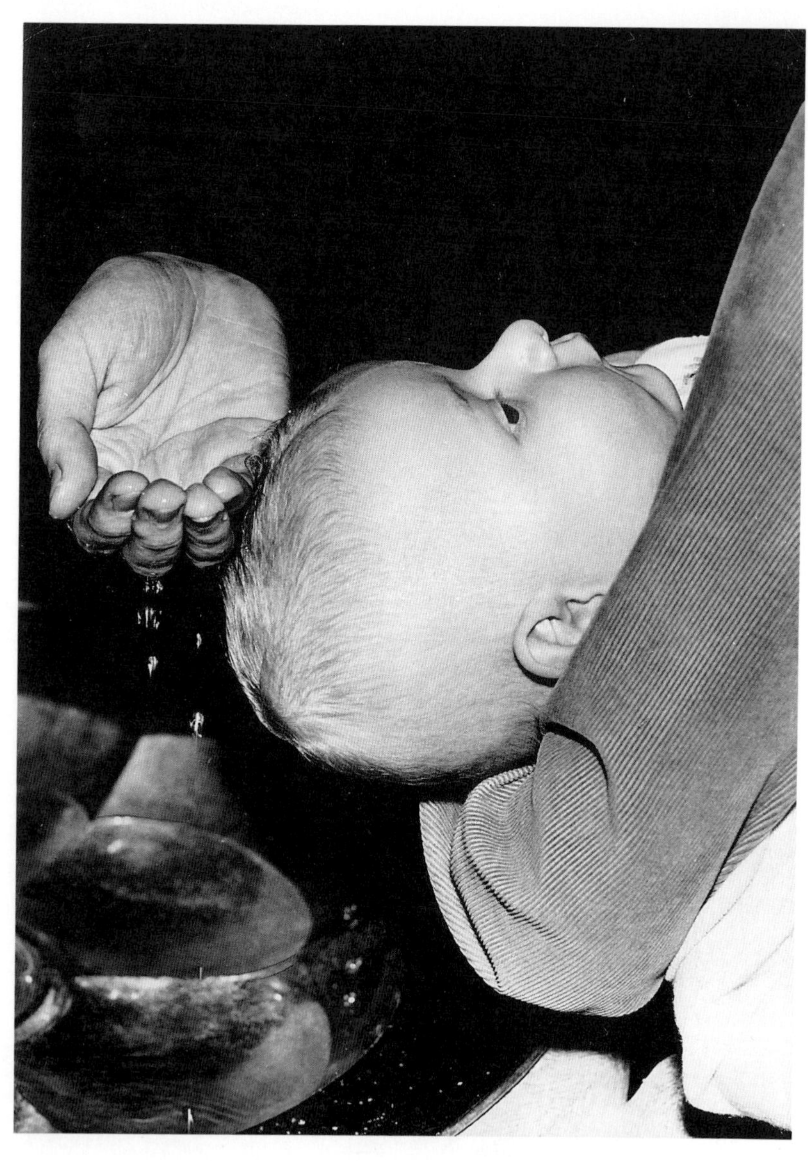

Foto: © Hans Lachmann, Monheim

Kam einst zum Ufer

M 25/1

(Zu Lukas 3)

1 Kam einst zum Ufer
nach Gottes Wort und Plan
ein Prediger und Rufer,
Johannes hieß der Mann.
Kam einst zum Ufer.
Johannes hieß der Mann.

2 So steht geschrieben:
Was krumm ist, macht gerad.
Macht groß, was klein geblieben,
und eben jeden Pfad.
So steht geschrieben:
Macht eben jeden Pfad.

3 Täufer, was liefst du
umher in Fell und Gurt
wie ein Prophet? Was riefst du
dort an der Jordanfurt?
Täufer, was riefst du
dort an der Jordanfurt?

4 »Aufschaun, umkehren,
loslassen, was nicht hält!
Das Wort des Herren hören:
Bald wird der Baum gefällt.«
Aufschaun, umkehren –
sonst wird der Baum gefällt.

5 Täufer, was sollen
wir tun, wenn Er jetzt kommt?
»Dem Herrn die Ehre zollen,
glauben an seinen Bund.«
Täufer, was sollen
wir tun, wenn Er jetzt kommt?

6 »Teilt Brot und Mantel,
raubt niemandem sein Gut,
und macht mit eurem Wandel
bedrückten Menschen Mut.«
Teilt Brot und Mantel,
macht allen Menschen Mut.

M 25/1

7 Volk, auserkoren,
damit du Rufer wirst:
Ein Kind ist dir geboren,
und das heißt Friedefürst.
Kind, uns geboren,
du bist der Friedefürst!

Taufl ied »Kam einst zum Ufer« (zu Lukas 3). Melodie: Jaap Geraedts (geb. 1924). Text: Huub Oosterhuis (geb. 1933)
Aus: Steig in das Boot. Neue niederländische Kirchenlieder, ausgewählt und übertragen von Jürgen Henkys, 1982, © Neukirchener Verlag GmbH, Neukirchen-Vluyn

M 25/2 Du bist der Weinstock ...

Tauflied »Du bist der Weinstock, ich bin deine Rebe«. Kanon von Christoph Burkhardt nach EKG Nr. 156, Strophe 5

Gott Vater, du hast deinen Namen

M 25/3

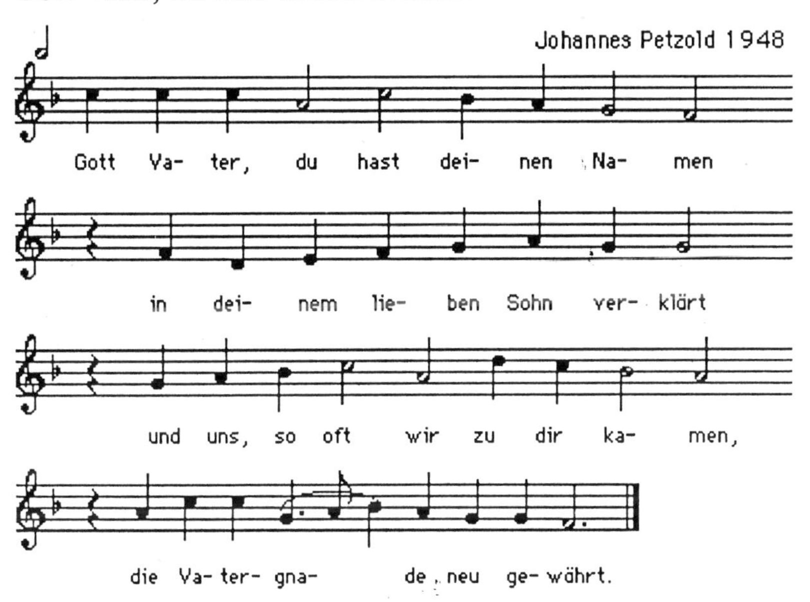

2. So rufe dieses Kind mit Namen, / das nun nach deinem Sohne heißt. / Wir glauben, du Dreieinger! Amen! / Zum Wasser gabst du Wort und Geist.

3. Erhalte uns bei deinem Namen! / Dein Sohn hat es für uns erfleht. / Geist, Wort und Wasser mach zum Samen / der Frucht des Heils, die nie vergeht!

Jochen Klepper 1938

Tauflied »Gott Vater, du hast deinen Namen«. Melodie: Johannes Petzold 1948, Text: Jochen Klepper 1938
Aus: Evangelisches Gesangbuch, Vorentwurf (Lied Nr. 204), 1988

M 26

A.R. Penck, Taufe (1986), Radierung 63 × 93 cm

Martin Luther
Das vierte Hauptstück. Das Sakrament der Heiligen Taufe

M 27

Zum ersten
Was ist die Taufe?
Die Taufe ist nicht allein schlicht Wasser, sondern sie ist das Wasser in Gottes Gebot gefasset und mit Gottes Wort verbunden.
Welches ist denn solch Wort Gottes?
Da unser Herr Christus spricht Matthäi am letzten: Gehet hin in alle Welt, lehret alle Völker und taufet sie im Namen des Vaters und des Sohnes und des Heiligen Geistes.

Zum andern
Was gibt oder nützet die Taufe?
Sie wirket Vergebung der Sünden, erlöset vom Tode und Teufel und gibt die ewige Seligkeit allen, die es glauben, wie die Worte und Verheißung Gottes lauten.
Welches sind denn solche Worte und Verheißung Gottes?
Da unser Herr Christus spricht Marci am letzten: Wer da glaubet und getauft wird, der wird selig werden; wer aber nicht glaubet, der wird verdammet werden.

Zum dritten
Wie kann Wasser solch große Dinge tun?
Wasser tuts freilich nicht, sondern das Wort Gottes, so mit und bei dem Wasser ist, und der Glaube, so solchem Worte Gottes im Wasser trauet. Denn ohne Gottes Wort ist das Wasser schlicht Wasser und keine Taufe, aber mit dem Worte Gottes ists eine Taufe, das ist ein gnadenreich Wasser des Lebens und ein Bad der neuen Geburt im Heiligen Geist, wie Sankt Paulus sagt zu Titus im dritten Kapitel: Gott macht uns selig durch das Bad der Wiedergeburt und Erneuerung des Heiligen Geistes, welchen er ausgegossen hat über uns reichlich durch Jesum Christum, unsern Heiland, auf daß wir durch desselben Gnade gerecht und Erben seien des ewigen Lebens nach der Hoffnung. Das ist gewißlich wahr.

Zum vierten
Was bedeutet denn solch Wassertaufen?
Es bedeutet, daß der alte Adam in uns durch tägliche Reue und Buße soll ersäufet werden und sterben mit allen Sünden und bösen Lüsten, und wiederum täglich herauskommen und auferstehen ein neuer Mensch, der in Gerechtigkeit und Reinigkeit vor Gott ewiglich lebe.
Wo steht das geschrieben?
Sankt Paulus zu den Römern am sechsten spricht: Wir sind samt Christo durch die Taufe begraben in den Tod, auf daß, gleichwie Christus ist von den Toten auferwecket durch die Herrlichkeit des Vaters, also sollen auch wir in einem neuen Leben wandeln.

Aus: Martin Luther, Der Kleine Katechismus

M 28

Die Aktion, die in der Karwoche 1971 stattfand, begann mit einer vom Künstler an sieben Personen vollzogenen Fußwaschung. Der Ort war ein Zivilschutzbunker in Basel. Beuys fing an, den in der ersten Stuhlreihe Sitzenden die Füße zu waschen. Die Füße der Personen wurden in eine alte Emailschüssel gestellt und mit Seife gründlich gewaschen. Nach jeder Waschung wurde das alte Wasser demonstrativ ausgeschüttet und neues eingegossen.
Nach der Einblendung von Filmen früherer Beuys-Aktionen, die auf diese Weise vergegenwärtigt werden, beginnt der Künstler, eine auf die Wände verteilte Gelatinemasse abzukratzen und auf einen Blechteller zu legen. Den Inhalt des Tellers kippt er über sich, nimmt eine Tafel mit Kreidezeichen, hält sie über den Kopf und artikuliert unverständliche Laute ins Mikrophon. Mit einem Stab in der Hand verharrt er über längere Zeit unbeweglich, wobei sich die Musik steigert. Darauf steigt Beuys in eine Wanne mit Wasser und läßt sich von einer Gießkanne übergießen. Nach dieser »Taufe« erhebt er die Arme in Orantenhaltung. F.J. van der Grinten sagt dazu: »Es würde schwerfallen, dabei nicht an Christus zu denken, an die Fußwaschung vor dem Abendmahl, an das Lamm, das die Makel aller Welt auf sich nimmt, an die Taufe im Jordan, alles Demutsakte im Heilswerk. Beuys' altes plastisches Thema von Opfer und Erlösung erscheint hier rituell variiert.«
In der Karfreitagsaktion »Friedensfeier« in Mönchengladbach (1972) schreibt er das Wort »Exit« an die Kirchentür des Münsters und drückt ei-

M 28

nen Essigschwamm an die Tür. Auf die Bitte »Mich dürstet« sei Christus mit dem Essigschwamm verspottet worden. Dies wird nun auf die Kirche als Institution übertragen. Beuys führt aus, daß die Kirche nicht mehr in der Lage sei, den »Christusimpuls« oder die »Christussubstanz« zu repräsentieren. »Der Christusimpuls ist innerhalb der Kirche nicht mehr gegenwärtig . . . Das muß Sache des freien menschlichen Ichs sein. In diesem freien menschlichen Ich wird man Christus finden.« Oder an anderer Stelle: »Insofern kann ich nur vom Menschen sprechen als einem gottähnlichen Wesen. Ich kann es auch nicht anders erwarten, wenn Christus im Menschen lebt, das heißt, wenn er in ihn eingezogen ist, dann muß doch der Mensch auch eine Art Christus sein oder partiell jedenfalls Christus sein.« Den Christusimpuls als das Schöpferische im Selbst zu entdecken ist die Botschaft, die Beuys vermitteln will. Solche Gedanken berühren sich bis ins Sprachliche hinein mit Vorstellungen von Rudolf Steiner und Teilhard de Chardin.

Aus: G. Rombold / H. Schwebel, Christus in der Kunst des 20. Jahrhunderts, 1983, 127f

M 29

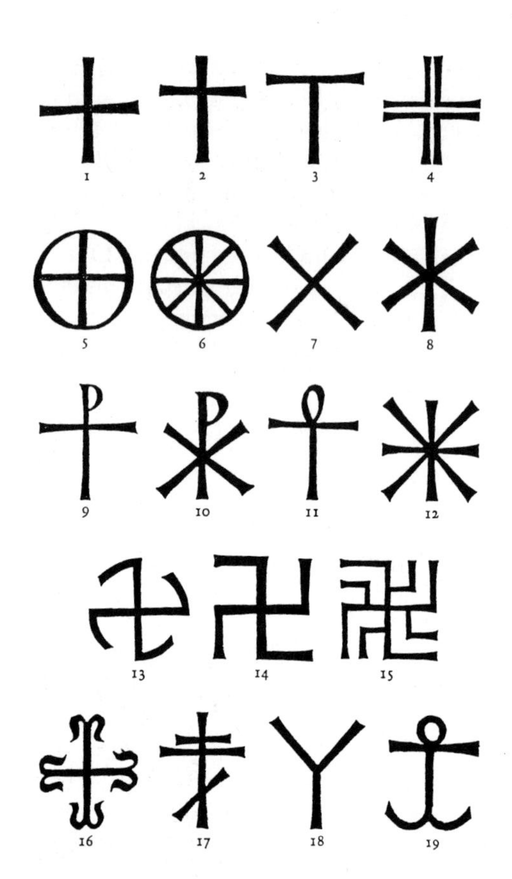

1 gleichseitiges Urkreuz, Crux immissa quadrata
2 lateinisches Kreuz, Crux ordinaria, mit verlängertem vertikalen Balken
3 Tau-Kreuz, Crux commissa
4 das aus vier freien Winkeln gebildete Gamma-Kreuz
5 Sonnenrad, in einfacher Form
6 Sonnenrad, zugleich Monogramm Christi aus I-Jesus, X-Christus
7 Andreas-Kreuz, Crux decussata, Grenzkreuz der Römer
8 Monogramm Christi
9 ägyptisches Henkelkreuz, Hieroglyphe für Leben
10 Christusmonogramm, aufgehende Sonne über dem Horizont
11 Sonnenzeichen und Christusmonogramm
12 Christusmonogramm, zugleich Doppelkreuz
13 rechtsläufiges Hakenkreuz mit runden Haken
14 rechtsläufiges Hakenkreuz mit eckigen Haken
15 erweitertes Hakenkreuz
16 Lilien- oder Ankerkreuz
17 Kreuz der orthodoxen Kirche mit dem schrägen Fußbalken
18 Gabelkreuz
19 Ankerkreuz, das Tau-Kreuz enthaltend

Aus: I. Riedel, Formen, 1985. 46f

M 30

Johann-Peter Hinz, Kruzifix, Marktkirche Halle/Saale
Aus: G. Zimmermann (Hg.), Auf die Hände geschaut (Konstanzer Meditationen 2), Konstanz 1988, 16

M 31

Otto Pankok, Passion
Aus: O. Pankok, Die Passion in 60 Bildern, Düsseldorf 1988, Bild 54

M 32

Christus am Kreuz. Ende 18., Anfang 19. Jh., in der Art des 16. Jh.s (Künstler unbekannt)

Bez. am Fuße des Kreuzes: 1500 / Monogramm AD; unten auf einem Schriftstreifen hinter dem Kreuz: PATER I. MANVS. TVAS. CO MENDO. SPIRITV̄. MEV̄. (Vater, in deine Hände befehle ich meinen Geist)
Öl auf Birnbaumholz. 19,9 × 15,8 cm

Aus: Kunst der Reformationszeit, Berlin 1983, 366

M 33

Miniatur aus dem Evangeliar der Uota von Niedermünster, Regensburg (1012–1025)

M 34

George Grosz, Maul halten und weiterdienen (1935/36), Photolithographie, 28,8 × 21 cm
Aus: G. Rombold / H. Schwebel, Christus in der Kunst des 20. Jahrhunderts, Basel/Wien 1983, 109

M 35

Guido Rocha, Der gemarterte Christus (Brasilien 1975)
Aus: H.-R. Weber, Und kreuzigten ihn. Meditationen und Bilder aus zwei Jahrtausenden, Göttingen/Freiburg [2]1982, 41

M 36

Hilde Domin
Ecce Homo

Weniger als die Hoffnung auf ihn

das ist der Mensch
einarmig
immer

Nur der Gekreuzigte
beide Arme
weit offen
der Hier-Bin-Ich

Aus: H. Domin, Gesammelte Gedichte

Eva Zeller
Golgatha

Wann
wenn nicht
um die neunte Stunde
als er schrie
sind wir ihm
wie aus dem Gesicht geschnitten

Nur seinen Schrei
nehmen wir ihm noch ab
und verstärken ihn
in aller Munde

Aus: E. Zeller, Sage und Schreibe – Gedichte

M 36 Reiner Kunze
Auf dem Kalvarienberg bei Retz im Januar

Auch der weinstock ist ein gekreuzigter

Wie er sich in seiner nacktheit krümmt, die arme
zur seite gebunden

Ganz die gebärde des erlösers
am sandsteinkreuz

Und *blut und wasser* wird zur beere, aus der sie
jahr für jahr
den süßen einträglichen wein keltern

Wie aus dem stein den glauben

So viele gekreuzigte auf dem weg zu dem einen

Aus: R. Kunze, auf eigene hoffnung. Gedichte

M 37

Frans Masereel, Es war einmal (1954), Holzschnitt

M 38

Dom zu Hildesheim, Bernwardstür (um 1015), Detail, Kreuzigung

M 39

Triumphkreuz, Holzplastik (um 1450), St. Lorenz, Nürnberg
Aus: G. Schiller, Ikonographie der christlichen Kunst, Bd. 2, [2]1983, 515 (Bild 489)

M 40

Die Kreuzigung aus dem Sakramentar von Fulda (um 975)

Holz auf Jesu Schulter

M 41/1

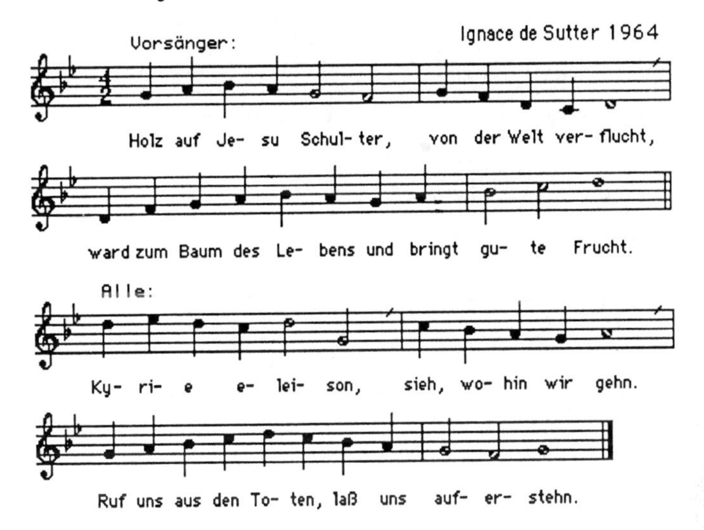

2. Wollen wir Gott bitten, / daß auf unsrer Fahrt / Friede unsre Herzen / und die Welt bewahrt.
Kyrie eleison, / sieh, wohin wir gehn. / Ruf uns aus den Toten, / laß uns auferstehn.

3. Denn die Erde klagt uns / an bei Tag und Nacht. / Doch der Himmel sagt uns: / Alles ist vollbracht!
Kyrie eleison, /sieh, wohin wir gehn. / Ruf uns aus den Toten, / laß uns auferstehn.

4. Wollen wir Gott loben, / leben aus dem Licht. / Streng ist seine Güte, / gnädig sein Gericht.
Kyrie eleison, /sieh, wohin wir gehn. / Ruf uns aus den Toten, / laß uns auferstehn.

5. Denn die Erde jagt uns / auf den Abgrund zu. / Doch der Himmel fragt uns: / Warum zweifelst du?
Kyrie eleison, / sieh, wohin wir gehn. / Ruf uns aus den Toten, / laß uns auferstehn.

6. Hart auf deiner Schulter / lag das Kreuz, o Herr, / ward zum Baum des Lebens, / ist von Früchten schwer.
Kyrie eleison, / sieh, wohin wir gehn. / Ruf uns aus den Toten, / laß uns auferstehn.

Jürgen Henkys (1975) 1977
nach "Met de boom des levens"
von Willem Barnard 1964

Lied »Holz auf Jesu Schulter«. Melodie: Ignace de Sutter 1964, Text: Jürgen Henkys (1975) 1977 nach »Met de boom des levens« von Willem Barnard 1964
Aus: Evangelisches Gesangbuch, Vorentwurf (Lied Nr. 96), 1988

M 41/2 Korn, das in der Erde

2. Über Gottes Liebe brach die Welt den Stab, / wälzte ihren Felsen / vor der Liebe Grab. / Jesus ist tot. / Wie sollte er noch fliehn? / Liebe wächst wie Weizen, / und ihr Halm ist grün.

3. Im Gestein verloren Gottes Samenkorn, / unser Herz gefangen / in Gestrüpp und Dorn - / hinging die Nacht, / der dritte Tag erschien: / Liebe wächst wie Weizen, / und ihr Halm ist grün.

Jürgen Henkys (1975/76) 1978
nach "Now the green blade rises"
von John Macleod Campbell Crum 1928

Lied »Korn, das in die Erde«. Melodie: Frankreich, 15. Jh., Text: Jürgen Henkys (1975/76) 1978 nach »Now the green blade rises« von John Macleod Campbell Crum 1928
Aus: Evangelisches Gesangbuch, Vorentwurf (Lied Nr. 97), 1988

M 42

Kreuz in St. Jacobi zu Göttingen
Foto: Dirk Tiedemann

M 43

Ein Ärgernis auf dem Ostwall

Wer fühlt sich schon von einem Kruzifix abgestoßen, in Wut und Empörung gebracht? Im Gegenteil, das Folterwerkzeug Christi dient als Schmuck und kaum verzichtbarer Bestandteil von Todesanzeigen. Aber ein scheinbar versinkendes Kreuz, bei dem Gesicht und Arme des Gekreuzigten nicht edel und feingliedrig, sondern plump wirken? Noch dazu auf dem Ostwall, in der Fußgängerzone, und nicht in der Kirche!
Würde unser Kruzifix bei Passanten Aufmerksamkeit erregen? Vielleicht zerstört werden?
Unsere (Gk. Ev. Rel. 13) Hypothese: Die meisten nehmen es gar nicht wahr, und wenn, dann höchstens als Gegenstand der Zerstörungswut zu kurz gekommener Zeitgenossen. Schließlich werden Folter und Kriegsberichte in den Zeitungen und im Fernsehen ähnlich ungerührt zur Kenntnis genommen.
Immerhin: Unsere Skulptur bestand aus zwei Eisenbahnschwellen (ca. 2 m lang, 1 m hoch), versehen mit zwei Armen und einem Kopf aus Gips, beklebt mit Zeitungsausschnitten, die von Folter und Kriegen in der Gegenwart berichten.
Den theologischen Hintergrund bildete die Ansicht J. Moltmanns. Demnach ist Handeln und Leiden für die Vermenschlichung der Gesellschaft – damit auch die erlittene Folter – als Nachfolge Christi zu verstehen. Mit Christus aber ist das Reich Gottes angebrochen, weil von ihm her bereits anders gelebt werden kann. Die eschatologische Hoffnung besteht in der

M 43

eigenen schöpferischen Umgestaltung, im praktischen Widerstand. Also kann ein Gefolterter als Weltverbesserer im besten Sinne des Wortes gelten. Dies ist allerdings nur möglich, wenn seine Qualen uns selbst erreichen, aufwecken und zu eigenem Handeln gegen Unmenschlichkeit und Ungerechtigkeit bewegen.
Den Mut, Veränderungen anzuregen, vermittelt uns das Wunder der Auferstehung. Das Vorbild Jesu zeigt uns, daß es sich lohnt, scheinbar Aussichtsloses anzugehen, um es schließlich zu bewältigen. Für viele von uns hat sich jedoch eine wohltuende Gleichgültigkeit und Fraglosigkeit entwickelt. Diesen Zustand gilt es zu überwinden, die Institutionalisierung muß verunsichert werden, denn sie macht uns träge und schafft die Realitäten, nach deren Vermenschlichung jeder einzelne trachten sollte. In diesem Sinne sollte unsere Aktion Ausdruck praktischen Widerstandes sein: ein Kreuz – nicht in der Kirche, sondern auf der Einkaufsstraße – und dann so eins ... Weiter soll es schöpferische Neugestaltung sein: Das Ungewöhnliche soll verunsichern, zum Umdenken anregen.
Stimmte denn unsere Hypothese eigentlich: »Das Kreuz versinkt«? Gingen die Passanten achtlos vorüber? Zerstörten sie es womöglich? Zunächst nein! Es ergaben sich zahllose Gespräche, Leute stiegen früher aus der Straßenbahn, Schulklassen stritten sich über den Wert. Manch einer sah sein eigenes Leiden hier angesprochen, von anderen übersehen und doch auf die Mithilfe anderer angewiesen. Die Reaktion der Passanten zeigt also, daß es sich lohnt zu handeln, zu überzeugen, gerade weil es immer noch genug gibt, die überzeugt werden müssen. Zu Beginn der zweiten Woche wurde das Kreuz zerstört.

Armin Kirchhöfer

Aus: Montessori-Mitteilungen – Mitteilungsblatt der Bischöflichen Maria-Montessori-Gesamtschule Krefeld, Nr. 3, Februar 1990 (mit freundlicher Genehmigung der Maria-Montessori-Gesamtschule Krefeld)

Nachdenkliches nach der Lektüre – erste Versuche, den Grundriß des Buches zu suchen

Ein Nachwort von Christoph Bizer

I Das Studieren

Peter Biehl hat mich gebeten, das Nachwort zu diesem Band zu schreiben; nicht um ihm zu sagen, was ich von seinem Buch halte, nehme ich an. Dazu braucht es keine Öffentlichkeit. Vielmehr wird er an den Leser gedacht haben. Nachdem dieser seine Lektüre beendet hat, geht es ihm noch nicht um die Meinung Dritter, sondern er muß sich erst einmal seiner selbst vergewissern. Einfacher hat es dabei vielleicht der Lehrer, die Lehrerin. Unter dem Druck der täglichen Unterrichtspraxis haben sie ein sicheres Gespür für das, was bei ihnen läuft, was für den eigenen Unterricht etwas bringt: Anregungen und Medien, erhöhte Sensibilität für Symbole, die natürlich immer schon im eigenen Unterricht eine Rolle gespielt haben. Das Kriterium der Brauchbarkeit erlaubt, auf dem Teppich zu bleiben; es entlastet. Aber die Studierenden der Religionspädagogik, der Theologie? Womöglich spüren sie bereits den Druck des herankommenden Examens und haben die typischen Prüfungsfragen im Ohr: Was denn Peter Biehl für ein »Symbolverständnis« habe; was er rezipiere und wovon er sich abgrenze; was bei ihm »Didaktik« sei – und dann noch »kritische«? Die intellektuellen Routiniers wissen sich vor solchen Fragen zu schützen, indem sie sich scheinbar darauf einlassen. Sie setzen ein besonders kluges Gesicht auf und machen eine weitausholende Geste; sie sprechen andeutungsvoll den Namen »Paul Tillich« aus, murmeln etwas von »Kreuz« und »Krisis der Symbole«, lassen in rascher Folge die Namen »S.K. Langer« und »Paul Ricoeur« folgen, um dann alsbald mit sicherer Stimme vom »Ritual« zu reden, weil ohne dieses »Symbol« schlechterdings nicht zu verstehen sei und weil schließlich die Prüfung selber ein Ritual sei, womit dann auch – ganz im Sinne Biehls – die Lebenswirklichkeit einbezogen sei. – Wer diese Kunst beherrscht, braucht keine Nachworte. Er bildet sich vermutlich auf seine Verstrickung in die akademischen Vermeidungsstrategien noch etwas ein. *Was habe ich denn nun gelesen, nachdem ich dieses Buch jetzt fertig gelesen habe?* Diese Frage gelten lassen, ihr Raum und Zeit gewähren; einfach am Schreibtisch sitzen bleiben, Papier und Stift griffbereit; im Buch zurückblättern und vom Ende der Lektüre her nochmal das Inhaltsverzeichnis durchgehen und sich erinnern lassen; nachschauen, was jetzt unterstrichen und angestrichen ist – das alles und *erst dieses* wird mit einem lateinischen Fremdwort benannt: studieren. Wehe den Studierenden, die einem gelesenen Buch diesen Raum für den Nachhall über Tage hinweg nicht gewähren. Sie behalten nichts oder nur vage Eindrücke; sie hätten sich die Lektüre sparen können. Ich spreche aus langjähriger Erfahrung eines Hochschullehrers.

II Das Probieren

Das Buch hat einen dicken Medienteil. Ich empfehle, sich für diesen Teil extra Zeit zu nehmen. Erst fürs Blättern. Vielleicht steigt dabei manche Erinnerung an die Lektüre auf. Vielleicht kommen hier und da auch andere Verwendungszusammenhänge in den Sinn, in denen das Bild oder der Text früher schon begegnet sind. Nach dem Blättern wäre es wert, sich über die *Sammlung der Medien* Gedanken zu machen. Auch wenn die Autoren sie ganz zufällig zusammengestellt hätten – jetzt in diesem Buch bilden sie einen »Kanon«. Was umfaßt er und was nicht? Wo liegen seine Schwerpunkte? Hat es nur buchtechnische Gründe, daß die urprotestantische religiöse Dimension der Musik im Verhältnis zu Text und Bild unterrepräsentiert erscheint?

Wenn ich, ohne hinzusehen, die Sammlung im ganzen Revue passieren lasse – an welche Einzelstücke, an welches Einzelstück denke ich dann? Sie schieben sich mir nicht nur zufällig in den Vordergrund. Ich lasse dem einzelnen Exemplar die Chance, sich mit mir in Beziehung zu setzen, am besten (wenn es sich um ein Bild handelt) in einer besseren Reproduktion, als sie das Buch bieten kann. Ich achte besonders auf das Formale: auf den Aufbau, die Formensprache, auf die Gattung. Was für eine Raum- und was für eine Zeitqualität erschließen sich? Und schließlich: Wenn dieses Bild in einem Buch über Symboldidaktik steht, kann ich an diesem Bild beschreiben, inwiefern es für mich symbolische Qualität hat – oder gegebenenfalls inwiefern nicht? Eine sinnvolle Beschäftigung mit einem Buch führt notwendigerweise zum eigenen Schreiben. Erst wenn ich mir meine Antwort auf diese (oder ähnliche) Fragen aufgeschrieben habe, ist es Zeit, noch einmal zu der Verwendung des Bildes, des Textes im gelesenen Buch zurückzukehren. Vieles sehe ich jetzt mit eigenen Augen. Jetzt erst nehme ich den spezifischen Gebrauch wahr, den die Autoren von ihrem Medium machen. Es ist ein Glücksfall für die weitere Auseinandersetzung mit dem Buch, wenn ich jetzt begründet sagen kann: Mit diesem Medium, so jedenfalls nicht; jedenfalls nicht ich!

Ein Beispiel von mir selber: Ich habe mich lange Zeit mit dem Bild von B. Willikens »Abendmahl. Entwurf 1976« beschäftigt. Ich habe mir davon ein Dia beschafft. Der Vergleich mit Leonardo da Vincis Abendmahl ist in der Tat konstitutiv; Willikens zitiert: im Bildaufbau, in der Perspektive. Leonardo schließt mit seinem Fresko an der Wand den Raum des Refektoriums ab, in dem der Konvent eines Klosters speist. Sein Bild stellt die spirituelle Mahlgemeinschaft mit Jesus und seinen Jüngern (symbolisch?) her. Aber wie ist das bei Willikens? Das Bild ist nicht für einen bestimmten Raum entworfen, sondern für Betrachter. Je länger ich mich diesem Bild aussetze, desto deutlicher sehe ich am Vordergrund und an der perspektivischen Anlage vom Betrachter her, daß Willikens seinen Raum gleichsam hinter Glas verschlossen hat: unzugänglich. Er spiegelt mir den Abendmahlsraum, den ich selbst vor das Bild bringe: Leere, bloße Struktur. Aber habe ich nicht gelesen, Schüler und Schülerinnen hätten diesen Raum möbliert, um ihn für sich wohnlich zu machen? Von mir aus gesehen: Ein rasch verwertender Zugriff hätte das Bild »mediatisiert«, vertan, weil er sich de facto dem Bild entzogen hat. Nun muß ich doch noch einmal genauer nachlesen, wie die Autoren mit dem Bild umgegangen sind, wie sie ihre Didaktik angelegt haben, also wie sich der Vorgang der Möblierung zu der perspektivisch gespiegelten Leere in Wirklichkeit verhält.

III Ein schwieriges Kapitel: Theologie

Die zehn schwierigsten Seiten des Buches machen wohl Referat und Auseinandersetzung mit G. Bader, Symbolik des Todes, Tübingen 1988 aus (Kap. 2.2.2., S. 33ff). Ein theologisch-hermeneutisches Referat von solcher Dichte und Ausführlichkeit ist in der religionspädagogischen Literatur der letzten beiden Jahrzehnte etwas Neues. Peter Biehl rechnet damit, daß sich seine Leser der Mühe unterziehen, sich auf schwierige theologische Gedankengänge einzulassen. Muß das sein, und was steckt dahinter?
Die Leser und Leserinnen mögen sich diesen Seiten nicht entziehen. Denn *einmal* läßt sich hier, deutlich wie sonst kaum, ablesen, woher der Autor kommt. Biehl steht in einer theologischen Denktradition, die von R. Bultmann, E. Fuchs und G. Ebeling herkommt, und sich den *Vorgang* klarmachen will, in dem sich Gott durch gesprochene menschliche Sprache unter Menschen zum Ereignis macht: hermeneutische Theologie. *Sprache*: Menschliche Sprache als Inbegriff des Menschseins und so von vornherein auf Welt und Weltgeschichte insgesamt bezogen. *Theologie*: Es geht dabei um den christlichen Gott, der sich im Leiden, Sterben und Auferstehen Jesu Christi, wie das Neue Testament bezeugt, als der lebendige, einzige Gott erweist. Bader gehört mit in diese theologische Tradition. Wir hören hier also Peter Biehl zu, wie er in einem Dialog innerhalb seiner Schultradition die geerbten theologischen Prämissen bewährt.
Zum *anderen*: Unterrichten und Unterricht bedenken und von den Prämissen her reflektiert entwerfen ist eines, den Zusammenhang eines fachwissenschaftlichen Gedankenganges entfalten ein anderes. Unterricht ist eine Reduktion, ebenso ein theoretischer religionspädagogischer Entwurf. Ich verstehe dieses Kapitel, in dem Bader referiert wird, als eine Warnung, sich in der Religionspädagogik nicht mit theologischen (etwa dogmatistischen) Schablonen abspeisen zu lassen, weil andernfalls die religionspädagogische Grundbemühung: unterrichtliches Verstehen der christlichen Religion, desavouiert würde. Biehl schärft gerade durch dieses Kapitel ein, sich für das religionspädagogische Nachdenken in Sachen Christentum den begrenzenden Horizont nicht von den realisierbaren Lernprozessen setzen zu lassen (s. S. 44 unten).
Zum dritten, schließlich: Jede religionspädagogische Untersuchung legt ein Zusammenspiel, Ineinandergreifen und Sich-wieder-Entziehen von Religion und Unterricht an. Darin wird in je spezifischer Weise vorgeführt, wie

sich Religionswissenschaften und Theologie einerseits und die Erziehungswissenschaften andererseits untereinander und wechselseitig aufeinander beziehen. Es gehört zu den Aufgaben eines aufmerksamen Lesers, jeweils genau zu verorten, in welchen Bezügen und mit welchen Denkmitteln jeweils argumentiert wird und wie die Ergebnisse aufeinander bezogen werden; »Verschränkung« ist ein Lieblingswort Biehls. Erst ein vom Leser angelegter Katalog der Wissenschaftsbereiche, in denen sich Peter Biehl bewegt, könnte sichtbar machen, womit er sich *nicht* befaßt hat.
Im weiteren Zusammenhang dieses Kapitels spricht der Autor von einer *Präzisierung seiner Symboldidaktik.* Worin besteht sie? Sie hängt mit einem wissenschaftstheoretischen Grundsatz zusammen: Die Methoden müssen sich nach dem Gegenstand richten, andernfalls würden die Methoden bestimmen, was überhaupt zu Gesicht kommt. Wenn Biehl nun in diesem Buch die evangelisch-kirchlichen Sakramente zu seinem Forschungsbereich macht und sie als Symbolhandlungen versteht, dann dürfen sie nicht unter einem vorab gewonnenen Symbolbegriff subsumiert werden, weil sonst die Eigentümlichkeit und der Anspruch von hl. Taufe und hl. Abendmahl von vornherein ausgeblendet wären: die Ankunft von Jesus Christus im Vollzug des Sakraments. Jetzt muß also dem religionswissenschaftlichen und ästhetischen Zugriff auf das Symbol eine gedankliche Gegenbewegung zugeordnet werden: an den Sakramenten erheben, worum es bei »Symbol« geht, und die sich dann ergebende Spannung zum »allgemeinen« Symbolbegriff aushalten und allenfalls dialektisch oder durch Stufung verschiedener Ebenen ordnen. Auf diese Weise kommt Theologie als reflexive Bemühung um die konstitutiven Vorgänge und Handlungen des Christentums und um deren Voraussetzungen religionspädagogisch auf neue Weise ins Spiel. Hier sind wir am Nerv dieses Buches.

IV Die Erfahrung

Das Zusammenspiel von Pädagogik und Theologie an der Religion! Nur die Leser und Leserinnen, die dieses Zusammenspiel nicht nur rekonstruieren, sondern selber anfänglich mitzuspielen beginnen, haben das Buch zu Ende studiert und be-griffen. Noch einmal: Das darf viel, viel Studierzeit in Anspruch nehmen. Wenn es ums Spielen geht, ist die chronometrisch bemessene Zeit sowieso suspendiert.
Wie läßt sich die in diesem Buch vertretene *Pädagogik* charakterisieren? Innerhalb des Buches heben sich geprägte pädagogische Gattungen ab: Lernzielkataloge, ein Katalog didaktischer Leitfragen, vor allem die Unterrichtsbeispiele. Durch letztere scheint Biehl zu sagen: Alles, was ich religionspädagogisch entwickle, muß sich an unterrichtlicher Praxis bewähren; und umgekehrt: Es ist die pädagogische Praxis, die der Theorie die Aufgabe stellt. Die Unterrichtsbeispiele, die die Praktiker beisteuern, sind nicht freundliche Beigaben, sondern für die Form des Buches unabdingbar.

»Erfahrung« ist der zentrale Begriff (seit wann taucht er in der neueren Religionspädagogik in dieser Zentralstellung auf?). Erfahrungen bringen die Schüler und Schülerinnen aus ihrer Lebenswelt mit und entdecken, bearbeiten sie an Medien. Aber Erfahrungen werden auch in der Schule gemacht, vorwiegend in eigenem Tun. Prinzipiell müssen alle Schüler mit»machen« können. Für Religion ist das ein bedeutungsvoller Grundsatz. Die Unterrichtsbeispiele schließen Schülern eine Vielzahl von Handlungsmöglichkeiten in vielen Dimensionen auf, sprengen damit fast die Schulmäßigkeit der Schule und beteiligen sich insofern an der schrittweisen »Veränderung der Lernkultur« (181). Unter dem pädagogischen Leitbegriff von Erfahrung setzen Lernwege grundsätzlich bei der Welterfahrung von Schülern an, veranlassen, sich über Identifikationen (oder Nichtidentifikationen) dazu zu verhalten und als Subjekte, die Mündigkeit in Anspruch nehmen, darüber zu kommunizieren, zu reflektieren, um im Entwurf eigener Gestaltungen neue Erfahrungen zu machen.
Nun trete ich unter der Leitvorstellung »Erfahrung« an das unbekannte Wesen *»Religion«* heran. Was soll daran erfahrbar sein? Doch nicht etwa der christliche Gott, vor dem bekanntlich vergehen muß, wer seiner ansichtig wird, ich setze hier ein: ihn erfährt; das wendet die christliche Theologie ein. Aber auf jeden Fall sind doch »religiöse Erfahrungen« (wie der Name sagt) erfahrbar. Und Alltagserfahrungen (z.B. mit Wasser) können in religiöse Erfahrungen übergehen. Aber was die christliche Religion in ihrem Zentrum angeht? Ein Gott, der in Erfahrung aufginge, wäre weniger als menschliches Vermögen. Die Lösung der Frage heißt bei Biehl (und nicht nur bei ihm): Symbol. Das Symbol ist die Seite von Religion, die auf »Erfahrung« anspricht. Unter der Frage nach dem Symbol kommt die Erfahrung an Religion heran.
Diese Lösung ist pädagogisch attraktiv. Religion hat zwar ihre eigenen Strukturen, und die Erfahrungen sind verschieden, je nachdem ob sie in der Fabrik oder in der Kneipe oder in der Kirche gemacht werden. Aber es handelt sich doch immer um Erfahrung, so daß Religion letztlich und grundsätzlich für den pädagogischen Zugriff kein Sonderbereich sein muß, der sich in die Schule nicht integrieren ließe. Ich kann als Pädagoge unterrichtlich unter dem Symbolbegriff von den Erfahrungen im Alltag zu religiösen Erfahrungen und im Prinzip auch zu christlichen Glaubenserfahrungen kommen. Wenn der Symbolbegriff an »Religion« herangetragen wird, reagiert Religion im Symbol mit einer Binnenstrukturierung, die die ganze Skala von Alltagserfahrung bis zur christlichen Glaubenserfahrung ermöglichen kann. Diese Binnenstrukturierungen sind bei Biehl als »Ebenen« – pädagogisch: Stufen – konstruiert.
Im Rückblick wird von hier aus vielleicht deutlich, warum der Autor sich derart müht zu begründen, inwiefern er die kirchlichen Sakramente als Symbole bzw. Symbolhandlungen verstehen darf. Nicht »Gott« macht sich im Sakrament erfahrbar, sondern er naht, im Vollzug der heiligen Handlung, verhüllt, und doch – über alle Erfahrung – in Jesus Christus real prä-

sent. Nicht Gott selbst wird theologisch Symbol (so kann es allenfalls im religionspsychologischen Zusammenhang heißen, vgl. S. 236), sondern Gott in einer Hinsicht, z.B. als Schöpfer. Alles andere ginge theologisch zu weit. Das Postulat der »christologischen Brechung« aller Symbole gehört in diesen Zusammenhang.

V Der verhallende Nachhall

Ein gutes Buch wird geschrieben, wenn seinem Verfasser etwas aufgegangen ist, wodurch vieles ins Rutschen kommt. Im Zugang zur christlichen Religion über Symbole wird die zu unterrichtende Religion ereignishaft und lebendig. Noch die Berichte aus dem Unterricht stecken mit ihrer Lebendigkeit an. Ein Religionsdidaktiker, der vom Symbol ausgeht, dürfte auf eine Bahn geraten, auf der er die Institutionen, die Unterricht gewährleisten und prägen, vor Forderungen stellen muß – Reform?
Sich auf Symbole einlassen heißt, sich in »Bilder gelingenden Lebens« hineinziehen zu lassen, die verwandeln; auch den Lehrer, die Lehrerin? Oder wären sie aufgrund pädagogischer Professionalität vor Anwandlungen zur Verwandlung gefeit? Biehl hat sich andernorts zur Rolle des Religionslehrers geäußert (Jahrbuch der Religionspädagogik 2, 1984, Neukirchen-Vluyn 1985). Der Leser steht vor der Frage, ob er dort nachlesen soll. Offenbar nähert sich der Punkt, an dem ihm der Nachhall dieses Buches verklingt und er eine neue Position zu dem Buch einnehmen wird.
Auch ich bin nahe an einem solchen Punkt. Ich greife das Beispiel noch einmal auf: Warum handelt das Buch nicht von der Verwandlung der Unterrichtenden? Theologisch: vom Geist? Ich ahne das Problem. Eine Verwandlung, die beschreibend oder auch nur räsonnierend vorweggenommen würde, wäre ja Teil eines Programms, also: programmierte Entwicklung. Aber wäre es nicht auch möglich, daß Biehl so sehr daran interessiert ist, die Symboldidaktik in die gegenwärtige Schule einzubringen, so wie sie nun eben ist, daß er sie in ihrem Selbstverständnis möglichst wenig stören will? Verwandlungen bei Lehrern, aufgrund der Unterrichtsmaterie – was für ein Störfaktor in der verwalteten Schule!
Wenn ich die Phantasien, die sich mir jetzt einstellen, als kritische Frage an Biehl zurückgeben würde, etwa: ob er gar ein bestimmtes Bild von Schule vor den Folgen seiner eigenen Konzeption zu schützen vorhabe, dann wäre auch ich aus dem Schatten des Buches herausgetreten und hätte im Gegenüber zu dem Buch (vielleicht auf einem Punkt *über* dem Buch) eine Position der Kritik bezogen. Ich hätte – um im Beispiel zu bleiben – mein eigenes Verständnis von Schule zugrunde gelegt, ohne daß Biehl sich davon abgrenzen könnte. Ich wäre damit zum Kritiker, zum Rezensenten geworden. Diese Position sollte – mindestens versuchsweise – schließlich auch der Leser einnehmen. Auf dem Weg dahin aber möge er selber zusehen.

Namenregister

Stichwortregister

Seitenzahlen mit »*« verweisen auf Anmerkungen